JN025814

The Truth About Money Japanese edition

家庭の金銭学

リック・イーデルマン [原著]

方波見　寧 [日本版編著]

Ric Edelman with Yasushi Katabami

一般社団法人 金融財政事情研究会

家庭の金銭学

Original Title : The Truth About Money 4th edition by Ric Edelman

原著者によるイントロダクション

　私の著書、The Truth About Money を読んでいただきありがとうございます。本書は、私の最初の著作であり、初版は1996年に出版されました。そして、いま、皆さんが手にされているものは、2010年に発刊された第4版がもととなっています。

　冒頭でお伝えしておきたいことは、15年近くも歳月が流れているのに、1996年の初版と2010年の第4版との間には、内容の変更がほとんどない点です。仮に、今日、私が改訂版を出すとしても、ほとんど内容上の変更が思い当たりませんし、第4版の発刊後、10年もの歳月がたっているにもかかわらず、チャートや関連図表の更新以外には、ほとんど変更するつもりもありません。だからこそ、アメリカでも第5版は発刊されずにいるのです。

　こんな話をするのは、2020年なのに、わざわざ2010年に発刊されたものを読んでいただくために、苦しい言い訳をしたいからではありません。むしろ、この点にこそ、お金や家計管理のアドバイスをするうえでの、きわめて重要な教訓が隠されているからです。

　私がファイナンシャル・アドバイザーの仕事を始めたのは1986年のことです。現在では、アメリカで最も有名なファイナンシャル・アドバイザーであるとの栄誉をいただいております。私の会社は、全米最大規模の独立系登録投資顧問会社（Independent Registered Investment Advisor）で、Barron 誌やConsumer Reports 誌で最優良企業として認定されてきましたし、120万人を超えるアメリカ国内のお客さんから、2,170億ドル（約23兆円）以上の預資産を運用しています。

　私はファイナンシャルプランニングのカンファランスに出席して講演を行うことが多く、これまでに数千人のファイナンシャル・アドバイザーに会う機会がありましたし、他のファイナンシャル・アドバイザーの著作も数百冊読んできましたが、私自身や私の会社（イーデルマン・フィナンシャル・エンジンズ社）と、ほかのすべてのアドバイザーやプランナーとでは、決定的に

異なる点があることに気がつきました。その違いとは以下の点です。

　1986年の創業以来、私の会社で行う、お客さんに対するアドバイスは一貫している点です。2020年に入ってから経験してきたように、株式は、上がったり、下がったりしますし、時には暴落したりもします。経済も良くなったり、悪くなったりしますし、世論は変わり、選挙は政策を変えます。私たちアメリカ人は、テロや自然災害や戦争も経験してきました。そして、今後も、それらは続くでしょうが、そうした激しい変化のなかにあっても、家計管理で成功する方法に一貫性があることがわかってきたのです。

　私の会社のアドバイスとは、お客さんに目標を決めていただき、その目標を達成するためのお手伝いをするというものであり、そこからブレることはありえませんが、ほとんどの他のファイナンシャル・アドバイザーは、時々によって、アドバイス内容を変更してしまうため、一貫性に欠けて、不確実性や不安や不要な恐怖を生み出してしまいます。そのため、より多くの時間と関心と書類作業を要することになりますし、コストやリスクや税金はより高く、リターンはより低くなってしまうのです。

　これまでの数十年間にわたって、変動の激しいマーケット、社会不安、テロや自然災害による衝撃的光景や人命の喪失、政治不安などを、次々と目の当たりにするなかで、1986年創業以来、お客さんに対して一貫して私の会社が提供してきたアドバイスよりも、優れた金融アドバイスや金融戦略を提供し続けてきた方々をみたことがありません。そして、本書を手にした皆さんは、過去30年間、アメリカで成功し続けてきたのと同じ金融アドバイスをお読みいただくことになるわけです。

　したがって、本書のアメリカデータや図表に関しては、2009年で終わっているものもありますが、2020年6月にわが社の顧客に配布した64ページに及ぶCOVID-19対策用冊子についても、本書のアドバイスとなんら変わるものではありません。本書のアドバイスは、COVID-19対策としても有効であり、30年間一貫しているとお考えいただいて問題ありません。

　事実、戦略の一貫性こそが投資成功の鍵となります。いちばん良い例は、2008年のリーマンショックと呼ばれる金融危機で、あまりにも短時間に、膨

大な投資資産がなくなったのをみて愕然とした方が多かったわけで、（2007年10月9日から2009年3月9日までの）たった17カ月間に、ダウ工業平均は54％も値下りしたため、多くの投資家がパニック売りを行いました。しかも、そのパニック売りの多くを薦めたのはファイナンシャル・アドバイザーなのであって、顧客と同程度にしか投資経験のなかったファイナンシャル・アドバイザーの多くは、自分のアドバイスに自信を失ってしまったのです。2020年のCOVID-19による惨状でも同じ状況を目の当たりにしております。

いうまでもなく、過去のパフォーマンスは将来のパフォーマンスを保証するわけではなく、皆さんの投資判断は皆さん自身の状況に基づいて行われるべきですが、本書のまえがきにおいて、皆さんの投資や家計管理の成功とは、効率的な戦略を立てること、その戦略を実行すること、その戦略を継続すること、この3点にかかっているとだけ申し上げておきましょう。

ここまで読んでいただいたところで、皆さんは、1つ迷いが生じましたよね。それは、"自分たちは日本人だけど、アメリカのファイナンシャル・アドバイザーであるイーデルマンさんや、アメリカの投資顧問会社であるイーデルマン・フィナンシャル・エンジン社のアドバイスが、はたして、日本人にも役立つのかしら"というものです。

もちろん、日本人である皆さんにも、私のアドバイスは役立ちますよ！

マネーというものは、国境を越えて、世界中をめぐる、普遍的な存在です。国によって経済状況は違えども、マネーに関する基本的なルールは、いつでも、どこでも、だれにでも当てはまります。そして、マネーに関する基本的なルールとはどのようなものであるのかは、この本のなかに書いてあります。

私がこれまでたくさんの賞をいただいてきた、金融アドバイスや情報を、皆さんにご紹介する機会をいただき光栄です。皆さんやご家族が金銭的な成功をおさめられることを、心よりお祈り申し上げます。

2020年6月

リック・イーデルマン

まえがき

　私が本書の原書に当たる "The Truth About Money" に出会ったのは、2000年のことです。大学卒業後、証券会社で働いていた時点から、証券、保険、不動産、社会保険、税金、相続など、金融業界にはいくつかの分野があり、それぞれから独立してマネー本が出版されているが、本来、資産形成や家計管理とは、すべてがつながっているはずであり、包括的な書籍が必要であると強い思いを抱いていました。

　たとえば、医学関係でいえば、『家庭の医学』といって、ケガや病気で病院へ行く前に、ある程度の傷病の予備知識をもっていることは、どの科を受診するかやどのような治療を受けることになるのかを患者自身が判断する際に便利な書籍ですが、そうした体系的で、網羅的な、1冊でマネーのすべてがわかる本をつくりたいと考えていました。

　そうした書籍を出版しようと出版社を探していた矢先に、アメリカでは、私と同じ趣旨で書かれた書籍がすでに販売されており、ベストセラーになっていることを知りました。こうした経緯から、"The Truth About Money" は、日本で出版される流れができあがったのでした。しかも、著者のリック・イーデルマン氏の了承のもと、日本人向けに内容を一部修正して発刊できることとなったのです。

　そうした意味では、私の積年の目標が実現したといえます。

　著者のリック・イーデルマン氏は、ファイナンシャル・プランニング会社を一大金融機関にまで成長させた実業家であり、1986年の起業以来、ダウ平均株価が10倍に成長する過程で、その顧客も自分自身も大金持ちにした人物です。私の知る限りでも、2007年時点で、少なくとも500億円以上の個人資産を保有していたリック・イーデルマン氏は、2019年までには投資戦略によって、その数倍にまで資産を増やしていることは確実であり、アメリカのファイナンシャル・プランナー業界では、"3桁上のビジネスマン" として有名です。

ファイナンシャル・プランニングとは、人生の目標を設定し、それを実現するために、家計の無駄をなくし、余剰資金を投資エンジンで増やす手法です。特に、イーデルマン氏にとっては、投資エンジンの重要性がきわめて重要となり、ファイナンス分野で研究成果を取り入れた科学的アプローチを取り入れています。最近では、「ファイナンシャル・プランニング会社」とか「ファイナンシャル・プランナー」という呼称を改めて、自らの会社については「ファイナンシャル・アドバイザー会社」と呼び、自らは「ファイナンシャル・アドバイザー」と称しています。これは、個人経営の多いファイナンシャル・プランニング会社から、日本でいう巨大証券会社の一角へと変貌した証ともいえます。

　本書は、できるだけ通読していただければ幸いですが、読者の日常生活に応じて、必要な箇所を読むような利用法も可能です。たとえば、保険に加入するとか、社会保険の申請をするとか、住宅を購入するだとか、お金の問題というのは、数年に1度の頻度でしか起こらないこともあります。その際に、必要箇所だけを拾い読みするというやりかたです。

　たとえば、皮膚に炎症がある場合、『家庭の医学』を開いて、虫刺されか蕁麻疹かなどを確認するやりかたです。しかし、『家庭の医学』を読んだからといって、自分だけで骨折を治療することができない医療と違って、お金の問題というのは、素人がわかったつもりになって、自分1人で商品を購入して完結してしまう世界です。その結果、たとえば、念入りに家計簿をつけてはいるが、年末調整を忘れてしまったり、還付金受取りの申請をし損ねたりと、穴が生じてしまうことが多いため、通読されるほうが良いことはいうまでもありません。

　日本政府の尽力により、いまや日本人の投資環境や金融環境は、金融大国アメリカの制度に匹敵するまでに至っています。マネーは世界を飛びまわる。本書によって、日本の皆さんも、イーデルマン・フィナンシャル・エンジンズ社の顧客と同様の金融知識を有する状況となったのです。本書によって、人生をお金に困ることなく、人生を金持ちの状態で終えられることをお祈り申し上げます。

COVID-19を受けた「まえがき」への追記

　当初、まえがきとして予定していた言葉は以上ですが、本書の発刊時期に、予期せぬ事態が発生したので追加します。

　2020年とは、新型コロナウイルス（COVID-19）という伝染病により、世界中がパンデミックに巻き込まれた年です。本書の原著 "The Truth About Money" は、1996年に発刊された書籍であり、本書が書かれた時点ではCOVID-19は存在しない。しかし、『The Truth About Money』 は、2001年のアメリカ同時多発テロ、2008年のリーマンショックへの対処本として、イーデルマン・フィナンシャル・エンジンズ社の顧客用危機対応ガイドブックとして絶大な威力を発揮してきたのと同様、現在のアメリカにおいて、同社の120万人のクライアントに対するアドバイスの中心的な役割を果たしています。

　より具体的な危機対処マニュアルとして、2001年の同時多発テロに際して発刊された『Financial Security In Troubled Times』、2008年のリーマンショックに際して発刊された『Rescue Your Money』がありますが、それらはともに『The Truth About Money』のエッセンスを抽出して、事件にあわせた対処法を指南するものでしたが、今回のパンデミックに対しては、2020年6月に顧客向けに配布された『The Long-Term Financial Impact of Covid-19』という冊子があり、同冊子でも『The Truth About Money』のエッセンスを利用して対処法を指南しています。

　同冊子では、COVID-19という伝染病は、無症状の陽性者が感染を拡大させ、1人の感染者が別の2.2人に感染を広げるものであり、都市封鎖などの対策を講じずに放置をすれば、$(2.2)^x$で感染者数は拡大していくものであり、ワクチンが完成するまで感染を阻止する手段はないとされます。

　2020年4月、日本でも非常事態宣言が出されて、一時的に感染者数は激減しましたが、その解除後には東京都の感染者数が$(2.2)^x$のスピードで拡大していることから、同冊子の想定はきわめて的確であるといえます。

さらに、同冊子では、仮に、アメリカにおいてワクチンが開発されたとしても、ワクチン製造工場の生産能力は年間400万人分にすぎない。現状の子ども用ワクチン製造体制に鑑みると、アメリカ国民全体をカバーするためには100倍の工場数が必要であり、しかも、接種すべきワクチンの種類が複数である可能性が高いため、工場生産能力を数百倍に拡張する必要がある。したがって、仮に、アメリカでワクチンが開発されたとしても、アメリカ国民全員に行きわたり、COVID-19を撲滅するためには、数年間を要する可能性が高いと想定している。

　こうした分析をふまえて、目下のところ、イーデルマン・フィナンシャル・エンジンズ社では、COVID-19の終息は数年間を要する可能性があると考えており、今後数年間、顧客の生活費に支障がないように、ポートフォリオの調整などのアドバイスを行っています。そのガイドブックが『The Long-term financial impact of COVID-19』　という冊子なのです。

　イーデルマン氏のイントロダクションにあるように、その骨子とは、①効率的な戦略を立てること、②その戦略を実行すること、そして、③その戦略を継続することにあります。本書は、平時の資産管理法を示しており、財産形成法を指南するものですが、このまえがきでは、COVID-19に対する危機管理法としての活用法を俯瞰しておきます。

　本書のパートXIにて解説するように、家計管理で最も重要なものは、収入を稼ぐ能力です。COVID-19の発生により、たった2カ月ほどで、アメリカでは4,000万人以上のnone essential workerが失業しました。明日からの生活に困窮しているわけですが、解雇や感染により収入が閉ざされるケースに備えて、日本人であるならば、社会保険の失業保険、傷病手当、民間保険の所得補償保険、就業不能保険に加入しておくことが重要です。

　本書のパートIIにて解説するように、最低24カ月分（できれば36カ月分）の支出相当額は、キャッシュリザーブとして、不慮の事態に備えて備蓄しておくべきです。本書のパートVIIIにて解説するように、住宅の購入に際しても、不慮の事態を想定して、キャッシュリザーブを確保するために、頭金を少なくして、できるだけ長期のローンを組むことが重要ですし、本書のパー

トⅦにて解説するように、キャッシュリザーブが十分に確保できるように、クレジットカードを用意して、リボ払いを最大限に活用する必要すらあります。

　最後に、投資戦略に関しては、パートⅥにて示しているようなポートフォリオ設計図に従って、資産分散投資を行っているならば、経済対策として金融緩和が行われた分だけ、債券ポジションの価値が上がっているため、債券ポジションを中心として、「数年間の生活費」を確保できるように引出しプランを決めてポートフォリオを調整すべきです。株式市場の調整がどの程度であるか予測は不可能ですが、仮に50％下落することになっても、「数年間の生活費」を確保できるよう、すみやかにポートフォリオを調整するよう警告しています。その一方で、雇用が確保されており、持続可能であるならば、401kなどの退職金準備の積立投資は継続することを強く勧めています。

　『The Long-Term Financial Impact of Covid-19』の骨子とは以上のようなものであり、本書に示されている平時の資産管理法を実践している場合、その資産管理法を起点として、①効率的な戦略を立てること、②その戦略を実行すること、そして、③その戦略を継続することによって、COVID-19に対する危機管理法を指南しているのです。

　要するに、本書は、平時の資産形成法であるだけでなく、危機の時代のマニュアルとしても十分に活用できます。この国難を皆さん1人ひとりが乗り越える際に、少しでも本書が役立てば幸いです。

　　　　　　　　　　　　　　　　　　株式会社イーデルマン・ジャパン

　　　　　　　　　　　　　　　　　方波見　寧

目　　次

Part Ⅰ
お金の計画が必要な理由とは

Part Ⅱ
資本市場を理解する

Part Ⅲ
決まった収入を生み出す投資

Part Ⅳ
エクイティ

Part Ⅴ
パックになった商品

Part Ⅵ
最高の投資戦略

Part VII
最高の家計戦略

Part VIII
家に関する最良の戦略

Part IX
税金、税金、税金……

Part X

退職プランと公的保険

Part XI

保険について

Part XII
相続プラン

Ricのマネークイズ

　最初に、個人のお金の問題に関して、皆さんがどの程度理解しているか、チェックするクイズを行います。あまり神経質になる必要はありません。答えは、クイズの後に載っていますし、関係項目をすぐに探せるように、該当ページも書いてあります。皆さんがお金の問題で成功するために必要な知識を、どれほど簡単に、この本が提供しているかが、きっとご理解いただけるはずです。

1　最大の金銭的財産とは何か？
　　○a　住宅
　　○b　健康
　　○c　収入を稼ぐ能力
　　○d　退職金

2　投資信託やETFを購入する場合、計画すべきことは？
　　○a　前年にいちばん値上りしたファンドへ毎年乗り換え、これを10年間繰り返す
　　○b　前年にいちばん値上り幅が小さかったファンドへ毎年乗り換え、これを10年間繰り返す
　　○c　購入したファンドを10年間保有する
　　○d　今後10年間、自分がよいと思うファンドへ何度も乗り換える

3　皆さんがファンドを購入した、ファンドを販売した金融機関や金融商品仲介業者の主な収入となるものは？
　　○a　信託報酬
　　○b　売買手数料
　　○c　信託報酬／売買手数料
　　○d　上記のどれでもない

4　お金の問題に取り組む際に、間違った決定の原因となるブレイン・バイアスの

例は？
- ○a　リーセンシー・バイアス
- ○b　メンタル・アカウンティング
- ○c　イルージョン・オブ・コントロール・バイアス
- ○d　上記のすべて

5　**新車を購入する際に、用意するべき費用は？**
- ○a　自動車の本体価格のみではない
- ○b　自動車の本体価格のみ
- ○c　自動車の本体価格＋消費税
- ○d　自動車の本体価格＋保険料

6　**確定拠出年金に関して、正しくないものは、次のうちどれか？**
- ○a　引き出すまで、課税繰延べで、お金が増える
- ○b　掛け金は、個人か会社が積み立てる
- ○c　原則60歳から、ペナルティなしで引出しが可能
- ○d　そこからお金を借りるには、最適な場所である

7　**市場金利が変動する場合、債券は、どのようになるか？**
- ○a　債券価格は、同じままである
- ○b　債券価格は、金利と同じ方向へ動く
- ○c　債券価格は、金利と反対の方向へ動く
- ○d　債券の満期日が、同様に変わる

8　**ファンドを販売できるのは、次のどの資格をもつ者か？**
- ○a　FP技能士
- ○b　証券アナリスト
- ○c　証券外務員
- ○d　MBA

9　**預金保険制度とは？**
- ○a　皆さんのお金が安全であることを保証する
- ○b　銀行が破綻した場合、金融機関ごとに合算して預金者1人当り1,000万円までの預金等を保護する

○c　銀行が破綻した場合、すべての預金者の預金等の全額を保護する

　　○d　外国の日本支店の預金も保護の対象となる

10　財産があり、長期間の介護が必要な場合、何によって介護費用をカバーする
　か？

　　○a　医療保険

　　○b　生命保険

　　○c　生活保護

　　○d　上記のどれでもない

11　公的年金の受給に関して、満額を受け取れなかったり制約が生じるのは、以下
　のどの場合か？

　Ⅰ．60歳以前から受け取る

　Ⅱ．60歳を過ぎても、高給取りとして働く

　Ⅲ．受給年齢になっても、ほったらかしにしておく

　Ⅳ．65歳から受け取る

　　○a　Ⅰ

　　○b　ⅠとⅡ

　　○c　ⅠとⅡとⅢ

　　○d　ⅠとⅡとⅢとⅣ

12　お金の管理で成功するには、ローン返済の月額合計が、月収の____％を超えて
　はならない

　　○a　20％

　　○b　28％

　　○c　35％

　　○d　44％

13　「最適なポートフォリオ」とは、次のうちのどれか？

　　○a　いちばんお金を儲ける資産構成

　　○b　いちばんリスクが小さい資産構成

　　○c　取引費用、管理費用、節税効果を勘案した出費を最小にする資産構成

　　○d　リスクに対するリターンのバランスを考えた資産構成

14 いま30歳の方が、老後に備えてこれから35年間、毎月1万円ずつ積立投資を始め、年率10％のリターンを得るならば、65歳の時点で、その投資口座は、3,796万円になっている。しかし、たった1年だけスタートを遅らせて、34年間の投資を行った場合、その口座は、いくら少なくなっているか？

   ○a   22万円
   ○b   35万円
   ○c   370万円
   ○d   685万円

15 ドルコスト平均法の例は、次のうちのどれか？

   ○a   1つの株式ファンドに絞って、毎月積み立てる
   ○b   できるだけ多くの資産に分散投資する
   ○c   4つの異なる種類の投資信託に、均等にお金を置く
   ○d   値段が10％変化するごとに、毎回、所定の株式を100株買う

16 **金融機関や金融商品仲介業者から投資信託を購入する場合、問題のないのは、**

   ○a   購入代金を担当者や仲介業者に預ける
   ○b   自分の口座名義を担当者や仲介業者にする
   ○c   預金者や仲介業者に、売買についての自由裁量の権限を与える
   ○d   上記のいずれでもない

17 住宅ローンについて、正しくないものは、次のうちのどれか？

   ○a   住宅ローンは住宅の価値に影響を与える
   ○b   住宅の購入時にローンを利用しないと、後から所得税控除を受けられない
   ○c   不慮の事態を想定すると、35年ローンは、15年ローンより良い
   ○d   住宅ローンを組むと、所定の要件を満たすことで所得税控除を受けられる

18 **株式市場は、**

   ○a   経済の先行指数である
   ○b   経済の遅行指数である
   ○c   経済の一致指数である
   ○d   上記のいずれでもない

19 子どもの養育費用と教育費用を支払う場合にすべきことは？
　　○a　住宅を担保にして、お金を借りる
　　○b　教育ローンを借りる
　　○c　奨学金を利用する
　　○d　上記以外にも方法がある

20 相続プランとして、信託を利用する場合に必要なことは？
　　○a　委託者だけを決める
　　○b　委託者と受託者だけを決める
　　○c　委託者と受託者と受益者を決める
　　○d　すべてを信託銀行に任せる

21 金利リスクを避けるために、役に立たないのは、次のうちのどれか？
　　○a　ゴールドを買う
　　○b　満期まで債券を保有する
　　○c　短期債を購入する
　　○d　債券を購入しない

22 一生涯、保険料が契約時のまま上がらないよう保証されている生命保険は、次のうちのどれか
　　○a　無配当定期保険
　　○b　低解約返戻金型終身保険
　　○c　低解約返戻金型逓増定期保険
　　○d　定期保険特約付終身保険

23 個人向け国債の本質とは、
　　○a　株式である
　　○b　債券である
　　○c　どちらでもない
　　○d　両方である

24 住宅ローンを組むにあたって、金融機関にいちばん重視されるのは、
　　○a　住宅の現在価値
　　○b　住宅の将来価値

○c　皆さんの収入

○d　自動車ローン残高

25　何枚かのクレジットカードを返済する際、最初に返済すべきは次のうちのどれか

○a　金利がいちばん低いもの

○b　残高がいちばん大きなもの

○c　残高がいちばん小さいもの

○d　金利がいちばん高いもの

　以上のような簡単なクイズを、これからすべてのパートで取り組んでいただきます。各パートの内容を、すでに、どの程度、ご存知であるかを確認するために、本文を読む前に、まずはパート末のクイズを解いていただき、それから、本文を読んで、再度、クイズを解いていただく、というやりかたをお勧めいたします。そうすることで、ご自分の学習成果が確認できるからです。

解　答

1 − c （p 764）	2 − c （p 375）	3 − c （p 285・880）
4 − d （p 338）	5 − a （p 473）	6 − d （p 742）
7 − c （p 152）	8 − c （p 879）	9 − b （p 99）
10 − d （p 789）	11 − c （p 716）	12 − c （p 557）
13 − d （p 362）	14 − c （p 28）	15 − a （p 278）
16 − d （p 880）	17 − a （p 648）	18 − a （p 190）
19 − d （p 497）	20 − c （p 855）	21 − a （p 169）
22 − b （p 798）	23 − b （p 112）	24 − c （p 644）
25 − d （p 445）		

Part I

お金の計画が必要な理由とは

ファイナンシャルプランが必要な
12の理由

　40年前にはファイナンシャルプランニングなんてものは、この世には存在しませんでしたし、それを職業としている人もいませんでした。ところが、現在では数十万人もの人が「自分はファイナンシャルプランナーです」と名乗っていっています。そもそもファイナンシャルプランニングとはどんなもので必要なことなのでしょうか？

　もちろん、必要だからこそ、本書が存在するわけです！

　そこで、まずは、どうしてファイナンシャルプランニングが必要になったのか、その理由について説明しましょう。

▶ 理由１：お金のリスクから自分自身や家族を守るため

　キーワードになるのは、「お金の」という点です。全米No.1のファイナンシャル・アドバイザーに何度も選ばれてきた私でも、皆さんを人生の危機そのものから守ってさしあげることはできません。けれども、何かの危機に出くわした際に、お金に関する部分についてなら、皆さんを守ることはできます。人生の危機の主なものは、失業、けが、病気、死亡の４つになります。Part Ⅶ と Part Ⅺ では、こうした危機の攻略法を説明します。

▶ 理由２：借金を取り除くため

　なかには、ファイナンシャルプランを立ててもあまり意味がない方もいらっしゃいます。たとえば、カードローン、自動車ローン、教育ローンがある場合、お金の計画を立てるより先に、事態を改善しなければなりません。

つまり、お金の奴隷状態からお金の所有者になる必要があります。

日本貸金業協会によれば、消費者向け無担保貸付（住宅向け貸付除く）の貸付残高は4兆1,744億円となっています（全協会員の貸付残高の70％以上をカバレッジする2020年5月末時点の月次実態調査より）。また、JCBの調査（2019年度）によれば、クレジットカードの保有率は85％、1人当り平均3.0枚をもっていて、利用額は、月平均で5.5万円となるそうです。

「monthを使い果たす前に、moneyを使い果たす」という冗談が、アメリカにはありますが、人生が終わる前に、お金を使い果たすなんて洒落にもなりません。いつまでも収入があるわけではありませんから、財産を蓄えておくことが大切です。けれども借金があると、貯金ができません。借金返済法は第49章で説明します。

▶ 理由3：ずっとずっと長生きするから

江戸時代の初め頃には、日本人の平均寿命は30歳前後だったといわれています。1900年までには、かなり伸びましたが、それでもたったの44歳。そして、寿命が短かったため、日本の歴史上のほとんどで、生きている限り働き続けるのが普通で、引退なんてものは存在しなかったのです。

しかし、厚生労働省の「平成30年簡易生命表」によれば、2018年に生まれた子どもの平均余命は男性81.3歳、女性87.3歳であり、現在75歳の男性は87.3歳、女性は90.9歳まで生きられますし、現在90歳の人は、男性94.3歳、女性は95.7歳まで生きられるという見込みです。このように平均寿命が伸びたということが、ファイナンシャルプランが必要になる大きな理由です。

2100年には、皆さんは何歳になっていますか？

図表I－1では、平均余命が現状の水準にとどまると仮定しています。ただし、それが絶対に正しいとは限りません。というのも、いくつかの調査では、人間の平均余命は、ドンドン長く伸び続けていくとしており、現在45歳の方が、22世紀まで生きている可能性だってあるというのです。

なんでこんな数字が重要なのかといえば、生きている間にお金に困らない

図表Ⅰ－1　0歳児の平均余命（平均寿命）の推移

（単位：年）

	男　性	女　性
1947年	50.06	53.96
1950年	58.00	61.50
1960年	65.32	70.19
1970年	69.31	74.66
1980年	73.35	78.76
1990年	75.92	81.90
2000年	77.72	84.60
2010年	79.64	86.39
2018年	81.25	87.32

（注）　平均寿命とは、0歳児の平均余命をいう。
（出所）　厚生労働省「平均余命の年次推移」

図表Ⅰ－2　皆さんは何歳まで生きられるか

現在の年齢	何歳まで生きられるか	
	男　性	女　性
0歳	81.25	87.32
20歳	81.61	87.63
40歳	82.20	87.97
65歳	84.70	89.50
75歳	87.29	90.86
90歳	94.33	95.66

（出所）　厚生労働省「平成30年簡易生命表」より著者作成

ためには、定年退職を迎えてから、何年分の生活費が必要になるのか、計算しなければならないからです。

　いろいろな政府機関が発表しているデータをもとに、多くのファイナンシャルプランナーはお客さんの寿命を90歳だと仮定していますし、慎重なプランナーの場合には、安全をみて95歳を想定しています。さらに、わが社（イーデルマン・フィナンシャル・サービシス社：現イーデルマン・フィナンシャル・エンジンズ社）でいえば、若いお客さんに関しては、100歳を想定してい

ます。

　ただし、95歳という慎重な数字ですら、外れてしまう可能性もあります。というのも、高齢社会研究、微生物学、バイオテクノロジーなどの最新分野の研究では、「2050年には平均寿命が140歳」なんて考えているものもあるからです。

　断っておきますが、これは決してSFの話ではありません。そして、仮に、皆さんが2100年まで生きているとしたら、世の中をみる目が変わってきますよね。そんなに人生が長くなったら、どうなってしまうのかよく考えてみましょう。

皆さんは、何回も結婚するかもしれない

　第一に、皆さんは４回も５回も結婚する可能性が出てきます。未来主義者がいってますから、初耳ではないかもしれませんが、実際に、2018年に結婚したカップルは59万組で、離婚したカップルは20万7,000組でした（厚生労働省「平成30年（2018）人口動態統計の年間推計」より）。われわれは、もうすでに離婚社会にいるわけですが、その傾向がさらに強くなるということです。

　20歳でだれかと結婚して、その人と残り120年を暮らしていくことを想像したことはありますか？　「ハニー、とっても愛しているよ。だけど……」と、お互いに言いたくなる夫婦は少なくないでしょう。また、離婚しない人でも人生が長くなると、妻や夫に先立たれ、数十年間も一人暮らしをしているうちに、再婚する可能性は高くなるかもしれません。

皆さんは、何回も転職するかもしれない

　第二に、皆さんは、５回も６回も転職するかもしれません。学校へ行って、学位をとって、何かの専門性を身につけて、20〜30年仕事をする。そして、退職し、また何か違う仕事を始める。要するに、20年を１区切りにした仕事を、５回も６回も転々としていくことになるでしょう。

　21世紀にはこんな人生が、もっともっと当たり前になるでしょうし、現在

使われている意味での「定年退職」という言葉は、死語になってしまうのではないでしょうか?

いろいろな儀式を延期するようになる

一方、人生が長くなると、さまざまな儀式、すなわちライフイベントの時期が遅くなるはずです。1960年頃には、10代の後半で結婚するのが普通でしたから、20歳までに結婚できない女性は、「オールドミス」と呼ばれていて、25歳までには子どもをもつことが当たり前であると考えられていました。

30歳を超えて結婚しない人は、信用できないといわれており、45歳になると中年扱いされ、65歳になるともう「老人」だったのです。ただし、「人生100歳の時代」や「人生140歳の時代」には、事情が大きく変わってきます。

それでは、私の人生を例にあげて、これからの新世界がどんなものになるのか示してみましょう。

私の大学時代の同級生は、50歳になってようやく結婚しました。72歳の兄は、末の娘が医大を卒業するところです。私の姪には3人の父親——実の父、育ての父、そして、法律上の父がいます。私の父親は名誉退職をしましたが、これで4度目になります。私の祖母は、101歳で亡くなった時点で、4つも博士号をもっていました。

もし最近の傾向が変わらなければ、2050年には50歳で最初の結婚を、60代で子どもをもち、80代で中年に突入し、120代で引退し、そして、140代でこの世を去る、というのがごく普通の生き方になるのでしょう。

こんなふうに考えていくと、ファイナンシャルプランニングというのは、出来合いのものを押し付けるのではなくて、変化に対応してつくられるプロセスであることがわかります。

したがって、ファイナンシャルプランは、経済や個々人の状況の変化に応じて、定期的に見直す必要があるというわけです。

そうした状況の変化を想定した場合、1つ重要になってくることは、いままで想像していた以上に長生きするかもしれないということです。65歳で退

職して90歳まで生きるとすれば、老後の生活は25年ということになりますが、仮に140歳まで長生きするとしたら、老後の生活は75年もの長きに及ぶことになります。そのような事態に、はたして十分なお金は用意できるのでしょうか?

これは、今後、きわめて切実な政治的社会的問題に発展する可能性があると思います。つまり、憲法が保障するところの健康で文化的な最低限度の生活を営む生存権が脅かされかねない時代が到来しているということです。

裏返せば21世紀には、老齢期に生活費の蓄えが十分でない人、生活が苦しい人、けがや病気でも世話をしてもらうだけのお金のない人、頼りにする家族や支援グループがいない人、そういった人たちには、死を選ぶ権利があるという議論が出てくるかもしれません。実際に、安楽死の問題は、2009年の健康保険の議論の際に、アメリカ議会で取り上げられています。

22世紀へようこそ。皆さんは準備ができていますか?

億万長者になる道は、確実に存在する

仕事をしている人はだれもがお金を稼いでいます。これからも稼ぎ続けます。そして、生涯賃金とは、実に、莫大な金額になります。仮に、35歳で夫婦あわせた月収が60万円ならば、給料がまったく上がらなくても、65歳の定年退職までには、生涯賃金の合計は2億円以上になります。

2億円も稼ぐなんて、素晴らしいニュースに聞こえますよね。ただし、喜ばせておいて恐縮ですが、重要なのは、お金をどれだけ稼ぐかということではなくて、どれだけ残すかということなのです。たとえば、両親や祖父母が

図表I−3　皆さんは、巨額のお金を稼いでいます

皆さんの年齢が 以下であるならば、	そして、月収が 以下であるならば、	65歳の定年まで に稼ぐ総額とは
35歳	60万円	2億1,600万円
45歳	80万円	1億9,200万円
55歳	100万円	1億2,000万円

仮に、月収が増えなくても、これだけの金額が稼げます!

稼いだお金はいくらで、残してくれたお金はいくらでしょうか？

　稼いだお金を全部そのまま残せるわけではありません。というのも、人生には、たくさんの支出があるからです。

　それでは、ここで問題です。支出のなかで、いちばん大きいものは、いったい何でしょうか？

　それは、皆さんの子どもたちにかかる費用です！

▶ 理由4：子どもの養育費を払うため

　子どもが生まれてから、大学を卒業するまで、養育費だけで1,600万円〜1,700万円近くかかるという調査も以前ありました。これに大学までの教育費を加えると、2,700万〜4,400万円かかるという具合です（図表Ⅰ－4）。

　なお、教育費については文部科学省と日本政策金融公庫からの最新データではありますが、児童手当や支援制度などにより小学校入学から高校卒業までは費用補助がありますし、2019年からの幼児教育の無償化、2020年からの高等教育の就学支援新制度が始まりますから、上記のデータよりも、幾分、子どもの費用は減るでしょうが、それでも、すべて国公立で通しても2,500万円以上はかかります。

　ただし、断っておきますが、これは子ども1人当りにかかる費用で、子どもが3人いれば、3倍になるわけです。子どもの養育費の問題攻略法は、第51章に載っています。

▶ 理由5：大学費用を払うため

　さて、子どもの費用のなかで、大学費用についてもっと最近のデータを紹介しましょう。生命保険文化センターなどのデータによると、2014年〜2016年の大学費用（生活費も含める）は推定額で、国立大学の場合、524万3,000円〜812万3,000円、私立大学の場合、668万4,000円〜1,073万9,000円になります（図表Ⅰ－5）。大学の費用やその準備方法に関しては、第51章に載っています。

図表 I − 4　幼稚園から大学までの教育費合計

公立 幼稚園 67万円	私立 幼稚園 158万円

公立 小学校 193万円	私立 小学校 959万円

公立 中学校 147万円	私立 中学校 422万円

公立 高校 137万円	私立 高校 291万円

国公立 大学 539万円	私大 文系 731万円	私立 理系 827万円

① すべて公立の場合　　　　　　1,083万円
② すべて私立の場合（大学文系）2,561万円
③ すべて私立の場合（大学理系）2,657万円

（出所）　文部科学省「子供の学習費調査（30年度）」、日本政策金融公庫「教育費負担の実態調査（30年度）」より著者作成

図表 I − 5　4年制大学の学位の値段は？

	合　計
国立大学（自宅生）	524万3,000円
（自宅外生）	812万3,000円
私立文系（自宅生）	668万4,000円
（自宅外生）	933万2,000円
私立理系（自宅生）	809万1,000円
（自宅外生）	1,073万9,000円
私立医歯系（自宅生）	2,579万5,000円
（自宅外生）	2,956万8,000円
私立短大（自宅生）	353万6,000円
（自宅外生）	492万0,000円

（出所）　生命保険文化センター「大学生の教育費総額（平成26・27・28年度）」

▶ 理由6：子どもの結婚費用を払うため

　子どもに関連した大きな出費として、結婚の費用についても考えておく必要があります。リクルートブライダル総研「ゼクシィ結婚トレンド調査2019」によると、結婚の平均費用は、全国平均で461万8,000円ということです。そして、ご両親も、ある程度負担をしてあげるようですが、どちらにせよ、出費がかさむ可能性はあります。

図表 I － 6　結婚するには、いくらかかるか？　全国平均推定（万円）

結納式の費用	23.1
両家の顔合わせの費用	6.7
婚約指輪	35.5
結婚指輪（2人分）	24.2
挙式、披露宴、披露パーティ総額	354.9
新婚旅行	61.4
新婚旅行土産	10.4
総額	461.8

親、親族から結婚費用援助があった人の割合と総額（全国平均推定）	
援助があった人の割合	77.8%
援助総額の平均	187万8,000円

（出所）　リクルートブライダル総研「ゼクシィ結婚トレンド調査2019」

▶ 理由7：自動車を買うため

　2019年の小売物価統計調査によると、普通車の値段の平均は314万円ということでした。これも、かなり大きな出費で悩ましいですね。しかも、生涯にわたって、何回も買替えはやってきます。現金一括払いにするか、自動車ローンを組むか、はたまた、リース契約を行うか。答えは第50章をみてください。

▶ 理由8：家を買うため

　日本人は、収入の大部分を家の購入に充てています。その結果、家の購入をどうするかで、貯蓄や大学費用や引退計画などのあらゆるお金のやりくりが大きく影響されてしまいます。家はとても重要ですから、説明に4章も割いています（第56～第59章）。そして、借金撃退法（第49章）、大学費用対策（第51章）、子どもの養育費（第52章）などの他の章と関連づけるかたちで説明していきます。

▶ 理由9：引退したいときに、好みのかたちで、引退するため

　突然ですが、食事について考えてみましょう。65歳で退職し、平均寿命の83歳まで生きるとすると、食事の回数はなんと3万9,420回にもなります（1日3回の食事、1年365日、18年間、夫婦2名で計算）。ということは、1食当り500円とすると、食事に1,971万円も使う計算になるのです。

　このお金をどこから引っ張ってくればよいのでしょうか？

　ほとんどの方が、このメッセージの意味を理解されていないようです。2018年のデータをまとめた家計調査報告と国民生活基礎調査によれば、60～64歳の高齢者世帯の平均月収は19万5,000円、70歳以上の世帯では平均月収が22万2,000円しかありません。

　一方で、全世帯の平均月収は49万3,000円、さらに、現役世代と考えられる児童のいる世帯では55万9,000円となっています。

　もちろん、現役で働いているときの月収ははるかに多かったものの、定年退職してしばらくすると、月収が20万円程度になってしまうことになります。

　生命保険文化センターの調査（「平成31年度　生活保障に関する調査（速報版）」）によれば、夫婦2人のゆとりある老後生活には、月額36万6,000円、最低限の生活費として、2人の月額21万1,000円は必要であるとしていますが、最低限を下回るような毎月19万5,000円だけで、どうやって生活していけるというのでしょうか？

定年退職を迎えると、平均収入の約9割が公的年金によるものですが、毎月の足りない生活費は、現役時代の貯金と退職金による蓄えから、切り崩すことになるわけです。ところが、高齢者世帯のなかで、1,000万円以上の貯金がある世帯は全体の61％にすぎません。30％が700万円未満の貯金、16％が300万円未満の貯金しかありません。

　65歳以上の高齢者の4割が年収200万円未満で、しかも、高齢者の3割が、貯金700万円未満です。もしギリギリの生活をしても、毎月4.4万円近い赤字が生じる結果、13年ちょっとで700万円は消え、貯金が底をついてしまいます。

　しかも、この数字は、世間では、「バラ色の老後を送っている」と思われているかもしれない世代の実情で、団塊の世代よりも若い世代では、事態はかなり深刻になるはずです。

　このように家計は破綻する大きなリスクをかかえているわけですが、その原因というのは、単にお金の計画をしてこなかったということに尽きます。というのも、従来のお金のルールでは、定年退職しても、経済的にゆとりのある老後を過ごせるだけの年金や退職金をもらえるから、お金の計画を立てる必要がないと考えられていたからです。ところが、いまや状況が大きく変わってしまいました。

　これからは、65歳で退職する人なんて、解雇されたり、公務員でもなければ、考えられません。皆さんだって、ご両親やおじいちゃん、おばあちゃんよりずっと長く生きることになります。それならば、ご自分のお金だって、ずっと長くあり続けてくれないと困ることになります。

　これは、実に頭の痛い問題だと思います。

　なぜなら、もし計画がうまくいかなかったら、貧乏とか、福祉とか、人の慈悲にすがるような老後生活を迎える運命にあるからです。

　一方で、「70歳代になっても、自分は働き続けるつもりだから大丈夫」といって、老後に備えた貯蓄をしない人も少なくありません。しかし、そうやって働き続ける人は、非常に少ないのも現実です。

　内閣府の「平成30年版高齢社会白書」によれば、「70歳以降も働きたい」

［いつまで働きたいか？］

65歳くらいまで	13.5%
70歳くらいまで	21.9%
75歳くらいまで	11.4%
80歳くらいまで	4.4%
働けるうちはいつまでも	42.0%

［実際の高齢者の就労］

65～69歳	44.3%
70～74歳	27.2%
75歳以上	9.0%

（出所）　内閣府「平成30年版高齢社会白書（全体版）」

「働けるうちはいつまでも」と考えている方は、高齢者の8割にのぼるとされていましたが、実際に働いているのは、65～69歳で44.3%、70～74歳で27.2%、75歳以降では全体の9％にすぎません。計画どおりにいかなかった理由は、自分の健康問題であったり、家族の介護問題であったりします。

　こうした点からみえてくることは、老後に対して淡い期待をもっている方が多く、引退をするという目標のために何をしたらよいのかわかっていないということなのです。

　1つだけ確実にいえることは、自動的に物事がうまく進んでいくようなことは、ありえないということです。努力と注意は必要です。この問題の解決策は、Part Ⅹで説明します。

　老後の主な収入は、公的年金です。ただし、いろいろな理由で、夫婦とも「満額」をもらえないと、年収が200万円を割り、収入よりも支出が大きくなり、貯蓄をするどころか貯蓄の切り崩しが始まります。これは、日本の貯蓄率の低下に結びつきます。日本の貯蓄率は、1970年代には20%以上でしたが、1990年末には10%を割り、2007年には2％台になりました。その後、2014年にはマイナスとなりました。2017年は3％です。この貯蓄率減少の1つの要因は、高齢者の数が増えたことで、年金だけで生活できなければ貯蓄をするどころか、貯蓄の切り崩しをする高齢者が増加するため、全体の貯蓄率を引き下げている可能性があるのです。現役世代では、現在でも30%を超えています。定

▶ 理由10：長期の介護費用を支払うため

　これまでの世代は介護費用なんて考える必要はありませんでしたが、われ
われの世代からは事情が変わりました。厚生労働省によれば、要介護（要支
援）認定者数は640万人を超えており、80〜84歳の28%、85歳以上では60%
が、なんらかのかたちで介護保険給付を受けているということです。

　そして、現在のところ、公的介護保険では、認定されれば、サービス利用
費用の90%（2018年8月から現役並みの所得がある人は70%）を補助してくれ
るものの、2018年の生命保険文化センターによれば、一時的な費用として69
万円、それ以後は、毎月7万8,000円が自己負担としてかかるとされていま
す。

　一方で、老人ホームを利用した場合には、これに、部屋代や食費がプラス
されるため、毎月、特別養護老人ホームの場合で1〜10万円、民間の老人
ホームの場合は10万円以上の自己負担が生じることもあります。

　結果的に、高齢者の数が増え続けると、自分で介護費用を支払えず、生活
保護を受けるなど他人に面倒をみてもらっている人たちが多くなっていると
いうのが現状です。この点については、第74章で説明します。

▶ 理由11：家族の介護をするため

　介護に対するお金の用意は、将来の自分のためだけではありません。高齢
の両親の面倒をみる責任が生じてきます。高齢の両親の介護では、労力とし
ての世話だけでなく、金銭的な負担も、かなり大きくなるはずです。

　子どもの養育費を捻出している一方で、両親の介護費用が重くのしかかる
「サンドイッチ世代」は、どんどん増えています。さらに詳しくは、第54章
で説明します。

▶ 理由12：子どもや孫に財産を相続するため

　子孫にお金を残してあげることは、昔よりずっとむずかしくなりました。というのも、人生が長くなった分だけ、子どもや孫に相続でお金を与える前に、自分で使ってしまう可能性が高くなっているからです。

　子孫にお金を残すことは、経済学では「富の世代間移転」と呼ばれていますが、歴史を眺めてみると、常にお金は親から子へと流れていました。

　子どもは結婚しても親と同居し、孫が生まれると3世代が同居する。家族が大きくなると新しい部屋をつくったり、家のサイズを大きくしたり、家族の財産も増えていきました。

　そして、最初の世代が死ぬと、次の世代が家を相続し、さらに、次の世代が引き継いでいくことで、世代が進むにつれて、どんどん豊かになっていったのです。

　ところが、最近では事情がまったく変わってしまいました。

　昔のように、3世代が同居するなんてことは、ほとんど見られなくなりましたし、祖父母が亡くなると、家を売ってしまうことが普通です。というのも、子どもたちも自分の家をもっているからです。

　ここまで説明してきたように、祖父母たちは、以前よりずっと長生きするようになったどころか、予定していなかったほど長生きしています。そのため、自分の財産を全部使い果たしてしまい、子どもに残すものは何もなくなってしまいます。

　だから、親から子どもへ財産が流れるかわりに、今後は子どもから親へという逆の流れができてしまうのです。

　このような具合に、歴史上初めて、「富の世代間移転」の流れが逆転してくる可能性があります。こうした現実に多くの方々が準備できていない点は、大きな懸念材料です。この問題の対処法はPart Ⅶで解説します。

　以上のように、リスクの対処、借金の撃退、長生きのリスク、子どもの養育費、大学費用、結婚費用の取扱い、自動車と自宅の購入、快適な引退生活、長期介護費用の負担、子孫に財産を残すために、ファイナンシャルプラ

ンを立てる必要があるということなのです。

第 1 章

財産を築くための4つの障害

　以上で、ファイナンシャルプランニングが必要ということは、ご理解いただけたと思います。また、いままでは、全然気にもとめていなかったご自分のお金の問題についても、関心を強められたのではないでしょうか。ファイナンシャルプランニングを行う理由は、要するに「一生、お金に困らないだけの財産を築くこと」です。しかし、実際に、なにがしの財産を築こうとすると、必ずといってよいほど、4つの障害に出くわすことになります。そこで、ここでは、4つの障害について、一つひとつ説明していきましょう。

▶ 財産形成の障害その1：先送りする癖

　1つ目の障害とは、いちばん強烈なものです。「いちばん強烈な障害とは何か？」と聞かれて、「景気が悪い」とか「税金が高い」と答えた方は、残念ながら大間違いです。わが社では、何百万人という方々にアドバイスしてきましたが、その経験からいえば、お客さんの最大の敵というのは、お客さんご自身であることがわかってきました。

　つまり、物事を先送りにする癖こそが、財産形成のいちばんの障害であるのです。それでは、このことを説明するために、ジャックとジルの話をいたしましょう。

　アメリカでは有名な話ですが、ジャックは、姉のジルと遊んでいる最中に、丘から転がり落ちて、頭に大けがをしてしまいました。そのため、ジャックは、大学には進学できずに、18歳から働き始めて、毎年50万円ずつ積立投資を始めました。

そして、8年間だけ積立投資を続けて、後はお金を追加せず、そのまま投資口座に預けっぱなしにしておきました。したがって、投資金額の合計は400万円のままです。

一方、姉のジルは、ジャックと遊んでいたときの罪の意識もあり、医大に進学しました。そして、26歳で働き始めると同時に、毎年50万円ずつ積立投資を始め、26歳から65歳まで40年間継続しました。その結果、ジルは、2,000万円を投資したことになります。

ジルとジャックは、まったく同じ商品に投資し、ジャックが追加投資をやめた年に、ジルが積立投資を開始しました。ここで注目してほしいのは、「ジルは8年遅れで投資を始めた」という点です。

それでは、65歳で定年退職を迎えるまでに、ジャックとジルのどちらの投資口座にたくさんのお金があるでしょう？

投資口座が年率10％で上昇するならば、65歳の時、ジルの口座は2億2,129万6,300円なのに対して、ジャックの口座は2億5,878万9,900円になっ

図表Ⅰ-8　ジャックとジルの投資口座

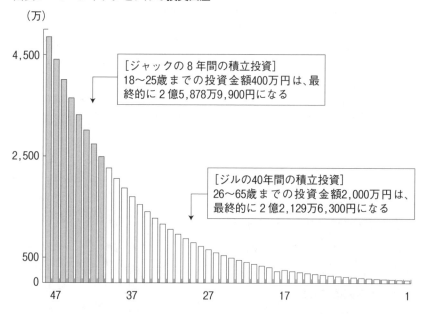

（万）

［ジャックの8年間の積立投資］
18～25歳までの投資金額400万円は、最終的に2億5,878万9,900円になる

［ジルの40年間の積立投資］
26～65歳までの投資金額2,000万円は、最終的に2億2,129万6,300円になる

ているのです。

　実に、3,749万3,600円も上回っているのです。

　しかも、投資金額に関しては、ジルの2,000万円に対して、ジャックは
たったの400万円です。ただし、ジャックのお金は、ジルのお金よりも、8
年間だけ早くから価値が成長しています。

　ジャックの成功の秘訣は、投資金額によるものではなく、時間を利用した
ことにあります。ジャックは先送りにしないで、ジルより早く投資を始めた
から、投資口座をより大きく成長させることができるのです。

　これは、お金の時間価値と呼ばれるものです。

　お金の時間価値は、非常に重要であるため、たとえジルが、65歳を超え
て、積立投資を続けたとしても、ジルの口座は、ジャックの口座の価値を上
回ることはありません。

　「先送りにする癖が、財産形成の最大の敵であるなんて、信じられない」
という批判をしょっちゅう耳にしますが、私の経験からいって、これ以上の
原因なんて、ちょっと考えられません。現在の年齢がいくつであろうと、置
かれている状況がどのようであろうと、いま、始めることよりも重要なこと
はありません。

　結局、年齢がいくつであろうと、いま、始めるのでなければ、「20年前
に、始めていればよかったのに」とだれもがいうようになるのです。ジャッ
クとジルのお話は、いますぐ始めることが、いかに大切であるかを示してい
ます。

　とにかくいますぐ計画を始めましょう。いつもの先送りする癖で「明日や
ろう！」なんてだめですからね。後回しにする言い訳なんていくらでも見つ
かります。

　大体、時間があり余っている人なんていませんよ！

　「平日は時間どおりに出勤し、週末には子どもとサッカーの練習をし、町
内会に出かけなければいけません。今日締切りのものがあるのに、20年も先
のことに割いてる時間なんてあるはずがない。でも、それでいいじゃない。
だって、まだ若いんだし、後で時間なんかいくらでもつくれるはず」

なんて考えている人は、大間違いです。

多分、こんなふうだから、わが社に相談にくる人には、30歳以下の若者がほとんどいないのでしょうね。若い人は40年も先のことなんか話をすることよりも、きっと週末のパーティーのことで頭がいっぱいなのでしょう。本当にこれまでたくさんの言い訳を聞いてきました。

・20代なら40年も先のことなんだからと、30代まで先送りにしてしまいます。

・30代になると、新しい家を買い、結婚して子どももいる方も多いでしょうから、いままでとはまったく違うお金の使い方をしているはずです。こんな時には、貯蓄のことなんて、だれも考えないものです。そして、結局は、40代に持ち込んでしまうわけです。

・40代では、いままでより収入は多くなりますが、今度は子どもが大学に進学する頃です。それと、収入の伸びもいままでほどではなくなります。それでも、「50代になったら、あまり大きな出費もないだろうから、問題ないよ」なんていうかもしれません。

・50代では、末の子どもが大学へ入学し、上の子どもが結婚し始めます。子どもが家を買うときも、ちょっとお金を出してくれって頼まれるかもしれません。しかも、両親だって援助してくれっていうかもしれないのです。だって、長生きしてお金が足りなくなっているからです。それから、もう長いこと昇進していないのではありませんか？ 部長まで上り詰めていれば、それ以上昇進するには、だれかが引退するか、亡くなるかのどちらかしかないのが現実です。

ちょっとお金がかかりそうではありませんか？ それでもやはり、生活費がそんなに高くなるなんて思ってないでしょうから、定年後の計画なんて、まだまだ先のことだと思っていますよね。

そして、65歳になった途端、貯蓄が少ないと嘆きながら、「40年前にちゃんと計画を立てていればよかった」なんて後悔することになるのです。

わが社では、こんなことをしょっちゅうみています。

この本を通じて、1つだけ心に焼きつけてもらいたいことは、計画をする

のに理想的な時期なんて決してやってこないということです。先送りする理由なんて、いつだって見つかります。

しかし、いま、始めるしかないのです。

先送りする癖は、金融営業マンのだましよりもっとたちが悪いものです。というのも、確実に財産を蝕んでいく原因になるからです。

先送りすることはお金の損

先送りする癖の結果、驚くべきコストがかかってくるものです。たとえば、現在、20歳の人が、65歳の時に1,000万円を手にするために投資を始める場合、投資金額は、たったの13万円7,200円ですみます（税金を抜きにして、年率10％の複利を考えた場合）。

しかし、現在、50歳の方が、65歳の時に同じ1,000万円を手にするためには、240万円の投資金額が必要になるのです。

これこそが先送りのコストです。

財産をつくるうえでの成功の秘訣は、お金の量ではなく、時間なのです。

先送りのコストは、毎月の積立投資に置き換えても、はっきりわかると思います。65歳で1,000万円を用意するために、20歳の人は、毎月1,000円にも

図表Ⅰ－9　65歳までに1,000万円貯めるには

【年10％のリターンを仮定すると】

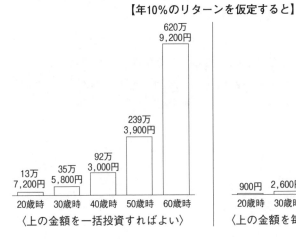

〈上の金額を一括投資すればよい〉

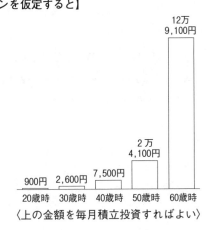

〈上の金額を毎月積立投資すればよい〉

満たない積立金額でよいのですが、50歳の人は、毎月2万4,100円ずつ積み立てないと同じ金額になりません。どちらがよいのかはすぐにわかりますよね。

セミナーでこの点を説明すると、ある年配の方が立ち上がって、「そんなことできませんよ」って、反対してきました。「どうしてですか？ 1万円ももっていないってことですか？」とたずねると、「いいや、私は何千万円ももっているけど、30年という時間はもっていないからだ」と答えました。結構、的を得たご意見でしたねえ。

12万円＝370万円の理由

こうした試算をしてみると、若いうちに始めたほうが有利だという点は、皆さんにも素直に認めていただけると思います。もっとも、なかには、次のように考える方もいるはずです。「こんなに若いんだから、何もいますぐ始める必要なんかないよ。とりあえず来年からでいいんじゃない？ 1年早かったくらいで何が違うのか！」という具合です。

残念ながら大違いです！

毎月1万円ずつ、30〜65歳まで積立てをして、それを年10％の複利で増やした場合、35年後には3,796万円になっています。

ところが、たった1年遅れて積立てを始めた場合（30歳からではなく31歳から）、65歳の時には、3,424万円しかもらえなくなるのです。

いいですか？ 月1万の積立投資を、たった1年遅らせるだけで、370万2,500円も違ってくるのです。

皆さんにとって370万円なんて、どうでもよい金額でしょうか？

フランクリンの遺訓

「節約した小銭は、稼いだ小銭と同じである」とは、ベン・フランクリンの言葉ですが、フランクリンの晩年の行為を振り返れば、お金の時間価値を

過小評価してはいけない理由がわかります。

　偉人伝にあるように、フランクリンは、印刷業者、発明家、科学者、外交官として有名ですが、同時に、かなりの資産家でもありました。1790年に亡くなった際には、今日の価値で5,000万円相当のお金を、ボストンとフィラデルフィアに寄付しています。ここで注目したいのは、両市では、そのお金に手をつけるまで、100年間待つ必要があり、しかも、お金を使い始めてから、100年以内に、お金を使い果たすことは、認められていなかったという点にあります。そして、フランクリンの遺言に従って、ボストンとフィラデルフィアでは、寄付金を投資に入れて、使用許可が下りるまでの1890年まで増やし続けたわけです。

　その結果、1990年代になっても、ボストンでは2億円以上、フィラデルフィアでも4億5,000万円以上が、基金に残ったまま、いまだに成長を続けています。

　「時は、金なり」というフランクリンの言葉を思い出してください！

　複利の力としても知られている、お金の時間価値について、さらに詳しく説明するためには、「1カ月間働けば、1億円もらえる契約」と「初日1円で、毎日給料が2倍になる1カ月間の契約」と、どちらがお得かを考えればよいと思います。後者に関しては、

　1日目には1円、2日目には2円、3日目には4円……という具合。

　きっと、みなさんも、月額1億円の契約に飛びつくでしょうが、そいつは、ちょっと勇み足だと思います。というのも、たしかに、後者では、14日目には、まだ8,192円にすぎませんし、20日目でさえも、52万4,288円にすぎませんが、最終日の支払金額は、なんと10億7,000万円に膨らんでいます。

　事の始まりは、たったの1円です。

　ぐずぐずしないで、さぁ始めましょう。

> 　子どもの頃から、定年後に向けた貯蓄の準備ができないかどうか、真剣に考えておく必要があります。費やした年月のすべてが、確実に、人生の後半に大

きな利益を生み出す可能性があるからです。

そこで、アメリカのイーデルマン・フィナンシャル・エンジンズ社で発明したのが、Ric-E Trust (Ritirement InCome for Everyone Trust) と呼ばれるファンド・プログラムです。

Ric-E Trustでは、両親や祖父母が、子どもや孫のために、50万円以上の贈与を1回だけ行い、子どもや孫の名義になったお金を、定年退職までの長い年月にわたって、所得税なしで、成長させていくというプログラムです。

すると、複利効果によって、お子さんが定年退職を迎える頃には、50万円が1億円を超えている可能性が出てくるわけです。そんな理由で、アメリカでは、数千人の方々が、Ric-E Trustを利用しています。

24歳までに外の世界へ

先送りする癖は、ほかの癖と同じように、後天的に身につくものなのです。そして、ほとんどの生活習慣と同じように、こうした悪い癖も、両親から受け継いでいることが多いのものです。

以前、私のラジオ番組に、23歳のボブが電話をかけてきました。「リック、僕は240万円も貯金をもっていて、借金は全然ないんだよ。このお金をどうしたらいいかなあ？」というのです。

ボブの電話は非常に印象的でした。というのも、私の知っている限りでは、20歳やそこらの若者っていうのは、みんなお金がなくて、ピーピーいっているのが普通だからです。それなのにボブには、クレジットカードの借金もなければ、お金が銀行にそのまま入っているっていうのですからね。

それで、私はボブに毎月の出費について聞いてみました。というのも、そのくらいの年代の若者の場合には、月に10万円程度の出費があるのが普通だからです。すると、「ああ、僕の支出は、月に2万円くらいかなあ」と、ボブは答えたのでした。それでようやく事情が飲み込めました。ボブは大学を卒業後、親と同居をしていたのでした。

大学卒業後、ボブは、いわゆる「ブーメラン世代」の1人になったのです。

日本では、「パラサイトシングル」とも呼ぶようですが、両親にしてみる

と18歳で大学にやり、学費を払い終え、ようやく子育てから解放されると喜んだ矢先に、大学卒業と同時に、息子が家に戻ってきたというわけです。

ボブは両親と同居を始め、生活の面倒をみてもらっています。

ですから、ボブのいう「毎月の支出」の全額がボブの遊びに使われているわけです。パーティー、友人との会食、映画、デート、スポーツクラブでのトレーニングなどなど。ボブがこうした趣味を楽しんだうえに、お金に余裕があるのは、もちろん、「他のだれかさん」が、洗濯、炊事、家賃の支払をしてくれているからです。

日本では、ボブみたいな人を「フリーター」とも呼ぶみたいですね。

大学を卒業したのに仕事も探さない。気に入った職に就けないから、働く気もしない。「ボブ、君はいつ家を出て、自活し始めるつもりなの?」と私がたずねると、ボブは、「あんまり、急いでいないんだ」と答えました。

私には、ボブの立場がよくわかります。

わざわざ、毎月12万円も払って(そのうえ、公共料金や携帯電話代も払うことになる)、狭いワンルームマンションへ、だれが好き好んで引っ越すというのです? しかも、自分で家具やテレビを揃え、洗濯物をコインランドリーにもっていって、食材を買って、料理までする必要があるのです。

一方で、現在の状況はというと、庭付きの大きな一戸建ての家に住んで、しかも、洗濯も買い物も夕食の準備も、すべて管理人さんが全部やってくれるから、ボブはお気楽極楽です。管理人さんのまたの名は、M-O-M。

そして、ボブは家へ好きなように出入りできます。しかも、家賃はいっさい払う必要がありません。問題があれば、家主さんが全部面倒をみてくれる。家主さんの頭文字は、D-A-D。

まったく、引っ越す理由など見つかりません。

しかし、これでは、「過保護」というものです。親は子どもが可愛いし、子どものためなら何でもするものですが、物事には、限度ってものがあります。

23歳にもなれば、親にとっては子どもでも、世間的にはもう立派な大人なのですから、大人として行動させなければいけません。人生の冷酷で非情な

面から隔離して、過保護に甘やかしてしまうことは、子どもにとってもいいことではありません。

　ボブの場合であれば、親は家賃を請求すべきです。請求額は、ボブがほかに移り住んだ場合の家賃か、家に他人が住んだ場合の家賃のどちらかになるでしょうね。

　仮に、毎月12万円も請求すれば、ボブはお金を払うために仕事を探し、家を出て自活するようになるはずです。社会人として成長するためには、この2つともボブには必要です。

　子どもから家賃をとることにちょっと抵抗のある親御さんには、うまいやり方があります。子どもから家賃をとっておいて、そのお金を子どもには内緒で投資しておくのです。そして、いつの日か子どもが引っ越していくとき、お祝いにそれを返してやり、新居の足しにしてもらうなんていうのはどうでしょう？

　ただし、誤解しないでくださいよ。米国イーデルマン・フィナンシャル・エンジンズ社の同僚も、私自身も、家で子どもとトラブルなんてありませんよ。私がいいたいことは、子どもが貯金をしたくなるように誘導する、賢い引越しもあるってことです。でも、本当に、親のスネをかじりながら同居している子どもは問題ですよね。

　ここでもう1人、わが社のお客さんでもある、ミッチを例にあげましょう。26歳のミッチは、ボブと同様、親と同居しています。ミッチは大学へは行かないで、16歳の時からずっと働いています。

　ミッチの家でも、両親は、家での支出を全部出してやっています。というのも、ミッチは、きちんと仕事をしているだけでなく、家事（雑用、料理、掃除、買い物）もいろいろと手伝ってくれるからです。

　働き者で、真面目なミッチは、お金を貯めるのも上手です。

　事実、貯金の上手なミッチは、もう600万円も貯めています。これは10年かけて、全部自分で稼いで貯めたお金です。このようにしっかり者のミッチが、タダで同居していても、両親はなんの問題もありません。

　「ミッチは、私たちや他の家主に家賃を払うかわりに、自分自身に払って

いるんだ」と両親は考えています。ミッチが自活するために家を出るときには、家を借りるだけではなく、買う余裕すらあるのです。

　ミッチの両親は、ミッチが同居していても、お金に余裕があるし、同居を望んでいます。だから、みんなにとってハッピーなのです。

　困り者のボブみたいな若者は、世の中にいっぱいいますが、彼らだって、永遠に20歳やそこらの若者でいられるわけではありません。いま、自活への道を学ばずに、ぐずぐずしていたら、いつまでたっても金銭的に親に頼りっぱなしです。

　両親が、子どもの一生を支えてやるなんて不可能です。

　少しだけ、子どもの背中を押してあげましょう。子どもに独り立ちを先送りさせない。それが子どもにしてやれる最高の教育なのです。

▶ 財産形成の障害その2：浪費癖

　繰り返しますが、財産をつくるうえで障害となるのは、自分自身なのです。経済でも政治でもありません。そのことは、ニューマン夫妻のことをみれば、さらによくわかります。

　ニューマン夫妻は共働きで、2人の収入はあわせて600万円あります。ニューマン夫妻は、自分では浪費家だなんてまったく思っていません。端からみていれば、お金が貯まるはずがないと思えるけど、彼らはそんなことは全然気にしていません。ニューマン夫妻いわく、

　「私たちは、高級車なんて運転しないし、豪華な長期休暇もとらない、最新のReebokやタブレットパソコンなんてもってないのよ。だけど、ちっともお金が貯まらないの。不思議よねえ」

　ニューマン夫妻は、自分たちのお金がどこに消えてしまったか全然わかっていません。ニューマン夫妻は、別々に職場へ通っていますが、以下のような生活をしています。

　毎朝、オフィスに向かう途中で、2人とも駅のスタンドで、コーヒーとドーナツを買います。これだけで450円かかっています。お昼休みには2人とも、75円のキャンディーバーを買います。お互いにこんなことをしている

とは知らず、それぞれが1日に525円、2人で1,050円を浪費しています。

そして、毎月20日間働いているので、ニューマン夫妻は月2万1,000円、年間では25万2,000円を使っていることになります。

ニューマン夫妻は、キャンディーやドーナツに、25万2,000円も無駄遣いしていますが、仮に、税金と社会保険料の合計が21.5%とすれば、これらも考慮すると、32万1,000円を稼がないと、このお金は捻出できません。この結果をみて、とうとうニューマン夫妻はいいました。

「これじゃお金が貯まらないはずだわ」

私のお金はどこへ消えたんだ？

ATMで1万円を引き出してから、ほんの数日後には財布が空になっていることはありませんか？　こんなときには、「私のお金は、全部どこに消えてしまったのだろう？」って、思いますよね？　多分、ニューマン夫妻のように無駄遣いしてるのでしょう。

皆さんが無駄遣いに気がついていることって、まずありえないと思います。というのも、無駄遣いとわかっていれば、自然にやめるからです。要するに、皆さんは、無駄に気がつかないから、無駄遣いをしているのです。

ニューマン夫妻は、年収の4.2%を無駄遣いしていましたが、無駄遣いを避けるには、支出習慣を見直す必要があります。そして、それこそが将来の家計健全化への鍵になります。支出習慣に問題があるようなら、第49章が参考になるはずです。

▶ 財産形成の障害その3：インフレーション

お金の敵のなかでもかなりの厄介物はインフレーション（物価上昇率）です。総務省の消費者物価指数によれば、1950年以降、インフレ率の年当りの平均は3.1%です。

一方で、過去20年間では、インフレ率は、ほぼゼロであるものの、最近では、「物価上昇率を2%以上にすること」が、政府の目標ということです。そこで、3.1%（あるいは2%）のインフレ率がずっと続くものとします。す

図表Ⅰ−10　物価上昇率

1950年	−6.9%	1968年	5.3%	1986年	0.4%	2004年	0.0%
1951年	16.4%	1969年	5.2%	1987年	−0.2%	2005年	−0.4%
1952年	5.0%	1970年	7.7%	1988年	0.5%	2006年	0.3%
1953年	6.5%	1971年	6.1%	1989年	2.3%	2007年	0.1%
1954年	6.5%	1972年	4.5%	1990年	3.1%	2008年	1.6%
1955年	−1.1%	1973年	11.7%	1991年	3.3%	2009年	−1.5%
1956年	0.3%	1974年	24.5%	1992年	1.6%	2010年	−0.8%
1957年	3.1%	1975年	11.8%	1993年	1.1%	2011年	−0.3%
1958年	−0.4%	1976年	9.3%	1994年	0.5%	2012年	0.0%
1959年	1.0%	1977年	8.1%	1995年	−0.3%	2013年	0.5%
1960年	3.6%	1978年	3.8%	1996年	0.0%	2014年	3.3%
1961年	5.3%	1979年	3.6%	1997年	1.6%	2015年	1.0%
1962年	6.8%	1980年	8.0%	1998年	0.7%	2016年	−0.1%
1963年	7.6%	1981年	4.9%	1999年	−0.4%	2017年	0.6%
1964年	3.9%	1982年	2.7%	2000年	−0.9%	2018年	1.2%
1965年	6.6%	1983年	1.9%	2001年	−0.9%	2019年	0.6%
1966年	5.1%	1984年	2.2%	2002年	−1.1%		
1967年	4.0%	1985年	2.1%	2003年	−0.3%		

（出所）　総務省「持家の帰属家賃を除く総合指数」

ると、23年（あるいは36年）ごとに、生活費は、2倍にふくらむことになります！

　ここで考えておくべきことは、食べ物や着る物、交通費や住居費などのすべてに、毎年、いくら支払うことになるかという点です。

　生活費がいくらであろうとも、いまと同じ製品やサービスを手に入れるためには、23年間で、収入を2倍にする必要があります（1950年以降のインフレ率の1年ごとの平均が、今後も続くと仮定すれば）。すると、現在65歳の方ならば、88歳までに、収入を2倍にする必要があるのです。

　図表Ⅰ−11では、現在40歳の人の場合、63歳時点では、2倍の収入が必要になり、86歳時点では、4倍の収入が必要になることを示していますが、その場合、仮に、現在の年収が1,000万円であれば、現在の生活水準を維持しようとすると、80代では、年収4,000万円が必要になってきます。

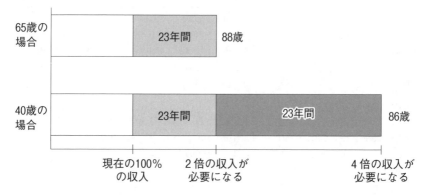
図表 I −11　インフレ率が年率3.1%だとすれば

「ええっ⁉」て、驚きませんでした？

　別の言い方をすれば、歴史的なインフレ率のデータが続くとすれば、50歳で年収750万円の場合、65歳の定年退職時に、現在と同じ生活水準を維持しようとすれば、1,185万円の年収が必要になりますし、さらにそこから始まって、20年間の老後費用としては3億3,165万円の年収合計分が必要になるということです。

> 　ちなみに、インフレ率がゼロだと、20年間の老後費用は3億3,165万円ではなく、1億5,000万円（＝750万円×20年）となります。

　このように、将来を見通すためには、目の前のものを観察する虫眼鏡ではなく、インフレを視野に入れた望遠鏡が必要になるのです。

　実際、年3.1％のインフレ率は、10年でお金の価値を4分の3弱に減らしてしまいます。別の言い方をすれば、現在10万円しているものを手に入れるには、10年後には、13万5,702円も必要になるってことなのです。

　最近の20年間に限っていえば、物価上昇率は、ほとんどゼロとなっていますし、過去10年間に限れば、＋0.6％です。しかし、政府が目標とするよう

図表 I -12　現在の10万円の価値は

経過年数	10万円の将来価値は	現在10万円のものを買うのに必要な金額
5 年	8 万5,844円	11万6,491円
10年	7 万3,691円	13万5,702円
15年	6 万3,259円	15万8,081円
20年	5 万4,304円	18万4,150円
25年	4 万6,616円	21万4,518円
30年	4 万0,017円	24万9,895円
35年	3 万4,352円	29万1,105円
40年	2 万9,489円	33万9,111円

（注）　インフレ率を年率3.1%とした場合。

図表 I -13　消費者物価の具体例

	25年前	現在	25年後
食パン	414円	436円	935円
カップメン	82円	161円	345円
プロパンガス	5,342円	6,810円	14,609円
理髪料	3,387円	3,854円	8,268円
バス代	180円	214円	459円
国立大学授業料（1 年）	41万1,600円	53万5,800円	114万9,387円

（注）　25年後については、インフレ率3.1%で計算した場合。ちなみに、過去
　　　25年間で劇的に値段が下がっている製品もある。指数でみれば、たとえ
　　　ば、電子レンジ（971.7→76.3）、冷蔵庫（1565→94.5）、掃除機
　　　（620.4→82.4）など。
（出所）　消費者物価指数＋小売物価指数統計（動向編より）

に 2 ％以上となれば、かつての石油ショック死の頃の悪夢がよみがえりま
す！

　1970年代には、原油の値段が最高で 4 倍に跳ね上がったため、インフレ率
が12％の年とか25％なんて年がありました。テレビでたまに放送される昭和
の風景のなかに、トイレットペーパーを買い漁る大行列が映し出されること
がありますよね？

　日本中が右往左往の大騒ぎだったわけです！

ところがこのように、かつては、インフレーションという言葉が国中をパニックに陥れた一方で、最近では、「インフレーションがこわい」なんて、だれも口にすることはありません。それどころか、

　「インフレーションこそが、目標である」

なんて、政府も日本銀行も、大合唱をやっているわけです。見方を変えれば、もし今後ほんとうにインフレの世の中に突入すれば、財産形成の障害となってしまいます。

茹で蛙症候群

　蛙を熱湯に入れたら、びっくりして鍋から飛び出すでしょう。でも、蛙をぬるま湯に入れて、ゆっくり温度を熱くしたら、蛙自身が気がつかないうちに茹であがり死んでしまいます。

　インフレも同じことがいえます、過去20年間のように、ちょっとマイナスだとか、ほとんどゼロの状態から、政府の目標とするような、毎年２％のインフレが少しずつ始まって、さらに、その状態が10年も20年も続くようであれば、次第にインフレに慣れきってしまい、敏感に感じることができなくなってしまいます。

　しかしだからといって、もうインフレで財産が傷つくことはないなんて楽観するのは大間違いなのです。たとえ、インフレ率が低いといえども、害である点に変わりはありません。

▶ 財産形成の障害その４：税金と社会保険料

　皆さんの大嫌いな税金と社会保険料。

　稼いだお金のなかから、税金と社会保険料がとられるわけですが、ニューマン夫妻の年収600万円でいえば、１年間に稼ぐ給料のうち、２カ月半に相当する部分が税金と社会保険料として消えていくというわけです。

　別の言い方をすれば、１日のうちだいたい１時間半は、税金と社会保険料を払うために働いているということになります。

　ただし、これは、サラリーマンが給料を受け取る前に、すでに天引きされ

ている分に限ったお話であって、会社負担分の社会保険料は給料の15～16%
もあり、それ以外のものも含めると、国民全体が稼いだお金の4割以上が、
税金と社会保険料へ流れているというのですから驚きです。

　お金を貯めることが、むずかしいのは当然ですよね。

　個人が支払う税金として、国に対する所得税のほかに、地域ごとの住民
税、さらに、消費税、固定資産税、相続税、キャピタルゲイン課税なども払
う必要があります。なかには、温泉を利用する際にも徴収されるものもあり
ます。

　所得税・法人税・消費税という3本柱のなかで、戦前に限っていえば、日
本では、消費税のような間接税が中心で、税収の65%以上を占めていました
が、終戦後のアメリカの方針で、所得税が中心とされました。

　それが、1989年から3%の消費税が導入され、1998年には5%に、2014年
には8%に、2019年からは10%へと引き上げられることになりました。現
在、440万円（平均年収）の場合、所得税と住民税では6～7%ほどの負担
となりますが、ここに消費税の引上げで、わかりにくいかたちで、税金の負
担が大きくなります。ただし、もっと深刻なのは、社会保険料の値上げで
す！

　実は、2014年から消費税を上げる理由は、公的年金・健康保険・介護保険

図表 I −14　国民負担率の推移

年　　度	国　　税	地方税	社会保障	国民負担率
1970年	12.7	6.1	5.4	24.3
1980年	13.9	7.8	8.8	30.5
1990年	18.1	9.6	10.6	38.4
2000年	13.7	9.2	13.1	36.0
2010年	12.1	9.5	15.7	37.2
2018年	15.9	10.1	18.1	44.1

（注）　国民負担率では、税金は、所得税だけでなく、消費税等も含む。
（出所）　財務省「国民負担率（対国民所得比）の推移」より抜粋

からなる社会保険制度が、高齢者が増えたために、お金がなくなったので、それを補充するためというものなのです。

　お年寄りが増えれば、公的年金も、健康保険も、介護保険も、いままで以上に、お金を使うことになりますよね。そこで、足りない分を国が穴埋めしたから、21世紀になって、あまり公共事業もしていないのに、国の借金がふくれ上がったというわけです。

　問題解決策は、いくつかあります！

　消費税を20〜30％まで上げれば、問題は解決しますが、実際には、かなりむずかしい。そこで、消費税は10％までで、年金の支給開始年齢を引き上げ、保険料を引き上げ、社会保険の保障内容を減らしながら、自己負担を重くするほうが、現実的といわれます。

　要するに、年金の受取開始を65歳ではなく、70歳や75歳に引き上げる一方で、図表Ⅰ−15のように、年金や健康保険や介護保険の保険料を、年収の20％まで引き上げるというものです。

　つまり、年収440万円の方ならば、所得税＋住民税の6〜7％、社会保険料の20％（会社負担も含めると40％）と、年収の26〜27％を税金と社会保険料でもっていかれる、というわけです。

　いやはや、大変な時代の幕開けです！

　1961年に国民皆保険制度ができあがり、1989年に3％の消費税が導入された当時、政治家がいっていたことは想像できますよね。「心配ない。税率や保険料は、これ以上は、絶対上がりませんよ」なんていっていたのではないですか？　そこから、現在の税率や保険料になったのですから、ここでも茹

図表Ⅰ−15　年収440万円の税金と社会保険料、そして手取金額

[現在]			[2040年]		
年収440万円			年収440万円		
−所得税＋住民税	（6〜7％）		−所得税＋住民税	（6〜7％）	
−社会保険料	（15％）		−社会保険料	（20％）	
343万円	（78％）		326万円	（74％）	

（注）　独身、東京在住、40歳未満を想定。

で蛙症候群が繰り返されてしまいます。

　なお、上記とは別に、国立社会保障・人口問題研究所によれば、2015年から2040年までに、15〜64歳の生産年齢人口は0.77倍へと減少し、65歳以上の高齢者人口は、1.16倍に増加します。そのため、給付が一定なら2040年時の負担は1.51倍になりますし、負担が一定なら2040年時の給付は0.66倍となります。

第 **2** 章

インフレと
税金・社会保険料のお話

　インフレと税金・社会保険料は信じられないような落とし穴ですし、お金のルールが両親や祖父母の時代とは様変わりしていることを示すよい例でもあります。

　考えるべきは、収入との関係です。

　要するに、収入があっても、そこから税金や社会保険料を引かれれば、手取り金額は、目減りしてしまいますし、さらに、インフレの度合によって、実際にものを買える力は、変わってきます。この点について、私たちの時代と以前の時代を比べてみましょう！

　図表 I −10のように、インフレ率に関しては、以前には、5％を超えていることはザラでしたが、最近では、ゼロとか若干のマイナスの状態が続いています。だから、インフレによる侵食という点では、最近のほうが有利です。

　一方で、図表 I −14のように、税金や社会保険料に関しては（国民負担率でみれば）、祖父母の時代には、25〜30％でしたが、最近では、40％を超えています。だから、税金や社会保険料による目減りという点では、最近のほうが不利といえます。

　ここでの評価のポイントは、収入の伸び率です！

　図表 I −16のように、収入の伸び率は、1997年のピーク時までの約50年間で、なんと39倍になっています。だから、多少インフレ率が高くても、祖父母や両親の生活はビクともしませんでしたし、税金や社会保険料も、低かったため、財産形成には、かなり有利であったのです。

おまけに、図表Ⅰ－17のように、家を買う場合の住宅ローン金利は1960年
代には10%近いこともありましたし、1970年代中頃からは５％台と、現在と
比べてかなり高かったものの、不動産の価格が1990年頃のピークまでの35年
間で、83倍になっていたため、やはり財産形成には、非常に有利であったと
いうわけです。

　一方で、現役世代の皆さんにとっては、さしあたっては、（政府の２％目標
は気になりますが）インフレーションの浸食はないものの、税金と社会保険

図表Ⅰ－16　平均年収の推移

1950年	12万円	1999年	461万円	2010年	412万円
1955年	21万円	2000年	461万円	2011年	409万円
1960年	30万円	2001年	454万円	2012年	408万円
1965年	51万円	2002年	448万円	2013年	414万円
1970年	94万円	2003年	444万円	2014年	415万円
1975年	203万円	2004年	439万円	2015年	420万円
1980年	295万円	2005年	437万円	2016年	422万円
1985年	352万円	2006年	435万円	2017年	432万円
1990年	425万円	2007年	437万円	2018年	441万円
1997年	467万円	2008年	430万円		
1998年	465万円	2009年	406万円		

（注）　年収のピークは1997年にあった。
（出所）　国税庁「民間給与実態統計調査結果」

図表Ⅰ－17　住宅地の値段の推移

［住宅地の値段］

1955年３月末	2.3
1970年３月末	32.4
1980年３月末	91.4
1991年３月末	190.2
2000年３月末	150.8
2010年３月末	100
2020年３月末	90.7

［住宅ローン金利（旧公庫融資基準金利）］

1975年	5.5%
1986年	5.25〜5.5%
1990年	4.55〜5.5%
2000年	2.75〜2.85%
2010年	2.83〜3.62%
2019年	1.06〜1.30%

（出所）　日本不動産研究所の市街地価格指数（全国市街
　　　　地・住宅地）、住宅金融支援機構データより著者
　　　　作成

料の負担が激増し、加えて、収入の伸びが、マイナスになっているから大変なのです。

　しかも、ここでいう収入の伸びは、平均値です。

　国税庁の発表では、平均年収は441万円ということで、これは21年前のピーク時から26万円減っています。ただ、ここに1つ目の平均値のワナがあって、これは男女の平均値で、男性に限っていえば、545万円です（女性は293万円）。

　また、この平均年収441万円のなかには、極端に年収の高い人が含まれているため、全体的にかなりかさ上げされており、実際には、年収300万円台の人たちが、最多層となっています。

　学校の平均点でも、極端に成績がよい人がいると、クラス全体の平均点を大きく引き上げる場合があるように、統計上、データを大きさの順に並べた

図表Ⅰ－18　給与階級別分布

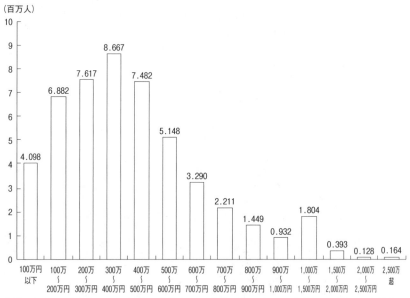

（注）　年収の平均値は441万円というものの、全体の54％が400万円以下に属し、人数的には、300万〜400万円がいちばん多い。

（出所）　国税庁「民間給与実態統計調査（平成30年度）」

ときに中央に位置する「メディアン」と「平均値」が大きくズレていることがよくあります。日本全体の平均年収は、441万円であっても、「メディアン」は300万円台であり、年収400万円以下が全体の54％を占めています。ここに2つ目の平均値のワナがあります。

つまり、現役世代に関していえば、さしあたって、インフレ率は有利ですが、昔のように、均等に収入が伸びず、しかも、税金と社会保険料により、手取りが減っているところへ、収入の格差問題が加わっています。

だから、何となく生活が苦しいわけです！

▶ インフレと税金・社会保険料にみるお金のルールの変化

このように、インフレと税金・社会保険料は、お金のルールが変わったことを示すよい例です。そして、インフレと税金・社会保険料という、たった2つの点をみるだけでも、どのように、経済の仕組みが変わっているのかもわかります。

21世紀に入って、「インフレ率」がゼロやマイナスになったのは、いったいなぜでしょう？　ひとつには、中国をはじめとしたアジアから、安い製品が輸入されたからです。そして、アジアからの輸入品と、同レベルの、同じ製品をつくっていた日本国内の会社の「高給とりだった人たち」が、給料を下げられたり、失業したり、給料の安い会社へ転職した結果、2012年頃まで「平均年収」が下がっていたわけです。

また、「税金や社会保険料」の負担が大きくなった理由は、アジアからの輸入品によって、企業の競争力が下がったため、税収が落ち込んだことに加えて、お年寄りの割合が増える高齢化が進んでいるからで、年金給付・医療費・介護費がふくらめば、現役世代の負担が大きくなって当然です。

もちろん、こうした解説だけですべての人が納得してくれるとは思いません。きっと反対を唱える方もいらっしゃるかもしれませんが、理由づけはともあれ、「インフレ率」は、ゼロとかマイナスですし、「税金や社会保険料」の負担は、大きく増しているのは事実であり、それが、お金のルールの変化を引き起こしていることだけは確かです。

図表Ⅰ－19　65歳以上高齢者比率の推移

［実績値］		［推計値］	
1950年	4.9%	2020年	28.9%
1960年	5.7%	2030年	31.2%
1970年	7.1%	2040年	35.3%
1980年	9.1%	2050年	37.7%
1990年	12.1%	2060年	38.1%
2000年	17.4%		
2010年	23.0%		
2015年	26.6%		

（注）　上記の推計値は、国立社会保障・人口問題研究所
「日本の将来推計人口（平成29年推計）」によるもの。

　政府は、アジアから安い製品が入ってきて、物価が下がっているのに、
「金融緩和によって、インフレ率を２％以上に引き上げる」とか、お年寄り
の数は、これから毎年増え続けるのに、「１回だけ、消費税を10％まで上げ
れば、社会保険制度は守れる」とか、言い張っています。これって、本当に
正しいのでしょうか？

　正直いって、私にも、嘘か本当かわかりません！

　ひとついえることは、実際に、インフレと税金・社会保険料の負担が変化
すれば、そこから、お金のルールも変わるということだけは確かなはずです
から、財産形成の新たな障害要因の登場へとつながります。

　物事をそのまま受け入れるより、納得いくまで説明を聞かないと気がすまな
い人は多いものです。特に、経済の仕組みでは、わからないところで、ストッ
プしてしまう方は多いものです。ただし、たとえば、私だって、エンジンの燃
焼の原理は説明できませんが、自動車を安全に運転できるわけで、お金に関し
ても同じことがいえるのです。たとえきちんと理屈を説明できないにしても、
時には、現状をそのまま認識してしまうことも、１つの有効なやりかたです。
アメリカの裁判官も「ポルノを定義することはできないが、みればそれだとわ

▶ よくある金利の錯覚とは

インフレと税金・社会保険料の問題は、給料などの所得収入だけでなく、預金などによる金利収入についても、大きな影響を及ぼします。

たとえば、預金金利が5％だとすれば、所得税が15％、住民税が5％と、合計で20％なので、稼いだお金の5分の1は税金でもっていかれ、残りは4％しかありません。

ここで、インフレ率が5％なら、銀行に預けたお金は、実質で1％ずつ目減りしてしまいます。

こんなことを20年間も繰り返していたら、預金したお金自体を20％も失くしてしまうことになるわけです。別の言い方をすれば、現在、100万円を預金口座に入れてしまえば、20年の間に価値が減って、80万円になってしまうということです。

絶対に安全だと考えられている預金で、実質的には損をするという事態で

図表 I－20　税金とインフレ率はどのように
影響しうるか？

預金金利による収入	5 ％
税金（所得税15％、住民税5％）	－ 1 ％
残ったものは	4 ％
マイナス　インフレ率	－ 5 ％
純利益	－ 1 ％
	×20年間
20年後の結果	－20％

いま100万円を預金しても、20年後には80万円の価値しかない。

す！

　財産づくりに失敗するケースというのは、ほとんどがこんな感じです。失
敗する方っていうのは、いくら残せるかではなく、いくら稼ぐことができる
かに関心があります。でも大切なことは、税金とインフレを差し引いた後
に、いくら残るかということなのです。

　お金を実質的に成長させるためには、インフレ率や税率を上回るように、
お金を稼ぐ必要があるのです。税金とインフレーションに打ち勝つために、
最低限どれだけの利益をあげる必要があるかは、図表Ⅰ－21をみればわかり
ます。

　ところで、「昔と比べて、最近の預金金利は、かなり低いなあ」と嘆く方
は多いですし、「銀行の金利は、とてもよいものとはいえない」と、わが社
へ不満をぶつける方もいます。

　しかし、これを聞いた時、私は同僚と一緒に笑ってしまいました。という
のも、そもそも、銀行がよい金利を払ったことなんて、一度もないからで
す。要するに、皆さんが、最近になってそのことに初めて気がついたという
だけのことなのです。

　ご存知の方もいらっしゃるでしょうが、銀行の預金口座というのは、単に
インフレ率をなぞっているだけです。つまり、インフレ率が上がると金利も
上がり、インフレ率が下がると、金利も下がるということです。

　ちょっと算数の時間になりますよ！

図表Ⅰ－21　税金とインフレ率を帳消しにする金利

インフレ率

		1 %	2 %	3 %	4 %	5 %	6 %	7 %
税率	0 %	1%	2%	3%	4%	5%	6%	7%
	10%	1.2%	2.3%	3.4%	4.5%	5.6%	6.7%	7.8%
	20%	1.25%	2.5%	3.75%	5.0%	6.25%	7.5%	8.75%

（注）　たとえば、インフレ率5％で税率20％ならば、預金金利は6.25％で損益分岐
　　　点となる。

図表Ⅰ-22　預金金利の推移

	普通預金	大口定期	普通貯金	3年以上定期	インフレ率
1950年	1.83%		2.76%		−6.9%
1960年	2.56%		3.96%		3.6%
1970年	2.25%		3.60%		7.7%
1974年	3.0%		4.32%	8.0%	24.5%
1980年	2.75%		4.08%	7.25%	8.0%
1985年	1.50%		2.88%	5.75%	2.1%
1990年	2.08%		3.48%	6.33%	3.1%
1991年	1.50%	6.4%	2.88%	5.55%	3.3%
1995年	0.1%	1.22%	0.25%	1.15%	−0.3%
2000年	0.1%	0.24%	0.12%	0.2%	−0.9%
2004年	0.001%		0.005%	0.069%	0.0%
2012年	0.02%		0.03%	0.04%	0.0%
2018年	0.001%		0.001%	0.0019%	1.2%

　たとえば、1990年には、郵便局の普通貯金は、金利3.5%だったので、20%の税金を差し引くと2.8%が残ります。つまり、3%のインフレーションの場合には、実質では、損をしている計算になります。

　言い方を変えれば、現在の0.01%の金利よりも、3.5%であった時代のほうが、実質では、損をしていたということなのであり、現在の低金利を嘆く人は単に、そのことに、気がついていなかったというだけなのです。

　ちょっと不安になっちゃったかもしれませんね？　でも、税金とインフレからの脱出方法を、次の章で説明しますから、ご心配なく。

　上記のお話には例外があります。特に、郵便局には、預入時と同じ固定金利で最長10年間、半年複利で預けられる定額貯金というものがありました。仮に、1990年に6.3%で、10年間、お金を預けた場合、世の中の金利が0.2%になっていた10年後までおいておくことで、6.3%の金利をゲットできたのは、ラッキーでしょうし、これは、まさに「よい金利」ということができますが、これは、例外中の例外で、いまの世の中には、存在しなくなりました。

第 3 章

20世紀最大の発見

　かのアルバート・アインシュタインが「20世紀最大の発見は何か？」とた
ずねられたとき、周りの方は皆、彼が相対性理論か原子力と答えるものだと
ばかり思っていました。

　しかし、彼の答えは、「それは、複利の力である」という予想に反したも
のでした。アインシュタインは、冗談をいったのでしょうか？　それを判断
するのは、以下の話を読んでからにしてください。

　たとえば、100万円を20年間、毎年5％の複利で運用した場合、金利によ
る利益は、165万3,298円になります（税金は無視）。それでは、金利が2倍の
10％になったとしたら、いくらになるでしょう？

　金利が2倍になれば、金利による利益も2倍になると思うでしょう？

　でも、そうじゃないことをアインシュタインは主張したわけです。つま
り、金利は100％上昇しただけなのに、金利が稼ぐ利益は346％も上昇するの
です。別の言い方をすれば、20年間に金利で稼ぐ金額は、165万3,298円では
なく、572万7,500円になるのです。

　これこそが、アインシュタインのいう複利の力です！

　複利の場合には、お金は直線的に成長するのではなく、指数関数的に成長
していきます。この点について、さらに詳しくみていきましょう。

　金利が5％ではなく15％になると、金利が稼ぐ利益は、1,536万6,537円に
なります。つまり、金利が3倍になると、金利が稼ぐ利益は9.3倍になるの
です。そして、金利が4倍の20％になると、金利が稼ぐ利益は3,733万7,600
円と22.6倍になります。そして、一括投資と同様に、毎月の積立投資でも、

図表Ⅰ-23　複利は魔法のような力をもつ

100万円を一括投資した場合、
各金利における20年間の収益は

5 %　165万3,298円

10%　572万7,500円

15%　1,536万6,537円

20%　3,733万7,600円

毎月 1 万円の積立投資を続けた場合、
各金利における収益は

5 %　172万7,463円

10%　525万6,969円

15%　1,275万9,550円

20%　2,921万4,794円

複利は威力を発揮します。

　たとえば、今後20年間、毎月 1 万円を積立形式で投資すれば、投資金額は240万円になります。ここで、金利が 5 %であるならば、金利が稼ぐ利益は172万7,463円ですが、金利が 2 倍の10%になれば、金利が稼ぐ利益は、以前よりも304%増えます。そして、金利が 3 倍の15%になると、金利が稼ぐ利益は1,275万9,550円と7.4倍になりますし、金利が 4 倍の20%になると、金利が稼ぐ利益は2,921万4,794円と16.9倍になるのです。

　複利の力って、ものすごいと思いませんか？

▶ ノーリスクで20%稼ぐ秘密

　ところで、私は、以上のような複利の威力について、以前、ある大学（ジョージタウン大学）で教えていたことがありますが、その当時、よく学生がたずねてきた質問がありました。

　「一括投資でも、積立投資でも、複利の力は、大きいですね。でも、いったいどうやって、20%を稼げばよいのでしょうか？」
というものでした。そして、その質問に対して、私は、率直に答えました。

　「ノーリスクでどうやって年間20%を稼ぐのか教えてくれですって？　そんなの私だって知りませんよ。もしそんな方法を知っていたら、なんで他人に教えなきゃならないのですか？」

次にどこかのセールスマンが、投資勧誘の電話をしてきたとき、ぜひ聞いてみてください。

　「そんなにすばらしい投資の儲け話を知っているのに、どうして他人に教えなければならないのですか？」

　もし絶対確実な投資商品があれば、自分自身の投資に忙しくて、他人に教える時間なんてありえないはずですよ。仮に時間があったとしても、家族や友人をさしおいて、なんで赤の他人の皆さんに教えなければならないのですか？　そのなぜについて考えていくと、どうも2つの理由があるように思えます。

他人に売買させて、自分は手数料で儲ける

　第一の理由は、投資で確実に儲けるためには、だれかに投資商品を売買してもらって、手数料で儲けるという仕組みです。証券会社では、「お金持ちになれる」と、お客さんをその気にさせて、売買させることで、手数料を稼ぎます。

　つまり、他人の投資を取り次ぐことで、確実に、自分が儲かるというカラクリですが、これでは、証券会社にとっては都合がよいものかもしれませんが、投資家にとっては都合がよいとはいえません。

他人に買上げさせて、自分は売り逃げる

　第二の理由は、テレビ、ラジオ、雑誌、新聞で、「金融の専門家」と称する人たちが、ある特定の銘柄の株式を買うように推奨する場合ですが、なかにはその株式銘柄をすでに自分がもっていて、数百万人に買うようにしむけることで、その株式銘柄の値段を吊り上げて、自分自身が儲けるという輩のやりかたです。

　たしかにメディアで推奨されると、すぐに株価は上がり、話題をつくりあげた人は売り逃げることができます。そして、番組に戻った彼らは、

　「ほら、僕がいったように株は上がったでしょ！」

というわけです。証券界には、こんなふうに自分で仕掛けて相場をつくった

くせに、まるで自分の予想が的中したように言い回る預言者があふれています。

　私は冗談をいっているわけではありません。

　アメリカのいくつかの研究では、過去数十年間にわたって、この点を検証しています。たとえば、1993年に発表されたThe Journal of Financial and Quantitative Analysisの記事によれば、人気のテレビショーや新コラムで、ある株式が推奨されると、そこから48時間以内に、数万人の人たちがその株式の買い注文を証券会社に出す、ということです。

　そして、上昇相場が続いている間に、メディアに情報を流して、他人を食い物にしている人たちが、自分たちだけ売り抜けているのです。もちろん、その後には、株価は、急落して元の値段に戻ってしまい、結局は、高値で買った投資家だけが取り残されてしまいます。

　そうした効果が、ほんの一瞬に限られる場合もあります。

　2007年に発表されたQuarterly Review of Economics and Financeの記事では、ケーブルテレビで、人気のマネー番組のなかで、「この銘柄がお勧めです」という買い推奨が出されると、たしかに、その銘柄の上昇へとつながるものの、その推奨効果による値上り利益は、翌日の始値がついた時点で、すべて回収されている、としていました。

　さらに新しい研究調査として、2009年に発表されたThe Journal of Financial and Quantitative Analysisの記事では、株式銘柄に関するメディア報道の効果は、新しい発表後の1日か2日以内に、帳消しされるとしています。

　ちょっと考えればわかることですが、株価というのは需要と供給の法則に基づいて動きます。この場合、供給は、存在する株式の数なのでかなり固定されています。ですから、株価は、需要によって上下するわけです。買いたい人が多くいれば、株価は上がり、買いたい人がほとんどいなかったり、売りたい人が多ければ、株価は下がります。

　こうした関係を上手に利用して、安く買って、高く売れば、株式市場でお金が儲かるわけです。そこで、この仕組みを利用した常套手段として、ま

ず、値上りしていない株式を買っておきます。

　次に、テレビやラジオ番組に出演したり、新聞に取材させたり、コラムを書いたりして、近く上昇するように思わせる。自分のメッセージを数百万の人に伝えることで、数十万人がそれに追随します。

　すると、1日か2日だけ、この新しい需要が価格を押し上げる原因となるのです。

　番組が放送され、相場観や材料が印刷される日時がわかっていれば、前もって自分で自分が推奨する銘柄を買っておいて、ニュースの発表後、株価が高く、出来高の多い間に売り抜けることができます。

　こうして、一財産つくれるという具合です。

　もちろん、一般投資家は、剥ぎ取られることになります。

　というのも、一般投資家は、ニュース報道の後に、株式を買うからです。推奨された株式の価格が上昇している最中に、買い上げていきます。そして、メディアの注目が終わった瞬間から、即座に、需要は緩み始めて、株価は最初のレベルに落ち込んでいきます。これをみた一般投資家は株式を持ち続けるのが恐くなり、安値で売るようになるのです。要するに、「高く買って、安く売る」というわけです。

　このように、素人がお金を失い、プロモーターがお金を儲けるのです。

　用心しないと、こうした罠にかかってしまいますよ。だって、プロモーターがメディアに戻って、「俺の推奨銘柄は上がっただろう。いったとおりじゃない？　次回は、俺のいうことよく聞いたほうがいいよ。何を買えばいいか教えてあげるからさ！」なんてことになるからです。

　こうして、彼らは何度も何度も、番組に招かれて、記事に取り上げられます。そして、多くの一般投資家は、彼らのアドバイスに従い続け、知らず知らずのうちに、繰り返し繰り返し、彼らが大金を稼ぐ手助けをする羽目に陥ります（これこそが、投資の儲けと投資家の儲けの大きな違いなのです。詳しくは第42章参照）。

推奨銘柄をあげる人には、要注意

したがって、ニューズレター、マネー雑誌、株式新聞、マネー番組、そして、インターネットの投資番組で、「専門家らしき人のお勧め銘柄」をみたら、「この人は、どんな魂胆があって、こんなことをいっているんだろう？」と考えてみる必要があります。そして、そもそも、数百万人に対して、同時に発信されるアドバイスが、一人ひとり違った状況を抱えている皆さんにとって、はたして適切なものなのでしょうか？

もしも今度、どこかの金融の専門家が、「株式市場は20％の調整をするかもしれない」なんていうのを耳にしたら、彼の真意は、

「現在の株式市場は株価が高すぎて、たくさんの株式を買うことができない。だから、皆さんにもっている株式を売ってもらいたい。20％だけ価格が下がれば、僕は安い値段で買うことができるから」

なんてことなのかもしれないって、頭の隅に入れておきましょう。

ここまでの悪意はない場合でも、「金融の専門家」が、金融メディアで推奨銘柄をあげる理由は、個人事務所の場合には、彼らがコラムによる原稿料や出演料で生計を立てているからです。マネー雑誌にコラムを掲載すると、1ページで1万〜2万円もらえますが、推奨銘柄をあげ続ければ、ネタに困ることがありません。また、大手の金融機関に所属する場合には、金融機関の宣伝目的ということです。○○証券のアナリストとか○○投信のファンドマネージャーという肩書きで、テレビや雑誌に出演すれば、ただで広告を打ったのと同じですからね。

こんな理由から、私は、書籍、ニューズレター、テレビ番組、ラジオ番組、ウェブサイトのなかで、株式、投資信託、他の投資について、推奨銘柄をあげたことが、いっさいないのです。

繰り返しになりますが、推奨銘柄をあげるような人には、十分用心することです！

もちろん、他のすべてのファイナンシャル・アドバイザーと同様、わが社

の投資担当者にも、お気に入りの銘柄がありますが、ここでの私の役割は、皆さんに基本的なパーソナルファイナンスの仕組みを学んでいただくことであって、特定の銘柄を売り買いしていただくことではありません。

　私は、金融教育に的を絞っています。

　というのも、一度、金融の世界がどう動くか理解すれば、皆さんは、ご自分にとって、最適な商品を選択できるようになるからです。そして、そうなれば、皆さんは、ご自分の家計をコントロールできるようになりますし、「金融の専門家」と称する人たちの推奨銘柄などは、全部無視できるようになるからです。

　以上のように、動機が汚いものでなくても、推奨銘柄には、別の問題があります。というのも、推奨銘柄が書かれた時点と読者が購読する時点の間に、いろいろなことが起こりうるからですし、そもそも「専門家の予想」なるものが、きわめてあてにならないから、うのみにした投資家が、ババをつかまされることになるからです。

　たとえば、2003年4月〜2007年7月は、日経平均株価が7,600円から1万8,260円へと240%も上昇した時期ですが、それでは、2007年7月時点で、「金融の専門家」と称する人たちが、どんな予想をしていたか、確認してみましょう。99.9%が「これからも、さらに株式は上がっていくだろう」と予測していましたし、「2万円もみえてきた」という専門家もたくさんいました。

　しかし、実際には、日経平均は、2007年末に1万4,000円を割り、2008年末には、8,000円を割り込みました。「金融の専門家」と称する人たちの、こうしたデタラメな予想は、図書館へ行って、マネー雑誌を読み返せば、証拠が残っていますが、それに乗せられた投資家の悲惨さは、想像できますよね？

72の法則とは

　ここで、「72の法則」について説明しましょう。72の法則とは、金利がいろいろと変わった際に、お金が2倍になるのに、どれくらいの期間がかかるかを教えてくれます。

たとえば、お金を10年で２倍にしたい場合、いくらの金利が必要か計算するには、72を10で割ればいいのです。つまり、10年でお金を２倍にするには、毎年7.2％を稼ぐ必要があるのです。

　また、毎年15％稼げる場合、お金を２倍にするには何年かかるか知りたいなら、72を15で割るだけでよくて、答えは4.8年となります。このように、金利か時間がわかれば、それで72を割ると、必要な答えが出てきます。

　72を金利で割れば時間が、72を時間で割れば金利が、それぞれ出てくるのです。おもしろいでしょ（多分、そうじゃないと思いますけどね）？

　それでは、72の法則が、どういう効果をもたらすかを、わかりやすく説明するために、ニューヨークのマンハッタン島のことを例にあげましょう。

　アメリカ人の祖先であるヨーロッパ人の移住者は、24ドル相当の毛布とビーズと交換して、アメリカ原住民からマンハッタン島を手に入れたわけですが、仮に、アメリカ原住民が、その24ドルを7.2％の金利で運用した場合、10年ごとにお金が２倍になるわけです。それでは、1626年から2010年までの間に、毎年7.2％ずつ増えた場合、この24ドルは、いくらにまで成長するでしょうか？

　答えは、たった24ドルが、8.7兆ドルにもなるのです！

　複利の力は驚くべきものです。まさしく利子に次ぐ利子を稼ぐということです。しかし、この例とは違って、多くの人が稼いだ利子を使ってしまいます。

　皆さんの場合はいかがですか？

　預金や債券や株式に投資したのはいいものの、いつの間にか、金利や配当を口座から引き出して、使ってしまってはいませんか？

　もし、アメリカ原住民が24ドルを銀行に預け、複利で回すかわりに、毎年発生する1.73ドルの金利を使ってしまうとしたら（年7.2％の金利と仮定）、384年分の金利合計は、664.32ドルになりますが、元本の24ドルは、たった24ドルのままなのです。

　皆さんへのメッセージとしては、お金を投資したら、放っておいて、手を触れないようにしましょう。利子が利子を稼ぐということは、664ドルと8.7

図表Ⅰ－24　複利の力

1626年から	$ 24.00
24ドルを	48.00
7.2%で	96.00
成長させると	192.00
	384.00
	768.00
	1,536.00
	3,072.00
	6,144.00
	12,288.00
	24,576.00
	49,152.00
	98,304.00
	196,608.00
	393,216.00
2010年までに	786,432.00
8.7兆ドルに	1,572,864.00
成長する	3,145,728.00
	6,291,456.00
	12,582,912.00
	25,165,824.00
	50,331,648.00
	100,663,296.00
	201,326,592.00
	402,653,184.00
	805,306,368.00
	1,610,612,736.00
	3,221,225,472.00
	6,442,450,944.00
	12,884,901,888.00
	25,769,803,776.00
	51,539,607,552.00
	103,079,215,104.00
	206,158,430,208.00
	412,316,860,416.00
	824,633,720,832.00
	1,649,267,441,664.00
	3,298,534,883,328.00
	6,597,069,766,656.00
	8,712,247,778,563.00

兆ドルの違いになるよ、ということなのです。

　1兆ドルって、どれくらいか想像できますか？　円換算では100兆円余です
が、金額が大きすぎると、多くの人の目は霞んでしまいます。そこで、実感が
わくように言い方を変えましょう。1ドルを1枚につき1秒かけて数えた場
合、100万ドルを数えるのに11日間以上かかります。10億ドルでは31.7年間、

1兆ドルでは、3万1,688年間かかります。また、買い物に出かけた場合、1日で1,000ドル使うとすれば、使い終わるまでに、100万ドルでは3年間、10億ドルでは3,000年間、1兆ドルでは300万年かかります。きっと、山ほど買い物ができますね。

一生懸命働きますか？　それとも賢く働きますか？

毎月の貯金を2倍に増やせれば、2倍豊かになれるのは当然です。そして、貯金を2倍にできれば、投資収益も2倍に増えるというのも事実です。でも、そもそも、そんなにたくさん貯金を増やせる人なんて、ほとんどいないはずですよね。

ただし、貯金を2倍にしなくても、金銭的に成功することは可能です。

たとえば、毎年5％の金利で、毎月1万5,000円ずつ貯金した場合、40年後には、2,289万300円になりますが、毎月2倍の3万円ずつ貯金すると、40年後の金額も、2倍の4,578万600円になります。

でも、貯金を2倍に増やすためには、これまでも、一生懸命働いていたのにもかかわらず、仕事の量をもっともっと猛烈に増やさなければなりません。

だから、賢く働く術を身につけることが大切になります。

毎月同じ1万5,000円を貯金する場合でも、5％ではなく、10％で増やせるとしたら、40年後には、9,486万1,200円になるはずで、5％で預けていた場合の4倍になるわけです。つまり、賢く働けば、猛烈に働くよりも、2倍儲かるということです。

実は、本当に賢い方は両方やります。毎月の貯金を3万円にして、収益も10％にするというやりかたです。そうすれば、40年後には、なんと1億8,972万2,400円になるからです。

第 4 章

将来の計画を立てる際の
うれしい話と嫌な話

　家計管理で成功したいなら、第1章で説明した、将来に向けた望遠鏡のお話を思い出してください。年収750万円の50歳の方が、定年退職後も快適な老後を過ごすためには、インフレ率3.1％だと3億3,165万円が必要になるといいましたが、こんな数字を聞いたら、パニックになりませんか？

　メディアは消費者を脅すために、しょっちゅう、こうした統計を使うものです。

　同様に、ファイナンシャルプランナーも、同じような数字を掲げて、お客さんに脅しをかけながら、アドバイスを行います。

　「老後にいくら必要です」とか「子どもの教育費にいくら必要です」と、いちいち数字を並べて、顧客を脅して行動させるものなのです。

　この手がいちばん使われるのは、大学費用のプランニングです。

　子どもや孫を大学に行かせるには数千万円もかかると伝えるサディスティックなプランナーがたくさんいます。そうやって効果的に脅して、お客さんから手数料を取り上げているのです。

　わが社でも、他社のプランナーの好ましくない行為をよく耳にしますが、最も問題なのは、そうした数字を突きつけられたお客さんが、あまりの金額の大きさに怯んでしまい、

　「どうやってそんな大金を貯金するんだ。何をやっても無駄さ」
と、目標に向かうどころか、初めからあきらめてしまうことです。

　お客さんの言い分もよくわかります！

　なぜなら、こうしたプランナーの多くは、莫大な数字を掲げて、それが達

成できるかどうか、白黒の決着をつけたがるもので、灰色というものは、考えないからです。

つまり、将来設計に沿って必要資金を満額用意できれば合格、少しでも足りなければ不合格という具合に、決めつけてくるわけです。そして、もし必要な資金が計画どおり貯金できないと、いままでの貯金が全部、何の役にも立たなくなってしまう、みたいなことをいうわけです。

もちろん、こんなやりかたは、デタラメです！

というのも、「5,000万円も貯めたのに、目標の1億円に到達しないから、人生の落伍者になった」なんてことは、ありはしないでしょう？　ただし、こうしたプランナー側の落ち度を考慮に入れたとしても、お客さんの側にだって問題は残ります。というのも、嫌な話だけを真に受けてうれしい話に耳を傾けようとしないからです。

嫌な話とは、自分自身で計画を把握していないと、必要な時期までに、必要な金額すべてを貯めることができないということ。何をいっているのかは、将来を見渡す望遠鏡で数字をみればわかりますよね！

たとえば、年収750万円の50歳の方は、定年退職まで15年あるものの、仮に、税金を支払わず、お金を全然使わなくても、貯められるのは、1億1,250万円ですから、ざっと見て、目標の3分の1にすぎません。

すると、十分なお金を用意できないことがはっきりしている以上、快適な老後というのは、ありえないように思えます。これが嫌な話で、多くの人は計画をする気もなくしてしまいます。

しかし、うれしい話だってあります。たしかに、目標に見合う十分なお金を貯蓄することができないのは事実ですが、そもそも、貯金だけで、必ずしもお金を全額そろえる必要もありません。これがうれしい話です。

第3章のアメリカ原住民のお話を思い出してください！

24ドルに対して、毎年7.2％ずつ利子をもらうだけでは、アメリカ原住民が手にする利子の合計は、384年かけても、664ドル32セントにすぎません。しかし、利子に対しても、利子が付く場合には、実に8.7兆ドルの利子が追加されてきます。

つまり、コツコツとした貯金では、巨額の蓄えをつくりだせないからといって、心配することなどないのです。必要なことは、とにかく始めることなのです。

　まずは、1万円を投資することから始めましょう！

　そうすれば、後は、そのお金が勝手に成長してくれます。必要なことは、効率的な収益率と時間なのです。

　ですから、ご自分の将来設計をするとき、とにかくいますぐ始めて、できる限りたくさん貯金するということが答えの半分です。後の半分は、投資の収益率を上げることになります。この点は、Part VIで、やりかたを説明いたします。

Ricのマネークイズ

　ここで、PartⅠの内容に関して簡単なクイズをしましょう。単なる確認ですから、あまり神経質になる必要はありません。間違えたら、解答欄にある参照箇所を読み返してみましょう。ただし、家計管理の将来は、その作業のいかんによって大きく左右されますから、理解できるまで読み返すことが重要です。クイズの終わりに解答がありますが、のぞき見は禁止です。

1　ファイナンシャルプランが必要なのは、次のどのリスクに対処するためか？
　　Ⅰ. 病気　　Ⅱ. けが　　Ⅲ. 死亡　　Ⅳ. 失業
　　○a　ⅠとⅡ
　　○b　ⅠとⅡとⅢ
　　○c　ⅢとⅣ
　　○d　ⅠとⅡとⅢとⅣ

2　「2018年の政府の調査」によると、年収が200万円以下の65歳以上の割合は？
　　○a　11%
　　○b　40%
　　○c　52%
　　○d　81%

3　「20世紀最大の発見」とアインシュタインが呼んだものとは？
　　○a　原子爆弾
　　○b　複利の力
　　○c　相対性理論
　　○d　モダンポートフォリオ理論

4　平均寿命とは、０歳児の平均余命を示すが、厚生労働省の「平成30年簡易生命表」によれば、2018年に生まれた子どもの平均寿命は何歳か？
　　○a　男性50.06歳　女性53.96歳

○ b 男性75.92歳　女性81.90歳

○ c 男性81.25歳　女性87.32歳

○ d 男性94.33歳　女性95.66歳

5　生命保険文化センターによると、私立大学（理系）に自宅外から通う場合の4年間の費用は？

　　○ a 　　214万3,000円

　　○ b 　　492万9,000円

　　○ c 　1,073万9,000円

　　○ d 　1,420万6,000円

6　年率10%のリターンを仮定した場合、30歳から始めて65歳までに1,000万円用意するには、毎月いくらを積み立てればよいか？

　　○ a 　　2,600円

　　○ b 　　9,500円

　　○ c 　1万4,300円

　　○ d 　2万1,700円

7　金融の専門家の多くが認める、一般の方々が金銭管理に失敗する最大の要因とは？

　　○ a 収入が少なすぎること

　　○ b 重税

　　○ c 先送りの癖

　　○ d インフレ経済

8　2度のオイルショックが起こった1970年代に、日本が経験した最高の年のインフレ率は、何%だったか？

　　○ a 25%

　　○ b 30%

　　○ c 40%

　　○ d 253%

9　1626年に24ドルを手にしたアメリカ原住民が、仮に、その24ドルを年7.2%の複利で運用していたら、2010年には何ドルだったか？

○ a　664ドル

○ b　24万ドル

○ c　72億ドル

○ d　8.7兆ドル

10　現在のような国民皆保険が制度としてできあがったのは、いつからか？

○ a　1868年

○ b　1900年

○ c　1945年

○ d　1961年

解　答			
1 − d（p 8）	2 − b（p 18）	3 − b（p 50）	4 − c（p 10）
5 − c（p 16）	6 − a（p 27）	7 − c（p 23）	8 − a（p 37）
9 − d（p 57）	10− d（p 40）		

平均年収の推移をみれば、日本経済の現状もわかる

　本書ではファイナンシャル・プランニングを解説します。ファイナンシャル・プランニングとは、就職してから定年退職を迎えるまで給料やボーナスをもらって、定年退職からは貯金と退職金と公的年金を３本柱にして、お金に不自由することなく人生を終える"お金のやりくりの計画"であるといえます。

　ここまでの解説からおわかりのように、ファイナンシャル・プランニングとは、寿命が延びたり、大学費用が上がったり、公的年金の受給開始時期が延びたりと、人生を終える前に、お金が足りなくなる可能性もありますから、人生設計をしたうえで、お金の計画をすることで、余分な支出をなくしながら、必要に応じて投資の力も使いましょうね、というものです。

　したがって、住宅ローン、教育ローン、生命保険などの金融商品を適切に選択しながら、プランニングによって、支出の無駄をなくし、投資のエンジンを利用するものの、プランニング以前の年収（＝収入を稼ぐ能力）がきわめて重要でもありますが、平均年収は1997年をピークに下がり続けていました（図表Ⅰ−16）。では、なぜ、1997年以降、日本人の平均年収は下降傾向が続いてい

たのでしょうか？

　この原因が理解できれば、これからのファイナンシャル・プランニングにおいて、これまで行ってきた節約に加えて、ますます投資エンジンの必要性が高まる理由がわかるでしょうし、政府が、公的年金の支給開始時期を引き上げようとする半面、NISAやiDeCoなどの税繰り延べ効果のある投資口座を提供し始めたのかもわかるでしょう。

(1) 戦後日本の一億総中流社会

　戦後の日本では、焼け野原の状態から復興し、地方の農村から大量の労働人口を集めながら、1960年代には都市部で工業化が進んで高度成長を迎え、綿糸紡績業を中心とした軽工業・鉱工業→鉄鋼業→石油精製業・化学繊維工業→電機・自動車工業という具合に、10年ごとに経済をけん引するリーディング産業が次々と現れてきました。ジャパン・アズ・NO１と世界から評価され、1987年には１人当りGDPはアメリカを抜いて世界一となりました。

　図表Ⅰ－18をみるまでもなく、現在の日本では所得格差が進んでいますが、1990年代までの日本は、終身雇用・年功序列・企業内組合に支えられた所得格差の小さな、過度なくらい平等な、「１億総中流社会」と呼ばれていました。これは、第２次大戦後のアメリカのGHQによって、日本という国に、"社会主義の実験"が行われたせいだといわれます。そして、平和憲法のおかげで、日本は戦争にかかわらなかったために、経済に集中することができ、焼け野原からの復興、高度成長、輸出大国として経済が成長し続けたため、１億総中流社会を続けることができました。

　国民皆健康保険・国民皆年金もその賜物であり、"みんな一緒に豊かになる"という１億総中流社会が土台となって、"優秀な社員もそうでない社員も給料には差をつけずにみんなで支え合う""働ける元気な労働者が引退した年寄りを支えてあげる"という、社会的なコンセンサスのもとに成り立っていた制度です。

　一億総中流社会を実現できた最大の理由とは、10年ごとに新しいリーディング産業が登場して、経済全体の総需要を生み出し、雇用が増加し賃金上昇をもたらすため、消費も増加する。それに伴って生産も増えていくので、労働需要はますます拡大していく。こうした「理想的な経済循環」を繰り返しながら、それを支える労働人口が確保できた点にあります。

(2) 平均賃金低下と格差社会は、冷戦終結によって始まった

しかし、1980年代以降、日本のリーディング産業は電機と自動車のままであり、新しいリーディング産業が登場しないまま、輸出による海外競争を繰り返すしかなくなりました。

ここで、1990年に冷戦が終結し、中国を中心として、世界中の国々が経済競争に参加してくると、日本の輸出企業は低賃金諸国との競合商品の価格競争に負けてしまっただけでなく、日本国内にも安い輸入品が入ってきたことによって日本国内で価格破壊が起こりデフレーションが起こりました。

ユニクロは、まさしく低コストの中国や東南アジアで製品をつくって日本で販売し大成功したわけですが、低コストの安い輸入品と同じ製品を製造していたアパレル企業では、製品の値下げを余儀なくされただけでなく、利益が圧迫されるため、人件費を引き下げるか、人員整理をするしかありませんでした。

正社員として働き続ける場合には、賃金の引下げに甘んじる必要がありました。人員整理を受ける場合には、ファストフードやコンビニなどでアルバイトをしたり、非正規社員となって働いたりと、正社員時代よりはるかに低い賃金に甘んじることになります。

その結果、低賃金国の中国などと高賃金国の日本とは、物価水準だけでなく、賃金水準まで歩み寄ることになります（ノーベル賞授賞者のポール・サミュエルソンによれば要素価格均等化定理が働くといわれる）。これが日本のデフレーションと平均賃金低下の根本的な原因であると考えられます。

このような要素価格均等化定理は、労働賃金が高い技術大国に多くみられる現象であり、たとえば、世界の工場と呼ばれたアメリカは、低賃金国であった日本やドイツの戦後復興により、工業製品の競争力を脅かされて、同じようなデフレーションや平均賃金低下に悩まされました。ただし、1980年代の規制大緩和と大失業時代を経て、1990年代からはIT・金融・バイオといった新しいリーディング産業が誕生して、経済全体をけん引し始めたため、GDPも平均年収も雇用も改善していったのです。

日本の電機・自動車工業とは世界的な輸出産業であり、冷戦が終わって新興国が経済競争に参戦してくると、まずは、電機産業が安いアジア製品との競争に巻き込まれ、技術漏洩等もあり電機製品は、どこの国でも簡単に製造できる"コモディティ"となってしまい、半導体分野でも苦境に立たされ、液晶ではあのシャープが台湾企業の傘下に入ってしまいました。自動車産業は安全性の確保やメカニズムが複雑であるためコモディティ化せずに堅調ですが、水素エ

ンジン車の開発ではリードしたものの、結局は、電気自動車が主流となってしまい、いくぶん競争力を失いつつあります。

(3) 労働者派遣法改正による年収格差の加速化

1990年代の冷戦終結とバブル崩壊のなかで、終身雇用と年功序列に支えられた１億総中流社会はもろくも崩れ、経済安定成長と１億総中流社会を前提としていた国民皆健康保険・国民皆年金までガタガタと不安定になりました。

ここで労働組合も企業内組合であるため、"解雇されるよりは、賃金調整に応じる"と弱腰であったところ、小泉政権時代には、労働者派遣法の改正が行われたため、企業は低賃金で非正規社員を雇いやすくなり、日本の雇用形態は完全に変わりました。

平均年収のピークは1997年であり、下降傾向が続いていた原因は、新興国からの安い製品の輸入によって、日本の製品価格が下がるだけでなく、同製品の国内製造会社の売上・利益が下がり、賃金や雇用にまで影響した結果、「日本の平均賃金は新興国と同水準まで近づいていく」という経済学の要素価格均等化定理が働いていることが中心だと考えられますが、要素価格均等化定理を物価だけでなく、年収にまで及ぼした要因としては、企業内組合、労働者派遣法の改正も一因であると考えられます。

2019年には正規社員の3,503万人に対して、非正規社員は2,165万人となりました。所得の少ない労働者が激増したため、図表Ⅰ－18のように所得格差を生んでしまい、平均賃金が下がり続けていたということです。

以上のように、図表１－16において、1997年から2012年まで平均年収が下がり続けた理由は、1990年代に冷戦が終わったことによる新興国からの安い輸入品による要因とそれに対応した労働者派遣法の施行と改正による非正規社員の増加による要因が大きいと考えられます。

(4) 製造業から医療・介護への労働人口の移動

1990年代後半以降の日本では、アジア新興国の製造業による低価格製品と競合するために、製造業の輸出競争力を支援する政府や日本銀行による円安誘導を追い風に、非正規社員を利用して生産コストを引き下げて対抗してきました。

現在もなおアジア新興国との低価格競争にさらされており、電機は競争力を失い、自動車産業がなんとか日本経済をけん引しているものの、生産性の高い新しいリーディング産業は誕生していません。そのかわりに高齢化という特殊

図表Ⅰ-25　産業別就業人口の推移

1997年12月	建設業（670万人）、製造業（1,428万人）、運輸・通信業（432万人）、卸売・小売業・飲食業（1,488万人）、サービス業（1,660万人）
2002年1月	建設業（589万人）、製造業（1,210万人）、情報通信業（155万人）、運輸業（326万人）、卸売・小売業（1,169万人）、金融保険業（165万人）、不動産業（68万人）、飲食店・宿泊業（355万人）、医療・福祉（462万人）、教育・学習支援業（289万人）、複合サービス業（76万人）、サービス業（847万人）、公務（219万人）
2019年平均	建設業（499万人）、製造業（1,063万人）、情報通信業（229万人）、運輸業・郵便業（347万人）、卸売・小売業（1,059万人）、学術研究・専門・技術サービス業（240万人）、宿泊業・飲食サービス業（420万人）、生活関連サービス・娯楽業（242万人）、教育・学習支援業（334万人）、医療・福祉（843万人）、サービス業（455万人）、公務（241万人）

（出所）　総務省「労働力調査」より筆者作成

図表Ⅰ-26　製造業と医療・介護の平均年収の推移

	製造業	医療福祉	全業種
1997年	448万円		
2007年	383万7,000円	346万5,000円	367万2,000円
2018年	519万5,000円	397万2,000円	440万7,000円

（出所）　国税庁「民間給与実態統計調査」より筆者作成

事情によって、介護産業に労働人口が押し寄せています。

　大雑把にみれば、製造業では、1997年の1,428万人から2019年の1,063万人へと400万人もの就業人口が減りました。その一方で、医療・福祉では、2002年の462万人から2019年の843万人へと400万人も就業人口が増加しました。

　直接、製造業から医療・福祉へ労働人口が移動したわけではないかもしれませんが、製造業の就業者が減り続ける一方で、医療・福祉の就業人口が増加し続けている実態は明らかです。

　そして、製造業と医療・福祉の平均年収を比べれば、製造業では、1997年から2018年まで全業種平均以上の給与水準であったのに対して、医療・福祉で

は、全業種平均以下の給与水準でした。

　新興国からの安い輸入品のため、製造業を中心にして就業人口が減少しましたが、就業人口の最大の受入先は介護産業であり、過去20年間にわたって継続的に就業者数を増加させれば、日本人の平均年収が下がって当然です。

(5)　2013年からの平均年収上昇の理由

　日本人の平均年収が下がり続けた最大の理由は、新興国からの低価格による輸入品との競争に負けた製造業の雇用が減り、低賃金の医療・福祉へと労働人口が移動したことであり、これが要素価格均等化定理が働いたと表現できるわけです。ただし、2013年ごろから、ここに日本特有の少子高齢化・人口減少問題が加わったことによって、図表Ⅰ－16にあるように、日本人の平均年収は上昇し始めました。

　2008年の１億3,200万人をピークに日本の総人口は、2050年には１億人を割り込むといわれます。総人口のなかでも労働によって経済を支える中心的存在とされる15歳から64歳までの生産年齢人口は、1995年の8,726万人から2015年には7,730万人と1,000万人も減っており、国立社会保障・人口問題研究所によれば2029年には7,000万人、2040年には6,000万人、2056年には5,000万人、2065年には4,529万人にまで減少する推定されています。ここでの問題は人手不足です。

　経済学の教科書では、横軸に数量、縦軸に価格をとって、需要曲線を右肩下がり、供給曲線を右肩上がりとして分析をします。ここで横軸を雇用数、縦軸を年収とすれば、労働需要（雇用する側）は右肩下がり需要曲線、労働供給（雇用される側）は右肩下がりの供給曲線というかたちで、雇用と年収の関係が示されます。

・供給曲線が一定の場合、労働需要が増えれば、需要曲線が右方シフトして、年収も雇用も増えます。
・需要曲線が一定の場合、労働供給が減れば、供給曲線が左方シフトして、年収は上がり、雇用は減ります。
・どちらも年収は上がりますが、経済的な意味は正反対となります。

①　労働需要が増えて、年収が上がる場合には、雇用も増えます。そのため、「年収×就業者数」が増え、それが消費を引き上げることで経済は拡大します。この場合には、"良い年収の上昇"といえます。

図表Ⅰ-27　良い年収上昇と悪い年収上昇とは

① 労働需要が増えて、年収も雇用も増える"良い年収上昇"のケース

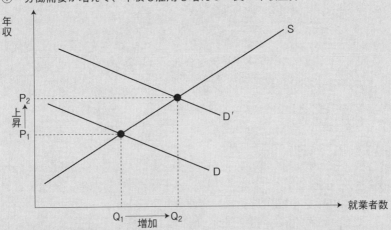

② 労働供給が減って、年収が上がり、雇用が減る"悪い年収上昇"のケース

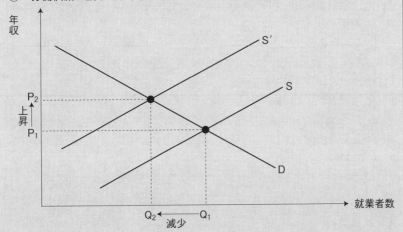

② 労働供給が減って、年収が上がる場合には、雇用は減ります。年収の上昇
率が雇用の減少率を上回れば、「年収×就業者数」は増えますが、仮に、年
収の上昇率が雇用の減少率を下回れば、「年収×就業者数」が減り、それが
消費を引き下げることで経済は縮小します。この場合には、"悪い年収の上
昇"といえます。

2013年から平均年収が上昇した理由は、生産年齢人口が減少したため、人手不足が始まったことによる異変であり、賃上げによって非正規労働者を集めざるをえなかった結果です。これは日本経済の衰退への始まりといえる憂うべき事態であるのです。

（6） 2013年からアルバイト市場では衰退がはじまった

2013年10月に有効求人倍率が1を超えました。有効求人倍率とは有効求人数÷有効求職数で計算されます。有効求人倍率（パートを含む）は、リーマンショック後の2010年の0.56から上昇を続けており、2013年10月には1を超え、2019年10月には1.6となりました。

図表Ⅰ-28のように、「有効求人数」は＋19.7%であるのに、「有効求職者数」は-23.3%であることから、「有効求人倍率」が1を超えた要因としては、人手不足によるものが大きく、就業者数は44.3%も減っています。

つまり、2013年10月以降の有効求人倍率が1を超えたことは、景気の好転によって労働需要（有効求人数）が増えたからではなく、生産年齢人口が減ったために人手不足が顕在化して労働供給（有効求職者数）が減ったからである可能性が高いということになります。

そして、就業者数の減少率44.3%に対して、時給が80%を超えて上昇していれば、「年収×就業者数」は以前よりも増え、消費全体を引き上げる可能性もあります（0.557×1.8＞1）。

しかし、"時給が2倍近くになりました"という統計は報告されていないので、『年収上昇率は雇用減少率を下回っており、「年収×就業者数」が減ったことで、消費を引き下げることで経済は縮小する』という、上記の②のパターンが確認されるのです。

つまり、アルバイト市場では、2013年より「悪い年収上昇」が広がっており、人手不足で労働供給が減ったうえに、時給の上昇によって企業の利益は減

図表Ⅰ-28　有効求人倍率が1を超えた理由

	2013年10月	2019年10月	増減率
有効求人倍率	1	1.6	＋60.0%
有効求人数	228万1,520人	273万27人	＋19.7%
有効求職者数	222万3,658人	170万5,665人	-23.3%
就業者数	18万8,597人	10万4,964人	-44.3%

（出所）　厚生労働省「一般職業紹介状況」より筆者作成

ります。企業は時給上昇分を製品価格値上げに入れてしのぐか、製品値上げができないならば倒産するしかありません。2013年から2019年までのアベノミクスの時代には、アルバイト市場では、こうした経済的な縮小均衡へ向かう負の連鎖が進行しつつあったのです。

(7) 労働市場全体を検証する

1990年代以降、日本のGDPは約500兆円のままなので、一時的な変動はあるにしても需要曲線が一定であるとすれば、生産年齢人口が減少し続けると、供給曲線が左方シフトして、年収が上がり就業者数が減ります。さらに「年収×就業者数」が減る場合、消費全体も減るので、経済は縮小します。

2013年から有効求人倍率では「悪い年収上昇」の可能性が出てきました。ただし、有効求人倍率はハローワークにおける話であり、年間就業者数は100万～200万人程度にすぎません。そこで総務省の労働力調査をみていきます。

就業者数は1997年には（6,800万人）でしたが、2012年（6,280万人）へと減少していました。ところが、2013年（6,326万人）から2019年（6,724万人）へと上昇を続けています。失業率は2009年の5.1%から2012年に4.3%、2013年に4.0%へと下がり続け、2019年には2.4%と1992年以降26年ぶりに低い水準となりました。2013年から2019年までの間、雇用は改善されて人手不足が発生していることは確認できます。

より詳しくみれば、図表Ⅰ－29のように、「15～64歳・男・正規」では＋1.6%しか雇用数が増えておらず、「15～64歳・男・非正規」では－2.2%と雇

図表Ⅰ－29　就業人口の推移

	2013年	2019年	増減
役員除く雇用者数	5,222万人	5,669万人	＋447万人（＋8.6%）
15～64歳・男・正規	2,231万人	2,267万人	＋36万人（＋1.6%）
15～64歳・男・非正規	495万人	484万人	－11万人（－2.2%）
15～64歳・女・正規	998万人	1,122万人	＋124万人（＋12.4%）
15～64歳・女・非正規	1,211万人	1,293万人	＋82万人（＋6.8%）
65歳以上・男・正規	50万人	75万人	＋25万人（＋50.0%）
65歳以上・男・非正規	117万人	206万人	＋89万人（＋76.0%）
65歳以上・女・正規	31万人	40万人	＋9万人（＋29.0%）
65歳以上・女・非正規	87万人	182万人	＋95万人（＋109.0%）

（出所）　総務省「労働力調査」より筆者作成

用者数が減っており、日本の労働力の中心ともいえる生産年齢人口（男）の就業者数は完全に頭打ちの状態にあります。

　その一方で、「15〜64歳・女・正規」で＋12.4%、「15〜64歳・女・非正規」で＋6.8%、「65歳以上・男・非正規」で＋76.0%、「65歳以上・女・非正規」で＋109.0%と雇用者数が大幅に増えています。

　要するに、2013年から2019年までの間、生産年齢人口にある男数が減っているため、賃上げをして女性の活用と高齢者パートタイムを増加させて、就業者数だけは、辛うじて増加している実態があります。もうギリギリの状態といってよいでしょう。

　次に、2013年から2019年までの賃金や年収の伸びについて確認してみます。図表Ⅰ−30のように、「15〜64歳・男女・正規」で＋3.6%に対して、「15〜64歳・男女・非正規」で＋8%、「65歳以上・男女・非正規」で＋10.3%と、正規社員の賃金伸び率が低く抑えられ、非正規社員の賃金伸び率が高くなっています。

　また、日本の労働人口の中心ともいえる「15〜64歳・男・正規」では＋4.1%であり、340.9千円から354.9千円へと14千円上昇したにすぎない半面、「15〜64歳・男・非正規」で＋8.5%と18.5千円上昇、「65歳以上・男・非正規」で＋12.1%と24.6千円上昇と高い伸びを示しています。

図表Ⅰ−30　平均賃金の推移

	2013年	2019年	増減
15〜64歳・男女・正規	315.1千円	326.3千円	＋11.2千円（＋3.6%）
15〜64歳・男女・非正規	195.6千円	211.3千円	＋15.7千円（＋8.0%）
65歳以上・男女・正規	289.6千円	282.7千円	−6.9千円（−2.0%）
65歳以上・男女・非正規	191.3千円	211.0千円	−19.7千円（＋10.3%）
15〜64歳・男・正規	340.9千円	354.9千円	＋14.0千円（＋4.1%）
15〜64歳・男・非正規	218.4千円	236.9千円	＋18.5千円（＋8.5%）
65歳以上・男・正規	306.5千円	290.0千円	−16.5千円（−5.4%）
65歳以上・男・非正規	203.2千円	227.8千円	＋24.6千円（＋12.1%）
15〜64歳・女・正規	251.9千円	269.6千円	＋17.7千円（＋7.0%）
15〜64歳・女・非正規	174.5千円	189.9千円	＋15.4千円（＋8.8%）
65歳以上・女・正規	244.9千円	260.2千円	＋15.3千円（＋6.2%）
65歳以上・女・非正規	157.4千円	177.3千円	＋19.9千円（＋12.6%）

（出所）　厚生労働省「賃金構造基本統計調査」より筆者作成

さらに、「15〜64歳の女・正規」では＋7.0％と17.7千円上昇、「15〜64歳・女・非正規」で＋8.8％と15.4千円上昇、「65歳以上・女・非正規」で＋12.6％と19.9千円上昇と高い伸びを示しています。

　以上より、日本の労働人口の中心であり、1番所得水準が高い「15〜64歳・男・正規」では賃金伸び率が抑えられていた一方で、もともと、雇用が抑えられており、賃金水準が低かった女性や高齢者を活用して、低水準にあった賃金を引き上げて活用した実態がみえてきます。

(8)　業種別・規模別の雇用と賃金はどのように変わったのか？

　図表Ⅰ−16において、2013年から2018年までの間、平均年収は414万円から441万円へと6.5％上昇しています（2012年の408万円からだと8.1％上昇です）。年収上昇の大きな要因は、女性と高齢者非正規の雇用増加と高い賃金上昇率によるものです。日本の労働力の中心である「15〜64歳・男・正規」では、雇用者数も賃金上昇も大きくありません。

　ただし、"悪い年収上昇"が顕在化しているハローワークの労働市場と違って、日本の労働市場全体では、就業者数も年収も伸びているため、2019年時点では、"悪い年収上昇"には至っていません。しかし、細かくみれば、2013年から2019年までの日本の労働市場では、きわめて非人道的な雇用形態が生まれていたことがわかります。

　2018年と2019年に過去最高益を更新した大企業が続出し、東証一部上場企業の内部留保が500兆円を超えたと報道されました。これを聞くと「アベノミクスで円安に誘導したから企業売上げが激増したのだろう」と思いますが、図表Ⅰ−31のように、2013年から2019年まで全産業の売上げは11.7％しか増加していません。これに対して、営業利益は69.0％増、経常利益は73.0％増となっています。

　このなかで目立つのが売上原価・販管費に含まれている従業員給与の伸び率

図表Ⅰ−31　企業業績の推移（2012年度と2018年度の変化率）

	売上げ	売上原価・販管費	従業員給与	営業利益	経常利益
全産業	＋11.7％	＋10.0％	＋4.3％	＋69.0％	73.0％
製造業	＋7.2％	＋5.3％	＋1.8％	＋70.3％	75.2％
非製造業	＋13.5％	＋11.8％	＋5.2％	＋68.8％	72.7％

（出所）　財務総合政策研究所「平成24年度・30年度法人企業統計調査」より筆者作成

図表 I −32　資本金規模別の売上伸び率／給与伸び率

	1,000万円未満	1,000万円 ～ 5,000万円	5,000万円 ～ 1億円	1億円 ～ 10億円	10億円以上	計
全産業	1.058	1.057	1.071	1.11	1.044	1.071
製造業	1.179	1.065	1.052	1.084	1.035	1.053
非製造業	1.042	1.063	1.07	1.11	1.049	1.079

（出所）　財務総合政策研究所「平成24年度・30年度法人企業統計調査」より筆者作成

図表 I −33　業種と規模ごとの就業者数と賃金の変化
（2018年度／2012年度の割合）

業種	資本金	就業者	賃金上昇率
卸売・小売	1〜10億円	1.38倍	0.97倍
宿泊・飲食	5,000万〜1億円	1.53倍	0.91倍
不動産・賃貸	5,000万〜1億円	2.16倍	0.92倍
不動産・賃貸	10億円以上	1.92倍	1.01倍
情報通信	5,000万〜1億円	1.35倍	0.93倍
医療・福祉	その他法人	1.49倍	1.05倍
サービス業	10億円以上	1.74倍	1.16倍

（出所）　国税庁「平成24年度・30年度民間給与実態統計」より
筆者作成

図表 I −34　業種と規模ごと就業者数の変化
（就業者数2018年度／2012年度の割合）

資本金	2,000万円以下	2,000万円 ～ 5,000万円	5,000万円 ～ 1億円	1億円 ～ 10億円	10億円以上	計	その他	計
製造業	0.96	1.15	0.95	1.02	1.05	1.03		
卸売小売	0.85	1.07	1.13	1.38	1.13	1.07		
民泊飲食	1.03	0.78	1.53	1.13	1.06	1.06		
不動産賃貸	0.96	1.19	2.16	0.96	1.92	1.22		
情報通信	0.98	0.80	1.35	1.21	1.29	1.14		
医療福祉	0.76	0.37	0.75	0.75	1.01	0.69	1.49	1.23
サービス	1.12	1.24	1.28	1.18	1.74	1.22		

（出所）　国税庁「平成24年度・30年度民間給与実態統計」より筆者作成

図表Ⅰ-35　業種と規模ごと賃金の変化
（2018年度／2012年度の賃金水準の割合）

資本金	2,000万円以下	2,000万円〜5,000万円	5,000万円〜1億円	1億円〜10億円	10億円以上	計	その他	計
製造業	1.18	1.07	1.00	1.09	1.05	1.08		
卸売小売	1.07	1.01	0.94	0.97	1.08	1.03		
民泊飲食	1.14	0.90	0.91	1.21	0.99	1.07		
不動産賃貸	1.25	1.01	0.92	1.17	1.01	1.16	1.05	1.03
情報通信	1.33	1.12	0.93	1.00	1.09	0.92		
医療福祉	0.81	0.81	0.81	0.83	1.08	0.81		
サービス	1.05	1.04	1.09	1.03	1.16	1.07		

（出所）　国税庁「平成24年度・30年度民間給与実態統計」より筆者作成

の低さであり、売上げが10%前後しか伸びていないのに、利益が70%以上伸びている理由とは、不当に人件費が抑えられていた可能性が高いのです。

　図表Ⅰ-32では、産業規模別で、2012年度と2018年度の売上げと従業員給与の変化率を求めたうえで、従業員給与変化率を基準にして売上変化率を割ったものですが、資本金1億〜10億円の企業において、売上げの伸びに対して給料の伸びが低くなっています。

　図表Ⅰ-33〜35では、業種と規模の点から、2012年度と2018年度の就業者数と賃金の変化率を示したものです。就業者数が大きく上昇している業種と規模には図表Ⅰ-33のようなものがありますが、賃金上昇率に関しては、低い場合が目立ちます。

　以上のように、2013年から2019年までの間、日本企業の売上げは大きく伸びたわけではなく、人件費を抑えるかたちで、上場企業では大きな利益を確保して、500兆円にも及ぶ内部留保をつくりだしたと考えられます。

⑼　悪い年収上昇後、日本経済は縮小均衡へ向かうかも

　日本人の平均年収が下がり続けた理由は、新興国からの安い輸入品によるもので、「高い日本の平均年収」と「安い新興国の平均年収」がお互いに歩み寄っているからです。ただし、2013年からは生産年齢人口の減少の影響によって、ハローワーク関連では"悪い年収上昇"が始まっており、日本の労働市場全体でも、女性や高齢者を活用したものの、近い将来、"悪い年収上昇"が始まって、ついには縮小均衡への流れが始まり、日本経済は衰退へ向かう可能性があります。

2018年と2019年に過去最高益を叩き出した企業の多くは、仕事の効率性を高め、売上げを伸ばすような拡大経済の流れによるものではなく、単に、人件費を叩いて利益を生み出したにすぎません。そして、世界最速で少子高齢化が進む日本では、生産年齢人口が減っていくなかで、2040年にはその貴重な人材の５人に１人を「介護業界」へと集中させる必要性が生じるとの予想が厚生労働省から出ています。そして、「介護業界」とは思いやりにあふれる産業ではあるものの、高収益を目指す産業ではありません。

　2020年以降、日本に新たなリーディング産業が誕生するでしょうか？

　実は、2020年を起点として、世界中で、新たな産業革命が勃発する可能性があります。そうした企業群では、売上げの伸び率は指数関数的であるとされ、エクスポネンシャル・テクノロジー企業と呼ばれています。日本企業のなかには、世界最先端技術をもつものが多いため、この流れに乗ることができるとすれば、日本経済は衰退するどころか、日本の少子高齢化の問題も、袋小路の年金問題も財政問題も解決する可能性があります。
　しかし、この新しい波に乗り切れなければ、日本経済は衰退への道を歩むこととなり、世界水準でいえば、日本人の平均年収は低下の一途をたどることでしょう。その際に絶大な力を発揮するのが、投資エンジンということです。
　すでに日本人は、世界中の企業に投資することが可能になりました。つまり、万が一、日本経済が衰退の道をたどろうとも、世界分散投資を実行するだけの投資知識さえ身につければ、資産を数倍、数十倍に増やすことさえ可能な時代がやってきます。2020年は、新しい時代のターニングポイントとなるはずです。本書のPart Ⅱ〜Part Ⅵまでを読んでいただければ、十分な投資知識が身につきます。そして、Part Ⅶ〜Part Ⅻまでを読んでいただければ、あらゆる家計管理の知識を身につけることによって、家計から無駄がなくなり、節約できた資金を投資エンジンに回すことができるようになるでしょう。

　それでは、本論に入りましょう！

Part II

資本市場を理解する

概　観

すべてのイズム、
われわれの資本主義

　社会というものには、たくさんのかたちがあります。社会主義、共産主義、ファシズム等、さまざまです。これらについて、私は知ったかぶりをするつもりはありません。

　とはいえ日本やアメリカは、資本主義というかたちの社会で成り立っており、好きとか嫌いとかの問題ではなく、この社会で成功したいと思うなら、資本主義のルールを守り、利用しなければなりません。

　資本主義の社会では、政府も企業も、目標を達成するために、資本（＝まとまったお金）が必要です。社会的なものだろうが、政治的なものだろうが、営利的なものだろうが、さまざまな目標の実現性が高くなる以上、資本主義の世界では、資本を手に入れることから、すべてが始まります。そして、企業でも政府でも資本が必要なときは、証書を印刷して販売するやりかたをとります。

　その際に、「この証書には大きな価値がある」と言い張ります。すると、まるで無邪気な子どものように、私たちは、それを信じるわけです。資本主義の世界では、こうした信用こそが何より大切であるわけで、信用がなくなってしまえば、経済システム自体が崩壊してしまうものなのです。

　また、会社であろうと政府であろうと、発行されたすべての証書というのは、「収入を生み出す」か「価値が成長する」か、２つのうちのどちらかの価値があるとされています。

　資本主義の仕組みというのは、たったこれだけです。

　資本主義、金融市場、証券市場といった世界は、たったこれだけの前提で

成り立っています。それでは、このような前提が、現実の世界ではどのように働くかを説明するために、まずは証書の製造プロセスからみていくことにしましょう。

　なお、ここでは、説明の関係上、ある会社が製品をつくり、その製品が卸売業者へ販売され、卸売業者が小売店へ販売し、消費者へ届き、最終的に、その製品を手にした消費者は、①自分で使ってしまう、②だれかにあげてしまう、③捨ててしまう、④だれかに転売してしまう、という４つのどれかで処理される、という流れに沿って考えていきます。

第 5 章

資本主義の製造プロセス

　ここでのプロセスの説明は、ほとんどすべての産業に応用が利くはずです。たとえば、

・不動産業であれば、建設業者（ゼネコン）が建築認可申請や届出をして土地を購入し、住宅をつくります。そこから、不動産業者に住宅を販売させ、消費者が購入します。そして、後日、消費者は中古市場で家をだれかに売ります。

・自動車産業でも事情は同じです。自動車メーカーは自動車をつくり、販売ディーラーへ売り、販売ディーラーでは販売員を雇って、消費者へ自動車を販売させ、消費者が購入します。そして、後日、消費者は中古車市場で自動車をだれかに売ります。

　資本が必要な際、株式上場企業でも、同じプロセスを踏みます。

▶ 証書の発行と販売のプロセスとは

　まずは、証書をつくる作業から始まります。

　たとえば、新しい工場をつくるために、100億円が必要な場合、お金（＝資本金）を集めるために、上場会社では証書をつくって（印刷して）、この証書には100億円の価値があると宣言します。この証書は、債券かもしれませんし、株式かもしれません（この点は、後で詳しく説明します）。

　次に、この会社では、この証書を、証券会社に売ります。

　この会社から証書を買うと契約した証券会社では、販売員を雇って、この証書を投資家（消費者）へ販売させます。

こうして、この証書は、消費者に対して販売されるわけです。

証書の初売りは、個々に募集するかたちで販売されます。証券会社の販売員は、この証書が完売されるまで、販売を続けていきます。この初売りの流れは、発行とか発行市場（第一次市場とも呼ばれる）と呼ばれています。

最後に、証書は、中古市場で、消費者によって転売されます。

そして、初売りで証書を買って後日売りたいとか、初売りでは買わなかったが後日買いたい消費者は、証券取引所と呼ばれる流通市場（第二次市場とも呼ばれる）で取引することになります。要するに、中古市場で、証書を売ったり、買ったりするわけです。

不動産や自動車のプロセスと似ていますよね！

　証券会社が抱えた証書が、初めて投資家に販売される際に、企業は、お金（＝資本）を手にすることができます。一方で、個人投資家が、どこかの銘柄を売ったり買ったりするのは、中古市場の話で、企業には、お金が入ってくるわけではありません。

▶ 消費者と証書をつなぐ市場が取引所

ここで、証書を売買する取引所について説明すると、ちょうど青果市場（いちば）で野菜を取引するように、債券や株式といった証書（証券）を売り買いする市場（しじょう）をいいます。

日本では、東京証券取引所が最大のものですが、その他にもいくつかの証券取引所があります。

そして、日本以外にも証券取引所があって、たとえば、ニューヨーク、ロンドン、フランクフルトなどが、海外の大きな取引所であるといえます。また、原油、食肉、大豆、果物のような商品を取引する市場もあります。たとえば、東京商品取引所が日本の代表的な市場です。

▶ 証券マンは、証書のセールスマンです

　証券会社などの金融機関はサービス業といわれますが、そうではありません。テレビなどの電化製品と同様に、証券界でも製品を販売しているのであって、その製品はユニークな性質をもち、利益や費用やリスクがあるのです。そして、保険代理店が保険を販売するのと同様に、証券会社では、証書を証券と読み換えて販売しています。両方とも、保険や証券という証書を販売するという昔ながらの手数料で稼ぐセールスマンであるのです。

　ちょうど自動車ディーラーがやっているのと同じように、証券会社でも在庫を抱えながら販売しているのであって、今月、自動車販売会社で、ワゴン車の在庫が27台もあれば、その日の営業はワゴン車販売が中心になりますが、同じように、証券会社の営業マンも販売割当があって、毎日、毎週、毎月、上司からの圧力を受けながら、決められた商品を販売しているということです。

図表Ⅱ－1　証券と他の産業の製造工程を比べると

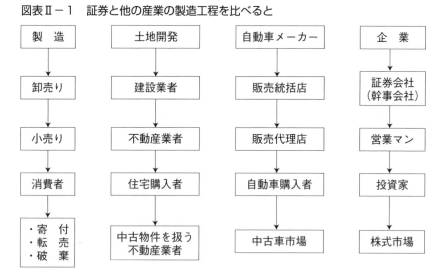

▶ 証書には、2つの種類がある

　証書には2つの種類があって、1つ目は、インカムとか負債として知られる債券です。そして、2つ目は、エクイティとか成長として知られる株式です。たとえば、

・ある会社が債券という証書を発行する場合、会社は投資家に対して金利を支払い、最終的には元本を返済する義務がありますが、投資家には会社の経営権や所有権が与えられることはありません。

・会社が株式という証書を発行する場合、会社は投資家に対して金利（この場合は、配当金と呼ばれる）を支払ったり、元本を返済する義務はありませんが、株式を購入した人に対して、経営権の一部を与えることになります。

　それでは、皆さんがある会社の社長さんで、お金を必要としている場合、どちらの証書を発行するでしょうか？　マネーの世界を傍観すれば、その答えは、状況によるということになります。

　つまり、状況に応じて、債券を発行したり、株式を発行したり、あるいは、両方を発行するといった具合に、使い分けることになります。それでは、この2つの証書について、もう少し詳しくみていくことにしましょう。

　債券を購入した場合、投資家は債権者となります。つまり、会社に対してお金を貸しているということです。

　投資家としては、会社が黒字だろうが赤字だろうが、どうでもよいわけ

図表Ⅱ-2　証書の種類は大きく2つに分けられる

債　券		株　式
収入や負債という 評価もされる	対	価値の成長やエクイティ とも評価される

債券		株式
あ　り	金利や配当の支払義務	な　し
あ　り	元本の返済義務	な　し
な　し	経営への関与性	あ　り

で、この会社が営業している限り、決まった率の金利を受け取り、事前に取り決めた日（満期日と呼ばれる）に、元本が返ってくるのです。

万が一、この会社が倒産した場合には、破産手続では、債券の保有者は債権者として優先的にリストアップされてきます。

一方で、株式を購入した場合、投資家は、この会社の所有者となります。将来、いくら儲かるのか損するのか、いつ元本が戻ってくるかわかりません。この会社が利益を出さなければ、株式の投資家にも利益がありません。

そして、この会社が倒産すれば、株式の投資家の資金もなくなります。破産手続では、株式の優先順位は最後になっています。

　個別の債券に関する詳細情報は、債券の証書（印刷された紙）にすべて含まれています。そこでは、以下の情報が記載されています。
・債券の償還価値（証書に印刷されているので、額面金額として知られる）
・利率
・利子の支払頻度
・債券の発行者
・償還日
　ただし、2003年1月から国債が、2006年1月から社債や地方債もペーパーレス化されたため、取引報告書等で確認することになりました。

このように、証書の種類は、デット（債券のような投資先に対する債権）とエクイティ（株式のような所有権）の2種類に分けられます。そして、ちょっと見ではわかりづらいのですが、すべての投資商品は、エクイティ系かデット系のどちらかになります。

金融の世界では、これら2つの製品をパックにした商品を開発するために、膨大な人材とお金を費やしています。

現在では、たくさんの種類の投資商品がありますが、よく調べてみれば、一つひとつの投資商品は、結局のところ、デットかエクイティかのどちらかに分類されるわけです。ちょうど、ステーションワゴン車が自動車であるの

と一緒なのです。

「リスクが高ければ、それだけ利益も大きい」という話を聞いたことがあるかもしれませんが、これは正しくありません。つまり、リスクが高くとも、大きなリターンが手にできる保証は、どこにもありません。

正確には、リスクが高いと、より高いリターンが手に入るかもしれない、というだけであって、あくまでも、可能性とか、潜在性の問題です。つまり、だれかが普通より儲かる話をもってきた場合、その話は、普通よりリスクが高いのだと見抜く必要があるのです。

これから本書で投資について説明していく際に、こうしたリスクについて、より詳しく学んでいくことになるはずです。

第 **6** 章

なぜキャッシュリザーブが
必要なのか

▶ キャッシュリザーブが必要な１万5,000の理由

　自動車が壊れたり、屋根が壊れたら、どうしますか？　すぐに現金が必要
になりますよね。つまり、不慮の事態が生じた際に、すぐにお金を利用でき
るように、キャッシュリザーブ（＝緊急予備資金）が必要になってきます。

　アメリカでは、毎日、１万5,000台の洗濯機が壊れています。日本でも、
毎日たくさんの洗濯機が壊れているはずで、それらを修理したり、買い換え
たりすることを考えれば、キャッシュリザーブが必要となる理由がわかるは
ずです。

　もちろん、不慮の事態とは、洗濯機に限った話ではありませんよね？

　失業した。子どもが骨を折った。子どもが結婚する。自動車の修理が必要
だ。勤務先が倒産した。「人生は計画どおりにはいかないものだ」なんてい
われるように、予期しないときに、お金のかかることが生じるものです。良
いことも悪いことも含めて、人生には不慮の事態がつき物ですから、キャッ
シュリザーブが必要になるわけです。

▶ キャッシュリザーブの量を決める２つの要因

　キャッシュリザーブをどれだけ用意するべきであるかは、「毎月の支出額」
と「収入の安定度」という２つの要因で決まってきます。

　初めに、何があっても、避けられないようなことに、毎月、どれだけのお
金を使っているかをチェックします。金額の計算の仕方がわからないような

ら、第49章を参照にしてください。皆さんのキャッシュリザーブは、毎月の
支出額の12カ月分は最低限確保しておくべきです。

　できれば24カ月分が望ましいところです。

　「何カ月分が必要になるか？」という正確な月数は、ご自分の収入の安定
度によって決まります。たとえば、ご夫婦ともに公務員というような、かな
り安定した仕事についていれば、数カ月分で十分かもしれません。

　景気が悪いときには、収入が不安定な方に限らず、24カ月分のキャッシュ
リザーブを確保するほうが、はるかに賢明であるといえます。いずれにせ
よ、重要なのは、困難な時期をやり過ごせるくらいのキャッシュリザーブを
確保すべしという点です。

　必要なキャッシュリザーブの金額が決まったら、安全で（投資損失を被ら
ないという意味）、流動性の高い（いつでもペナルティなしに引き出せるという
意味）口座に保管しておくことが大切です。

　ただし、キャッシュリザーブとは、最低限だけ確保できれば、それで十分
です。

　キャッシュリザーブ用の投資商品の金利は、他のものと比べてきわめて低
いので、余分に確保すると、本来手にするはずの利益を逃してしまうことに
なります。

　　キャッシュリザーブは、手をつけずに、別途保管しておく必要があります。
　たとえば、自分に適切なキャッシュリザーブが500万円だと決めた場合、500
万円を確保して、危機の場合以外には、決して手をつけないようにします。
ちょうど、雨の日以外には、傘に触らないのと同様です。
　また、2年以内に、家の修繕費、自動車の購入、結婚式、大学進学、あるい
は、大きな出費があるとわかっていれば、それらの金額分も、キャッシュリ
ザーブに追加しておきます。お中元やお歳暮などの時節の出費や10万円を超え
るような休暇出費も同様です。
　目標としては、いかなるときにも、十分な量のキャッシュリザーブが確保さ
れているということです。仮に、何かの危機に際して、キャッシュリザーブの

すべてや一部を使ってしまったら、その後の最初の作業は、再度、キャッシュリザーブを積み上げることから始まります。

▶ キャッシュリザーブの4つの保管場所

キャッシュリザーブの置き場所としては、
・たんす預金
・普通預金
・当座預金
・MRF
の4カ所ですべてを網羅したことになります。なお、次の項にあげる商品は、現金相当物（＝現金と同じという意味）と誤解して、キャッシュリザーブの保管に利用している方が多いようですが、実際には、キャッシュリザーブには適しているとはいえません。

MRF、MMF、中期国債ファンドは、短期や中期の国債を中心としたきわめてリスクの低い運用を行う投資信託で、ほとんど元本保証商品のように扱われています。MRFは出入れ自由なのに対して、MMFや中期国債ファンドでは、当初の30日間の引出しにはペナルティがかかる分、利回りが高くなっていました。なお、最近ではMMFと中国ファンドの取扱いがなくなったため、キャッシュリザーブの保管場所は上記の4つとなります。

▶ キャッシュリザーブに適さない場所

・短期国債：満期まで1年未満の国債ですが、個人は買うことができません。
・中期国債：1年未満で満期を迎える短期国債とは違って、満期は2～5年間です（たとえば新窓販国債）。これでは支払いに使えるようになるまでの

期間が長すぎて、自動車の修理には使えません。

・長期国債：この場合には満期は10年以上ですから、２年の中期国債でさえ長すぎるのに、10年以上なんて論外です。

・個人向け国債：満期は３年、５年、10年で、中途換金には１年以上の保有が条件かつペナルティがかかります。購入してから１年間は現金化できないため、キャッシュリザーブとして保管するには長すぎます。

・物価連動債：物価に応じて元本が変わる満期10年の国債で、2015年から個人保有もできますが、募集金額が額面金額より高いなどの理由から、すぐに換金しにくく、キャッシュリザーブには向きません。

・CDとCP：銀行の譲渡性預金（CD）は満期は短く、個人でも買えるものの、最低5,000万円からとするものがほとんどで、キャッシュリザーブには大きすぎます。また、コマーシャルペーパー（CP）は満期は短いものの、１口１億円以上で、しかも個人は買えません。

・生命保険の解約返戻金：これは現金相当物ですが、キャッシュリザーブとしてふさわしいとはいえません。というのも、引き出している間、実際には、自分のお金であるのに、大きな金利をとられるからです。

・定額個人年金保険：一定年齢に達すると、決まった金額が年金形式でもらえるか、死亡時には同額の保険金をもらえる商品で、第26章で説明するように、税制上の有利な点もありますが、中途解約をすると、解約返戻金が払い込んだ保険料を下回る場合があり、キャッシュリザーブの保管場所には使えません。

・安定型ファンド：投資信託のなかで、「安定型」に分類されるファンドがありますが、この名称は、目標であって、確約ではありません。変動する資産の割合が小さいだけで、損失が生じる可能性があるわけです。さらに、こうしたファンドは、換金制限がある場合が多いことも、キャッシュリザーブには向かない理由です。

　以上の商品は、新聞などでよく目にし、それも「安全」とか「換金性がある」と説明されていますが、緊急時に対するキャッシュリザーブの保管場所としては適切ではない点は、覚えておいてくださいね。

図表Ⅱ－3　現金相当物の種類

資産タイプ	発行元	保　護	ペナルティ	キャッシュリザーブとしてふさわしいか？
普通預金	銀行 信用組合	預金保険機構	出入れ自由	イエス
当座預金	銀行 信用組合	預金保険機構	出入れ自由	イエス
MRF	投信会社	組入商品により異なる	出入れ自由	イエス
終身保険解約返戻金	保険会社	生命保険契約者保護機構	利用するには金利を支払う必要あり	ノー
定額個人年金保険	保険会社	生命保険契約者保護機構	中途解約には解約費用がかかる	ノー
個人向け国債	財務省	日本政府	1年以内の解約不可	ノー

▶ キャッシュリザーブを選ぶ際の注意点

　キャッシュリザーブの置き場所としては、①たんす預金、②普通預金、③当座預金、④MRFが適していますが、これらの選択肢の金利というのは、どれも同じように低いものです。

　つまり、これらの選択肢は、高いリターンではなく、安全性と流動性を提供するように設計されているというわけです。一方で、これらの現金相当物のどれかで、異常に抜きん出て高いリターンを提供している場合には、「その商品には、何かワケがある」と思って間違いないでしょう。

　かつて中期国債ファンドは、文字どおり主に中期国債に投資するため、元本保証の商品のように扱われていました。

　しかし、民間のCPを組み込んだりするため、実際にはリスク商品です。2000年代の初めに当時の三洋投資信託が運用していたファンドは、極端にその割合が大きく、そのため、他社の中期国債ファンドが年率0.5%だったのに対して、三洋投信のものは年率2%という信じられないくらいの高いリターンだったのです。

　しかし、2001年9月のアメリカの同時多発テロの影響で、組入CPの発行

先が破綻すると、その部分の穴があくかたちで、1口＝1.00円から0.98円へと元本割れとなる事態が日本で初めて起こりました。

実はそれ以前の2000年にも、三洋投信では、本来は、やはり国債を組み入れて安定した運用をすることで、ほとんど元本保証のように扱われていたMMFに関しても、海外企業の社債を組み入れることで、高いリターンをあげていましたが、その海外企業（エンロン社）が破綻したことで、MMFに関しても元本割れを引き起こしていました。

投資家が、「安全な投資商品」と思い込んでいた商品でしたが、蓋を開けてみれば、お金を損しただけでなく、数日間、引出しさえも完全に凍結されてしまい、いくらかでもお金を手元に戻すために、長い時間を要したのでした。

この点からの教訓は、MRF、MMF、中期国債ファンド等を選ぶ際には、国債など安全性の高い証券のみに投資しているものを選ぶべきである（あった）ということです。

▶ キャッシュリザーブだけでは問題が生じる理由

さらに、キャッシュリザーブ用の現金相当物の金利は、インフレ率とともに、上がったり下がったりと変化している点には、ぜひ、注目していただきたいと思います。

図表Ⅱ－4では、普通預金金利とインフレ率を比べていますが、インフレ率が上がったり下がったりすると、どちらも、同じように上がったり下がったりしていますよね？

ここに預金神話の盲点が、浮かび上がっているのです！

先ほどの「キャッシュリザーブは、必要額だけを、現金相当物に入れるように」とアドバイスしましたが、多くの日本人が大部分のお金を現金相当物に保管しています。

その理由としては、「ギャンブルに回すほど、お金の余裕があるわけではない」とか、「お金は安全な場所に保管しておきたいから」という話をよく耳にします。しかし、皮肉なことに、預金という商品は、値動きの激しい投

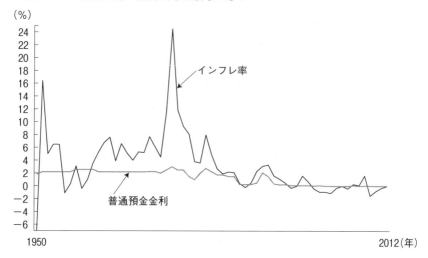

図表Ⅱ－4　預金金利は物価と同じ方向に動く

(%)

インフレ率

普通預金金利

1950　　　　　　　　　　　　　　　　　　　　2012(年)

資商品の１つです。消費者は、預金というものを正しく理解していないた
め、このことがよくわかっていないのです。

　1980年に定額貯金に1,000万円を預けた場合、金利は7.75％の時期があっ
たため（年平均は7.14％）、その年には77万5,000円の金利を手にできました
が（税金を無視すると）、このレートは１年間しか続かず、1986年までに、い
ちばん低いレートで3.76％へ落っこちてしまいました。

　つまり、金利は、半分以上落ち込んだわけです。そして、2009年の年末に
は定額貯金の金利は0.09％に、日本銀行がマイナス金利政策に踏み込んだ
2016年１月以降、さらに金利低下は加速、2019年12月には0.01％で推移して
います。

　ここで、1980年当時に１年定額貯金にいちばんお金を預けたのは、公的年
金と金利収入で生活しており、「お金を安全な場所に置いておきたい」と考
えていた、定年退職を迎えた方々であるはずです。

　しかし、こうした当時の退職者の方々は、2009年までに、貯蓄からの金利
収入が激減したことを実感しただけではなく、生活費に関しても、激増して
いることを実感されたと思います。

図表Ⅱ-5　元本保証・確定利回りの定額貯金は実際には変動性が非常に高い
（1,000万円預金した場合の受け取れる金利）

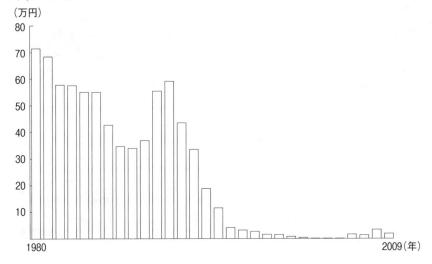

　具体的には、1980年には77万5,000円で買えたものが、2009年には100万5,000円出さないと買えなくなる一方で、2009年時点での定額貯金による収入は、たったの9,000円にすぎないからです（もちろん、30年間、定額貯金にお金を預け続けているとは限りません。普通預金ならもっと金利収入は減っています）。

　このため、たくさんの退職者の収入が減り、蓄えも増えなくなったのです。

　年収200万円未満の高齢者が４割を占め、預貯金が700万円未満の高齢者が３割という事態が、すでに広がっているものの、彼らはどうしてこんなことになったのか原因がわかっていません。つまるところ、その原因というのは、安全な投資を心がけたという点にあるのではないでしょうか？

　このようなおそろしい話は、お金をすべて預貯金に入れた人には、繰り返し繰り返し降りかかってくるものなのです。預貯金というのは、一般に思われている以上に、値動きの大きな投資であり、そこからの収入というのは、予測ができないだけではなく、リスクの高い株式市場同様に、不確実なもの

図表Ⅱ－6　退職者と定額貯金

[定額貯金に預けた場合の収入からみると]

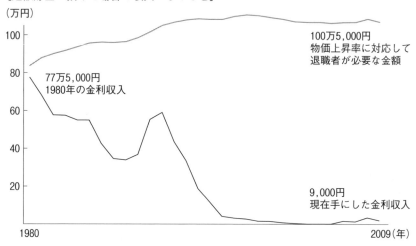

（万円）

100万5,000円
物価上昇率に対応して
退職者が必要な金額

77万5,000円
1980年の金利収入

9,000円
現在手にした金利収入

1980　　　　　　　　　　　　　　　　2009（年）

　とも考えられるのです。

　自分のお金に安全や確実性ばかりを望みますか？

　そうすると、これからの時代には、破産への道をたどることになるかもしれませんよ。

　原著（『The Truth About Money』。以下同）では、1981年に14.9%であった1年満期CD（定期預金に似ている）の金利が2009年には1.71%に低下し、金利収入が89%も激減する一方で、物価が2.36倍に上昇しているため、アメリカの退職者の多くが破産しているとしています。この点を日本の状況と比べると、いろんな点がみえてきます。

　まず、日本の金利については、1980年の年7.75%は過去最高で、同じようにオイルショックの影響を受けたものの、アメリカのように14.9%のような高金利になったことはありませんでした。これは、戦後から1980年代まで、日本では、「企業が発展するために、銀行が安い金利で貸す一方で、預金者には、低い金利で我慢してもらう」という国策としての金利規制があったためです。その結果、図表Ⅱ－4のように預金金利はインフレ率と同じ方向に動くものの、

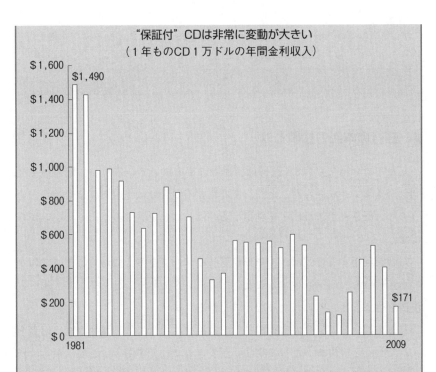

"保証付" CDは非常に変動が大きい
（１年ものCD１万ドルの年間金利収入）

$1,490

$171

1981　　　　　　　　　　　　　　　　　2009

アメリカの場合に比べて低い水準で動いていたといえるのです。

　この金利規制は、1985年から徐々に自由化されて、1994年に完全になくなりましたが、今度は日本銀行が、平成のバブル崩壊に対応して、借金を抱えた企業や円安が有利な輸出企業（他国より金利が低いと短期的には円安になるため）への景気対策として、1990年代にゼロ金利政策、2000年代に量的緩和政策、2013年からは異次元量的緩和政策を始め、2016年２月にはついにマイナス金利政策を導入しました。そのため、いくら預金をしても、金利収入がほとんどゼロという事態となったのです。

　この結果、個人から企業へと、所得移転が起こったのです！

　「国民経済計算年報」によると、1997〜2007年では、個人の財産所得が34.5%も落ち込んでいますが、これはゼロ金利政策の影響で、しかも、預金者の多い個人から、借金が多い企業へと、お金が移転していたというわけです。

　預金金利は、不当に下げられていたわけです！

　つまり、ゼロ金利という「金利規制」によって、本来、預金者が受け取っていたはずの収入が、企業へと流れているので、金利収入が激減してしまいまし

た。2018年のデータに示されるように、年収200万円未満の高齢者が４割となり、本来受け取れたはずの金利分がなくなったため、高齢者の３割が700万円未満の貯金しかなくなっている可能性があると考えられるのです。

▶ 銀行の本当の仕事とは

　だからといって私は、「銀行は、運用に手を抜いているから、低い預金金利しか提供できないんだ」と銀行を非難するつもりは毛頭ありません。というのも、皆さんが銀行口座を利用するのは、お金を儲けるためではないからです。

　銀行を利用する目的は、①キャッシュリザーブを蓄えておくこと、②何かの購入代金を短期間貯金すること、③ローンを借りること、そして、④資金決済を行うこと、というたった４つしかありません。

　たとえば、公共料金の自動引落しを利用する場合には、預金口座にお金を入れておくと、決まった日に支払いができるわけですが、ここでは銀行は皆さんのために金融決済を行ってくれています。つまり、ある場所から別の場所へ、皆さんがお金を移す際に、銀行は短期間、現金の置き場となってくれます。

　たとえば、新しい家を買うために、家を売ったことがありますか？

　一般的に、いまの家を売ってから、新しい家を買う契約を結ぶまで、数週間や数カ月かかります。その間、元の家の売却代金をどうしますか？

　もちろん、次の家の頭金にする予定ですが、実際に支払を実行するまでどこかに置いておく必要があるものの、ギャンブルや元本が傷つくかもしれないハイリスクの投資をしてはいけないことはわかりきっています。その点、銀行口座に保管しておけば、インフレの変化と同程度には、金利がついてきます。

　つまり、銀行というのは、インフレーションのマイナスの効果を、部分的に相殺する手伝いをしてくれるわけで、この点に関しては、銀行はある程度は責任を果たしてくれますし、かなり安全にお金を管理してくれます。

同様に、株式を売却した際に、証券会社では売却代金を自動的にMRF口座に保管してくれますが、そのおかげで、次の株式を購入するまでの間、そのお金はきちんと金利を稼ぐことができるのです。

　ただし、銀行にお金を置いても、前に進んでいるわけではありません。

　要するに、銀行や郵便局の預金口座にお金を置いておくのは、実質で考えてみれば、成長していないということです。ちょうどルームランナーの上で歩いているように、銀行に預けたお金というのは、まったく前には進んでおらず利益を稼いでいないということです。

▶ 銀行に預けたお金は、安全でしょうか？

　「会社というものは、時には破綻する」という事実にもかかわらず、銀行は、キャッシュリザーブをしまっておく安全な場所だと考えられています。その前提条件は、万が一の場合には、預金保険機構が保証してくれるはずだというものです。

　預金保険機構とは、金融機関の破綻に備えて保証枠を管理している機関で、加入する民間銀行（すべての国内銀行）が預金残高の一定割合で資金を出し合ってお金をプールして、一部の銀行が破綻した場合には、プールしたお金の一部を使って、預金者へ返済するというものです。

　預金保険機構の対象とする金融機関は、日本国内に本店のある銀行、信用金庫、信用組合などですが、これらの違いはおわかりですか？　銀行は、投資家に所有される営利企業で大企業を相手にしています。信用金庫は、地域の繁栄を目的とし中小企業や個人を相手にしています。信用組合は、信用金庫と同様に協同組織の金融機関ですが、信用金庫は原則として出資した会員、信用組合は組合員が取引の相手となる点が異なります。信用金庫や信用組合は、銀行と似たようなサービスを提供しますが、非営利法人である点が異なります。

　そのため、どこかの銀行が倒産した場合には、預金保険機構に払戻し請求

	預金等の分類	保護の範囲
対象預金等	当座預金 利息のつかない普通預金等	全額保護
	利息のつく普通預金、定期預金、定期積金、元本補填契約のある金銭信託等	金融機関ごとに預金者1人当り、元本1,000万円までと破綻日までの利息等が保護
対象外預金等	外貨預金、譲渡性預金、無記名預金、架空名義の預金、他人名義の預金、金融債等	保護対象外

（注）　①外貨預金等は対象外、②外国の金融機関の日本支社に預けた預金は、保護の対象にならない、③証券会社の口座にある現金も、保護の対象にならない。

を申請すれば、預金者は、預金を払い戻してもらえるという仕組みです。

　ただし、預金保険機構が保護できる金額に制限がある点には、注意が必要です。1人1金融機関につき、原則として1,000万円とその利子までしか保護されません。

　この預金の払戻しは「ペイオフ」と呼ばれる制度で、2005年4月1日以降、完全実施されており、実際に、2010年に日本振興銀行が倒産した際に発動されています。

　図表Ⅱ－7に簡単に説明しておきますが、これ以上は、預金保険機構のウェブサイトでご確認されることをお勧めいたします（www.dic.go.jp）。いずれにせよ、金融機関が倒産した際には、預金が全額保護されるわけではない点は、注意が必要です！

　この制度は、もともと、アメリカから入ってきたものですが、総資産32兆円、全米4位のインディーマック銀行が、2008年7月に破綻した際に、推定1万人の預金者が270億円を保証されずに失いました。シェリル・ホッジソンさんもそのなかの1人で、LAタイムズの取材によれば、彼女は、家の売却代金をインディーマック銀行に預けていましたが、連邦預金保険公社の上限を知

らなかったため、銀行が破綻すると1,300万円を失うことになったのです。

　全財産を銀行や信金・信組に置いているのは愚かしいことだと、すでに説明しましたが、多くの方々がこうしてしまうには、根本的な理由があります。それに関しては、次の章でご説明しましょう。

第 **7** 章

すべての投資リスクの基本

　生涯の蓄えを銀行に置く人は非常に多いものですが、その理由は、銀行にお金を置いておくことが安全であると考えるからです。ただし、ここでいう「安全」というのは、いったい、何からの安全なのでしょうか?

　第6章でみたように、銀行に預けたお金というのは、インフレリスクに対して安全ではありませんし、税金リスクに対しても安全ではありません。それでは、「銀行にお金を預けていると安全だ」という場合の「安全」というのは、いったい、どのようなリスクを想定しているのでしょうか?

　実は、銀行にお金を預けるのは、倒産リスクからお金を守るための手段なのです。有名な投資家の言葉に、「元本へのリターンより、元本のリターンのほうが重要だ」というのがありますが、預金保険機構の保護のおかげで銀行が倒産するリスクに関しては、とりあえずおそれることはありません。

　ただし、銀行にお金を預ける理由が、倒産リスクを避けるためであるのなら、銀行以上にもっと有効なお金の預け場所があります。それは、日本政府が発行する日本国債です。日本国が、国債を保証しているからです。

　日本での投資商品は、すべて国債を最上位にし、倒産リスクが順序づけられます。国債に比べれば、銀行の順位は、はるかに低いのです。

　日本政府は、いろいろな種類の債券を発行しています。その一部については、すでにキャッシュリザーブの説明の際にカバーしていますが、2019年末には日本国債の発行額は約900兆円です。

　日本政府が無条件の保証をしている以上、日本の経済システムが崩壊しない限り、日本国債が倒産リスクを負うことはありえません。ただし、もしそ

んなことが起こると本気でお考えならば、自分の身を守る方法については、第46章が参考になるはずです。

Ricのマネークイズ

　ここで、Part IIの内容に関して簡単なクイズをしましょう。単なる確認ですから、あまり神経質になる必要はありません。間違えたら、解答欄にある参照箇所を読み返してみましょう。ただし、家計管理の将来は、その作業いかんによって大きく左右されますから、理解できるまで読み返すことが重要です。クイズの終わりに解答がありますが、のぞき見は禁止です。

1　ABC社の発行する債券を購入する場合、正しいものはどれか？
　○a　ABC社の1オーナーになる
　○b　ABC社が赤字の年には、金利を払ってもらえない
　○c　金利は変動する可能性がある
　○d　上記には該当する答えがない

2　ABC社の発行する株式を購入する場合、正しいものはどれか？
　○a　ABC社の1オーナーになる
　○b　ABC社が赤字の年には、金利を払ってもらえない
　○c　金利は変動する可能性がある
　○d　上記には該当する答えがない

3　倒産した会社の株式を保有しているならば、
　○a　投資元金が戻ってくる
　○b　これまで受け取った配当をすべて返却する義務がある
　○c　投資資金が無価値になる
　○d　長い時間をかけて損失が返却される

4　最低限確保すべきキャッシュリザーブの量は、一般的には、
　○a　毎月の支出額の1ヵ月分である
　○b　毎月の支出額の12ヵ月分である
　○c　毎月の支出額の48ヵ月分である

○d　毎月の支出額の60ヵ月分である

5　キャッシュリザーブを選ぶ基準として、正しくないものはどれか？
○a　安全性
○b　利率
○c　価値の安定性
○d　換金性

6　キャッシュリザーブにふさわしいのは、次のどれか？
○a　生命保険
○b　定額個人年金保険
○c　個人向け国債
○d　MRF

7　数十年間、１年定期預金に投資することは、
○a　基本的に高いリターンを稼ぐ非常に安全な戦略である
○b　予想に反してリターンの変動性が高い可能性がある
○c　一般的に株式市場に投資するより高いリターンを稼げる
○d　長年にわたって安定した予測可能な収入を生み出す

8　預金保険機構とは、
○a　皆さんのお金が安全であることを保証する
○b　破綻の際には預金者１人当り1,000万円までの預金を保護する
○c　ある銀行が破綻した場合、すべての預金者の預金等の全額を保護する
○d　ｂとｃの両方である

9　個人向け国債は、どの資産クラスに属するか？
○a　現金
○b　債券
○c　株式
○d　投資信託

10　次の商品のなかで国によって元本が100％保証されるものは？
○a　銀行預金

○b　日本国債

○c　どちらでもない

○d　両方である

解　答　　1－d（p 85）　2－a（p 85）　3－c（p 86）　4－b（p 89）

5－b（p 93）　6－d（p 90）　7－b（p 95）　8－b（p 99）

9－b（p 91）　10－b（p 102）

Part III

決まった収入を生み出す投資

まずは収入を生み出す証書から

　PartⅡで説明したように、すべての投資商品は、収入（income）を生み出すか、価値が成長するか、のどちらかに設計されています（時には両方）。これら2つのうち、収入を生み出す投資商品は、価値が成長する投資商品よりも、ずっと確実性が高いといえます。

　結局、会社の経営とは、それによって株価を上げることだけではなくて、債券の保有者に対してきちんと金利を支払い、株主に対して配当を出せるように采配することを意味します。

　したがって、収入を生み出す投資商品は、成長性本位の投資商品より安全であると考えられます（この場合の安全とは、「確実性」のことです）。なぜなら、投資家は投資商品の価値の上昇を期待するよりも確実に収入を受け取るができるからです。

　多くの個人投資家が投資商品に対して安全性を求める以上、価値が成長する商品よりも、まずは、安全確実といわれる収入を生み出す投資商品についてみていきましょう。

　もちろん、ここでの話は債券に関することです。

　図表Ⅲ－1のように、債券には多くの発行者がいます。そのなかから、まず、最も安全な発行者、日本政府の債券から始めましょう。

図表Ⅲ－1　債券の発行者と種類について

発行者	債券名	種類	満期	個人の購入
日本国	国債	利付債		
		固定金利		
		中期国債	2、5年	購入可
		長期国債	10年	購入可（注）
		超長期国債	20、30、40年	購入可
		個人向け国債	3、5年	購入可
		変動金利		
		変動利付国債	15年	購入可
		個人向け国債	10年	購入可
		元本変動		
		物価連動国債	10年	購入可
		割引債　　　国庫短期国債	1年未満	不可
公団公庫等政府系	特別債	政府保証債　財投機関債		購入可
		非政府保証債		
地方自治体	地方債	全国型市場公募地方債		
		共同債	10年	購入可
		個別債	5年、10年等	
		住民参加型市場公募地方債		地域住民中心
		銀行等引受地方債		
企業	社債	普通社債　一般事業債、NTT、JR、JT、電力債		購入可
	金融債	利付債・割引債		購入可
海外		円貨建外債、外貨建外債、外貨建円債		購入可

（注）　中期国債、長期国債の新窓口販売は、マイナス金利等により、現在は募集なし。

　PartⅡで現金相当物を扱った際、CPとCDが登場しました。それぞれ満期が1年未満の社債、金融債の一種とも考えられます。

第 8 章

日本国債について

　国の仕事を行うには、莫大なお金が必要です。基本的な部分は、税金によって用意するものの、足りない部分は国債を発行して集めます。そして、図表Ⅲ－1のように、日本政府が発行する国債やその他の債券には、いくつかの種類があります。

▶ 国債に関する予備知識

　国債の分類法は、いくつかあります。期間で分けると、国庫短期証券は2カ月、3カ月、6カ月、1年、中期国債は2年と5年、長期国債は10年、個人向け国債は3年、5年、10年、そして、超長期国債は20年、30年、40年となっています。

　また、発行目的で分けると、発行年の歳出と償還の準備のための歳入債（普通国債）、財政支出を繰り延べる目的の繰延債、日々の資金繰りのための融通債となっています。

　さらに発行根拠で分けると、歳入不足を補てんするための特例国債（赤字国債）、公共事業などの財源に充てるための建設国債、国債の償還財源を調達するための借款国債、財投機関のために政府が発行する財投債となっています。

　国債の中心は、10年満期の長期国債で、国の予算が税金だけでは足りない場合、国債を発行してお金を集め、余裕をもって返済できるように、毎年、金利を払い、10年後に元本（額面金額）を返済する方法がとられています。もちろん、10年未満のものや20年以上のものもありますし、数カ月単位の資

金繰り調整のための債券もあるわけです。

ただし、事情は、もう少し複雑です！

実は、「国は、国債を発行したら、10年後にお金を返すだけ」というわけではなく、60年償還ルールといって、ある発行された国債は60年かけて完全償還すればよいという日本独自のルールがあり、たとえばある年に10年債を600億円発行した場合、10年後には発行額の6分の1（100億円）を償還し、500億円は借換債を発行して償還。借換債も10年債とするなら、10年後にも100億円償還し、残りの400億円は借換債を発行して、60年後に600億円全部を償還するというやりかたです。

この仕組みのなかで、金利の支払と元本の償還が行われています。

一方で、日本には、公団や公庫や政府系特殊法人があります。これらの機関でも、まとまったお金が必要になると債券を発行しますが、これを政府関係機関債といいます。

この政府関係機関債には、政府が元本や金利を保証している政府保証債、機関独自の信用力で発行する財投機関債（ただし、財務内容が悪化すると政府が支援する）、縁故のある金融機関などに引き受けてもらう非政府保証債（特殊債）があります。

それでは、図表Ⅲ－1から、個人が購入できるものを詳しく説明しましょう。

▶ 新窓販国債（2年、5年、10年の固定利付債）

一般的な国債で、固定金利で2年、5年、10年満期の3種類があります。利払いは半年ごとに年2回行われ、購入単位は最低5万円から5万円単位となっています。なお、従前は郵便局のみで行われていた委託販売方式が、2007年10月より民間金融機関に拡大されたことから「新窓販」と呼ばれています。

満期以前にも金融機関を通じて売却できますが、後述するように市場の金利によって、元本が増えたり減ったりします。ただし、この際にも金利に関しては決まった金額を受け取れます。

なお、マイナス金利の影響もあり、2020年2月現在、2年ものの新窓販国債は、募集が中止されています。

▶ 個人向け国債（固定金利型3・5年満期と変動金利型10年満期）

　中途償還時に元本が減る可能性のある従来の新窓販国債に対して、元本が減るリスクを避け、1口1万円からと購入しやすくしたのが個人向け国債で、3年と5年満期の固定金利型と、10年満期の変動金利型の3種類があります。

　利払いは半年ごとに年2回行われますが、新窓販国債が基準金利であるのに対して、個人向け国債では金利の下限を0.05％としたうえで、基準金利よりも低い利率で提供されています。

　また、発行後1年を経過すれば、いつでも中途換金が可能です。通常の中途換金の場合、直前の2回分の各金利（税引き前）相当額×0.79685が中途換金調整額として差し引かれますが、償還金額と同様に額面金額100円につき100円を手にできるようになっています。

　つまり、個人向け国債では、中途解約しても元本割れによる損がなく、最低限の金利を保証するため、従来の新窓販国債よりも低い利率を設定しているということです。

　一般の国債と個人向け国債を比べるには5年満期のものをみればわかりやすく、中途換金時の元本保証などがついている分、個人向け国債の利率は低くなります。たとえば、2015年8月募集の5年固定金利では新窓販国債0.1％に対して、個人向け国債は0.05％になっています。また、2016年1月募集の新窓販国債の10年固定利付債と個人向け国債の10年変動金利型では、新窓販国債0.3％に対して、個人向け国債は0.17％スタートとなっています（ここでは利率のみを比較していますが、利率が高いほうが良いというわけではありません。詳しくは第14章で説明します）。

原著では、アメリカの物価連動型貯蓄国債と物価保護国債の例が出ています。前者は、変動金利ですが最低保証金利が設定され、１年後からの中途解約では、過去３カ月分の金利ペナルティと交換に元本は保証されるかわりに、長期国債に比べて利率が低いという点で、（連動対象が金利と物価の違いはあるものの）日本の個人向け国債のモデル的な商品です。

　一方で後者は、インフレ率に連動して、元本価値が上がったり下がったりします（満期まで保有すれば元本は戻ります）。そのため利率は元本に対して固定率ですが、元本が変動するため受取利率も変動します。こちらは、日本の物価連動債のモデルといえますが、アメリカでは1997年に販売されたものの、それ以来、インフレ率が安定しているため、実際にインフレヘッジとして働くか否かには、データがありません。

　後述するように債券の最大のリスクは市場金利の変動であり、市場金利は物価に連動します。そこで、利率や元本の変動や中途解約に備えるかわりに、確実に受け取れる利率を半分近くまで引き下げているのが、個人向け国債や物価連動債ですが、「インフレ対策は、別の手段がとれないのか？」についても、検討の余地があるはずです。

▶ 政府関係機関債

　日本の政府関係機関では、政府の保証がある債券と政府の保証のない債券の両方を発行していますが、前者のほうが金利が低くなります。また、国際協力機構（JICA）のように、個人向けに10万円から購入できるものがある一方で、日本学生支援機構や住宅金融支援機構では、最低購入金額が1,000万円とか１億円と高額です。

　なお、政府関係機関債のなかには、毎年金利を払い、満期に元本が償還される一般的な利付債だけではなく、債権を証券化したものもあります。典型的なものは、住宅金融支援機構が発行している貸付債権担保住宅金融支援機構債券で、「機構MBS」と呼ばれています。MBSとは、Mortgage-Backed Securityの頭文字で、不動産を担保とした住宅ローンや商業不動産貸付を、種類別に分類して債券化した証券であるため、たとえば、年0.4％で発行されても、毎月の元利金支払が一律でない点が一般の債券とは異なります。

住宅金融支援機構は、国内最大のMBSの発行体です。住宅金融支援機構では、フラット35という固定金利の住宅ローンを民間の金融機関を通じて提供していますが、住宅金融支援機構では、民間金融機関からその債権を買い取って信託会社へ預けて、信託財産を担保にして債券（＝MBS）を発行して、投資家へ販売しています。

　こうした住宅ローンの証券化（＝債券化）による、資本市場を活用した住宅ローンの整備は、1970年代のアメリカで広まり、ファニーメイやフレディマックといった政府支援企業によって確立されていきました。日本では、2001年に住宅金融公庫（住宅金融支援機構の前身）からMBSが発行され、2007年の独立行政法人化によって活発になりました。

　MBSというと、リーマンショックによってファニーメイやフレディマックが破綻して、金融危機を拡大させた印象がありますが、機構MBSでは、支払ができなくなった住宅ローン債権については、機構が信託銀行から買い戻すため、投資家はデフォルトリスクから隔離されている点が大きく異なります。

　つまり、どちらも政府保証はついていないものの、ファニーメイやフレディマックでは政府の出資が100％ではなく（リーマンショック後は100％）、いろいろな期間、利率、リスクの異なる債権を、似たような条件をもつグループに分けて債券化していたのに対して、機構MBSでは、100％政府出資の住宅金融支援機構がフラット35という均一商品で、適格基準を満たした住宅ローン債権のみ買い取って担保とし、デフォルト債権は信託財産以外の機構財産から差し替える点が大きく異なっています。

第 9 章

地方債について

　地方公共団体（都道府県や政令指定都市）の仕事にも、莫大なお金が必要です。基本的な部分は住民税や地方交付税等によって用意するものの、足りない部分は債券を発行して集めます。

　これが地方債と呼ばれるものです。

　そして、図表Ⅲ－1に示したように、地方公共団体が発行する債券には、いくつかの種類があります。市場で公募されるものが基本となり、大半は全国的に公募されるものですが、地域住民を中心に募集するものもあります。

　地方債とは地方公共団体が発行するため、信用力はあるものの国が発行する国債には劣ります。そのため、地方債の利率は国債に比べて高くなっています。たとえば、2016年1月時点では、10年満期の新窓販国債の0.3％に対して、10年満期の地方債の共同発行債では0.41％という具合です。

　また、地方債のなかでも信用力が低いほど利率は高くなります。そのため満期が同じでも、個人向け国債の2倍の利率を払う地方債もあります。つまり、地方債を発行している地方公共団体が破綻しない限りは、地方債は国債よりも利率が高いため、お得感が生じるものなのです。

　それでは地方債の発行者は、破綻する可能性はあるのでしょうか？

▶ 地方債の注意点

　実は、はっきりしたことがわかりません。地方債協会では、「地方公共団体は、民間企業とは異なり、破産法の適用がなく、現行法制上は、破産することはありません。また、深刻な財政悪化は未然に防がれることになってい

ます」（www.chihousai.or.jp）としていますから、地方公共団体が破産することはなく、地方債が紙切れになるという事態は、現在の法制上は想定外ということになります。

たしかに地方公共団体は、住民税だけでなく国から地方交付税等をもらえますし、財政難から破綻しかけたら、国の再建計画によって支援を受けられる可能性もあります。それでは、北海道の夕張市の場合はどうだったのでしょうか？

2007年に夕張市は、「財政破綻した」と新聞等で報道されました。しかし、正確には「破産」したわけではなく、「財政再生団体」に指定されたのです。これは、赤字比率が基準を超える自治体では、再生計画をつくるよう、2009年から法律で定められ、その計画に沿って運営される自治体を「財政再生団体」と呼ぶようになったことと関係しています。夕張市は2007年に地方財政再建促進特別措置法に基づいて再建計画を立てましたが、2009年に新しい地方財政健全化法ができると、その法律が適用されました。

したがって、夕張市は破産したわけではありませんが、経費をカットされ、行政サービスが日本一高価な水準に値上げされ、人口の流出が続いているのが現状です。これに対して、政府は、「国に責任はなく、夕張市の問題であり、地方債の債務も全額支払うべきだ」と突き放しました。

その結果、夕張市では、2007年以前に発行した地方債の金利を自力で支払い、元本の満期償還に備えているわけですが、投資家としては、この状況に対して安心していられるでしょうか？

もちろん、心中穏やかではないはずです。「破産はないから大丈夫」と思って、国債よりも2倍近く高い利率の地方債を買ったところ、数年後に財務状況が悪化したと報じられた。今後もきちんと金利を受け取れ、満期には元本が100％受け取れるか不安で不安で仕方がないですよね？

地方債を買う場合には、チェックすべきデータがあります。総務省では「地方財政状況調査関係資料」として、毎年、地方自治体の財務指標を公開しています。そこでは、「財政力指数」「経常収支比率」「実質公債費比率」「将来負担比率」「ラスパイレス指数」が示されていますが、「経常収支比

率」が100％を大きく超えたり、「実質公債費比率」が18％を大きく超えてくると問題です。

　ちなみに地方債を発行する際には、都道府県でも、市町村でも、総務大臣に対して、「実質公債費比率」が18％未満では届出だけ、18％以上では許可が必要になり、早期健全化基準が25％、財政再生基準は35％となっています。

　地方債のなかには、地域住民を中心に募集する住民参加型市場公募地方債といって、１万円や10万円の購入単位のミニ公募地方債があります。このなかには、ワインを購入者特典につけた長野県塩尻市のような自治体も現れました。

第**10**章

社債等について

　会社が大きな仕事をする際に、まとまったお金を調達するために発行する債券が社債です。一般の企業のほか、電話会社、電力会社、銀行も、社債を発行します。また、それとは別に、長期資金を手に入れる目的で、特定の銀行が発行する金融債もあります。

　期間は1年から40年、購入単位は10万円から1億円までありますが、年1～2回の利払いがあります。証券会社で購入でき、原則、市場価格で中途売却できます。

　社債の場合には、債券の発行会社が、満期前のあらかじめ決められた特定日に繰り上げて償還できるコール条項のついたものがあります。これは、債券を発行してから金利が低下すると、発行会社は低い利率の債券を発行したほうが有利であるため、既存の債券を予定より早く償還してしまうものです。具体例は、第14章で説明します。

　日本では、明治から昭和にかけて社債の発行が非常に活発で、会社がお金を集めるには、銀行借入（間接金融）よりも社債発行（直接金融）のほうが主力でした。しかし、国の主導のもと、軍需産業へ優先的にお金を配分するため、戦時中から統制色が強くなり、証券市場で個々の会社が自由に社債を発行してお金を集めるよりも、銀行の貸出による融資が国策となりました。その流れを継いで、戦後の企業の資金調達は銀行が中心となり、社債は不遇

の時代を迎えていました。そのため、個人の金融資産も、社債などの証券よりも銀行預金が圧倒的に多くなったわけです。

　ただし、1980年代からの金融の自由化の流れのなかで、1990年代からは社債の発行の規制も小さくなり、新たに個人投資家への普及のために、従来は機関投資家向けに、満期が10年以上で最低購入金額が１億円だった社債に、新たに満期が３年から５年、最低購入金額が10万円から100万円程度の個人向け社債が発売されるようになりました。

　最近のものでは、利率が１％を超えているものもあり、個人向け国債の数倍の利率となっていますが、同じように社債についても注意点があります。

> 「日本人は、預金ばかりで、投資を嫌う」といわれますが、これは日本人の国民性というよりは、国の制度上の問題です。というのも、明治から戦前までは、日本では銀行などの間接金融よりも社債などの直接金融が強かったわけで、裏を返せば、預金者よりも証券投資家のほうが多かったわけです。
> 　しかし戦時中に、軍備増強のための資金集めのため、自由な証券市場ではなく、銀行を通じてお金を集め、国の管理のもと資金を配分する必要から、銀行中心の間接金融が主になり、戦後の復興期にも国策企業へ資金を流すために継続されました。
> 　その結果、日本では金融機関の中心は銀行で、個人金融資産の半数以上を預金が占めているわけです。裏を返せば、戦前のように社債などの直接金融が中心になれば、個人金融資産に占める預金の割合は激減すると考えられます。

▶ 社債の注意点

　1990年代後半からのゼロ金利政策によって、預金金利がゼロに近づくと、預金よりもはるかに利率の高い個人向け社債は人気を集めましたが、1999年にピークを迎えた後、大手小売業のマイカルが発行した個人向け社債が、2001年に同社の破綻によりデフォルト（債務不履行）に陥ると、一気に下火となり現在に至っています。

社債の最大の注意点とは、このデフォルトの可能性があることです。Part
IIの冒頭で、債券という証書は、発行元の会社が破綻すると受け取れるはず
の金利や元本の返済が滞る可能性があると説明しました。これが、デフォル
ト（債務不履行）です。それでは、企業の破綻や倒産とはどのような状況を
いうのでしょうか？

会社の資金繰りが悪くなって事業を続けられない状況が、会社の破綻とか
倒産といわれるものですが、そこでの対処法は2つあります。1つは、すべ
ての資産を処分して債権者に分配し、事業をやめてしまう事業清算です。も
う1つは、事業資産を残したままで継続し、限られた収益を使って債務を支
払っていく事業再建です。

そして、倒産の手続に関して、裁判所を関与させ法的に整理する際に、再
建では民事再生と会社更生が、清算では破産と特別清算というやりかたがあ
りますが、一般的には、再建では民事再生（大企業については会社更生も）、
清算では破産という方法がとられます。

なお、再建では会社の事業の継続を目指しますが、民事再生では、それま
での経営陣が事業を続ける一方で、担保権を有する債権者は、民事再生法の
適用を無視して競売を申し込むことができます。そのため、話合いで再建計
画を策定しても、債権者のなかに反対者がいれば、計画を進めることができ
ませんし、担保をとられている債権や租税債権は、債権計画によるカットが
できません。

これに対して会社更生では、新しい経営陣が入れ替わる一方で、個々の債
権者は勝手に競売を行うことができません。会社の財産評価に基づいて、担
保付きの債権や租税債権も、債権計画のなかでカットされることになりま
す。

それでは、デフォルト（債務不履行）の具体例に移りましょう。

2001年に経営破綻したマイカルは、当初、民事再生を申請しましたが、金
融機関の支援が得られず、結局、会社更生で手続が進められ、経営陣は退陣
し、グループの一部はイオンに吸収されました。

マイカルでは破綻直前まで、利率3.25%の社債を発行していましたが、資

金繰りが立ち行かなくなった際に、民事再生ではなく、会社更生の手続がとられたため、小口債権者には額面の30％、大口債権者には額面の10％を上限とする弁済が決定され、元本の大半が返済されない事態となりました。

p 92でMMFの元本割れの問題を扱いましたが、その原因は、通常よりも積極運用を行っていたMMFに組み入れられていた、利回りがきわめて高いマイカルやアメリカのエネルギー大手エンロンの社債がデフォルトしたからです。

2010年に経営破綻した日本航空（JAL）は、負債が２兆円を超えていたため、金融機関との話合いによる民事再生ができず、政府支援を受けながら、会社更生の手続に入りましたが、社債の回収率は額面の20％程度にとどまりました。

なお、政府が一時国有化して、公的資金を注入するといった手厚い政府支援を受けたにもかかわらず、JALの社債がデフォルトしている点は注目に値します。

ちなみに、株式に関していえば、JALでは、会社更生法による手続で100％の減資が決定されたため、既存の株主の権利はすべて消滅させられました。

以上のように、社債の場合には、たとえ政府が支援しようとも、デフォルト（債務不履行）になる可能性があります。しかも、社債を発行した当時は日本を代表する有名企業であったものが、10年に及ぶ満期までの間に経営が悪化してデフォルトに追い込まれる可能性もあります。その分だけ社債の利率は高くなりますが、国債とは違って国が元本や金利を保証してくれるわけではないので、投資にあたっては細心の注意を払う必要があるわけです。

そもそも日本では、アメリカと違って社債の市場が小さく、種類も量も限られていることもあって、デフォルトの可能性と引き換えに、非常に高い利

率や利回りを提供するハイイールドボンド市場が存在していません。

　実際に日本では、2006年から2013年2月末までに発行された社債の94％がA格以上であり、BB以下のハイイールドボンドは、ほとんど発行されていないため、市場と呼べるほどのものもありません（格付については、後ほど説明します）。

　裏を返せば、大半の社債は発行当時にA格以上だったのに、時間がたつにつれてデフォルトする可能性があること、そして、時間がたつにつれてBB以下の格付に下がった場合には、実際にデフォルトするか否かについての情報がほとんどない、ということにもなります。

　企業が倒産した場合、その企業が発行していた証書は、担保付債券→普通債券→劣後債券→永久劣後債券→優先株式→普通株式→劣後株式、という優先順位で返済の確実性が決まってきます。

　ここで、劣後債券とは、企業が破綻した際に他の債務を弁済した後の余剰資金から弁済される債券で、永久劣後債券とは、償還期限のない劣後債券です。

　また、優先株式とは、剰余金の配当や残余財産の分配について優先的に扱われる株式で、逆に劣後株式とは、優先順位の低い株式です。

第11章

利付債と割引債とその他

　日本の債券の大部分は利付債といって、債券証書にクーポン（利札）がついていて、一つひとつのクーポンは、6カ月分の利子を示し、2枚で1年分となり、債券を購入した際には、証書から1枚ずつクーポンを切り取って、お金にかえるという方式が一般的でした（2003年以降は、ペーパーレス化のため、紙の債券証書は消滅しています）。

　このように、クーポンには金利（利子）と同じ意味があります。

　そして、クーポンを受け取る際には、20％の税金が差し引かれて金利（利子）を受け取り、満期になると元本（額面金額）が戻ってくるというのが利付債であり、日本の債券の基本形となっています。なお、額面当りの1年分の金利（利子）の支払金額を利率と呼びます。

▶ ゼロクーポン債（割引債）と派生債券について

　一方で、こうしたクーポンのついた利付債に対して、割引債というものがあります。割引債にはクーポンがないことから、海外では"ゼロクーポン債"と呼ばれています。

　ただし、金利（利子）のつかない債券に投資する人などいるわけありませんので、ゼロクーポンの場合には、金利（利子）に相当する割引が債券の価格に対して提供されます。

　すべての債券には額面金額というものがあります。額面金額とは、満期がきた際に発行者が支払う金額のことをいいます。たとえば、個人向け国債では、額面金額は100円で発行され、購入単位は100口単位なので、最低の購入

価格は1万円となります。しかし、債券とは、いつでも額面金額の100円で発行されるわけではありません。

このため、発行から満期までの間、債券の価格は100円を下回ったり、100円を上回ったりしています。

こんなわけで、"利子（クーポン）のつかない債券"が生まれてきます。

ゼロクーポン債（割引債）とは、利子（クーポン）がゼロではあるものの、額面価格よりも低い価格で債券が発行されることから、満期時に受け取る「額面金額－購入金額」が、「満期時までに受け取っていたはずの金利（利子）の合計」に相当する、という仕組みの債券です。

さらに、利付債と割引債を混合したタイプの債券もあります。

ストリップス債（元本利子分離債）とは、もともと利付債であったものを、まず、元本とクーポンに分けてしまい、そのままでは金利（利子）がつかないために、元本部分とクーポン部分をゼロクーポン債のように、額面金額や元本を割り引いて発行する債券です。たとえば、年2回の利払いがある10年満期の利付債を使ってストリップス債をつくる場合、元本部分からは1個、クーポン部分からは20個と、合計21個のストリップス債をつくることができます。

ディスカウント債とは、利付債と割引債（ゼロクーポン債）の両者の性質をもった債券で、金利（利子）部分を低く抑える一方で、元本部分を額面金額から割り引いて、低い価格で発行する債券です。なお、利子部分が極端に小さいディスカウント債は、ディープディスカウント債として別扱いされます。

ディファードペイメント債とは、金利（利子）の計算期間が1年を超えるものとか最初の数年間は金利（利子）の支払がないなど、お金の支払が先延ばしにされることで、税金の繰延べができる債券です。

▶ ゼロクーポン債（割引債）の長所と短所

以上のように、債券のなかには額面価格で発行され、年2回の金利（利子）が支払われ、満期に額面価格が返ってくるもの以外に、額面金額とは違

う価格で発行され、金利（利子）がゼロまたはほとんどつかない状態で、満期に額面金額が返ってくるものもあります。

　それでは、利付債以外にもゼロクーポン債などの債券が必要となる理由は、どこにあるのでしょうか？

　ゼロクーポン債のメリットは、初期投資が少なくてすむという点にあります。利付債では、100万円を投資して、満期まで毎年金利（利子）をもらうわけですが、ゼロクーポン債（割引債）では、たとえば、60万円で購入して、満期になると100万円が支払われます。そのため、初期投資金額が小さく、投資しやすいということで、アメリカなどでは金利が高かった時期には、子どもが小学生の頃に買っておいて、10年たった満期時に、大学の入学金に充てる人も多かったようです。

　ただし、ゼロクーポン債には、大きな欠点もありました。それはゼロクーポン債では、毎年支払われるクーポンがついているわけではないので、一般の利付債に比べて利回り（利益÷投資金額）が特別良いわけではない半面、利付債よりも変動性が高くなるからです。

　利率や利回りについては、第14章で詳しく説明します。

　たとえば、10年満期のゼロクーポン債を保有していて、途中の７年目にデフォルトした場合、投資家は、元本を失うだけでなく、債券に蓄積されていた金利（利子）もいっさい手にすることなく失うからです。つまり、投資金額100万円で、利率10％の通常の利付債なら、最初の６年間に60万円の金利（利子）を受け取れたものを、ゼロクーポンではまさに金利（利子）がゼロという、救いようのない投資になってしまうということです。

　また、ゼロクーポン債は、金利（利子）にかかる税金を先払いする必要があります。利付債では、年２回の金利（利子）を受け取る際に、金利（利子）の20％を税金として支払いますが、ゼロクーポン債では、購入時にまだ

金利（利子）を手にしていないにもかかわらず、「額面価格－購入価格」に対して、18％の税金がかかります（正確にはかかっていました）。つまり、受け取ってもいない収入に対して、税金を先払いする必要があります。

しかも、先ほどのように、満期以前にゼロクーポン債の発行元がデフォルトを起こせば、ゼロクーポンの投資家は、金利（利子）をいっさい受け取らず、投資資金の大半を失った挙げ句、受け取ってもいない金利（利子）に対して税金まで支払っていたということになるのです（ただし、債券が無価値になった年には、税金還付が請求できるでしょうが）。

> 「利子」「利息」「金利」とは、同じ意味をもつものの、使用場面が微妙に異なります。本書では、金利を多用していますが、p145〜149では、クーポンや税金の話があり、表記を一部変更しています。

▶ 日本では、脱税の温床になっていた割引債

ゼロクーポン債の価格変動性から、原著者が代表を務めるイーデルマンフィナンシャル・エンジンズ社では、ゼロクーポン債を使って大学費用の準備をすることには反対しています。

一方で、日本では、かつて割引債が非常に人気でした。その理由とは、税務対策の手段として使いやすいというものでした。

債券の税金については、PartIXで詳しく扱いますが、ここで少しだけ触れておきますと、債券の投資では、

① 金利（利子）を受け取った場合、その金利（利子）に対して
② 額面より低い値段で購入した場合、満期時に差額に対して
税金がかかるというのが、基本でした。

そのため、利付債の場合には、毎年、金利（利子）が支払われると、金利（利子）の20％が源泉徴収されて、残りが銀行口座へ支払われましたが、割引債の場合には、金利（利子）に相当する部分は、購入時に18％の税金を払

えば、税務手続が完了しました。そのため、投資家は2％分だけ得をしていたわけです。

　また、2003年に債券のペーパーレス化が行われる以前の日本では、債券を購入した投資家は証書を手にできましたが、割引債では、証書に保有者の名前が入らない無記名が認められていました。そこで、割引債の証書を購入後に金融機関の保護預りから引き出して、自分の手元に置いておけば、税務調査が入ったときに所有者が特定されにくいという特徴がありました。そのため資産家の間では、財産の一部を割引債にかえることで、相続財産を減らすというやりかたも人気でした。

　さらに後で詳しく説明するように、債券の価格は発行時から満期時まで大きく変動していますが、以前の税法では、

③　満期以前の売買に関しては、税金がかからない

ことが原則でした。このため、無記名の割引債を使うことで、財産を相続税や贈与税が課せられることなく他人名義に移せるだけでなく、満期以前に売却すれば、儲けに関して税金がかからないという、税法の抜け穴を利用することができたのです。

　1990年代に、当時自民党副総裁だった金丸氏が、多額の脱税容疑で起訴された際、大量の割引債と金塊を保有していたことが発覚して話題となりました。これにより割引債の無記名という税法の穴が埋められるきっかけになりましたが、金（ゴールド）はいまも無記名のままです。

　しかし、現在では税法の穴は埋められつつあります！

　まず、2003年からの債券のペーパーレス化によって、従来の無記名方式は利用できなくなりました。それだけでなく、2016年からは金融所得課税が一体化され、割引債に関しては、従来のような税率等の優遇がなくなりました。

　もはや割引債は、脱税の道具としての賞味期限が過ぎてしまったのです！

　なお、現在、日本で発行されている割引債としては、満期が6カ月、1年

の割引短期国債（国庫短期証券）や、ストリップス国債も発行されていますが、いずれも個人は購入できません。また、金融債は割引債として有名ですが、現在、販売されていませんので、今後、個人が手にすることはあまりないかもしれません。

ただし、海外の債券商品が簡単に購入できるなかで、割引債等の仕組みについては、十分に理解しておく必要があります。また、海外の債券商品は為替リスクが伴ううえ、税金の扱いが異なりますから、注意が必要です。

▶ その他の特殊な債券について

債券の基本形が利付債ですが、前述のとおりそれ以外に割引債があり、ストリップス債やディープディスカウント債やディファードペイメント債があります。

ただし、こうした債券は、国内で発行されるものに限っていえば、個人は買えないので、皆さんもなじみは薄いといえます（海外発行のものは購入できます。税金の取扱いが特殊なので注意が必要です）。

しかし、債券のなかには、割引債よりもはるかに複雑でありながら、個人が簡単に購入できるものもあります。たとえば、新株予約権付社債とか株式関連仕組債と呼ばれる債券です。

新株予約権付社債とは、2002年4月1日に旧商法が会社法に改正されるまでは、転換社債とワラント債として知られていました。どちらも社債の機能はあるものの、社債を株式へかえたり、株式を引き受ける権利がついた社債です。

・転換社債の購入者は、債券として利子を受け取り、満期まで保有すれば、額面金額が返ってくる一方で、発行時に決められた条件で、株式にかえることができます（債券のまま売却するか、株式にかえて売却するかは、転換価格、株価、取引コストによって違ってきます）。

・ワラント債は、社債部分＋新株引受権がセットになっており（別々に販売される場合もある）、社債部分は通常の債券であるものの、新株引受権の保有者は、あらかじめ定められた期間内であれば、新株購入代金を支払って

権利を行使することで、その会社の株式を手にすることができます（追加
される新株購入代金は、発行時に決められた行使価額により決まっているため、
株価が値上りしていると、時価より低い価格で株式を取得できます）。

　前者の転換社債に関しては、償還まで何もしなければ、一般的な債券と同
じで利子の支払があり、元本が返ってきます。しかし、後者のワラント債で
は、新株引受権の部分は決められた期間内に株式にかえてしまうか、売却し
てしまうかしないと、権利がなくなって、価値がゼロになってしまいます。
この新株引受権の部分は、コール・オプションという派生商品です。債券の
安全なイメージとは逆に、派生商品はリスクが高いのです！

　ここで、簡単にオプションについて説明しておきます。オプション取引に
は、買う権利のコールと売る権利のプットの２種類があります。さらに、コー
ルとプットにはそれぞれ買いと売りがありますので、組合せとしては、コー
ル・オプションの買い・売り、プット・オプションの買い・売りの４種類があ
るわけです。そして、オプション取引では、平均株価や個別株価などを原資産
として、買う権利と売る権利を取引していきます。日本で有名なのは、日経
225オプションです。

　コール・オプションとは、「将来、〇〇円で原資産（株式等）を買う権利」
です。たとえば、４月１日時点で、10月１日の満期日までに、A社の株式を
1,000円で買う権利です。そして、コール・オプション自体の代金（プレミア
ムという）が100円であるとすれば、コール・オプションの買い手は100円を支
払い、コール・オプションの売り手は100円をもらうことで、取引が始まりま
す。

　コール・オプションを100円で買った場合、満期日までに、100円のコストを
含めて株価が1,100円以上になれば儲かりますが、株価が1,100円以下で損失が
出始め、株価が1,000円以下では、投資金額であるオプション代金の100円を損
をします。

　一方で、コール・オプションを100円で売った場合、満期日までに、株価が
1,000円以下であれば、オプション代金の100円だけ儲かりますが、株価が1,100
円以上になると、たとえば、1,300円の株式を用意して1,000円で売る必要が生
じるので、300円（＝1,300円－1,000円）－100円（最初に受け取ったオプショ

ン代金）として、200円の損失が生じます。

　なお、コール・オプションの買い手は、満期までに1,000円で株式を買う権利はあるものの、権利を使わなくてもよいので、大きな利益を期待できる半面、最大損失はオプション代金に限られますが（権利行使をしないため、オプション代金はゼロになる）、一方で、コール・オプションの売り手は、満期までに1,000円で株式を売る義務が生じますから、最大の利益は、オプション代金に限られる半面、株価が上がれば、限りなく損失がふくらむ可能性があります。

　逆に、プット・オプションとは、「将来、〇〇円で原資産（株式等）を売る権利」です。たとえば、4月1日時点で、10月1日の満期日までに、A社の株式を1,000円で売る権利です。そして、プット・オプション代金が100円であるとすれば、プット・オプションの買い手は100円を支払い、プット・オプションの売り手は100円をもらうことで、取引が始まります。

　プット・オプションを100円で買った場合、満期日までに、株価が900円以下になれば、100円のオプション代金も含めて儲かりますが、株価が1,000円以上では、投資金額であるオプション代金の100円の損をします。

　一方で、プット・オプションを売った場合、満期日までに、株価が1,000円以上であれば、オプション代金の100円だけ儲かりますが、株価が900円未満になると、たとえば、700円の株式を1,000円で買い取る必要が生じるので、［300円（＝1,000円－700円）－100円（＝最初に受け取ったオプション代金）］として、200円の損失が生じます。

　なお、プット・オプションの買い手は、満期までに1,000円で株式を売る権利はあるものの、権利を使わなくてもよいので、株価が下がりゼロになるまで大きな利益を期待できる半面、最大損失はオプション代金に限られますが（権利行使をしないため、オプション代金はゼロになる）、一方で、プット・オプションの売り手は、満期までに1,000円で株式を買う義務が生じますから、最大の利益は、オプション代金に限られる半面、株価が下がれば、大きな損失がふくらむ可能性がある点は、同様です。

　そして、さらに複雑な債券として、仕組債があります。仕組債というのは、派生商品の仕組みを兼ね備えた債券という意味で、たとえば、EB債（他社株転換可能債）や日経平均リンク債などがあります。

・EB債とは、「自社の債券」＋「他社の株式のプット・オプションの売り」

を組み合わせた商品で、償還時に、他社の株価が一定水準を上回ると、通常よりも高い金利が得られる半面、他社の株価が一定水準を下回ると、元本が株式に転換されてしまい、投資金額を下回るという商品です。

・日経平均リンク債とは、「債券」＋「日経平均株価のプット・オプションの売り」を組み合わせた商品で、日経平均株価が一定水準を上回ると、償還時に通常よりも高い金利が得られる半面、日経平均株価が一定水準を下回ると、日経平均株価に連動して元本が減らされ、投資金額を下回るという商品です。

これは、仕組みをつくっているプット・オプションによるものです。プット・オプションとは、「将来、〇〇円で株式を売る権利」ですが、投資家は、プット・オプションの売り手となり、発行会社が、プット・オプションの買い手となることで、株価が上がった場合には、プット・オプション代金分を上乗せするかたちで、「元本＋通常の債券金利＋上乗せ金利（≒オプション代金分）」という通常よりも高い金利を、投資家は手にすることができる半面、株価が下がった場合には、「株式（当初の高い値段による買取り）＋通常の債券金利＋上乗せ金利（≒オプション代金分）」というかたちで、元本のかわりに、購入時よりも値下がりした株式で支払われるため、株価が下がると、債券なのに投資金額を割り込む可能性があるのです。

コラムの例でいえば、投資家は、プット・オプションの売り手であるため、株価が1,000円以上になれば、オプション代金の100円が儲かるため、この分が金利に上乗せされるわけですが、株価が700円になれば、1,000円で時価700円の株式を買い取らされるわけです（あるいは、損失が生じる）。

一方で、発行会社は、プット・オプションの買い手となるため、株価が900円以下になれば、プット・オプション代金も含めて大きく儲かりますが、株価が1,000円以上になれば、オプション代金の100円損をするだけですみます。

プット・オプションの買い手は、株価が下がりゼロになるまで大きな利益を期待できる半面、最大損失はオプション代金に限られますが、プット・オプションの売り手は、最大の利益は、オプション代金に限られる半面、株価

が下がれば、大きな損失がふくらむ可能性がある点を巧みに利用しているのが仕組債なのです。

　つまり、仕組債では、うまくいった場合には、他の債券よりもはるかに高い金利がもらえる半面、うまくいかなかった場合には、償還時点で元本が大きく目減りする、という特徴がありますが、ワラント債と同様、商品に関して十分な理解ができていない個人投資家が手を出してはいけない商品であるといえます。

　債券というと安全なイメージがあるものの、実際には派生商品の部類に属するものを債券と錯覚して購入した挙げ句、大損する投資家が大勢います。仕組債は国内で発行されたものだけでなく、海外で発行された商品でも個人が簡単に購入できます。しかし、表面的な高利率に目がくらんで、初心者が手を出すことがないよう、くれぐれも注意が必要です。

　1990年代の終わりに、証券会社を通じて大量にEB債（他社株転換可能債）が販売されましたが、表面上の利回りの高さに目がくらんだ個人投資家が大損をすることが多く問題となり、商品説明不足を問われた証券会社では、監督当局から処分を受けるケースが頻発しました。最近では、多額の相続財産を手にしたお年寄りが、リンク債を勧められて大損したため裁判となり、やはり証券会社の説明不足や適合性原則違反を指摘されるケースが多くなっています。わけのわからない商品には、手を出してはいけないという教訓です。

第**12**章

債券の格付と問題点

　ここまで、いろいろな種類の債券をみてきました。そのなかで、日本国債は国が安全を保証しているため、安全性や信頼性に関しては現金に近く、金融商品のなかでも別格であるわけですが、地方債や社債に関しては、国債に比べて信用が低くなるのは当然です。

　格付会社では、投資家の判断の助けとなるように、発行された債券だけでなく、債券を発行した地方自治体や企業の財務的安定性やデフォルトリスクを評価して、格付を行っています。

　スタンダード＆プアーズとムーディーズの2社は、債券の格付会社として有名ですが、2社の格付方法は、ちょっと違いがあるものの、非常に似ており、投資対象と投機対象の2つに大きく分類して、一つひとつの債券を格付しています。

▶ スタンダード＆プアーズとムーディーズの格付方法

　最上格の格付は、スタンダード＆プアーズではAAA、ムーディーズではAaaです。ただし、債券に投資する際には、「AAAとAaaではないと駄目」というわけではありません。

　両社によれば、BBB／Baa以上であれば、投資対象であるとされています。一方で、BB／Ba以下については投機対象であるとされ、一般にはジャンク債として知られています。

ちなみに、スタンダード＆プアーズの格付では、2020年時点で日本国債も東京都債もＡ＋という格付がなされています。

　投資資金の幾分かを債券に置きたい場合、発行者によって安全度が違ってきます。「ある債券が、どの程度安全であるか？」という質問に対する答えは、過去数十年間、スタンダード＆プアーズやムーディーズなどの格付会社が提供してくれました。

　そして、現在もなお、この状況は変わらないものの、2008年のリーマンショック以降、スタンダード＆プアーズやムーディーズといった業界の代表を含む評価格付会社は、大きな問題をはらんでいることが浮彫りになっています。

▶ 格付会社の構造的な問題点とは

　格付とは、非常に便利ですし、よいアイデアです。図表Ⅲ－２のような分類をして、財務的安定性やデフォルトリスクについて、良いものから悪いものへと順番をつけていきます。

　そして、BBB／Baa以上なら投資対象であり、BB／Ba以下なら投機対象とみなして、「投資対象に分類された債券は、個人の投資もOKだけど、ジャンク債として知られる投機対象に分類された債券は、プロの投資家向けであるから、個人投資家は手を出すな」と、目印をつけてくれるからです。

　ただし、冷静になれば、ちょっと大雑把すぎると思いませんか？

　たとえば、財務内容を評価する際、売上げ、利益、費用、在庫、借金等々の金額を割ったり、掛けたりして、いろいろな指標を計算して数字にすることは、会計や証券分析なんかをちょっとでもかじった人であれば、だれにでもできます。

　それなのに格付会社の評価は、細かい数値が出てくるわけではないし、それをどのように計算したのかもわかりません。単純に、ＡＡＡ／Aaaから始

まって、投資してもよい段階が10個あるだけです。評価の仕方が、非常にアバウトであるわけです。

　格付は、債券の価格に対して直接的に影響を与えます。後で詳しく説明しますが、格付が低いほど投資家の数が減り、より高い金利を要求されます。つまり、企業や地方公共団体の格付が低いほど、資金調達の際に高い金利を支払うことになります。そしてまた、格付が低いほど、倒産リスクも高くなるため、信用格付は企業の株価にも多大な影響を与えます。

　信用格付会社の問題点はここから始まっています。

　ムーディーズとスタンダード＆プアーズは、企業の評価に莫大な費用をかけていますが、その費用を負担しているのは、驚いたことに評価される側の企業なのです。ここに一般投資家との「利害の対立」が生まれます。というのも、格付会社にとっては、費用を出してくれるお客さんがいちばん大切ということは、そのお客さんである企業がより高い格付をお金で買うことができることを意味するわけです。

　問題は、それだけではありません。スタンダード＆プアーズやムーディーズのような会社では、単なる格付以上の仕事をしています。つまり、格付だけでなく、「どうすれば、格付が改善するか？」という、コンサルティング・サービスも提供しているため、格付会社の役員と格付対象の会社の役員の関係が密接になります。なかには格付会社の役員が、格付対象の会社の役員を兼任するというひどいケースもありました。

　このことは、最高ランクがAではなく、AAAとなっている理由を物語っています。

　つまり、Aの上にいくつかの優良ランクを設けることで、本来ならば、Cをつけられてもおかしくない企業に、A格を与える余地が生まれるということです。

　このように、格付される企業が格付の引上げに対してお金を支払うことが、その企業にとって都合がよいわけですが、そうとは知らぬ一般投資家は、「A格をもらっている企業は、財務的に平均以上に優れているのだろう」と、錯覚させられるマイナス面があることはいうまでもありません。そ

の結果、多くの格付は怪しいものとなり、かつ財務内容の悪化を反映した格下げを発表するのが実態よりも遅れることが多くなるのです。

たとえば、アメリカの超優良エネルギー大手だったエンロン社のケースを思い出しましょう。破綻する数カ月前には、すでに財務的な問題を抱えていたにもかかわらず、格付会社からは、投資適格であるとお墨付き受けていました。しかも、2001年に同社が倒産する4日前まで、格付が引き下げられることはありませんでした。

つまり、格付会社を信頼していた投資家にとっては、「財務的に何の問題もない」といわれていた会社が、いきなり倒産していたということです。このようなドタバタ劇の背景には、上記のような格付会社の問題点があったわけですが、その行為は、2000年代後半の金融メルトダウンを引き起こす要因となりました。

▶ 2008年に失墜した格付会社の信用

信用格付会社では、売上げを伸ばすために大手証券会社が開発した資産担保証券に対して、投資適格の評価を与えてまで、証券業界の関心をひこうとしましたが、そのなかには高いリスクのサブプライム住宅ローン債権で構成される債務担保証券、CDO（Collateralized Debt Obligations）も含まれていたのです。

CDOとは、p113のMBSや貸付債権などを担保にして、再度、証券化を行った商品です。MBSやCDOをつくるには、むずかしい金融工学は必要ありませんが、適切な取引価格を計算するには、高度なファイナンス理論が必要です。

2008年のリーマンショックは、「アメリカの金融工学によって発生した」という誤解が多いようですが、実際には、プロの金融機関の人たちが、本来は手間暇かけて念入りに金融工学によって取引価格を計算すべきものを、手抜きをして安易な格付を利用したため、バブルが発生した点に原因があるのです。

サブプライム住宅ローンのような投資商品が、投資対象の評価を受けていたことがそれほど問題となった理由は、どこにあるのでしょうか？

　その理由は簡単です。年金、組合、基金、そして地方自治体を含む機関投資家の多くが、高い評価の証券しか投資することを認められていないなか、格付会社が高い格付を与えたため、多くの機関投資家が、こうした証券に投資できるようになり、投資金額が数千億円規模に及んだからです。

　しかし、サブプライム住宅ローンが破綻し始めると、CDOの格付も下がりました。たとえば、ブルームバーグ社によると、もともと最高ランクの格付（AAAあるいはAaa）を受けていたクレディスイスのCDO（年利10％保証であった）は、購入時には341億円していたものの、2006年末までには215億円にまで暴落しました。

　ただし、これは、特別なケースではありません。2008年末までに、格付会社では数十兆円相当のサブプライム関連商品の価値を、屑（ジャンク）にまで格下げしましたが、おそらくは最初からそうした評価がなされるべきところを、何年もたってからいきなり格下げしたわけです。

　銀行から保険会社まで、個人から機関投資家まで、こうした証券にかかわったすべての投資家が、膨大な損失を被ったため、世界的規模の金融危機につながったわけです。

　最初に、ベアー・スターンズが危機に陥り、次に、リーマン・ブラザーズが破綻、さらには、メリルリンチのバンク・オブ・アメリカによる救済買収、シティグループや、AIGへの公的資金注入という緊急事態が生じました。

　訴訟手続が始まったのは、それからです。カリフォルニア、コネチカット、オハイオ、ミシシッピ州を含む、地方自治体や退職年金ファンドが、住宅ローン関連証券への投資リスクの説明責任に関して格付会社を訴え、そうした商品をつくり販売した銀行や証券会社に訴訟を起こしました。

スタンダード＆プアーズやムーディーズの格付に問題が生じたのは、2008年

のリーマンショック時だけではありません。

　ムーディーズでは1998年に、日本で、三洋証券、北海道拓殖銀行、山一證券などが倒産した際、国の借金がふくらんだこともあり、日本の国債を、AaaからAa1へと引き下げ、2002年にはA2としました。スタンダード＆プアーズでもAA－としましたが、これらはアフリカのボツワナ並みの格付であり、トヨタ自動車も、無借金企業であるにもかかわらず、日本国債以上の格付が得られないため、同等の格付をされています。

　このように格付の問題は以前からありましたが、リーマンショック以降、アメリカでの対応に追随するかたちで、2010年に金融庁の通達があり、日本では海外のスタンダード＆プアーズやムーディーズなどを表記する際には、「無登録格付会社」とするようになりました。

▶ 格付のさらなる問題点とは？

　ここまで読まれて、間違いなく皆さんは、信用格付に対して警戒感が強くなっているはずです。よろしい！　しかし、残念ながら、債券の安全性をほかと比較して、すぐに簡単に評価しようとすれば、格付会社による格付は、たやすく利用できる唯一の情報源といわざるをえません。

　以上のような大問題にもかかわらず、実際には、いまもなお、格付会社は、債券の価格に多大な影響力をもっています。だから、債券に投資する際には、格付会社による格付をまったく無視してやり過ごすことが、なかなかむずかしいのです。そこで、格付の注意点についてさらに詳しく説明します。

　格付会社は、日々、いろいろな債券の格付を行っていますが、債券の格付評価が変わると、債券の価格も変わります。そのため、格付評価が変わるとどのようなことが起こるか、理解しておくことがきわめて重要になってきます。

　図表Ⅲ－2では、利率8.4％、額面金額100万円の2つのアメリカの債券に関して説明しています。

　債券Aの格付はAAA／Aaaで、その価格は額面金額と同じです。そのた

図表Ⅲ－2　債券の格付

	格付説明	S&P	ムーディーズ	額面金額	利率	現在価格	利回り	
	最高位	**AAA**	**Aaa**	**100万円**	**8.4%**	**100万円**	**8.4%**	←債券A
投資等級		AA＋	Aa1					
	非常に強い	AA	Aa2					
		AA－	Aa3					
		A＋	A1					
		A	A2					
		A－	A3					
		BBB＋	Baa1					
	投資適格程度	BBB	Baa2					
		BBB－	Baa3					
投機等級		BB＋	Ba1					
	投機的要素あり	BB	Ba2					
		BB－	Ba3					
		B＋	B1					
	投機的	**B**	**B2**	**100万円**	**8.4%**	**73万5,600円**	**11.4%**	←債券B
		B－	B3					
		CCC	Caa					
	デフォルト	CC、D	Ca、D					

め、債券Aの利回りは利率と同じ8.4％となっています。

　一方で、債券Bは、B／B2と格付が低いため、100万円の額面金額で発行されるものの、高いデフォルトリスクを相殺するため、投資家からはより高い利益率を要求されます。

　そのために、投資家は、実質的には額面金額未満の73万5,600円で債券Bを購入することができるのです。

　しかも、債券Bの購入価格が73万5,600円であるにもかかわらず、「この証書は100万円で発行され、年8.4％払う」と債券Bの表面に条件が記載してあるため、投資家は、金利（利子）に関しては、額面100万円に対して8.4％となる、8万4,000円を毎年受け取ることになるのです。

　言い換えれば、債券Bの場合には73万5,600円を投資すれば、毎年8万

4,000円の金利（利子）収入があるわけで、これを年利回りに換算すれば、11.4％（＝8万4,000円÷73万5,600円）となって、格付B／B2の債券Bの投資家は、格付AAA／Aaaの債券Aの投資家よりも、3％（＝11.4％－8.4％）も利回りが高くなることになります。

　このように、リスクが高いということは、高いリターンを生み出すということになります。しかし、それではここで格付が変更されたら、はたして状況はどうなるのでしょうか？　この点について、次章ではRJRナビスコ社の話を紹介します。

第13章

イベントリスク

　RJRナビスコ社は、オレオクッキー、リッツクラッカー、ライフセイバーやキャメルたばこで有名なメーカーであり、1988年の時点では、資産220億ドル、無借金経営の全米最大規模の企業でした。当然、ナビスコの格付はAAAであり、他社による買収は不可能であると考えられていました。

　要するに、これだけ大きな企業を買収するための資金を集めるのはとても無理、ということです。そのため、アメリカで企業買収が活発だった1980年代においても、ナビスコ社は蚊帳の外という感じでした。

　そこへ登場したのが、KKR社です。

　1988年に、KKR（Kohlberg Kravits and Roberts）社はナビスコ社を220億ドルで買い、260億ドルで売却する買収を企てました。つまり、このプロジェクトで40億ドルの利益をあげる計画でした。

　KKR社の資本価値は500万ドルでしたが、ナビスコ株を担保にするという条件で銀行や投資家からお金を集めて、260億ドルを用意しました。これは、皆さんが住宅ローンを組んで、住宅を購入するのと同じやりかたです。

　つまり、少しだけ頭金を用意して家を担保にすることで、大きなローンを組むというやりかたです。仮に、ローンを返済できなければ、銀行は皆さんにかわって家の所有者になります。もちろん、住宅を買うのとKKR社によるナビスコ社買収には、いくつもの違いもあります。

　住宅ローンの借り手のほとんどは、家の値段の10〜20％を頭金として用意します。仮に、同じやりかたをとるならば、KKR社の場合には26億〜52億ドル（＝260億ドルの10〜20％）の頭金が必要だったということになります。

しかし、KKR社では、たった500万ドルの頭金で、260億ドルの物件を購入するようなローン融資を受けることができました。個人の住宅ローンにたとえれば、40万ドルの住宅をたった80ドルの頭金で購入するのと同じです。

　それどころか、KKR社の場合には、ナビスコ社の資産価値である220億ドルより40億ドルも多くお金を借りていました。つまり、40万ドルの家を買うために、47万2,000ドルを借りていたようなものです。そして、ナビスコ株が担保に入れられたことで、ナビスコ社は負債を負うこととなりました。言い換えれば、KKR社は、総資産220億ドルの無借金企業を、40億ドルの借金を抱える総資産260億ドルの有借金企業に転落させたのです。

　1988年10月24日月曜日に、KKR社が買収を発表すると、格付会社では、すぐにナビスコ社の格付を、AAAからBへと引き下げました。

　図表Ⅲ－2へ戻ってみると、（ナビスコ社のような）AAAの債券の場合には、100万円の額面に対して100万円で取引されますが、B格債券の場合には、100万円の額面に対して73万5,600円でしか取引されません。これを100円に換算すれば、73円で取引されるということです。

　言い換えれば、ナビスコ社の債券をもっていた投資家にしてみると、安全な債券と信じて投資していたのに、火曜日の朝に新聞を開いたら、一夜にして27％も暴落していたということになります。

　KKR社による買収劇は、とりわけメットライフ生命保険会社に対して深刻な影響を与えることとなりました。というのも、同社ではナビスコ社の債券に1億1,700万ドルも投資していたからで、この買収劇のおかげで、3,200万ドルもの損失が生じたのです。そこで、メットライフ社は訴訟を起こしましたが、棄却されてしまいました。

　これはイベントリスクと呼ばれるもので、会社内で不慮の事件や管理能力を超える事件が発生し、会社の証券価値にマイナスの効果をもたらすもの、と定義されています。このほかのイベントリスクの例を下にあげてみました。

〈アメリカの例〉

・タイガーウッズの不倫騒動：ある調査によると、ウッズのスポンサーに

なっていた企業の株式価値は、120億ドルも下落したと伝えています。テレビネットワークと全米プロゴルフ協会は、ウッズ不在のため、視聴率が落ち込んで、数億ドルの収入を失いました。

・大統領の発言：オバマ大統領が、2008年に豪華なレセプションを催したり自家用ジェット機を保有する企業を批判した後、会場施設や航空機の産業では、注文キャンセルが相次ぎ、大打撃を被りました。

〈日本の例〉

・2011年の東日本大震災：地震発生後、東北地方に部品製造の拠点を置いていた自動車メーカーでは、中部地方や西日本や海外での生産に支障をきたし、一時的に業務をストップさせました。

・狂牛病：2003年に、アメリカで狂牛病が発生すると、米国産輸入肉を使っていた外食産業では、仕入れができず大打撃となりました。

・鳥インフルエンザ：メキシコで鳥インフルエンザが発生すると、日本人海外旅行者が激減し、旅行業者の収入が激減しました。

　イベントリスクは、たった1つの企業に影響するような、小さな事件に限定されるものではありません。

　たとえば、ハリケーン・カトリーナは、2005年にアメリカ湾岸地域に大打撃を与えましたが、それによって多くの企業や機関の信用格付が引き下げられただけでなく、ルイジアナ州政府やニューオリンズにあるチューレーン大学でも格付が下がってしまいました。また、2000年代後半に、住宅産業が遅滞すると、ローンの貸し手を含む多くの産業で、債券の格付が下がりました。

　しかし、すべてのマイナスの事件がイベントリスクとみなされるわけではありません。

　たとえば、単なる整備不良による航空事故は航空会社にとってのイベントリスクではありません。こうした事故は、航空会社の株式にマイナスの影響を与えることが多いですが、それは、そのビジネスのリスクであって、イベントリスクの定義に入りません。

　したがって、投資を検討する際には、皆さんの考えが間違っている可能性

だけでなく、思いもよらなかった事態が起こる可能性も考慮に入れたうえで、それらのイベントが自分の投資商品に何をもたらすのか、を考えることが必要なのです。

第**14**章

利率、利回り、トータルリターン

　たとえば、年利4％、10年満期の預金に100万円を預ける場合、この預金はいくら稼ぐことになるでしょう（税金等は無視するものとします）？

　単利の場合には、銀行は毎年4万円ずつ支払うため、10年後には投資家は140万円を手にすることになります。このように、単利の場合には複利効果がないために、利率と利回りは同じになります。この例では、両方とも4％になります。

　しかし、これが1年複利の場合には、10年後には140万円ではなく、148万200円になります。このように、年利4％で10年間にわたって複利で増えていく場合、利回りは4.8％の単利の預金と同じになります。

　図表Ⅲ－3にあるように、金利が複利で増える回数が増えるほど、手にする金額は大きくなるということになります。

図表Ⅲ－3　複利の頻度が高いほど、お金は大きく増える

［100万円が年率4％で10年間投資された場合］

投資金額	年率	期間	複利の頻度	最終価値
100万円	4％	10年	単利	140万円
100万円	4％	10年	1年に1回	148万200円
100万円	4％	10年	1年に4回	148万8,900円
100万円	4％	10年	毎月	149万800円
100万円	4％	10年	毎週	149万1,600円
100万円	4％	10年	毎日	149万1,800円

そんなわけで、利回りは利率以上に重要です。

したがって、他の投資よりも利益をあげるか否かは、単に利率が高いという理由だけで判断をすべきではなく、複利の頻度も考えて選択すべきです。というのも、複利の頻度によって利回りが決まるからで、利率がどれだけ利益を生むかを決定するのは、利回りだからです。

▶ 本当の利回りとは？

利率よりも利回りが重要だとわかったところで、それでは債券の本当の利回りとは、どんなものをいうのでしょうか？

たとえば、利率6.5%、7年後に満期を迎える額面100万円（ただし、4年の繰上償還あり）の債券を、112万8,400円の時価で購入するよう、証券マンが勧めてきたケースについて考えます。

ここで、皆さんが、「利回りは、いくらになりますか？」とたずねれば、その証券マンは、「名目利回り（表面利率）は6.5%ですよ」と答えるでしょう。名目利回り（表面利率）とは、証書に印刷されている利率のことです（クーポンと呼ばれることもあります）。

あるいは、その証券マンは、「直接利回りは5.8%ですよ」と答えるかもしれません。直接利回りとは、実際の購入価格で利率を調整したものです。この場合の直接利回りは、毎年6万5,000円の金利が支払われる債券を、112万8,400円で購入しているので、単純に割り算して5.8%となります。

さらに、その証券マンは、「最終利回りは4.3%です」と答える可能性もあります。最終利回りとは、購入した債券を、償還まで持ち続けた場合、受取金利と償還差損益が投資金額に対して何%かを示すものです。つまり、112万8,400円で購入した債券が、7年後には額面金額の100万円しか戻りませんから投資金額からは12万8,400円のマイナスになるため、その分を差し引いて最終利回りは4.3%になります。

なお、ここでは既発債の購入を想定しているため、最終利回りとなりますが、新発債の購入を想定すれば、応募者利回りと呼び名が変わります。

そして、最後に、ごくまれでしょうが、その証券マンが、「繰上償還利回

りは３％です」という可能性もあります。繰上償還利回りとは、本来の満期以前に、強制的に償還されてしまう際の利回りのことです。この場合には、４年間で償還されてしまいます。そのため、万が一、こうした事態が起これば、金利に関しては、７年分のかわりに、４年分しか受け取れません。しかも、強制償還直前の時価にかかわりなく、112万8,400円で購入したものが、100万円の額面金額が戻るだけなのです。つまり、繰上償還利回りとは、債券投資に関する最悪のシナリオということになります（p118のコール条項参照）。

　それでは、本当の利回りとは、どれになるのでしょうか？　それは、視点の置き方次第で変わってきます。

　定義的には、利回りとして、上記のすべてが正しいといえます。したがって、「利回りは6.5％ですよ」といっても、証券マンはうそをついているわけではないのです。

　ただし、事実をすべて知らせているというわけでもありません。

　こんなわけで、単に、利回りだけに頼って投資商品を購入すべきではありません。「利回りは何パーセントです」と商品を説明されても、どの利回りなのか判断がむずかしいだけでなく、利回りだけに焦点を当てることは、現実的には危険な行為でもあるのです。そこで、利回りよりも、トータルリターンが重要になってくるのです。

　新窓販国債と個人向け国債については、p92で解説しましたが、たとえば発行日が2015年9月の5年債では、表面利率は、新窓販国債（124回債）が年0.1％、個人向け国債（53回債）が年0.05％でした。そのため、一見すると、新窓販国債のほうが有利なような感じがします。

　しかし、新窓販国債（124回債）では、募集価格が額面100円に対して100円34円なのに、償還が額面100円につき100円であったため、応募者利回りが年0.028％（税引き後0.008％）となりました。

　一方で、個人向け国債（53回債）では、募集価格が額面100円に対して100円であり、償還も額面100円につき100円であったため、表面利率と応募者利回り

が0.05%（税引き後0.0398425%）となりました。

　このように、表面利率と利回りの区別は、重要だということがわかります。

▶ 利回りvs.トータルリターン

　ここまでの説明では、利率が同じであっても、複利が繰り返される間隔が変われば利回りも違ってくるため、利率ではなく、利回りに注目しようということでした。しかし、利回りは条件によっていろいろな種類があるため、混乱しやすいので、ここからはトータルリターンを利用しましょう。

　トータルリターンを利用する理由は、次のようなものなのです！

　ここまでの例ではすべて、額面金額は変わらないという条件で、利率と利回りをみてきましたが、ここで生じている問題は、投資価値が変動する投資商品はどうすればよいか？　ということです。

　銀行預金以外のほとんどすべての投資商品では、投資金額が変動しますから、元本が増えたり減ったりするのにあわせて、利回りを調整する必要があります。

　こうした投資価値の増加とか目減りといった調整によって計算されるのが、トータルリターンです。そのため、トータルリターンこそが、投資商品に関するリターンを決定する際の唯一の頼りになる数字です。

　たとえば、3％の配当を支払う株式に100万円を投資する場合、1年後には投資価値は103万円になっていると考えられます。ただし、この間、株式の値段が5％上昇したならば、100万円の5％に当たる5万円の利益が加算されます。その結果、投資価値は108万円となり、トータルリターンは、配当分の3％＋値上り分5％から、合計で8％と計算されます。

　これは、3％の配当だけよりもはるかに高い数字ですが、逆をいえば、同じように株式価格が1％下落した場合には、トータルリターンは2％になってしまいます。このように、トータルリターンは、

　　収入（＝配当や金利）＋価値の変化（＝値上りや値下り）

から計算されます。銀行預金の場合には価値が変わらないため、利回りと

トータルリターンはいつでも同じになりますが、ほかの元本保証のない投資商品ではこのようなことはありません。

　そのようなわけで、利回りに頼って投資商品を購入すべきではありません。というのも、利回りが高いのに、トータルリターンが低い投資商品も多いからで、トータルリターンを重視する以上、高い利回りは適切な指標ではなくなるからです。

　単に、高い利率を提示しているという理由だけで投資商品を購入するような利回りを追求する人は、欲深さからそうしているものの、欲深い人というのは、それにふさわしいものを手にするものなのです。

第15章

金利リスクについて

　ここまでの説明で、デフォルトリスク、インフレリスク、イベントリスクなど、債券に関係するいろいろなリスクについてみてきましたが、そうしたリスクのなかでも、債券にとって最大のリスクとなるのが、金利リスクです。

　間違いなく、ほかのどんなタイプの投資リスクよりも、金利リスクは債券投資で、お金を失う原因を引き起こします。したがって、この章は特に重要です。

　ある日、ハリーさんのところへ証券マンから電話がありました。勧誘の内容は、次のようなものです。

　「1％の銀行預金のかわりに、政府が発行して、元本を保証している国債にかえませんか？　国債は、年間6％の金利を支払ってくれますし、いつでも換金ができます。ハリーさん、私がお勧めしているのは、銀行預金よりも安全で、銀行預金よりも金利が高く、銀行預金と同じくらい換金性がある商品なんですよ。100万円だけかえてみませんか？」

　かなり上手な勧め方ですよね。これまで勉強してきたように、この証券マンがいっていることは、全部正しいわけです。国債は、銀行預金よりも安全であり、金利が高く、換金したいときには、いつでも換金できます（ただし、個人向け国債は中途換金に制限がありますので、ここでは除きます）。

　ただし、このセールスマンの説明は、換金性に限っていえば、少し不十分といえます。そして、その点こそが、国債という商品が、あらゆる証券のなかで抜きん出て投資家に大損をもたらしている原因となっているのです。

どういうことか説明しましょう。たとえば、この証券マンの勧誘に乗せられて、ハリーさんが利率6％、額面100円、10年満期の国債に、100万円を投資したものの、2年後に自動車を買うために、ハリーさんは、この国債を売却しようと考えたとしましょう。

　ただし、この間に、金利が変動していたため、政府が利率8％の国債を発行していたら、どうなるでしょうか？

　ここで、もう1人の投資家であるジェーンさんが登場し、たまたま、ハリーさんが売ろうとしているのと同じ種類の国債を購入しようと考えているとします。

　すると、ジェーンさんには、2つの選択肢が生まれます。1つは、ハリーさんから古い6％の国債を買うこと、もう1つは、政府から新しい8％の国債を買うことです。どちらの国債も、額面は100円ですが、利率が違っています。だから間違いなく、ジェーンさんは、ハリーさんではなく、政府から新しい国債を買うでしょう。

　問題となるのは、ここから先の話です。

　ここでハリーさんは、ジェーンさんに、政府からではなく、自分から国債を買ってもらうには、どう説得したらよいでしょうか？　ハリーさんは、手持ちの国債の利率を変えることはできません。というのも、利率は、証書に印刷されているからです。

　その答えは、利率を変えられないならば、値段を下げるしかないということです。つまり、ハリーさんは100円よりも安い値段で、手持ちの国債を売らざるをえないということになります。それでは、いったい、どれだけ安く売ればよいのでしょうか？

　この例では、ジェーンさんにとって、政府から新しい8％の国債を買うのと同じ条件となるのは、75円ということになります。別の言い方をすれば、利率6％の額面100円の国債を75円で買うことと、利率8％の額面100円の国債を100円で買うことは、等しいということになります。

　つまり、ハリーさんは、自分が支払った金額よりも25万円も安く、国債を手放さなければならないのです。政府が元本を保証した投資商品で、自分の

投資金額が25％も減ってしまうなんて事態が、どのように起こったのでしょう。

　この現象が金利リスクと呼ばれるものです！

> 　国債の価格は、たとえば、財務省のホームページで、日々公表されています。

　すでに述べたように、この金利リスクというのは、おそらくは、投資の世界でいちばん大きな損失の原因になっていることでしょう。投資の初心者には非常に混乱しやすいリスクでもあるため、十分に理解しておく必要があります。経済市場で金利が変動すると、逆方向に現存の債券の価値も変動しま

図表Ⅲ－4　市場金利と債券価格の関係（利率6％、額面100万円の債券、30年満
　　　　　期アメリカ国債の例：1ドル＝100円換算表示）

債券価格と額面価格が等しいため、この債券はパーで取引されているという。

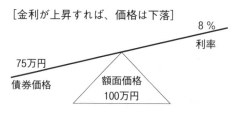

債券価格は額面価格より低いため、この債券はディスカウントで取引されているという。

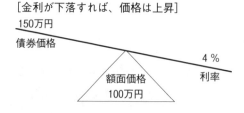

債券価格は額面価格より高いため、この債券はプレミアムで取引されているという。

す。つまり、図表III-4のように、市場金利と債券価格の間には、シーソーのような関係があります。

　市場金利と債券価格を両端に置いたシーソーでは、片側が上がると、片側が下がるという関係になります。

　したがって、先ほどの例とは逆に、市場金利が4％に下がっていると、ハリーさんは自分の買値よりも25％安く売らざるをえないどころか、50％も高い値段でジェーンさんに売ることができるというわけです。

　このように、債券へ投資を行う場合、金利リスクがあるために、儲けが生じたり、損が生じたりする可能性があるということは、十分承知しておくべきなのです。

　クルージングに出かける際にも、このアドバイスは使えます。船体の中心付近に船室のあるヨットを借りましょう。悪天候になると船首と船尾が前後、左右、上下に揺れるため、船の端にいるとそれだけ船酔いをしやすくなります。投資でも、似たような結果を生み出します。何かのバランスの関係によって時間が経過するほど、大きな揺れと吐き気を経験するかもしれません。

▶ 金利リスクを増大させるデュレーション

　さらに、この金利リスクは、すべての債券に均一に打撃を与えるわけではなく、満期までの期間が長いほど、影響が大きく表れます。専門用語を使うならば、債券のデュレーションとか債券の平均回収期間と呼ばれるものの違いによって、金利リスクによる打撃の程度が違ってくるのです。

　少し専門的な話になりますが、「金利の変化によって、もっているたくさんの債券の価値が、どれだけ変わるか？」は、債券の投資家にとって重要です。そこで、利率の違いや満期までの期間の違いによって、債券に投資した投資資金が、平均でどれくらいの期間に回収できるか、に注目したのがデュレーションという数値です。

たとえば、額面100万円で、利率1％、満期5年のアメリカ利付債では、5年後の満期時には、5年分の利子と額面の105万円を受け取れますから、100万円で購入して5年後に105万円受け取れる割引債と、最終的な受取金額は同じです。しかし、利付債の場合には、購入してから1年後には、1万円の金利の受取りが始まります。

　このように割引債では、お金の回収段階が満期時に限られる一方、利付債では、利率分が早く発生するため、一部のお金を前倒しでもらえる分だけ、債券の投資金額の平均回収期間は満期よりも短いと考えられます。

　同様に、同じ満期をもつ利付債でも、利率の高いものほど前倒しでもらえる金額が高いため、債券の投資金額の平均回収期間はより短いと考えられますし、当然ながら、同じ利付債でも10年満期よりも5年満期のほうが、あるいは満期までが7年よりも3年のほうが、お金の回収期間は短くなります。

　大雑把には、このお金の平均回収期間が、デュレーションです！

　神経質な方ならば、どうやってデュレーションが決まるのか不安でしょう。計算の土台となるのは、債券の利率と満期日であり、利率が低いほどデュレーションは長くなり、満期までの期間が長いほど、デュレーションが

図表Ⅲ－5　デュレーションが長いほど、金利リスクが大きくなる
　　　　　　（利率6％の債券価格の変化）

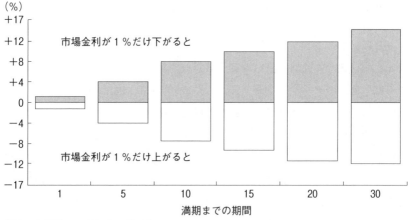

（注）　上記は、アメリカの例です。

長くなります。

　そして、図表Ⅲ－５のように、デュレーションが長いほど、価値の変動幅が大きくなります。10年債や30年債の変動は、１年債のものよりはるかに大きくなります。

　正確には、デュレーションとは、「債券がキャッシュフロー（利払いと償還）を生み出すまでの期間を、キャッシュフローの現在価値で加重平均した数値」とされます。具体的には次のようになります。ただし、ファイナンスの専門家以外は自分で計算せずに、メディアで公表された数値を使えばよいのです。

図表Ⅲ－６　デュレーションの計算式(1)

$$D = \frac{（各キャッシュフローの現在価値 \times 回収年数）の合計}{（各キャッシュフローの現在価値）の合計}$$

$$= \frac{\displaystyle\sum_{t=1}^{n} t \times \frac{C_t}{(1+y)^t}}{\displaystyle\sum_{t=1}^{n} \frac{C_t}{(1+y)^t}}$$

D ：デュレーション
t ：年
y ：最終利回り
C_t ：t 時点でのキャッシュフロー

　以上のように、デュレーションとは債券の平均回収期間とか平均残存期間を示しますが、デュレーションが重要となるのは金利が上昇した際に、損失を出さないためには、どれだけの期間、売却をせずに保有し続ければよいかがわかる点にあります。そして、より重要な点は金利リスクとの関係でいえば、デュレーションとは市場金利が年間１％上昇した際に、債券の価値がどの程度下がるかの近似値の計算に利用されるからです。

デュレーションDの値は、図表Ⅲ－6の式で計算するか、メディアで公表された数値を入手すればわかりますが、一方で、デュレーションDの数値がわかれば、図表Ⅲ－7の式より、金利が1％上昇した際に債券の価格がどれだけ下がるのか、理論的な数値を計算することができます。

あるいは、めんどうな場合には下記の計算をしなくても、大雑把にはデュレーションDという数値が、1％だけ金利が上昇した際の債券価格の下落率とも考えられます。

日本銀行の「金融システムレポート」（2016年10月号）によれば、2015年12月末時点で、「金利が1％上昇した場合、金融機関全体に7.1兆円の損失が生じる」とされているので、日本国債を中心とした債券全体のデュレーションは、約7.1年と大雑把に考えてよいでしょう。

なお、「メガバンクだけでは、金利が1％上昇した場合、金融機関全体に2.3兆円の損失が生じる」とされているので、メガバンクの保有する日本国債を中心とした債券全体のデュレーションは、約2.3年と推定されます。

つまり、金利がゼロに近い状態では、将来、金利が上昇する可能性が高いため、特に、メガバンクでは、金利リスクへの対処として、すでにデュレーションの短い国債への投資へシフトしているわけです。

　デュレーションと債券価格の間には、dP/P＝－D【d(1+y)/(1+y)】という関係式が成り立つとされます。ここで、Dはデュレーション、yは債券の最終利回りです。この式を変形すると、以下のようになりますが、左辺は、金利が1％上昇した際の債券価格の変化率を示しています。

図表Ⅲ－7　デュレーションの計算式(2)

$$\frac{dP/P}{d(1+y)/1+y}=-D$$

▶ 金利リスクを撃退する方法とは

それでは、金利リスクにもかかわらず、ハリーさんが25万円を損しない方法はあるのでしょうか？　実は、答えは簡単で、単に国債を売らずにいればよいのです。

ハリーさんは国債を期中で売ろうとするから損になるわけで、満期までずっと持ち続ければ、最終的には政府が100万円を支払ってくれます。思い出していただきたいことは、国債に関しては、「国が支払をお約束します」と政府が宣言していることで、これは、金利と元本に対する「予定どおりの支払」に関してのみ、有効であるということです。

つまり、政府は、国債を保有するすべての者に対して、期限どおりに金利を支払い、満期時に元本を返すというのです。

その一方で国債は、満期までの間に売り買いすることは可能です。その際の価格に関しては、政府としては関与せず、当事者同士で決めなさいとしているのです。株式や債券に対しては、英語で"negotiable security"（譲渡可能証券）といいますが、まさしく株式や債券の値段は、買い手と売り手の交渉によって決まります。

メットライフの訴えを、裁判所が棄却した理由も同じです。裁判所が注目したのは、市場価値が下がったものの、債券としては以前と同様に利払いが続けられており、メットライフが満期まで持ち続けるだけで、投資した分を100％回収できるという点でした。つまり、満期まで債券を持ち続ければ、金利リスクを心配する必要はなくなるということです。

債券の保有者というのは、決してハッピーになれません。ハリーさんのケースでは、仲間とゴルフにいった際、自分の債券が8％を稼いでいると喜んでいたら、友人の債券は10%を稼いでいると知って、突然、憂鬱になってしまいました。

そして、「あいつのは10%なのに、自分のは8％しか金利がつかない」と悔

しがって家に戻ると、「あんたが勧めた債券を売って、10％の債券にかえてくれ」と証券マンに電話します。

　すると証券マンは、「いいですよ、ハリーさん。でも、いま売ると、20％も損しちゃいますよ」と答えたので、ハリーさんはもっと憂鬱になってしまいます。

　自分のもっている債券は、このまま持ち続ければ8％しか金利を生みません。つまり、100万円投資して8万円の収入があるだけです。その一方で、仲間のバートさんは10万円の収入があるわけです。

　仮に、ハリーさんがこの債券を売ってしまえば、20万円の損をします。つまり、投資金額の20％の損をするわけです。そして、残った80万円を新しい10％の債券へ投資しても、収入は8万円にすぎませんから、いまの状況と変わりません。何をやっても、ハリーさんは行き詰まってしまいます。債券の購入者というのは、決してハッピーになれない人なのです。

　ハリーさんの憂鬱がつくり話でないことは、過去の債券市場をみればわかるはずです。

　図表Ⅲ－8では、日本の新発10年国債の利回りを示しています。これは、その年に発行された10年国債の利率と考えてよいでしょうが、1990年から2003年まで、あるいは、2007年から現在まで、日本の長期金利は、最低レベルにまで下がり続けたことがわかります。図表Ⅲ－9では、債券全体の値段を示す指数の年間上昇率を示しています。1990年から2002年、あるいは、2007年から2016年までの金利が下がり続けた局面では、債券の値段を全般的に押し上げましたが、1993～1994年、2005～2006年、2016～2017年のよう

図表Ⅲ－8　新発10年国債の利回りは？

1990年	7.7%	1995年	3.2%	2000年	1.8%	2005年	1.4%	2010年	1.2%	2015年	0.4%
1991年	6.5%	1996年	3.0%	2001年	1.3%	2006年	1.7%	2011年	1.1%	2016年	−0.1%
1992年	5.2%	1997年	2.1%	2002年	1.3%	2007年	1.7%	2012年	0.9%	2017年	0.1%
1993年	4.0%	1998年	1.3%	2003年	1.0%	2008年	1.5%	2013年	0.7%	2018年	0.1%
1994年	4.3%	1999年	1.8%	2004年	1.5%	2009年	1.4%	2014年	0.5%	2019年	−0.1%

（出所）　新発10年国債応募者利回り（財務省）より

図表Ⅲ－9　国債価格の推移は？

1984年	10.1%	1990年	0.8%	1996年	5.3%	2002年	3.4%	2008年	3.9%	2014年	4.5%
1985年	9.3%	1991年	13.0%	1997年	6.6%	2003年	−0.9%	2009年	0.9%	2015年	1.2%
1986年	10.5%	1992年	10.9%	1998年	0.5%	2004年	1.2%	2010年	2.4%	2016年	3.3%
1987年	6.3%	1993年	14.2%	1999年	0.5%	2005年	0.8%	2011年	2.2%	2017年	0.1%
1988年	6.0%	1994年	−2.8%	2000年	2.1%	2006年	0.3%	2012年	1.8%	2018年	1.0%
1989年	−1.6%	1995年	13.6%	2001年	3.4%	2007年	2.6%	2013年	2.1%	2019年	1.7%

（出所）　マイインデックスより（NOMURA-BPI国債、配当込みトータルリターン）

に、将来、金利が上がるようなら、そうした利益は消滅する可能性もあります。

　以上の話からの教訓は、債券の購入というのは、最悪でも何とか金利リスクをしのげるように、満期まで保有し続けられるような資金の利用に限るべきということです。

　したがって、子どもが大学へ進学するのが18歳からなのに、子どもが高校生になってから10年国債を購入して、子どもの大学費用に備えるというのは、間違ったやりかたです。また、債券を購入する際には、利回りだけに頼るやりかたは避けるべきです。

　その理由も、金利リスクによるもので、「投資というのは、決して、絶対、何があっても、利回りで選んではいけません」という「イーデルマンルールその1」には、ぜひ、従っていただきたいと思います。

　しかし、マネー雑誌、新聞の投資欄、あるいは、インターネット上の投資サイトをみると、高い利回りを高らかに誇っている広告を目にすることがあります。こうした広告では、仮に、市場価値が上がったり下がったりしても、以前に宣伝してしまった利回りをそこから調整してあらためて伝えるようなことはしません。

　図表Ⅲ－10が示すように、利回りの高い債券は満期まで持ち続ければ、一定の収入が続くものの、どこかで換金してしまえば値段が大きく変わってきてしまうということがわかります。

　こうした金利による債券価格の変動性は、「次に、金利がどちらの方向へ

図表Ⅲ-10　債券の利率は一定だが、価格は変動する

1970年に、1万ドルを、30年国債に投資した場合、

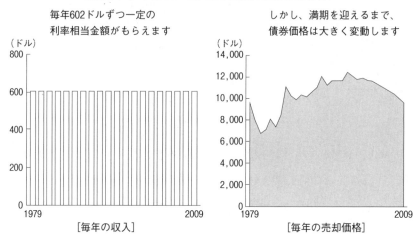

毎年602ドルずつ一定の
利率相当金額がもらえます

しかし、満期を迎えるまで、
債券価格は大きく変動します

[毎年の収入]　　　　　　　　　　　　　[毎年の売却価格]

動くだろうか」と予想して行動する、ハイリスクを好む投機家やギャンブラーにとっての好機となります。つまり、最大の機関投資家というのは、株式市場ではなく債券市場にいるということです。

　ニューヨーク証券取引所によれば、アメリカの1日の株式取引高は、1,850億ドルにすぎませんが、Securities Industry & Financial Markets Associationによれば、債券の取引は8,150億ドル近くだとされます。そして、株式市場の取引はペニーで行われる一方で、債券は1％の100分の1に当たるベーシスポイントで動くとの記載が原著『The Truth About Money』にあります。

　機関投資家は、債券を7.34％で買って、7.32％で売ることがあります。わざわざ2ベーシスポイント（1％の100分の2）のような、わずかな利益を追求する理由はどこにあるのでしょうか？　仮に、6億3,000万ドルを元本として投資していれば、この2ベーシスポイントは、12万6,000ドルに相当します。これは、アメリカの平均勤労所得の3年分に相当します。わずか数分で稼げる

なら、悪くないものです。

▶ いったい債券は購入すべきでしょうか？

　債券を購入する前に、今後数年間で金利がどうなるのかを、自分で予想してみます。結局、金利の動きというのは、以下の３つでしかありません。

① 　上昇する

② 　下落する

③ 　そのまま

　金利が上昇する場合、債券価格が下がります。金利が下落する場合、債券価格は上がります。金利がそのままの場合、債券価格は同じままです。この３つのなかで、金利が上がるという１つのシナリオだけが、危険になるということです。

　ただし、金利が上昇すると予想するからといって、債券を買ってはいけない、というのは誤りです。というのも、債券は分散されたポートフォリオに必要な構成要素であるからです（これについては、後ほど詳しく説明します）。だから、ここでいいたいことは、「金利リスクやクレジットリスクをあまり受けない債券を購入すべき」ということです。

　つまり、「これから金利が上昇する」と皆さんが予想する場合、長期の債券よりも、むしろ、短期の債券を買うべきであるということであり、より質の低い債券よりも、より質の高い債券を買うべきか否かを判断すべきということなのです。

　短期の債券とは、満期までの期間が短いということで、金利リスクが生じても、償還までの期間がより短ければ、満期まで持ち続けることで、とりあえず損失にはならないかたちで対処できます。また、金利が上がると発行体にとっては返済する金利負担が大きくなるので、デフォルトリスクが高まるため、財務内容や格付のしっかりした債券を選ぶべきということになります。

これからの日本での債券投資では、上記の点をふまえる必要があります！

　日本では、1997年以降、金利がほぼゼロの状態が続いていました。つまり、「これから金利が上昇する」か「今後も金利はゼロのまま」という２つの予想が成り立ちました。したがって、日本の債券に投資するなら、国債を中心に、デュレーションの短いものを選ぶ戦略が重要になります。

　繰り返しますが、図表Ⅲ－５のように、デュレーションが長いほど、金利リスクの影響は大きくなります。そして、前述のとおり、2015年末の国内債のデュレーション（＝平均残存期間）は約7.1年でありましたから、デュレーションの短い債券を保有するとは、たとえば、デュレーションが２年とか３年の債券を保有することになります。これは、単体の国債でも、債券ファンドでも選択が可能になってきます。

　仮に、債券への投資を考える場合、このようにデュレーションの短い商品を活用することによって、金利リスクが生じても最小限の打撃ですむでしょうし、個別商品であれば、満期まで保有することで難を逃れることが可能になります。

　実際に、メガバンクでは、2010年頃から同様の戦略をとってきたからこそ、2015年末時点では国内債券の平均デュレーション7.1年に対して、保有債券のデュレーションが2.3年となるように、短期化させているのです（生命保険会社などでは、資金の性質上、こうした戦略をとれないため、保有債券のデュレーションが長期化しているのです）。

　PartⅥで説明するポートフォリオという考え方では、投資の一部として債券を保有することは望ましいとされるものの、債券投資には金利リスクを伴います。個人投資家の皆さんが、債券への投資を考える場合、マネー雑誌に出てくる高利回りの商品を追いかけるよりも、金利リスクに対処するため、デュレーションについても考えるべきであるのです。

　金利リスクとは、金利が上昇することで、流通市場の債券の価格が下がることをいいます。そして、2015年末時点で、１％だけ金利が上がると、金融機関

全体では7.1兆円の損失が出るというのが、日本銀行による試算です。

　これに対して、一部のマスコミでは、「金利が上昇すると、日本の財政は破綻する」と報道していますが、こちらは、発行市場の債券の利率に関する話であり、仮に１％だけ金利が上昇しても、瞬時に日本の財政が破綻するわけではありません。

　たとえば、2015年度末の普通国債残高は約800兆円ですが、市場金利が１％上昇したら、瞬時に8.0兆円も利払い費が増加するわけではありません。60年償還ルールがあるため、１年目に限ってみれば、「新規債」と「借款債（≒１／60）」の発行分にだけ１％上昇分が加算されます。

　2015年度の新規国債発行額は35兆円程度なので、「新規債」の金利負担増加は0.35兆円、「借款債」の金利負担増加は0.13兆円（＝800兆円の60分の１の１％）と合計で0.48兆円程度となります。これは、小さくはありませんが、たった１年で、日本の財政を破綻させるとか考えにくい水準です。

　ただし、「新規債」と「借款債」には、毎年、こうした負担増が加算されてくことと、特に2009年度には、国債発行額が52兆円であったことから、10年債が満期を迎える2019年度には、急激に利払い費が増加しますから、仮に金利が上昇するようであれば、2019年度以降の財政負担は、より大きくなるといえます。

　つまり、仮に金利が上昇するような事態が生じても、たった数年間で、日本の財政が破綻する可能性はきわめて低いといえるため、デュレーションの短い国債を保有する分には、金利リスクだけでなく、国家の財政破綻リスクにも対処できるというわけです。

▶ 量的緩和期には、デュレーションの短期化が重要になる

　債券に関して、デュレーションまで検討すべき事態となったのは、いわゆる量的緩和（Quantitative Easing）の影響です。量的緩和政策とは、日本銀行のような中央銀行が、みずほ銀行のような民間銀行の保有する国債などを買い取ることで、中央銀行内にある民間銀行名義の当座預金残高の量を目標値まで増やすというものです。

　量的緩和政策は、2003年から2006年までは、日本銀行だけが行っていましたが、2008年のリーマンショック以降は、QE１からQE３として、アメリカ

でも採用されています（EUやイギリスでも同様です）。

量的緩和が行われると、中央銀行が民間銀行から国債を高く買い上げるため、国債価格は上昇する一方、国債利回りは下落します。そして、市場金利もゼロに近づきます（国債価格と国債利回りの関係も、図表Ⅲ－4のシーソーの関係が成り立ちます）。

その結果、2010年に出版された原著の4版では、「ポートフォリオの一部として債券を保有するにしても、近い将来には、金利が上昇する可能性が高まるため、金利リスクに備えて、満期までの期間の短い債券を保有するように」とデュレーションの説明が加わりました。

量的緩和政策とは、中央銀行が民間銀行の保有する国債などを買い取ることで、民間銀行の保有するお金の量を増やすことですが、民間銀行の資金を増やすことによって、貸出を促して、実体経済の景気を改善し、インフレ率を引き上げることが目的であると考えられていました。

そのため、日本銀行では、2013年4月4日、量的緩和を導入して2015年12月末までの「2年間で、インフレ率を2％にする」と宣言して、マネタリーベース（≒日銀券＋日銀当座預金残高）を2.6倍以上に増やしたわけですが、そこから貸出によって実体経済へ流れ込んだマネーストック（≒日銀券＋預貯金残高）は、たった11.2％しか増加しなかったために、日本銀行の目標は完全に失敗に終わりました。

景気や物価に影響を与えるのは、マネタリーベースではなく、銀行から個人や企業へ貸し出されたマネーストックだからです。そのため、2013年4月から2年半以上が経過した2015年末になっても、株価は上がり、円安にはなったものの、景気は良くならずに、インフレ率は低い水準にとどまっています。

要するに、実体経済にいる会社は、お金を借りて設備を増やしても、収益をあげられるだけのビジネスチャンスが少ないなかで、量的緩和によって、いくら民間銀行にお金を用意しても、借り手（≒資金需要）が少なく貸出に結びつかないため、景気も良くならず、物価も上がらなかったということです（PartⅠ末コラム参照）。

そのため、民間銀行では、余ったお金を貸出ではなく、株式、国債、海外資産などへの運用に回さざるをえないため、景気は良くないのに、株式市場は暴騰し、国債の価格は上がり、円安傾向が生まれました。

　図表Ⅲ−11のように、2013年初から2015年末の３年間では、株価は約２倍に上昇し、為替レートは１ドル＝87円から120円台になったものの、インフレ率は2013年に＋0.5％、2014年に＋3.3％、2015年に＋1.0％しか上昇せず、実質GDPは、たった3.6％しか増えていない理由はここにあります。

　一方で、景気回復やインフレ率上昇には、ほとんど効果のなかった異次元量的緩和を続けるために、"買った値段より高く買い上げる"というやりかたで、日本銀行が民間銀行の入札した国債を買い取り続けた結果、1,000兆円を超えた国の借金（国＋地方）のなかで、800兆円超を占める国債等を、日本銀行が32％も保有する事態を招いています（2015年12月末）。

　要するに、国債という証書を発行して、国がお金を借りていたものを、紙幣の発行機関である日本銀行が、すでに32％も買い取っていたということです。

　図表Ⅲ−８にあるように、2013年から2015年までに、たった利率0.7から0.4％までの新発10年国債に対して、民間銀行がこぞって入札に押し寄せた理由も、「入札した直後に、日本銀行が、買値よりも高く買い取ってくれるから」というものだったのです。国債とは、満期までもたずとも、途中で売買が可能であるからです。

　これとあわせて民間銀行では、たとえば、2007年発行の1.7％のような高めの利率で、満期まで１年といった短期のデュレーションの国債だけを保有するという戦略をとっていたわけですが、2016年２月からさらに状況が大き

図表Ⅲ−11　各種の経済指標（2013年１月〜2015年12月の変化率）

マネタリーベース	262.4％	日経平均株価	183.1％
日銀当座預金	565.2％	実質GDP	3.6％
マネーストック	11.2％	為替レート	138.8％
		（１ドル＝86.7から120.3円へ）	

（出所）　日本銀行、総務省データより著者作成

く変わりました。

▶ マイナス金利期には、債券投資ではさらに工夫が必要になる

　2013年からの開始当初には年間60兆円ほどの大量の資金供給（マネタリーベース）を行った日本銀行は、2014年10月31日からは年間80兆円へと資金供給を拡大します。そしてさらに2016年1月29日、日本銀行はマイナス金利を導入しました。量的緩和では、民間銀行の保有する国債などを買い取ると、日本銀行内にある民間銀行名義の当座預金口座に日本銀行は代金を振り込みますが、従来は、この当座預金には、0.1％の金利がついていました。

　しかし、2016年1月末からは、上記の日本銀行当座預金のなかで、基礎残高の約210兆円には0.1％の金利がつくものの、所要準備額に相当するマクロ加算残高の約38兆円には金利がつかず、さらに、それらを超過した政策金利残高には−0.1％の金利を負担させられるということになり、政策金利残高の部分に注目して、マイナス金利と呼ばれています。

　2016年7月時点では、日銀当座預金の残高は290兆円なので72％に当たる209兆円の基礎残高には0.1％の金利がつくものの、21％に当たる61兆円のマクロ加算残高には金利がつかず、7％に当たる21兆円にだけ−0.1％が課される予定でした。

　マイナス金利のねらいとは、異次元量的緩和では、インフレ率2％を達成できなかったための追加強硬策ということでしょうが、マイナス金利の導入によっても、実体経済には資金需要が小さいため、ほとんどマネーストックは増加せず、物価上昇には影響がありません（Part I 末のコラム参照）。しかも、日本銀行が国債購入を続けると基礎残高の210兆円を超えたマクロ加算残高と政策金利残高が継続的に増えて混乱が生じるため、基準比率といって、当座預金残高の一部をマクロ加算残高（0％）として扱ってよいことになった結果、2016年7月時点でいえば21兆円ではなく、10兆円に対してだけマイナス金利が適用され、当座預金全体では金利支払が発生せずインフレ率の上昇には効果がありません。

　一方で、10年国債の利回りはマイナスになりました（図表Ⅲ−8）。つま

り、マイナス金利の導入によって、「満期まで保有すると、確実に損失を被る」という事態になったわけです。その結果、2016年1月をもって新窓販10年国債の募集も一時的にストップされたりしましたが、それでは、こんな投資商品をだれが購入するのでしょうか？

民間銀行にしても、いままでは日本銀行が買値よりも高く買い上げてくれたので、国債への投資を続けてきましたが、マイナス金利の導入によって国債の利回りはマイナスになったので、満期まで保有すると損が出てしまうので、国債投資には慎重にならざるをえませんでした。

繰り返しますが、国債価格と国債利回りの間には、シーソーの関係がありますから、今後、日本銀行が高値で国債を買い上げるにはただでさえマイナスの金利を、マイナス幅を拡大させる必要がありますが、マイナス金利という異常事態が永遠に続くとは考えられません。むしろ、近い将来に正常化されてしまえば、国債の価格が下がる可能性のほうがはるかに高いわけです。

2016年7月に、三菱東京UFJ銀行は、国債の入札参加者としての資格を返上しましたが、これは、「新規国債への投資は危険である」と判断した結果であると考えられます。（※2016年以降のこの話の続きは、Part VI の第46章にて行います。）

重要なので、再度確認しておきましょう。マイナス金利の時期には、新規で発行された国債を満期まで保有したら、損失が出る可能性が高いといえます。ただし、このような投資環境でも、ポートフォリオにおける債券の役割はありますから、仮に債券投資を始めるのであれば、①デュレーションが短いもの、②新発債では、利回りがゼロやマイナスではないもの、という2点が重要になります。

たとえば債券ファンドであれば、デュレーションが短く、既発債の多いものが好ましいわけですし、最低保証金利0.05％のついている個人向け国債であれば、償還までの期間が短いものを選ぶというやりかたが基本になります。

さらに、マイナス金利期には、流通価格が天井付近にあり、利回りが低い債券に、わざわざ投資したくないというのであれば、Part II のキャッシュリ

ザーブで代替させてもよいと考えられます。

2013年4月以降の異次元量的緩和の1つの目的としては、2％のインフレ目標の達成でしたが、もう1つの目標として、為替レートの円安誘導も考えられます。

現在の為替レートは、外国との金利差で動くことが多く、短期的には金利の低い国から金利の高い国へと資金移動が起こるため、通貨安を引き起こす可能性が強くなります。

特に、実務的に重要なのは、2年国債の金利差になりますが、量的緩和を行うと2年国債の価格が上がり、利回りが低くなりますから、外国の2年国債の利回りが一定であれば金利差が拡大するため、日本で量的緩和を行うことによって円安誘導の効果も生まれます。実際に、金融機関ではリーマンショック以降は控えていた海外投資や海外貸付を拡大していきます。

一方で、2016年1月からのマイナス金利の効果についても、日本銀行内の民間銀行名義の当座預金の一部に－0.1％が課されるので、民間銀行としては、確実に損をする日本銀行の当座預金に置くよりは、短期金融市場で余剰資金を運用しようと考えます（ただしその後、基準比率が導入された）。

すると、余剰資金のあふれかえった短期金融市場でも債券の利回りがマイナスへと誘導され、そこから少しずつ満期の長い国債へも利回りのマイナスが波及します。つまり、マイナス金利と異次元量的緩和の効果は、同じようなものなのです。

2016年9月21日、日本銀行は、量から金利への目標転換を発表しましたが、同年10月には、「量的緩和は継続する」との発表を続けています。これは、「2年以上続けて2％インフレ率を達成する」とした目標の挫折を認めたくなかったからでしょうが、さらなる問題点を残します。

1つ目は、仮に年間80兆円の量的緩和を続ければ、2020年時点では、国債発行残高の7割を日本銀行が保有する異常事態が続きます。

2つ目は、マイナス金利を続ければ、満期まで国債を保有しても損を出すため、民間銀行が入札に応じなくなる可能性が出てきます。従来どおり、日本銀行が買値より高く買い上げるには、マイナス幅を引き上げ続ける必要がありますが、いつかは限界が生じます。

3つ目は、2016年9月より目標となった金利は、短期金利ではなく長期金利です。経済学の教科書にあるように、金融政策とは、短期金利を操作して、そ

こから将来への期待を変えて、長期金利に影響を与えるものです。しかし、これとは違って、日本銀行では、将来の金利への期待をコントロールして長期金利を操作するとしており、実現が可能か否か判断できません。

2016年10月末時点で、日本銀行のホームページをみる限り、過去の金融政策の失敗に対する謝罪、現在の金融政策に対する見通し、新たな金融政策の効果の説明などが欠けています。そのため、三菱東京UFJ銀行の国債入札参加者の資格返上のような、従来ならば考えられないような金融市場の混乱が生じています。

紙幣の発行機関であり、物価の安定を目指して金利をコントロールするはずの日本銀行で、ただならぬ状況が起こっており、少なくともマイナス金利のような異常事態が終了するまでは、国債を中心とした債券への投資は、上記の説明を参考にしていただきたいと考えます。

▶ 金（ゴールド）は、金利リスクを打破できるか？

債券の投資では、特に、金利の上昇リスクが問題になります。そこで、満期までの期間を調整することで対処する方法が考えられます。さらに、もう1つの方法として、債券の保有額の10分の1程度を金で保有するという戦略が、1990年代頃までは勧められることが多かったようです。その理由としては、1980年代まで、金と債券との間に特別な関係があったからです。

金の価格は、1980年に、800ドル／オンスの高値をつけたことがあって、同時に、その際に、アメリカの市場金利も高値をつけていました。金と金利が、同時に高値になった原因は、インフレ率の上昇です。

インフレーションとは、物価の継続的な上昇ということですが、金の価格も押し上げたことが多く、100年以上前に金の価格が20ドル／オンスだった時代には、1オンスの金で上等なスーツを買うことができたそうですが、1990年代の300ドル／オンスの時代でも、同じように上等のスーツを買うことができたため、金の価格とインフレーションは、一緒に動いているとみなされました。

そして、すでに説明したように、金利とインフレーションも一緒に動いて

いますから、2つをあわせてみると、金の価格と金利も一緒に動くと考えられる、つまり、金の価格と金利の間には、正の相関関係があると考えられました。

一方で、金利と債券の値段の間には、金利が上がれば債券の値段が下がるという、負の相関関係があると考えられます。したがって、これらをあわせて考えると、「インフレ率が上がると、金価格が上がり、金利も上がる。そして、金利が上がると、債券価格が下がる」とみなされて、金価格と債券価格の間に、負の相関関係が観測されていました。

しかも、債券価格が1％変化すると、金価格が10％変化することが多かったため、たとえば、債券を100万円分購入する際には、その10分の1の10万円分だけ金を購入することによって、金利の上昇により債券の価格の暴落をヘッジする方法がとられていたのです。そして、1996年にアメリカで出版された原著の初版でも、そうした戦略を載せていましたが、いまや状況は大きく変わってしまいました！

初版では、「ただし、こうした戦略は過去の実績にしかすぎず、過去と同様に将来にも有効であるかは保証の限りではありませんが」と前置きしていましたが、最近では経済状況が異なってしまい、債券の金利リスクに対する対策として、金を10分の1保有する方法は有効ではありません。

第一に、金とインフレ率との関係が崩れました。仮に、金がインフレーションの対抗策となるならば、金価格と金利も正の相関関係があることになりますが（つまり、金利が上がると、金価格も上がること）、実際には、両者に相関関係があるのは、ある時期に限られます。

1979年1月から1984年12月31日まで、アメリカの消費者物価指数（インフレーションの一般的基準）は、年7.5％上昇しましたが、金価格は、年3.7％しか上昇していません。つまり、金の価格では、インフレーションの伸びに対して対応できていないのです。

また、通貨の不安に対しても、対抗策になるわけではありません！　アメリカ人にとっては、弱いドルとは、ヨーロッパのユーロ、イギリスのポンド、日本の円のような、外国の通貨と比べて、ドルの価値が下がると起こり

ますが（この点は、第17章で説明します）、通貨が弱くなると、金を仕入れる人がいます。というのも、そういう人たちは、金とドルの間に、負の相関関係（一方が上がると他方は下がる）があると信じているからです。

しかし、それは、事実ではありません。ブルームバーグ社によると、1970〜2010年の過去40年間では金がドルの反対方向へ動いたのは、20％にすぎません。これでは確実な儲けとは、ほとんどいえません。そして、アメリカでは、金はそれほど魅力的な投資対象ではありません！

ニューヨーク商品取引所で、金の価格が850ドル／オンスの最高値をつけた1980年１月時点では、金を筆頭とする商品（コモディティ）は、外せない投資商品のように思えました。

しかし、それ以降の235カ月間（＝約20年）は、金の価格は下がり続け、1999年７月に235ドル／オンスの底値をつけたのです。そして、1980年の高値に戻るまで、そこからさらに７年半かかっています。

最初に投資した商品が、買値に戻るまで、27年も待たねばならないなんて、想像できますか？　また、悪いことに、金は配当も金利もつきませんし、株式のように分割があるわけでもありません。

日本では、金と物価や通貨の相関関係は、さらに希薄です！　すると、図表Ⅲ−12からわかるように、日本ではアメリカ以上にインフレ率と金価格の関係が希薄になり、当然、金利との関係も薄くなります。そのため、債券を保有した際の金利リスクへの対抗手段とはなりえません。

また、金の生産量の大部分は海外で取引されるため、日本では海外での金価格に対して、為替レートが関係してきます（為替レートについては、第16章で説明します）。つまり、大雑把にいえば、日本人の金価格は、〔海外の金価格×為替レート〕として決まってきます。

そのため、図表Ⅲ−12からわかるように、アメリカ人にとっての金価格は、1980年１月の850ドル／オンスを2008年に更新して、2011年には1,897ドル／オンスにまで上昇し、その後は1,000ドル近くまで値を下げて、2019年には1,400ドル／オンスであるものの、日本人にとっての金価格とは、1980年１月の6,495円を、いまだに下回ったままの状態にあります。1980年１月

時点の為替レートは、1ドル＝240円程度でしたから、円高の分だけ、日本
では金の価値が目減りしてしまったわけです。

図表Ⅲ−12　金とインフレは同じに動くわけではない

[アメリカ版]

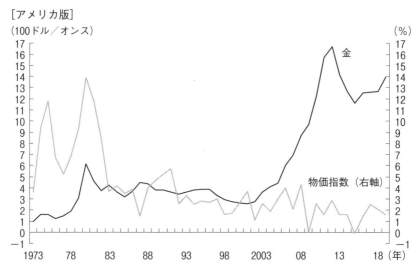

[日本版]

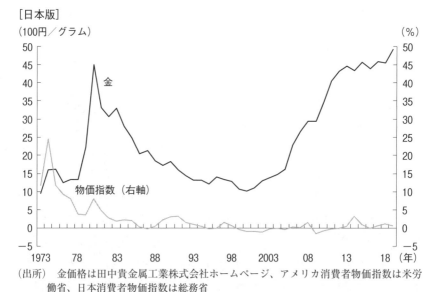

（出所）　金価格は田中貴金属工業株式会社ホームページ、アメリカ消費者物価指数は米労
　　　　働省、日本消費者物価指数は総務省

一方で、円という通貨が弱くなると、金は力を発揮します。ただし、これに関してはアメリカなどの外国の資産すべてが、同じような効果を生むことになります。したがって、金でなくても、アメリカの株式を保有すれば、それ以上の効果が期待できるのかもしれません。ただし、いままでの説明では、皆さんは金をもつべきではない、といっているわけではありません。

　われわれが、お客さんに普段から勧めているのは、金と他の天然資源のポジションを維持してくださいということです。これは、インフレーションが怖いためではなく、分散が必要であるからです。この点については、第40章で詳しく説明します。

　株式や債券などの紙資産に対して、不動産や貴金属や天然資源は、実物資産という「モノ」であるため、性質が異なります。ここで、金、銀、プラチナなどの貴金属、石油、ガス、穀物、ゴムなどの天然資源の2つの資産クラスをまとめて、「コモディティ」と呼びます。

　「コモディティ」の特徴としては、「モノ」であるため、インフレーションと同じように値上りする可能性が高いことや、紙幣や国債が乱発されて信用価値が揺らぐ場合には、希少価値を発揮するなどがあります。

　図表Ⅲ−13では、コモディティの1つである原油の過去の値動きを示していますが、たとえば、2003年から2007年には、世界経済は好調で、物価も緩やかに上昇したため、貴金属や天然資源も上昇しました。これは、「コモディティ」が、インフレ対策として活躍していた例です。

　注目すべきはアメリカでは2006年から2007年夏まで株価が天井をつけ、景気が過熱化しており金利と物価が上昇した時期です。こうした景気過熱期には株式を追加して買うこともできず、投資余剰資金はコモディティに向かいました。そしてそのなかでも最大規模の原油に向かったのでした。あくまでも〝投資対象〟としてであり、実際に原油を買って使うわけではありませんでしたが、日本ではガソリン価格が200円／リットル近くになりました。

　さらに興味深いのは、2008年（リーマンショック以前）には、アメリカやヨーロッパがサブプライムローン問題の発覚で株式や不動産が下がり始めて、世界経済は不景気であり、物価は下落傾向にありましたが、原油をはじめとした貴金属や天然資源からなる「コモディティ」は、上昇基調にあったのです。

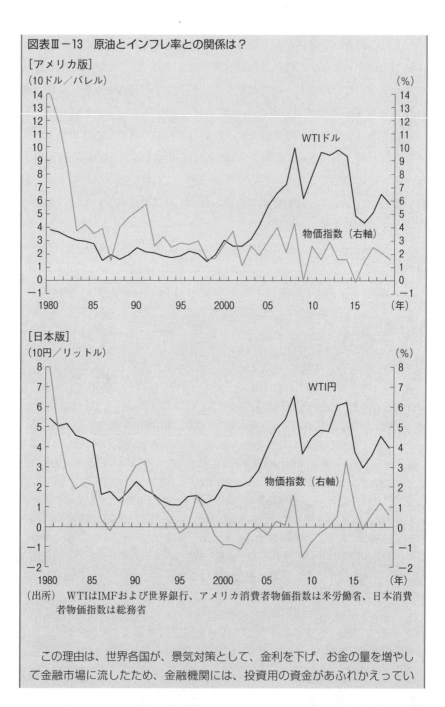

図表Ⅲ-13　原油とインフレ率との関係は？

[アメリカ版]

（出所）　WTIはIMFおよび世界銀行、アメリカ消費者物価指数は米労働省、日本消費
　　　　者物価指数は総務省

　この理由は、世界各国が、景気対策として、金利を下げ、お金の量を増やし
て金融市場に流したため、金融機関には、投資用の資金があふれかえってい

て、金利低下により債券市場に流れると同時に、国債の破綻などのケースに備えて、一部の資金を「コモディティ」に投資していたからです。

　つまり、「コモディティ」は、物価上昇時にはインフレ対策の役目を果たす可能性がある一方で、日本国債が破綻するような貨幣も含むペーパー資産の危機に備えた有事対策の役目も期待できるかもしれません。

　国債発行額が900兆円を超え、国の借金が1,100兆円を上回る状態で、これだけの借金があれば、返済能力を疑われて国債の利回りが高くてしかるべきですが、10年国債はマイナスの利回りを維持しています。これは、異次元緩和といわれるほどの大量の資金で日銀が国債を保有し続けているためで、国債の価格が上昇し、利回りが下がっているわけです。そして、金利の低い国は、物価も低い国であって、アベノミクスでは、「金融緩和」と「物価上昇」という2つの正反対な目標を掲げているため、国債市場は、非常に不安定な状態に置かれることになりました。

　こうしたなかで、国債への投資を考える場合にはデュレーションの短いものを選択すると同時に、インフレリスクや日本国債デフォルトリスクに備えて、ほんの少しだけ「コモディティ」を併せ持つことが効果的だと考えられます。なお、具体的な「コモディティ」の投資方法は、Part Ⅴで扱います。

Ricのマネークイズ

　ここで、PartⅢの内容に関して簡単なクイズをしましょう。単なる確認ですから、あまり神経質になる必要はありません。間違えたら、解答欄にある参照箇所を読み返してみましょう。ただし、家計管理の将来は、その作業いかんによって大きく左右されますから、理解できるまで読み返すことが重要です。クイズの終わりに解答がありますが、のぞき見は禁止です。

1　**個人向け国債ではないものは、次のどれか？**
　○a　固定金利型3年満期
　○b　変動金利型5年満期
　○c　固定金利型5年満期
　○d　変動金利型10年満期

2　**繰上償還のある債券を保有する場合、その意味することは？**
　○a　債券の満期日に、発行者から電話がある
　○b　途中償還日に利率が変更される
　○c　発行者が皆さんの債券を満期以前に買い戻す
　○d　その日に債券が発行される

3　**投資家にとって、地方債の主な魅力とは何か？**
　○a　国債よりも高い利率で発行されていること
　○b　国債と同様の信用があること
　○c　異常に高い利率をもつものがあること
　○d　手にする金利が非課税となること

4　**債券を選ぶ際の判断基準として、いちばん適しているものはどれか？**
　○a　満期利回り
　○b　トータルリターン
　○c　PER（株価収益率）

○d　利率

5　ゼロクーポン債（＝割引債）とは？
○a　1990年や2000年のような「ゼロ」のつく年に常に満期を迎える
○b　満期まで利子を支払わない
○c　政府によってのみ発行される
○d　非課税の金利を支払う

6　「ジャンク債」とされる債券の格付とは？
○a　AA、BB、CC、とD
○b　BB、CCとD
○c　CCとD
○d　Dのみ

7　次のなかで、「イベントリスク」の例は、どれになるか？
○a　RJRナビスコ社に対する敵対的買収
○b　販売された薬物のリコール
○c　航空機の墜落
○d　aとb

8　金利リスクを避けるために、役立たないものは、以下のどれか？
○a　金を購入する
○b　満期まで保有する
○c　満期が短い債券を買う
○d　債券を買わない

9　金（ゴールド）に対する投資は、
○a　インフレーションに対するヘッジである
○b　ドルの下落に対するヘッジである
○c　税率の上昇に対するヘッジである
○d　投機的な投資である

10　市場金利が変動する場合、債券はどうなるか？
○a　債券価格は同じままである

○b　債券価格は、同じ方向へと動く
○c　債券価格は、反対方向へ動く
○d　債券の満期日が変わる

解　答　　1 − b （p 112)　　2 − c （p 118)　　3 − a （p 115)
　　　　　4 − b （p 147)　　5 − b （p 123)　　6 − b （p 134)
　　　　　7 − a （p 141)　　8 − a （p 170)　　9 − d （p 171)
　　　　　10− c （p 152)

Part IV

エクイティ

概　観

収入の後の成長とは

　エクイティとは、所有権（持分、オーナーシップ）のことをいいます。たとえば、2,000円する靴をもっている場合、エクイティは2,000円となります。つまり、何かを所有している場合には、そこにエクイティが伴います。

図表Ⅳ－1　投資家がリスクをとる理由

［上昇率ベスト5］

順位	銘柄名	価格変動
1位	ホープ	1,305%
2位	レアジョブ	1,093%
3位	AKIBAホールディングス	591%
4位	多摩川ホールディングス	536%
5位	Lib Work	482%

［値下り率ワースト5］

順位	銘柄名	価格変動
1位	MTG	－83.5
2位	ジャスダックインデックス	－79.0
3位	日経平均VI先物指数	－76.0
4位	ユー・エム・シー・エレクトロニクス	－74.6
5位	キャリアインデックス	－72.0

（注）　2019年1月初から12月末までのデータ。
（出所）　筆者作成

そして、会社のオーナーシップという場合、皆さんのエクイティは、会社の持分、つまり、所有している株式という証書で示されることになります（会社にお金を貸す場合には、債券という証書をもらったことを思い出してください）。

　このように、金融の世界では、オーナーシップ＝エクイティ＝持分＝株式という具合に、用語を置き換えて使用しています。そして、すでに説明したように、株式というのは、債券よりもリスクが高くなります。株式の場合、いくらの利益が出るのかわかりませんし、証書を売却できるかどうかもわかりません。

　図表Ⅳ－1では、どうして、こうした株式のリスクをとる人がいるのか、その理由を示しています。要するに、株式の場合には、最大の損失は投資金額に限られる一方で、潜在的な利益は無制限であるからです。

第16章

株式を保有する3つのメリット

実際に、賢い投資家というのは、ネガティブな面をポジティブにとらえます。仮に、2019年の1年間、ベストの5銘柄とワーストの5銘柄に同額ずつ投資した場合、買った銘柄の半分が大損したにもかかわらず、大金持ちになることができたはずです。しかし、株式のオーナーシップというのは、これだけにとどまりません。株式に投資する人にはいろいろな理由がありますが、この点について詳しく説明します。

▶ メリットその1：株式は価値が成長する

図表Ⅳ-2は、1951年末から2019年末までの東証株価指数（TOPIX）の値上り部分（配当部分を除く）を示しています。仮に、1951年末に100万円を投資していたら、2019年末には、1億161万5,000円になっていたことになります。つまり、値上り部分の年率リターンは7.0％となります。

（注）本書では、一定期間のいろいろな投資商品の過去のパフォーマンスに関する参考資料が登場します。そして、多くの場合、こうした結果は、図表Ⅳ-2のような「山型のチャート」として図で描かれます。ただし、こうした情報はあくまでも説明を目的としたものです。過去のパフォーマンスは、将来の結果を暗示させるものではありませんし、過去に経験したことが同じように起こるなんていうつもりもまったくありませんから、この点はくれぐれもお忘れなく。

同様に、TOPIXの年平均値上り率が7.1％であっても、実際に7.1％となった年があるとは限りません。過去の平均に基づくリターンをほぼ確実に手にすることができると期待して投資商品を選ぶと、失望させられたり、望ましくない招くことになります。したがって、本書で扱う「山型のチャート」は、

図表IV－2　TOPIXの過去の推移（配当除く）

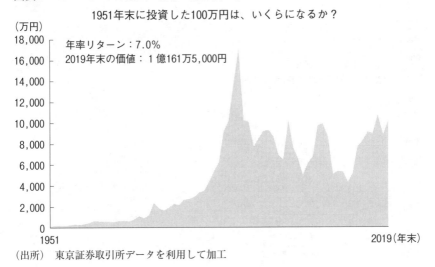

1951年末に投資した100万円は、いくらになるか？

（万円）

年率リターン：7.0%
2019年末の価値：１億161万5,000円

1951　　　　　　　　　　　　　　　　　　　　2019（年末）

（出所）　東京証券取引所データを利用して加工

　あくまでも説明をビジュアルで示すために使用されている点にご注意願います。

▶ メリットその２：株式は収入を生む

　図表IV－3は、1951年末から2019年末までに、獲得した配当金によって、同じ100万円が889万7,000円になったことを示しています。つまり、配当からの年率リターンは3.3%になります。

> 　本書に登場するすべての山型チャートは、特に注釈がない場合には、すべて配当を再投資したケースを想定しています。

　注目していただきたいことは、こちらのチャートのほうが勾配がなだらかであるという点です。これは株式の配当は、株式の価格よりも信頼性が高いということを示しています。言い換えれば会社では配当を支払うか否かをコ

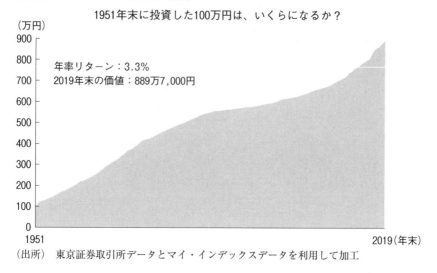

図表Ⅳ－3　TOPIXの配当金の推移

1951年末に投資した100万円は、いくらになるか？

（万円）

年率リターン：3.3%
2019年末の価値：889万7,000円

1951　　　　　　　　　　　　　　　　　　　　　　2019（年末）

（出所）　東京証券取引所データとマイ・インデックスデータを利用して加工

ントロールできるものの、株価をコントロールするわけではないのです。したがって、

　　　　　　1 億61万5,000円　←──株式の値上りによる分
　＋　　　　　789万7,000円　←──配当による増加分
　　　　　　1 億851万2,000円

という計算から、 1 億851万2,000円の利益を手にすると考えたくなりますよね？

　しかし、これは、大間違いなのです！

　図表Ⅳ－4のように、実際には、 1 億851万2,000円ではなく、 6 億6,499万円が正解になります。 2 つの違いは、複利の力によってもたらされます。配当を株式へ再投資することによって、株数を増やし、それがさらに収入を生むことで、さらに株数を増やしていくというプロセスに乗っかっているわけです。

　すでに説明したように、いちばん大事な数字とは、いくら配当があったとか、いくら値上りしたということではなく、トータルリターンという数字を

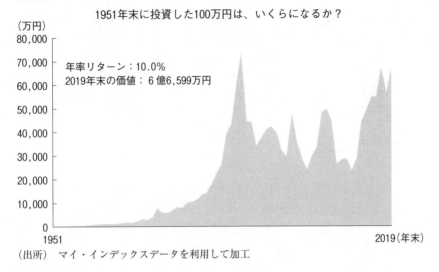

図表Ⅳ-4　TOPIXのトータルリターンの推移

1951年末に投資した100万円は、いくらになるか？

（万円）

年率リターン：10.0%
2019年末の価値：6億6,599万円

1951　　　　　　　　　　　　　　　　　　　　　2019（年末）

（出所）　マイ・インデックスデータを利用して加工

みることでしたよね。

▶ メリットその３：株式はインフレに対するヘッジとなる

　インフレーションのおかげで、1951年末に100万円で購入できた商品は、2019年末には705万円を出さなければ購入できません。けれども、もし、お金を株式市場に投資しておけば、問題ありませんでした。なぜなら、1951年末に100万円を投資しておけば、2019年末には6億6,599万円と、インフレーションの94倍もの上昇をしていたからです。

　過去30年間の主要資産ごとのトータルリターンは、図表Ⅳ-5のようになります。日本人にとって、いちばんパフォーマンスがよかったのは、海外株式だったことになります。また、通期でみた場合、株式はインフレ率を上回る価格上昇であったといえます（繰り返しますが、図表Ⅳ-5は過去のパフォーマンスであり、将来もそうなる保証はありません）。

図表Ⅳ－5　過去の主要4資産の平均リターンは？

（2019年までの30年間）

	平均年リターン	
日本株式	−0.3%	（TOPIX配当込み）
日本債券	3.3%	（NOMURA BPI総合指数）
海外株式	7.9%	（MSCIコクサイインデックス）
海外債券	5.0%	（シティ世界国債指数）

（出所）　マイ・インデックス

　2019年12月末にアメリカでは平均株価が3万ドルを目指して新値を更新し、20世紀以降、株式以上に高いトータルリターンを生んだ投資は、ほかにはありませんでした。

　一方で、日本では、（戦後以降でみれば、上昇は続けているものの）1989年に日経平均は3万8,712.88円をつけて以来、高値を抜くどころか、2009年には7,054.98円をつける事態となりました。これは、1970年代終わりの水準であり、1980年代のバブル発生以前の水準にあるといえます。この差はどこにあるのかといえば、リーディング産業の転換によると考えられます。

　戦後の日本では、紡績業を中心とした軽工業・鉱業→鉄鋼業→石油精製業・化学繊維工業→電機・自動車工業という具合に、10年ごとに経済をリードする主役が現れてきましたが、1990年代以降はこの流れが止まってしまう一方で、中国などの新興国の台頭により、まず電機産業の競争力が低下しました。これに対して、日本政府は、円安政策で自動車産業等、輸出産業を保護してきました。この結果、日本では1990年以降、新しいリーディング産業への転換が進まず経済の再生が遅れ株価も停滞しています。

　これに対して、かつては世界の工場であったアメリカは、当時の新興国である日本とドイツによって、1970年代と1980年代に製造業のパイを奪われたものの、1990年代に製造業からIT・金融・バイオへとリーディング産業が転換し、いまでは中国などの台頭をものともせず、成長を続けているわけです。

　近い将来、日本でも、サービス業への転換や新テクノロジーの開発などで経済の再生に成功すれば、株式市場が再び右肩上がりに成長していく可能性があります。

▶ メリットその4：税金優遇措置を利用できる可能性がある

税金優遇措置その1：売却するまで税金がかからない

　毎年、預貯金の利子が発生すると税金を徴収されますが、株式の価値が上がる場合（キャピタルゲインと呼ばれる）には、売却するまで税金が発生しません。仮に、数十年間保有し続ける場合には、その間ずっと税金を払う必要がありません。

税金優遇措置その2：相続時にキャピタルゲイン課税が行われないかもしれない

　たとえば、100万円で購入した株式が250万円に値上りした時点で売却すれば、原則150万円に対して20％の譲渡益税が30万円かかりますから、手元に残るのは220万円となります（第61章参照）。

　一方で、100万円で購入した株式が250万円に値上りした時点で、購入者が亡くなった場合には、購入者は譲渡益税をいっさい払う必要がありません。

　仮に、この株式を奥さんやお子さんが相続して売却する場合、全相続財産が非課税枠の範囲内（第66章参照）であるならば、購入者の生涯にわたって蓄積されていたキャピタルゲインに対して、税金はかからないことになります。

税金優遇措置その3：一定期間、税金がいっさいかからないかもしれない

　NISA（少額投資非課税制度）という制度を利用した場合、1人につき年120万円を上限（2015年以前分は100万円）とする非課税投資枠による、上場株式、上場投資信託（ETF）、不動産投資信託（REIT）、株式投資信託等から得られる配当金・分配金等や譲渡益に、5年間、20％の税金がかからなくなります。

　なお、個別株式への投資には利用できませんが、2018年1月からは、新たにつみたてNISAが創出されて、年40万円を上限とする非課税投資枠による

一定の投資信託への投資から得られる分配金等や譲渡益が20年間非課税となりました。

　なお、NISAには、これらの2つ以外にジュニアNISAもありますが、NISAに関しては、いくつかの使用上の注意点があるため、PartIXの第61章でも説明していきます。

（注）　上記の説明では、単純化のため、配当金・分配金や譲渡益に対する税率を20％としていますが、正確には、復興特別所得税が加算されるため20.315％となります。

　税制については、変更の可能性があります。また、口座の選択方法や損益通算などの重要な情報がありますから、PartIXをご参照ください。

（注）　図表IV－2～4では「年率リターン」という用語を使いました。投資の専門用語として「平均リターン」という言い方がありますが、「年率リターン」と「年平均リターン」という2つの表記方法があります。例えば、1万円を3年間投資して、1年目12％上昇、2年目5％下落、3年目25％上昇とします。3年後には、1万円×(1.12)×(0.95)×(1.25)＝1万3,300円となります。ここで、「年率リターン」とは、1万円×(1.1)^3＝1万3,300円における10％であるのに対して、「年平均リターン」とは（12％－5％＋25％）÷3＝10.67％と計算します。どちらも「平均リターン」ですが、数値が異なる点は注意が必要です。

第17章

株式は国の健康状態のバロメーター

　株式を購入するということは、皆さんにメリットがあるだけではなく、国の経済にとっても良いことです。というのも、事業を立ち上げ仕事をつくりだすために、産業は資本を必要としているからです。

　ただし、株式投資はリスクを伴います。したがって、政府は株式投資への促進策として税制優遇措置をとっています。

> 　日本では、2003年から2013年の間、上場株式の譲渡所得や配当所得に対して軽減税制として10%を適用し（預金などの利子所得は原則20%）、2014年からは非課税口座のNISAが登場しています（NISAについては、PartIX第61章で説明します）。

　もちろん、投資先が破綻して株式が紙クズになってはたとえ税金の優遇措置があっても損は返ってきません。要するに、利益が出ない限りは、軽減税率は重要ではありません。そこで株式に投資する前に、株式の性質についてよく知っておく必要があるわけです。

　たとえば、2009年のある日、アップルは、過去32年の歴史のなかで最高の四半期売上げを計上し、前年比で35%の収入増、58%の増益と発表しましたが、証券市場では、このニュースに反応して8.5%株価が下落、翌日になるとさらに13.6%も下げました。6割近い増収にもかかわらず、株価が22%も下げたのは、どのような理由でしょうか？

その答えは、アップルの業績発表が事前の予想を下回る数字であったことに、株式市場が失望したためです。

これは非常に不思議な話に聞こえると思います。

ただし、株式市場に投資する際の最も根本的な考え方なのです。と同時に、皆さんの日常生活の流れとは対照的な考え方でもあります。

日常生活では、今日に焦点を当てがちです。「今日、学校はどうだった？」「今日、会議は何時に始まるの？」「今日、交通事情はどうなっているの？」といった具合です。テレビのニュースでは、「今日、何が起きているのか？」について報道することがほとんどで、「明日何が起こるのか？」について報道することは、めったにありません。しかし、株式市場というのは、日常生活とは反対に動くものです！

今日に焦点を絞るというよりは、株式市場は明日をみているのです。こうした理由から、株式市場は景気動向を測る「経済の先行指数」と呼ばれるわけで、遅行指数とか一致指数とは区別されています。

▶ 経済指標の3つのタイプ

その1：先行指数

先行指数というのは、これから何が起きるのかを説明します。たとえば、初めて住宅を建てようとする人は、役所に建設許可を申請する必要があります。そのため、建設許可の申請数というのは、経済の将来の動向を示す先行指数として利用されます。これから何件の家が建設されるのかを示しているからです。

建設許可の申請数が急激に上昇するということは、住宅用建材の販売をしている人たちにとっては、材木の販売増に備えて在庫を増やしたり、従業員を増やす必要が生じるはずです。つまり、現在は余分な在庫や従業員は必要なくても、まもなく必要になるということを先行指数は示しているのです。

その2：一致指数

一般の人が「最近、住宅の建設が増えてきたなあ」と、後日、実感した時

点では、「現在、住宅市場は建設ラッシュの状況にある」ということを意味し、すでに建設業者は必要な材木を入手した状態にあります。

材木業者としては、そろそろ材木の注文をストップする時期がきています。というのも、最近の販売好調の波は、頂点に達したと考えられるからです。つまり、建設着工という現象は一致指数であって、いま何が起こっているのかを教えてくれるのです。

その3：遅行指数

新築の住宅販売が絶好調だと数字に表れる時点では、すでに多くの家が完成した段階であることを示しています。つまり、新築住宅販売数とは遅行指数であり、すでにこれまでに起こったことを教えてくれています。大量に材木をもっている場合、従業員を解雇し、過剰な在庫整理に大安売りを行う時期が来ています。

このように、経済指標のコンセプトを理解することは重要です。というのも、それが株式市場の理解につながるからです。すでに説明したように、株式市場自身が、先行指数の1つでもあります。

「今日、株式市場がどうであったか」ということは、経済状況の過去や現在について示しているのではなく、「将来、株式市場はどうなるか？」について示しているのです。つまり、証券市場とは将来の会社の業績がどうなるかを示しているのです。

一般的には、こうした予想や期待は6カ月から9カ月先のことをみています。たとえば、「ある会社の株価が上がっている（つまり、以前より値段が高い）」とは、「昨日より今日のほうが業績が良くなっている」といっているのではなく、「いまよりも、6カ月から9カ月先のほうが、大きな収益を稼いでいるだろう」と証券界が期待していることを意味しています。反対に、今日、株価が下がるということは、会社の業績が将来的には悪くなると証券界が予想しているということです。

株価というのは、将来に対する予想や期待に基づいています。したがっ

て、ビジネスや政治や社会で、「今日、何が起こっているか?」を頼りにして、株式を購入することはできないということです。「今日、何が起こっているか?」を頼りに株式を買っている場合には、すぐに、自分のやりかたが遅れていることに気がつくはずです。

　こんなわけで、マネー雑誌に登場する「いま、この銘柄がお勧めです」という記事は無視するべきです。そうした記事は、「いま、値上りしている銘柄」を勧めているのですが、記事が書かれ印刷所に回され配本された時点、つまり、皆さんが購読している時点では遅すぎる状態になっているからです。

> 　以前、ある会社の株式を買いたいとお客さんから電話がありました。理由を聞くと、その会社が新製品を発表して、「これは売れると思ったから」といいました。「それは素晴らしい商品ですね」と私も認めましたが、「でも、その会社の株式を買うのであれば、去年買うべきでしたよ」って付け加えました。
> 　今日のニュースに基づいて行動しようとするなら、遅すぎるのです。証券界では、皆さんより数歩先にいますから、追いつくチャンスはほとんどないということです。

　この件に関して、2009年の終わり頃に、私のラジオショーにおもしろい質問がありました。デービーさんという女性が、「私には、まったく理解できないことがあるのよ」と大激怒して番組に電話をかけてきたのです。

　「経済は滅茶苦茶に混乱して、右も左も失業者だらけよね。こんなにひどい不景気の最中に、なんで株式市場だけが上がっているのよ?　何が起きているのか教えてちょうだい。証券界がおかしくなっちゃったのかしら?」と聞いてきたのです。

　実際には、証券界がおかしくなったわけではありません。

　デービーさんが理解していないのは、証券界が語っているのは「将来のお話」であるということです。リーマンショックの翌2009年に、アメリカの株

式市場は劇的に上昇しましたが、それは経済が突然良くなったからではなく、経済がこれから良くなるだろうと証券界が予想し、期待し、信じたためなのです。

　不景気が始まるよりも前に、株式市場が下がる理由も同じです。「将来、経済は弱くなるだろう」と予想して、投資家が売りに走ると株価が下がる原因となります。逆に、「将来、経済は強くなるだろう」と予想すると、投資家が買うため株価が上がります。こんな仕組みがわからない、デービーさんは、「不景気の最中に、どういう理由で株価が上がるのかしら？」と不思議に思わざるをえません。もちろん、その答えは現在の会社業績とその将来を占う株価との間に大きな違いがあるからです。

　2009年5月12日に、フォードの株価が17.6％値下りしましたが、1日前と比べて、フォードに何か大きな変化が生じたかといえば、そんなことはありません。株価の変動というのは、ときに会社の経営陣でさえ、仰天することも珍しくないのです。

　今日の株価と現在の企業価値との間に同時性がない理由は、どこにあるのでしょうか？　次のように考えてみましょう。たとえば、1ガロンで1,000マイル走行するような新しいタイプの自動車の開発に着手するとフォードが発表する場合、そうした製品は明らかにすごい人気でしょうから、フォードは大金を稼ぐでしょう。これにより、会社の価値が上がります。

　しかし、この自動車をつくるために、フォードでは、何年もかけ数十億ドルを投資して新しい工場をつくる必要があります。その間、フォードは巨額の利益を生み出すことはできません。

　つまり、将来、利益が生まれるはずだと投資家は期待する結果、あたかもそうした利益がすでに実現されたかのように、今日の株価をつくりあげます。もし、後にその技術に欠陥が見つかるなど、フォードがその利益を稼げないことが明らかになった場合、フォードの株価は期待によって値上りする前の水準に戻ることになります。

　このように、利益を上げるために、会社は何カ月も何年も時間を要する一方で、投資家はそうした利益を予想して、今日の株式の値段を定めることができ

るのです。仮に、その会社が将来利益をあげることを投資家が信じなければ、そのこともまた今日の株価に反映されるでしょう。

　ここまでの説明で、株式市場の株価のつくられかたに関して少し理解していただけたと思います。ただ、"少し"という言い方をしている理由は、ここまでの話は、証券市場が効率的で秩序正しく働く場合をイメージしてもらっただけだからです。残念ながら、株式市場というのはそれほど単純なものではなく、時には間違えたり判断不能になることがあります。
　「株式市場は、18回も景気後退があると予想してきたのに、実際には7回しか起こっていない」という古いジョークがありますが、つまり、証券界（いわゆるウォール・ストリート、日本では兜町）がこれから起こると予想していても、それが実際に起こるとは限らないからなのです。
　先ほど述べたアップルの事例はその典型です。証券界がいつでも正しいならば、アップルの利益の見通しについて、あれほど過大評価をしてしまう事態はなぜ起こるのでしょうか？
　1998年9月号のフォーチュン誌の特集記事では、「1998年の大暴落」を予想していましたが、1998年には大暴落なぞ起こりませんでした。1998年にも1999年にも株価は上昇を続けました。2000年3月になってはじめて、株価は下がり始めたのです。そして、2002年10月まで株価は下がり続けたわけですが、その間の企業業績と株価との間には、ほとんど相関関係がありませんでした。

▶ 株式市場は経済を予測する

　それでもなお、一般的には、株式市場が景気後退と景気回復の両方を予想するというのは事実です。図表Ⅳ－6にあるように、国の経済が景気後退に入る6カ月前から、株式市場はピークを打ち下落し始めていますし、国の経済が回復する5カ月前までに、株式市場はボトムから上昇に転じています。
　ここまでの説明で「証券界」というあいまいな言葉を使ってきましたが、株式市場を形成しているのは、投資家だけにとどまらず何十万人というアナ

図表IV−6　株価は景気より先に下がり先に回復する

日経平均 ピーク （年.月）	株価 先行期間	景気の山 （年.月）	日経平均 ボトム （年.月）	株価 先行期間	景気の谷 （年.月）
1953. 9	4	1954. 1	1954.11	0	1954.11
1957. 5	1	1957. 6	1957.12	6	1958. 6
1961. 7	5	1961.12	1962.10	0	1962.10
1963. 4	18	1964.10	1965. 7	3	1965.10
1970. 4	3	1970. 7	1970.12	12	1971.12
1973. 1	10	1973.11	1974.10	5	1975. 3
1977. 1	0	1977. 1	1977. 7	3	1977.10
1980. 2	0	1980. 2	1982.10	4	1983. 2
1985. 6	0	1985. 6	1986.10	1	1986.11
1989.12	14	1991. 2	1992. 8	14	1993.10
1996. 6	11	1997. 5	1998.10	3	1999. 1
2000. 4	7	2000.11	2001. 9	4	2002. 1
2007. 7	7	2008. 2	2009. 3	0	2009. 3
2012. 3	0	2012. 3	2012. 6	5	2012.11
平均　　5.7カ月			平均　　5.0カ月		

（出所）　内閣府のデータと日経平均のデータ（日経平均株価©日本経済新聞社）を利用し作成。

リスト、研究者、統計者、エコノミスト、数学者、コンピュータサイエンチスト、ブローカー、トレーダーが世界中から集まることで成り立っています。

　したがって、「証券界」とは、一枚岩であるかのような錯覚にだまされてはいけません。「証券界」は、1つの集合体どころか、そのプレーヤーも同一種ではありません。実にたくさんの人々がそれぞれの意見をもっているため、「証券界」が正確な予測ができるとはとても思えません。

▶ 株式市場指数

　「証券界」を観察するにあたって、皆さんはなんらかの基準となる資料を必要とします。証券界ではたくさんの種類のものを提供しています。スコ

アーカードは、インデックスと呼ばれていますが、基本的にはいくつかの証券を選び出した単なるリストにすぎません。

あるインデックスの値動きは、ベンチマークと呼ばれ、「与えられた期間、似たような投資商品がどのように値動きしているか」を比較するために使われます（ところで、皆さんは、インデックスに直接投資することはできません。しかし、インデックスをまねた構成をもつファンドに投資することは可能です。詳しくはPart Vで説明します）。

日本でいちばん有名なインデックスは、日経平均株価といって、225種類の国内株式をなぞったものです。メディア、投資家、そして、大衆は、日経平均＝株式市場全体と考える傾向があり、その日々の値動きに基づいて過敏に反応します。しかし、そうした行為はばかげています。というのも、2019年末の国内の上場会社数は3,706社となりますが、日経平均が反映するのは、全3,706社のなかのたった225社の値動きにすぎないからです。

その一方で、日経平均採用銘柄の1社に何か悪いことが起こった場合、日経平均も暴落する可能性があります。そうすると、メディア、投資家、そして、消費者に激震が走ります。たとえ、他の3,705社の株式が上がっていても同様です。

日経平均の窓がどれほど狭いものであるかを考えてみましょう。経済や金融について知りたいとき、3,706人から225人を選んで意見を聞くことが、本当に正しいことなのか疑問が残ります。何かの偏りが生じて当然です。ましてや、強烈なオピニオンリーダー30人を新しいメンバーに取り替えた場合、世論調査の結果は確実に変わってきますよね。そして、それこそが、時々、日経平均に起こっていることなのです。

日本経済新聞社では、日経平均株価指数を算出するために225銘柄を選んでいるわけですが、いくつかの銘柄を外して他の銘柄へ入れ替えることがあります。そうした銘柄の入替えが、その株価指数に巨大なインパクトを与えることがままあります。

たとえば、2000年4月14日に、日経平均を構成する225銘柄のうち30銘柄を入れ替える旨の発表が行われました。新しい30銘柄は、株価が高く構成比

率が高くなったため、指数計算が変更された4月21日の終値では、日経平均全体に占める新30銘柄のウェイトが全体の過半を超えてしまいました。その結果、株式市場全体の動きとは関係なく、単なる銘柄の入替えだけで、古い日経平均と新しい日経平均との間には約2,500円もの違いが生じてしまったのです。

ここには、2つのメッセージがあります。第一に、新しく採用された楽天などのIT銘柄は、当時、最も値上りした銘柄の1つでしたから、日経平均の値動きが暗示するほど、全体のマーケットは良くはなかったかもしれない、という議論が成り立つこと（逆に、2001年にITバブル崩壊によって、日経平均はバブル崩壊後の安値を更新しましたが、TOPIXでは安値より2割ほど高い値段となりました）。

第二に、2,000社とかそれ以上の銘柄を含む幅広い結果と比べた場合、日経平均は、皆さんが考えるほど正確とは必ずしもいえないということです。対象が幅広いほど、データが正確になるのは明らかです。

そんなわけで、多くの証券界のプロたちは、他のインデックスにも多くの注意を払っています。東証株価指数（TOPIX）では、東証市場第一部に上場する約2,160社を参照していますし、いくつかの指数をあわせて利用する場合もあります。

そして、世界に目を向ければ、金融市場のさまざまな断片を追ったインデックスは8万以上もあるわけです（たとえば、ベルギーの小型株だけを対象にした指数がほしいなら、そうしたインデックスが存在するということです）。

それでは、どのインデックスをモニターすべきでしょうか？

神経質になりすぎない限り、それは大した問題ではありません。むしろ、インデックスについて何かのニュースを耳にするだけで、売り買いの決定をすべきではないということが重要です。

たとえば、日経平均が下落したからといって、必ずしも自分の保有株式までが下落するとは限らないということです（当然、皆さんのポートフォリオが日経平均を構成するのとまったく同じ225銘柄から成り立っている、というのなら話は別ですが）。

2000年4月の日経平均の銘柄入替えでは、14日に入替銘柄が発表され、21日の終値をもって指数計算を行い、24日から新しい日経平均がスタートするというものでした。ここで、日経平均と同じ値動きを目指すインデックスファンドでは、21日の15時までには、日経平均に新しく組み入れられた30銘柄をそろえておく必要が生じます。そこでそれ以外の投資家は、インデックスファンドの買いに対して売りをぶつけて大儲けしていました。つまり、日経平均のインデックスファンドでは、銘柄の入替えがあるたびに、古い銘柄を売って新しい銘柄をそろえる作業に付き合わされるわけです。2000年4月の時点では、インデックスファンドは、新規の銘柄の購入代金を捻出するために、それ以外の銘柄を大量に売らざるをえません。しかも、同種のインデックスファンドが同日に新規銘柄をいっせいに購入するため、高値で買わざるをえません。こうして、銘柄入替えによって生じた損失は、最終的にはファンドの投資家が負わされました。

　アメリカのイーデルマン・フィナンシャル・エンジンズ社では、ダウ平均やS&P500のインデックスファンドを顧客に勧めることはありません。インデックスファンドには、このような問題点があるということを知っておいてください。

▶ 海外株式

　ここまでの説明では、日本国内の株式を取り上げてきましたが、いまは日本の投資家も海外の株式に投資する機会が増えました。

　World Federation of Exchangesと日本取引所グループのデータによると1990年末には、世界の株式の時価総額は8.9兆ドルであり、日本が32％を占めていましたが、2019年末には、世界の株式時価総額は86兆ドルであるのに対して、日本の割合は7％にすぎません。

　これをみる限りでは、日本の国力が落ち込んでいるように思えますが、実際はそうではなく、日本に関していえば、ずっと同じ水準にあるのに対して世界に占める割合が小さくなっているということです。

　このようにパイ自体は拡大しているのですから、われわれとしては国際的

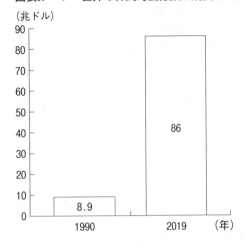

図表IV−7　世界の株式時価総額は成長している

(兆ドル)

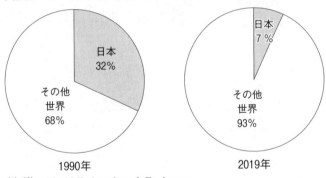

図表IV−8　ただし、世界に占める日本の割合は激減している

1990年

2019年

（出所）　World Federation of Exchange

にパイを配分する必要があるということになります。

　図表IV−9では、1980年から2016年までに、どの国の株式市場が上昇した
かというランキングを示していますが、これによると、日本がトップ5に
入ったのはたったの7回にすぎません。このように、お金のルールが変わっ
たのですから、海外への投資も視野に入れる必要があります。

　国内ばかりか世界にまで話を広げる私のことを目先の利益の準備で頭が
いっぱいだと勘違いしている人もいるかもしれませんが、決して道のない道

図表Ⅳ－9　いちばん値上りした株式市場はどこか？

年	1位		2位		3位		4位		5位	
1980	イタリア	79%	香港	72%	シンガポール	62%	オーストラリア	53%	イギリス	37%
1981	スウェーデン	37%	デンマーク	24%	シンガポール	18%	日本	15%	スペイン	11%
1982	スウェーデン	23%	アメリカ	20%	オランダ	15%	ドイツ	9%	ベルギー	8%
1983	ノルウェー	81%	デンマーク	68%	オーストラリア	54%	スウェーデン	49%	オランダ	36%
1984	香港	47%	スペイン	39%	日本	17%	ベルギー	11%	オランダ	10%
1985	オーストリア	176%	ドイツ	135%	イタリア	132%	スイス	106%	フランス	82%
1986	スペイン	121%	イタリア	108%	日本	99%	ベルギー	78%	フランス	78%
1987	日本	43%	スペイン	37%	イギリス	35%	カナダ	14%	デンマーク	13%
1988	ベルギー	54%	デンマーク	53%	スウェーデン	48%	ノルウェー	42%	フランス	38%
1989	オーストリア	104%	ドイツ	46%	ノルウェー	46%	デンマーク	44%	シンガポール	42%
1990	イギリス	10%	香港	9%	オーストリア	6%	ノルウェー	1%	デンマーク	－1%
1991	香港	50%	オーストラリア	34%	アメリカ	30%	シンガポール	25%	フランス	18%
1992	香港	32%	スイス	17%	アメリカ	6%	シンガポール	6%	フランス	3%
1993	香港	117%	シンガポール	68%	スイス	46%	ノルウェー	42%	スウェーデン	37%
1994	ノルウェー	24%	日本	21%	スウェーデン	18%	オランダ	12%	イタリア	12%
1995	スイス	44%	アメリカ	37%	スウェーデン	33%	スペイン	30%	オランダ	28%
1996	ロシア	153%	ハンガリー	107%	エジプト	59%	ポーランド	59%	ブラジル	43%
1997	トルコ	118%	ロシア	112%	ハンガリー	95%	メキシコ	54%	スイス	44%
1998	韓国	141%	ベルギー	68%	イタリア	53%	スペイン	50%	フランス	42%
1999	トルコ	252%	ロシア	247%	マレーシア	114%	シンガポール	99%	インドネシア	93%
2000	イスラエル	28%	スイス	6%	カナダ	5%	デンマーク	3%	チェコ共和国	2%
2001	ロシア	56%	韓国	49%	カンボジア	46%	ペルー	20%	メキシコ	19%
2002	チェコ共和国	44%	インドネシア	43%	ハンガリー	31%	ペルー	31%	南アフリカ	28%
2003	タイ	145%	トルコ	126%	ブラジル	115%	ペルー	94%	エジプト	92%
2004	カンボジア	133%	エジプト	126%	ハンガリー	92%	チェコ共和国	87%	オーストリア	72%
2005	エジプト	162%	カンボジア	108%	ロシア	74%	韓国	58%	ブラジル	57%
2006	中国	83%	インドネシア	75%	モロッコ	69%	ペルー	63%	フィリピン	60%
2007	ペルー	95%	ブラジル	80%	トルコ	75%	インド	73%	中国	66%
2008	モロッコ	－11%	カンボジア	－25%	イスラエル	－29%	日本	－29%	スイス	－30%
2009	ブラジル	129%	インドネシア	128%	ロシア	105%	インド	103%	トルコ	98%
2010	モンゴル	136%	スリランカ	96%	バングラディッシュ	84%	エストニア	73%	ウクライナ	70%
2011	ベネズエラ	80%	モンゴル	35%	パナマ	29%	ジャマイカ	12%	タンザニア	12%
2012	ベネズエラ	220%	エジプト	49%	パキスタン	42%	トルコ	40%	ラオス	39%
2013	ドバイ	108%	アルゼンチン	89%	アブダビ	63%	日本	57%	パキスタン	49%
2014	アルゼンチン	55%	中国	43%	インド	30%	パキスタン	26%	トルコ	25%
2015	ジャマイカ	93%	ラトビア	44%	ハンガリー	44%	アルゼンチン	39%	アイスランド	37%
2016	ブラジル	63%	ペルー	52%	ロシア	49%	ハンガリー	33%	コロンビア	23%

（出所）　原著掲載のブルームバーグより著者作成。

を歩く、ジャングルの冒険にお金を投げ込むような話をしているわけではありません。むしろ、皆さんのお金を、世界中でいちばん大きくて安全で儲かっている、多角化の進んだ最先端技術の企業へ投資したらどうですか、といっているのです。優良企業のなかの優良企業へ投資しましょうというのです。実行に移すことは簡単ですから。お気に入りの国内の企業に投資するのと同じように、海外の企業にも投資してはいかがですかと提案しているのです。いちばん安全であるとか、いちばん強いとか、いちばん質が高いという企業だけに投資したいのならば、国内だけに限定してしまうと脱落が生じるといっているわけです。

　つまり、投資対象を日本国内だけに限ってしまうと、
・世界最大の石油会社５社のすべてが
・世界最大の医薬品会社５社のすべてが
・世界最大の通信テレコム会社５社から４社が
・世界最大の化学会社５社のすべてが
・世界最大の自動車会社５社から４社が
・世界最大の銀行５行のすべてが
・世界最大のパソコンメーカー５社のすべてが
・世界最大のアパレル会社５社から４社が
・世界最大の物流会社５社から４社が
・世界最大の食品会社５社のすべてが
抜け落ちてしまいます。

　「ブルーチップ株」とは、アメリカの会社の大手で最高の企業のことですが、ポーカーに由来し、いちばん高い価値をもつカード、企業にのみ与えられる称号です。国の最大最良の会社を説明するのに、証券界がギャンブルのたとえを使っているなんて、ちょっとおもしろいですよね。

『フォーチュン・グローバル500』では世界の優良企業500社を掲載してい

図表Ⅳ-10　世界企業500社はどこの国の会社か？

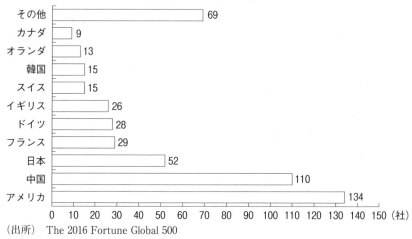

日本企業の割合は、たったの10.4%にすぎない

その他	69
カナダ	9
オランダ	13
韓国	15
スイス	15
イギリス	26
ドイツ	28
フランス	29
日本	52
中国	110
アメリカ	134

0　10　20　30　40　50　60　70　80　90　100　110　120　130　140　150（社）

（出所）　The 2016 Fortune Global 500

図表Ⅳ-11　これらの製品を利用していますか？

□ネスカフェコーヒー　　□ハーゲンダッツ・アイス
□ダノン・ヨーグルト　　□ハインズ・ケチャップ
□オレオ・クッキー　　　□アリエール
□薬用石鹸ミューズ　　　□バンド・エイド
□ジョイ　　　　　　　　□B.V.Dパンツ

すべて外国メーカーの製品なんですよ！

図表Ⅳ-12　大手日本企業の海外売上比率

企業名	国外売上比率
TDK	92%
ヤマハ発動機	89%
ホンダ	88%
ブラザー工業	82%
ブリヂストン	80%
オリンパス	80%
任天堂	73%
富士通ゼネラル	64%

ますが、2016年版には日本国籍の企業52社しかランクインしておらず、全体の10%にすぎません。もっと現実的な話をすれば、図表Ⅳ－11の製品を使ったことはありますか？

これらの商品はすべて、外国企業によって製造されています。ただし、外国企業が日本国内でたくさんの製品を販売していることにがっかりする必要はありません。日本企業も大々的に海外展開しているのですから。

たとえば、TDKの売上げの90％以上は海外ですし、ブリヂストンでは80％、任天堂の73％が海外での販売です。グローバル経済の一部になることが好きか嫌いかではなく、そこからお金を儲けられることが私たちには重要なのです。

海外へ投資する際のリスクとは

ところで皆さんがマイクロソフト社の株式を欲しいと思っても、マイクロソフト株は日本ではなくアメリカで取引されています。そこで、マイクロソフト株へ投資するためには、日本円を米国ドルに換えてから、アメリカの株式市場で購入することが必要になります。

図表Ⅳ－13　為替レートと投資リターンの変化が結びつくと

円換算した場合の本当の投資リターンとは？

海外投資リターン	外国通貨を円に換える際の為替レートの変化率								
	円安 ←					→ 円高			
	20%	15%	10%	5%	0	−5%	−10%	−15%	−20%
20%	+44%	+38%	+32%	+26%	+20%	+14%	+8%	+2%	−4%
15%	+38%	+32%	+27%	+21%	+15%	+9%	+4%	−2%	−8%
10%	+32%	+27%	+21%	+16%	+10%	+5%	−1%	−7%	−12%
5%	+26%	+21%	+16%	+10%	+5%	0	−6%	−11%	−16%
0	+20%	+15%	+10%	+5%	0	−5%	−10%	−15%	−20%
−5%	+14%	+9%	+5%	0	−5%	−10%	−16%	−19%	−24%
−10%	+8%	+4%	−1%	−6%	−10%	−15%	−19%	−24%	−28%
−15%	+2%	−2%	−7%	−11%	−15%	−19%	−24%	−28%	−32%
−20%	−4%	−8%	−12%	−16%	−20%	−24%	−28%	−32%	−36%

（注）　たとえば、外国株式のリターンが15%でも、その国の通貨が円に対して、購入時点よりも15%円高になれば、トータルリターンは、−2%になる。

図表IV-14　海外投資から国内リターンへの換算方法

$$
国内リターン = \left[\frac{売却時の円通貨価値}{購入時の円通貨価値} \times \frac{\substack{売却時の投資価値＋配当・金利 \\ (外国通貨での価値)}}{\substack{購入時の投資価値 \\ (外国通貨での価値)}} \right] - 1.00
$$

　したがって、その場合には、株式市場の変動だけではなく、外国為替市場の変動にも影響されることになるはずです。つまり、外国為替市場では、円の価値がドルの価値との関係で変わってくるということです。

　仮に、アメリカの株式市場が下がり、購入時よりも売却時に円の価値が強くなれば、日本の投資家は二重に損をすることになります。図表IV-13では、株式価格と通貨価格の変化がどのように重なり合って打撃となるのかを示しています。つまり、たとえ株式市場が上昇しても、為替市場で円高になればトータルでは損となることもありえます。

弱い円 対 強い円

　「円が値上りした（円高になった）」とか「円が値下りした（円安になった）」というニュースを毎日のように耳にされていると思いますが、これは良いニュースなのでしょうか？　悪いニュースなのでしょうか？

・「外国通貨に対して、円が値下りする（円安になる）」というのは、外国の通貨が以前に比べてたくさんの円を買えるようになったということです。つまり、「円が値下りする（円安になる）」と、外国人は日本の製品や投資をより安く購入できます。

・「円が値上りする（円高になる）」と、まったく逆のことが起こります。インフレーションと同じように、外国人は日本の製品や投資を購入するのに多くのお金が必要となり、日本からの投資収益が減少します。

　それでは、「円が値下りする」ということは、良いことでしょうか？　悪いことでしょうか？

　その答えは、立場によって変わってきます。

　海外でつくられた製品を購入する消費者の立場からすれば、「円の値下り

（円安）」は悪いことです。というのは、同じ製品を購入するのにたくさんの円が必要になるからです。

しかし、海外に製品を売っていく、日本の製造メーカーの立場からすれば、「円の値下り（円安）」は良いことです。というのも、外国人にとっては、日本製品は割安となり、売上げが伸びます。

たとえば、1ドル＝100円の際に、フォードとトヨタが国内販売価格を5万ドルと500万円で新車を販売した場合、仮に1ドル＝150円の「円安」になれば、東京在住の日本人は、トヨタ車に対して500万円支払う一方で、フォード車に対しては750万円と、250万円も多く支払う必要があります。

日本人にとってトヨタ車とフォード車とどちらがお得でしょうか？

一方で、ロサンゼルス在住のアメリカ人は、フォード車に対しては5万ドルを支払うものの、トヨタ車に対しては3万3,333ドルと、1万6,667ドルも安く買えるようになります。

アメリカ人にとってトヨタ車とフォード車とどちらがお得でしょうか？

つまり、弱い円では、世界中の消費者が日本製品を買うように働きます。これは、日本にとっては素晴らしいニュースで、たくさん自動車を売ることで、雇用を生み出し、輸出を増やし、輸入を減らすことで、経済が改善します。

要するに、弱い円（円安）とは良くも悪くもあるわけです。

こんなわけで、政府や中央銀行による金融政策の舵取りはむずかしくなるわけです。政府が弱い円を誘導すれば、外国人は日本製品を購入したり、日本に投資するようになります（これは、日本の輸出企業に歓迎されます）が、外国製品はより高くなります（これは、日本の消費者には打撃になります）。

このような関係にあるため、日本政府は、円安でも円高でも、国民すべてに利益をもたらすことができないということになります。そして、これこそが、弱い円（円安）に関して、皆さんが知っておくべき最も重要なポイントです。

政府や日本銀行による円安誘導とは、日本国民全体に恩恵をもたらすような諸手をあげて歓迎すべき経済政策ではなく、単なる政治的論争であるので

す。

　円が弱くなると、日本経済全体が良くなり、株価が上昇すると考える人も
いて、自分たちの投資戦略を目いっぱい、株式投資へと変更します。ただ
し、それは、経済的裏付けをもった投資ではなく経済的裏付けをもたない
ギャンブルであり、間違った考え方であるといえるのです。

　「円安になると、日本の景気が良くなる」と、1980年以降の日本では、ずっ
と信じられてきました。戦後から1970年代までは、復興需要や高度成長などで
国内の成長は著しかったわけですが、1980年代からは、日本経済の柱は海外へ
の輸出にバトンタッチしました。「物づくり大国・日本」の誕生です。そし
て、自動車と電機が経済全体を引っ張るかたちとなります。
　すると、本文のように、「円安のほうが日本製品の輸出に有利になる」とい
う理由で、歴代の政権は何かにつけて円安へ誘導する手立てを考えてきたわけ
で、これは、現在の「アベノミクス」でも同じです。つまり、輸出産業に有利
な条件を与える一方で、日本国民の輸入物価を引き上げているわけです。
　しかし、2011年の東日本大震災以降、状況はガラッと変わっています。原発
が使えないため、電力などのエネルギーは火力発電が中心になっていたところ
に、円安による輸入価格の値上りにより、生産コストが上がっています。その
結果、外国人にとっては、「日本製品は円安なのに安くない」という状態とな
り、輸出は、東日本大震災以降横ばいか微減となりました。そこから「円安な
のに貿易赤字が続く」という状況に至る、日本の特殊事情があるわけです。
　なお、日本の消費者の立場からすれば、輸入物価が変動すると、消費者物価
がその10%くらい変動するという傾向があります。たとえば、輸入物価が20%
上昇すると消費者物価が2%上昇するといったぐあいです。輸入物価は、原油
価格や為替レートによる影響が大きく、原油安や円高になると一般的には消費
者物価を下げて、実質賃金を引き上げるので、消費者にとっては有利になりま
す。

▶ 円安は日本経済にとってプラスとは言いきれない

　円安は、日本の輸出企業にとっては有利であり、日本の消費者にとっては

図表Ⅳ-15　円安期より円高期のほうがプラスであった

	実質GDP 前期比	家計消費支出 前期比	為替レート 3月平均	日経平均 3月平均	
2009. 4 - 6	2.0	1.0	97.3	9,436	円高期
7 - 9	− 0.1	0.6	93.6	10,328	
10-12	1.5	0.8	89.6	9,976	
2010. 1 - 3	1.1	0.6	90.7	10,471	
4 - 6	1.0	0.3	92.0	10,070	
7 - 9	1.9	1.4	85.8	9,243	
10-12	− 0.7	− 1.2	82.5	9,789	
2011. 1 - 3	− 1.5	− 1.9	82.3	10,206	
4 - 6	− 0.5	1.0	81.9	9,720	
7 - 9	2.3	1.3	77.8	9,163	
10-12	− 0.1	0.4	77.3	8,626	
2012. 1 - 3	1.1	0.4	79.3	9,537	
4 - 6	− 0.4	0.6	80.1	9,024	
7 - 9	− 0.5	− 0.3	78.6	8,802	
10-12	0.1	0.1	81.2	9,552	円安期
2013. 1 - 3	1.2	1.5	92.3	11,699	
4 - 6	1.1	0.9	98.7	13,771	
7 - 9	0.6	0.1	92.3	13,838	
10-12	− 0.1	− 0.2	100.4	15,427	
2014. 1 - 3	1.1	2.6	102.7	14,861	
4 - 6	− 1.8	− 5.0	102.2	14,699	
7 - 9	− 0.2	0.4	104.0	15,740	
10-12	0.7	0.6	114.5	17,108	
2015. 1 - 3	1.3	0.4	119.1	18,560	
4 - 6	0	− 0.5	121.4	20,106	
7 - 9	0.2	0.5	122.2	18,954	
10-12	− 0.2	− 0.7	121.5	19,288	

（出所）　内閣府、日本銀行、日経平均のデータ（日経平均株価©日本経済新聞社）より著
者作成。

不利になります。したがって、日本政府が円安誘導を行う際には、「日本経済全体にとって円安のほうが好ましい」という大義名分が必要となるはずです。しかし、少なくとも2009年から2015年までは、円安よりも、円高のほうが日本経済全体にはプラスでした。

2009年4月から2012年9月までを円高期、2012年10月から2015年12月までを円安期と分類した場合、四半期ごとの実質GDP前期比の平均値は、円高期の0.51に対して円安期には0.31であり、日本経済全体にとっては円高期に経済成長率が高かったことがわかります。

その理由としては、東日本大震災以降、日本政府が円安誘導をしたところで、輸出数量に関しては以前の90%程度まで戻すにすぎない一方で、エネルギー関連の輸入品の値段が上がるために、日本の消費者にとって不利になったからです。

事実、四半期ごとの家計最終消費支出前期比の平均値は、円高期には0.36なのに対して円安期には0.05であり、経済規模を示すGDPの6割を示す家計消費が、円安によって打撃を受けることがわかります。

このように景気の良し悪しを示すGDPに関しては、円安よりも円高のほうが優れた結果を示しています。しかし、日本経済にとって円安のほうが好ましいと錯覚してしまう理由は、「円安になると株価が上がった」という事実によります。それは、大部分、日経平均という株価指数の仕組みに由来します。

▶ 日経平均株価と日本経済の乖離とは

日経平均株価とは、日本経済新聞社が選んだ225銘柄の平均株価指数であることはp196で説明しましたが、日経平均の1つの特徴としては、構成銘柄の製造業割合が高いという点があげられます。

2017年8月時点では、医薬品（9）、電気機器（28）、自動車（10）、精密機器（5）、通信（6）、銀行（11）、その他金融（1）、証券（3）、保険（6）、水産（2）、食品（11）、小売業（8）、サービス（9）、鉱業（1）、繊維（4）、パルプ・紙（3）、化学（17）、石油（2）、ゴム（2）、窯業（8）、鉄

鋼（5）、非鉄・金属（12）、商社（7）、建設（9）、機械（16）、造船（2）、その他製造（3）、不動産（5）、鉄道・バス（8）、陸運（2）、海運（3）、空運（1）、倉庫（1）、電力（3）、ガス（2）という構成です（日本経済新聞社ホームページより）。

　日経平均は、時価総額を考慮しない単純平均であり、アメリカのダウ工業平均と似ていると論じられることが少なくありませんが、1業種1銘柄、製造業への偏りがないダウとは違った独自性が日経平均にはあります。

　そして、製造業では輸出で利益をあげるケースが多く、日経平均の約6割を占める製造業では海外売上高比率の平均が約5割となっており、特に、電気機器、自動車、精密機器、機械、ゴムなどの製造業では、その比率が高いために為替感応度が高くなっています（図表IV－12参照）。

　一方で、日本経済の規模（GDP）は、生産と支出と分配が等しくなるわけですが、生産面からみれば、サービス業（広義）の割合が約7割であるのに対して、製造業は2割足らずとなっています（内閣府の国民経済計算より）。

　つまり、非常に大雑把な言い方をすれば、日経平均は構成銘柄の約6割が製造業であるのに対して、日本経済の付加価値は約7割がサービス業（広義）が産み出しているという乖離があるのです。そして、日経平均は、経済実態に比べて、製造業に偏りがある株価指数であるがゆえに、為替感応度が高いという特色ももっています。たとえば、1億ドルの海外売上げは、1ドル＝80円では8,000億円ですが、1ドル＝120円では1兆2,000億円のように円安が有利に働きます。

　この結果、日経平均は円安と連動する傾向が非常に高くなり、円安になると株価が上がり、円高になると株価が下がるといった単純な値動きを繰り返すことが多くなりました。日本経済全体では、サービス業の占める割合が高いため、むしろ円高が好ましい内需産業の影響も大きく、日本経済の実情と日経平均との乖離が生じています（経済全体の支出面では、個人消費が約6割であるため、円安になると石油を中心とした輸入物価が上がるため、実質購買力が減ってしまい、打撃を受ける点はすでに説明しました）。

　株価とは将来の企業利益に対する投資の期待に基づくため、平均株価とは

経済の規模が大きくなると予想されてはじめて上昇するはずですから、こうした錯覚は一種のバブルを生んでいる可能性があるものの、「円安によって不利を被っている消費者は、それを補うために、バブルで沸いていた株式投資で儲けなければならない」という奇妙な状態が続いていたのです。

▶ 1ドル＝100円割れは、超円高であるのか？

　外国為替レートは、2016年9月には1ドル＝101円程度であり、「1ドル＝90円台になれば、日本経済が円高不況に襲われる」と新聞等でも報道されたものの、2016年12月には1ドル＝117円になったため、この程度の円水準がちょうど良いとばかりに、円高不況論は鳴りを潜めています。

　円高不況論がおかしな理由はすでに説明いたしましたが、そもそも2016年12月の1ドル＝117円とは、巷でいわれるほど妥当な為替レート水準とはほど遠い、異常な円安水準である可能性が高いことはあまり知られてはいません。その根拠となるのは、実質実効レートと呼ばれる数値です。

　為替レートに関しては、金利平価や購買力平価といって、長期的には相対的に金利や物価の高い国の通貨は安くなり、相対的に金利や物価の低い国の通貨は高くなるとされています。

　直観的な話をすれば、金利差が10％ある場合、金利の低い国から金利の高い国へと投資されれば、金利の高い国の通貨は一時的に強くなりますが、1年後には100の投資資金は110となって金利の低い国へ回収されるため、金利の低い国では当初よりも通貨が高くなります。

　同じように、10％だけ物価の高い国へ物価の低い国から輸出されれば、最終的には100の原価が110の代金となって物価の安い国へ回収されるため、物価の低い国では当初より通貨高になります。

　こうした金利平価、購買力平価という理論を利用して、ある基準年からの物価を考慮した為替レートを実質実効レートと呼びます。

　テレビのニュースで報道されるのは、物価を考慮しない名目レートであり、1ドル＝〇〇円という具合に、「〇〇が高いほど円安、〇〇が低いほど円高」になりますが、物価を考慮した実質実効レートでは、「数値が高いほ

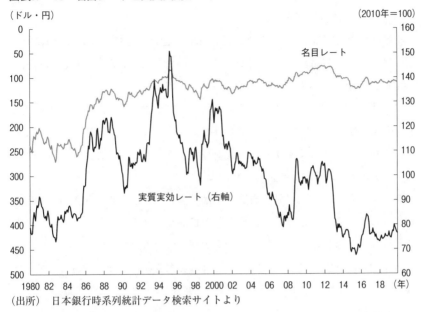

図表IV－16　名目レートと実質実効レート

（ドル・円）　　　　　　　　　　　　　　　　　　　　　　　（2010年＝100）

（出所）　日本銀行時系列統計データ検索サイトより

ど円高、数値が低いほど円安」となります。

　この実質実効レートは、2016年9月には84であり、2016年12月には76となっていますが、実質実効レート76から84とは1970年代終わりや1982年頃の水準にあり、名目レートであれば1ドル＝220円から250円であった時代と同じ数値なのです。

　つまり、1ドル＝100円という表面的な名目レートだけでは、超円高であると錯覚する方々が多い一方で、物価水準を考慮した実質実効レートでは、現在の為替レートは、1970年代を彷彿させるような超円安水準にあるという見方もできるのです。

▶ 名目レートと実質実効レートが乖離した理由

　長年、海外旅行をしている方ならば、名目レートが1ドル＝100円と同じであるにもかかわらず、たとえば1994年12月と2016年9月とでは同じ10万円

（＝1,000ドル）なのに、以前宿泊できたアメリカのホテルに、最近では宿泊できないことにお気づきでしょう。

　しかし、実質実効レートをみれば、1994年12月には133であったのに対して、2016年9月には84へと超円安が進んでいたことがわかるため、1円当りのドルに対する日本人の購買力は激減していて当然といえるのです。

　この間のアメリカのインフレ率は、年平均で2.2％だったので、22年間で物価は1.6倍になっています。その半面、日本ではデフレが続いていたため、物価はそのままですから、名目為替レートが同じなら、アメリカのサービスは1.6倍に上昇したと感じるわけなのです。

　本来であれば、金利平価や購買力平価が働いて、1ドル＝70円台とか60円台になってしかるべきですが、そうした自然な働きを邪魔してきたのが、日本政府や日本銀行による為替介入や低金利政策なのです。

　日本では、1995年になるまでは、それほど大きな為替介入は行われていませんでした。しかし、1995年に1ドル＝80円割れとなってから2004年までの間、長期間にわたって為替介入を行って、円高阻止を繰り返してきました。特に、2003年から2004年には35兆円の為替介入を行っています。

　一方で、日本銀行では、金融政策を使って金利をゼロにして、2001年3月から2006年2月までに35兆円までの量的緩和を行うことで金融機関に莫大な資金提供を行い、"円で借りて、ドルに換えて運用する"という海外投機筋によるキャリートレードを誘発させます。

　つまり、日本ではゼロ金利であり、日本の金融機関には余剰資金があふれかえっていたため、海外の投機筋からすれば、タックスヘイブンと呼ばれるケーマン諸島などで債券を発行して金利1％で日本からお金を借りて、金利

図表Ⅳ－17　為替介入の推移

1993. 4 -1994.12	4.6兆円
1995. 1 -2002. 6	28.8兆円
2003. 1 -2004. 3	35.3兆円
2010. 7 -2011.12	16.4兆円

（出所）財務省

5％以上のアメリカで運用すれば、4％以上の利鞘が稼げただけでなく、日本政府が円高阻止を続けてくれるので、為替差損を心配する必要なく投資に励めたわけです。

　こうした為替介入・量的緩和・キャリートレードにより、信用創造を伴いながら、日本から主にアメリカへと1兆ドル以上（＝100兆円以上）の資金が流れ込んだため、2005年1月から2007年6月までに、名目レートは1ドル＝104円から123円までの円安となりますが、実質実効レートは107から80へと1982年11月以来の超円安水準になっていきます。

　イギリスの「エコノミスト」によれば、このキャリートレードの規模は1兆ドルと推定されています。1兆ドルとはアメリカのサブプライムローン残高とほぼ同額であり、アメリカの不動産バブルの資金供給は、日本が行っていた可能性が高いということになります。

　その後、リーマンショックの際に、アメリカでは株価や地価が暴落し、金利も引き下げられたため、キャリートレードの巻き返しが発生し、さらに、日本では2006年までに量的緩和をやめる一方で、欧米ではゼロ金利と量的緩和を行ったこともあり、2011年10月には、名目レートは1ドル＝75円台と1995年4月の84円を大きく上回る円高になりましたが、実質実効レートでは106にとどまり、1995年4月の最円高水準の151にははるかに及ばないものでした。

　そして、2012年9月から名目レートは、再度円安傾向を示し、2015年7月には124円となり、2016年12月には117円となりましたが、実質実効レートでは、それぞれ68と76となっており、1972年や1973年当時を彷彿させる超円安水準であったことがわかります。ちなみに、2019年末の名目レートは109円ですが、実質実効レートは77となっています。

　こうしたいびつな為替レートが形成されたのは、過去の為替介入と金融政策によるものであり、物価を考慮した実質実効レートでは、異常なまでの円

安が進んでいるのです。

▶ 円安は消費者を貧しくする

　日本では、1995年頃からゼロ金利政策を続けており、2013年4月からは異次元量的緩和を続け、2016年1月からマイナス金利を導入しています。その目的としては、「不況の原因はデフレにあるので、物価を上昇させるため」とされていますが、2％の物価上昇率という目標は達成されず、2017年7月21日には6度目の延期がされています。

　「物価下落」の原因が、お金の量に関する貨幣的な要因ではなく、低賃金新興国からの低価格の輸入品にあるなら、異次元量的緩和を4年やっても「物価の上昇」という目標が達成されなくて当然であるはずで、そもそもマイナス金利や異次元量的緩和の本当のねらいとは、「物価の上昇」ではなく、「円安の誘導」と「国債の貨幣化」である可能性が高いといえます。

　短期的には、金利差が拡大すれば、金利の高い国へと投資資金が流れやすいため、日本でゼロ金利やマイナス金利をとれば、相対的にアメリカの金利が高くなるため、円安となる可能性が高くなります。

　また、量的緩和とは、民間銀行の保有する国債を日本銀行が買い取って、民間銀行の手持ち資金を増やすことですから、国内に投資対象が少ない場合には、投資資金が海外へ向かうため、円安になる可能性が高くなります。

　ただし、繰り返しますが、日本政府や日本銀行による円安誘導とは、日本国民全体に恩恵をもたらすような諸手をあげて歓迎すべき経済政策ではなく、単なる政治的論争にすぎません。

　2019年末で、名目レートでは1ドル＝109円でも、実質実効レートでは77という1970年代前半水準となっているほどの異常な円安政策は、日本の輸出メーカーや外国人消費者にとっては良いことですが、日本の輸入メーカーや日本人消費者にとっては悪いことであり、日本経済全体にとっても好ましいわけではありません。

2012年9月には1ドル＝78円であった為替レートは、異次元量的緩和が始まった2013年4月には1ドル＝93～99円となり、2015年6月には1ドル＝125円台まで円安が進みました。その後、2016年9月には1ドル＝101円まで円高が進みましたが、2019年末には1ドル＝110円程度となっています。要するに、アベノミクスの2013年から2019年までは、全体的に円安傾向にありました。

　それでは、輸出企業の売上げは大きく伸びていると考えられますが、輸出を行っている製造業（資本金10億円以上）については、2012年第1四半期の売上げ62兆円に対して、2018年第1四半期の売上げ60兆円へ横ばい状態（年度ベースでは5.9％増）にあります。これは2002年第1四半期から2008年第1四半期までに円安によって、製造業の売上げが3割伸びたのと大きく違います。アベノミクスでは、製造業の売上げが増加したわけではなく、高賃金の男性正社員の給与を抑えて、非正規社員や女性社員を採用したことによる「人件費カット」によって、史上最高益を達成した企業が続出した可能性があります（Part 1末コラム参照）。

　日本政府や日本銀行による円安誘導が正当化されるには、まず、輸出企業が儲かって、次に、その利益が輸出企業の従業員に分け与えられ、最後に、そうした利益の分け前が日本中に還元される必要がありました。これはトリクルダウン（大企業や富裕層を豊かにすることで、国民全体に富が滴り落ちる）と呼ばれるもので、トリクルダウンによって円安誘導という政治的論争は決着をつけるはずでした。

　しかし実際には、輸出企業の多くは、リーマンショックのような急激な円高再来に備えて、利益の多くを内部留保としてため込んだために、トリクルダウンは実現せずに、日本の消費者は、不利な状況に置かれたままなのです。その結果、1990年代前半には50兆円ほどお金に余裕（資金余剰）があったはずの家計が、2016年には資金不足へ転落しかけている半面、1990年代前半には45兆円ほどの資金不足状態（設備投資のためにお金を借りて使っている）であった企業が、2016年には35兆円もの資金余剰（お金を借りず貯め込む）に転じています。

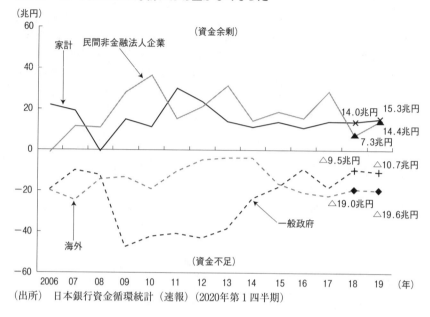

図表Ⅳ－18　円安により家計にはお金がなくなった

（出所）　日本銀行資金循環統計（速報）（2020年第1四半期）

　2000年頃から低賃金の新興国との競争にさらされている日本企業では、従業員の給料を抑え、派遣社員を雇うような対応を余儀なくされてきました。そして、かつての高給取りのエンジニアが、ファストフードのアルバイトに転落するような流れが生まれました。そんな厳しいコスト競争にさらされている輸出企業に、「円安で儲けたのだから従業員の給料をドッと引き上げて、それを積極的に使ってもらってよ」なんて理屈は通りません。それなのに、トリクルダウンを期待して輸出企業を優遇する円安誘導が公然と行われ、消費者の利益が阻害され続けた結果、ガソリンなどの輸入物価下落による恩恵を中途半端にしか受けられず、預金をしても金利がもらえず、消費者の余剰資金は預金金利生活者である高齢者を中心に激減し、それが消費を低迷させています。

　日本の1人当りGDPは、1980年にはアメリカの75％でした。1980年代後半から1990年代には日本がアメリカを上回りましたが、2010年には逆転され、2018年にはアメリカの63％になっています（図表Ⅳ－19）。

図表Ⅳ-19　日米の１人当り名目GDPの比較推移（ドルベース）

	1980年	1990年	2000年	2010年	2018年
日　　　本	9,418	25,443	38,534	44,674	39,304
アメリカ	12,576	23,914	36,436	48,310	62,869
日本／アメリカ	75%	106%	106%	92%	63%

（出所）　IMF

　このように新規産業を創出するような政策ではなく、円安誘導を目標とした為替介入や金融政策ばかりが続けられてきた結果、2018年までには、アメリカ人と比較して日本人はかなり貧しくなっていたのです。為替レートは、政治的論争のはずですが、実際には、輸出企業ばかりが優遇され、消費者がないがしろにされ続けたというのが実情です。

　円安とは、国力の衰退を意味するのであり、１ドル＝110円という名目為替レートによって錯覚が生じているものの、現実には1970年代の実質実効レートや１人当りGDPが示すように、アメリカとの比較において日本人の豊かさは、1970年代並みに戻りつつあるといえるのです。

（注）　2016年以降のこの話の続きは、PartⅥの第46章にて行います。

　量的緩和やマイナス金利のもう１つの目標は、「国債の貨幣化」である可能性がきわめて高いと考えられます。

　PartⅢで説明したように、2013年４月から始まった異次元量的緩和とは、日本銀行がみずほ銀行などの民間銀行が保有する国債などを買い取ることによって、日本銀行内にある民間銀行名義の当座預金残高を目標値まで増やすことでした。

　具体的には、まず、みずほ銀行のような民間銀行に国債の入札に参加してもらいます。次に、入札時よりも高い値段で日本銀行が民間銀行から国債を買い上げます。しかも、マイナス金利を導入することで、償還まで国債を保有すれば、確実に損をするので、民間銀行は国債を短期間で売却せざるをえなくなります。その結果、日本銀行内にある民間銀行名義の当座預金残高が増えていき

ます。

　以上は量的緩和の説明ですが、2001年3月から2006年3月までの量的緩和の購入対象は残存期間の短い国債に限定されていたのに対して、2013年4月からは残存期間の長い国債も含まれるようになったため、"異次元"と呼ばれるようになったのです。そして、この異次元量的緩和の目的は、「国債の貨幣化」である可能性がきわめて高いと考えられます。

　財政法5条によって、日本銀行では、直接、長期国債の入札（引受け）に参加できませんが、2013年4月からの異次元量的緩和とは、長期国債を引き受けた民間銀行から、すぐに日本銀行が購入することによって、財政法5条の抜け道を探した、「実質的な日本銀行による国債引受け」といいうるものです。

　この異次元量的緩和の結果、日本銀行による日本国債・財投債の保有比率は、2013年3月末までは全体の13%にすぎなかったのに対して、2016年末には全体の39%となっています。

　2016年末の「国の借金」とは1,066兆円であり、約831兆円が日本国債の残高になりますが、その39%を日本銀行が保有し、19.5%を民間金融機関が保有している状態です。

　このことが意味することは、まず、政府にお金を支払って、民間銀行が国の借金の債権者になります。次に、民間銀行にお金を支払って、日本銀行が国の借金の債権者になり、同時に民間銀行名義の日本銀行当座預金には残高が"記帳"されます。

　ここで、民間銀行から日本銀行当座預金口座へ大量引出要請があれば、日本銀行は残高として"記帳"されていた分を、新たに紙幣を刷って民間銀行へ渡してしまえばよいわけですが、①民間銀行がお金を払って国から国債を購入して、②日本銀行が新たにお札を刷って、民間銀行から国債を買い取るため、一連の流れの結果として、国の借金は、"紙幣の増刷分"との交換によって返済されることになります。

　これが「国債の貨幣化」と呼ばれる現象で、市場に出回るお金の量が激増する分、お金の価値は下がり、ハイパーインフレーションなどの物価上昇が発生します。「国債の貨幣化」は、戦後の日本でも経験され大混乱を起こしたことから、日本銀行による国債引受けは法律で禁じられているはずですが、異次元量的緩和を使うことによって、「国債の貨幣化」と同じような状況がすでにできあがっているわけです。

　2016年末時点では、金融機関同士で融通し合うマネタリーベースは426兆円（日本銀行発行券100兆円／貨幣流通高5兆円／日銀当座預金322兆円）でした

が、貸出を通じて信用創造でふくらみ、市場に出回っているマネーストック（M1）は690兆円です。

　ここで、仮に322兆円の日銀当座預金が全額引出要請を受けて、同額の日本銀行発行券（＝紙幣）が刷られて市場に出回れば、日本銀行発行券の合計は422兆円（＝100＋322）になり、マネーストックは1,022兆円（＝322＋690）と、690兆円の1.48倍になりますから、物価が比例して上昇するなら、48％のインフレ率となり、国の借金は、国民の生活苦によって支払われる可能性があるのです（2016年末時点では、為替レートは1ドル＝117円でしたが、同じように考えれば、1ドル＝173円になる可能性があることになります）。

　なお、日本銀行は民間企業であるものの、その利益（配当金等支払を除く）は国庫に戻ることになります。したがって、紙幣増刷と交換に日本銀行が手にした国債の利子や償還元本は日本銀行に対して支払われるものの、最終的には国庫に戻されることになるのです。

　ちなみに、キャッシュレス決済とは、国民による紙幣の大量引出要請の可能性を妨げるものであり、「国債の貨幣化」により市場に出回るお金の量が激増することを防ぎ、ハイパーインフレーションなどの物価上昇を未然に防ごうという目的が隠されているのかもしれません。

第 18 章

株式を購入するための方法

　皆さんは、有名ブランドの歯磨き粉ならば、たくさんの販売店で買うことができますが、会社の株式を買う場合に利用できるのは、たった1カ所だけです。それは、その株式が上場している証券取引所です。

　そして、歯磨き粉を買うためには、近くの小売店に足を運べばすみますが、株式は直接取引所に行って買うことはできません。そのかわりに、自分のために、その株式を買うことのできる証券ライセンスをもつだれかに頼む必要があります（1つの例外については、すぐに説明します）。

　はじめに理解すべきことは、すべての株式を売買する際には、株式の購入金額以外に手数料などを支払う必要があるという点です。

　ほとんどの証券会社では、年間口座管理料、販売手数料、その他の費用がかかります。投資家は、より多くの利益が得られると考えるため、こうした費用を負担します。投資費用を3％払う場合には、利益の損益分岐点は3％ということになります。このように、投資をする際には、コストを考える必要があります。

　以前、ブローカーをやっている古い友人にバッタリ出くわしたことがあります。彼は優秀で、ナショナル・オプション・トレーディング・チャンピオンシップで優勝したこともあります。再会した際に、彼がいうには、オプション・トレーディングの新しいコンピュータモデルを開発したとのことでした（オプション取引については、p129をご参照ください）。

　オプションとはデリバティブの一種ですが、大きな取引コストがかかるため、損益分岐点を越えるにはかなりの利益が必要になります（そんなわけ

で、オプション取引を行うほとんどのブローカーは、自分自身でポジションをもつかわりにお客さんにやらせます。お客さんはお金を稼げるかどうかわかりませんが、ブローカーは確実に利益をあげることができます）。

いずれにせよ、私の友人は、市場のヒストリカルデータを利用した独自数理モデルが信じられないくらいの金を稼ぐだろうと語っていました。つまり、私の友人は、彼のモデルをさらに発達させるために資金援助をしてくれる投資家を探していたのです。

「何のために、投資家が必要なの？」とたずねると、「実際にオプション取引を始めたいと思ったからさ。だって僕のモデルでは手数料を考える必要がないんだ。以前、ブローカーをやっていたときには、取引費用がすごく高くて、こんなもので稼ぐにはどうやればよいのか見当もつかなかった」と彼は答えました。

自分がいくら儲けているか自慢している人というのは、投資費用を除いた後のパフォーマンスを計算していないことが多い、という点は覚えておくべきです。計算すべきは、いくら稼ぐかではなく、いくら手元に残るかということです。

> ここで、全国の証券マンのために一言、注意を申し上げておきます。対面営業の担当者から銘柄アドバイスをもらいながら、手数料を節約するためにインターネット証券で買うというのは、エチケット違反です。

▶ 方法その１：証券マンとの対面取引（ブローカーレッジ会社）

投資家が「100万円投資したいのですが、どの銘柄を買ったらよいですか？」とたずねたら、証券会社の営業マン（ブローカー）は、銘柄を決めるお手伝いをしてくれます。

投資家が株式を売り買いする際に、営業マン（ブローカー）は手数料をもらいます。50万円以下の約定代金では、投資金額の1.2％から1.4％の手数料

です（金額が大きくなるほど、手数料率は低くなります）。

　これは、売り買いのどちらにもかかります。つまり、ある銘柄を買う場合とそれを売る場合に、合計２回支払うという具合です。

　ということは、１回の手数料が1.4％ならば、合計コストは約３％ということです（購入株数、株価、取引頻度によって、また証券会社によっても違っており、これより高い場合も低い場合もあります）。

　ちなみに、証券会社の社員以外にも、金融商品仲介業者であれば、株式や投資信託の販売が行うことができます。

▶ 方法その２：ディスカウントブローカー

　どの株式を買うべきか自分自身でわかっていて、購入手続だけを頼みたい場合には、インターネット上の証券会社（ディスカウントブローカー）を利用するべきで、手数料がかなり安くなるはずです。１日の約定代金が10万円までなら手数料がゼロとか、100万円までなら300円台とか400円台というインターネット証券会社もあります。

　ただし、ディスカウントブローカーに、「100万円投資したいのですが、どの銘柄を買ったらよいですか？」とたずねても、答えは返ってきません。ディスカウントブローカーというのは、投資アドバイスはいたしませんし、担当者がついてくれるわけでもありません。

　フリーダイヤルをしてウェブアドレスを聞いたら、ホームページに対して、ちょうどカタログから購入するように、自分で注文を発注するだけです。したがって、投資の選択や判断が必要な場合には証券マンとの対面取引を利用するべきですし、そのような手助けが必要ないならばディスカウントブローカーを利用すればよいのです。

第19章

不動産投資について

　株式や債券というのは「紙資産」ですが、そこへ「実物資産」として、不動産を加えると、リスクが分散されたポートフォリオになります。

　しかし、実物資産にはいくつかの現実的な問題があります。たとえば、簡単に売却できる株式や債券とは違って、不動産を売ることははるかに大変です。必要もないのに、売ることができないという理由だけで物件を持ち続ける可能性があります。すると、売れるまでの間、諸費用を支払い続ける必要があります（たとえば、住宅ローン、保険、税金、電気・ガス・水道料金、維持費、修繕費、警備費など）。

　このため、不動産はややリスクの高い投資商品であり、すでにかなりの金額を他の資産クラスに投資していてはじめて検討すべき投資商品となるのです。さらに、最悪の場合のシナリオに耐えうるだけの投資資金の余裕（そして、心理的余裕）をもっている場合に限って、不動産を検討すべきなのです。

　それでは、不動産を購入する理由は何でしょうか？

　株式と同様に、不動産は収入を生み出しますし、価値が成長する可能性があります。さらに、日本では、不動産に関する税金の軽減特例がいくつかあります。したがって、投資するだけの価値は十分にあります。ただし、その一方で、不動産への投資には特有の問題点もあります。

　前述のように、不動産は購入・処分・選択に時間を要し、貸し付ける場合にも大きな費用が伴いますし、ほとんどの場合、一般の投資家の範囲を超えています。大変な要素もつきまとってきます。

（注）　税制は変わる可能性があります。詳しくは、不動産のPartⅧと税金のPart

Ⅸを参考にしてください。

▶ 大変な要素とは

　皆さんが保有している株式や投資信託やETFに問題が発生したからといって、夜中にどこからか電話がかかってくることはありませんが、賃貸物件を保有している場合には、ありとあらゆる不動産管理上の問題に直面します。

　そもそも賃借人を募集するにも、お金と時間が必要になりますし、彼らがきちんと家賃を支払い、部屋を汚さないことも大事な条件です。そして、エアコンや風呂の調子が悪いといっては、真夜中に電話がかかってくることになります。つまり、賃貸住宅をもつということは、家主さんになるということです。

▶ 家を貸し出す場合には、かなりのキャッシュリザーブが必要

　賃貸住宅に投資をする際には、賃借人の家賃支払が滞る点を考慮して、（皆さん自身の他のリザーブに加えて）少なくとも12カ月分の賃貸運営費をキャッシュリザーブとして積み立てておく必要があります。

　ここでは、わが社（イーデルマン・フィナンシャル・サービス社（現イーデルマン・フィナンシャル・エンジンズ社））のお客さんが経験した最悪のシナリオを紹介します。

　そのお客さんは賃貸用の住宅を買って、人に貸していましたが、賃借人が家賃を支払わなくなりました。

　そこで、立ち退きを命じたところ、民法上、立ち退きの猶予期間があり、しかも、立ち退き期日の前日に賃借人が自己破産を申請したのです。自己破産手続は数カ月間続き、その間、お客さんは立ち退きをさせることもできません（その間、賃借人は家賃を払っていません）。

　最終的に、1年後に再度立ち退きを要請したところ、賃借人は姿を消してしまい、部屋に備付けの洗濯機、ドライヤー、冷蔵庫、乾燥機がすべてなくなっていました（アメリカでは家具・家電付きの賃貸が珍しくありません）。し

かも、壁には穴が開き、カーペットには焦げ跡がつき、ドアが壊れていました。

　結局、お客さんは100万円の修理代に加えて、修理期間2カ月を含むトータルで14カ月も家賃が入らなかったということになりました。

　わざわざこのようなアメリカでの話を持ち出したのは、賃貸住宅経営という投資を思いとどまらせたいからではありません。大成功している方も少なくありません。私がいいたいことは、むしろ、悪いことも起こりうるから、最悪の状況を想定して、きちんとしたファイナンシャルプランを組んでおく必要があるということです。

　仮に不動産投資に取り組む場合、（分散投資の必要上）数件の不動産を購入する必要があります。皆さんの毎月の現金支出を減らすために、そして、その物件の価値が上がるどころか下がった場合のリスクに対してヘッジをするために、投資対象が本当に収益を生む物件であるかを確かめる必要があります。そして、更地を購入したり、銀行から資金を借りてまで行うべきものではありません。

　同じように、皆さんの名前で、賃貸不動産を購入したり保有したりすることは、その物件に対して、あるいは、その物件に関して、起こるすべてのことに、個人的に法的な義務が生じる点には注意が必要です。

　つまり、賃借人が階段で転げ落ちると、皆さん個人が法的な責任を問われることになるかもしれません。彼らは、皆さんを訴えることもできますし、巨額の和解金を支払うよう余儀なくされる可能性があります。

　不動産投資のヘッジというと、すぐに火災保険を思いつきますが、賠償責任保険なども検討したほうがよいということです。詳しくは、PartⅪで説明します。

▶ 自分の家を購入することは不動産投資ではありません

　ところで、皆さんの家を購入することは投資ではありません。「冗談じゃない！」と怒られるかもしれません。ただし、1990年からの日本のバブル崩壊や2008年のリーマンショック後のアメリカの不動産価格暴落を理由に、住宅購入は投資ではないといっているのではありません。私がいっているのは、マイホーム購入は、現在も投資ではないし過去にも投資ではなかったということです。

　住宅とは、投資ではなく、住む場所なのです。それ以上でもそれ以下でもありません。その家が気に入ったから、お金の余裕があるから、学校や職場やスーパーに近いからという理由で購入するべきものなのであって、家の価値が上がりそうだからという理由で購入するべきものではありません。

　仮に家の値段が上がっても、それは単なる偶然にすぎませんし、自分に物

図表Ⅳ−20　住宅地の全国平均価格の推移

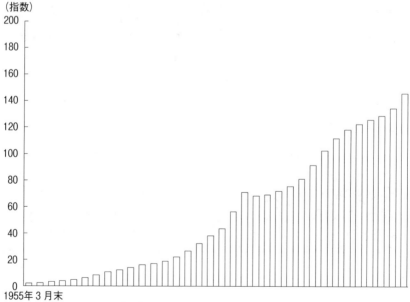

（指数）

1955年3月末

（出所）　日本不動産研究所市街地価格指数（全国市街地・住宅地）より

件をみる目があったというより、運が良かったと考えるべきです。住宅価格は劇的かつ迅速に下落する可能性があります。だから、住宅こそが財産を築く秘訣であるという理由で住宅を購入することは、堅実なファイナンシャルプランニングというよりは、むしろコマーシャルのキャッチコピーでしかないのです。

それに、自分の家が値上りした場合も、そこを売って引越しをしようとすると、次の家の値段だって上がっているはずです。つまり実質的な経済価値という点では、皆さんの住宅の価値が上がっているという事実は、意外なほど意味がないということになります。

図表Ⅳ−20では、日本全国の住宅地の市街地価格指数の推移を示していますが、住宅地の値段は、1955年3月末から2020年3月末までには、39倍に上昇してきました。その一方で、1952年末から2019年末までに物価は6.7倍にしか上昇していません。長期では住宅地の値段はインフレーションをはるか

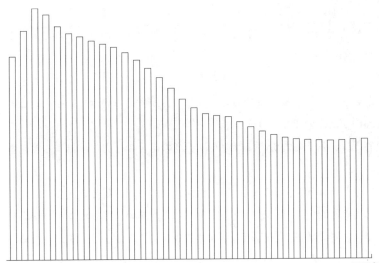

2020年3月末

に上回ってきたことはたしかです。ただし、2000年3月末から2020年3月末まででは住宅地の値段は40％も下がっているのです。

　それでもなお、「私の家は、いままでで最高の投資だわ」と満足している人がたくさんいらっしゃいます。しかし、これはまったく意味のない話です。おそらく、こんな話をする方というのは、(a)これまで自分の家以外には投資を行ったことがないか、(b)不動産価値が、たまたま上がり続けた地域に住んでいたか、のどちらかでしょう。

　仮に、運良く不動産価格が値上りした地域に住んでいたとしても、やはり、皆さんの家がいままでで「最高の投資である」とは言いがたいものがあります。

　たとえば、1955年3月末に100万円で家を買い、図表IV−20のように上昇した場合、2020年3月末には3,940万円になっており、値上り率は39.4倍にもなります。実際、この値上り率は文句なしに目覚ましく、「わが家こそが、いちばんの投資であった」とだれもが認めざるをえないものです。

　しかし、本当に最高の上昇率といえるでしょうか？

　というのも、ほぼ同じ期間にTOPIX（配当除く）に投資した場合、100万円は5,687万円になっていたわけで、これは56.9倍の値上りなのです。このように、株式市場は、不動産市場よりもパフォーマンスが良かったということができます。

　つまり、不動産は、株式市場よりも劣っていたわけですが、それでも不動産こそがいちばんの投資対象であると多くの方が考えるのは、いったいどのような理由があるのでしょうか？

　その答えは、購入した資産ではなく、資産の購入の仕方に注目すると見つかります。

　1955年3月末に100万円の家を買った際に、100万円の現金を支払った人はまれでしょう。たとえば、20万円を頭金として支払い、残りはローンを組んだはずです。そこから、20万円の現金が3,940万円になったと考えるため、197倍の値上りと錯覚してしまうのです。たしかに、株式市場の50倍では197倍には及びません。

しかし、これは公平な考え方ではありません。

というのも、住宅を購入する際にはお金を借りているのに対し、株式の購入のためにはお金を借りてはいません。仮に、お金を借りて株式を購入していたなら、家のリターンと同様に驚くべき数字になっているはずです。

言い換えれば、そのような脅威的なリターンを生んだのは不動産ではなく、レバレッジなのです。つまり、だれかからお金を借りて、対象全体に対して少額を支払って手に入れ投資を行うことで、大きな利益を手にするというやりかたです。

株式投資家の多くも同じ手法（信用取引）をとりますが、非常に投機性が高いといえます。というのも、株式の価格が下がった場合、値下りによる損失に加え、借りたお金を返済する必要があるからです。

ただし、Part VIIIで説明するように、（他人への賃貸物件を購入するのではなく）自分の家を購入する場合にはお金を借りても問題ありません。なぜでしょうか？　その理由は、皆さんの家は不動産投資ではなく住むための場所だからです。

▶ 不動産投資を行う際には、決してお金を借りるものではない

賃貸住宅への投資は、お金を借りずに現金での購入が条件です！　こんなことをいうと、レバレッジを利用してうまくやっている不動産投資家から異議があがるかもしれません。

たとえば、5,000万円のマンションを500万円の頭金だけで購入し、毎月の住宅ローンと同額になるように、賃借人から賃貸料を支払ってもらい、物件の値上りを待っている。

そして、マンション価格が7,500万円になったら、マンションの増加した価値を担保に利用して1,500万円を追加融資してもらい、それを頭金にすることで、さらに5,000万円のマンションを3件購入する。1件ごとに500万円の頭金を利用すればよいからです。

そして、以前と同様に、一つひとつを貸し出して、一つひとつが50%値上りしたら、それを売ることで6,000万円の利益を手にできます（税金を考慮し

ない場合)。こうした儲けをたった500万円でつくりだすことができるのです。

　もちろん、これは単なる計画上のお話にすぎません。

　現実には、こんなにうまくいくとは限らないのです。おそらく、私のお客さんのジェーソンさんに降りかかったことが、いちばんわかりやすい例だと思います。

　ジェーソンさんは2割の頭金で1,500万円のワンルームマンションを購入し、たった数年で3,000万円に値上りしたため、不動産投資にのめり込んでいきました。「お金というのは、儲けてもらうのを待っているんだ」と意気揚々と語っていました。

　そもそもはじめのワンルームマンションを買うときに、1,200万円のローンを組んでいたのですが、それが運良く2倍に値上りしたため、そこから、さらに、そのワンルームマンションを担保に入れて、1,000万円のローンを組んで、2,000万円のワンルームマンションを購入することにしたのです。

　ジェーソンさんの賃貸マンションに対するローンの返済月額は、6万5,000円です。これに、税金、保険、維持費、修繕費が別途かかってきますから、実際には9万円の家賃収入がないと損が出てしまいます。

　しかし、ジェーソンさんは、「広告を出せば、すぐに借り手が見つかるから何の問題もないさ」と考えています。そして、その考えどおりに6週間後には賃借人が見つかりました。

　ただし、家賃は7万円になりました。ジェーソンさんは、賃貸用マンションの空室率というものをよく知らなかったのです。これでは、自分の毎月の支出額よりも2万円も少なくなります（日本全体の空き家率は13.6%であり、賃貸用の住宅の空き家率が17.8%です〔総務省「住宅土地統計調査30年」〕）。

　こうして、仕方がなく、不足分に関しては自腹を切ることとなりました。

　しかし、ジェーソンさんは、こうした「マイナスの資金繰り」を気にもとめませんでした。「こんな場合には、税金控除が使えるはずだから還付金を損の穴埋めに使えるはずだ」と考えました。さらに、「不動産市場は急激に値上りするかもしれないから、これくらいの差額なら簡単に埋め合わせてしまうはずさ」とも考えていました。

ところが、入居した賃借人は、数カ月たつと家賃支払を滞納し始め、結局自己破産をすることになったのでした。そして、これが原因で、ジェーソンさんまでローンの支払ができなくなってしまったのです。

　ジェーソンさんは賃借人を立ち退かせましたが、自分の家と賃貸マンションの両方に、ローンの支払の義務が残っています。そして、すぐに現金が底をつくと、1つの選択を迫られることになりました。

　それは、マンションを売るか、あえてローンを滞納する危険を冒すか、のどちらかです。もし後者の選択をすれば、信用評価ががた落ちとなってしまいます。そこでやむなく、ジェーソンさんは、マンションを売るほうを選択する決意をしました。

　しかし、残念なことに、すでに景気は悪くなっており、ジェーソンさんは、1,800万円でしかワンルームマンションを売ることができませんでした。購入価格より200万円も安くです。しかも、これ以外にも労働コスト（深夜3時の電話対応など、金銭換算できない部分も含めて）がありましたから、結局、250万円以上の損失です。

　賃貸用の不動産は現金で購入すべきとは、このような理由からです。

　賃借人がいなくなったとしても、少なくとも住宅ローン返済のデフォルトリスクだけは避けられるからです。そして、計画どおりに事が運ばない場合を想定して、1つの賃貸用の不動産に関して、少なくとも12カ月分の賃料に相当するキャッシュリザーブを用意しておく必要があるということなのです。

第**20**章

収　集　品

　収集品とは、コイン、切手、芸術品、1960年代のブリキのおもちゃも含まれます。私のお客さんのなかには、日本刀を集めていたり、漫画や野球カードを集めている方もいらっしゃいます。

　収集品というのは、あらゆる種類のものを含みます。

　収集品の長所としては、匿名で購入できる点があげられます。政府関係機関へ報告する必要がないため、何を買ったのか？　いくらで買ったのか？　いつ売ったのか？　ということはだれもわからないわけです。この点は、上場されている証券を売買する場合の扱いとは、まったく異なります。株式や債券を売却した場合には、税務署に報告義務があるからです。

> 　プロのアドバイザーとしては、収集品を売る際に生じた利益（特に生活用動産であっても、貴金属、宝石、書画、骨とうなどで、1個または1組の価額が30万円を超えるものの譲渡による所得）に関して、税法では譲渡所得を申告するよう要求されていることをお知らせします。申告をするしないによって良心の呵責を感じるか否かは皆さん次第です。詳しくは第61章をご参照ください。

▶ 収集品の４つの問題点

　仮に、収集品からあがる利益にも税金がかかるとした場合、収集品にはどんなメリットが残っているでしょうか？　もちろん、価値が上がることがあ

りますが、それは株式、不動産、金（ゴールド）などのほかの投資も同じことです。となると、（収集品が気に入っている点を別にすれば）値上りしそうだという理由だけで購入するというのなら、同じ期間に最も値上りする株式銘柄以上に効率の良い収集品を見つけることは、至難の業であるといえます。

もちろん、収集品を買って瞬間的に儲けようなんて、甘い考えはやめるべきですが、そこには、さらに4つの問題点があります。

問題点その1：本物である保証がない

収集品の匿名性がマイナスに働く可能性があります。たとえば、株式を購入する場合には、公平な市場価格で取引されることが保証されていますが、芸術品を購入する場合には、妥当な価格で取引されているか、本物なのかコピーなのか、だれか教えてくれるでしょうか？

アメリカの例をあげるならば、コレクターに対して販売されるスポーツ記念品の少なくとも半分以上が偽物である、とFBIは推定しています。

私のお客さんのなかには、熱心なコレクターがいて、本物であるか確認する唯一の方法は、鑑定士のサインを確認することだと語ってくれましたが、鑑定士のサインを確認することが買い手の条件だとすれば、皆さん自身が売りたい場合にこうした条件をつきつけられたら、簡単に買い手を見つけられなくなるでしょう。

問題点その2：保管状態に責任をもつ必要がある

収集品の場合には保存状態が悪いと価値が下落する可能性がありますが、株式の場合にはそのようなことはありません。

問題点その3：流動性に欠ける

株式であれば換金したい場合には本質的にいつでも換金できますが、レコードの収集品を換金するには、興味のある人を見つけてからでなければ換金できません。

問題点その４：売る気になれない

　収集品の投資に関するいちばんの問題点について、ワインコレクターである私のお客さんが示してくれました。最初にわが社へ相談に来られた際に、その方は、１本４万ドルの逸品を含むワインコレクションや預貯金などの財産の一覧表をみせてくれました。

　「それでワインはいつ売る予定ですか？」とたずねると、「売るなんてとんでもない！　私が飲むのですよ」と答えました。飲んでしまうのなら、投資ではありませんね。

　これこそが、コレクターの態度です。

　要するに、収集品に愛着を感じているのです。したがって、それを売ることができません。一般に、国債に非常に強い愛着を感じる人はいませんが、作者のサインの入ったスパイダーマンのコミックに愛着をもつ人は多いものです。

　収集品に対する投資は非常にリスクが高いため、成功するためには、趣味として夢中になるほどの熱意をもって取り組む必要があります。どのコインの値が上がるでしょうか？　どのカードがお買い得なのか？　そうしたことに目が利くようになるためには、ほかの趣味と同様、その収集に没頭する以外に方法はありません。

　週末開かれるカードショーでは、1,000円のカードを3,000円で買わされるような、法外な値段を吹っかけられるかもしれません。真剣勝負で取り組む必要があります。

　特に、インターネットで収集品を買うことは警戒が必要です。日本の独立行政法人国民生活センター（PIO-NET）には、インターネット通販全般に関する相談が、2016年度だけで24万件近く寄せられ、そのうち商品の取引に関する相談は６万5,000件を超えています。そして、そうしたもののいくつかは、未配達かインターネットオークション詐欺に関係しています。

　それでもなお、皆さんが真剣で、注意深いというのなら、収集品を楽しむことができるでしょう。

Ricのマネークイズ

　ここで、PartⅣの内容に関して簡単なクイズをしましょう。単なる確認ですから、あまり神経質になる必要はありません。間違えたら、解答欄にある参照箇所を読み返してみましょう。ただし、家計管理の将来は、その作業いかんによって大きく左右されますから、理解できるまで読み返すことが重要です。クイズの終わりに解答がありますが、のぞき見は禁止です。

1　本書で提供されたパフォーマンス・データには注意する必要がある。その理由は、
　　○a　それが、将来お金を稼ぐための方法であるから
　　○b　過去のパフォーマンスは、投資判断の最高の方法だから
　　○c　そのデータは議論のなかでコンセプトを説明しているだけだから
　　○d　パフォーマンス・データに焦点を絞る必要がないから

2　株式市場とは、
　　○a　経済の先行指数である
　　○b　経済の遅行指数である
　　○c　経済の同時指数である
　　○d　上記のどれでもない

3　リスクがあるにもかかわらず、人が株式に投資するのは、株式が、
　　Ⅰ　価値が成長する可能性があるから
　　Ⅱ　配当を支払う可能性があるから
　　Ⅲ　インフレーションに対するヘッジとなる可能性があるから
　　Ⅳ　税制上の優遇措置を利用できる可能性があるから
　　○a　ⅠとⅡ
　　○b　ⅡとⅢ
　　○c　ⅢとⅣ
　　○d　ⅠとⅡとⅢとⅣ

4 1951年末に東証株価指数（配当込み）に投資された100万円は、2019年末までにいくらになったか？

- ○a 239万円
- ○b 682万円
- ○c 1,267万円
- ○d 6億6,599万円

5 1980年から2016年までの37年間、日本の株式市場のパフォーマンスが、世界のトップ5に入ったことは、何度あったか？

- ○a 1回
- ○b 7回
- ○c 14回
- ○d 26回

6 世界の大手企業500社のなかで、日本企業の割合は、どの程度か？

- ○a 5％
- ○b 10％
- ○c 35％
- ○d 55％

7 円が弱まる（円安になる）場合、日本の投資家によって保有される外国投資商品の価値は、

- ○a 下がる
- ○b 上がる
- ○c 同じである
- ○d 直接の相関関係はない

8 収集品の購入で成功するためには、

- ○a 趣味として没頭する必要がある
- ○b たくさんのお金が必要である
- ○c ブローカーを雇う必要がない
- ○d 特別な知識は必要ない

9 賃貸物件を所有する投資家は、賃貸物件の運営費用の少なくとも何カ月分を
キャッシュリザーブとして維持すべきか？
- ◯a 6
- ◯b 12
- ◯c 3
- ◯d 9

10 インデックスとは、
- ◯a 証券銘柄からなるリストである
- ◯b 直接そこへ投資することができない
- ◯c 一定の期間で似た投資商品と比べるベンチマークとして使われる
- ◯d 上記のすべて

解 答	1 −c（p182）	2 − a（p194）	3 −d（p182〜188）
	4 −d（p185）	5 − b（p199）	6 −b（p203）
	7 −b（p204）	8 − a（p234）	9 −b（p231）
	10−d（p195）		

Part V

パックになった商品

第 **21** 章

投資を行う際の4つの問題

　PartⅢとPartⅣではいろいろな投資の種類について説明しましたが、実際の利用法の解説となると、商品の説明とは違ってそう簡単ではありません。そこで、このPartⅤでは、いままでみてきた投資対象を具体的な商品として利用するための実践法を説明します。まずは、投資を実践する際に問題となる点をあげていきましょう。

▶ 問題その1：資金余力の不足

　たとえば、投資資金として1万円なら用意できるが、100万円とか1,000万円となると無理というように、まとまった投資資金がないために投資を始めることができないことがあります。

　しかし、投資家に株式や債券を買ってもらえないと、企業としては工場を設立する資金を調達することができず、それが原因となって、今度は雇用を生み出したり経済を活性化させることもできなくなります。このように、まとまった投資資金を用意できないということは、投資家サイドの問題にとどまらず、国全体の問題でもあるのです。

▶ 問題その2：流動性の不足

　たとえば、ある社債に100万円投資した場合、後で急に20万円必要になっても、一部分だけを売却することができませんから全体を解約することになります。投資には流動性はあるとはいえ、預金口座ほどは柔軟性はありません。

▶ 問題その3：分散が不可能である

たった1銘柄に投資するのではなく、20〜30銘柄の株式や債券に投資した
ほうがよいのですが、それには、用意できるよりもはるかに多くの投資資金
が必要になります。

▶ 問題その4：専門的な知識・判断力の不足

仮に、投資するために十分な資金をもっていたとしても、数千以上の株式
や債券のなかからどの銘柄を選べばよいのでしょうか？　また、いったん株
式を購入したら売りのタイミングはどうしたらよいのでしょうか？　もし資
金的に余裕があれば、専門家のアドバイスを利用したほうがうまくいくはず
です。

第22章

4つの問題の解決方法とは

　1929年の株式市場の大暴落の際、数百万人の株式投資家が市場から逃げ出し、やがて世界恐慌へと発展していきました。その状態から投資家を呼び戻すために、アメリカでは、前章でみた4つの問題の解決策として1940年に投資会社法を制定しました。

　その法律によって、証券業界では、個人投資家育成のために新しい種類の会社を設立することができるようになりました。個人投資家は、これらの投資会社の株式を購入することで、専門家のアドバイスを利用して数十の株式と債券へ投資することが可能となりました。

　そして、一つひとつの会社の利益は、比例配分形式で投資家に分配される仕組みとなっています。したがって、ある投資会社が100万ドルの資産をもっており、そのなかの5,000ドルが皆さんの持分であるならば、利益や損失の100万分の5,000が皆さんの取り分となるわけです。

　これが、ミューチュアル・ファンドと呼ばれるものです。

　つまり、アメリカのミューチュアル・ファンド（正確には、後述するオープンエンド型を指す）では、投資会社の株主となり、その持分に応じて、利益を手にするようなかたちになります。そして、このアメリカのミューチュアル・ファンドが、少しだけかたちを変えて戦後の日本に入ってきたのが、投資信託と呼ばれる商品です。

　日本では、1951年の証券投資信託法によって本格的にスタートしますが、アメリカのミューチュアル・ファンドとは違って、日本の投資信託では、投資家は株主になるのではなく商品の購入者になります。

図表Ⅴ－1　投資信託の仕組み

①たくさんの顧客から
　1口1万円でお金を集める

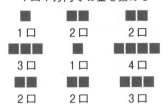

②まとまった資金ができあがる

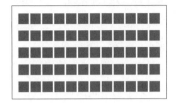

③まとまった資金で株式や債券を買う

④利益は口数に応じて分配する

　■　が　■　になった
（1口＝1万円）（1口＝2万円相当）

　具体的には、1口1万円として多くの投資家から資金を募り、数千億円程度のまとまった資金プール（ファンド）をつくり、それを専門家に運用させて、利益や損失は口数に応じて分担されるというものです。

　　ファンドの設立形態には、①会社型か契約型か、②オープンエンド型かクローズドエンド型か、③単位型か追加型か、という具合にいくつかの種類があります。
　　1つ目は、アメリカのように、会社の株主のようなかたちで、ファンド会社の株式を保有する会社型と呼ばれるタイプと、日本の投資信託のように、株主総会もなく、運用会社と資産を管理する信託銀行の契約で成り立つ契約型と呼ばれるタイプに分かれます。2つ目は、原則として、運用期間中に払戻しに応じるオープンエンド型と、払戻しに応じないクローズドエンド型に分かれます。3つ目は、初めの募集期間以外に追加購入できる追加型と、初めの募集期間にしか購入できない単位型に分かれます。特に日米では、会社型か契約型かの違いはありますが、以下では、投資信託という総称を利用します。

▶ 投資信託の４つのメリットとは

　このように、投資信託という商品へ投資することによって、第21章でみて
きた４つの問題を克服することができます。つまり、以下の４つのメリット
を手にすることができるのです。

長所その１：少額投資が可能になる

　ほとんどの投資信託の場合、たった１万円で投資できるため、株式や債券
への投資は、多くの人にとって手が届くようになったのです。

長所その２：換金性が高まる

　個々の株式銘柄や債券銘柄を保有するかわりに、投資信託を保有すること
で、資金を取り出したい場合には、投資信託の口数の一部だけを売ればよい
ことになりました。たとえば、500万円投資している場合、急に200万円が必
要になったら、必要な分だけを売却すればよいのです。

長所その３：分散投資が可能になる

　投資信託にお金を投資するということは、特定の１つの銘柄の株式や債券
のかわりに、数百種類の株式と債券を少額ずつ保有するということになりま
す。ちょうど、12のバスケットに12個の卵を分けて入れるように、１銘柄へ
集中投資する場合のリスクに対する保険を手にすることができるのです。

長所その４：プロの手法を利用できる

　投資信託では、プロが資金を運用しているので、素人が自分で数千銘柄に
投資するよりも運用がうまくいく可能性が高くなります。これまで、「素人
が機関投資家と張り合っても、勝てっこない」と嘆いていた人もプロの運用
手法を利用できるというわけです。

▶ 投資信託によって、いろいろな資産へ投資できる

　戦後の日本では、1951年に投資信託制度が導入された際に募集を開始した投資信託会社は4社にすぎず、1年間に合計133億円の残高が集まっただけでした。それが2018年末時点では6,120本の公募投資信託（契約型）に、105兆1,592億円もの資産が蓄積されています。

図表Ⅴ－2　投資信託の本数と残高の推移

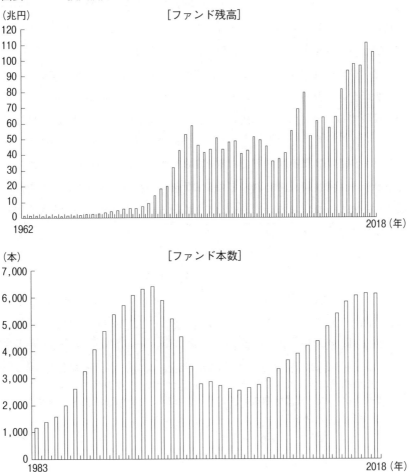

（出所）　投資信託協会ホームページ

特に、重要であったのは、1996年以降の「金融ビッグバン」と呼ばれた規制緩和で、従来は、証券系の15しかなかった投資信託会社が、外資系や異業種からの参入で、1998年には50社、と急増しました。

　また、販売に関しても、従来証券会社に限られていましたが、1998年12月からは銀行でも販売できるようになり、現在は地方銀行の支店や郵便局でも、50〜100本の投資信託を扱っています。

　投資信託の運用先は、基本的には株式と債券です。1つの投資信託では、株式に限っても、最低100銘柄程度には投資しています。したがって、1つの投資信託へ投資するということは、たくさんの株式に投資した場合と同様に、儲かったり損をしたりするということになります。

　また、投資信託では、株式と債券以外への投資も可能となります。

　貴金属や天然資源といったコモディティについては、直接、商品や商品先物に投資するかわりに、商品指数に連動する債券（仕組債、指数連動債と呼ばれる）を特殊な手法でつくりあげて、その債券を保有したり、法律の違いから商品や商品先物に直接投資できる外国籍の投資信託を保有したり、あるいは不動産やオイルでは、それらを大量に保有する会社の株式を保有したり、といったかたちで、これまで説明してきたいろいろな種類の資産を保有することができます。

　つまり、投資信託を購入すれば、株式、債券、国債、不動産、金（ゴールド）、その他の貴金属、海外証券、外国通貨、天然資源、ヘッジポジション、MRFへと、幅広い資産へ投資することができるということです。しかも、投資信託の運用では、オプション、フューチャー、デリバティブ、ショートなどの取引方法が使われています。

（注）　ショートとは、特定の銘柄を「買う」投資ではなく「売り」を行うことで、対象の株式が値下りするほうに賭けることです。儲けの余地は限られていますが、損失の余地は無制限であるため、非常に投機的な取引といえます（p131参照）。

投 資 信 託

2018年末時点で、日本には6,120本の公募投資信託がありますが、契約型
で、オープンエンド型で、追加型というタイプが一般的です。これらの利用
法についてはPartⅥで解説しますが、ここでは、まず投資信託の4つの分類
法を示してから、さらに、評価会社のモーニングスターの分類法に従ってど
のような種類の投資信託があるのか説明しましょう。

▶ 4つの基本分類について

モーニングスターでは投資信託全体を資産やセクターごとに79分類してい
ますが、その前に、4つの基本分類について説明しておきます。最初の2つ
は債券に関するもので、後の2つは株式に関するものです。

基本概念その1：時間

時間は、安全性に大きく影響を与えます。投資家が債券を保有する時間が
長いほど、損失を抱えるリスクが大きくなります（p154の図表Ⅲ－5参照）。
したがって、モーニングスターでは、以下のように債券を時間によって分類
します。

・短期……1年未満のデュレーションをもち、金利リスクの影響が大きくな
い債券に関係します（デュレーション、満期、金利リスクについては、PartⅢ
を参照してください）。

・中長期……1年以上のデュレーションをもつ債券に関係します。したがっ
て、このような債券は金利リスクの影響を受けます。

ちなみに原著で説明されるアメリカの分類では、短期は3.5年未満のデュ
レーションをもつか、1～4年の満期をもつ債券。中期は3.5～6年のデュ
レーションをもつか、4～10年の満期をもつ債券。長期は6年以上のデュレー
ションをもつか、10年以上の満期をもつ債券に関係する、ということなので、
日本の分類はやや大雑把といえます。

基本概念その2：品質

　債券発行者の財務的な安定性も、債券の安全性に大きく影響を与えます。
発行者の質が低いほど、何かの問題を抱えるリスクも大きくなります。した
がって、モーニングスターでは、債券を信用品質によってハイイールド債
（投機格付）とそれ以外に分類します。

基本概念その3：規模

　規模は株式を購入する際に重要な特徴といえます。そのため、モーニング
スターでは、以下のように規模に基づく投資分類を行っています。
・大型——加重平均LMSスコアが200以上
・中型——加重平均LMSスコアが100以上200未満
・小型——加重平均LMSスコアが100未満
　規模の判定は、日本の全市場の時価総額に浮動株比率を乗じて浮動株調整
後時価を算出し、浮動株調整後時価総額に対して上位70％以上を大型、上位
70％未満90％以上を中型、上位90％未満を小型とし、モーニングスター独自
の算出によるLMSスコアを個別銘柄に付与し、ファンドの組入銘柄の評価
額とLMSスコアを加重平均し、算出された数値を上記の基準に当てはめて
分類している。

基本概念その4：スタイル

　投資家の視点からは、異なる性質をもつ会社もあります。モーニングス
ターでは、以下のように分類します。

・バリュー——加重平均VCGスコアが125未満

・ブレンド——加重平均VCGスコアが125以上175未満

・グロース——加重平均VCGスコア175以上

　スタイルの判定は、今期予想税引後利益、前期実績純資産、過去5期分の税引後利益、営業キャッシュフロー、過去半年分の月次時価総額を用いて、モーニングスター独自の算出による個別銘柄のVCGスコアを算出。ファンドの組入銘柄の評価額とVCGスコアを加重平均し、算出された数値を上記の基準に当てはめて分類している。

　以上の基本分類法がわかったところで、実際のモーニングスター分類法を図表Ⅴ−3に示します。

図表Ⅴ−3　モーニングスター小分類（抜粋）

〔国内株式型〕 大型バリュー　中型バリュー　小型バリュー 大型ブレンド　中型ブレンド　小型ブレンド 大型グロース　中型グロース　小型グロース	〔国際株式型〕 グローバル（除く日本・含む日本）　北米　欧州　オセアニア　中国　インド　ブラジル　ロシア　エマージング（単一国・複数国）
〔国内債券型〕 中長期債　短期債　物価連動債 転換社債	〔国際債券型〕 グローバル（除く日本・含む日本）　北米　欧州　オセアニア　エマージング（単一国・複数国）　短期債　ハイイールド債　物価連動債　転換社債
〔国内REIT型〕 国内REIT	〔国際REIT型〕 グローバル（除く日本・含む日本）　特定地域
	〔コモディティ型〕　コモディティ
	〔ヘッジファンド型〕　ヘッジファンド
	〔バランス型〕 安定　安定成長　バランス　成長　ターゲットイヤー（〜2020年、2021〜2030年、2031年〜）
	〔ブル・ベア型〕 為替ブル・ベア　株式ブル・ベア　債券ブル・ベア

第**24**章

ETF

　投資信託の最新のタイプは、ETF（上場投資信託）と呼ばれるもので、日本では1995年に初めて上場されました。Exchange-Traded Fundsともいいますが、これは"証券取引所で取引される投資信託"という意味です。

　ETFと一般の投資信託の違いは、この言葉に示されています。つまり、ETFの場合には、証券取引所に対して、投資家が売り買いの注文を直接入れる点が大きく違います。ちょうど株式の売買と同じように、取引時間中に時々刻々と価格が変わってくるわけで、1日にたった1回だけ価格がつけられる投資信託とは異なります。

　ETFが、たくさんの株式や債券でできあがったバスケットである点は一般の投資信託と同じですが、こうした数百銘柄から構成されるバスケットの価格が刻一刻と変わるにもかかわらず、証券取引所でタイムリーに売買できるのは1990年代以降のコンピュータ技術の進歩のおかげです。

　ここで、1つ重要な話をしておきます！　イーデルマン・フィナンシャル・エンジンズ社では、1987年の創業から2003年までの間、投資信託をアメリカのお客さんに勧めてきましたし、従業員自身の投資プランも、投資信託で成り立っていました。

　しかし、ETFが普及するにつれて、"パソコンとスマートフォンの時代にあたかも紙と鉛筆だけで勝負するような投資信託はすでに時代遅れである"と判断して、投資信託を利用した資産運用アドバイスのかわりにETFを利用するようになりました。

　その最大の理由は、同じ対象に投資した場合、一般の投資信託を利用する

よりもETFを利用することで、コストがより低くなりリターンがより高くなることがはっきりしているからです。

　さらに、投資信託会社の不正問題が相次いで発覚したことも大きな理由です。アメリカでは、2003年頃から、投資信託という業界全体に不正や詐欺が横行して、業界全体で、４年間に5,000億円もの罰金を支払うことになったのです。わが社では、この大問題にいち早く気がついたため、個人向けに販売されている投資信託の取扱いをいっさいやめて、日本円にして2,000億円を超えていた残高をすべて解約することにしたのです。

　アメリカの投資信託業界のスキャンダルについては、原著者Ric Edelmanの『The Lies about Money』に詳細に説明されています。同書は、No.1ベストセラーになっただけでなく、２つの「Book of the Year賞」を獲得しています。

　以下では、個人向けに販売されている投資信託のかわりに、わが社でETFを利用している５つの理由について説明します。

▶ 理由その１：ETFは安い

　投資信託は構造的に費用が割高になります。投資信託では、報告書を発行して、お客さんからのフリーコールに対してコールセンターの受付スタッフが対応するサービスが必要です。

　これに対して、ETFではこうした費用はかかりませんから、結果的に割安になるわけです。

　なお、モーニングスターによれば、2018年末時点では信託報酬率（税込）は、追加型株式投資信託が1.25％、インデックスファンドが0.55％、ETFが0.37％と目論見書からは読み取れるものの、実際には目論見書などに記載の信託報酬以外に、監査費用やその他費用を含んだ実質的な信託報酬率（税込）も判明しており、追加型株式投資信託では1.47％、インデックスファン

ドでは0.56％、ETFでは0.39％であるとしています。

▶ 理由その2：ETFは売買回転率が低いものが多い

　売買回転率とは、ファンドの組入銘柄の売買頻度を示します。アメリカの投資信託は年間売買回転率の平均が130％ですが（原著記載）、これはファンドが購入した組入銘柄を12カ月以内に売り払っていることを意味し、こうした頻繁な売買を繰り返せば当初に希望したファンドの中身が変わってしまいます。一方でETFでは、売買回転率ははるかに低いのが一般的です（多くの場合5％未満）。日本ではデータが公開されていませんが、似たような状況にあるはずです。

▶ 理由その3：ETFでは日々の保有状態が開示される

　ETFの場合、投資家は、どの銘柄を保有しているかいつでもわかります。この点は、投資信託との大きな違いです。アメリカの投資信託の場合には、保有銘柄の開示は年にたったの1回（ファンドによっては2回）だけ書類（交付運用報告書）で行われ、しかも、その書類には数カ月も前の状況が記載され、現状がわかりにくくなっています。

▶ 理由その4：ETFは1日中リアルタイムで値付けされる

　投資信託の場合には、証券取引所が取引を終えた後に、1日に1回だけ、価格がつけられます。そして、投資信託を売り買いする際には、主に国内に投資するファンドの場合、当日分の注文は原則として15時で締め切られるのに対して、その日の価格はそれ以降に決まるため、その売買注文が執行されてからかなりの時間が経過した翌日になるまで、正確な価格はわかりません。これに対して、ETFの値段は、株式と同じようにリアルタイムで値付けされます。

▶ 理由その5：ETFは購入銘柄を特定しやすい

　投資信託の場合には、運用担当者によって組入銘柄が選ばれます。ほとん

どの運用担当者は、（ファンドの方針の範囲内で）自分が好きな銘柄を購入することになります。そして、好きなときにその銘柄を売ります。

　すると、本来は中型・成長の株式ばかりをそろえているはずのファンドが、運用担当者の好みによる銘柄の入替えによって、大型や小型の株式が入ってきたり、割安の株式が購入されている可能性が高まります。

　その結果、モーニングスターのカテゴリーに沿って、いくつかの投資信託を利用していろいろな資産に分散投資した投資家は、あるファンドの構成銘柄とほかのファンドの構成銘柄が重複する可能性が出てくるのです。

　これに対して、ETFの場合には、特定の種類の銘柄だけに投資するのが一般的です。たとえば、中型・成長の株式であれば、それ以外のジャンルの銘柄を組み入れることはありません。

　また、ETFでは、方針定義に適した銘柄は、すべて保有する傾向にあります。つまり、中型・成長の株式の"どの銘柄を購入しようか？"と考えるような運用担当者がいないということであり、該当する銘柄のすべてをそろえていくわけです。

　これにより、投資家は、購入したり、見つけることがむずかしい銘柄にも投資することができるようになります。たとえば、ある天然資源のETFでは、64％をオイルとガス、16％を金属と鉱山、15％をエネルギー関連という割合で保有していますが、一般の投資家は、こうした投資しにくい銘柄群を自分で見つけて適切な割合で保有するために、たった1つだけETFを保有すればOKになるのです。

　日経平均やTOPIXに連動するETFは現物拠出型ETFと呼ばれ、指定参加者（証券会社・機関投資家等）が「現物株の束（たとえばTOPIXなど）」を拠出して運用会社へ渡し、かわりに運用会社は「ETFの受益証券」を指定参加者に渡すかたちでETFが設定されます。反対に、指定参加者は、保有している「ETFの受益証券」と、運用会社のもつ「現物株の束」を交換することも可能です。こうして設定された「ETFの受益証券」が、証券取引所で投資家によって売買されます。

つまり、個人投資家によってETFが売買されても、投資家間で資金と受益証券のやりとりがされるだけで、一般的には、ETFの組入銘柄の売買にはつながりません。指定会社との間で、運用会社のETF運用残高が増えたり減ったりするだけです（投資信託の解約・追加設定などではファンドからの資金の出入りが発生するため、組入銘柄の売買による費用が生じます）。

　また、銘柄の入替えに関しても、運用会社は、「現物株の束」のなかから、外す銘柄だけを指定参加者に返して、新たな組入銘柄を指定参加者に伝え、指定参加者が新銘柄をそろえるかたちで、新しいポートフォリオに沿ったETFの受益証券が設定されます。

　つまり、ETFでは、銘柄の入替えは指定参加者によるもので、運用会社事体は"蚊帳の外"に置かれるため、運用会社による運用段階では、銘柄の入替えによるキャピタルゲイン課税は、多くの場合、生じないことになります。

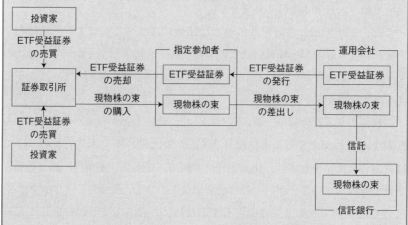

　なお、現物拠出型ETFとは別に、リンク債型ETFと呼ばれるものもあります。リンク債型ETFでは、指定参加者が運用会社に対して現金を渡して、運用会社では、天然資源や貴金属などの商品指数に連動する債券（仕組債）に投資をすることによって、ETFをつくりあげます。そして、指定参加者は、ETFをリンク債と交換することができます。

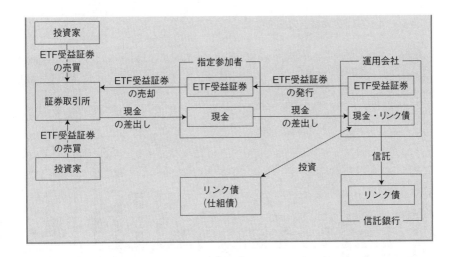

以上のような長所があるため、いくつかの公的投資機関や大学院で、
「ETFこそが、20世紀最大の投資発明だ」としていることにもうなずけま
す。そして、ETFの長所が、投資家によって広く理解されるようになれば、
最終的には、ETFは、投資信託を規模の面でも凌駕していくことになるで
しょう。

実際に、アメリカではこうした傾向が明らかになりつつあります！　アメ
リカでは、ETFの残高は、1993年のスタート時点では4億6,400万ドルでし
たが、2009年末には7,770億ドルになり、2016年末には、約3兆ドルとなっ
ています。方向性は、もはやはっきりしており、消費者は、すでにETFの
良さを理解し、投資信託を避け始めているのです。

そして、こうした賢明な投資家の1人として、読者の皆さんが加わっても
なんら不思議ではありません。

日本におけるETFの種類や本数は、図表V－4のとおりです。2018年末
時点では日本のETFは、アメリカに比べればまだまだ少ないものの急激に
拡大しています。当面は、ETFを利用しながらも投資信託で補助的に使う
ものの、近い将来にはETFだけでポートフォリオを組めるかもしれません。

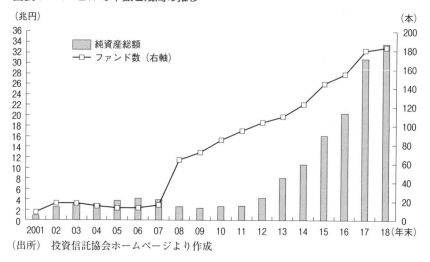

（出所）　投資信託協会ホームページより作成

2003年からの4年間に、アメリカの投資信託業界では、5,000億円の罰金を払い営業停止命令などが相次ぎ、その後も続きました。

一方、同時期に、日本のマネー本では、「アメリカの投資信託と違って、日本の投資信託は年間コストが高すぎる。だから、コストの低いインデックスファンドを買おう」という呼びかけが盛んに行われていました。

アメリカの投資信託業界全体のスキャンダルが明るみになり、そのなかにはインデックスファンドの総本山であるバンガード社が含まれていたにもかかわらずです（詳しくは、Ric Edelman著『The Lies About Money』をご参照ください）。

われわれとしては、冷ややかな目でこの現象を傍観していましたが、日本のマネー専門家は、アメリカの現状を翻訳書でしか把握できないためか、数年間のズレが生じていました。

また半面、日本の投資信託選びが、コストの低さだけを強調して行われた風潮は、1990年代後半のアメリカの「インデックスファンドの時代」をそのままなぞっていたようで、「日本の金融は、アメリカの金融に比べ、10年遅れている」といわれる点もおおいに理解できました。

1990年代後半に、アメリカでは、「費用が安いから」という理由で、ダウ平

均やS&P500平均のインデックスファンドが大人気となり、アクティブ運用ファンドの残高に迫りました。これが「インデックスファンドの時代」と称えられた現象です。

　しかし、インデックスファンドは、すべてのアクティブファンドを駆逐したわけでもなく、2003年以降の投資信託業界のスキャンダルにも一役を買い、ゴタゴタしている間にETFが普及したため、存在価値自身が危ぶまれています。

　つまり、2000年代のアメリカでは、インデックスファンドの隆盛はすでに過去のものであります、1990年代後半の現象は、単なる「流行りもの」であったと評価されつつあり、日本の投資家たちも、そろそろ真実に気づくべき時期なのではないでしょうか？　アメリカでは、すでにETF革命が進行しているのですから。

第 **25** 章

投資信託とETFの費用分析

投資信託とETFの費用は、次の3種類に分けられます。

① 販売手数料

② 固定費

③ 変動費

多くの投資家は、こうした費用を気にしません。というのも、毎月、請求書が郵送されて別途料金を支払うわけではないからです。また、こうした費用は毎月の利用料金明細書に記載されているわけでもありません。

しかし、投資信託運用会社（投信会社）では、年間費用は徴収しないどころか、毎年、莫大な費用をしっかりと徴収しています。そこで、投資信託やETFに投資する際には、費用がどの程度かかっているのかをきちんと理解するようにしましょう。

▶ ① 販売手数料

販売手数料はコミッションとかロードとも呼ばれていますが、商品を販売した販売員や会社に対する報酬のことです。

▶ ② 固定費

投信会社が、あるファンドを運営する際にかかる費用の大部分は、予想可能であり、かなり安定的です。たとえば、従業員の給料、家賃、システム費、宣伝広告費などです。こうした費用をまかなうために（そして、利益を生み出すために）、投信会社は、投資家から信託報酬と呼ばれる年間フィーを

徴収します。このフィーに関しては、投資家が商品を購入する際に交付を義務づけられている目論見書の最初の数ページに、かなり目立つかたちで掲載されています（p251のモーニングスター調べのデータ参照）。

　フィーがいくらであろうと、信託報酬は、毎日徴収されていきます。たとえば、信託報酬率が年間2％の場合、1日当り投資金額の0.005479％が差し引かれていることになります。ファンドが報告するのは、このフィー分を差し引いた後の投資結果であることを、しっかりと認識しておくことが重要です。

　見方を変えるなら、ファンドが10％の損失でしたと報告する場合、実際には、ファンドの損失は8％にすぎず、そこへ2％のフィーが追加されることで10％の損失へとさらに悪化したということです。

　すべてのファンドはこのように運営されていますが、実に多くの投資家が自分が支払っているにもかかわらず、フィーの存在について知らないというのは驚きです。

　信託報酬については、投資信託を購入する際に、必ず渡される目論見書にはっきりと記載されています。ただし、それとは別に、知らないうちにコストを徴収されている可能性があります。

▶ ③　変動費

　皆さんのなかには、投信会社のフィー徴収は当然のことであり、ファンド会社の運営には多大なお金がかかるのだから問題ないのでは、と考える方もいるはずです。

　つまり、信託報酬は当然だと考えるかもしれません。もし、仮に毎年徴収されるフィーが信託報酬だけならば、私たちも問題視するつもりはありません。しかし、実際にはそうではありません。さらに、隠されたフィーが徴収されているのです！

　ここで問題視しているのは変動費です。この費用は毎年変動するため、信託報酬には含めません。この費用を確認するには、目論見書よりもはるかに詳細で分厚いファンドの運用報告書（あるいは有価証券報告書）をみる必要が

あります。

　この運用報告書は、投信会社が決算期ごとに投資信託の保有者に対して交付義務のある文書ですが、分量があって、ただでさえめんどうなうえに投資家がみたら一目で内容がわかるような一覧表もありません。

　その結果、運用報告書の存在を知っていても、実際に目を通した投資家はほとんどいないという状態になるわけです。

　これは、非常に憂慮すべき事態です！

　というのも、運用報告書にだけ記載されている費用がかなり大きく、看過できないケースがありうるからです。たとえば、以下では2003年から数年間にわたって発覚したアメリカの投資信託会社における"隠れた余分なフィー"の代表的な２例を紹介しましょう。これらは運用報告書のなかに埋もれています。

＃１　売買手数料とトレード費用

　運用担当者が証券を売買する際、証券会社に手数料を支払いますが、個人投資家と比べると手数料率は低いものの、売買代金が大きいので売買手数料も巨額になります。ファンドの規模が大きく売買回数が増えるほど、売買手数料も増えるというわけです。そして、運用担当者は、こうした費用を最終的に投資家に負担してもらえばよいので、意図的に減らそうという気もないわけです。

　投資信託内で、株式や債券を売買する際に係る手数料コスト等は、売買委託手数料と呼ばれます。運用報告書をみれば、売買委託手数料は掲載されています。ファンド資産に占める売買委託手数料の割合を調べましょう。また、似たような指標として、ｐ252で説明した売買回転率を確認します。売買回転率が高いと、売買委託手数料も高くなるからです。売買回転率は、運用報告書の「株式売買金額の平均組入株式時価総額に対する割合」という項目のなかで、「売買比率」として掲載されています。なお、広告費等は、運用報告書の損益

計算書をみれば大まかな数字がわかります。

＃2　必要経費

　たとえば、新しい投資信託を設定する場合、皆さんならどうやってお客さんを集めるでしょうか？　おそらく新聞、雑誌、テレビ、インターネットで広告を出したりするでしょうね。実際に、多くのファンドでは、そうしています。

　しかし、消費者の多くは投信会社からファンドを直接買うのではなく、どこかの証券会社や銀行を通じて販売員が勧めてきたものを購入します。そのため、投信会社としては、自社のファンドを積極的に勧誘してもらえるように販売報奨金を出そうと考えます。

　アメリカの投信会社では、毎年、数百億円を販売会社に対して「必要経費」として支払っています。明細としては、販売促進大会費、イベント開催費、旅費などです。それだけではなく、洋服、ゴルフボールやバッグ、ディナー券、コンサートチケットetc。これらを手渡して、販売会社に、自社のファンドを優先的に勧めてもらおうとしています。たくさん自社のファンドを販売してもらえれば、こうした費用など簡単に回収できてしまうからです。

　こうした「報奨金」について、お客さんに報告している販売員がいるという話はいままで耳にしたことがありませんが、こうした費用が大きくなるほど、最終的に投資家が負担させられる金額も大きくなるということです。

　アメリカでの調査を紹介すれば、1995〜2005年の間に、1,706本の投資信託を調べたところ、運用報告書の関連費用は毎年1.4％であったと、2007年にバージニア大学とボストン大学の研究が示しています。

　こうした費用を加えると、アメリカで投資信託へ投資した際の年間費用の合計は年間2.3％となります（この数字は過去のデータなので、すでに変わっています）。

　残念なことに、投資信託の目論見書では信託報酬だけが示されています

が、運用報告書に含まれる費用は、それと同額かそれ以上になる可能性がアメリカではありました。つまり、場合によっては、広告の2倍の費用が実際にかかっていたということになるのです。

　以上が2003年から数年間にわたって、アメリカで起こった投資信託スキャンダルのほんの一部です。

　したがって、この投資信託にはどれだけ費用がかかるのか、販売員に説明させる場合には、100％の費用について説明させる必要があるということになります。

　アメリカと違って日本では、大学などの研究機関が投資信託全体のデータを集計して、目論見書には載っていない隠された余分なフィーを公表する試みがありませんが、似たような状況に置かれている可能性もあるかもしれません。少なくも、2003年から数年間も続いたアメリカの投資信託スキャンダルでは、すべてのフィーがガラス張りにされていると想定されていたところ、ブラックボックスが存在していたということです。以上は、たった2点をあげただけですが、p251でふれたように、アメリカでは投資信託という業界全体に不正や詐欺が横行したため、わが社ではコストが高く、運用に不透明さが伴う投資信託にかえて、現在ではETFを利用しています。日本ではETFの種類が限られていますが、同じような銘柄内容で構成されるなら、投資信託よりもETFを活用するほうが好ましいと、アメリカでの運用経験からいえます。

　ここで、アメリカの投資信託スキャンダルの一部について紹介しておきます。

　アメリカではファンドマネージャーのヘッドハンティングが盛んになったため、転職先で短期間に好成績をあげるため、転職と同時に平均で95％も銘柄の入替えを行うようになり、頻繁な銘柄入替えにより、大型株のファンドが、いつのまにか小型株になるような変化が、投資信託の半分以上で発生しました。

　ファンドマネージャーのなかには、短期で運用成績をあげようとして、話題になった値上り銘柄のランキングが発表されてから、事後的に同じ銘柄をそろ

えておき、決算時に提出する運用報告書に、それらの銘柄を保有していると掲載し始めました。運用報告書では、ファンドが、いつ、いくらで、株式を購入したか記載する必要がないため、こうした粉飾がバレないということですが、全投資信託の15%で同様の粉飾決算が行われていました。

アメリカのモーニングスターでは、過去3年以上のパフォーマンスデータがそろった時点でファンドに評価を与えるため、複数のファンドを同時にスタートさせて、3年以内に成績の悪いファンドの運用を停止して、成績の良いファンドの運用だけを続けたため、良い評価のファンドしかなくなってしまいました。これは、投資信託業界ぐるみの操作術であったことが判明しています。

隠れた費用については、本文でも紹介しましたが、目論見書にある信託報酬は年平均で0.9%でしたが、売買委託手数料をはじめとした費用が年平均1.4%もあって、運用報告書をみなければわからないようになっていました。

以上は、アメリカの投資信託スキャンダルの一部にすぎませんが、日本の投資信託に関しても、似たような問題を抱える可能性はあります。すべてがガラス張りになっているとは限らないかもしれません。アメリカではETFが充実しているため、「投資信託をやめて、ETFを利用する」という戦略がとれますが、日本ではETFの品数が十分ではないため、ポートフォリオは、ETFだけでなく、投資信託を利用せざるをえません。そのため、投資信託の選択には、目論見書と運用報告書に十分目を通す必要が生じます。具体的なポイントは、PartⅥで説明します。

(注)　なお、上記のようなアメリカの投資信託スキャンダルを知ってなのか、日本では、2017年3月に金融庁が「顧客本位の業務運営に関する原則」、18年6月に「投資信託の販売における比較可能な共通KPI」を公表したことで、KPI（重要業績評価指標）を公表する販社は広がっている。

第**26**章

個人年金保険

　投資家や金融機関の販売員のなかには、投資信託やETFについて、2つの問題点を指摘する人がいます。1つは税金が毎年かかる点、もう1つはお金を損する可能性がある点です。この問題を解決するために、個人年金保険を勧められることがあります。

> 　日本の投資信託とETFでは、決算時の収益分配金（利益）と換金時の譲渡益に対して20.315％の税金がかかります（所得税に対する2.1％の復興特別所得税を含みます）。

　ここでいう「年金」は、"毎年、定期的に決まった金額を受け取れる"ということを意味します。ただし、個人年金保険とはあくまで民間の商品であり、生命保険会社によって発行される商品です。

　生命保険会社との間で個人年金保険を契約すると、将来、保険会社が"Y"という金額を払い戻すことを条件に、個人投資家は"X"という金額を事前に支払うことを約束します。

　そして、毎回の受取金額をいくらにするか？　いつから受け取るか？　どれだけの期間受け取るか、それとも一括で受け取るか？　等々、これらはすべて、契約する際に条件として決めてしまいます。

　つまり、後述するように、特殊な用途があるものの、個人年金保険とは本来、投資信託やETFと並ぶような投資商品であるわけです。

図表Ⅴ-5　変額個人年金保険の仕組み

①保険料を一括で払い込む

たとえば

500万円

②保険会社で用意した数種類のファンドからいくつか選ぶ

Aファンド	Dファンド
Bファンド	Eファンド
Cファンド	Fファンド

③クローズド期間が終了後、少しずつファンドを解約して、年金として受け取る

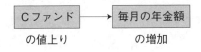

Cファンド → 毎月の年金額
の値上り　　　の増加

〔資産運用の機能〕

④運用している間に死亡したら、元金と同じ金額の死亡保険金が支払われる

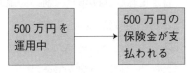

500万円を運用中 → 500万円の保険金が支払われる

〔生命保険の機能〕

それでは、個人年金保険の種類についてみていきましょう。

▶ 個人年金保険の種類の見分け方

　個人年金保険は、アメリカで販売された当初は、「イミディエート型」と呼ばれ、保険会社と契約して投資資金を振り込むと翌月からすぐに定期的な収入（日本でいう「年金」）が受け取れるタイプが主流でした。これに対して、一定期間毎月保険料を納め続けるか、一括で保険料を納めた後、数年とか数十年が経過した時点から「収入」を生み出すタイプが登場しました。これが「ディファード型」と呼ばれるタイプです。

　また、個人年金保険には、投資資金を決まった利率（予定利率と呼ぶ）で運用する「定額型」と、投資家が口座に用意されたファンドを使って運用する「変額型」があります。「定額型」は、「イミディエート型」「ディファード型」あるいは、受取開始日以前・以後のいずれにもかかわらず、投資資金は決まった利率（予定利率と呼ぶ）で運用され続けます。一方、「変額型」

は、「イミディエート型」のものはずっと用意されたファンドで運用されるのに対して、「ディファード型」のものは据置期間経過後（受取開始日以降）にはファンドによる運用ではなく、予定利率で運用されるものもあります。

さらに、「収入」の受取り方法は、「年金型」だけでなく「一括型」もあります。加えて「年金型」には、5年とか10年というように、一定期間だけ受け取れる「定期型」と、死亡するまで生涯にわたって受け取れる「終身型」があります。

以上が個人年金保険のルーツであるアメリカの基本形ですが、これをふまえたうえで、日本での一般的な利用状況を説明しましょう。

日本では、1960年代に初めて個人年金保険が販売されましたが、本格的には1979年から始まったようです。一般的な利用法としては、定年退職以前に保険料を支払い終えて、定年退職を迎えてから、特に公的年金を受給するまでの期間、民間の個人年金保険から毎月の保険金を受け取って、老後生活の糧とするという利用法です。

まず、重要な点は、保険料の支払い方の違いです。

保険料の支払い方には月払いと一括払いがありますが、1984年に、個人年金保険では10年以上の保険料の納付、60歳以降の10年以上の給付期間などを条件に、一般の生命保険料控除とは別枠で、生命保険と合わせて年間10万円までの積立保険料が所得控除の対象となったため（2012年分からは、年間8万円までが対象）、当初、個人年金保険の保険料は「積立型」が中心でした。具体的には、毎月1万円未満の保険料を定年退職の60歳になるまでに、10年以上にわたって払い込み、60歳以降に、毎月一定額を受け取り続けるというものです。そして、この時点での個人年金保険は「定額型」で、契約時に受け取れる金額が決められているタイプでした。

> 生命保険、個人年金保険等の税金については、PartⅨをご参照ください。なお、後述する変額個人年金保険の保険料は、「一般の生命保険料控除」の対象であり、「個人年金保険料控除」の対象ではありません。

その後、保険料の「一時払型」が広がります。特に、1999年から、外資系の生命保険会社を中心に、契約者自身が用意されたファンドを選択することで受け取れる年金金額等が変動する「変額型」が販売されると、「一時払型」であったため広く普及するようになりました。2006年には、残高が12兆円を超え、種類も豊富になったため、「変額型」が主流になりました。しかし、2008年のリーマンショック以降、保険会社による「変額型」の商品数や運用方法が激減してしまい、現在では「定額型」が主流となっています。

　つまり、日本の個人年金保険は、「積立払い」か「一時払い」によって保険料を支払い、その保険料が運用に回されてから、数年なり数十年の据置期間が経過してから収入が受け取れる「ディファード型」であり、年金として受け取れる収入が契約時に決まった「定額」か、運用によって左右される「変額」となるか、という構造になっています。

　このPartVでは投資商品のパッケージを扱っていますから、ここからは、投資先としていくつかのファンドが用意されている、運用手段が豊富な変額個人年金保険に焦点を当てていきましょう。

　リーマンショック後、日本で販売されている個人年金保険は激減しています。そのため、本文では、原著に従った基本分類をしていますが、まだ、個人年金保険が隆盛であった時期、日本での分類法は以下のようでした。ちなみに、個人年金保険では、受取開始期間以前に被保険者が亡くなった場合は、払込保険料相当額の死亡保険金が遺族に支払われますから、下記の分類法は受取りに関するものとなります。

① 受取期間別

　　終身年金：被保険者が生きている限り一生涯支給される

　　有期年金：被保険者が生きている限り一定期間だけ支給される

　　確定年金：被保険者の生死とは無関係に一定期間だけ支給される

　　（終身年金と有期年金では被保険者の死亡と同時に給付が終わる）

② 保証期間有無別

　　保証期間付終身年金：上記終身年金に加えて、一定の保証期間中は被保
　　　　　　　　　　　　険者の生死にかかわらず支給される

保証期間付有期年金：上記有期年金に加えて、一定の保証期間中は被保
険者の生死にかかわらず支給される

③　運用手段別
定額年金：将来受け取る受取金額が確定している
変額年金：契約者の運用成果によって受取金額が変動する

▶ ETFや投資信託とどこが違うのか？

　日本の個人年金保険の多くは、お金を払い込んでからすぐ収入（年金）を
受け取るタイプではなく、数年とか数十年を経過してから収入が発生しま
す。つまり、収入の発生が繰り延べられるわけです。

　そして、毎月、収入を受け取る形式で契約すれば、年金形式ということに
なりますが、必ずしも、毎月一定額を受け取りたいという人ばかりでもあり
ません。一括引出しも可能です。でも、これは、ETFや投資信託でも同じ
ようなことができますよね？　それでは、わざわざ個人年金保険を買う理由
は、いったいどこにあるのでしょうか。

　その理由は、変額個人年金保険を購入するために生命保険会社へ払ったお
金が、現在の税法上は税繰延べで成長させられるからです。つまり、口座か
ら引き出さない限り、利益に対して税金がかからないからなのです。

　税繰延べの効果は、時間が経過するにつれて増大します。図表Ⅰ－25で
は、複利の効果を説明しましたが、利益に対して毎年、税金がかかるか否か
は、運用成績に大きく影響します（ただし、個人年金保険では、引出しを行う
際には、やはり税金がかかってきます）。

　もう1つは、生命保険がついている点です。ある意味、個人年金保険は
"損をすることのない商品"とも考えられます。というのも、「変額型」を利
用して、仮に運用に失敗しても、ほとんどの商品において、投資資金を回収
するために、ある1つの救済策が残されているからです。その救済策とは、
皆さん自身が亡くなることで、万が一のことがあれば、投資金額の未回収部
分は、死亡保険金として遺族に支払われることになるのです。

　つまり、変額個人年金保険のなかで、運用手段として5～10個程度のファ

ンドを利用できる場合には、そのファンドのいくつかを使っていろいろな資産へと分散投資ができるため、投資信託やETFと同じ機能があるものの、税繰延効果と生命保険機能は個人年金保険だけにあるのです。

> 　この章の冒頭で触れた個人年金保険の長所について、そろそろご理解いただけたと思います。すなわち、1つ目の長所は、税繰延効果があることです。2つ目は、皆さんが長生きできない場合には、死亡保険金という収入を生み出すことで、仮に投資運用で損をしていても、死亡時には、保険金として投資金額分が返ってくるという点です。これら2つは、投資信託やETFにはない特徴です。
> （注）　死亡保険金が、払込保険料の金額に相当する金額ではないケースや、死亡保障がないかわりに年金額を増やした商品もあります。

▶ 変額個人年金保険

　変額個人年金保険とは、投資商品（特別勘定）のパフォーマンスが変動することで「リターンが変わる」ということから名前がついています。変額個人年金保険の投資商品とは、サブアカウントのなかに用意されているファンドのことで、サブアカウントで選んだファンドのパフォーマンスによって運用成績が変わってくることから名前がついています。

　仮にサブアカウントで株式を含んだファンドを選べば、株式市場と一緒に上がったり下がったりしますし、サブアカウントで債券を含んだファンドを選べば、債券市場の値動きに連動していきます。

　つまり、変額個人年金保険では、お金を損することもありえます。そこで、お金を損したくない投資家を引きつけるために、変額個人年金保険の多くには運用成績保証がついています。それらは、生存給付と死亡給付の2つからなります。

運用損失に対する保証その1：生存給付

商品設計として一般的なのは、"損にはなりません"という約束で、収入か元本のどちらかを保証しています。

◆生存給付①：収入保証

日本の変額個人年金保険の場合、年金支払まではサブアカウントのファンドで運用して、年金支払開始からはファンドでの運用をやめて予定利率で運用するというものが多いです。

ここで、ファンドの運用期間中に、運用がうまくいき、たとえば10％だけ年金原資が増加した場合、仮に運用終了時の成績が悪くても、そのときの金額が年金原資として保証されるタイプ（ラチェット型）があります。さらに、当初設定した運用目標を達成した時点で、ファンドによる運用を終了させてしまうタイプ（ターゲット型）もあります。

◆生存給付②：元本保証

ある意味、定額個人年金保険に似ていますが、サブアカウントに用意するファンドの選択肢をリスクの低いものに限定して運用させるもので、満期まで保有した場合には元本割れしない元本保証型のものがあります。

運用損失に対する保証その2：死亡給付

変額個人年金保険の死亡保険金は、①死亡時の運用残高、②払込保険料、③解約返戻金の3つを比べて支払われます。

たとえば、ファンドによる運用がうまくいけば、①の点から、支払保険料を超える死亡保険金が受け取れるわけですが、死亡保険金が一時払保険料の101％以上になるように保証されているものがあります。

さらに、運用成果に連動して死亡保険金の最低保証金額が段階的に引き上げられるものもあります。たとえば、一定期間、運用がうまくいき元本を上回っていた場合、その時点での元本相当額が新たな死亡保険金として設定され、その後の運用成績が悪化しても、死亡保障が下がらないラチェットと呼ばれる仕組みになっているものもあります。

上記の説明では、品数が豊富であった時期の商品も含めて変額個人年金保険のしくみを説明しており、2017年時点では商品数が限られるため、個々の商品説明をご確認いただきたい。

▶ 変額年金保険の利用例

こうした変額個人年金保険は、利用法によっては大きな効果を生みます。

変額個人年金保険では、「10年間、引出し不可」という条件がつくものが多いですが、たとえば、50歳の時に、1,000万円を変額個人年金に投資して、60歳から10年間、毎月、年金形式で受け取る契約をした場合を考えてみましょう。

何本か用意されているファンドを選んで10年間運用していくわけですが、原則、ファンドの入替え（スイッチング）の手数料は無料です。

(1) ここで、収入保証について大雑把な話をすれば、10％の利益が出た場合、65歳時点での年金原資1,100万円から毎月9万2,000円ずつ年金としてもらえることになります。

10％の損失が出た場合、60歳時点での年金原資900万円から毎月7万5,000円ずつしか年金としてもらえないことになります。

これに対して、収入保証がついている（最低保証がついている）場合には、たとえば、運用の失敗により60歳時点での年金原資は900万円なのに、投資金額の1,000万円や、950万円などが保証され、それぞれ毎月8万3,000円ずつ、7万9,000円ずつ年金を確保できる、といった感じになります。

(2) 一方で、元本保証についても大雑把な話をすれば、年金形式ではなく、60歳時点で一括引出しをする際に、10％の利益が出た場合、60歳時点での年金原資1,100万円をもらえることになります。

仮に、10％の損失が出た場合でも、元本保証がついている（最低保証がついている）ため、投資金額の1,000万円が保証されるといった感じにな

ります。

こうした何かの保証がついている変額個人年金保険の場合には、株式市場のような通常はリスクが高いと考えられる商品へ投資することが容易になります。というのも、長期の投資家であるならば、こうした保証によって、投資元本は大きなリスクにさらされていないという確信をもって投資することが可能になるからです。

特に、10年以上は使う予定のないお金をもっているが、最終的には定期的な年金形式でなく、元本を一度に利用する計画のある方（たとえば、孫の大学費用を出してあげるような）にとっては、好都合な投資商品といえるでしょう。

(3) さらに、変額年金保険に1,000万円を投資しサブアカウントで株式ファンドを選んでいたら、株式市場が大暴落して価値が750万円に下がってしまったとしましょう。

ここで、死亡保険金に最低保障がついていると、損失が生じた場合には、死亡保険金は750万円ではなく1,000万円や900万円になりますし、逆に、利益が10％生じている場合には、死亡保険金は1,000万円ではなく1,100万円になります。

そして、仮に、一部の資金を引出ししている場合には、これらの死亡保険金から差し引かれて支払われることになるわけです。

このような、「損をしない保証」を手にするための条件とは「皆さんが亡くなった場合には」というもので、生命保険がついているわけですが、内容が内容だけに、ほとんどのご家族にとっては、「これってすごいわねえ」と手放しで歓迎できるようなものでもありません。ただし、いくつかの条件があえば非常に有効になってきます。

たとえば、定年退職を迎えていて、使いきれないほどのお金を銀行預金に預けている場合、自分が亡くなった際に、孫の大学費用に使ってもらいたいと考えているかもしれません。

このようなケースでは、祖父母はお金が減らないように銀行預金に預けているのが普通ですが、かわりに変額個人年金保険を利用したほうが効果的か

もしれません。

　というのも、変額個人年金保険には、「損をしない保証」として生命保険がついていますから、万が一株式市場が暴落した最中に亡くなったとしても、投資金額相当が孫へと支払われますし、将来、株式市場が上昇していれば、銀行預金で運用するよりもリターンが高くなるからです。

> 　再度申し上げますが、変額個人年金保険の品数が極端に細っているため、本書の発刊時点でどの程度の"保証"があるかは各自販売会社に確認してください。

▶ 保険会社がこうした保証をつける理由

　保険会社がこうした保証をつける理由は、もちろん、お金が儲かるからです。そして、こうした保証を加える分、変額個人年金保険の年間フィーは高くなります。

　"この程度の年間フィーでは、保険会社も儲からないのでは？"などと考えるのは大間違いです。というのも、お客さんのなかには、遠い将来に収入（年金）を受け取るために契約したにもかかわらず、収入を受け取る前に亡くなる方もいらっしゃいます。そうしたケースでは、投資家からすれば、生存保険としてのメリット（将来収入を受け取ること）がないのにわざわざ高いフィーを支払って死亡保険という機能だけを使っているわけです。

　裏を返せば、保険会社には、実際には収入の支払をしない場合でも、フィーが入ってくるため、その部分が純粋な利益になるわけです。

▶ 保険会社が破綻したら、投資資金はどうなるのか？

　ここで気になる点として、保険会社が破綻したら、皆さんが保有している個人年金保険はいったいどうなってしまうのか？　という問題があります。結論をいえば、日本ではある生命保険会社が破綻した場合、一般の生命保険

と同様に、破綻した時点の責任準備金等の90％までが補償されるというのが原則となります（ただし、生命保険会社の保険契約者保護制度では、保険金・年金等の90％が補償されるものではなく、個人変額年金保険に付されている年金原資保証額等についても、その90％が補償されるものではありません）。

　　2000年３月に東邦生命が破綻した際には、3,663億円もの補償が必要でしたから、全然、お金が足りなくて、政府保証の元で金融機関からお金を借りて用意していました。たった１社の破綻ですらこうした状況なので、数社が同時破綻するような場合には「90％まで」という保証もあてになるか不明です。
　　それに加えて、2011年の東日本大震災では、生命保険会社は地震や津波時の災害免責条項を適用せず、死亡保険金を満額支払うという措置をとりました。財務状況については、十分に注意して商品選択する必要があります。

　日本での変額個人年金保険の扱いはアメリカと異なる点があります。生命保険の定額個人年金保険などの払込保険料は、予定利率を適用した一般勘定と呼ばれる口座で運用されますが、変額個人年金保険は、特別勘定と呼ばれるサブアカウントで用意されたファンドによって運用されています。

　アメリカでは、日本における特別勘定に相当するサブアカウントは保険会社の資産とは隔離されているため、生命保険会社が破綻した場合でも、生命保険や定額個人年金保険は残高が半分になっても、変額個人年金保険はほぼ無傷の状態となります。たとえば、1991年にExecutive Life of Califorinia Insurance Companyという保険会社が倒産した際、定額個人年金保険に加入していた契約者は、"お金は戻ってこないでしょう" という通知をもらいましたが、変額個人年金保険に加入していた場合には、保険会社の倒産の影響はほとんどありませんでした。

　しかし、日本では、生命保険会社が破綻した場合、変額個人年金保険の特別勘定の資産は、破綻保険会社の他の資産と区別されません。他の商品と同様に扱われてしまいますから、保険会社の財務内容には十分に注意して購入

する必要があるということになります。

> 投資信託の場合、販売した金融機関が破綻した場合、他の販売会社で受益証券を売却すると投資資金は投資家に戻ります。また、運用会社が破綻した場合、運用中の財産の名義は受託している信託銀行名義なので、運用会社を変えるだけで問題ありません。さらに、信託銀行が倒産しても、信託財産は分別管理されているので問題ありません。

　第6章では、銀行預金に関して、金融機関が破綻した場合には預金保険機構が預金者の保護に動くと説明しましたが、生命保険についても、生命保険契約者保護機構があって、どこかの保険会社が破綻した場合には、保険会社同士で出し合った積立金を利用して契約者を救済することとなっています。その救済額が「90％まで」ということなのです。そして、重要なのは、日本では、変額個人年金に関してもこうしたルールが適用されている点です。

　つまり、契約上は先ほどの年金原資や死亡保障額に"保証という特典"がついているにもかかわらず、万が一、保険会社が破綻した場合には、こうした保証はなくなり、年金原資や死亡保障が減らされる可能性が高いということです。

　しかも、「90％まで」という約束も脆弱といわざるをえません。生命保険契約者保護機構では、3,039億円程度の保険契約者保護資金しか用意されておらず（2019年3月末）、預金保険機構と比べた場合、そもそもプールされている資金量が小さい状況にあります。

　もちろん、預金保険機構と同じように、生命保険契約者保護機構でも政府援助が可能でしょうが、保険会社が連鎖倒産するような事態には危うさをのぞかせます。

▶ 個人年金保険の費用と税金

　変額個人年金保険の費用としては、①販売手数料に相当する「契約時費

用」、②生命保険に関係する「保険関係費用」、③ファンドの信託報酬に関係する「運用関係費用」の3つが主なものとなります。

そのほかに、規定のクローズド期間以内に解約する場合、ペナルティとして「解約時手数料」がかかりますし、年間に規定のスイッチング回数を超えた場合には「スイッチング費用」がかかることもあります。

さて、前述のように、2008年以降、日本の変額個人年金保険の数は激減しており、「平均的な費用」がとらえにくくなっていますが、種類が豊富であった2007年までを集計すると、①「契約時費用」は0％と3％の商品が多く、②「保険関係費用」は年2.3％程度を中心に0.8〜2.6％、③「運用関係費用」は0.2〜1.5％、となっていました。実際に、購入を検討する際には、図表Ｖ－6の表を使うと便利でしょう。

一方で、変額個人年金保険の税金ですが、まず、運用期間中は、選択したファンドをスイッチングして利益を出しても課税されません（税繰延効果）。ただし、なんらかのかたちで口座からお金を引き出す際に税金がかかります。

一括引出し等の換金時には、契約後5年以内に解約した場合には、差益に対して20％の源泉分離課税の対象となります。また契約後、5年以上を経過してから解約した場合には一時所得となります。一方で、年金受取り時には雑所得として課税されます。

図表Ｖ－6　個人年金保険のチェックリスト

変額個人年金保険を選ぶ際には、下記の項目に商品の情報を
埋めていくと、商品の把握がうまくいきます

①最低保険料	円	②運用期間	年
③受取開始時期	年	④契約可能年齢	歳
⑤契約時費用	％	⑥保険関係費用（年）	％
⑦運用関係費用（年）	％	⑧解約時ペナルティ	
⑨スイッチング		⑩リバランス調整	
⑪特別勘定の種類	本	⑫年金の受取形式	
⑬元本の保証		⑭保険金の保証	

なお、死亡保険金については、運用期間中に亡くなった場合は一般の生命保険と同じように相続税の対象となり、「500万円×法定相続人数分」が非課税になりますが、年金受取り中に亡くなった場合は年金残額に相当する死亡一時金を受け取れますが、相続税の対象ではあるものの、死亡保険金の非課税枠適用はありません。

> 上記の課税関係は、契約者と被保険者が本人で、年金受取人も本人、死亡給付金受取人は配偶者やお子さんのケースです。それ以外の契約形態では税金が異なります。詳しくは、PartIXをご参照ください。

投資商品としての変額個人年金保険にも、最終的に税金がかかります！結局、10年以上のクローズド期間中、いくつかのファンドを売買することで生じた利益は非課税であり、税繰延効果が利用できましたが、最終的に変額個人年金保険口座から引き出す際には、一括受取りをした場合（5年以上経過）、一時所得として総合課税の対象となりますし、年金受取りをした場合、雑所得として総合課税の対象となります。

▶ 投資信託 対 変額個人年金保険

それでは、投資信託と変額個人年金保険のどちらを使えばよいのでしょうか？　答えはお客さんの状況によって異なります。

ただし、わが社の例では、全資産に占める変額個人年金保険の割合は5％未満にとどまっています。そして、定額個人年金保険はほとんどゼロに等しい状況です。

したがって、変額年金保険を保有する際には、個人の状況にもよりますが、全投資資産の15％未満に抑えたほうが無難だと思います。そもそも、数百万円もの投資資金を10年以上投資しっぱなしにした挙げ句、さらに数十年かけて引き出すという性質の投資資金を確保できるのは、かなり裕福な一部の投資家に限られます。

まとめるならば、わが社の経験からいえば、変額個人年金保険は利用法によってはかなり役立つ商品だといえますが、"変額個人年金保険こそがいちばん最適な選択であった"といえる機会は非常にまれでした。

　　アメリカで2003年以降、相次いで明るみに出た投資信託スキャンダルは、個人投資家向けの商品をめぐって起こった不正行為でした。一方で、大口顧客である機関投資家向けの投資信託ではそうした不正行為はありませんでした。
　　ここで、変額個人年金保険で利用できるファンドは特別勘定で運用される機関投資家向けの投資信託であったため、アメリカのイーデルマン・フィナンシャル・エンジンズ社では、2006年頃までは、多くの場合、ETFと変額個人年金保険を85：15の割合で利用していました。
　　しかし、現在では、機関投資家向けの投資信託を個人向けに販売しているファンド会社と関係を強めたことから、さらに、変額個人年金保険の割合が小さくなっています。
　　なお、投資信託とETFと変額個人年金保険を併用する際には、PartⅥで説明するポートフォリオの設計図を用意し、資産ごとの性質を示すファンドを1つずつ選び、同じ資産分類に属するファンドがダブらないように組み合わせることが大切です。

第27章

REIT

　前述したように、不動産は皆さんの投資の一部として取り込むことが望ましいといえます。とはいえ、不動産への投資は膨大な資金が必要であり、大きな苦労を伴うため、想像以上の頭痛の種となる可能性があります（第19章参照）。

　こうした問題を解決するため、不動産そのものに投資するかわりに、REIT（Real Estate Investment Trusts）を利用することも可能です。REITを利用すると、皆さんの投資資金は他の投資家の資金と一緒にプールされ、アセット・マネージャーが皆さんにかわって不動産物件を購入し管理して、最終的に売却します。

　投資信託やETFと同じように、投資結果は持分に応じて比例配分されます。REITでは、マンション、工場、福祉施設、商業ビル、ショッピングセンター、更地まで、あらゆるタイプの不動産を購入することができます。

　注目すべきは、ほとんどのREITは証券取引所で売買されているということです。このため、投資家は、いつでもREITの売り買いが可能です（値段は取引所の時価になります）。ただし、REITのなかには取引のないものもあります。場合によっては、数年間、値段がつかないものもあります。すると、その間は、投資家は換金することができなくなります。

　こうした流動性に欠ける商品の場合は重要な問題となります！

　REITの良いニュースは、最近ではかなり流動性が高くなっているという点です。しかし、一方で、これは悪いニュースでもあります。というのも、売ることが可能であるため、投資家がいっせいに売りに出る可能性があると

いうことです。その結果、REITの取引は株式市場と同程度のボラティリティをもつことになります。

　たとえば、1987年のブラック・マンデーでは、NYSEの株式の暴落とまったく同じようにREITも30％暴落したのです。よく考えてみると、株式市場が暴落している最中に、REITまで暴落するというのは奇妙な現象です。

　結局、REITは株式ではなく不動産へ投資しているのですが、投資家がパニックとなると論理が働かなくなります。したがって、株式や債券の変動から切り離すために不動産に投資しているにもかかわらず、REITはその役目を果たしていないということになります。

> 　注意していただきたいことは、REITが株式と連動して上がったり下がったりするといっているのではなく、株式のように上がったり下がったりするといっている点です。時には同方向へ動くこともあるかもしれませんが、相関性があるといえるようなものではありません。

　もっと良い方法としては、REITを購入するETFか投資信託を通じて、不動産に投資するというものです。そうしたファンドでは、たくさんのREITを保有しているため、ボラティリティが滑らかになります。

　重要な点は、不動産への投資を行った方が望ましいですが、完璧な方法は見つからないということです。そのため、個々の不動産を購入するにせよREIT（あるいはREITファンド）に投資するにせよ不動産への投資比率は全体のポートフォリオのなかでも小さな割合にとどめておく必要があるということなのです。

第28章

資産とファンドの関係について

　ここまで、Part Ⅱでは現金相当物、Part Ⅲでは債券と貴金属と天然資源と派生商品、part Ⅳでは株式と海外資産と不動産と収集品を扱いました。これらは、主要10資産を形成しています。

　つまり、「現金相当物」「国内債券」「国内株式」「海外債券」「海外株式」「不動産」「貴金属」「天然資源」「ヘッジポジション」「収集品」となります。このなかで「収集品」はひとまず除き、「ヘッジポジション」は内包されていると考えれば、残りの8資産に関しては、証券投資というかたちで実行することが可能です。

　Part Ⅴでは、その実現のために、投資信託、ETF、変額個人年金保険、そして、REITをご紹介しました。要するに、「現金相当物」はMRFで、「国内債券」「国内株式」「海外債券」「海外株式」は投資信託とETFで、「不動産」はREITかREIT投信で、「貴金属」と「天然資源」は仕組債を利用した投資信託とETFを、それぞれ利用すれば、少ない投資資金でも、すべての資産に投資することができるようになります。

　本書では、ファイナンシャルプランニングに基づいた目標実現のための資産運用法を説明することが1つの目的でもありますが、Part Ⅱで説明した1年分の生活費をキャッシュリザーブとして「現金相当物」のMRFに入れたうえで、Part Ⅴのパック商品を使って、いろいろな資産を利用しながら資産運用を行っていきます。

　ここまでで下準備は整いました。次のPart Ⅵでは、いよいよ実践方法へ移っていきます。Part Ⅵで不明な点があれば、Part ⅠからPart Ⅴまでを復習

してみてください。

Ricのマネークイズ

　ここで、PartVの内容に関して簡単なクイズをしましょう。単なる確認ですから、あまり神経質になる必要はありません。間違えたら、解答欄にある参照箇所を読み返してみましょう。ただし、家計管理の将来は、その作業いかんによって大きく左右されますから、理解できるまで読み返すことが重要です。クイズの終わりに解答がありますが、のぞき見は禁止です。

1　投資信託は、1口、いくらから購入できるのか？
- ○a　100万円
- ○b　10万円
- ○c　1万円
- ○d　1,000円

2　ETFに関して、正しくないものはどれか？
- ○a　ETFは、株式のように、時価で取引される
- ○b　ETFは、個人向けの投資信託より年間費用が安い
- ○c　ETFは、少額投資をする場合に限って有効である
- ○d　ETFを使うと、分散投資ができる

3　日本の投資信託で一般的なものは、次のどれか？
- ○a　会社型・クローズド型・単位型
- ○b　会社型・オープンエンド型・追加型
- ○c　契約型・オープンエンド型・追加型
- ○d　契約型・クローズド型・単位型

4　投資信託は、基本的に以下のどの基準で分類されているか？
- I．時間
- II．品質
- III．規模

Ⅳ．スタイル

○a　ⅠとⅢ

○b　ⅡとⅢ

○c　ⅠとⅡとⅢとⅣ

○d　ⅠとⅣ

5　投資信託の購入時に確認すべきは？

○a　目論見書

○b　運用報告書

○c　何もなし

○d　aとb

6　目論見書にないが、運用報告書に記載されている情報は？

○a　信託報酬

○b　売買回転率

○c　aでもbでもない

○d　aとbの両方

7　分散投資に適している商品は？

Ⅰ．投資信託

Ⅱ．ETF

Ⅲ．REIT

Ⅳ．個別株式銘柄

○a　ⅠとⅢ

○b　ⅡとⅢ

○c　ⅠとⅡとⅢ

○d　ⅠとⅣ

8　次の商品で、いちばん年間費用が低いのは？

○a　個人向けの投資信託

○b　ETF

○c　アクティブファンド

○d　インデックスファンド

9 **投資信託と比べて、ETFは**

○a　年間費用が安い

○b　採用銘柄がガラス張りである

○c　売買回転率が低い

○d　上記のすべて

10 **ポートフォリオを組む材料として利用したい商品は**

○a　マンション

○b　保険

○c　ETF

○d　個別株

解　答　1 − c（p 243）　　2 − c（p 251）　　3 − c（p 247）

4 − c（p 247）　　5 − d（p 260）　　6 − b（p 261）

7 − c（p 281）　　8 − b（p 251）　　9 − d（p 251）

10 − c（p 281）

Part VI

最高の投資戦略

学んだ知識を実行に移す

　ここまでは、いろいろな投資資産や投資商品には、どのような異なる性質があるかを説明してきましたが、PartⅥでは、投資資産や投資商品の最高の利用法について考えていきます。

　ただし、その作業に取りかかろうとすると、1つの困難な問題に出くわします。それは、投資商品を買わないでマーケットが上昇していくのを傍観するのと、投資商品を買ってそれらが値下りするのと、どちらがよいか？　という問題です。

　皆さんのなかに投資している方がいれば、苦笑していることでしょう。なぜならそれは、何百回と経験しているはずの問題だからです。実際、この問題はすべての投資家が向き合わされるものなのですが、幸い私はこの問題に対する正解を知っています！

　「いつ、投資すべきですか？」と聞かれたら、「投資するお金を手にした時だ」って答えます。「なーんだ」なんて馬鹿馬鹿しいと思わないでください。本当にこれこそが正解なのです。

　なぜなら、投資するお金がなければ、投資するタイミングなんてどうでもよいことですよね？　そもそも、投資市場が上昇していても、投資資金がなければ参加できませんから、当たり前といえば当たり前です。だから、投資資金を手にした時が投資を始める絶好の機会です。

　この前提に立ったときに続いて生じてくるのは、「どの投資商品を選ぶべきか？」という問題です。しかし、この問題は、なかなか厄介です。というのも、"いつ"を満たしただけでなく、"どこ"に対しても同時に満たす答え

が必要になってくるからです。

　投資で成功するには、いつとどことの両方で正解を出す必要があるのです！

　しかし、心配には及びません。幸い、この2つの問題を同時に解決する方法があるからです。本章ではその方法を示していくわけですが、便宜上、2つのパターンに分けて説明していきます。すなわち、

(1)　これから手にする資金を利用した投資戦略

(2)　すでに手にしている資金を利用した投資戦略

の2つに分けて考えていきます。具体的には、前者は給料の一部を積み立てるかたちでの定期的な少額投資資金、そして後者は退職金や相続金のようなまとまった一括投資資金です。

　投資を始めるには、なんらかのかたちで、投資資金を用意する必要がありますが、2つのうちのどちらかに分けられます。そして、どちらになるかで、投資戦略も大きく違ってくるのです。

第**29**章

投資資金を貯める 3 つの方法

　まず、「(1)これから手にする資金を利用した投資戦略」とは、毎月の給料のなかから一部を貯金して、それが数万円になったら、投資信託などを使って投資を続けていくという方法です。ここでの投資戦略は、「ドルコスト平均法」と呼ばれるもので、退職金などのまとまった資金を投資する手法とは、大きく異なります。

　ただし、投資戦略を説明する前に、そもそも貯金の仕方を説明する必要があるかもしれません！

　というのも、一般の給与所得者には、「もらった給料は 1 円残らず使ってしまった」という人が非常に多いからです。実際に、日本人の貯蓄率というのは、ここ20年間で10％から 0 ％（2014年にはマイナス）まで大きく落ち込んでいるのです。そこで、最初に貯金のための 3 つのコツについて説明いたしましょう（注意：2019年の日本人の貯蓄率は4.5％ですが、これには高齢者が含まれるからで、 2 人以上の勤労者世帯では26％程度で安定しています）。

▶ 貯金のコツその 1 ：最初に自分自身へ支払ってしまう

　おそらく、貯金ができない理由として、目の前に立ちはだかる第一の壁は、「毎月、給料のすべては使ってしまう」という習慣です。そして、第二の壁が、「そうした習慣を変えられない」という思い込みです。

　そこで、この 2 つの壁を崩すために、「支払の仕方」に関して、ちょっとだけ変更を加えてみましょう。

　給料が振り込まれました。すでに、税金や公的保険料分は差し引かれてい

ます。それから、生命保険料なんかが引き落とされます。そして、残ったなかから家賃や自動車ローンや公共料金を支払って、余ったなかから食事やレジャーに充てていって、そのうえでさらに余りがあれば、貯金するというのが一般的なやりかたです。

　しかし、こうしたやりかたでは、貯金は全然できません。その理由は、貯金へ充てるお金が、「残りカス」のなかから捻出されるからです。そのため、「今月こそは、貯金をするぞ」と決意するものの、「結局、貯金のためのお金が残らなかった」という状況を繰り返すことになるのです。

　そこで、1つの方法としては、自分自身への支払をいちばん初めに行うというやりかたが考えられます。つまり、銀行口座に給料が振り込まれたら、まず初めに別の自分の銀行口座か証券口座（あるいは金庫）へ、毎月決まった金額を移してしまいます。

　他に支払う前に、自分に対して支払ってしまうのです！

　もちろん、「毎月○○万円」と金額を決めることがむずかしいならば、2,000円とか3,000円でもかまいません。とにかく、給料が振り込まれた時点で自分自身への支払を完了してしまうのです。給料が「空」になってしまう前に！

　「でも、たとえば、毎月3万円も自分自身へ支払ってしまえば、家計が苦しくなるじゃないか！」と反論されるかもしれません。けれども問題ありません。なぜなら、いままでだって、給料日前にはお金がなくなっていたんですから同じですよね。

　ただし、大きな違いは、同じようにお金を使い切っても、これからは、自分自身への支払が終わっているという点で、そこが重要なのです。

▶ 貯金のコツその2：小銭たちを子豚さんに放り込む

　何かの買い物をして帰宅したら、ポケットのなかは釣り銭の小銭でジャラジャラしています。普通は小銭入れに入れておくものですが、そうするかわりに空いたクッキーの缶やレジ袋に放り込んでしまいます。

　つまり、買い物ではお札だけを使い、お釣りとして受け取った小銭は、帰

宅するや否や缶や袋に入れてしまえば、それだけでも毎月5,000円ぐらいは貯まります。家族全員でこれを実行すれば、1万円を超えてくるかもしれません。

子豚の貯金箱であれば、中身が丸々と太っていくわけです。

そして、ずっしりと重くなった子豚ちゃんは、パンパンになった時点で証券口座へと移し変えてしまえばよいわけです。たったこれだけのことです。幸福の子豚ちゃんと付き合うだけで、お金はたまっていくはずです。貯金がむずかしいなんて、だれがいっているのでしょうか？

▶ 貯金のコツその3：クーポン券を自分のために利用する

スーパーマーケットやコンビニやドラッグストアで買い物をする際に、クーポン券をもらうことがあります。ここでも、「支払の仕方」を変更すれば貯金に結びついてきます。というのも、ほとんどの方はクーポンの使い方をきちんとわかっていないからです。

たとえば、「100円値引きします」というクーポン券をもっていた場合、100円が手元に残るのか、それとも、100円分のメリットがお店に行ってしまうのかという点です。これではわかりにくいかもしれませんから、ちょっと例をあげて説明しましょう。

たとえば、100円分のクーポン券と1,000円札をお財布に入れて定価で1,000円分の買い物に出かけた場合、帰宅した時点では、

① 1,000円相当の品物と値引き分の100円をもっている

② 1,100円相当の品物だけで、現金はゼロになっている

のどちらになっているかということです。どちらが賢い買い物といえるでしょうか？

そう、賢い買い物とは、①のケースをいうわけです！

というのも、①であれば、100円を貯金できますから「自分のため」にクーポンを利用したといえますが、②の場合、結局はすべてお金を使い切ってしまうため、「お店のため」にクーポンを利用したことになるわけです。

クーポンを使ったことで100円を余して帰宅できれば、子豚の貯金箱へ預

けることができます。もっと賢いやりかたは、お店に行く前にクーポン分の
100円を子豚にあげてしまうのです。

第30章

貯金習慣と投資を結ぶドルコスト平均法

　こうして、毎月少しでも貯金ができるようになれば、投資を始めるチャンスが生まれます。本章でいう投資戦略は、毎月新しいお金が入ってきて、それが投資に流れていくというものなので、「(1)これから手にする資金を利用した投資戦略」ということになります。それでは、「(1)これから手にする資金を利用した投資戦略」とは、どのようなものになるでしょうか？　ここでは、さらに大きく2つの方法が想定されます。

①　毎月の少額貯金が数百万円になってから投資する。

②　毎月の少額貯金を、そのつど投資する。

　そして、これら2つの方法を前提としたうえで、現実的には、次の4つの選択肢が浮かんできます。

(a)　毎月少額貯金を続けて、数百万円になってから一括投資する

(b)　毎月少額の貯金ができるや否や、そのつど投資する

(c)　(a)と(b)との組合せ

(d)　状況に応じて、(a)と(b)を使い分ける

　結論からいえば、正解は(b)となります。そして、(b)の方法には特別な名前がついています。それは、「ドルコスト平均法」というものです。ここでは「(1)これから手にする資金を利用した投資戦略」としては、「なぜ、ドルコスト平均法が必要であるのか？」について説明しましょう。

ドルコスト平均法は、確定拠出年金やつみたてNISAのような非課税口座で

積立投資を行う際に、重要な投資戦略となります。なお、確定拠出年金については第69章を、つみたてNISAについては第61章を参照してください。

▶ ドルコスト平均法の仕組み

たとえば、投資資金が１万円で１口１万円の投資信託に投資する場合、１口が１万円なので１口を手にすることになります。そして、翌月も、投資資金は１万円で同じ投資信託に投資するものの、購入価格が下がって１口5,000円になっていたとします。すると、２月目には、１万円の投資で２口手にすることになります。そこで、問題です。すべての口数の平均コストは、いくらになるでしょうか？

月数	投資金額	購入価格	購入口数
１月目	１万円	１万円	１口
２月目	１万円	5,000円	２口

もし7,500円というのが回答なら、残念ながら間違いです！

というのも、投資金額の合計は、毎月１万円が２回分なので２万円です。そして、保有口数の合計は、１口と２口なので３口です。そこで、２万円÷３口＝6,667円／口という計算から、正解は6,667円となります。では、7,500円と答えてしまう理由はどこにあるのでしょうか？

7,500円と答えた人は、「算術平均」を使ったのでしょう（１万円＋5,000円÷２＝7,500円）。しかし、実際には「調和平均」を使って計算しなければなりません（２万円÷３口＝6,667円）。

つまり、7,500円というのは「平均価格」であるわけですが、ここで問われているのは「平均コスト」です。そして、注目していただきたい点は、「調和平均」の値は「算術平均」の値よりも、常に低くなるという原理です。そしてここに利益をもたらすカラクリが存在するのです！

算術平均（＝相加平均）は小学校の算数で登場しますが、調和平均は聞きなれないかもしれません。調和平均とは、逆数の平均値の逆数であり、以下のような式で表されます。

$$\frac{n}{\displaystyle\sum_{i=1}^{n}\frac{1}{a_i}}=\frac{n}{\left(\dfrac{1}{a_1}+\dfrac{1}{a_2}+\dfrac{1}{a_3}+\cdots+\dfrac{1}{a_n}\right)}=\frac{1}{\dfrac{1}{n}\left(\dfrac{1}{a_1}+\dfrac{1}{a_2}+\dfrac{1}{a_3}+\cdots+\dfrac{1}{a_n}\right)}$$

　たとえば、最初の15kmを時速30kmで走り、中間の15kmを40kmで走り、最後の15kmを時速50kmで走る場合、その平均時速は、算術平均による40km（＝30＋40＋50÷3）であると考えがちです。

　しかし、これでは、合計距離45kmに対して、時速40kmなので、走行時間は1.125時間（＝45／40）となってしまいます。実際の走行時間は、1.175時間（＝15／30＋15／40＋15／50）であり矛盾します。

　正しい平均時速は、45÷（15／30＋15／40＋15／50）ですが、分子と分母を15で割ると、3÷（1／30＋1／40＋1／50）≒38.3。この結果が、調和平均なのです。

　なお、高校の数Ⅱでは「相加平均≧相乗平均」が登場します。細かい証明は省きますが、正の実数a_1、a_2、a_3…a_nに対して、「相加平均≧相乗平均≧調和平均」が成り立ちます（等号成立は$a_1=a_2=a_3=\cdots=a_n$）。

$$\underbrace{\frac{a_1+a_1+a_1+\cdots+a_n}{n}}_{（相加平均）}\geq\underbrace{\sqrt[n]{a_1+a_1+a_1+\cdots+a_n}}_{（相乗平均）}\geq\underbrace{\frac{n}{\left(\dfrac{1}{a_1}+\dfrac{1}{a_2}+\dfrac{1}{a_3}+\cdots+\dfrac{1}{a_n}\right)}}_{（調和平均）}$$

　このように、毎回の購入価格が同じでなければ、算術平均（＝相加平均）である「平均（購入）価格」は、調和平均である「平均（取得）コスト」を上回るとは、数学で証明されています。毎回の購入価格が変動する可能性が高い積立投資では、"購入価格の算術平均よりも、平均取得コストの調和平均のほうが低くなる"というドルコスト平均法が働くということが、本文で説明されているのです。

　なお、毎回の購入金額をmで一定、i回目の購入価格をp_iとすれば、購入口数はm/p_iとなり、「平均（取得）コスト」＝「総購入金額」÷「総購入口数」であるため、ドルコスト平均法による「平均取得コスト」は次の算式で求められます。

$$\frac{nm}{\dfrac{m}{p_1}+\dfrac{m}{p_2}+\cdots+\dfrac{m}{p_n}}=\frac{1}{\dfrac{1}{n}\left(\dfrac{1}{p_1}+\dfrac{1}{p_2}+\dfrac{1}{p_3}+\cdots+\dfrac{1}{p_n}\right)}$$

　ドルコスト平均法というのは、投資において、投資家が思いもよらない解決策を示してくれるため、非常に有効に働きます。

　いまの例でいえば、「1万円という値段が買い時であるのかどうか？」ということは、投資家には、まったくわかりません。そのため、実際には高値であるにもかかわらず、うっかり買ってしまいかねません。

　しかし、ドルコスト平均法は大きな手助けをしてくれます。

　「1万円なんて高値で買うとは、おバカさんね。でも、量は少なめにしておきなさいよ」という具合に、高値で買う際には量を少なく調整してくれます。

　反対に、5,000円のように値段が安くなった際には、「ほら、何をぼんやりしているの？　いまが買い時なのよ！」とばかりに量をたくさん買わせてくれます。別の言い方をすれば、ドルコスト平均法とは、

・値段が高い時には相対的に量を少なめに購入する

・値段が安い時には相対的に量を多めに購入する

というやりかたで、平均コストを引き下げる働きがあるわけです。そして、「平均コストは、平均価格よりも常に低い」という性質を利用して、利益をあげるという仕組みをつくりあげるのです。

　投資家というのは、時に滑稽なことをします。大好きなアイスクリームがスーパーで特売日に半値で売られれば、「値段が下がってラッキーだ」と喜び、買いだめをします。ところが、株式市場が数日間暴落して大好きな銘柄が半値で売られると、買いだめするどころか、「値段が下がってアンラッキーだ」と嘆き、あわてて、もっていた株式を手放してしまうのですから！

しかも、このようなドルコスト平均法を利用するには、単純に、決められた期間に決められた金額を投資するだけでよいのです。

　たとえば、月末ごとに1万円ずつ投資信託を購入していけば、同じ間隔で同じ金額を投資することになり、ドルコスト平均法が作動します。職場で確定拠出年金を採用している場合には、毎月2万7,500円または5万5,000円を上限として決まった金額を投資しますからドルコスト平均法には最適です。

　ドルコスト平均法が働くためには、こうした作業を繰り返し続けていくことが重要です。株式市場の状態は問題ではなく、同じ間隔で同じ金額を投資し続けることが大切になります。実際に、ドルコスト平均法とは、「株式市場が高値にあるいま、本当に投資してよいのか？」という不安を打ち消す点に効果があります。

　1976年初から2016年末まで、TOPIXに対して、毎年、最高値だけを選んで投資できた場合の年平均リターンは5.3％となり、反対に、毎年、最安値だけを選んで投資できた場合の年平均リターンは5.6％になりました。最高値だけや最安値だけを、毎年選び続けるとは、あまり現実的ではありませんが、両者の違いはそれほど大きなものではありませんでした。

　一方で、1977年から2016年までの40年間に、毎年1月初めに10万円を定期的に投資した場合、2016年末の投資価値は638万円と、投資金額の1.6倍になりました。しかし、運良く毎年の安値で購入できれば、2016年末の投資価値は715万円と、投資金額の1.8倍となりました。その一方で、運悪く毎年の高値で購入してしまえば、2016年末の投資価値は554万円と、投資金額の1.4倍となりました。

　投資タイミングの運の良し悪しというのは、皆さんが想像するほど、極端に大きなものではなかったかもしれません（なお、高値や安値は年初末で登場するわけではないため、データ期間が1年間長くなっています。また、上記TOPIXデータは、配当金を除いたものを使用しています）。

　このように、ドルコスト平均法を利用すれば、「いつ投資するか？」はたいした問題ではなく、定期的に投資することと投資を続けていることが重要になります。

▶ ドルコスト平均法の２つの問題点と２つの注意点

　給料から天引きしたり、自分にいちばん最初に支払をしたりと、毎月継続的に少額資金を投資に充てていくといった「積立投資」は、20代からの現役世代では一般的であるといえます。

　そして、こうした「(1)これから手にする資金を利用した投資戦略」としては、ドルコスト平均法は非常に大きな威力を発揮します。ただし、ドルコスト平均法には２つの問題点があります。

問題点その１：下がった時には、たくさん買う気が薄れる

　株式市場が暴落しました。すると、気持ちが滅入ってしまい投資をする気がなくなるといったことは、だれもが経験することです。しかし、ドルコスト平均法を行っている間は、「日々の価格を追っかけてはいけない」というイーデルマン・ルールその２に従わなければなりません。仮に、毎日、買った投資信託の価格の動きを追っかけていれば、イライラしてしまい本来やるべきことに手がつかなくなってしまいます。毎月、一定金額分を買うことだけ考えて、日々の相場の動きは無視してしまうのが賢明で無難です。

問題点その２：いつの間にか、途中でやめてしまう

　ドルコスト平均法では、同じ間隔で同じ金額を投資し続けることが重要です。しかし、「今月は、うっかりして証券口座への振込みを忘れてしまった」とか、「月末に旅行に出かけて投資信託を買い損ねた！」なんてことは、日常生活ではよくあります。これでは、ドルコスト平均法の効果を発揮させられません。

　そこで、１つの方法としては、金融機関で行っている「積立口座用の自動引落システム」に申込みを行うことです。これは、「ファンド累投」などと呼ばれるものですが、これを利用すると、毎月、指定した預金口座や証券口座から指定した金額が引き落とされ、自動的に指定した投資信託を購入してくれます。

さらに、ドルコスト平均法を効率よく利用するには、次の２つの注意点をふまえる必要があります。

◆注意点①：個別株式ではなく、株式ファンドを利用する

投資商品としては個別株式は利用しません。というのも、個別株式に投資し続ける場合、値下りしていく過程で、投資資産の消滅につながる可能性が生じるからなのです。

実際に、私のお客さんの１人は、伯父さんからの「仕手情報」で、ある株式銘柄を日本円にして１株600円で購入しました。その後、その銘柄が１株400円に値下りすると、さらに買い増していきました。さらに１株250円に値下りしたので、またまた買い増していきました。そうこうしていると、株価は１株100円まで値下りして、ついには、これまでの投資がすべて無価値になってしまいました。

後にその企業は、マフィアのフロント企業であったと報道されましたが、結局、そのお客さんは330万円をつぎ込んだ時点で、全投資資産がゼロになってしまったのです。

この例からわかるように、個別株式を利用すると、その会社が倒産すれば長年にわたって続けられていた積立投資がゼロになってしまうおそれがあります。株価が下がり続けるだけで上昇に転じなければ、ドルコスト平均法は効果を発揮しません。

これに対して、数百銘柄の塊からできあがっている投資信託やETFを使えば、すべてが倒産してしまうとか、すべてが下がり続けるということはありません。つまり、個別株式は下がったままか無価値となるかもしれませんが、株式ファンドを利用すれば無価値となる可能性はきわめて低い一方で、長期的には上昇の可能性があるわけです（ファンドについてはPart Vを参照）。

これから手にする資金を積み立てるドルコスト平均法では、個別銘柄ではなくファンドを利用し、しかも、株式というたった１つの資産に集中投資することで効果的に働きます。基本的には、株式ファンド（ここでの株式ファンドは

海外株式ファンドを含む）を１つ選んで、毎月、同じファンドを買い増していくことになります。一方で、第40章で説明するように、まとまった資金を一括投資する場合には、いくつかのファンドを使っていろいろな資産へ分散投資することになります。

◆注意点②：できるだけ変動の大きい、投機的な商品を利用する

　ドルコスト平均法を有効に利用するためには、上下の価格変動幅ができるだけ大きなファンドを利用するのがコツです。これは、不思議に思われるかもしれませんね。というのも、普通は、変動の大きい商品は、リスクが大きすぎるために敬遠すべきと考えられているからです。

　しかし、ドルコスト平均法では事情が大きく違ってきます。

　ドルコスト平均法では、口数を効率的に増やしていく点に特徴があります。端的にいえば、値段が暴落したときほどたくさん口数を増やすことで効率性を発揮するので、たとえば銀行預金を使ってドルコスト平均法を行っても、何の効果もないのです。

　そのため、これまで数十年間のトレンドから、値動きが大きいと判断される国内株式や海外株式のような投資対象をもつファンドを選ぶことが肝心です。もし皆さんが、国内株式や海外株式のファンドにドルコスト平均法で投資している場合、株式市場が暴落することは、悲嘆にくれるのではなく、パーティーを開いてお祝いをすべき出来事となるわけです。

　アメリカのわが社のお客さんの多くは、リーマンショックが起こった2008年以前から、ドルコスト平均法を続けていましたが、株式が暴落しても、毎月、律儀に、同じ金額で同じ株式ファンドを買い続けていました。

　当時の状況は、いってみれば45％引きといえるバーゲンセールス状態でした。そして、2019年末現在ニューヨークダウ平均株価は暴落前の水準に戻るどころか、２万ドル台後半の新値を更新していますが、わが社のお客さんたちは保有口数をごっそりと増やしているわけです。これは、リーマンショックの暴落に際して、慌てて商品を投げ売った投資家たちとは正反対の行動であり、底値で大量に拾い買いできた結果なのです。

過去のパフォーマンスが将来も続く保証はありませんが、変動が大きく、な
おかつ、長期的に上昇し続けている資産としては、アメリカでは国内株式と海
外株式があげられますが、日本では海外株式が適切といえます。この点につい
ては、p306をご参照願います。

▶ ドルコスト平均法の２つの特殊系

　これまで紹介したドルコスト平均法は、一定の間隔に一定の金額で同じ商
品を購入するという方法でしたが、平均法には、これとは違った積立法もあ
ります。それは、「インカム平均法」と「バリュー平均法」と呼ばれるやり
かたです。

インカム平均法：元本ではなく、収入でリスクをとる平均法

　ドルコスト平均法では、国内か海外の株式市場に投資することが基本で
す。しかし、なかには、「株式市場は、変動が大きくて怖いわ」という方も
いるはずです。そういう場合は、インカム平均法を利用します。

　インカム平均法では、毎月の積立金を超安全な国債に投資します。そし
て、毎月の利子分を株式で構成される投資信託やETFに投資します。この
やりかたでは、元本部分は安全で保証されていますが、収入部分がドルコス
ト平均法を通じて、株式に投資されます。

　当然ながら、元本自体を株式に投資する場合に比べれば、インカム平均法
は効率的とはいえません。しかし、安全志向の強い投資家には適切な妥協方
法だと思います。

　個人向け国債や新窓販国債では、たとえば９月募集の場合には３月と９月
に、10月募集の場合には４月と10月にという具合に、半年ごとに年２回の利払
いがあり、指定金融機関口座に振り込まれます。そこで、毎月募集されるごと

に一定金額を購入していけば、半年後から毎月、利子分を受け取ることができます。その利子分のみを使って、毎月、株式ファンドに投資しようというのがインカム平均法です。現在の日本では、ゼロ金利やマイナス金利なので、毎月の利子分が少なすぎて実用的ではありませんが、将来、金利が上昇するようであれば、選択肢の1つに含まれるかもしれません。

バリュー平均法

バリュー平均法は、ドルコスト平均法よりももっと効率的な方法で、少なくとも理論上は非常にうまいやりかたです。もっとも、実務上は、一般の投資家は続けられないという点で、あまりお勧めできません。

ドルコスト平均法とは、一定の間隔で一定の金額だけ同じ商品を購入するという方法でした。これに対して、バリュー平均法では、一定の間隔に一定の金額になるよう同じ商品を購入することになります。目標となるのは、一定の期間ごとに、一定の金額になるよう投資を成長させるということです。

たとえば、「毎月3万円ずつ積立投資するよう計画する」というのはドルコスト平均法ですが、「毎月3万円だけ投資口座の価値が増えるよう計画する」というのがバリュー平均法です。

つまり、バリュー平均法では、目標を満たす分だけ投資資金を追加します。言い換えれば、値上り分と配当収入を足しても、今月は保有分の価値が2万円しか増加しない場合には、1万円を追加することで「毎月3万円の上昇」という目標を達成していきます。

換言すれば、バリュー平均法では、商品の値段が上がれば投資金額を少なくし、商品の値段が下がれば投資金額を多くします。これに対して、ドルコスト平均法では、株式市場の値動きや商品の値段に関係なく同じ金額を投資していきます。

投資の効率性という点では、ドルコスト平均法よりもバリュー平均法が優れています。この点は、実際にパソコンのエクセルを使って検証すれば、すぐに納得がいくはずです。

バリュー平均法では、積立金の目標合計額を設定する必要があり、バリュー経路（パス）と呼ばれます。たとえば、毎年積立金を100万円、年率14％で運用できると仮定すれば、バリュー経路は、「前年残高×1.14＋100万円」として計算でき、5年後の目標金額もわかります。

　仮に、5年間の市場価格が図表Ⅵ－1のようであれば、バリュー平均法では、「バリュー経路価格－期初時価残高」を追加投資することになります。バリュー平均法の5期目には、投資金額433万4,000円に対して、時価累計が660万9,400円になっています。一方で、毎年100万円ずつを投資するドルコスト平均法では、投資金額449万4,000円に対して、時価累計が666万4,000円になっています。

　約660万円の目標を達成するための投資金額が、バリュー平均法では433万円

図表Ⅵ－1　バリュー平均法

	市場価格（円）	バリュー経路（万円）	期初時価残高（万円）	追加投資金額（万円）	買付口数（口）	投資累計（万円）	口数累計（口）
1期	10,000	100	0	100	100	100	100
2期	8,000	214	80	134	168	234	268
3期	12,500	344	334	10	8	244	275
4期	10,000	492	275	217	217	460	492
5期	14,000	661	689	－28	－20	433	472

図表Ⅵ－2　ドルコスト平均法

	市場価格（円）	追加投資金額（万円）	買付口数（口）	投資累計（万円）	口数累計（口）
1期	10,000	100	100	100	100
2期	8,000	100	125	200	225
3期	12,500	100	80	300	305
4期	10,000	100	100	400	405
5期	14,000	100	71	500	476

　ただし、問題となるのは、時期によっては株式市場が暴落することで、自
分が捻出できるよりもはるかに大きな投資金額が突然必要になることや、反
対に、株式市場が暴騰すると通常よりも投資金額が少なくてすむために、
余ったお金を投資に回せなくなる、という難点もあります。

　こうした理由から、私自身を含むほとんどのファイナンシャル・アドバイ
ザーは、「だれでも簡単に実践できる」という点で、ドルコスト平均法を勧
めています。バリュー平均法では、事前にエクセルを利用して目標とする利
回りを設定したうえで、バリュー経路（パス）を作成し、期初時価残高との
差額を計算してはじめて「今月、投資する金額はいくらになるか？」が決ま
るわけですからめんどうです。

　もし、皆さんがチャレンジャーであるならばバリュー平均法を利用してみ
てもよいし、投資が怖いというならばインカム平均法を利用すればよいで
しょう。そして、私も含めたごく普通の投資家は、ドルコスト平均法が向い
ているのです。

　名前からわかるように、ドルコスト平均法は、アメリカ生まれの投資法で
す。そして、本場のアメリカにおける長期積立投資におけるドルコスト平均法
では、「長期的な上昇率と変動率が高い資産に属する投資信託かETFを1つ選
んで、同じものへ積立投資を続けていく」というやりかたが原則となります。
　つまり、長期積立投資においてドルコスト平均法を利用するには、たった1
つの資産に集中投資するかたちとなりますが、これは、後述するような、一括
投資において資産分散するのとは、根本的に投資戦略が異なるのです。
　そして、「長期的な上昇率と変動率が高い資産に属する投資信託かETFを1
つ選んで、同じものへ積立投資を続けていく」というドルコスト平均法の原則

にのっとれば、過去のパフォーマンスは、今後も続く保証はないとはいうものの、下記のように、アメリカでは、国内株式か海外株式かのいずれか1つの資産を選ぶことになりますし、日本では、海外株式を選ぶことが基本であるといえます（上昇率とはリターン、変動率とはリスクを示します）。

　その理由は、すでに本文で説明したように、長期積立投資のドルコスト平均法では、「上昇率が高い資産」なおかつ「変動率が高い資産」を選ぶことによって、"長期的に上昇を続けていく過程"で、"下がった時に、たくさんの量を仕込むこと"が可能になり、投資パフォーマンスを引き上げるからです（図表Ⅵ－3参照）。

　ここで、「上昇率が高い資産」を利用することは理解が容易でしょうが、なおかつ「変動率が高い資産」を利用することには説明が必要かもしれません。

　たとえば、年平均リターンが10%であっても、ある年には－5%、ある年には25%と変動する可能性があります。ここで、毎年1万円を積立投資する場合、価格が100円から始まれば、翌年の各購入口数は、図表Ⅵ－4のように、90.9口、105.3口、80口になります。

　注目すべき点は、「－5%で購入した口数」と「＋25%で購入した口数」の

図表Ⅵ－3　過去20年間の主要4資産のパフォーマンス

		リターン	リスク			リターン	リスク
アメリカ	国内債券	5.3%	3.4%	日本	国内債券	2.2%	2.4%
	国内株式	7.6%	15.3%		国内株式	2.0%	18.0%
	海外債券	4.4%	6.8%		海外債券	4.7%	10.8%
	海外株式	7.2%	16.8%		海外株式	6.6%	19.5%

（出所）　バークレイズ・キャピタル米国総合、S&P500、FTSE・シティグループ世界国債インデックス（ドル）、S&P先進国総合（除く米国）（ドル）、NOMURA-BPI総合、TOPIX、FTSE・シティグループ世界国債インデックス（除く日本）（円）、MSCIKOKUSAIインデックス（円）

図表Ⅵ－4　ドルコスト平均法（変動が大きいほど効果大）

変動率	価　格	購入口数
＋10%	110円	90.9口
－5%	95円	105.3口
＋25%	125円	80.0口

平均が92.7口となっており、「＋10％で購入した口数」の90.9口を上回っている点です。

　第38章で説明するように、変動率とは、平均値（例では10％）からの上下のブレ（例では±15ポイント分）を示しますが、上ブレでは購入口数が少なく、下ブレでは購入口数が多いため、"高値で少なく、安値で多く購入できること"によって、将来、値段が上がった際には、投資結果が良くなるわけです。

　仮に、ヨーヨーをやりながら、坂をのぼっている場面を想定すれば、変動率とは、ヨーヨーの紐の長さであり、ヨーヨーの紐が長いほど、ヨーヨーの位置は、より安値に届く（＝安値で拾える）ものの、坂をのぼっている（＝長期的に上昇する）ため、ヨーヨーの位置も、時間が経過するごとに上がっていくわけで、長期的に同じような上昇率であるならば、変動率が高い資産や商品のほうが、ドルコスト平均法では有利に働くということになります（図表Ⅵ－5参照）。

　ただし、「ドルコスト平均法では、変動率が高い資産や商品が有利である」とはいうものの、これが当てはまるのは、上下のブレの頻度が均等化されるような長期投資の場合であって、上方向へのブレが偏って頻出する可能性のある短期投資の場合には、当てはまりません。

　この例でも、1年後の変動率だけみれば、－5％も＋25％もありうるわけですが、翌年125円で買うようなケースが短期的に続けば、変動率が高い資産や商品が必ずしもドルコスト平均法に有利であるとは言い切れないわけです。

　このことは、同じ変動率であっても、期間によっては、「下がってから上がる場合」と「上がってから下がる場合」が想定されるものの、前者の割合が多い（少ない）ほど、後者の割合が少ない（多い）ほど、パフォーマンスが良く

図表Ⅵ－5　予想平均リターンと予想変動率

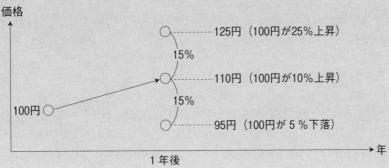

（悪く）なるということです。

　以上のように、本場アメリカでは、長期積立投資のドルコスト平均法では、「上昇率が高い資産」なおかつ「変動率が高い資産」を選ぶというのが原則です。したがって、過去のパフォーマンスが将来も続く保証はないとはいうものの、日本人の場合には、「海外株式という資産ジャンルから１つだけETFか投資信託を選んで、長期積立投資を行うこと」が基本となるはずです。

　これに対して、日本の多くのマネー専門家が、「主要４資産に分散投資しながら、長期積立投資を行うべき」と主張しています。

　これは、"ドルコスト平均法の輸入"に際して生じた大きな誤解です。長期積立投資では、「上昇率が高い資産」なおかつ「変動率が高い資産」を１つ選んで、その資産へ集中投資することによってドルコスト平均法がより効率的に働くため、日本人の長期積立投資の場合には、海外株式という１資産に集中投資を行うべきなのです。

　たとえば、毎年初に４万円を投資する長期積立投資を行った場合、下記のように、過去20年でも、30年でも、「海外資産」への集中投資のほうが、「４資産」への分散投資よりも、優れた投資結果を生み出しているのです。

> 1987年から2016年までの毎年初に１万円ずつ４資産に積立投資した場合の2016年末時点での投資価値
> 120万円→295万円

> 1987年から2016年までの毎年初に４万円を海外株式に積立投資した場合の2016年末時点での投資価値
> 120万円→513万円

> 1997年から2016年までの毎年初に１万円ずつ４資産に積立投資した場合の2016年末時点での投資価値
> 80万円→152万円

> 1997年から2016年までの毎年初に４万円を海外株式に積立投資した場合の2016年末時点での投資価値
> 80万円→180万円

（注）「国内株式」「国内債券」「海外株式」「海外債券」はそれぞれTOPIX, NOMURA BPI総合、MSCIコクサイ（円）、シティグループ世界コクサイインデックス（円）（すべて配当込み）。

　こうなる理由は、「分散投資では、上昇率は組入資産の加重平均になり、変動率は組入資産の加重平均以下になる」という基本中の基本のファイナンス理論が働くからです（詳しくは、第40章と第41章をご参照ください）。

　要するに、「分散投資とは、変動率を引き下げる効果」をもつのに対して、「積立投資では、変動率が高いほうが効果的」であるため、資産分散を行うと、積立投資のパフォーマンスが悪化してしまうからなのです。

そして、そもそも、上昇率に関していえば、過去20年でいえば、「海外株式」は年率6.6％であったのに、「４資産の平均」は年率3.9％です。いちばん上昇率の高い資産と、その他との平均をとれば、いちばん上昇率の高い資産単独のほうが、良い結果を招くことは明らかです。

　積立投資を長期間続けるというのなら、過去のパフォーマンスが示す限りでは、「４資産」の分散投資するのではなく、「海外株式」へ集中投資するほうが、良い結果をもたらしたことは明白で、「４資産」の分散投資を支持するデータは、見つけづらいと思います。

▶積立投資用の口座について

　最後に、ドルコスト平均法の説明に、もう１つだけ加えます。それは、積立投資用の口座についてです。「毎月少額の貯金ができるや否や、そのつど投資する」というと、自分で銀行や証券会社に口座をつくって、毎月、（海外）株式ファンドを購入するのだと早合点していませんか？

　皆さんは、大切なことを忘れています。

　第３章のインディアンの話のなかで複利について説明しました。仮に、年率7.2％で殖やせれば、10年後に投資金額は２倍になっていました。しかし、毎年、利益に対して20％の税金がかかれば、年利5.8％になってしまい複利の威力が半減します。

　実は、日本の皆さんには、投資信託やETFを利用しながらも、税繰延べ効果を利用できる口座が提供されています。

　確定拠出年金とNISAです。これらの口座で積立投資を行えば、変額個人年金保険のように、高い手数料や年間費用を支払わなくても、税繰延べ効果が利用できるため、複利の力を十分に発揮させることができるのです。

　つまり、積立投資を始める場合、会社で確定拠出年金（企業型）に加入しているなら、まずは、これを最大限利用します。次に、個人型の確定拠出年金を利用できるようならば、迷わず目いっぱい利用します。さらに、NISAまたはつみたてNISAを加えます。

　こうして確定拠出年金とNISAという税繰延べ効果をもつ口座を100％利

用し尽くしてから、なおかつ、さらに毎月余剰資金が発生するときに限って、仕方なく、一般の口座で積立投資を行うというのが、賢い口座利用法であるのです。

　余談になりますが、"アメリカ人は、投資を盛んに行っている"とよく耳にします。さらに、"アメリカ人はリスクをとって投資する狩猟民族だ。日本人は農耕民族だから、リスクをとれないので投資に手を出せない"などと、もっともらしい理屈をつける方もいますが、わが社のアメリカ人のお客さんだって、投資リスクに対してはとても神経質です。

　アメリカ人と日本人の投資に対する考え方の大きな違いは、アメリカでは、個人退職勘定（IRA）と確定拠出年金制度（401ｋ制度）という税繰延べ制度ができあがった時期が1974年と1978年と、日本に比べて早かったためということにすぎません（日本の確定拠出年金は2001年、NISAは2014年）。

　アメリカの場合には、両方の制度ができあがった後、幸運にも、株式市場が底値（700ドル）から上昇を続け、2019年には２万ドル台後半へと上がったのでした。"アメリカ人は投資が好き"というよりも、積立投資した資金が何倍にも大きくふくれあがったため、金融資産のなかの投資資産が増えた結果こそが、"アメリカ人は、投資を盛んに行っている"といわれる真の姿なのです（図表Ⅵ－６、図表Ⅵ－７参照）。

図表Ⅵ－６　1978年の個人金融資産（アメリカ）：4.6兆ドル

銀行預金 53.9%	株式等 23.6%	その他 20.6%

投資信託1.9%

（出所）　Federal Reserve Board

図表Ⅵ－７　2019年の個人金融資産（アメリカ）：88.9兆ドル

現金・預金 12.9%	投資信託 12.0%	株式等 34.3%	保険・年金・定型保証 31.7%

債務証券6.5%　　　　　　　　　　　　　　　　　　　その他2.7%

（出所）　日本銀行

図表Ⅵ－8　2019年の個人金融資産（日本）：1,835兆円

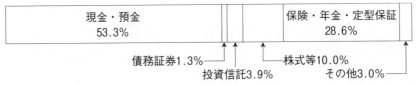

（出所）　日本銀行

　日本の場合、まだまだ確定拠出年金の拠出限度額が少なかったり、株価が1989年の高値を抜けなかったりなどの障害はあるものの、NISAや個人型確定拠出年金を充実させつつありますし、海外株式の年リターン平均は、過去20年で6.6％、過去30年で7.9％ありましたから、かなりアメリカ人と同等の環境が整いつつあります。

　せっかく、国が好環境を提供してくれているのですから、投資口座としては、確定拠出年金とNISAを限度額まで利用し尽くしてから、一般の口座を利用するようにしましょう。

　　前述のように、長期積立投資では、「長期的な上昇率と変動率が高い資産に属する投資信託かETFを１つ選んで、同じものへ積立投資を続けていく」というやりかたが原則となります。そして、過去のパフォーマンスが続く保証はありませんが、日本でいえば、過去20年でも、30年でも、パフォーマンスがいちばん適していたのは「海外株式」です。

　　ところが、確定拠出年金で、４資産分散や確定物に投資している方が後を絶たないことは残念でなりません。

　　「国内株式」「国内債券」「海外株式」「海外債券」に属するファンドを１つずつ選んで、各１万円ずつ、合計４万円を、毎月、各ファンドに積立投資していくようなやりかたは、変動率を小さくするので、ドルコスト平均法の効果を弱めます。

　　ましてや「確定物（＝元本保証もの）」では変動率はほぼゼロですし、利益もほとんどありません。確定拠出年金口座では、税繰延べ効果が利用でき、運用中には、"大きな利益が出ても、課税されない"のが長所なのに、"ほとんどない利益に対して課税されない"のでは、わざわざ確定拠出年金口座を利用す

る意味がありません。

　さらに、個別株式、特に自社株買いも、確定拠出年金ではお勧めできません。何十年積立投資をしてきた挙げ句、その会社が倒産するならば、職を失った挙げ句、退職金までも失うことになってしまいます。実際に、アメリカのエンロン社の破綻に際しては、そうした事態が起こりました。

　国は、国民のために、確定拠出年金、つみたてNISAなどの制度を創設してくれているのに、そうした制度を活用しなかったり、上手に活用できない方が非常に多いのは歯がゆいかぎりです。数あるマネー本のなかから、たまたま、本書を手にされた皆さんは、運が良かったのです！

第31章

ドルコスト平均法は
一括投資にも使えるか？

　ここまでは、「これから手にする資金を利用した投資戦略」として、ドルコスト平均法を説明してきました。たとえば、毎月、給料から３万円を取り出して、株式ファンドに積立投資を続けていく、というものです。

　「これから手にする資金を利用した投資戦略」としては、ドルコスト平均法は非常に優れた方法です。

　では、たったいま5,000万円の大金を相続したとか、宝くじで１億円当たったとします。こうした大金に対して、ドルコスト平均法を使うべきでしょうか？

　つまり、毎月３万円の積立投資を続けていたところに、いきなり5,000万円も投資資金が舞い込んできたので、それをいままでの３万円と同じように扱ってよいのかという問題です。

　もちろん、こうしたまとまった資金の取扱いかたは、同じではありません！

　というのも、ドルコスト平均法とは、少額の積立投資には有効であっても、すでに手にした大金の配分には向いていないからです。すでに大金を手にしている場合には、ドルコスト平均法を利用してちまちまと小出しにして投資をするよりも、一度に全部を投資してしまったほうが効率的である点は、ファイナンス理論の研究によって明らかになっています。

　これは、常識的に考えてもわかりやすいと思います。つまるところ、ドルコスト平均法の長所とは、「安値でたくさん買って、高値で少なく買う」というやりかたでコストを下げる点にありますが、平均法であるがゆえに最安

値だけで購入するわけではありません。そのため、利益が最大になるわけでもありません。

そして、「超長期的にみれば、株式市場は上昇を続けていく」という前提で考えれば、早く始めればそれだけ大きな利益を手にすることになるのに対して、ドルコスト平均法では、どうしても遅れが生じてしまいます。

大金をもっているのにドルコスト平均法を利用すると、うまくいかなくなる理由というのは、たとえば、1,000万円を1年間にわたって、毎月投資していくケースを考えてみるとよくわかります。

このケースでは、1,000万円が12等分されて毎月投資されていくので、1カ月目には83万3,333円しか投資に回らず、残りの916万6,777円はまったく放置されたままになります。

その間、放置されている資金はどうなるのでしょうか？

おそらくは、ほとんど金利のつかない預金口座に眠ることになるわけです。その結果、ドルコスト平均法によって、リスクが低くなっただけでなくリターンも低くなってしまいます。こうした理由からこのPartの始めに触れたように、投資資金を手にした時が、投資を始める絶好の機会となるわけです！

付け加えるならば、投資資金を手にしたと同時に投資に回してしまうのが正解です。たとえば、毎月1万円、銀行口座に預金しながら、「50万円になったら、投資を始める予定です」という方がいます。しかし、貯金したお金をゼロ金利で寝かした状態で50万円の塊ができるまで、いったいどれくらいの期間がかかるのか、わかっているのでしょうか？　待っていては駄目なんです。

効率的なやりかたとは、いま、そのお金を投資に回すことなのです！

このことは、何となく正しく聞こえるものの、おそらく皆さんは腑に落ちない点があるかもしれません。というのも、一生涯かかってためてきた貯金を投資に回した翌日に、株式市場が暴落するような不運に見舞われることだってありうるからです（このPartの冒頭の言葉を思い浮かべてください）。

でも、私がいいたいのは、「すべてのお金をすぐに投資してください」と

いうことであって、「すべてのお金をすぐに、株式に投資してください」ということではありません。この点をはっきりと理解していただくために、ここからは、大金を一括投資する際の適切な方法について説明します。

第 **32** 章

株式市場は、安全なのか、
危険なのか？

　皆さんに６歳のお子さんがいて、将来の大学費用を用意していこうと決めたときに、もしそのお金がなくなったら、その子が大学進学を断念するしかないとわかったうえで、全額を株式市場に投資するでしょうか？

　株価が上がればわが子が大学に行けるが、株が下がれば行けない。

　こんな賭けをする方は滅多にいません。株式市場というのは、不確実でリスクが高く変動が激しいからです。そして、親が大事な資金準備のために株式投資をためらうのは、図表Ⅵ－９のような株式市場の変動ぶりを知ってい

図表Ⅵ－９　TOPIXの年リターン

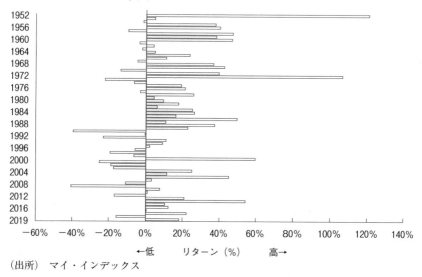

（出所）　マイ・インデックス

るからです。

　図表Ⅵ－9では、1951年末から2019年末までの東証株価指数に関して、年次ベースの値動きを示しています。歴史的データによれば、合計68年のなかで、値上りした年は全体の68％です。

　こうした確率で、子どもの大学進学の是非が左右されてしまうと考えれば、ほとんどの親たちは、子どもの進学費用を株式投資という名のギャンブルに、大切な資金を使う気にならないのは当然です。

　しかし、株式市場の歴史的データは驚くべき事実を教えてくれます！

・図表Ⅵ－10では、10年次ベースの値動きを示していますが、合計59回のなかで、値上りしたのは全体の80％へと勝率が上がります。

・図表Ⅵ－11では、20年次ベースの値動きを示していますが、合計49回のなかで、値上りしたのは全体の90％へと勝率が上がります。

　つまり、期間が長期化するほど、株式市場の危険性は薄れていくのです。

　ただし、ほとんどの方は、こうした視点で株式市場をみることはありません。大抵は、毎日イライラしながら、今日の株式市場はどうなっているのか

図表Ⅵ－10　TOPIXの10年リターン

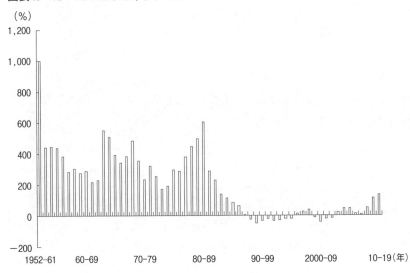

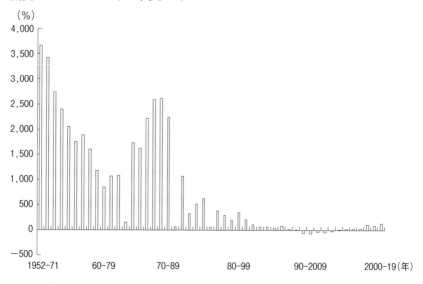

図表Ⅵ-11　TOPIXの20年リターン

（%）

ばかり注目していて、株式市場が、将来に焦点を当てていることや、長期的
な視野をもつことを忘れています。「いま、株式市場にお金を入れるべき
か、それとも傍観すべきか？」「上がっているから買いに入ろう。下がって
いるから売っておこう」とごく利那的な考え方をしてしまうわけです。

　しかし、こんな姿勢がかえって、投資で大損をもたらしてしまうのです。

　株式投資で成功するための秘訣は、投資タイミングでも銘柄選択でもな
く、投資期間にあります。投資期間を調整することによって、リスキーで不
確実な株式を、ある程度は安全で予測可能な投資資産へと、転換することが
可能になるのです。

　「株式市場とは、値下りするから怖いものだ」というのが多くの日本人の率
直な感想だと思います。その最大の理由は、日経平均の1989年の高値（3万
8,915円87銭）を記憶しているからであり、2017年9月以降、2万円を回復し
ているとはいえ、「高値からみれば半値にすぎない。日本株は駄目だ」という

ことになっていないでしょうか？

　しかし、こうした日経平均の高値の記憶は、忘れたほうがよいでしょう！実は、TOPIXに注目すれば、株式市場に対する見方が大きく変わるはずだからです。

　図表Ⅵ－12は、1951年末を100とした場合のTOPIX（配当込み）の推移ですが、2015年には54,700、2016年末には54,900となっています。一方で、過去65年間でみれば、2016年を上回った年は、1988年の59,800と1989年の73,400の2回きりでした。"皇居周辺の地価は、カリフォルニア州の地価に匹敵する"といわれたバブルの頂点の1989年を除けば、株価は高値の半値ではなく、株価は過去最高水準まで上昇しているのです。

　TOPIXが過去最高水準へ近づいた理由としては、2001年以降の配当性向の上昇が考えられます（図表Ⅵ－13参照）。企業は、当期利益のなかから配当金を支払いますが、配当金／当期利益で計算される配当性向が高まったことにより、「TOPIX（配当無）」と「TOPIX（配当込み）」の格差がふくらんできました（第16章をご参照ください）。

　その結果、「TOPIX（配当無）」では、1989年の2,885の高値に対して、2016

図表Ⅵ－12　TOPIX配当込指数（1951年末＝100）

年	指数	年	指数	年	指数	年	指数	年	指数
1952	221	1966	1,687	1980	11,403	1994	41,246	2008	26,283
1953	232	1967	1,608	1981	13,422	1995	42,108	2009	28,285
1954	228	1968	2,199	1982	14,240	1996	39,556	2010	28,657
1955	314	1969	3,136	1983	17,857	1997	31,878	2011	23,702
1956	441	1970	2,703	1984	22,572	1998	29,784	2012	28,646
1957	308	1971	3,777	1985	26,228	1999	47,562	2013	44,233
1958	586	1972	7,803	1986	39,237	2000	35,691	2014	48,789
1959	811	1973	6,078	1987	43,475	2001	28,942	2015	54,692
1960	1,191	1974	5,671	1988	59,778	2002	23,877	2016	54,857
1961	1,148	1975	6,754	1989	73,407	2003	29,891	2017	67,133
1962	1,197	1976	8,193	1990	44,456	2004	33,281	2018	56,392
1963	1,170	1977	7,931	1991	44,282	2005	48,334	2019	66,599
1964	1,228	1978	9,985	1992	34,065	2006	49,794		
1965	1,521	1979	10,414	1993	37,802	2007	44,262		

（出所）　マイ・インデックス

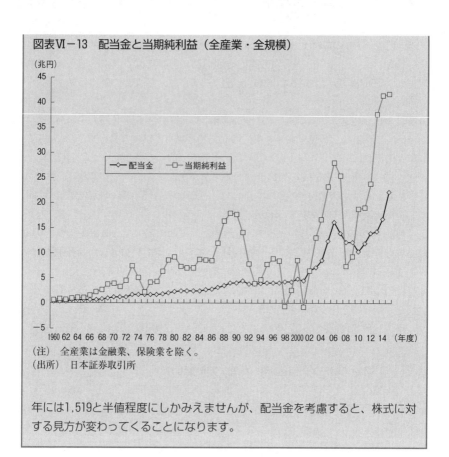

図表Ⅵ-13　配当金と当期純利益（全産業・全規模）

(注)　全産業は金融業、保険業を除く。
(出所)　日本証券取引所

年には1,519と半値程度にしかみえませんが、配当金を考慮すると、株式に対する見方が変わってくることになります。

第**33**章

世界的な大事件でも、投資を消滅させるわけではない

　きのう今日起こっている出来事ばかりに注目すれば、常に投資判断を狂わせることになります。ニュースとは破滅と憂鬱にあふれているため、新たに起こった危機を耳にすると、人は悲観的な気分になって投資意欲を萎えさせてしまいます。しかし、危機の時期とは、まさしく絶好の投資時期なのです！

　危機の時期とは、多くの人たちの投資意欲が高まる時期の対極にあるわけですが、絶好の投資時期であることは歴史が証明してくれています。

　図表VI−14では、危機を経験したにもかかわらず、株式市場が上昇を続けてきたことを示しています。実際に、1950年から2016年までの67年間には、64％の確率で、上昇することになったのです。

　しかし、こうした事実を無視するかたちで、ほとんどの投資家は感情に任せて行動します。事実を確認したうえで対処するほうが、賢いやりかたに決まっています。

図表VI−14　大事件でさえ株式市場を破壊できない

年	事件	日経平均の変化
1950	朝鮮戦争勃発	−7.3％
1951	日米安保条約調印	62.9％
1952	米国　水爆実験	118.4％
1953	スターリンショック	4.2％
1954	マッカーサー公聴会	−5.8％

1955	ワルシャワ条約機構設立	19.5%
1956	第2次中東戦争	29%
1957	ソ連　スプートニック打上	−13.6%
1958	フルシチョフ首相死去	40.5%
1959	カストロ権力の座に	31.3%
1960	ソ連　米スパイ機撃墜	55.1%
1961	ベルリンの壁構築	5.6%
1962	キューバミサイル危機	−0.8%
1963	ケネディ暗殺	−13.8%
1964	トンキン湾事件	−0.7%
1965	ベトナム戦争本格化	16.5%
1966	中国文化革命開始	2.4%
1967	第3次中東戦争	−11.6%
1968	フランス5月革命	33.6%
1969	中ソ国境紛争	37.6%
1970	IOS国際投信ショック	−15.8%
1971	ニクソンショック	36.6%
1972	ニクソン訪中	91.9%
1973	第1次オイルショック	−17.3%
1974	ニクソン辞任	−11.4%
1975	クアラルンプール事件	14.2%
1976	ロッキード事件	14.5%
1977	日本航空機ハイジャック事件	−2.5%
1978	第2次オイルショック	23.4%
1979	イラン革命	9.5%
1980	イラン−イラク戦争	8.3%
1981	レーガン大統領暗殺未遂	7.9%
1982	フォークランド戦争	4.4%

1983	大韓航空機撃墜	23.4%
1984	ガンジー首相暗殺	16.7%
1985	プラザ合意	13.6%
1986	チェルノブイリ原発事故	42.6%
1987	ブラックマンデー	15.3%
1988	ビルマ民主化運動	39.9%
1989	米　パナマ侵攻	29%
1990	イラク　クエート侵攻	−38.7%
1991	湾岸戦争	−3.6%
1992	ユーゴスラビア解体	−26.4%
1993	世界貿易センター爆破	2.9%
1994	金日成死去	13.2%
1995	地下鉄サリン事件	0.7%
1996	オリンピックパーク爆破テロ	−2.6%
1997	英　香港返還	−21.2%
1998	山一証券破綻	−9.3%
1999	Y2K	36.8%
2000	日経平均銘柄入れ替え	−27.2%
2001	米国同時多発テロ	−23.5%
2002	モスクワ劇場占拠事件	−18.6%
2003	イラク戦争	24.5%
2004	鳥インフルエンザ	7.6%
2005	ハリケーンカタリナ	40.2%
2006	タイ　クーデター	6.9%
2007	サブプライム問題	−11.1%
2008	リーマンショック	−42.1%
2009	民主党内閣発足	19%
2010	尖閣沖　中国漁船衝突事件	−3%

2011	東日本大震災	-17.3%
2012	北朝鮮　長距離ミサイル発射	22.9%
2013	バーナンキショック	56.7%
2014	エボラ出血熱流行	7.1%
2015	パリ同時多発テロ	9.1%
2016	英　EU離脱	0.4%

（出所）　日経平均データ（日経平均株価©日本経済新聞社）
　　　　より筆者作成

第34章

マーケットタイミング理論

　第2次世界大戦後、日本の証券取引所が再開されたのは1949年5月のことですが、戦後68年でみれば、株式市場は長期の上昇トレンドにあったわけです。そのなかには、たくさんの短期の山と谷が含まれていました。ということであれば、数十年間株式を持ち続けるよりも、値上りしている時だけ株式を利用したほうが、賢いやりかたではないでしょうか？

　こう聞けば、タイミング売買の推奨者は大きく頷くはずです！

　株式投資というものは、安い値段で買って、株価が上昇していったら、下がる前に高値で売るべきである、とタイミング売買推奨者は言い張ります。そして、株式市場が値下りしている間にはじっと現金にしたまま置いておき、安値をつけた瞬間に飛び乗って次の上昇相場にも乗せてもらう。

　このように、「安値で買って、高値で売る」というプロセスを繰り返すことで、ものすごい大金持ちになれるというのが、タイミング売買の推奨者による言い分です。

　これは、大変に説得力のある主張です。

　「でも、どうやって実行するのかわからない」なんて心配は無用です。証券関係の人たちが、皆さんのために（というよりも、自分たちの手数料のために）たくさんアドバイスをしてくれます。

　マネー雑誌をみれば、タイミング売買に関して、さまざまな専門家が意見を寄せていますし、おびただしい数の会員制有料ニューズレターも提供されています。タイミング戦略による運用をうたう投資信託もあります。

　しかし、ここには、1つだけ大きな問題点があります。それは、「安値で

買って、高値で売る」というタイミングを、正確に、長期間にわたって、一貫して当て続けることは、いままでだれにもできていない、という問題です。

これは、非常に重要な教訓です！

というのも、証券関係の人たちが、1、2回程度ならタイミングを当てることはありえますし、実は、投資の初心者でさえも、ピッタリ当ててしまうことがあります。けれども、それが、次回も、また次回も、さらに次回も、という具合に永遠に続くことは不可能なのです。こうした事実をよくわかっていないと、専門家のセールストークの犠牲者となってしまいます。

犠牲者になってしまうまでのシナリオは実にシンプルです。

株式市場がいきなり暴落した場合、個人投資家は、いてもたってもいられなくなり、だれかに相談したくなります。すると、今回の暴落をずばり予言していたマネー雑誌の専門家の記事やSNSを追ったり、たまたま電話をかけてきた初見の証券マンの意見に従うようになります。暴落の最中、藁にもすがりたい投資家にとって、彼らこそ、相場の神様になるわけです。

こうして、マネー雑誌や有料ブログを買いあさり、新規顧客としてアドバイスを受けることで、「次の上昇相場では、必ず大儲けできるのだ」と信じ込むものです。

しかし、実際には、「新しい先生」に従ったものの、次回やさらにその次の相場変動時には、売り時・買い時のタイミング予想が外れてしまい、気がついてみれば、「新しい先生」には購読料や手数料を払わされた挙げ句、大損の状態で見捨てられていくわけです。

「次回以降」というのがポイントです。

ここにこそ、タイミング売買が、最終的には失敗に終わる理由が隠されています。タイミング売買が成功するには、1回だけでなく2回続けて、ベストタイミングを予測する必要があるわけです。つまり、高値で売れたのはよいものの、今度は安値で買い戻す必要があるわけです。これがうまくできなければタイミング売買は失敗します。

ここで興味深い例を紹介しましょう。

図表Ⅵ-15　タイミング売買は無意味

株式市場 変動率	皆さん	タイミング売買 証券マン
	10,000円	10,000円
＋10％	11,000円	11,000円
－10％	9,900円	11,000円
＋20％	11,900円	11,000円

　１万円投資した株式が、10％値上りしてから10％値下りして、そこから20％値上りしたとします。もし皆さんは全期間投資していたままであれば、図表Ⅵ-15にあるように、最終的な投資価値は１万1,900円になっています。

　しかし、タイミング売買を勧める証券マンが、最初の値上りだけを言い当てて、１万を１万1,000円にしてくれ、さらにその後にやってくる値下りを予想して、その前に売却を勧めていてくれれば、まるまる利益を手にできます。

　この瞬間は、皆さんの目には、証券マンが天才にみえたはずです！

　１万1,000円で売り抜けた投資は、9,900円にまで値下りしているのですから。けれども、まさに9,900円という底値で買い戻すことができなければ、その次にやってくる20％の値上りを手にできません。

　結果的に、買ったまま途中で動かさなかった場合の投資価値が１万1,900円なのに対して、証券マンの勧めに従った場合の投資価値は１万1,000円ということになります。

　明らかに、２回当て続けないと、儲からないのです。

　もちろん、２回当て続ければ、１万3,200円になるので証券マンのアドバイスは大成功です。ただし、ここでは、１万3,200円になるのと、１万1,000円で終わるのが、同じ確率で起こっていますが、実際には、そうしたことはありません。現実の世界では、２回だけの当てっこをするわけではないからです。株式市場とは、超長期的には上昇するものですが、タイミング売買の専門家は、途中の相場変動に関する予想を続けて的中させる必要があり、１

回でも予想が外れれば相当の利益が吹っ飛んでしまいます。

　タイミングの誤りは、必然的なのです！　それは、単に、人間が過ちを犯すものであるというだけでなく、株式市場の値動きが突発的であるからです。

　ここでは、日次データまで無料公開している日経平均プロファイルからデータを抽出してこの点を検証してみましょう。

　日経平均株価は、1949年5月16日までさかのぼって算出されますが、仮に1949年5月16日から1949年12月末までを"最初の1年"とカウントすれば、2016年末までの68年間の年次リターンの平均は10.5％です。しかし、全体の20％にすぎない、値上りの大きかった14年分を除いてしまうと、68年分の利益はゼロになってしまうのです。また、1949年5月16日の始値は176円であり、2016年12月末の終値は19,114円ですが、上昇幅の大きかった、たった15日間の上昇幅の合計は19,677に達しています。

　この事実に驚かれた皆さんに、もう1つ似たような事実を紹介しましょう。2012年7月末から2015年5月末までという期間は、日経平均が8,695円から20,563円へと2.4倍に値上りしましたが、全34カ月のなかから値上り率の高い13カ月を除けば、同じように、こうした利益はゼロになってしまうのです。

　ご存知のように、株式市場が大きく動くことは滅多にありません。このことは、株式市場がニュースの話題になることが、年に数回しかないことからも明らかです。この点からも、最終的にはタイミング売買がうまくいかない理由がわかります。

　繰り返しますが、長期間にわたって、一貫して、正しいタイミングで、売買し続けられた人は歴史上、だれ一人として現れていません。この点に関しては、経済学者やマネーマネジャー、政府や学会などによる、過去の調査データがたくさんの記事や論文のかたちで示されてきていますが、タイミング売買が長期間にわたっては成功することはありえない、という点で、すべての調査が一致しています。それにもかかわらず、実にたくさんの人がタイミング売買を信じて、投資をされているのは驚くべきことです。

金融調査会社のダルバー社による「Quantitative Analysis of Investor Behavior」という調査によれば、大多数の投資家が、タイミング売買を行っており、結果として悲惨な状態に置かれていることがわかります。

　この調査で注目すべき事実は、「投資商品の運用成績」と「その購入者の運用結果」は別物ということです。

　その理由としては、「投資商品の運用成績」は、1月1日から12月31日までの1年間を対象として、購入時期と売却時期が機械的に決められています。その一方で、「購入者の運用結果」は、1月1日に購入して12月31日に売る、という具合に、売買の時期を制限しているわけではなく、別の時期にも売り買いしています。そのため、投資価値は常に変動を繰り返し、1月1日に購入して12月31日に売る場合とは、結果が大きく変わってきてしまうからなのです。

　それゆえ、ダルバー社の調査に反映されているように、商品自体の運用成績と購入者の運用結果とが大きく異なり、後者は、前者に比べて大きく見劣りする点がわかります！

　過去20年間にわたって、アメリカのファンドの平均投資リターンは年8.2%でしたが、平均的な投資家の手にした利益は年3.2%にすぎませんでした。こうした悲惨な結果を招いている理由は、タイミング売買を続けていたからといえます。

　ほとんどの個人投資家は、良いニュースが出て値段が上がってしまった後に、投資商品を買う（つまり、値段が高い時に購入する）一方で、暴落中にはパニックになり、値段が安い時に売却してしまいます。その後も株式市場が変動するたびにこの循環を繰り返していくわけです。

　つまり、「値段が高くなると買って、値段が安くなると売る」という作業を繰り返すものですが、これでは、本来行うべきはずの「安い時に買って、高い時に売る」のとは正反対です。

　値段が大きく変動しても、投資を持ち続ける必要があります。それこそが、投資商品自身が生み出す利益を、きちんと刈り取るための、唯一の方法なのです。

以上の点は、頭のなかでは簡単に理解できるでしょうが、以下の第36章で示すように、株式市場の状態によっては実行がむずかしくなるように脳が反応することもあります。だからこそ、自分の目標を実現するような投資家として成功するには、実行すべきことをやる必要があるわけです。

第**35**章

ヨーヨーよりも、のぼっている丘に注目すべし

　株式投資を怖いと感じる理由は、株価の上下変動が大きいからです。株価が大きく下落する可能性があるため、それを怖いと感じてしまうのです。

　しかし、こうしたおそれは、見当違いといわざるをえません。というのも、株価の値上りや値下りを日々注目することによって、重要な点を見過ごしてしまいがちだからです。それは、株式市場とは、超長期的には上がり続けるものであるという歴史的な事実です。

　株式市場の実態をイメージするには、ヨーヨーで遊びながら坂道をのぼっていく子どもを考えるとよいでしょう。

　ここで、ヨーヨーに注目すれば、激しい回転運動と上下運動ばかり気になるかもしれませんが、子ども自体の位置は、一定のレベルで少しずつ高くなっているのです。

　つまり、たしかに、ヨーヨーは常に低い位置へ達するものの、毎回、最下点の位置は前回よりも高くなっているわけです。それは、子どもの位置が前よりも高くなっているからです。これこそが株式市場の真の姿です。

　もう1つ、別のたとえをしましょう。海には波と潮がありますが、ほとんどの方は潮の代わりに波に着目するという誤りをしています。

　ご存じでしょうが、沖から岸へとうねりが近づき浅くなった海底にぶつかると、うねりは行き場をなくして海面で崩れます。これが波であり、波とは海水のうねりであり、基本的に、海水は波と一緒に移動しているわけではありません。

　一方で、潮とは月の引力と地球の自転によって海水が満ち引きする巨大な

流れです。そして、高波も津波もどれだけ大きかろうが、潮の干満に影響するわけではありません。

　サーファーというのは、大きな波が大好きです。彼らはサーフボードから投げ出されるリスクさえ喜んでとります。しかし、そうしたサーファーが束になってかかっても、サーファーが潮に対して影響を与えることはできません。

　タイミング売買信奉者やデイトレーダーと呼ばれる人たちは、いわば株式市場のサーファーです。金融メディアから発信される"波の情報"に対して、毎日朝から晩まで注意を払って"波を見極める"ように投資売買を行っているわけですが、そうした"株式市場のサーファーたち"の瞬間瞬間の策略によって、株式市場全体の長期的な投資パフォーマンスが左右されることはありません。

　タイミング売買のように、瞬間的な大きな波に注意を払うのではなく、長期投資家として行動しましょう。短期でみれば波のように映るかもしれませんが、超長期でみれば株式市場とは潮であり、潮というものは予測可能であり、なおかつ、安定していることを悟るべきなのです。

第 **36** 章

投資に感情を持ち込むと、
失敗への道につながる

　投資家が失敗するケースのほとんどが、感情で行動し始めることが原因です。ここでたとえ話をするために、1972年のアメリカに戻りましょう。

　当時のダウ平均株価は700ドルであり、その後の10年間に、アメリカでは、7％のインフレ率、ウォーターゲート事件による大統領の辞任、二度の不景気、石油の輸入規制、18％の金利、そして66人のイラン大使館人質事件などがありました。

　1982年になってもダウ平均株価は700ドルのままでしたが、そこまでの10年間、株価の上昇はなかったものの、それ以後は、そうした状態がなくなってしまい、底値になっていたことはほとんどの方が覚えていないはずです。

　悲観的な気分がはびこった結果、「ビジネス・ウィーク」誌では、「株式市場は死んだ」という表紙の号を出す始末でした。こうなると、投資家の気分は"憂鬱"どころではなく、"悲哀"ですらありました。

　しかし、1980年代中頃に近づくと、事態は大きく変わります。人質は解放され、金利は下がり、不景気は収まりました。そして、至るところで投資家が株式市場を話題にし始めました。

　バスや電車のなかでも、スポーツクラブでも、会食をしていても、必ずといってよいほど株式市場が話題に登場、毎晩のようにニュースでも「株式市場は史上最高値を更新」と報道されていたものです。

　この頃、投資家の間に、株式市場に対してこれまでなかった感情が芽生えました。"希望"です。つまり、投資家は、株価は上昇を続けるだろうと希望的観測をもつようになりました。そのうちに、希望は"楽観"や"高揚"

へと変わります。

　そして、ダウ平均株価が2,700ドルまで上昇した1986年頃になると、希望は“興奮”と“熱狂的陶酔感”に取って代わられました。人々は「自分の財産はすべて株式市場で稼ぐものなのだ」と考えるようになりました。

　ただし、1987年初に株式に投資をした場合、8月には高値をつけたものの、そこから9月には5％も値下りしてしまい、いままでの“熱狂的陶酔感”は一転して“不安”と“恐怖”に取って代わられました。

　そして、10月19日月曜日、いわゆるブラックマンデーの1日だけで、12％も暴落することになるのです。これは、8月22日の高値からすれば35％もの値下りです。ここから、“恐怖”は“パニック”へと変わります。売りに走ると、巨額の損失を抱え、“憂鬱”になりました。しかし、ここから、新しいサイクルが始まったのです！

　1990年代にも、まったく同じストーリーが展開されます。1990年には、一般投資家はインターネットという言葉すら聞いたことがなく、90年代半ばになって初めて、マイクロストラテジーやAOL、プライスライン・ドットコムといったインターネット関連株が驚異的な値上りをしたことを耳にし始めたわけです。

　投資家が、こうしたドットコム銘柄に投資を行うようになった時点では、すでに株価は10倍になっていましたが、そこからさらに値上りが続くものだと希望を抱き、投資を始めたわけです。

　現実には21世紀が始まる頃には、こうしたドットコム銘柄は値下りに転じ

図表VI−16　投資家心理のサイクル

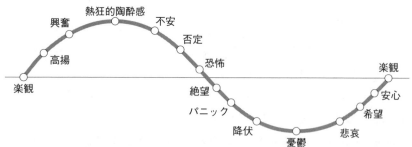

ます。投資家はもはや「短期で利益を手にできる」という夢は忘れて、「できるだけ早く買値まで戻ってくれ」という希望へと変わります。そして、2000年代には、不動産で同じようなことが起こります。

アメリカ史上最大の上昇相場の最中に、どうしてお金を失うはめになったのか、投資家が途方に暮れる光景が再現されます。1987年のブラックマンデーの教訓は生かされていないことは明らかです。インターネットバブルから、いったい何を学んできたのでしょうか？

ここでの教訓は、「ニュースから決断を引き出すことはやめなさい」ということです。あらゆるメディアが、たったいま起こったことを報道します。そして、それを聞いてから行動したのでは、お金を儲けることはできません。

というのも、そうしたニュースによって、感情を掻き立てられ、感情で動かされることで、投資家を確実に間違った方向へ進ませることにつながるからです。たとえば、株式市場が上昇した後には、ニュースによって、投資家は購入意欲を掻き立てられますし、株式市場が下落した後には、ニュースによって、投資家は売却を促されるからです。どちらも、本来とるべき行動とはまったく逆のことですよね。

実際、感情に従ってしまうと、投資家の半分は、本来やるべきこととは正反対の行動をとってしまいます。

▶ 投資商品の買い物は、日用品とはわけが違います

皆さんが間違ってしまう確率が50％なんて信じられますか？ 考えてみてください。皆さんが何かの投資商品を売りたい場合、ほかのだれかに売りつけることになります。

ですから、皆さんなのか、どこかのだれかなのか知りませんが、一方がまるで間違っているわけです。結局、その投資商品は上がるか下がるかするわけなので、どちらかが間違っているのです。

別の言い方をすれば、投資商品を買う際には、他の商品を買うのとは正反対のやりかたが必要になるのです。たとえば、テレビや自動車、あるいはシ

ステムキッチンその他の高価な商品を購入する場合を考えてみましょう。

もし以前と同じメーカーの商品の購入を検討しているとしたら、間違いなく、以前の商品の使い勝手が良かったからに違いありません。そして、これからも、過去の経験と同じことが起こることを信じきっているわけです。

ただし、新しい自動車を買う際には、単に、以前のものが良かったというだけで選ぶわけではありませんよね？　普通は、もっとはるかに賢いやりかたをするはずで、インターネットを使って情報を入手したり、自動車雑誌を読み漁ったり、友人や同僚の意見を聞いてみたりします。そして、メーカーと車種を決めたら、数万円でも安い商品を見つけようと、何軒も販売店をみて回るわけです。

これはごくごく普通のやりかたです。そして、投資に関しても同じやりかたをするわけです。

何かの投資商品に、100万円を投資する際には、テレビやインターネット上で専門家と称する人たちが「あれがよい」というのを聞きかじって、それについて、友人や同僚の意見を聞いて、決めているのではありませんか？もし、そうだとしたら、感情に任せて投資していることにほかなりません！

日用品を購入するのと同じように、過去のパフォーマンスや商品評価に頼るような買い物方法は、投資の世界には持ち込むべきではありません。実際に、こうした注意事項は基本中の基本であって、アメリカのSEC（証券取引委員会）では、すべての投資信託の目論見書に、以下のような但書を記載するように通達しています。

「過去のパフォーマンスは、将来の結果を保証するものではない」

ある特定の時期に、投資パフォーマンスが良かったからといって、将来のほかの時期にも良いとは限りません。実際に、このことは、過去の経済的状況が現在の経済状況とまったく同じであるわけではない、という点にかんがみれば、確信できるでしょうし、同じように、今日の経済状況は明日も同じではありません。

▶ 気が動転すると、真夏に雪が降り積もる？

　マーケットの非常に悪い時期に、「たった１カ月で、もっている投資商品が12％も値下りしてしまった。どうしたらいいのでしょうか？」という、半狂乱状態の女性から相談を受けた際の話です。彼女によれば、「この調子で値下りを続ければ、１年以内に破産してしまう」ということでした。

　たしかに、毎月12％ずつ値下りすれば、１年後には、彼女のいうとおりに、彼女の全財産はなくなってしまうはずです。ただし、時期は２月であったので、私は冷静に彼女にこう切り返しました。

　「雪国では、この１月の１週間で２メートルも雪が積もりましたね。１週間で２メートルですから、このままでいけば、７月までには40メートル以上になりすべてが雪で埋め尽くされてしまいますね」

　すると彼女は、いいました。

　「バカバカしい。その頃には、雪はとっくにやんでいるわよ。７月には、状況は変わっているに決まっているじゃない！」

　私がいいたかったのは、まさにこのことです。つまり、夏になれば雪がなくなってしまうのと同様に、７月までには投資環境は激変しているはずです。何がいいたいのかといえば、マーケットの吹雪は投資家をパニックにしてしまいます。そして、パニックに陥ると、投資家はたった１つのことを除いてすべての目標を捨て去ってしまいます。

　たった１つの目標とは、投資の安全です！

　子どもの大学費用の準備のために投資を始めたことも、老後の生活費の準備のために投資を始めたことも忘れてしまい、ましてや税金がどうなるかなどはまったくお構いなしに、「私のお金の安全を確保しなくては」と考えるわけなのです。

　投資を行っている最中に、安全ばかりを考える人は、特に注意が必要です。投資というのは、安全ではなくパフォーマンスが重要です。そして、変動は投資という旅行のお供と考えるべきなのです。

▶ 投資心理を掻き乱す16のバイアス

冷静な状態であるならば、重大な決断を行う前に、バイアス（偏見）のない情報を見つけ出し、情報の現実性を分析し、その情報を利用して論理的な結論にたどり着く、という方法論をとれるわけです。

でもそんなことができる投資家なんてほとんどいません。なぜなら、人間の脳の働きに投資行動が左右されてしまうからです！

心理学と脳科学の研究によれば、賢い投資選択をする能力がありながら、それを脳が邪魔してくることがわかっています。行動ファイナンスと認知経済学の分野の研究者によれば、人間はバイアスを生み出しやすい動物なんだそうです。

バイアスとは、一度頭のなかに描いてしまうと、変更や克服がむずかしい、先入的な考え、選考、傾向をいいます。ここでは、きちんとした投資決定を行う際に障害となりうる、16のバイアスについて簡単にみていくことにしましょう。

心理学では、人間がある種の行動をとる際に、感情がどのように影響するかについて研究していますが、心理学がお金の問題に応用されたのは1980年代からのことで、行動ファイナンスと呼ばれます。この分野のパイオニアとして、ダニエル・カーネマンとアモス・トベルスキー、そしてリチャード・セイラーらが有名であり、2002年にカーネマンがノーベル経済学賞を受賞したことで、ファイナンス分野で注目を浴びるようになりました。詳しくは、Ric Edelman著『Ordinary People Extraordinary Wealth』をご参照ください。

脳のバイアスその１：直感的バイアス（Intuition Bias）

直感的バイアスとは、投資家が、経験的知識に基づく技術のかわりに、「本能的な感覚」に頼るために生じます。直感的バイアスにむしばまれているかどうかを、すぐにチェックする方法があります。

110円でコーヒーとマフィンを買う場合、コーヒーはマフィンより100円高いとしたら、マフィンの値段はいくらでしょうか？　というクイズに対して、「マフィンの値段は、10円！」と答えるのならば、直感に従って判断を下しているということです。マフィンの値段は10円ではありません。

正解は、マフィンの値段が5円、コーヒーの値段が105円となりますが、たぶん正解を導くためには、紙と鉛筆を用意してじっくりと計算する必要があると思います。

脳のバイアスその2：心の会計バイアス（Mental Accounting Bias）

感情による計算バイアスとは、経済学ではなく、経済学「のような感じ」に基づいて投資判断を行うことをいいます。

ワイン専門店で好みのワインメーカーの2030年物のワインを注文したとしましょう。これは、ワイン・フューチャーと呼ばれる契約で、この例では、ワインを購入するために2,000円支払ったものとします。

10年経って、ようやくこのワインを店で受け取れますが、受け取りに店を訪れた時には、同じボトルが7,500円で売られていました。当初のプランどおり、自宅へ戻ってワインを飲んだ場合、ワインを飲むためにいくら費やしたことになるでしょう？

2,000円ですか？　2,000円＋金利ですか？　7,500円ですか？　あるいは、－5,500円ですか？

ほとんどの方が、「2,000円」あるいは、「2,000円＋金利分」と答えたのではないでしょうか。しかし、正解は、7,500円です。なぜなら、このワインは7,500円で売ることができるのに、そうしなかったからです。

脳のバイアスその3：区分化バイアス（Compartmentalizing Bais）

夫と妻がそれぞれ証券口座をもち、同時にそれぞれが職場で確定拠出年金で積立投資している場合、これら4つの口座のどれか1つに対して、投資商品の選択を行う際に、他の3つの口座のことを考えて選ぶでしょうか？　後述するように、投資資金が数百万円ともなれば分散投資を行う必要が生じま

すが、他の口座で保有しているのと同じ銘柄のファンドをダブって買っていませんか？　区分化バイアスが生じるのは、お金の問題を扱う際に、他の部分に対する影響を考えずに、孤立させて考えることをいいます。

脳のバイアスその4：パターン認識バイアス（Pattern Recognition Bias）

人は、本来はありもしないパターンを見出すことがよくあります。投資家は、過去の値動きがどのようなものであったかに基づいて、投資対象を選んだり避けたりします。その理由は、過去のパフォーマンスが将来の結果を予測するパターンを構成すると考えるためです。

しかし、残念ながら、そうしたアプローチは機能しません。空にみえる竜は、単なる雲にすぎないのです。

脳のバイアスその5：直近バイアス（Recency Bias）

ここまで本書を読んできただけでも、このバイアスの例は思い浮かぶはずです。人間は、最近の出来事や状況に注目して、それ以前に起こったことをすべて無視してしまうものです。その結果、現在のやりかたがいつまでも通用し続けるものと考えてしまいます。たとえば、マーケットが上昇していれば、これからも上昇が続くと考え、マーケットが下落していれば、これからも下落が続くと考えます。

脳のバイアスその6：内集団バイアス（Proud Papa Bias）

電力会社の株式をもつ場合、ほとんどいつでも、地元の会社を選びます。たとえば、東京の人なら東京電力を選びますし、北陸の人なら北陸電力を選びます。

脳のバイアスその7：楽観的バイアス（Optimism Bias）

自分が自動車事故にあう可能性を考えたことがありますか？　可能性としては、ほかのすべてのドライバーと同じでしょうが、人間は、事故というも

のは他人にだけ起こるものだと信じています。

楽観的バイアスによって、人間は、自らの才能や能力や知識に関して自信過剰になるものです。その結果、リスクというものを過小評価してしまいます。

たとえば、皆さんが1株2,000円で株式を買った場合、いくらで売れると考えますか？

間違いなく、2,000円以上であると答えるはずです。

こんな答えをする理由は、自分が購入する投資商品が値下りするなんて、ほとんどの方々が考えもしないからです。なぜならば、投資家は、楽観的であり自分の能力に自信過剰となるから、値上りしている株式を買えるのです。

こうした事情を考えれば、2008年のリーマンショックでは、非常にたくさんの方々が、単にお金を失っただけではなく、あれほど多くのお金をあれほど短期間で失ったことに対してショックを受けていた理由がわかります。あのような投資結果を、まるで想定していなかったことが原因なのです。

脳のバイアスその8：コントロールの幻想バイアス（Illusion of Control Bias）

このバイアスは、楽観的バイアスと関係があります。人間は、しばしば、自分の行動によって出来事をコントロールできると信じています。私がこの株を買う以上、その株の値段は上がるに違いないと考えます。そのため、しばしば想定どおりには値動きしてくれない、リスクの高い投資商品を買うことになるわけです。

脳のバイアスその9：悲観的バイアス（Pessimism Bias）

悲観的バイアスとは、まぎれもなく楽観的バイアスの対極ですが、人によっては、自分の選択したものだけが非常に悪く感じてしまう理由を説明してくれます。こうした方々を金融の世界では「小心者」と呼んでいます。「空が落ちてくるかもしれない」と、いつも心配している人たちです。

マーケットや世界の出来事で何か悪いことが起こると、「私の老後生活はなくなった」とか「今度こそ株式市場は二度と回復しない」などと馬鹿げた話をする「小心者」の方々はされるものです。こうした話は、感情に基づいているのであって事実に基づいているわけではありません。

脳のバイアスその10：悲劇的バイアス（Catastrophising Bias）

　最悪の場合、悲観的バイアスは、最悪の可能性を具体的に思い描くようになり、そして、最悪のケースが生じるかもしれないと心配するどころか、必ず起こると信じ込むようになります。2008年のリーマンショック当時が典型的であり、投資商品が半値以下に落ち込むさまをみた後、私のラジオショーに電話してきた人の多くが、「引退生活を迎えられなくなった」とか「手持ちの投資商品は決して元の値段には戻らない」とひどく狼狽していました。しかし、実際には、１年以内に元の値段に戻ったのです。

脳のバイアスその11：後悔回避バイアス（Regret Aversion Bias）

　いままで、叶えたい夢が叶わなかったことってありますか？　そうした記憶は、ひどく嫌な感覚（そして、いまだに残念に感じる）を生み出します。後悔を経験すると、多くの方々は、後悔の原因となりうるような意思決定を避けるために、あらゆることを行うようになります。

　このことを説明するために、100円の入った封筒と100円の宝くじの入った封筒をそれぞれ同じ数だけ用意して、私のセミナーの参加者に渡すという実験をしたことがあります。

　ここで、参加者に封筒を開封してもらった後、宝くじをもっている人には100円硬貨と交換すること、逆に硬貨をもっている人には宝くじと交換することを提案しましたが、だれ１人として提案に応じる人はいませんでした。

　その理由は簡単で、硬貨を手にしている人は、宝くじはほとんどいつでも価値がないことを知っているため、価値のない宝くじと硬貨を交換したいとは思いません。一方で、宝くじを手にしている人は、たった100円と引き換えに、当たりくじを手放してしまうのではないかとおそれ、やはり手放そう

とはしません。どちらのケースでも、参加者は間違った決定をしてしまうことをおそれているわけです。要するに後悔をしたくないわけです。

脳のバイアスその12：授かりバイアス（Endowment Bias）

お気に入りのバンドが、滅多にないコンサートを開くことになりました。皆さんは、2万円までなら、そのチケットを入手してもよいと考えています。これがチケットに出せる最大の金額であるとします。

しかし、いったんチケットを購入して、それをだれかから売ってくれと頼まれれば、10万円でも、手放す気にはなりません。つまり、自分が手にしているという理由だけで、突然、チケットの値段は跳ね上がることになるわけです。

持ち家を売る際にも、不動産の所有者は同じような思い違いに陥ります。実際の市場価値よりもはるかに高い値段で売ろうとするのです。

脳のバイアスその13：群集心理バイアス（Herd Mentality Bias）

仲間からプレッシャーを受けるのは、学生に限ったことではありません。投資家も群集に従います。20世紀の終わりのように、仲間のすべてがIT株を買っているのをみれば、自分自身も買いに走ります。1980年代後半の日本や2000年代のアメリカのように、仲間のすべてが不動産を買っているのをみれば、自分自身も買いに走ります。そして、多くの場合、利益が出尽くして値段が下がり始めるときに限って、流行に参加していくものです。

脳のバイアスその14：アンカーバイアス（Anchoring Bias）

新車を購入する際に、値切り交渉をした経験はありませんか？ その際に、販売会社は、表示価格を示してくるものですが、その理由は、表示価格がアンカーとなって、そこから値引きを始めるためです。

賢い買い手であるならば、自分が支払ってもよい金額がわかっているし、表示価格よりも低い購入希望価格を提示して交渉を始めます。賢い買い手にとっては、表示価格とはどうでもよいものであり、結果として、他の多くの

買い手ほど、たくさんお金を払わずにすむわけです。

　ほかの例をあげるとすれば、週末に友人と出かける場合、「ボウリングか映画に行こう」と友人が提案してきたら、どのように答えますか。2つのなかからどちらかを選んだならば、ボウリングか映画と答えるでしょうが、会食やゴルフのような、それ以外の選択肢として思いつくことはなかったのではないでしょうか？

　再度、自動車の購入に関してですが、「ボディカラーは赤か緑のどちらをお選びになりますか？」とセールスマンが提示してきた場合、2つの色のどちらかを選びますか、それとも、自分が本当に欲しい色を手配させますか？

　アンカーは、いろいろな場面で登場し、いつでも微妙なものなのです。

脳のバイアスその15：注意の錯覚バイアス（Illusion of Attention Bias）

　注意の錯覚バイアスは、1つの出来事にあまりにも強く集中しているため、ごく当然のことなのに、他の出来事を見落としてしまうというかたちで生じます。

　古くからある研究として、学生のグループにバスケットボールの選手がパスを回す映像を短時間だけ見せて、白のユニフォームを着たチームがボールを何回パスしたかを数えさせるものがあります。映像中、ゴリラのぬいぐるみを着た者が、胸を叩きながら登場して、そして立ち去ります。

　ビデオが終わってからたずねると、被験者の半分は、そんなゴリラは見ていないと言い、再度映像を見せられてショックを受けるというものです。

　株式市場や為替市場について、多くの日本人は、日本とアメリカの関係に焦点を絞ってみることが多いものですが、2016年末には、日本とアメリカの株価をみる限り、世界経済は順調であるように錯覚してしまうものですが、21世紀の世界の工場となっている中国の株式市場が2015年の高値から40％近くも暴落したままである点に対して関心が及ぶ人は多くはありません。

　私たちは、重要な出来事に注意を払う能力があると考えがちです。しかし、私たちの真の能力は、思っているほどには優れているわけではないので

す。

脳のバイアスその16：記憶の錯覚バイアス（Illusion of Memory Bias）

　私たちは、自分たちの記憶が、実際よりも優れたものであると考えます。そして、記憶が感情的であるほど記憶の鮮明度が増していくはずであると思い込んでいます。ただし、不幸にして、そうした記憶の多くは不正確です。

　たとえば、東日本大震災（2011年3月11日）が発生した時、直接的な被害を受けなかった関西、四国、九州の方々は、自分がどこにいたかは覚えているかもしれませんが、自分が何をしていたのか？　だれと一緒にいたのか？その直後に、何をしたのかは、おそらくはっきりしないのではないでしょうか。

　実際に、私たちの記憶はそれほど正確ではありませんし、本当の出来事が記憶しているものとはかけ離れている場合もあります。それゆえ自動車事故の目撃者が10人いれば、1つの事実に対して、10個の異なる目撃情報が警察に寄せられることになるわけです。

　自分の記憶を盲信すると、投資家にとって問題を引き起こす可能性があり、特に、忌まわしい記憶（しかし正確ではない）に基づく投資判断の場合には、なおさら問題となることが実証されています。

▶ 投資決定をする際に、政治色を加えるべきではありません

　投資家のなかには、政治と投資の関係について誤解をしている方が少なくありません。政治家や政治評論家などが政治討論会や政策討論会で、提案された法案を議論したり、あるいは、税を上げるべきだ、金利を上げるべきだ、インフレを引き起こすべきだ、ドルが暴落する、経済が悪化すると主張している場合、その発言の裏には政治的な目的があるかもしれないと、疑ってみる必要があります。

　彼らは、投資アドバイスをしているのではありません！　この点をふまえておくことは非常に重要です。状況はこうなるだろうと、政策が変更された

際の政治家や政治評論家の"予言"を聞いた場合に、自分の投資判断を変える必要があると結論を出すかもしれませんが、それは適切ではありません。

たとえば、アメリカの社会科学研究ネットワーク（Social Science Research Network）の2010年の調査によれば、共和党支持者も民主党支持者も、自分の支持政党が政権の座についた際には、株式市場に対して楽観的になりリスクを小さくみている、と報告していますが、マーケットの状況はまったく異なります。

上記の調査では1991年から2002年までの期間、民主党が政権につくと、楽観的な立場から民主党支持者の投資家は積極的になる一方で、共和党支持者の投資家は、投資に警戒感をもったことを示しています。その結果、民主党が政権にある際に、民主党の支援者である投資家は、共和党の支援者よりも2.7％多く投資利益を手にし、共和党が政権にある際には、共和党の支援者である投資家が2.7％多く利益を手にするという、逆のことが起こります。

つまりどちらの政党を支持しようが、投資家は自分の支持する政党が政権にある際には恩恵を被り、自分の投資決定に悪影響を与えるような政策は許さないということが可能であったわけですから、政治討論会の"予言"を真に受けて投資決定を変えるべきではありません。

　NISA口座とジュニアNISA口座では、株式や投資信託等の売買益や配当金や分配金等について、５年間、税金がかかりません。しかも、NISAでは年間120万円、ジュニアNISAでは80万円まで１人当りの投資枠があります。

　そこから、「ご夫婦と小学生の２人のお子さんであれば、年間400万円まで、５年間なら2,000万円まで、20％の税金がかからないから、大きく儲かる。もう預金どころではない」と考える方が多いものです。ここでのうたい文句は、"20％の税金がかからない"ということです。

　たとえば、400万円を５年間投資して、毎年10％の利益が得られるとすれば、20％の税金がかからない場合には、244万２千円の利益が生じる一方で、毎年20％の税金がかかる場合には、187万7,400円へと利益が減ってしまいます。

こうした計算を示されれば、「NISAやジュニアNISAは、お徳である！」という思い込みがますます強くなるはずですが、少しだけ冷静に考える必要があります。

　たしかに、NISAやジュニアNISAでは、「利益に対して20%の税金がかからないためお徳である」とはいうものの、口座内の投資商品が利益を生まなかった場合には、この特典は、いっさい利用できません。

　それどころか、NISAやジュニアNISAの口座で損失が発生し、なおかつ他の証券口座で利益が発生した場合、NISAやジュニアNISAの口座では損益通算の対象外であるため、損益通算できなかった分だけ余分に税金を支払う可能性が生じます。

　もちろん、いくつかの対策は考えられますが、「税金がかからないからお徳である」という点に焦点を当てすぎると、「税金を余分に払う」という結果を招く可能性があります。投資に感情を持ち込むと失敗の道につながります。なお、NISAやジュニアNISAに関する税金は、Part IXをご参照願います。

（注）　上記の説明では、単純化のため、売買益や配当金や分配金に対する税率を20%としていますが、正確には、復興特別所得税が加算されるため20.315%となります。

第37章

ボラティリティの理解

　リスクというものは、ボラティリティ（変動幅）があるところに現れます。つまり、「リスクとは何か？」ということを、すごく簡単にいってしまうと、現在と将来でお金の価値が違ってくるということです。現在と将来でお金の価値が大きく違うと、リスクも大きくなることになります。そして、現在と将来で、お金の価値がどの程度違うかという振れ幅のことをボラティリティと呼びます。

　たとえば、定期預金にはボラティリティがありません。というのも、定期預金に投資した100万円の価値は100万円と変わらないからです。しかし、株式に投資された100万円は大きく上下変動する可能性がありますから、株式は定期預金よりもリスクが大きいとみなされるのです。

　そして、なぜ株式を保有するかというと、このボラティリティがあるからにほかなりません。ボラティリティがあるから、株式を避けるというのは、まったく意味のないことなのです。

　図表Ⅵ－17が示すように、1950年から2016年までの日経平均の高値と安値の年平均乖離は31％と、大きなボラティリティがあることがわかります。ただし、こうした上下のブレのすべてが、1950年に始まる上り坂の途中で生じてきたことなのです。ですから、株式市場をみる場合には、日々の動きではなく長期トレンドに注目するべきなのです。

　31％のボラティリティというと、大きな変動だと思うかもしれません。しかし、これは、平均値であり、現実には、もっと大きなボラティリティが発生します。危機の最中と後の日経平均を比べてみましょう。

図表Ⅵ-17　日経平均の揺れ幅はどれくらい？

年	揺れ幅（%）	年	揺れ幅（%）	年	揺れ幅（%）
1950	27.4	1973	26.8	1996	17.0
1951	66.8	1974	33.6	1997	30.4
1952	12.0	1975	24.8	1998	29.3
1953	49.1	1976	13.3	1999	42.5
1954	17.4	1977	13.8	2000	39.0
1955	52.8	1978	25.3	2001	36.7
1956	34.1	1979	11.0	2002	33.8
1957	22.6	1980	10.9	2003	40.8
1958	40.3	1981	14.9	2004	16.6
1959	16.7	1982	15.3	2005	47.9
1960	56.1	1983	26.1	2006	20.4
1961	41.8	1984	18.9	2007	19.7
1962	26.2	1985	13.7	2008	51.2
1963	30.6	1986	46.1	2009	39.6
1964	13.8	1987	43.1	2010	23.6
1965	32.1	1988	42.1	2011	25.9
1966	15.7	1989	28.9	2012	24.5
1967	17.8	1990	47.8	2013	54.3
1968	46.2	1991	23.6	2014	25.3
1969	36.1	1992	39.9	2015	23.4
1970	25.2	1993	29.8	2016	24.6
1971	37.9	1994	24.1		
1972	92.0	1995	28.1	平均	31%

（出所）　日経平均データ（日経平均株価©日本経済新聞社）より著者作成

　図表Ⅵ-18は、1949年5月以降、日経平均株価の下落率の高かった日の事件について検証したものです。

図表Ⅵ-18　危機の前と後の株価

危　　機	日経平均の変化	事件後6カ月	事件後1年
スターリンショック	−22%（4週間）	+13%	− 7%
IOS国際投信ショック	−17%（5週間）	−10%	+ 5%
ニクソンショック	−20%（1週間）	+ 5%	+45%
ブラックマンデー	−18%（3週間）	+ 4%	+ 6%
日経平均銘柄入替え	−12%（2週間）	−24%	−35%
同時多発テロ	− 7%（2週間）	+16%	− 9%
リーマンショック	−41%（7週間）	−38%	−16%
東日本大震災	−19%（1週間）	−16%	− 4%
バーナンキショック	−20%（4週間）	− 2%	− 8%
イギリス、EU離脱表明	− 8%（1週間）	+20%	+24%
平　　均	−18.4%	−3.2%	+0.1%

（出所）　日経平均データ（日経平均株価ⓒ日本経済新聞社）より著者作成

　1953年のスターリンショック以来、大きな出来事がたびたび起こってきましたが、危機の発生から数週間で、株式市場は平均18%以上値下りしています。このペースで値下りが続けば、1年以内に株式市場は消滅してしまうなんて怖すぎる話ですよね。

　けれども、もしそのような危機が起こったからといって、パニック状態で売りに走るというのなら大きな誤りです。というのも、危機が起こってから6カ月以内とか1年以内ということであれば、同じ株式がプラスに転じている可能性があるのです。

　思い出していただきたいのは、株式市場とは、ヨーヨーであるということです。株式というのは、なにかの出来事で早く大きく落ち込む一方で、早く大きく上昇もするものなのです。ですから、短期の変動や瞬間的な変動は無視してもかまいません。というのも、そうした変動は、長期のパフォーマンスにはほとんどインパクトを及ぼさないからです。そして、皆さんが投資で成功したいのならば、子犬のように株式を扱いましょう。

（注）　上記の「日経平均の変化」では、危機が発生した直後の安値までの期間と変動率を測定している。つまり、危機後の暴落後、どこかで反転があった時点をターニングポイントとしている。

▶ みんなが子犬を好きな理由とは？

　株式が嫌いでも子犬が好きという人は多いと思います。でも、子犬というのは絨毯におしっこをするものです。これは、たしかに困りものですが、だからといって子犬を飼わない理由にはなりません。

　株式市場に関しても、同じ態度をとるべきです！

　大暴れするボラティリティがあるからといって株式市場に近づかないと、大きなチャンスをなくすことになります。

第**38**章

標準偏差について

　投資収益率は毎年変動します。つまり、投資収益率の平均からブレる（偏る）ということです。少し現実離れした話ですが、投資収益率からのブレが、いつでもだいたい同じということであれば、そのブレが"標準（＝普通の状態）"となります。

　標準偏差とは、毎年投資に期待されるパフォーマンスの振幅、「平均収益」からの「平均的な乖離」のことなのです。「標準」とは「普通の状態」、「偏差」とは「離れた状態」という意味であり、投資収益率の平均に対して"だいたいどの程度のブレが生じたか"の目安となるのが、標準偏差なのです。

　したがって、標準偏差が高くなればなるほどボラティリティも大きくなり、リスクも大きくなるのです。これは少しむずかしいので、例をあげて説明しましょう。

　たとえば、ファンドABCは、過去10年間にわたって年平均8％の収益をあげており、標準偏差は6であるとします。このことは、統計学では、

・ある年の収益が1標準偏差内にある確率が68％である
・ある年の収益が2標準偏差内にある確率が95％である

と考えられるのです。つまり、ファンドABCの収益は、全体の68％が2％から14％の範囲に入り（8％±6）、全体の95％が－4％から20％の範囲に入っていたこと（8％±2×6）になります。そして、標準偏差を考えれば、なぜ投資の初心者が想定外の事態に出くわすかという理由がわかります。

　年平均8％の収益だからという理由で、ファンドABCから8％の収益が

あがると考えていた素人さんは、ファンドが2％の損をする事態にショックを受けるかもしれません。しかし、抜け目のない投資家は、標準偏差というものを知っていますから、何年かに1回ぐらいは、そういうことが起こりうると理解しています。

　さらに一歩進めれば、毎年、ファンドの収益率が平均値と同じになることは、まず、ありません。平均よりも高いか低いかのどちらかになることがほとんどす。

　証券会社や投資信託の販売員が、年平均でどれだけ儲かったかを強調して、しつこく勧誘してきますが、標準偏差はそれ以上のことを教えてくれるはずです。

(注)　標準偏差にも欠点がないわけではありません。最大の問題は値上りと値下りの両方に判断を示す点です。大部分の投資家は、儲けることより損するほうがずっと気になります。このため、値上りを示す上半分よりも、値下りを示す下半分により大きな重点を置く、下方半分散が利用されています。しかし、下方半分散やその関連の下方部分積率はやや複雑なので、興味のある方は投資の専門書をみてください。

▶ 亀と兎のお話

　次の2つの投資を比較してみましょう。前もって、図表Ⅵ−19のような投資収益率がわかっている場合、どちらを選ぶでしょうか？　ほとんどの方が、兎ファンドを選ぶでしょうし、実際に、これこそが、多くの方々がとる投資選択方法なのです。つまり、儲けることばかりに注目して、リスクのこ

図表Ⅵ−19　亀と兎

年次	亀（％）	兎（％）
1	+10	+18
2	+10	+32
3	+10	+11
4	+10	−17
5	+10	+10
平均	10	10.8

とは無視しているわけです。しかし、通常、こういうやりかたをとると失敗してしまいます。実は、この場合も、亀ファンドのほうが兎ファンドよりも儲かるのです。

　私のいうことが信じられないというのなら計算機を使って確認してください。
　5年後には、亀ファンドは1.61倍になりますが、兎ファンドは1.58倍となります。

　しかも、亀ファンドは、儲かるだけでなくリスクもかなり小さいのです。具体的には、兎ファンドの標準偏差は17.85ですが、亀ファンドの標準偏差はゼロです。つまり、全体の95％までの想定で、いずれか1年をとった場合、亀ファンドは10％儲かるものの、兎ファンドは25％損をする可能性があるということになります。

（注）　p352で説明したように、統計学ではある年の投資収益が2標準偏差内にある確率が95％であると考えられます。兎ファンドでいえば10.8±2×17.85で、−24.9％から＋46.5％の範囲に全体の値動きの95％が含まれたということなので、仮に同様のパフォーマンスが続くのであれば、兎ファンドでは最悪25％の損をする可能性があります。

　実際に損失が生じるのは、いつになるのかわからないために、亀ファンドのような投資商品を選ぶほうがよいというわけです。しかし、2つの投資信託があった場合、マネー雑誌や兎投資信託会社（広告とDMで）では、兎ファンドの32％の利益があがった年のことを自慢するため、投資家はつい話に乗せられて兎ファンドを買ってしまうのです。その一方で、利益が小さいため、亀ファンドには、だれも見向きもしないものなのです。

▶ 20％は、10％よりも、本当によいだろうか？

　本当のベストファンドが、ランキング1位の商品ではなく、聞いたことのないファンドというのもよくあることです。たとえば、次のような2つの

ファンドの過去1年間の成績が与えられた場合、どちらがナンバーワンファンドとして扱われるでしょうか？

年	ファンドA	ファンドB
1	＋20％	＋10％

　もちろん、答えはファンドAですよね。しかし、2年目に、次のようなことが起これば、どうなるでしょうか？

年	ファンドA	ファンドB
1	＋20％	＋10％
2	＋0％	＋10％
合計	＋20％	＋20％

　ファンドAもファンドBも、2年分の収益率の合計は20％となっていますが、以下に示すように、実際にはファンドBのほうが儲かります。

	ファンドA	ファンドB
初期投資金額	10万円	10万円
1年後の投資価値	12万円	11万円
2年後の投資価値	12万円	12万1,000円

　それなのに、皆さんは、ファンドAに投資したいと考えていましたよね。というのも、いろいろな広告印刷物によって、1年目の成績ばかりが宣伝されるからです。

　このように、「投資商品の収益」と「投資家の収益」の間には、大きな差があるということは、頭に入れておく必要があります。

　標準偏差は、ファンドの本当のリスク水準を示してくれます。図表VI－20をご覧ください。たとえば、海外株式ファンドのボラティリティは非常に高くなっています。

　そのため、米国イーデルマン・フィナンシャル・エンジンズ社では、全体の25％以上を海外株式という資産クラスに置くよう顧客に勧めることは滅多

図表VI-20　ファンド種別標準偏差

日本（2008年末〜2018年末）

国内債券型	1.87
国際債券型	9.94
バランス型	9.91
国内株式型	18.03
国際株式型	20.46

（注）　データの出所は、モーニングスター。モーニング
スター大分類に基づき、対象の投資信託の単純平均
を使用。

にありません。お客さんにもよりますが、はるかに少ない割合を勧めること
もしばしばです（ゼロということもあります）。

　他方、標準偏差を考えない投資家は、リスクの高い資産に、多くの資金を
集中しすぎて、結果的にリスク程度に応じた悲惨な結果を被る場合が多いの
です。

　　第30章のドルコスト平均法の説明では、"毎月、決まった金額を、決まった
海外株式ファンドに投資しましょう"と説明しました。そして、ドルコスト平
均法を有効活用するためには、国内株式・国内債券・海外株式・海外債券など
に資産分散することは問題であると指摘しました。

　　その一方で、本章では、"全体の25％以上を海外株式という資産クラスに置
くよう顧客に勧めることは滅多にありません"と説明しています。一見すると
両者は矛盾するようですが、実は両者は完全に整合的なのです。

　　たとえば、20代の方々が毎月5万円の積立投資を始めた場合、毎回、同じ海
外株式ファンドを購入していけば、ドルコスト平均法がきちんと機能します。
この時点では投資商品は海外株式ファンド一色ですが、財産の大部分は現金で
あるはずです（たとえば、月の生活費が20万円ならば、最低240万円をキャッ
シュリザーブとして確保する必要があると第6章で説明しました）。

　　しかし、10年後は状況が異なります。海外株式ファンドの投資金額だけでも
600万円が積み上がっており、保有財産の大部分が海外株式という1資産だけ
に限られています。本文の説明のように、海外株式という資産はハイリスク・

ハイリターンなので、このまま放置し続ければ、たとえば老後を迎えたと同時に大暴落する可能性に晒されます。

　加えて、600万円もの投資金額が積み上がると、毎月5万円の積立投資では購入できる口数が少ないため、投資全体に対する影響力が下がり、明らかにドルコスト平均法の効果は弱まります。

　そのため、積立投資では、経過年数を重ねて投資金額が大きくなった時点で、国内株式・国内債券・海外株式・海外債券などのさまざまな異なる資産へと分散投資する投資戦略へと進化させます（分散投資に関しては、次章以降で説明します）。

　つまり、積立投資の初期段階に当たる数年間は、海外株式というたった1つの資産に集中投資するものの、積立投資が10年を超えるような時期からは、いったん海外株式ファンドの大部分を売却して、国内株式・国内債券・海外債券などの他の資産もそろえていく必要があるわけですが、このような資産分散が必要となる時点では、「全体の25％以上を海外株式という資産クラスに置くように顧客に勧めることは滅多にない」ということなのです。

　同時に、分散投資に切り替えた時点から、毎月の5万円に関しても、同じ海外株式ファンドを購入し続けるかわりに、マーケットの動きによって、割合が目減りした資産に属するファンドを買い足すために利用するようになります（リバランスと呼びますが、第44章で説明します）。

　上記のような投資プロセスを進化させるのがアメリカのファイナンシャル・アドバイザーの投資戦略の基本ですが、日本のマネー専門家と称する人たちの大部分は、積立投資の初期の段階から一括投資と誤解して、4資産分散を提唱し、しかも4資産のバランス保持に毎月の追加投資金額を充ててリバランスをしましょうと、ドルコスト平均法の〝自己流の輸入〟をして悦に入っています。

　アメリカ生まれの正確なドルコスト平均法と資産分散投資法は、本書で解説しているとおりですから、くれぐれもでたらめな俗説にはご注意ください。

第39章

分散投資：投資成功への鍵

ところで、「タイミング売買はうまくいかないなら、すべてのお金を、ずっと株式市場に置きましょう」などと、私が勧めるとでも思っていませんか？

そんなことは、しません。

ほとんどの方は株式市場に全財産を置くべきではありません。私がいいたいのは、全体のお金のなかで、株式に置いた部分に関しては出し入れを繰り返すよりも、ずっと同じように置いたままにしておくべきだ、ということです。

ほとんどの方々の場合、株式市場にすべてのお金を置くべきではない理由は、はっきりしています。株式市場のボラティリティが非常に高いからです。自分のすべてのお金を、たった1つのタイプの投資リスクに任せていい人は、ほとんどいません。

これまで説明してきたように、すべての投資にはリスクがあります。銀行定期預金はインフレーションリスクと課税リスクを受けます。債券は金利リスクとクレジットリスクを受けやすく、株式はマーケットリスクに敏感です。このように、すべての投資選択にはリスクを伴います！

そのため、重要なのは、それぞれのリスクのタイプについて、自分自身がさらされる度合いを制限していくという点です。つまり、資産に関して、分散投資を行うのです。

分散投資を行う意味を知るために、ここでは、250万円を過去20年間（2017年8月末まで）にわたって投資したらどうなったのかについて考えてみま

しょう。仮に、年利0.1％の預金に置いておけば、255万円になっています（税金は無視する）。一方で、以下の5つの資産に250万円を均等に分散投資した場合には、どうなったかを細かく分析してみましょう。

・1つ目は、50万円分、宝くじを買います。そして、一般的な結末どおりに、外れくじを引いてしまったと仮定して、20年後には50万円はゼロになります。

・2つ目は、50万円を自宅にたんす預金しておきます。すると、金利がつかないため、20年後にも、50万円は50万円のままです。

・3つ目は、50万円を年利0.1％の預金口座に置きます。すると、20年後には、50万円は51万円になります。

・4つ目は、50万円で年利2.1％の国債を買います。すると、20年後には、50万円が75万5,000円になります。

・5つ目は、50万円を海外株式に投資します。年平均リターンを6.3％と仮定すると、20年後には、50万円は170万円になります。

　すると5つの合計は、346万5,000円となって、預金だけに投資した場合よりも、91万5,000円だけ大きくなります。しかも、後者のケースでは、宝くじではゼロになり、たんす預金ではそのままであり、銀行預金と超安全な国債に投資した挙げ句、全体の5分の1だけを「ギャンブル」とみなされる株式市場に置いているにもかかわらず、利益が大きくなっているわけです。

　この結果は、分散投資のおかげでもたらされたのです。この単純な原理が認めることは、すべての投資の最大の損失は投資する金額に限られていますが、最大の利益には制限がない、ということであり、第3章で説明したとおりのことなのです。

　いまの例でいえば、5番目（海外株式）の利益が、1番目（宝くじ）の損失を穴埋めしてくれているからです。投資商品によっては値下りし、別の投資商品は望んだほど値上りしないかもしれないものの、すべてのお金をたった1つの平凡な（しかし安全な）投資商品に入れておいた場合よりも、全体として高いリターンを手にするためには、ほんの小さな部分が、平均以上の利益を稼ぐ必要があります。投資で成功する鍵とは、まさにこの点にあるの

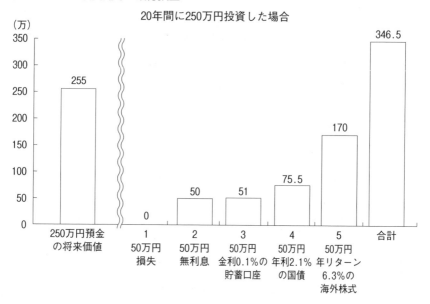

図表Ⅵ-21　分散投資vs銀行預金

20年間に250万円投資した場合

（万）

250万円預金の将来価値	255	
1　50万円損失	0	
2　50万円無利息	50	
3　50万円金利0.1%の貯蓄口座	51	
4　50万円年利2.1%の国債	75.5	
5　50万円年リターン6.3%の海外株式	170	
合計	346.5	

です！

　分散投資によって、小さくかつ計算されたリスクをとることができます。そして、個人のお金の問題で成功するための鍵とは、分散投資のやりかたを知ることにあるのです。ジョージ・パットン将軍のいうように、「計算されたリスクをとりなさい。それは、せっかちなのとはまったく違う」ということです。

　しかし、成功するためにリスクをとるとは、進んで金融リスクをとらねばならないということを意味します。ほとんどの方々は、進んでそんなことはしません。安全を強調することによって、低リターン商品だけを買い求め、それゆえに金銭的失敗を引き寄せてしまうのです。実際に、多くの人が投資で失敗する理由は、リスクをとりすぎるからではなくリスクが少なすぎるためであるのです。

　ここで注意していただきたいのは、この例では、5つの分類を使って同じ量を投資していましたが、「実際の投資でも、このモデルのとおりにしよ

う」といっているわけではないということです。たとえば、わが社でいえ
ば、19種類に及ぶ資産クラスとマーケットセクターにわたって、それぞれを
異なる金額だけ利用しながらポートフォリオをつくりあげています。そし
て、当然のことながら、たんす預金や宝くじは勧めません。

「ミスターアンダーソン」と私が呼んでいる人のような間違いはしないでく
ださい。5つの投資信託の不幸な保有者として、わが社へやってきたこの人
は、5つの投資信託を利用して資産を20%ずつ投資した自称分散投資家であっ
たものの、それぞれの投資信託で損失を抱えていただけでなく、それぞれが同
率の損失を抱えていたのでした。細かく調べてみると、5つの投資信託はすべ
て国債に投資するファンドであり、分散するどころか単に同じ種類のものをダ
ブってもっていたのです。そして、自然な成り行きとして、金利が上がると5
つのファンドすべてが値下りをしました。しかし、この人は、「もっている
ファンドが5つとも値下りしたのは、どうしたのでしょうね？」と理解できて
いません。挙げ句の果てに、「投資信託って、ひどい商品だなあ」と嘆いてい
る始末です。

第**40**章

最適分散ポートフォリオのつくり方

　適切に分散されたポートフォリオを構築するには、どうしたらよいのでしょうか？

　アセットアロケーションを通じて実現するのです！

　アセットアロケーション（資産配分）とは、視点を木ではなく森全体に当てる考え方です。その前提は、1986年の『ファイナンシャル・アナリスト・ジャーナル』に掲載された、ギャリー・ブリンソンとその同僚であるランドルフ・フッドならびにギルバート・ビーボワーによる歴史的に意義深い共同論文によって支えられています。

▶ 資産配分の割合で93.6%が決まる

　その研究では、10年間にわたって91の巨大年金プランの運用成績を調査しましたが、年金プランごとに変動性（ボラティリティ）に相違が生じていたものの、その相違の93.6%はどのようなアセットアロケーションを組むかによるものであって、どの銘柄を選ぶかは大きな問題ではないという点を明らかにしました。

　つまり、重要なことは、どの銘柄を購入するかではなく、すべての資産のなかで株式にどの程度、割り当てるかということです。

　こうした理由から、どの株式銘柄やどのファンドを選ぶべきかにばかりに気をとられている投資家は、重大な点を見逃していることになるわけですが、そんな研究成果などおかまいなしに、毎回マネー雑誌やニューズレターでは、「いま、この銘柄が買い時ですよ」と大騒ぎをするわけです。

ただし、銘柄の"追っかけ"から、アセットアロケーションへ"改宗"した場合でも、ほとんどの方々は「安全であるが利益の可能性が小さいもの」と「リスクが高いが利益の可能性が高いもの」という2つの投資商品の間から、選択を余儀なくされると考えます。平たくいえば、株式か債券かのどちらかを選ばねばならないと考えがちなのです。

▶ リスク資産を加えるとリスクが減る？

　ここまで説明してきたように、債券はより安全ですが、平均的には株式ほど利益を生みません。そのため、図表Ⅵ－22のように、債券100％からなるポートフォリオAと株式100％からなるポートフォリオBがあれば、ポートフォリオAのほうがポートフォリオBよりも安全です。一方で、ポートフォリオAでは、ポートフォリオBほど利益が生じません。図表Ⅵ－22では、この状況が2つの点で示されています。

　図のような極端なものではなく、2つの点を結んだ両者の間の直線上にある、株式と債券の組合せのほうがよいに違いない、とお考えになるかもしれません。

　しかし、そうしたやりかたはうまくいきません。というのも、1926年から

図表Ⅵ－22　ポートフォリオ最適化効果

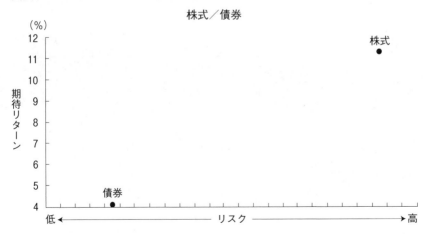

2009年までのアメリカにおける実際の成績を反映させると、図表Ⅵ−23のように株式：債券＝20％：80％という組合せのほうが、先ほどの債券が100％のものよりも、リスクが低く利益が高くなるわけですが、この組合せは先ほどの直線上にはないからです。

　それでは、組合せとしてよいのは図のなかのどの辺りになるのでしょうか？　答えを導くのは、すべての投資商品はリスクを含むがすべての投資商品が同じリスクに直面するわけではない、という事実です。

　たとえば、債券の最大のリスクは金利リスクですが（第15章参照）、この金利リスクに対して、株式は債券ほどには敏感ではありません。そのため、債券が100％のポートフォリオをもっており、なおかつ、そこから金利リスクを減らしたいのならば、たとえば20％という割合で債券の一部を外してしまうというやりかたが考えられます。

　そして、金利リスクからポートフォリオを守るために、債券から外した一部の資金を株式へと移動すれば、同時にリターンを高めることになるわけです。というのも、株式は債券よりも利益を生む可能性が高いからです。したがって、いくらか株式を含んだポートフォリオは、株式を含まないポートフォリオよりも、実際には安全であるということになります。

図表Ⅵ−23　ポートフォリオ最適化効果

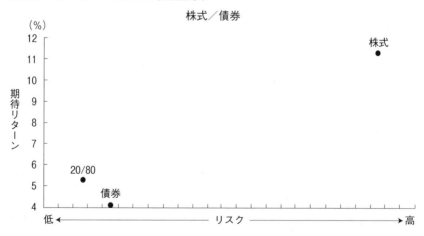

▶ 最適なポートフォリオとは

図表Ⅵ−24は、いくつかのポートフォリオのリスク／リターンが、株式と債券の組入比率によって左右されることを示しています。図で示されるなかでは、株式：債券＝20％：80％のポートフォリオがいちばんリスクが低いわけですが、しかし、それでは、いちばん最適なポートフォリオとはどの組合せなのでしょうか？

図表Ⅵ−24　ポートフォリオ最適化効果

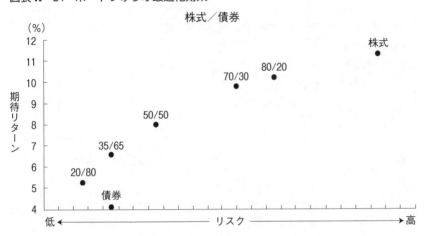

図表Ⅵ−25　ポートフォリオ最適化効果

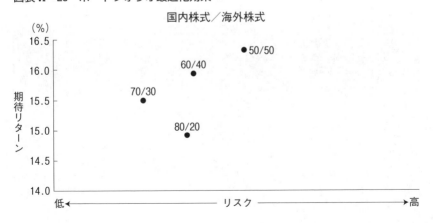

最適なポートフォリオとは、リスクに対して、最もリターンの高いポートフォリオを示します。この図表Ⅵ－24でいえば、株式：債券＝35％：65％からなるポートフォリオです。その理由は、債券が100％のポートフォリオと比べた場合、リスクは同等であるのにリターンは75％近くも高いからです。

　そして、似たような結果は、図表Ⅵ－25に示されるように、国内株式と海外株式を対象にした際にもみられます。

　本文での議論（図表Ⅵ－22～25はすべて原著記載の米国データ）は、アメリカの株式と債券、アメリカからみた海外株式との関係についてでしたが、ここで日本株式と日本債券について説明しましょう。

　1997年9月から2017年8月までのデータを利用すれば、日本株式の平均年リターンは2.2％、標準偏差は17.9であったのに対して、日本債券の平均年リターンは2.1％、標準偏差は2.3でした。1990年代のバブル崩壊の痛手から、この期間の日本株式のパフォーマンスについては、お世辞にも"ハイリスク・ハイリターン"とはいえず、"ハイリスク・ローリターン"となっており、日本債券の"ローリスク・ローリターン"のほうが、株式よりもはるかにパフォーマンスが上でした。

図表Ⅵ－26　ポートフォリオ最適化効果

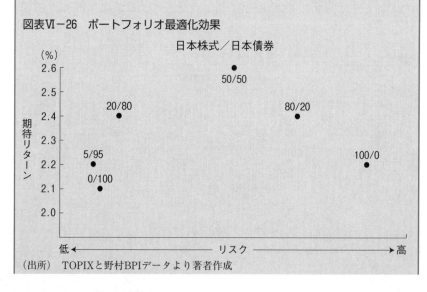

（出所）　TOPIXと野村BPIデータより著者作成

その結果、図表Ⅵ−26のように、日本株式を100%とするよりも、日本株式と日本債券を50：50で保有するほうが高リターンとなっていますが、「日本株：日本債券＝2〜7：98〜93」では、日本債券を100%保有するよりもリスクが低くなっており、異なる資産を組み合わせることによって、ポートフォリオ全体もリスクが低くなる点は、アメリカのケースと同様です。

　リスク（標準偏差）に対するリターンの大きさを測る指標として、シャープレシオ（（ポートフォリオの収益率−無リスク資産の収益率）÷標準偏差）があります（現在の日本の低金利においては無リスク資産の収益率はほぼゼロと考えてよいでしょう）。シャープレシオの値が高いほど、効率よくリターンを得られたということになりますが、「日本株式：日本債券＝5：95」近辺でシャープレシオは1と最高値となり、最適であったといえます。

　同様に、海外株式と日本債券についてみておくと、海外株式の平均年リターンは6.3%、標準偏差は19.3でしたが、図表Ⅵ−27のように、日本債券を100%とする標準偏差が2.3であるのに対して、全体の2〜5%を海外株式に入れ替えてみると、標準偏差が2.2に下がる一方で、リターンも少し上がりました。また、「海外株式：日本債券＝7：93」近辺でシャープレシオは1.07と最高値となり、最適であったといえます。

　さらに、海外債券と日本債券では、海外債券の平均年リターンは4.9%、標

図表Ⅵ−27　ポートフォリオ最適化効果

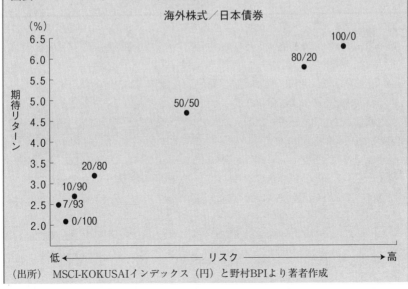

（出所）　MSCI-KOKUSAIインデックス（円）と野村BPIより著者作成

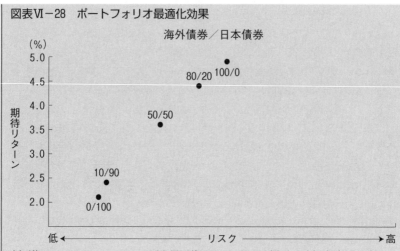

図表Ⅵ-28　ポートフォリオ最適化効果

海外債券／日本債券

(%)

（出所）　FTSE・シティグループ世界国債インデックス（除く日本）（円）と野村BPI
　　　より著者作成

準偏差は10.6でしたが、日本債券を100％とする場合のシャープレシオが0.89
であったのに対して、「海外債券：日本債券＝10：90」では、シャープレシオ
は1.01と最高値となり、最適であったといえます。

　このように、リスクの高い資産を部分的に組み込むと、ポートフォリオ全体
のリスクをいくぶん引き下げることにつながるというのは、日本のケースでも
当てはまります。そして、現実に、銀行を中心とした金融機関では、バブル崩
壊後の20年間にわたって、こうしたポートフォリオ理論を利用して運用を行っ
ています。

　バブル崩壊後、金利はゼロに引き下げられ、近年ではマイナスにまで引き下
げられてきたため、債券価格がずっと上昇してきたわけです。しかも、異次元
量的緩和では、日本銀行が民間金融機関から保有国債を高値で買い上げてくれ
ました（第15章参照）。

　そこで、金融機関では、国債を中心にした運用を目指しましたが、過去のパ
フォーマンスからみれば合理的でした。しかも、運用資金のほんの数％だけ、
日本株式や海外株式や海外債券を組み入れておけば、リターンを変えずにポー
トフォリオ全体のリスクを引き下げることができたのです。

　一時期、マスコミでは、金融機関の"国債ばかりの運用"を批判していまし
たが、実は、日本銀行によるマイナス金利や異次元量的緩和を前提とすれば、

少なくとも2017年8月末までの20年の運用期間で、金融機関の反応は合理的だったわけで、むしろ日本銀行の過去の操作に問題はなかったか？　というほうが必要な議論であるといえるのです。

　1つ注意していただきたいのは、ここでの議論では「たった2つの資産から構成されるポートフォリオをつくるべきだ」などというつもりはないということです。ポイントは、たった1つの資産クラスに投資するよりも多くの資産クラスに投資するほうが、安全でしかも儲かるポートフォリオができあがるということです。

　実際に、ポートフォリオ全体の投資リスクを引き下げたいのなら、ポートフォリオのなかに、リスクの高い資産を部分的に加えなさいということです。

　ポートフォリオを組み立てる際の手助けとして、Axiom Business Book Awardsから金賞をいただいた『The Lies about　Money』という私の著作に掲載されている、『Guide to Portfolio Selection』をご利用ください。Guideでは、いくつかの質問に答えることで、ご自分の状況に適したポートフォリオを示してくれます（ただし、アメリカ人向けのものです）。

　ご自分のポートフォリオを最適に働かせたいなら、エアコンのように扱いましょう。部屋の温度を24度にしたい場合、エアコンを24度にセットして放っておくべきですが、そうしない方がいらっしゃいます。30度の部屋を早く涼しくしようとエアコンの設定を20度に下げたものの、すぐに寒くなって今度は28度に設定します。すると、今度は暑すぎることになります。エアコンでもポートフォリオでも馬鹿なことはしないでください。快適な選択をしたらそのままで行きましょう。

▶ 最適分散ポートフォリオの土台とは

　上の説明では、債券と株式を考えましたが、より一般的には、「いろいろな資産を組み合わせることによって、ポートフォリオ全体の投資収益は、各資産（構成ファンド）のリターンの加重平均となるだけですが、ポートフォリオ全体の投資リスクは、各資産（構成ファンド）の標準偏差の加重平均未満になる」ということがわかっています。

　これは、シカゴ大学の大学院生であったハリー・マーコビッツが1952年に論文発表したものであり、ファイナンス理論の始まりといわれます。1つの資産をもつだけよりも、複数の資産を適切に組み合わせたほうが投資リスクを小さくできるという発見から、アメリカ人は、老後資金や教育資金に関しても、投資で殖やして準備するというやりかたに目覚めます。

　1990年にマーコビッツは弟子のウィリアム・シャープと一緒にノーベル賞を受賞しますが、ある資産の値動きに対して、ほかの資産は別の動きをする状況は、相関係数という数値で表されます。たとえば、株式に対する債券の相関係数が−0.3である場合、株式が10％上昇すると債券は3％下落するというものですが、相関係数に注目して性質の違う資産を組み合わせることで、ポートフォリオ全体の変動性を調整することができます。

　さらに、1992年のブリンソン・スタディーでは、年金運用の変動性要因の93.6％は資産配分の仕方によるものであり、銘柄選択によるものは2.5％、タイミングによるものは1.7％であることがわかりました。この発見によりブリンソンは"アセット・アロケーションの父"とされますが、1999年にはロジャー・イボットソンの検証により、資産配分の仕方によって、投資収益までもが100％左右されることが検証されました。

　こうして、資産運用では、銘柄選択やタイミング売買よりも、資産配分のほうが圧倒的に重要であることが、学術的に証明されたため、資産ごとにファンドを選択するにあたっても、"良いファンド"を選ぶ必要はなく、その資産を代表する"標準的なファンド"を選べばよく、むしろ重要なのは、運用資産全体のなかで、国内株式は何％に割り振るか、国内債券は何％に割

り振るかという「ポートフォリオの設計図」となったのです。

▶ ポートフォリオの設計図の具体例

　20世紀末時点では、ポートフォリオの設計図とは、投資資金全体を「国内株式」「国内債券」「海外株式」「海外債券」「不動産」「天然資源」「貴金属」「現金相当物」の8資産に関して、どのような割合で配分するかを考えました。特に前者を主要4資産、後者4資産をヘッジポジションと呼んで、主要4資産の割合を大まかに決めてから、ヘッジポジションを付け足すような感じで、資産配分を行っていました。

　しかし、21世紀にはいると、ユージン・ファーマとケネス・フレンチは、株式は、さらに細かく大型・小型、割安・成長に分類できるし、債券は、さらに細かく償還期間の長短で分類できるとしましたが、このファーマ-フレンチ・3ファクターモデルの影響から、現在では、「国内株式」も「国内債券」も6つに細かく細分化されています。ちなみにユージン・ファーマも2012年にノーベル賞を受賞しています。

　以上の学術的研究成果をふまえるかたちで、アメリカのイーデルマンフィナンシャル・エンジンズ社では、図表Ⅵ−29のようなポートフォリオの設計図（前述の『Guide to Portfolio Selection』）を提供しています。1人ひとりの

図表Ⅵ−29　『Guide to Portfolio Selection』の一例

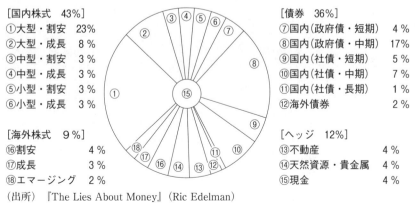

[国内株式　43%]
①大型・割安　23%
②大型・成長　8%
③中型・割安　3%
④中型・成長　3%
⑤小型・割安　3%
⑥小型・成長　3%

[海外株式　9%]
⑯割安　　　　4%
⑰成長　　　　3%
⑱エマージング　2%

[債券　36%]
⑦国内（政府債・短期）　4%
⑧国内（政府債・中期）　17%
⑨国内（社債・短期）　5%
⑩国内（社債・中期）　7%
⑪国内（社債・長期）　1%
⑫海外債券　　　　2%

[ヘッジ　12%]
⑬不動産　　　　　　4%
⑭天然資源・貴金属　4%
⑮現金　　　　　　　4%

（出所）　『The Lies About Money』（Ric Edelman）

リスクの許容度に応じて、ポートフォリオの割合が変わってきます。

第**41**章

利益の最適化ポートフォリオと
最大化ポートフォリオ

　利益を最大化したい人の目標は、できるだけ多く儲けることですから、ど
んなリスクでも受け入れられるはずです。これとは対照的に、最適なポート
フォリオを望む人は、とらなければならないリスクと比較してできるだけ儲
けたいと考えるはずです。

　ただし、少ないリスクをとることイコール低いリターンに甘んじなければ
ならない、なんて考え方をすることは馬鹿げています。ポートフォリオを正

図表Ⅵ－30　分散投資は小さいリスクでリターンを高められる（1997年9月～2017
　　　　　　年8月）

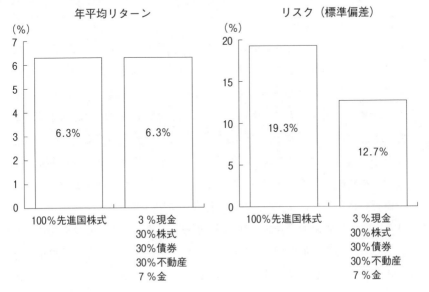

しく管理していれば、リスクを小さくしリターンを上げることも実現できるかもしれません。

　図表Ⅵ－30で示されているように、1997年9月から2017年8月までの20年間でみれば、広く分散されたポートフォリオは株式だけのポートフォリオと同程度の利益をあげていた一方で、同時に35％近くも変動性が低くなっていたことがわかります。

　分散投資が重要な理由は、このことからわかるはずです。分散投資によって、投資家は、生涯を支える資金を過度な変動にさらすこともなく、かなりの利益をあげる機会を手にすることになるのです。

（注）　上記のポートフォリオにおいて
　　　　30％株式（日本10％、先進国10％、エマージング10％）
　　　　30％債券（日本10％、先進国10％、エマージング10％）
　　　　30％不動産（日本10％、先進国10％、エマージング10％）

▶ ファイナンシャルプランニング投資法

　アメリカのイーデルマン・フィナンシャル・エンジンズ社は、全米最大手のFP会社ですが、ここで簡単にファイナンシャルプランニング投資法について説明しましょう。

　第1のプロセスは、目標を決めることです。投資資金を増やして、何に使うかを決めるということです。多くの場合、老後に備えるだとか、子どもの大学費用を準備するというものでしょうが、さらに具体的に、"海外の大学院へ留学する"なんてものもよいでしょう（目標設定のヒントは、第49章をご参照ください）。

　第2のプロセスは、家族構成、年齢、キャッシュリザーブ、投資金額、投資期間、投資経験、追加投資の有無、そして、リスク許容度などから、資産配分を行いポートフォリオの設計図を作成します。

　すると、主要資産の代表的な指数の予想投資リターンと予想投資リスクのデータを入手して、加重平均等を行えば、ポートフォリオごとの予想リターンと予想リスクが計算できますし（p376をご参照ください）、"最大でどの程

度の値下がりがありうるか？"についても事前に把握できます（第38章の標準偏差をご参照ください）。

　つまり、資産配分の割合を変えるだけで、1人ひとりに適したポートフォリオを設計してしまいます。なお、アメリカのイーデルマン・フィナンシャル・エンジンズ社では、先ほどの"Guide to Portfolio Selection"によって、ポートフォリオの設計図を提供しています。

　第3のプロセスは、ポートフォリオの設計図を実現するために、19資産に対してそれぞれファンドを購入します。ポイントは、資産ごとにできる限り平均的な値動きをするファンドを選択することにあります。

　資産ごとに平均的なパフォーマンスをしてきたファンドを利用することによって、ファンド購入によって実現されたポートフォリオは、ポートフォリオの設計図で計算された予想投資リターンと予想投資リスクとほぼ一致します。そのため、ファンドに関しては、過去のある程度の値動きを検討する必要があることから、新しく設定されたものではなく、設定後、少なくとも3年は経過したものから選択するようにします（モーニングスターの利用が必要なのは、こうした理由によります）。

　最後に、予想投資リターンと目標金額を比較することによって、目標達成時期を確認しますが、投資年数を重ねるにつれて、必ずしも予想投資リターンどおりには進まない可能性が出てきます。そうした場合には、目標達成時期を早めたり、遅めたり、目標金額を設定し直すなどして調整します。

　"ファイナンシャル・プランニングとは、変化し続けるプロセスであり、すでにできあがった完成品ではありません"とは、こうした調整作業が必要になり、定期的にプランニングを見直す必要があるからです。

▶ 最適化のためにはポートフォリオの設計図が必要

　アメリカのイーデルマン・フィナンシャル・エンジンズ社では、上記のプロセスをとることによって、顧客1人ひとりに適したポートフォリオ、つまり、最適なポートフォリオを提供していきますが、手順としては、まず、顧客の状況に応じたポートフォリオの設計図を作成して、次に、資産ごとに標

準的なファンドを購入するやりかたによって、ポートフォリオを完成させます。

　このようなプロセスは、ブリンソン・スタディーの成果を取り入れたことで確立されたものです。それ以前の、2000年までは、事前にポートフォリオの設計図は作成せずに、異なる資産クラスのファンドを寄せ集めて、ファンドの組合せによって、顧客の状況にあうように、加重平均したリターンと標準偏差を計算するやりかたをとっていました。

　実は、この古いやりかたでは、いくつかの問題点が生じてしまいます。たとえば、顧客の状況を検討した結果、目標投資リターンが年率５％であると診断する場合、ここまでは複数の担当者がいても、同一顧客に対しては、ほぼ同じ診断をしますが、問題はそこから先の話です。

　古いやりかたでは、加重平均が年率５％になるように、資産ごとにファンドを選んで組み合わせていくわけですが、たとえば、年率６％と４％のファンドを半々で選んでも、年率７％を３分の１と年率４％を３分の２で選んでも、どちらも年率５％の予想リターンのポートフォリオを組むことはできます。そして、国内株式や海外株式ならば、候補ファンドは数十から数百に及びます。

　その結果、古いやりかたでは、同じお客さんにもかかわらず、担当者が違えば、資産配分も異なれば、使用ファンドも異なるという非科学的なコンサルティングができあがります。

　そこで、2000年以降は、すべての顧客の状況について同一の質問をすることで、顧客ごとにたった１つのポートフォリオの設計図を提供し、あとは19資産ごとに、１つずつ厳選されたファンドを使ってポートフォリオが実現されるという新しいやりかたに進化させたのです。

　ここで、ポートフォリオ全体の投資リターンと投資リスクの計算法について触れておきます。下準備としまして、ポートフォリオ設計図を利用した新しいやりかたで行う場合には、マイインデックスというサイトを利用して主要資産

データを入手して、主要資産を組み合わせてポートフォリオ全体のリターンと標準偏差をサイト上で計算してもらい、ポートフォリオの設計図の見取り図をつくり、そこへ各資産ごとに利用するファンドを選んで調整します。構成ファンドを利用した古いやりかたを行う場合には、モーニングスターのサイトを利用して個々のファンドのデータを利用して、個々の投資リターンと標準偏差のデータを入手します。

さて、マーコビッツの論文により、「ポートフォリオ全体の投資収益は、各資産（構成ファンド）のリターンの加重平均となるだけですが、ポートフォリオ全体の投資リスクは、各資産（構成ファンド）の標準偏差（リスク）の加重平均未満になる」ということがわかっています。

ここで、以下のように、リターン、リスク、資産割合、相関係数を仮定します（相関係数に関してはp370を参照してください）。

相関係数

	国内株式	国内債券
国内株式	1.0	−0.3
国内債券	−0.3	1.0
海外株式	0.4	−0.1

	国内株式	国内債券
リターン	10%	2%
リスク	16%	2%
割合	50%	50%

〇投資リターンの加重平均

10%× 0.5 ＋ 2% × 0.5＝6%

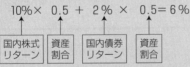

〇投資リスクの加重平均（相関係数を考慮しない）

16%× 0.5 ＋ 2% × 0.5＝9%

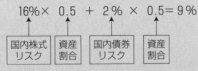

〇投資リスクの加重平均（相関係数を考慮する）

$$\sqrt{(16\% \times 0.5)^2+(2\% \times 0.5)^2+2 \times (16\% \times 0.5) \times (2\% \times 0.5) \times (-0.3)}$$

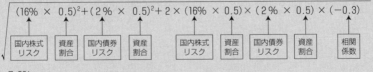

=7.8%

＊相関係数を反映した標準偏差では、2資産の場合、$(a+b)^2=a^2+b^2+$

2abという２乗の展開式を想定しながら、

・ａとｂでは、それぞれの資産の「割合×リスク」に置き換えます
・abでは、それぞれの資産の「割合×リスク」をかけあわせて、さらに
　相関係数をかけあわせます。

　上記のように、ポートフォリオ全体の投資リスク（7.8%）が、構成資産の
リスクの加重平均（９％）未満になるのは、ある資産の値動きに対して、他の
資産が別の動きをするため、両者の値動きの一部が相殺されるためなのです。

（注）　モーニングスターのサイト内で、「投資信託」→「ファンドを探す」に進んだ
　　　後、「リスク・リターンを確認しながら選ぶ」では、資産ごとのリターンと標準
　　　偏差がわかりますし、「相性の良いファンドを選びましょう」では、資産間の相
　　　関係数が無料で入手できます。

　　　また、マイインデックスというサイトの「資産配分ツール」という無料サービ
　　　スを使えば、ご自分で計算しなくとも、資産配分をしたポートフォリオのリター
　　　ンと標準偏差は無料で知ることができます。

第**42**章

ランキングの罠

　これまで述べてきたことのすべてが、「単にランキングが良いからといってファンドに投資を行うべきではない」という理由を示しています。モーニングスターやリッパー、その他の検索サイトや多くの金融関連の出版物がファンドランキングを掲載していますが、そうしたデータを誤用すれば悲惨な投資結果が待ち受けることになります。

　もちろん、ランキングというのは、適切なかたちで利用すれば、ファンドの状態を調べたり比較したりするのに役立ちます。ここでは、ファンドランキングを最大限に活用するために知っておきたいマル秘情報を解説します。

▶ マル秘情報その１：昨年の勝者が同じ成績をあげることは滅多にない

　ある年のファンド成績は、翌年の成績とはほとんど関係がありません。そのため、よりルールの厳密なアメリカではすべての投資信託の目論見書には以下の記述があるわけです。

　「過去の成績は、将来の結果を保証するものではありません」

　それにもかかわらず、何百万人という投資家がこうしたアドバイスを無視して、マネー雑誌のランキング上位に載っていたという理由だけで、莫大な資金を投入していきます。

　ペース大学（Pace）の２人の教授の調査によれば、アメリカでは、モーニングスターから５つ星をもらっただけでファンドの残高は53％もふくれあがる一方、格付が下がったファンドでは残高が急激に減ってしまうそうです。

たとえば、フィデリティーの新興国ファンドでは、2006年の残高は当時の日本円にして3,500億円でしたが、45％の上昇率を記録して2007年のスターファンドとなってからは、投資家が資金を注ぎ込み始めたため、年末までには6,500億円以上の残高にふくれあがりました。

　同じことは、レッグ・マーソンのバリュー・トラストというファンドでも起こりました。このファンドは、アメリカの1万3,000ファンドのなかでも、1991年から2005年の15年間にわたって、S&P500株価指数の成績を毎年上回り続けた唯一の投資信託です。

　注目すべきは、2005年にも、このファンドは、5.3％の上昇と平均株価を0.4％上回っているにもかかわらず、「ほかのファンドに比べれば、あまり値上りしなかった」という理由から、「ワーストファンド」の1つにランキングされた点です。

　そのため、1年後の2006年には、残高が1兆1,800億円から1兆1,700億円へと100億円減ったわけですが、仮にも5.7％の利益をあげているファンドから、100億円が流出する正当な理由があるでしょうか？　ここでも、ランキングによる投資家の過剰反応が影響しているわけです。

　こうしたお話は、いくつかのファンドに特有のものではありません。ムーレンカンプファンドでは、2003年の48.8％、2004年には24.5％の利益と、2年平均では36.7％上昇という成績をあげたわけですが、その結果、金融メディアで大注目されると、投資家の資金が大量に流れ込みました。しかし、翌年には、S&Pに比べて11.7％もパフォーマンスが下回ったため、ランキングは100位にガタ落ちとなりました。たった1年で、文字どおり1番からビリへと転落したわけです。

　一時的な資金の大量流入が生じると、ファンドの保有する銘柄を追加購入することとなり、一時的に高値買いをすることでファンドのパフォーマンスは上がります。しかし、高値買いのあと資金の流入が細れば、当然ファンドのパフォーマンスは下がります。

「ファンドの格付が高い」という理由だけで、高い格付を維持できるわけではないことは明らかです。

1カ月の差がつくりだすものとは

ファンドランキングは、いつでも1年単位で決定されます。それは、便利であるだけでなく、ランキングの開始と終了が、ほかの月になった場合の違いを考慮しなくてすむからです。

仮に、開始と終了がずれたらどうなるのでしょうか？

ブル＆ベア・スペシャル・エクイティ・ファンドを例にとれば、1995年10月1日までの5年間では、年平均リターンは18.3％ときわめて良好ですが、計測期間をほんの2カ月早めた1995年8月1日までの5年間では5.2％と悲惨な成績となるわけです。

それでは、このファンドは素晴らしいのでしょうか、それとも、どうしようもないのでしょうか？　次回マネー雑誌を買ったときには、よくよく考えてからファンドを選ぶようにしましょう。というのも、10月の記事をみればそのファンドを買いたくなりますが、8月の記事をみればそのファンドを避けたくなるからです。

賢い投資家となって、ランキングは無視しようではありませんか。あるファンドが、決まった時期だけ、たまたまランキング1位になっていても、無視すればいいのです。ランキングは気まぐれな情報にすぎません。

▶ マル秘情報その2：上昇率に焦点を定めるな

昨年の勝者（ABCファンド）の上昇率が100％であったのに対して、今年の勝者（DFGファンド）の上昇率が50％でしかないならば、ABCファンドのほうが勝っているといえるでしょうか？

いえいえ、そんなことはありません！

今年と昨年の経済状況は異なりますから、ファンドの成績はそれらの違いを反映していると考えるべきなのです。

そのため、重要なことは、ある特定の期間に1つのファンドが同じ期間の

類似のファンドと比べてどうであったのか、という点です。相対性が重要であり、孤立した統計はあまり意味がありません。

▶ マル秘情報その3：短期は無視すべし

　データの対象期間が長くなればそれだけ、ランキングは正確になってきます。四半期の成績データは意味がありませんし、プロの投資家は、1年間のデータに基づいて投資決定を下すわけではありません。統計的にいえば、もっとも有益なデータは10年かそれ以上の長期データです。

　こんな理由から、アメリカの証券取引委員会（SEC）では、ファンドの広告データとしては過去10年のものを使用するよう要請していますが、ファンド会社側は、表面上の成績を良くみせるためにもっと短い期間のデータも用意します。

（注）　日本の金融庁では、ここまで厳しく広告規制を行っているわけではありませんが、ファンド分析にはできるだけ10年以上の実績のあるものを選びましょう。

　しかし、過去10年のデータが重要であるにもかかわらず、マネー雑誌では、過去1年と過去3年のデータを持ち出して大騒ぎしているのが現状です。それどころか、過去90日間のデータを使うケースも少なくありません。アメリカのあるラジオ番組に至っては過去数週間のデータを利用しています。

　イーデルマン・フィナンシャル・サービス社（現イーデルマン・フィナンシャル・エンジンズ社）を始める前には、マネー雑誌の取材の仕事をしていたため、私（リック・イーデルマン）は業界のことをよく知っていますが、メディアの多くが短期間の成績を強調するのは、視聴者や購読者の関心を引き付けて視聴率や販売部数を上げるためであり、要するに、仕事を続けていくために、放送や記事に毎回利用する新しいネタが必要ということです。

　このように、金融メディアにとって重要なことは、必ずしも投資家にとっては重要ではありません（この点は、前述の「昨年の勝者を買うな」という話とも一致します。最新のランキング・リストには目新しいファンド名が登場する

のが常ですが、このことからも、次の四半期の勝者がどのファンドであるのか予想することは不可能であることがわかります)。

▶ マル秘情報その４：確実に正確なランキングを使用する

アメリカでファンドのランキングを提供するマネー雑誌は数十冊にのぼりますが、多くのマネー雑誌には欠点があります。なかには、異なる運用目的をもつファンド同士が比較されており、運用成績の成果が読者をミスリードするかたちで表示されています。

たとえば、株式ファンドと債券ファンドを比べるなんて馬鹿げたことですが、多くのランキングでは実際に行われています。ファンドのリスクがリターンの反映であることからわかるように、りんごはりんごと比較する必要があります。

あるいは、数百のファンドだけを取り出してランキングを行ったため、ランキング１位となったものが、実際には数千のファンド中数十番にすぎないということもありました。

とはいえ、ランキングは、以下のように適切に使用すればファンド選びに役立ちます。

・同じ分類のなかで、他のファンドと比べても、長期的に一貫して成績のよいものはどれであるか？
・同じ分類のなかで、他のファンドと比べて、変動が同等以下であるものはどれであるか？
・運用成績が良いか悪いかではなく、自分の目的に適しているか否か？

今度ランキングを利用する際には、以上の点を念頭に置いていれば投資家としての成功へ一歩近づくことになるでしょう。

第43章

ベストファンドを選択する

　ここまで、ランキングを利用するためのテクニックを紹介してきましたが、正直なところ、こうした説明の仕方は、多少危険をはらんでいると考えています。

　というのも、そもそも多くの人がランキングを頼りにする理由が、そうすれば「1番のファンドを見つけられるはずだ」という間違った考えに基づいているからです。

　このような考えに至るのは、ランキング1位のファンドを選ばなければ投資資金のすべてを失う危険にさらされる、という先入観をファンドの広告やマネー雑誌によって植え付けられているためです。

　しかし、そうした考え方はまったく意味がありませんし、皆さんにはもっとリラックスしてもらいたいものです。

　いちばん成績のよいファンドを選ぶという誘惑に駆られるかもしれませんが、そんなことには挑戦すべきではありません。というのも、そんなことは大して重要ではないからです。

　第40章で説明したように、投資の成功は、良いファンドを選ぶことではなく、主にアセットアロケーション（資産配分）のしかたによって、もたらされます。それでも、まだ納得できない方もおられるかもしれません。「資産配分が重要なことはわかる。でも、資産を配分するためにはファンドを選ぶ必要があるわけだから、やはり良いファンドを選ぶことが重要じゃないの？」と思う方も多いでしょう。

　でも、残念ながら、それは大間違いです！

良いファンドを選ぶ必要があることと、良いファンドを選ぶ必要がないのと
では、どちらが幸運でしょうか？　仮にファンド選定が重要だとしても、正し
いタイミングでベストファンドを選べる可能性はかなり低いのが現実です（思
い出してください。皆さんが買いたいのは、これから１番になるファンドで
あって、すでに１番になったファンドではありませんよね？）。

　　良いファンドを選択することは重要ではありません！　むしろ、注目すべ
きは、1番を選べないのと同様にビリを選ぶこともできないという点です。
実際には、どちらかといえば中間に近いファンドを選ぶ可能性が非常に高い
わけです。図表Ⅵ－31のように、平凡なファンドでも、それほど大きな問題
はないのです。

　　図表Ⅵ－31のアメリカのモーニングスターのデータは、2009年末までの過
去30年間における、いくつかの資産クラスと市場セクターに属する、ベス
ト、ワースト、アベレージのファンドの平均年リターンのデータを示してい
ます。

　　過去30年間、存続し続けた1,219個のファンド中、最悪のものでも平均年
リターンは5.1％であったのですから、ベストファンドを選べなくてもがっ
かりする必要はありません。

図表Ⅵ－31　最悪の選択は本当にまずかったのか？

アメリカにおけるカテゴリー別の投信運用成績（1980～2009年）

	ベスト 30年平均リターン （％）	ワースト 30年平均リターン （％）	アベレージ 30年平均リターン （％）
国債ファンド	7.8	6.6	7.3
社債ファンド	10.7	6.3	8.2
資産配分ファンド	11.8	5.6	10.0
国内株式ファンド	14.4	5.1	10.5
海外株式ファンド	12.8	6.6	10.9

（注）　同期間におけるCDの年平均金利は6.3％

金融メディアやファンド業界では、「１番を選ばないと駄目だ」と信じさせたいわけですが、投資家の立場からいえば、「そんな必要はない」ということになります。

　投資は、勝者の総取りコンテストではありません！

　金融メディアが、投資というものを競馬のように考えさせたいという点に注意が必要です。つまり、勝ち馬を選ぶことが金持ちへつながり、それ以外はすべて金銭的破綻であると投資家に信じ込ませようとするのです。

　しかし、実際には、投資は馬蹄投げゲームのようなもので、近くにあれば、だれでも勝者になりうる類いのものなのです。ゲームの勝ち方を理解すれば、投資は「チャレンジ」ではなくなります。

（注）　馬蹄投げとは、蹄鉄を離れた杭に向かって投げつけるゲームで、杭にかかれば高得点、近くに落ちても得点が与えられ、50点先取するか、50回投げた時点での得点を競うもので、アメリカやカナダで盛んです。

　いよいよ、正解を示す時がやってきました！

　私が個別株よりもむしろ、ファンドを通じて投資すべきだという信念をもっていることは、すでにご存じのとおりです。ファンドに投資するという考え方をさらに詳しく説明する前に、ここではファンドに関する２つの根本的に重要な事実について、確実に理解しておきましょう。

　日本のファンドでは、やや事情が異なります。図表Ⅵ－32は、モーニングスターの大分類に基づき、各分類対象の投資信託の単純平均による、2013年12月末までの過去10年間のトータルリターン（年率）のデータですが、最上位と最下位との差がかなりあります。こうした日米の差の１つの理由は、30年平均と10年平均の違いであると考えられますが、日本では、30年以上も運用している投資信託が存在しないためであり、20世紀末の金融ビッグバンにより、日本の投資信託が充実した点から考えると、2030年頃には、アメリカに近いデータが現れる可能性は高いものの、日本では、当面の間は、モーニングスターなどの検索サイトをフル活用して、設定から５年なり10年なりを経過している投資信託のなかから、"平均的なパフォーマンス"のファンドを選別する必要が高い

	トータルリターン 最上位	トータルリターン 最下位	トータルリターン 平均
国内株式型	30.40%	1.00%	9.27%
国内債券型	4.94%	0.22%	1.59%
国際株式型	19.24%	−5.22%	9.58%
国際債券型	14.48%	−0.29%	4.81%
バランス型	13.22%	−4.76%	5.96%

（注）　2018年12月末までの過去10年間のトータルリターン（年率）。モーニングスター大分類に基づき分類。平均は対象の投資信託の単純平均を使用。
（出所）　モーニングスター

といえます。

▶ ファンドに関する重要事実その1：すべてのファンドが、必ずどこかの資産クラスに属する

　これまで株式と債券について大雑把にお話してきましたが、実際の投資では、単にそれら2つのなかから1つだけを選択すればいいというわけにはいきません。たとえば、株式に投資したい場合、

・国内株式か海外株式かの選択が生じます

　国内の企業に投資する場合と違って、外国企業に投資すれば、為替リスクやソブリンリスク（政府が破綻する）を伴います。

・大企業か小企業か中間企業かの選択が生じます

　大企業は、比較的安全とみなされる一方で、小企業は、潜在的な上昇力を秘めていると考えられます。

・割安株式か成長株式か中間かの選択が生じます

　割安株式とは企業価値からして安いと判断されるものであり、成長株式とは急速な成長が期待され株価の上昇余地が大きいものの、変動幅が大きいと判断されるのが一般的です。

このように、債券ではなく株式に投資しようとたった１つの決断を下した途端に、自動的に資産クラス・国・規模・スタイルという４つの決断を下すことになるわけです。そして、いまの場合は、株式への投資についてですが、債券に投資したいと考えるならば、再度、

・国内債券か海外債券かの選択が生じます

　国内の企業に投資する場合と違って、外国企業に投資すれば為替リスクやソブリンリスク（政府が破綻する）を伴います。

・国債か社債かの選択が生じます

　国債は安全ですが、リターンは大きくありません。これに対して、社債は潜在的に大きなリターンを期待できるものの、リスクが大きくなります。

・社債では、対象が投資適格か、それ以下のジャンク債かの選択が生じます

　投資対象の社債は安全であるがリターンが低く、ジャンク債はリスクは高いが潜在的に高いリターンも期待できます。さらに、

・償還時期が長期間か短期間か中間かの選択が生じます

・課税債券か非課税債券かの選択が生じます

　このように、債券に投資しようというたった１つの決断（株式か債券か？）を下した途端に、自動的に資産クラス・国・発行者・質・満期・課税に関する６つの決断を下すことになるわけです。

　ここまでくれば、アメリカには１万を超えるファンドがある理由がわかりますよね？　これだけの本数をそろえることで、以上の選択肢に対処しているのです。こうして整理すると、投資というのはかなり単純だと思えませんか？

> 　日本では、100あまりの投資信託運用会社が、12,000本を超えるファンドを運用しています。そのうち約半数の6,000本が「公募投資信託」として一般向けに販売されているファンドです。

　幸いなことに投資信託にせよ、ETFにせよ、すべてのファンドは、「どの

ような投資商品が組み込まれているのか？」や「どのようにそれらが組み込まれたのか？」に基づいて、きちんと分類されています。

PartVで説明したように、2019年末時点で、投資信託の検索サイトである日本のモーニングスターでは79の分類を行っています。これは、何となく多いような気がするかもしれませんが、数千ものファンドを一つひとつ分析していくよりははるかに楽な作業といえます。

なぜカテゴリーによって、投資信託の標本を検査するかというと、1つの大きな理由があります（現実には2つです）。一つひとつの投資信託を互いに検査するよりも、はるかに楽な作業になるだけでなく、些細な詳しすぎる分類を除外すれば実質的には主要な部分はたった一桁の9部門に限られるからです。

そして、個々に検査するよりも、カテゴリーで検査すべき理由は、次のような、投資信託の第2の根本的に重要な事実によって示されることになります。

▶ ファンドに関する重要事実その2：同じカテゴリー内のすべてのファンドが似たような成績になる

多くの投資信託の投資家は、素晴らしいファンドを見つけようとして膨大な時間を費やします。それは、そうした時間が無駄であるということに気がついていないからです。

重要なのは、個々のファンドの成績は、ファンド自体よりもファンドの属するカテゴリーにはるかに大きく依存しているという点です。

たとえば、東京から九州へ向かう場合、どんな自動車を利用したところで、到着に要する時間や労力はほとんど同じで、たとえスポーツカーでも、飛行機ほど早く到着することはできません。

もちろん、速度制限がなければ、ランボルギーニは、軽自動車よりも早く到着できるでしょうが、両者の差は、ランボルギーニとジェット機の差に比べれば微々たるものにすぎません。

同じことは、投資商品に関してもいえます！　素晴らしいファンドを選択

しようとするかわりに、カテゴリーに沿ってすべてのファンドが値動きをすると考えることではるかに効率がよくなります。たとえるなら、自動車が飛行機ほど速くないのと同様に、MMFは海外株式ファンドほど急速に値上りはしないということです。

　すぐにおわかりになるように、投資信託とは「同じ鳥類に分類される種類の異なる鳥たち」なのです。つまり、各投資カテゴリーのなかでは、一つひとつのファンドは似たような値動きをする傾向があるのです。毎年毎年結果は変わってくるものの、各カテゴリー中の投資信託はお互いに似たような値動きをする傾向があるということになります。

　　ファイナンシャル・プランニング投資法については、p374でご紹介しました。顧客の目標を設定することで、投資期間や必要金額を見積もり、投資資金の使途を明確にして、目標達成に必要以上のリスクを負わないようにしたうえで、顧客の状況によって、p371のようなポートフォリオの設計図をつくりあげ、予想投資リターンと予想投資リスクを計算し想定していきます。

　　ここで、「顧客の状況」と「資産配分の割合」をどう結びつけるかは、イーデルマン・フィナンシャル・エンジンズ社のようなファイナンシャル・アドバイザーのコンサルティングを受ける必要があるかもしれませんが、「資産配分の割合」が決まってしまえば、たとえば、マイインデックスの「資産配分ツール」などを使うことによって、予想投資リターンと予想投資リスクは無料で入手できます。

　　そこから、たとえば、予想投資リターンが年率５％であれば、10年後には、1.05の10乗だけ元本がふくらんでいる見込みがありますし、予想投資リスク（＝標準偏差）が８％であれば、予想投資リターンの５％±８％（＝１標準偏差）の範囲に全体の値動きの68％が入り、予想リターンの５％の±16％（＝２標準偏差）の範囲に全体の値動きの95％が入る見込みができます（第38章をご参照願います）。

① 標準偏差が１個分の範囲に値動きの68％がカバーされる

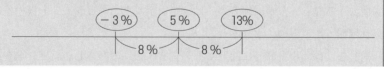

② 標準偏差が2個分の範囲に値動きの95%がカバーされる

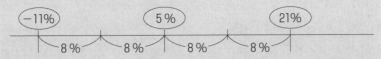

　こうしてポートフォリオの設計図ができあがりましたら、設計図を実現する
ために、各資産に属する“標準的なファンド”を購入していきます。ここで
“標準的なファンド”とは、資産の値動きを典型的になぞるような普通のファ
ンドのことで、たとえば、日本株式が5％上昇しているのに、20％も上昇する
ようなファンドや、日本株が暴落しているのに、逆行高するようなファンドは
選ぶべきではありません。

　ポートフォリオの設計図では、異なる資産の組合せで、ポートフォリオ全体
の投資リスクを加重平均未満にしているにもかかわらず、日本株式として採用
したファンドが、海外株式や日本債券のようなパフォーマンスをしてしまえ
ば、せっかく、設計図をつくって資産配分している意味が薄れるからです。

　本書の第42章や第43章で、「ランキングの上位のファンドを選ぶ必要はな
い。ベストファンドを選ぶ必要はない。普通のファンドで十分に役立つ」と
は、こうした意味も含まれているのです。

　“普通のファンド”を探すには、モーニングスターを利用します。「モーニン

図表Ⅵ-33　ポートフォリオの設計図とファンド選び

ポートフォリオの設計図		モーニングスター分類該当	
国内株式	大型・割安　大型・成長 中型・割安　中型・成長 小型・割安　小型・成長	国内株式型	大型バリュー　大型グロース 中型バリュー　中型グロース 小型バリュー　小型グロース
国内債券	政府債・短期　中期　長期 社債・短期　　中期	国内債券型	中長期債　短期債 （種類が少ないので上記から選択）
海外株式	割安　成長 エマージング	国際株式型	グローバル・除く日本 エマージング
海外債券		国際債券型	グローバル・除く日本
不動産		国際型REIT型	
天然資源・貴金属		コモディティ型	

(注)　ETFに関しては、モーニングスターの「TOPIX・日経平均」「日本（その他）」
「海外株式・債券」「金・原油・その他」のなかから選択します。ETFで対象ファ
ンドが見つからない場合は、上記の投資信託にて代用します。

グスターの小分類」と「ポートフォリオの設計図」の対照表は図表Ⅵ−33のようになりますが、

・モーニングスターの「投資信託」→「ファンドを探す」→「詳細条件から
　ファンドを選択」の画面に行くと、ファンドタイプという項目で、「モーニ
　ングスターの小分類」に従って、ファンドを検索できます。

・絞り込んだファンドは、「スナップショット」で、「トータルリターン」「標
　準偏差」「純資産」「リスクメジャー」を確認して、設定から少なくとも３年
　以上(できれば10年以上)が経過したもの（属性を知るため）、ファンド数の
　中でも順位の半ばくらいのもの（標準的か否か判断するため）、純資産が最
　低10億円以上のもののなかから選択します（早期償還を避けて、安定運用を
　確保するため）。

・目論見書や運用報告書で、信託報酬や売買回転率を確認します（第25章を参
　照してください）。

という３つのプロセスを踏んで、資産ごとのファンドを選択して、ポートフォ
リオの設計図を実現させます。

第44章

絶えず変化する世界のなかで
効率的な分散投資を維持する方法

　ここまで説明したように、ファイナンシャルプランニングとは、変化し続けるプロセスであり、いまだ完成形はありません。そして、このことは、分散投資や資産配分がいちばん当てはまるケースだといえます。

　この点を正確に取り扱えば、みなさん一人ひとりの状況にふさわしい、適切かつ効率的に分散されたポートフォリオを組み立てられるでしょうが、せっかくこしらえたポートフォリオも、放置していれば時間がたつにつれて、役立つどころか危険物にさえなります。その理由は、ご自分のポートフォリオに組み入れた一つひとつの資産クラスやマーケットセクターを代替する各ファンドが、他のものとは独立してバラバラに動くからです。

　時間がたつにつれて、ある部分は、他の部分よりも大きく値上りし、別の部分は、他の部分よりも大きく値下りします。このように、時間がたつと、ポートフォリオは最初につくりあげたアセットアロケーションとは、似ても似つかなくなってしまいます。

　こうした状態がどのようにして起こるのか理解するために、そして、そうした事態に対して、何をする必要があるのかを知っておくために、例をあげて説明しましょう。なお、図表Ⅵ－34は単なる説明上の例にすぎません。

　この仮想の例では、現金、国債、社債、株式というたった4つの主要資産を利用しています。また、単純化のために、4資産に対して均等割りをしています。

（注）　この例は、実際のアロケーション・モデルとして紹介しているわけではありません。わが社のモデルでは、この4資産だけでなく、不動産や海外投資

図表VI−34　アセットアロケーションとは

同額を投資した場合

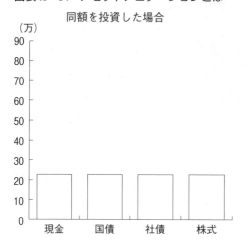

…結果はこうなる

や外国通貨、天然資源、貴金属、その他のヘッジポジションなどを加えます
し、お客さんの状況、目標実現方法、流動性の必要性、リスクの許容度に基
づいて、いくつかの資産に絞って、他の資産を使わないようにして投資資金
を配分することもあります。

　時間がたつにつれて資産は成長しますが、実際には4資産のすべてが同じ
ペースで成長するわけではありません。そして、時期によっては、成長して
利益をあげるものの損をする場合もあります。

　この仮想の例では、株式は他の資産よりも早く成長しますが、その結果、
4つの資産クラスの金額はもはや同じではなくなります。図表VI−35にある
ように、株式は当初は全体の25%でしたが、現在では全体の38%を占めてい
ます。そして、他の資産の割合も同じように元の25%から変化しています。

　ちなみに第49章で説明する支出の追求と同じように、ポートフォリオに関
しても、金額ではなく割合で考えるようにすべきです。時間とともにパイの
価値は変わってくるものの、パイの割合でいえばいつでも100%であるわけ
です。

　図表VI−35の例のように、当初のポートフォリオの割合とは変わってし
まったパイのかたちを元に戻すためには、ポートフォリオをリバランス（バ

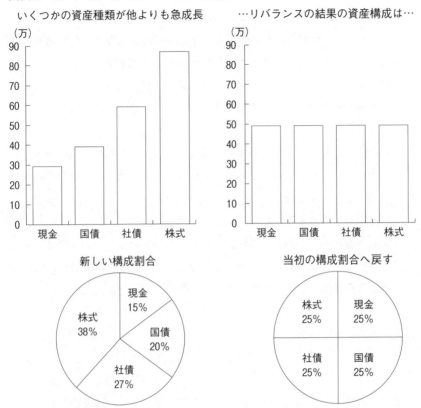

図表Ⅵ-35　アセットアロケーションの見直し

いくつかの資産種類が他よりも急成長

…リバランスの結果の資産構成は…

新しい構成割合

現金
15%

株式
38%

国債
20%

社債
27%

当初の構成割合へ戻す

株式
25%

現金
25%

社債
25%

国債
25%

ランスの再調整）する必要があります。

　つまり、株式と債券の余分を売って25％の状態に戻して、そこで生じた売却代金を利用して減っている現金と国債を25％の状態に戻す、といった作業を行うわけです。

　こうした作業によって、ポートフォリオは元の割合に戻るのです！

　言い換えれば、アセットアロケーションでは、いちばん利益をあげている勝者を売って、利益が少ない（あるいは損を出している）敗者を買う、というやりかたが必要になるわけです。ただし、こんなことをいうと、きっとみなさんは「イーデルマンは、気でも狂ったのではないのか？」と、ギョッとさ

れるかもしれません。

　しかし、実はこれがごくごく正常な状態なのです。考えてみてください。「勝者を売ること」と「敗者を買うこと」を、ご自分の投資人生を通じて、ずっと続けて行ったならばとても大きな財産をつくれるでしょう。

　アセットアロケーションが成功する理由は、自分がやりたくないことを強制的にやらせてくれるからです。感情的には、ほしいのは勝者であり敗者ではありません。

　株式が債券よりも非常に好調である場合、投資家としては、株式がほしいと感じます。はっきりいって、絶好調の株式を売って腐った債券を買おうなんて、だれも考えないでしょう。

　その理由は、勝者を売りたくないからです！

　しかし、前述したとおり、これから勝者を買っていこうというのは、すでに値上りしてしまったものを、値上りした事実を確認してから買いに向かうということを意味します。反対にここで、勝者を売るとは、それによって、利益を確定させることを意味します。そして、実際に利益を手にすることこそが投資の目的ではありませんか？

　このように考えると、皆さんも敗者を買いたくなるはずです。いいや、もっと正確にいえば、ご自分が買うまでは、それが敗者であっても問題はありません。重要な点は、それを売る前に勝者になっていればよいのです。

　しかし、感情に任せて行動すると失敗してしまいます！

　「いま、株式市場が大きく儲かっている」という理由で、皆さんはたくさん株式を買ってしまい、「こんな儲かっていないものは、ドブに捨てやりたい」といって、国債を売ろうとするわけです。言い換えれば、アメリカではより厳しい当局の指導によって、すべての金融商品において、「過去のパフォーマンスは、将来の結果を保証するものではない」という趣旨の表記義務があるにもかかわらず、過去のパフォーマンスに基づいて、買ったり売ったりしたいというわけです。

　この例を通じていいたいことは、「すでに株式は大きく値上りしたので、もはや良い投資商品とはいえない」ではなく、（仮想例の状況、リスク許容

度、そして、目標達成方法を考えると）「全体に対する割合が38％にまでふくらむと株式の割合が高すぎる」ということです。

つまり、株式の割合を減らす理由は、ファイナンシャルプランニングの観点からの判断であって、投資相場観からの判断ではないということなのです。

長期間にわたって株式市場が上昇を続けた場合、リバランスによって元の割合へと戻さなければ、最終的には、株式以外にはほとんど何もなくなってしまいます。すると、たった1つの資産クラスに100％の資金を入れた状態となり、分散投資という概念を放棄することになるわけです。

もちろん、現実の世界では、ポートフォリオを元のモデルへとリバランスしたくないと考えることがあるかもしれません。長年にわたって、健康、収入、夫婦関係、そして、他の状況が変わる可能性がありますが、そうした変化によって、皆さんのモデルポートフォリオの変更が必要になることもありえます。

▶ リバランスの頻度は、どうするべきか？

個人的な状況の変化は別にして、この問題は興味ある問いを投げかけます。つまり、ポートフォリオのリバランスはどの程度の頻度で行うべきであるかということです。リバランスの時期を決めるには2つの方法があります。

1つ目は、時期によるリバランスです。単純にカレンダーで日時を決めて実行する方法です。多くの人たちが、3月に1回というかたちでのリバランスを選択していますし、多くの企業の退職プランでは、あらかじめ決めた日付に自動的にリバランスを行うシステムが採用されています。

時期によるリバランスは簡単ですが、大きな欠点もあります。必ずしも指定した日時に限って、リバランスを強制的に実行する必要はないのかもしれ

ませんし、逆に本当にリバランスに適した日時を逃してしまう可能性もあるからです。

たとえば、株式市場が8月13日に急上昇した場合、ポートフォリオ内の株式価値の割合が増加するので、リバランスを行うべき機会になるわけですが、仮に、9月30日にリバランスの計画が組まれていれば、8月13日という瞬間的に訪れた「急上昇した資産を売って、低コストの資産を買い増し、利益を確保する」という絶好の機会を失うことになります。

こうした問題を除くための代替策として、割合によるリバランスがあります。これは、一つひとつの資産クラスに対して、その占める割合に関して変動制限を設定するというものです。

たとえば、全体の25%と決めておいた株式に関して、±10%（最大28%、最小23%）というような制限を設けておくわけです。そして、ポートフォリオ内の株式の割合が、これらの閾値を超えたら、リバランスを実行します。その結果、必要な際にだけリバランスを行うことになります。

パーセンテージ割合によるリバランスは最良の方法です。ポートフォリオの変動性や投資リスクを減らす一方で、リターンを改善することが期待できます。

唯一の欠点は、この方法をとるためには、日々ポートフォリオを監視する必要がある点ですが、この作業がめんどうであることから、アメリカでは多くの投資家がわが社のようなアドバイザリー企業に外務委託しています。

ともあれどちらの方法を選択しようとも、リバランスがきわめて重要な点に変わりはありません。リバランスは、財産を築くための心理的な障害を克服し、高く買って、安く売らされることのないようにするために役立ちます。

▶ バイ・アンド・ホールドは間違った投資戦略

リバランスがきわめて重要であることがわかれば、バイ・アンド・ホールド（買ったらそのまま）という考え方がうまくいかない理由もわかるはずです。マーケットタイミングが働かないため、投資商品を買ったら、長期間保

有したままにする、という代替策をとるべきと考える投資家も少なくありません。しかし、バイ・アンド・ホールドは意味がありません！

　これまで示してきたように、バイ・アンド・ホールドは危険でさえあります。長期の効率的な投資管理に関する、本当の解決策は「バイ・アンド・リバランス」なのです。

　原著の初版は、アメリカでベストセラーになりましたが、アメリカの読者から寄せられた感想のなかで、一部、誤解の多かった部分に対して、リック・イーデルマンは、2冊目のベストセラーである『The New Rules of Money』のなかで説明していますので、ここでご紹介しましょう。

　本書の第40章では、いくつかの異なる資産を組み合わせることで、ポートフォリオ全体の投資リスク（＝標準偏差）を小さくできると説明しました。さらに、ファイナンスの父とされるマーコビッツの論文より、「いろいろな資産を組み合わせることによって、ポートフォリオ全体の投資収益は、各資産（構成ファンド）のリターンの加重平均となるだけですが、ポートフォリオ全体の投資リスクは、各資産（構成ファンド）の標準偏差の加重平均未満になる」と説明しました。

　マーコビッツの論文は、きわめてシンプルですが、ファイナンシャル・プランナーを含む多くのマネー専門家のなかには、こうした資産分散の効果が"時間によって強められる"と余計な解釈をくっつけて、皆さんに誤解を与えているケースが後を絶たないようです。

　強調しておきますが、ファイナンス理論の「資産分散により、ポートフォリオ全体の投資リスクは、各資産の標準偏差の加重平均未満になる」とは、「いろいろな資産を組み合わせると投資リスクが減る」というだけで、「それが時間によって強まる」とはいっていない点は、ぜひともご確認願います。

　マネー専門家がうっかり間違えがちな点は、マーコビッツの資産分散に対して、時間分散という別の概念を勝手に加えてしまっている点にあります。時間分散に関しては、「時間が長期になると、損失をもたらす頻度が減ることは経験的な事実ではあるものの、時間が長期になると、実際に損失が発生した時点では、損失金額を増加させる」という点を頭に入れておいてください。

　たとえば、100万円を株式市場に投資した場合、図表Ⅵ－9から図表Ⅵ－11のように、毎年売買するよりも20年単位で投資期間をとったほうが、損失の頻

度は下がりました。

　しかし、仮に年率10％で上昇を続け、30年後に1,750万円に上昇した時点で20％の暴落に直面すれば、損失額は投資額の3.5倍となる350万円となるわけで、仮に投資開始から１年以内の短期で同じ暴落に直面していれば、損失額は20万円と６／100未満にすぎません。

　以上のように、分散投資という場合、資産分散と時間分散という２つの異なる考え方があり、ファイナンス理論では資産分散を支持する一方で、時間分散とは必ずしも理論として確立されているわけではなく、部分的には問題点も含まれるということです。

　しかし、本書では、時間分散、つまり長期投資を否定するわけではなく、むしろ皆さんが投資の成功を実現するためには、きちんと資産分散されたポートフォリオをつくり、なおかつ長期間、そのポートフォリオを維持する必要があると考えます。

　その理由は、第34章のタイミング売買がうまくいかないからであり、ほんの数日間に大きな値上りをみせる投資市場に対して、頻繁に出入りするよりも、ずっと投資市場にいるほうが良い結果をもたらすからなのです。

　ファイナンス理論ではありませんが、アメリカのFinancial Analyst Journal誌の2001年２月号の掲載データによれば、1926年から1999年までの「タイミング売買VS長期保有（＝バイ・アンド・ホールド）」の勝率は、長期保有が99.8％であったという統計的データもあるため、長期保有とは、より高い投資リターンを確保するために重要な投資実践法であるといえるのです。

　なお、本書の第32章の「株式投資で成功するための秘訣は、投資タイミングでも銘柄選択でもなく、投資期間にあるわけです。投資期間を調整することによって、リスキーで不確実な株式を、ある程度は安全で予測可能な投資資産へと、転換することが可能になるということです」という記述と図表Ⅵ－１から図表Ⅵ－３までのチャートをみて、皆さんのなかには、「長期間保有すれば、ポートフォリオの中身は、株式という１資産だけでよいはずだ」と誤解されている方もいらっしゃるかもしれませんが、本書の第40章で強調しているように、「自分のポートフォリオを適切に分散するには、資産配分を通じて行います」と、たった１つの資産ではなく、いろいろな資産を併せ持つ必要性を強調しています。第32章と第40章では、かなりページが飛んでいますが、確認してみてください。

　もう１つ、本書の第40章では、「年金プランの変動性の相違の93.6％は、ど

のような資産配分を組むかによるものであって、どの銘柄を選ぶかは大きな問題ではないという点を明らかにしました」として、ブリンソン・スタディーを紹介しましたが、この部分も誤解が多い箇所です。

本書の40章では、91の年金プランを比較した際の変動性の違いのほとんどが、資産配分の仕方、つまり、図表Ⅵ−29に登場するポートフォリオの円グラフを、どのように分けるかの違いによって生じると説明しているだけです。

「きちんと資産配分を行えば、大儲けできる」といっているわけではありません。「そろえた資産の平均並みに儲かりますが、そろえた資産の平均未満しか下がりません」といっているにすぎません。もちろん、否定的なニュアンスどころか、投資で成功するための重要な要素だと強調しているわけです。

上記の点は、本書の第40章だけでなく、第44章でも繰り返していますが、ここでも誤解が多かった点は、適切な資産配分を実現するためのファンド選びに際して、「資産クラスごとに"お勧めファンド"や"ランキング1位ファンド"を選ぶ必要がある」というものです。本書の第42章と第43章での説明と関連させれば、適切な資産配分を実現するためには、「各資産の特性を示す平均的なファンド」を選べばよいということです。

この点は、「年金運用の変動性要因のなかで、銘柄選択によるものは2.5％にすぎない」というブリンソン・スタディーに反して、「銘柄選びこそが重要だ」になってしまいますよね。

しかし、実際には、むしろ"お勧めファンド"や"ランキング1位ファンド"は避けて、「各資産の特性を示す平均的なファンド」を積極的に探す必要があります。本書の第25章で説明しましたが、投資信託のなかには、売買回転率が高いため、たとえば「大型・割安」だったはずが、「中型・成長」になっていたというように、もともとの資産属性がいつのまにか変わってしまうファンドもあります。

ブリンソン・スタディーの対象は、巨額の資金を運用する年金プランであり、比較対象となった91の年金プランでは、運用資金が巨額であるために"すべての銘柄を保有している状態"に近いため、銘柄選択による違いは無視できるほど小さかったわけですが、皆さんのような個人投資家の場合には、「各資産の特性を示す平均的なファンド」を積極的に探す必要があります。その際には、本書の23章で紹介したモーニングスターによる投資信託の分類表が役立ちます。

以上をまとめれば、投資で成功するための条件とは、自分に適した資産配分を行ったポートフォリオの設計図をつくり、なおかつ各資産の特性を示す平均

的なファンドを選ぶことになります。

第**45**章

収入を引き出すための投資法

　お気づきかもしれませんが、ここまで述べてきた投資戦略はすべて、将来のために投資することを前提にしていました。しかし、いま、収入が必要であるとしたらどうなるでしょうか？　この状況は、定年退職を迎えた世代に共通した問題です。以下は、その解決策になります。

　すでに、老後生活を迎えている場合、あるいは、もうじき定年退職を迎える場合でも、投資戦略としては分散投資が重要になります。というのも、老後といえども、わずかながらでも資産を成長させる必要があるからです。

　実際に、投資家の大きな誤りは、定年後に意識を集中しすぎる点にあります。私はファイナンシャル・プランナーとして、皆さんの定年退職が近づいてもあまり気にはなりませんし、皆さん自身も投資をどうすべきか、気にする必要はありません。

　結局、引退生活というのは、ライフスタイルの問題であって、（きちんと計画しないと失敗するといった）経済問題ではないのです。

　いまや引退は、かつてのように「人生が終わる」ことを意味しません。人類の歴史上、ほとんどの時期において、「老後の生活」というものはありませんでした。そのかわりに人生が終わっていたわけです。

　現在では事情は大きく異なります。65歳の人たちは、さらに20年、30年の歳月を生きることになります。つまり、現在60歳であるならば、現在30歳の人と同じようにインフレーションに対して備える必要があるのです。

　しかし、ほとんどの定年後の人たちや定年間近の人たちは、安全という点だけで判断をするようです。

これこそ、引退生活の大きな誤りです！

　これからの数十年間、インフレに収入をさらしても十分に食べていけるか否かを考えておくべきです。だれも人生を使い果たす前にお金を使い果たしたいとは思わないはずです。

　しかし、ほとんどの人が、そうは考えません！

　安全と現在の収入ばかり意識して、すべてのお金を銀行預金に置いてしまうことで将来の収入というものを無視してしまいます。

　p 96で述べた引退生活者の話を思い出してください。1年満期の元本保証商品であるCDに、銀行商品だから安全だという理由で投資し続けたアメリカ人の退職者は多かったわけですが、1981年には年利14.9％だったのに、1986年には年利7.3％となり、2009年には年利1.7％となりました。

　仮に、1981年に定年退職を迎えた時点で、3,000万円をCDに投資していたら、1年目の金利収入は447万円となり、月額37万円を手にして悠々自適な生活をしていたでしょうが、28年後の金利収入は51万円となり、月額4万円にすぎません。

　しかも、この28年間で生活費が2.4倍になっていましたから、1981年当時の"月額37万円の生活水準"を維持するには月額89万円が必要なはずなのに、実際の金利収入は月額4万円なので、元本の3,000万円を食いつぶすしかありませんでした。

　日本でも、1980年の定額貯金の金利は7.1％でしたが、2009年には0.2％となる一方で、生活費は30年間で1.4倍になりました。その結果、年収200万円未満の高齢者が4割を占め、高齢者3割の貯金が700万円以下という事態に直面しています。

　以上のように、アメリカでも日本でも、金利収入の大きな落ち込みとインフレーションは、元本保証物による金利収入に頼っている方々に致命的な危機をもたらしましたが、こうした危機に対して、現在のアメリカでは、一足早く自動引出プログラム（システマティック・ウィズドローアル・プログラム）と呼ばれる対応策がとられています。

　これは、定年退職に際して退職金を手にした方々が、一括投資を行いなが

らも、毎月の生活費の不足を補うため、ポートフォリオから毎月少額を引き出す際に有効です。具体的には以下のような仕組みになっています。

分散されたポートフォリオをつくった後で、年5％未満の引出総額を計算したうえで、月割りした金額を毎月引き出します。

たとえば、投資価値が1,000万円であれば、収入として引き出す5％は50万円ですが、年間50万円を月割りすれば4万1,600円になります。この4万1,600円が毎月決まって証券口座から預金口座へと引き出されることになるわけです。

イーデルマン・フィナンシャル・エンジンズ社では、ポートフォリオからの引出しは年4％までに制限するほうが望ましいと、お客さんへアドバイスしています。というのも、引出金額が大きくなるほど、元本を侵食し始めるリスクが高くなるからです。

図表Ⅵ−36では、1年満期のCDと、仮想の分散ポートフォリオを利用した自動引出プログラムの投資結果を、1995年1月初から2009年12月末までのアメリカの投資データに基づいて比較検証してみたものです（こうした結果が繰り返される保証はありません）。

具体的には、1年満期CDでは毎年利息だけを収入として口座から引き出すのに対して、分散ポートフォリオを利用した自動引出システムでは毎年投資金額の5％を収入として口座から引き出し、残額が再投資されていきます。

（注）　この例は、「Moderat Allocation Fund」の引用期間に対する投資結果に基づきます。アメリカのモーニングスターでは、このカテゴリーを、株式と債券と現金の組合せに投資することによって、収入と投資価値の値上りの両方を生み出すよう設計されたポートフォリオとして定義されています。これらのファンドでは、30％から50％を債券と現金に投資するのが典型的です。

1年満期CDからの収入（金利）は、毎年大きく変動しますが、自動引出プログラムからの収入は、毎月、安定しているだけでなく、実質的に高いも

図表Ⅵ-36　自動引出プログラム

1995年1月1日に10万ドル投資した場合

| 年次 | 1年満期CDに投資した場合 | | 分散ポートフォリオから毎年5％相当を引き出す場合 | |
	年間収益（ドル）	年末時点の価値（ドル）	年間収益（ドル）	年末時点の価値（ドル）
1995	5,639	100,000	5,000	120,830
1996	5,561	100,000	5,000	132,710
1997	5,502	100,000	5,000	154,889
1998	5,597	100,000	5,000	171,837
1999	5,231	100,000	5,000	182,319
2000	6,008	100,000	5,000	185,870
2001	5,355	100,000	5,000	176,465
2002	2,317	100,000	5,000	152,477
2003	1,398	100,000	5,000	179,177
2004	1,221	100,000	5,000	190,303
2005	2,586	100,000	5,000	194,266
2006	4,501	100,000	5,000	212,190
2007	5,305	100,000	5,000	220,749
2008	4,047	100,000	5,000	155,595
2009	1,705	100,000	5,000	185,790
	（総収入）61,975	（最終価値）100,000	（総収入）75,000	（最終価値）185,790

のとなっています。そして、最終的には、自動引出プログラムの投資価値は、18万5,790ドル（＝1,857万9,000円）ですが、1年満期CDの元金は10万ドル（＝1,000万円）のままです。

　さらに良いことには、1年満期CDを利用した投資家は、元金を減らすことなく収入を増やせませんでしたが、自動引出プログラムの投資家は、生活費の上昇を相殺するために年9％まで収入を引き上げることが可能であった点です。

　しかも、実際に収入を引き上げたとしても、自動引出プログラムでは、最終的に10万4,796ドル（＝1,047万9,600円）残ることになったのです。上記の結果は、1年満期CDを1年定期預金としても似たようなものとなります。

もし、ご自分や両親や親戚が、現在の銀行預金（1年満期CD）の金利が低すぎて必要な収入が手に入らないと不満があるならば、分散ポートフォリオを利用した自動引出プログラムを検討してみるとよいでしょう。

第**46**章

経済的崩壊に対する備え方

　ここまでのすべての説明にはある共通する1つの前提がある点に気がつかれたでしょうか？　その前提とは、

「世界は終わることはないだろう」というものです！

　なかには、私とは違う意見をもち、世界が破滅に向かうとか経済システム全体が崩壊しつつあると本当に信じている方たちもいます。そこで、そうした方たちのために、世界が滅びると確信しているとしたら、どのような準備をすればよいのかお教えしましょう。

① 　株式、債券、国債、地方債、投資信託、ストックオプションなど、いますぐ、すべての投資商品を売却しましょう。そして、預金口座を閉鎖して、貸金庫を空にします。すべての保険を解約して、解約返戻金などは回収します。

② 　すぐに、自宅やその他すべての不動産を売却します。

③ 　財産はすべて現金化したうえで、お札を使わずに小銭に替えましょう。そして、小銭に替えた財産のかなりの量を常時肌身離さず持ち歩きましょう。残りは、それぞれ10キロ離れた別々の場所に埋蔵しておきます。

④ 　資産の半分は、円ではなく、アメリカのドル、EUのユーロ、イギリスのポンド、中国の元、ロシアのルーブル、ブラジルのリラなど、外国通貨に替えるべきです。そして、それらの外国通貨のかなりの部分を常時肌身離さず持ち歩きましょう。残りは、先ほどの自国通貨と一緒に、それぞれ10キロ離れた別々の場所に埋蔵しておきます。

⑤財産の半分を金貨（アメリカン・イーグル、カナディアン・メープル・リー

フ、南アフリカ・クーガーランド）や金の延べ板（大きすぎるものは避けましょう）に替えます。金塊（400オンスでは重すぎます）は避けましょう。ご希望ならば、銀もOKです。それらの金貨や延べ板の十分な量をいつも肌身離さず持ち歩きましょう。残りは、先ほどの自国通貨と一緒に、それぞれ10キロ離れた場所に埋蔵しておきます。

⑥　仕事をやめましょう。

⑦　山中に、頑丈な塀に囲まれた1軒の家を購入しましょう。選び方のコツは次のようになります。

　　　　・見つけにくく、見づらく、最もたどり着きにくい

　　　　・政府機関や軍事施設から、少なくとも100キロは離れている

　　　　・信頼できる、独自の水源が敷地内にある

　　　　・簡単に守れる

⑧　いくつかの避難路と秘密の入り口／出口／隠れ場所をつくり、不法侵入者を撃退するための罠と迷路を仕掛ける。

⑨　少なくとも、家族1人につき、全天候型四輪駆動車を1台、オートバイを1台ずつ、番犬として4匹のシェパード（2匹を雄、2匹を雌）を用意する。乗り物用の燃料とスペアー部品と番犬のビスケットを用意する。

⑩　洋服、武器、弾薬、ドライ食品、発電機、ランプ、無線通信ラジオ、医薬品、7つ道具、非常食を、避難用リストに沿って、用意しておきます。また、植物、医学、機械、軍事、建築、農業、心理学、薬学、社会学を網羅する参考書籍、年鑑、百科事典、暇つぶしに小説が必要です。税金関係の本は必要ないでしょうが、聖書やコーランなんかはもっておくべきだと思います。

⑪　自らが正しいことを祈りましょう。というのも、もしも間違っていれば、ものすごい間抜けにみえますから。

▶ 日本経済の抱える大問題

2013年4月4日から始まる異次元量的緩和は、当初は年間60〜70兆円の資金供給（マネタリーベース）を行っていましたが、その後は年間80兆円に拡

大されたため、2019年12月末には、1,037兆円の国債発行残高に対して、その46.8％に相当する485兆円分を日本銀行が保有するに至ります。

　2013年４月初には134.7兆円であったマネタリーベースは、518.2兆円へと3.8倍に増えています。ただし、2014年10月31日から年間80兆円に資金供給を行うことが決まったものの、実際には、買い占めるだけの国債が品薄になったため、2019年には14兆円しか購入額を増やせず、当初予定していた７割近くまでの保有には届きませんでしたから、日本銀行が国債を保有するには約５割が限界に近いということかもしれません。その一方で、マネーストックは25％ほど増加したにすぎません。

　これに加えて、日本銀行では、2016年１月29日のマイナス金利の導入後、2016年９月21日の長短金利操作導入によって、10年国債の利回りを０％になるように国債の買取を行い、2018年７月31日の長短金利操作柔軟性によって、短期金利と長期金利からなるイールドカーブを操作しようと、量から金利へと金融緩和策を質的に変化させていきました。

　銀行というのは、短期の金利で預金を集めて、長期の金利で貸し出して、利鞘を稼ぐことが基本ですが、日本銀行がマネタリーベースを拡大して短期金利をゼロやマイナスとし、長期国債を大量に買い付けて長期金利をゼロに誘導しようとしたため、銀行全体の預貸収益が圧迫されました。そこで、日本銀行は、長期金利の10年国債利回りを0.1％未満から0.15％程度まで引き上げて、多少なりとも利鞘を確保させる金融政策をとったのでした。

　2019年３月時点の日本銀行は、460兆円の長期国債、25兆円のETFなどを保有しており総資産は557兆円にまで膨らんでしまいました。これに対して、銀行券108兆円と当座預金394兆円、マネタリーベースは506兆円です。2013年３月時点では、91兆円の長期国債を中心に総資産は165兆円であり、銀行券83兆円と当座預金58兆円、マネタリーベースは146兆円でした。日本の経済規模は500兆円前後でしかないのに、たった数年の間に、日本銀行のバランスシートは3.4倍に膨れ上がりました。

　この結果、現在の日本経済は大問題を抱えています。

1つ目は、日本銀行のバランスシートが膨れ上がったため、仮に、株式市場が暴落したり、金利が上昇して国債市場が暴落すれば、日本銀行の財務内容は急激に悪化して、日本の紙幣の信用が失われ、キャピタルフライトやハイパーインフレーションを引き起こす可能性があります。

　2つ目は、2019年3月末時点での日本銀行の資産550兆円の83％は国債ですが、これは民間銀行から買い集めたものであり、その際の代金は、日本銀行内にある民間金融機関名義の当座預金口座に"通帳記載"されていて、仮に、民間銀行が大量資金を引き出そうものなら、日本銀行はお札を印刷して用意するため、一気に物価が5割上昇して、1ドル＝170円の円安が進む可能性があります。しかも、1つ目と2つ目のケースでは預金封鎖を伴う可能性もあります。

　3つ目は、未曽有の世界経済危機がやってきたら、すでに国債残高の46％を保有してしまった日本銀行には、ここから大々的な金融緩和策の手段がないのに対して、欧米では金融緩和に余力が残されていることから、短期的には円高に進む可能性もあります。実質実効レートでみれば、「かなりの円安水準である」といえるため、購買力平価や金利平価という経済学の教科書に載っている理論によれば、為替介入のなかった1995年を起点とするならば、1ドル＝70円台とか60円台になる可能性もあります。

　2018年、リーマンショック後の2009年には14.5億ドルだったアメリカのGDPは20.1兆ドルへと成長し、経済規模は40％近く拡大し、株価は新高値を更新しました。2013年に開催が決まった2020年東京オリンピックは、大会運営費や観戦客による直接効果が5.2兆円、イベント展開や国際ビジネス拠点形成などに活用するレガシー効果が27.1兆円と試算されています。

　東京オリンピック招致の成果もあって国内不動産やインバウンドは好調であり、アメリカを中心として海外経済は好調となっているため、大手銀行では為替リスクを承知で海外貸出比率を高め、海外投資に積極的となり、地域金融機関ではミドルリスク企業向けの貸出と不動産産業向けの貸出を拡大させて、積極的にリスクをとって利鞘を稼ぐ戦略に打って出ます。

　2019年末時点、世界経済は好調です。しかし、2020年に何かのショックが

発生すれば、日本経済が抱える３つの大問題のなかのどれかが発射されるかもしれません。

　以上のような日本経済の危うい状況は頭の隅に入れておくとよいでしょうが、何かの経済ショックで銀行に取付け騒動が起これば１日のうちに株価は暴落し、１ドル＝170円になる可能性があるからといって、あるいは日本銀行や公的年金の人工的な円安政策や株価買い支えが破綻して１ドル＝60円になり、日経平均4,000円の時代がやってくるといって、先ほどの本文のように、人里離れた場所へ隠れ家をつくって自給自足の生活を送るべきでしょうか？

　たぶん、多くの人々が、そうはしないのでしょう。

　よくよく考えてみれば、これまで本書を読んできた皆さんなら、想定される経済危機だって乗り越えられるはずです。未曽有の経済危機が到来したとしても、２年間の支出分のキャッシュリザーブが確保されていますし、最悪の場合には失業保険も活用できます。NISAや確定拠出年金で積立投資をしているならば、株式市場の暴落はバーゲンセールスですよね。

　日本国債がクラッシュしたり、日本銀行の信用がなくなれば、ハイパーインフレやキャピタルフライトや預金封鎖になるかもしれません。でも、分散されたポートフォリオを組んでいれば、ETFを使って海外投資をしている部分は、円安で儲かるかもしれませんし、その資産は外貨建てかもしれません。

　反対に、過去の為替介入やゼロ金利継続の反動で、１ドル＝60円台の超円高になったとしても、ポートフォリオのリバランスを行って、安くなった海外資産を買い足していけば、将来、大儲けできるかもしれません。また、それだけ日本が評価されているなら、日本国債は安泰かもしれません。

　2020年以降、日本銀行や公的年金による円安操作や株価吊り上げや国債の貨幣化のツケがやってくるかもしれない半面、もしかしたら新たな産業革命がはじまるかもしれません。リック・イーデルマンの『The Truth About Your Future』では、アメリカの最新科学を取材することによって、人類の新しい未来が描かれています。想像を絶するような技術革新により、幾多の

新しい企業が世界の株式市場を牽引する可能性があるわけです。隠れ家に避難している場合ではないかもしれませんね！

Ricのマネークイズ

　ここで、Part Ⅵの内容に関して簡単なクイズをしましょう。単なる確認ですから、あまり神経質になる必要はありません。間違えたら、解答欄にある参照箇所を読み返してみましょう。ただし、家計管理の将来は、その作業いかんによって大きく左右されますから、理解できるまで読み返すことが重要です。クイズの終わりに解答がありますが、のぞき見は禁止です。

1　あるファンドの標準偏差が高いほど：
　　○a．ボラティリティも大きくなる
　　○b．リスクも大きくなる
　　○c．上記のaとb
　　○d．上記のaでもbでもない

2　間違った決断の原因となる脳のバイアスの例として：
　　○a．直近のバイアス
　　○b．感情による計算
　　○c．コントロールの幻想バイアス
　　○d．上記のすべて

3　高リスクの資産を加えると、ポートフォリオ全体の
　　○a．リスクを引き下げる
　　○b．リスクを増加させる
　　○c．費用を引き下げる
　　○d．費用を増加させる

4　大規模な機関投資家の間のボラティリティ格差の93.6%は、ある要因によって説明されるが、それは：
　　○a．どの株式銘柄を買うか
　　○b．個々の株式に割り当てた資産比率

○c．株式を購入するタイミング

○d．上記のいずれでもない

5　資産配分での成功の秘訣は：
　Ⅰ．いろいろな資産クラスに投資する
　Ⅱ．上昇中の資産クラスに投資する
　Ⅲ．定期的に資産を入れ替える
　Ⅳ．敗者を買って、勝者を売る
　　○a．ⅠとⅢとⅣ
　　○b．ⅠとⅡ
　　○c．ⅡとⅢ
　　○d．ⅠとⅣ

6　"最適な"ポートフォリオとは、次のなかのどれか？
　　○a．現金の割合をほとんどにする
　　○b．リスクの量を最小限にする
　　○c．売買手数料、年間費用、税負担を最小限にする
　　○d．リスクに対するリターンのバランスを考える

7　投資信託やETFを購入する際に、計画しておくべきことは、
　　○a．前年にいちばん値上りしたファンドへ毎年乗り換えて、これを10年間繰り返す
　　○b．前年にいちばん値上りしなかったファンドへ毎年乗り換えて、これを10年間繰り返す
　　○c．同じファンドを10年間保有する
　　○d．良いと思ったら、別のファンドへ乗り換えることを10年間続ける

8　ドルコスト平均法が働くのは、次のケースのどれか？
　　○a．確定拠出年金で積立金の100％を株式ファンドに投資している
　　○b．国債に投資している
　　○c．4つの異なる種類のETFに均等に金額を割り振っている
　　○d．株価が10％変わるごとに、保有する株式銘柄数を調整する

9　ドルコスト平均法がいちばん有効なのは、どの商品か？

　○a．銀行預金

　○b．国債

　○c．ETFと投資信託

　○d．個別株式銘柄

10　過去30年間のパフォーマンスからいちばん積立投資にふさわしいのは、次のどのファンドか？

　○a．国内株式ファンド

　○b．海外債券ファンド

　○c．国内債券ファンド

　○d．海外株式ファンド

解　答	1－c（p 352）	2－d（p 338）	3－a（p 363）
	4－b（p 362）	5－a（p 393）	6－d（p 373）
	7－c（p 382）	8－a（p 311）	9－c（p 300）
	10－d（p 308）		

Part VII

最高の家計戦略

このパートで学ぶことについて

　PartⅦでは、最高のお金の管理法として、生活に直結した問題を考えていきます。具体的には、以下の内容を扱います。

・仕事を失ったら、どうすればよいか？

・なぜ、信用情報が重要なのか？

・借金の撃退法とは？

・次に自動車を買う際、購入するかリースにするか

・大学の費用をどうするか

・小さな子どもをもつ親は、仕事を続けるべきか

・ID盗難を回避するステップとは

・高齢の両親の介護について

・葬儀費用の取扱いについて

第**47**章

失業した場合に、どうすればよいのか？

不景気と大不況の違いについて、アメリカには、古い冗談があります。「不景気とは、隣人が職を失うことで、大不況とは、自分が職を失うことだ」……。他人であろうが自分であろうが、失業問題というのは笑えるものではありません。

▶ 自分の仕事が危機的状況にある兆候とは

たとえば、何かの出来事のあおりで自分が職を失うかもしれないとき、それに関するよくないニュースから目をそらしてしまう人がいますが、自分の仕事に不安を感じるようなら、以下のことに、目を見開き耳を傾けてください。

会社は財務上の問題を抱えている

会社の財務状況に注意して、良好かどうか判断しましょう。売上げや利益が落ち込んで、株価が下がっているようであれば、財務的に問題を含んでいるわけです。仮に、会社が買収された場合、吸収された会社側のダブった部署は廃止されるため、人員が解雇される可能性があります。

日常費用を含む経費の合理化

研修費や旅費が削減されたり、事務用品の注文すら、なかなかOKがもらえないなんてことはありませんか？　会社の行動として、無駄な経費の削減は正しいものの、必要な経費が削られるようなら、次にナタが振るわれるの

が給料である点は、気をつけておきましょう。

1人だけ別扱いされる

　上司からまともに扱われず、自分だけが仕事の量を減らされ、新しいプロジェクトや重要な会議から外されているとしたら、それは悪い兆候といえます。また、近く、皆さんが解雇されると知っている人が、皆さんに対してあからさまに無礼になるとは限りません。態度は丁寧であっても、普通とは違う空気を感じたならば注意すべきです。

新規募集の凍結

　人員の新規募集が広告に出されていても、実際に採用が行われているか否かは注意する必要があります。また、新規採用を凍結しているにもかかわらず、人事部が忙しくしているのは好ましい状況ではありません。解雇の相談をしているのかもしれません。

同じ業界の友人が、失業している

　同じ業界の似たような地位にある知り合いのなかに、失業している人が増えている場合、自分自身のことも心配する必要があります。

噂が飛び交い、ドアが閉鎖されている

　社内で噂話をするのは良いことではありませんが、役立つ場合もあります。首切りの話が飛び交い、役員室のドアが閉まったままであるようなら、看過できる事態ではありません。

▶ 解雇に対する対処法とは

　間違いなく解雇や失業を確信したなら、その日まで待たずに、以下の準備をすべきです。

家族の心の準備

奥さんやお子さんと家族のお金の問題を話し合っておきます。そして、ライフスタイルを変える必要がある点を理解してもらいます。くれぐれも、前向きな態度で話し合いましょう。生活費の切りつめをゲームと考え、お金を節約する策を出し合います。

いままでの生活を改めて、映画館へ足を運んだり、有料のケーブルテレビをみるかわりに、図書館でDVDを借りるくらいのことはしましょう。

話合いは、何度も、何事も隠さずに行います。そうすることで、家族の一人ひとりが解決策に協力しやすくなりますし、だれかが感情的になっても、ほかの家族が支えてくれるはずです。

キャッシュリザーブを増やしておく

解雇された後の状況を想定した生活を開始しましょう。目に触れたお金は、手当たり次第に銀行へ預けます。そして、最低でも1年分の生活費は確保します。24カ月分とか36カ月分のほうが、さらに望ましいことはいうまでもありません。ちなみにここでいう「生活費」とは、必須の費用だけを指しており、たとえば、請求書の支払をいっています。

信用情報を確認する

新しいクレジットカードの申込みをしておきます。この手続はいますぐ、まだ収入が続いている間に始めてください。また、クレジットカードの借入残高がある場合には、即座に金利の低いものへ乗り換えましょう。

クレジットカードによるキャッシングは、収入がある場合にのみ認められます。収入がなくなった場合には、カード会社にその情報が届いた時点で、お金は借りられなくなります。

健康保険がある間に、フルに利用しておく

病院や歯医者で検査の必要がある場合には、すぐに予約を入れてすませておきます。手術を含む処置についても、特にいままで延期しているのであれば、すぐに受けるべきです。

あるいは、薬の処方箋についても、いままでは2カ月分もらっていたところを、3カ月分とか6カ月分とか、多めにしてもらえるよう主治医に相談しておきましょう。

というのも、日本では失業した時点で、職場の健康保険を任意継続するか家族の健康保険被扶養者になるか国民健康保険に加入することになるため、手続が長引けば、健康保険証が手元にない間の医療費負担は、3割ではなく全額になり、7割を立て替えることになります。ただし、新しい健康保険証を提示することで、あとから精算することは可能です。

会社に勤務している場合、健康保険の保険料は、従業員と会社が折半か按分するかたちで負担し、個人負担分は給料から天引きされます。そして、業務外の事由によるけがや病気で欠勤する場合には、給料（標準報酬月額）の3分の2相当額が傷病手当金として健康保険から支給されます。

解雇や失業により国民健康保険に加入することとなると、保険料は自己負担となります。、傷病手当金もなくなります。

なお傷病を理由に失業した場合、退職日まで1年以上続けて健康保険に加入していた、退職日に労務不能である、退職日前日までに労務不能期間が連続3日以上ある、などの条件を満たす際には、失業してからも傷病手当金が支給されます。また会社都合退職や病気等を理由に失業した場合には、対象者の国民健康保険料（税）が、退職した月（退職日が月末の場合は翌月）から翌年度末までの間、前年度の給与所得を3割に軽減して算定されます。

自分の価値を高めておく

自分の存在価値を示すために、職場での責任をいっそう果たすよう心がけましょう。たとえみじめに感じていても、積極的な態度をとり続けます。そ

して、自分は重要な存在なので解雇されることはありえない、と振る舞い続けましょう。

確定拠出年金は継続する

企業型確定拠出年金の口座は、退職や転職をしたら、6カ月以内になんらかの移換手続を行う必要があります。すぐに次の職場が見つからないなら、個人型確定拠出年金へ移換させなければ、原則、いままでの積立金は国民年金基金連合会に自動移換され、移換手数料と管理手数料を徴収されるため、事前に移換手続を確認しておきましょう。ただし、個人型の口座を持っていれば、移換手続をしなくてもその口座に資産が移ります。

退職金の交渉計画

会社都合による解雇となる場合、退職金制度の一般規定よりも多めの退職金が支払われる可能性もあり退職金などの条件交渉となるはずです。勤続年数や役職や職種によって、高めの条件から交渉をし、どこで妥協するかを事前に、綿密に決めておく必要があります。

不要不急な支出は延期する

バカンス、家の修繕、その他の不要な支出は延期しましょう。

有給休暇を消化する

自分が職を失うことを確信し、なおかつ、有給休暇を消化しきれていないなら、それらをいますぐとってしまい、就職活動を始めるために使いましょう。

他のことには目もくれない

履歴書を書き直し、交流関係を広げ、就職活動を始めましょう。

人格と仕事は同一ではない

いつ何時、失業を迎えるかわかりませんし、失業はストレスがたまるものです。しかし、失業を家族のだれかを亡くすようなことと同じように考えるべきではありません。これまで働いてきた会社に対して、あまり愛着を感じる必要もなければ、自分の人格評価を会社に結びつけて考える必要もありません。仕事は仕事です。新しい仕事が、次の仕事というだけです。

▶ 失業したらどうするか？

何はともあれ、最初にやることは、新しい職を探し始めることだと思われるかもしれませんが、やるべきことはそれだけではありません。

雇用保険の失業給付金を申請する

雇用保険とは、雇用保険料の支払状況など、いくつかの要件を満たした会社の勤務者が、会社都合ないしは自己都合で失業した場合、一定の期間、給付を受けられる公的制度です。

倒産や会社都合の解雇の場合、離職の日以前1年間に雇用保険の被保険者期間が通算して6カ月以上あり、なおかつハローワークで求職の申込みを行い就職する意思や能力があるのに就職できない場合、90日から330日までの所定給付日数（被保険者であった期間や年齢等による）、離職した日の直前の6カ月間の賃金日額の50％から80％が、雇用保険の基本手当として受け取れます（自己都合による退職では要件が異なります）。

一般的なサラリーマンであれば、条件を満たしたうえで働く意思と能力があれば、失業中に雇用保険から基本手当をもらえるわけですが、会社から離職票をもらってハローワークで求職の申込みをすると、7日間の待機期間を経て、失業認定日に手続を行ってから1週間程度で初回の給付金が振り込まれるため、実際に給付を受け取れるまでに、4週間程度かかるのが一般的です（なお、自己都合退職の場合には、待機期間後さらに3カ月間の給付制限があります）。

政府から失業給付を受けることを恥と感じていませんか？　役所で申請書

に記載するのを不快に思ったりしていませんか？　そんな負い目を感じる必要はありません。というのも、いざという時のために、皆さん自身が給与から天引きされるかたちで、保険料を払っていたのですから、いざという時に給付を受けるのは、なんら恥じるべきことではありません。

家計状況をチェックする

退職金、失業給付金などの収入源、そして、キャッシュリザーブなど手持資金の金額をはっきりさせましょう。また、収入と支出の間のギャップを縮めるために、投資からの収入があるか否かも確認します。失業している間は支出を減らすなんて、いうまでもありませんよね？

健康保険の切替えに注意

会社を解雇された時点で、会社の健康保険から、国民健康保険に加入しなおします。仮に、奥さんが専業主婦であれば（あるいは、扶養家族であれば）、奥さんも、別途、国民健康保険に加入する必要がありますし、それぞれ保険料が必要になります。

福利厚生課を活用する

仕事を失うことは精神的な苦痛を伴いますから、会社から支払われる給付金にどんなものがあるのか、会社の人間に説明してもらうことなど、考えもしないかもしれません。しかし、こういう場合こそ、会社に十分な説明を求め、必要であれば一覧表を用意してもらったり、カウンセラーや再就職のあっせんを要求すべきです。

新しい仕事を見つける

たとえ退職条件が寛大なものであっても、所詮は限界があって、待っているのは新しい職を探さなければならないという差し迫った現実です。

履歴書を更新して、自分が仕事を探していることを周囲に伝えましょう（失業中であることを恥じる必要はありません）。職探しには時間がかかるかも

しれませんから、1日8時間という自由時間を、毎日、職探しに使いましょう。

新しい仕事を見つけるうえで有利な能力を身に付けるために、積極的に動き回り、技術の幅を広げるために職業訓練を受けることも検討します。

新しい仕事を考える

職を失うということは、見方をかえれば、いままでずっと憧れていた職へ移る可能性が生まれたということです。いままでの職種を離れて、技術を生かせる職とは何かを検討してみましょう。

自分がどんな職種に向いているのか、仲間や家族に聞いてみましょう。回りの目は、案外有効なものです。そして、職種が決まったら、その業界へ集中的に履歴書を送ります。

自分が目指す職種ごとに違った履歴書を用意しましょう。職業安定所のカウンセラーは相談に乗ってくれるはずです。

期待に沿わない場合があることも想定

職探しで機会に恵まれない場合、妥協する必要もあります。そこで、自分自身に締切りをつくります。つまり、夢に描いている仕事とはかけ離れている場合、どの時点で妥協するか？ 給料の提示は、どこまで許容できるか？ 肩書きは、どこまで我慢できるか？ という点を決めておきます。さもなければ、就職活動中にお金がなくなってしまうからです。そんなことは杞憂にすぎないかもしれませんが、ちょっとだけ頭の隅においておくほうが無難です。

職についていない時間を楽しむ

無職の状態とは、強制的にとられた休暇のようなものです。会社の縛りも何もなく、家族と過ごし、エネルギーを充電し、地域と交流できる機会です。面接では、「失業後、何をして過ごしていますか？」という質問が出るかもしれません。その際に、充実した生活ぶりを表す態度で胸を張って答え

れば、好印象を与えられるはずです。

▶ ビジネスを始めるのも、1つの方法

　職探しにイライラしていると、自分でビジネスを始めればいいじゃないか
と、突拍子もなく考えつくかもしれません。社長になれば、自分の才覚次第
で、大成功も大失敗も生み出します。とはいえ、真剣に起業を目指す人は、
ほとんどいないのではないでしょうか。

　日本の『中小企業白書』（2011年版）に記載されている帝国データバンク
の調査によれば、起業した後、10年後には約3割の企業が、20年後には約5
割の企業が退出しています。また、アメリカのある調査によれば、ビジネス
を立ち上げた人の少なくとも3分の1は2年以内に会社が倒産しています
し、56％が4年もたないとされています。そのため米国労働省は、会社を起
業する際には、以下の点を検討事項にあげています。

・会社を起業することは、自分の職業上の目標にあっているか？
・毎日、長時間働くことは苦ではないか？
・ビジネスにつながるほどの専門的な技術、交流、趣味があるか？
・自分の技術や能力を有効に使える事業計画はあるか？
・事業計画をつくり、実行に移すことはできるか？
・1人で事業決断ができるか？
・必要であれば、もっと勉強するために起業を延期できるか？
・家族は、起業を応援してくれるか？
・起業に失敗した場合、金銭的リスクと感情的リスクに余裕があるか？

　ビジネスを始めることは、リスクが高いといえます。起業する際には、ま
とまったお金が必要ですし、売上げや利益を生み出すのに、何年もかかる可
能性があります。さらに、ビジネスは継続するために、膨大な時間を要しま
す。

　たとえば、帳簿をつけたり、掃除をしたり、税務関係の書類を作成したり
と、サラリーマン時代には無縁であった作業をする必要があります。

　たとえば、写真という趣味を生かしてビジネスを始める場合、単に、写真

をとるだけではすまないことは知っておきましょう。具体的には、お客さんを集めて、できあがりなどのスケジュールを伝え、請求書を発送します。社会保険の手続は、自分で行い、休暇をとれば無収入になり、弁護士や税理士などが必要になります。

　たしかに、上司はいないものの、今度は、お客さんという数十、数百、数千の「上司」のいうことを聞かなければなりません。

　それでも、独立したいという気持ちに変わりはありませんか？　起業すれば、サラリーマン時代よりも労働時間は増えます。家族にも負担がある以上、苦情が増えてきます。苦情がないとしても、起業してしばらくの間だけでしょう。

　後から後から、決めるべきことが生じ、その決定によって、事業の成否が分かれてしまいます。パートナーと起業する場合、いつも連絡を取り合い相談する必要があります。

　とはいえ、以上の考えておくべき事柄にうんざりして起業をあきらめる必要はありません。起業とは、私自身を含めて働く人の理想でもあります。ご自分の目を大きく見開いて、相当の熱意をもって始める覚悟が何より大切です。

第**48**章

信用情報について知っておく

　仮に、見知らぬ人が大金を貸してほしいと頼んできたら、いちばん気になる点は、その人に返済できるだけの能力があるかという点です。

　信用情報とは、お金に関して本人確認をするわけです。住所、クレジットカード口座と借入残高、遅滞ない返済状況など、まさしく、お金に関する責任を記録したものにほかなりません。

　銀行や消費者金融その他のカード会社では、信用情報を使って、消費者にお金を貸すことが賢いかどうかを判断し、貸しても良いとなれば、信用情報を使って、貸し出す際の金利をいくらにするかを決めます（返済の確実性が低いほど、貸し出される金利は高くなります）。

　携帯電話会社では、契約に際して、毎月の利用料や本体分割払いが滞りなく支払えるかを判断するために信用情報を利用しますし、賃貸住宅の家主さんが、賃料の回収代行を業社に委託する場合や連帯保証人の審査をする場合にも、信用情報が関係してきます。

　信用情報に問題があると、借りられる金額が制限されたり、低い金利でお金を貸してもらえなかったりするだけでなく、マンションを借りる際、就職する際、携帯電話を契約する際ですら、なんらかの制限が生じる可能性があります。

　皆さんのなかには、信用情報とは、非常に敏感な情報を含んでいるため、政府が管理していると考えている人もいるかもしれませんが、日本では、全国銀行個人信用情報センター、㈱シー・アイ・シー、㈱日本信用情報機構という３つの民間の団体や企業がデータを収集し管理しています。

▶ 信用情報の入手方法について

　こうした信用情報に関係する会社は、皆さんの同意なしには、個人の情報を外部に出すことはいっさいありません。

　自分の信用情報をみたい場合には、全国銀行個人信用情報センター、㈱シー・アイ・シー、㈱日本信用情報機構に対して手続を行えば、500円から1,000円程度の費用で入手することができます。申込み後、だいたい1週間から10日ほどで、開示結果を入手できます。

・全国銀行個人信用情報センター：ローン等の申込みを審査する際、過去の借入れ等の実績、信用の履歴、返済状況などの情報（延滞などがあれば、その情報も）を5年を超えない期間（破産は10年を超えない期間）だけ登録します。本人開示の手続は、センターへの郵送による申込みでのみ受付しています。手数料が1,000円かかります。連絡先は0120−540−558、https://www.zenginkyo.or.jp/pcic/。

・㈱シー・アイ・シー：加盟会員から登録される信用情報は、クレジットやローンの新規申込みの際に登録される申込情報（照会日より6カ月間）、締結した契約内容や支払状況を示すクレジット情報（契約期間中および取引終了後5年間）、利用途上における支払能力の調査等のため加盟会員が照会した事実を示す利用記録（利用日より6カ月間）の3つから構成されます。本人開示の手続の費用は、インターネット開示と郵送開示で1,000円、窓口開示で500円です。連絡先は0570−666−414、https://www.cic.co.jp。

・㈱日本信用情報機構：貸金業、クレジット事業、リース事業、保証事業、金融機関事業等の与信事業を営む企業が加盟しています。個人に関する信用情報のうち、申込みに関する情報の登録期間は、照会日から6カ月以内です。契約日が2019年9月30日以前の契約については、契約内容・返済状況に関する情報は、契約継続中および完済日から5年を超えない期間（ただし、延滞情報については延滞継続中、延滞解消の事実に係る情報については当該事実の発生日から1年を超えない期間）、取引事実に関する情報は当該事実の発生日から5年を超えない期間（ただし、債権譲渡の事実に係る情報に

ついては当該事実の発生日から1年を超えない期間）とされていましたが、2019年10月1日以降の契約については、返済状況および取引事実に関する情報の登録期間について、契約継続中および契約終了後5年以内と変更されました。本人開示の手続の費用は、インターネット開示（申込受付のみ）と郵送開示で1,000円、窓口開示で500円です。連絡先は0570−055−955、https://www.jicc.co.jpです。

仮に、ご自分の信用情報をいままで入手したことがないというのなら、いますぐに（そして、今後は毎年）入手して内容を確認すべきです。手間をかけて自分の信用情報を確認するのには、2つの理由があります。

1つ目は、自分の信用情報に間違いがないか確認するためです。できれば、3つの信用情報機関すべてから、自分の信用情報を確認したいところです。

仮に、信用情報に誤りを見つけた場合、信用情報機関の登録会員（＝金融機関）へ問合せを行うか、それぞれの信用情報機関へ連絡して、登録会員に対する調査をさせます。信用情報機関からの依頼で各会員が調査している間は、調査中であるという旨が信用情報として記載され、実際に誤りがあれば、会員から訂正・削除の報告が入り信用情報機関で訂正されます。

信用情報を入手すべきもう1つの理由は、詐欺の餌食になっていないかを確認するためです。信用情報をみれば、皆さんが知らないところで、借金の申込みがされていたり、金融口座の開設に個人情報が使われているような、個人情報の盗難がなかったかどうかを確認できます（個人情報の不正利用や盗難については、第53章で詳しく説明します）。だれかが、皆さんの名前で口座を開設して、請求書の支払をしなければ、皆さん自身の信用が害される可能性があります。

また、1年に1度、自分の信用情報を確認するだけでなく、自動車や家のような大きな買い物をする際には、2～3カ月前から、信用情報を確認しましょう。そうすることで、ローンを申し込む前に、誤情報等を訂正する時間を節約できます。

▶ 信用修復の詐欺を避ける

　世の中には、信用情報の改善を提案する人物や会社があり、彼らが詐欺行為を行っている場面がテレビやインターネットなどで紹介されることがあります。

　つまり、「あなたの信用情報を入手したが、大きな問題点があるのでお金を払えば悪い情報を消してあげる」とか、「数百万円を払って信用情報を訂正しないと、もっと大変なことになる」などと連絡してきて、実際にお金を支払ったとたん、お金をもって姿をくらますか、逆に信用情報を盗まれ悪用されるといった犯罪に巻き込まれるケースです。

　信用情報機関の信用情報は、誤りがある場合を除いて削除することはできません。また、情報を削除する手数料として、会員（＝金融機関）が金銭を要求することはいっさいありません。当然のことながら、どこかの業者が信用情報を削除することなどできません。

　また、信用情報の開示を求める場合、本人による開示手続のほか、代理人に手続をしてもらうことも可能ですが、その際には、皆さんが信頼できる代理人を選んで依頼するべきです。突然電話をかけてきた見ず知らずの業者に頼むものではありません。

　そして、それ以上に重要なのは、実際に信用の修復をできるのは、どこかの業者でもありませんし、手続を依頼した代理人でもありません。皆さん以外にはいないのです。

　究極的な「信用情報の修正」とは、お金に関して常に責任ある決断をして、きちんと期日までに返済をすませ、最終的には借金を完済してしまうこと以外に手はありません。

　信用情報を改善するためには、すべての請求書を手元に用意し、何年間にもわたって期限を守って支払をし、借入残高を減らし、利用するにしても金額を制限する必要があります（借入限度額の25％を常に下回っていることが理想です）。また、雇用状態が安定していることも、信用スコアを引き上げます。

逆に、期限までに支払をしなかったり、支払を忘れたり、借入限度額の80%以上を利用したり、新しいカードをたくさん申し込んだり、自己破産したり、担保が抵当流れしたり、失業したりすれば、信用が傷つく可能性があります。

　本書の原著では、アメリカの信用情報と信用スコアについて詳しく説明されています。ここで、少しだけご紹介します。信用情報とは、借入れの過去の記録ですが、信用スコアとは、期限までに支払をする確率に関する統計的な評価です。つまり、消費者の行動は報告書に記録され、その報告書は点数をつけるのに使われているのです。日本と違って、アメリカでは、信用情報が厳密に点数化されています。信用スコアは各社独自の評価法を使っています。計算の要素としては、支払履歴、借入期間、借入金額、利用可能額などになります。あらゆる点で、点数が高いほど、良いという評価になります。

　スコア会社のなかで有名な会社としては、Fair Isaac Corporation（FICOとして知られ最高点は850点）とVantageScore（最高点は990点）の２つがあります。スコアが高いほど、借入金を期限どおりに返済する可能性が高いとみなされます。スコアが高い人は、信用の審査が通りやすく、良い条件を提供されます。そして、Experian、Equifax、TransUnionの３つの信用会社が提供する信用情報とは違って、信用スコアの入手は有料です。

　アメリカでは、信用スコアは日常生活できわめて重要です。たとえば、あるアンケートでは、回答者の３分の１が、婚約者の信用情報が正常に回復するまで、結婚に踏み切るのは待ちたいと答えています。また、回答者のほぼ半数は、信用情報に問題がある人とはデートすらしたくないということです。そして、回答者の３％に至っては、信用情報に問題がある相手はキスも下手だと確信しているということでした。

　つまり、信用スコアとは、お金の点での「人間の格付」にまで及んでいるのです。日本でも2016年11月より、みずほ銀行とソフトバンクは、ビッグデータとAIを活用したJ.Scoreを設立し、信用力をスコア化するサービスを始めました。今後、日本のクレジットスコア化が加速する可能性もあります。いまのうちから、クレジットスコアが導入されても支障がないように、本書の説明を実行しておきましょう。

第**49**章

借金からの脱出法

　この章では、借金からの脱出法と貯蓄の増やし方を説明します。まず初めに、人が借金をするプロセスをみます。

　皆さんは、借金問題とは、無縁でしょうか？　以下に示す項目に心当たりがあるようなら、警告サインとして受け止めましょう。
・手取収入の増加分が借金返済に充てられている
・ローンやクレジットカードの約定返済金額だけを返済している
・キャッシング枠の制限いっぱいまで使い切っている
・ほかに使おうと考えていたお金で請求書の支払をする
・請求書の支払期限に遅れることがよくある
・支払が気になるため、病院や歯医者の予約を延期する
・銀行口座引落しで、残高不足の通知を受けた
・請求書支払のために、残業代や副業が必要である
・失業と同時に、金銭トラブルが発生する
・金銭問題が継続的に心配の種である
　1つでも身に覚えがあるならば、以下の記述が参考になるはずです。

▶ 明日の収入を今日使ってはいけない

　「借金で苦しんでみたいわ」なんて考える人などいません。しかし、いつの間にか人生のある時点から「どうしてこんなに借金が溜ってしまったんだ」と後悔することになっています。借金というのは、実に何気ないところ

から始まるものです。

　もちろん、借金を背負って生まれてくる人はいません。だれしも借金のない状態から人生をスタートするものです。しかし、間違った決断をしたり、罠に陥ったり、現在の収入を頼りにつくりあげた将来のライフスタイルに縛られるかたちで、借金生活が始まります。

　たとえば、デービーさんは23歳で両親と同居しています。年収は250万円ですが、基本的な生活費は両親が払ってくれるので、毎月5万円しか生活費を払いません。

　そんなデービーさんの古いポンコツ車が最近壊れ、通勤用に新しい自動車が必要になりました。彼女の当初予算は150万円でセダンを買うつもりで販売店へ出掛けましたが、セールスマンがしきりに280万円もするスポーツカーを勧めてきたので、デービーさんはすっかりそちらが気に入ってしまいました。

　セールスマンの話では、デービーさんの収入と支出からすれば、スポーツカーを買う余裕があるということなので、200万円分の自動車ローンを組んで購入することに決めました。ローンの条件は、3万6,000円の月額返済の5年間払いというものでした。

　このローンのせいで、少なくとも今後5年間にわたって、彼女は両親の家から引っ越すことができなくなりました。詳しくみると、税金と社会保険料を差し引いた後の手取り額は、約200万円、つまり、毎月16万7,000円です。ここからデービーさんは、自動車ローンの支払い3万6,000円を支払います。それだけでなく、自動車保険の保険料、ガソリン代、駐車場代、その他の維持費に3万3,000円を支払う必要があります。これだけで、彼女の手取収入の41％にものぼります。残りはたったの9万8,000円です。それは、マンションを借りたり、食費、衣類、家具、その他使用料、そして、娯楽費を払うのに十分な金額ではありません。

　いまのところ、デービーさんには大きな悩みはありません。しかし、3年後はどうでしょう？　今日、彼女は今後5年間の収入の使い道を決定してしまいました。つまり、少なくとも、いまの収入は維持していかなくてはなら

ないし、ライフスタイルを１段引き上げたいのであれば、もっと収入を増やさなければなりません。

　今後５年間、自動車関連費用として、毎月６万9,000円を支払い、家賃のかわりに５万円を両親に支払うことが決まっているので、自由に使える金額は、毎月たったの４万8,000円ということになります。

　こんな収支状況のなか、もし来年の夏休みにお友だちと１週間ばかり旅行へ出かけたら、どうなるでしょう？　デービーさんは、お金を使い果たしてしまいます。そしてそれは、お金をもっていないからではなくて、もっているお金の用途を決定してしまったからなのです。

　その結果、お金をやりくりするために、デービーさんはクレジットカードでガソリンの支払を始めました。秋物の服やクリスマスショッピングの時期にも、クレジットカードを利用します。

　ほどなくして彼女は、クレジットカードの請求が山のように積み上がった現実を目の当たりにすることになります。しかも請求書が毎月到着する時には、すでにお金を使ってしまっているので、支払ができないのです。

　こうした“ちょっとの背伸びをする”という罠には誰でも陥りやすいものですが、特に新婚さんの場合には、注意が必要です。

　たとえば、私のお客さんのダレンさんとバーバラさんのご夫婦が、「6,000万円の家を買っても大丈夫ですか？」と相談してきたので、ご夫婦の資産状況を調べた後、私は忠告しました。「ご夫婦なら家を買うことはできますけど、「持ち家貧乏」になってもかまいませんか？」とね。

　というのも、家を買うためには、このご夫婦は貯金と投資のすべてを使わないといけないし、共働きで２人分の収入があるとはいうものの、住宅ローンと関連費用を払うのに毎月ギリギリの状態です。

　つまり、このご夫婦に対するアドバイスは、「共稼ぎの状態を続けられれば、なおかつ、将来の支出と収入が変わらないままならば、その家を買うことができますよ」というものでした。

　「家の購入を諦めなさい」とアドバイスされなかったため、ご夫婦は喜びましたが、すぐさま、私は２人に対して、こう問いかけました。「まだ、お

子さんがいませんよね？」。

　子どもが生まれて夫婦生活が大きく変わってしまうようすを、私は何度も目撃してきました。高価な家を買うことで、収入のかなりの部分をローンの返済に充て続けなければならないという、今後数十年間にわたって影響が及ぶような重要な意思決定を、この時点で行っているということなのです。

　だからこそ、今後30年間にわたって、そうした金銭的制約がないように、もっと安い家を買うように、私はアドバイスしたわけです。私が警告したことは、ご夫婦の希望どおりの家を買えば、良くても「持ち家貧乏」になることは避けられないし、最悪の場合には家を失うことになる、というものでした。

　ちなみにこのご夫婦は、私のアドバイスを無視してしまいました。6年後、2人目のお子さんができた後、ご夫婦は、家を手放し、離婚してしまいました（小さな子どもを育てながら働くことについてもっと知りたい場合は、第52章を参照）。

▶ 出費は時間とともに調整すべき

　借金地獄に陥る罠を避けたいのなら、固定支出をできるだけ抑えましょう。「いま買って、後で払おう」というノリで何年も続く支払を抱えるようなことはやめるべきです。そうすれば、いまの収入やライフスタイルが変わった場合でも、その変化に対して、お金の面で対応することは十分に可能でしょう。デービーさん、ダレン＆バーバラ夫妻は、この点で失敗してしまったのです。

　ただし、ここでは、皆さんは、この点については問題がないものとしましょう。すなわち、まだ稼いでもいない将来の収入までも、すでに利用されることになってはいない状態です。

　つまり、支出が増えても、収入が減っても、それに応じてライフスタイルを調整することができます。おめでとうございます。

　しかし、そんな皆さんにも、もう1つの罠が待っているかもしれません。

　ある時期がくると、ライフスタイルというものは自発的に変えていく必要

が生じます。自発的に変えられないということは、変えることができないというのとほとんど同じことです。この点について、いちばんわかりやすい例はロンとグレッタのご夫婦のケースです。

　2人が結婚したとき、ロンさんが42歳でグレッタさんは39歳でした。そして、グレッタさんにとって、41歳の時に妊娠したのはうれしい誤算でもありました。

　18歳から結婚するまでの間、グレッタさんは1人暮らしをしていました。自分でマンションを購入し、すばらしいキャリア・ウーマン生活を満喫していました。年収は800万円で、とても快適に暮らしていたのです。

　その一方で、ロンさんは研究員をしていて、グレッタさんほど収入は高くありませんでした。ロンさんも家をもっていましたが、結婚後は、その家を売って、2人でもっと大きく高価な家を買いました。

　それでも2人にとっては、金銭的には、ほとんど何も変化がありませんでした。毎月、住宅ローンの支払が増えたにしても、2人の収入をあわせたら、以前と同様に良い暮らしができたのです。

　しかし、2人の間に子どもができて、6カ月が経った頃、勤務する研究所が有力スポンサーを失ったため、ロンさんは解雇されてしまいました。そのため、家族は一時的に、グレッタさんの収入だけに頼らざるをえなくなったのでした。

　まもなく、ロンさんは新しい仕事を見つけたものの、収入は以前より少なくなりました。事態が好転すれば良かったのですが、私のオフィスを訪ねてくる頃には、ロンとグレッタのご夫婦には、クレジットカードに300万円もの借金がたまっていたのです。

　2人はまだ稼いでいないお金を使ってしまうという罠には落ちなかったものの、第二の罠の犠牲者になってしまいました。それは、状況が新しく変わってしまった後も、それぞれがいままでの支出の仕方を続けてしまったというものです。

　実際、結婚して夫婦になったにもかかわらず、2人の行動は「独身貴族」であるかのようでした。グレッタさんは土曜日にモールでショッピングする

のに、何の遠慮もしませんでしたし、ロンさんも好き勝手にお金を使っていました。カーマニアで、近くのカーショップで買ってきた新しい装置を取り付けるため、いつもボンネットの下にもぐっていました。

　つまり、新しい家族ができたというライフスタイルの変化を考えて、自分たちの支出を自発的に調整しなかったわけです。家と子どもという新しい支出が生じたのに、以前の支出習慣をそのまま続けていたわけです。

　新しいライフスタイルか、古いライフスタイルか、どちらかをまかなうだけなら十分なお金があったものの、同時に両方をまかなうにはお金が足りませんでした。

　こうして、ロンさんとグレッタさんは、過去20年間と同じように、それぞれがクレジットカードを使い続けたわけですが、いままでなら、いつでも問題なくできた毎月の返済が困難になり、借入残高がたまり始めてしまったのです。

　そして、クレジットカードの借金が300万円となった時点で、何かがおかしいと気がついたのですが、しかし、それが何であるのか、はっきりとはわかりませんでした。

　結局、この2人は何か新しいことや何か違ったことを始めたわけではなかったのですから。従来と同じようにお金を使い続けてきたものの、いままでは2人分の収入が支出をカバーし続けてくれていたため、支出は問題にはなりませんでした。その結末には、何が待っていたのでしょうか？

　これこそが、多くの人たちが陥る罠なのです。自分1人だけで生きていくことに慣れてしまうと、自分自身が満足できることばかり考えて、他の家族に食事を与えたり、洋服を着させることを心配する余地もなくなります。自分でお金を稼いでいる以上、お金を使うのに、他の家族の許可を求める必要もありません。

　そして、ある日突然、使うはずのなかったお金が、どこかへと吸い寄せられてしまうのに、「周りの友だちも同じようにやっているから」ぐらいの気持ちで、何の抵抗感もなく、自分の好き勝手にお金を使い続けています。

　しかし、ある日、気がつけば、40歳になっている自分が、妻と子どもと家

に囲まれているだけでなく、同時に、たくさんの借金を抱えていたわけです。明日の収入の使い道を今日決めてしまうようなまねは、決してしてはいけません。そして、生活が変わったら、それに見合ったかたちで、支出の習慣を変えるべきなのです。

▶ 借金を返済することは体重を減らすようなもの

　次に、借金からの脱出法について説明していきましょう。実は、借金撃退法とは、体重を減らすことによく似ています。

　ダイエットがむずかしい原因は、人間の本能が空腹感をひどく嫌なものと認識するからです。日常生活から食べることを排除（あるいは急激に削除）するものの、それを何かで埋め合わせようともしない、多くのダイエットのやり方は本能に反した行為であり、それを続けていれば本能が働いて、食べたいという欲求にかられて苦しくなるのです。

　皆さんの多くの方がダイエットを行った経験があると思います。体重を落としている最中は、自分が食べ物を食べていないことに全神経を集中しています。そして、目標の体重に到達するや否や、どうやってお祝いするかも想像できますよね。そう、ディナーに行って、お祝いをするのです。こうして元の体重に戻ってしまうわけです。

　借金を返済しようとしている方の多くも、同じ問題を抱えているはずです。借金を返済したい方やお金を貯金したい方の多くは、お金を使わないことに全神経を集中してしまいがちになるものです。そして、目標に到達するや否や、どうやってお祝いするかわかりますよね。「自分へのご褒美」と称して買い物に出かけてしまうのです。こうして元の借金生活に戻ってしまうわけです。

　ですから、借金の返済を思い立った場合、いちばん初めに念頭に置くべきことは、「借金を返済する」という目標を立てるのは間違ったやりかただということです。

　1つには、「借金を返済する」なんて目標だと、全然楽しくありませんよね？「借金を返済する」ことは、「お金を使ってはいけない」ということな

ので、ダイエットと同様、ちっとも楽しくありません。

　そこで大事になるのが正しい目標を設定することで、まずは、目標の設定の仕方について学ぶ必要があるわけです。

▶ 適切な目標設定のための４つのステップ

①　最初に積極的な目標を設定する。

　「家を買うためにお金を貯金しているんだ」というのは積極的な目標です。これに対して、「私はお金を使わない」というのは消極的な目標です。積極的な目標に集中することでお金を使うことをやめるでしょう。なぜなら、自分の目標に集中していればお金を使うことをやめていることに気がつかないからです。

②　次に、目標を達成する締切日を設定する。

　目標とは、日時を設定するまでは目標ではありません。ワシントンDCに30年間も住んでいる私は、ずっと以前から、そのうちワシントン記念塔に行こうと思いつつ、実のところまだ一度も行ったことがありません。ちょうど、ニューヨークの住人が自由の女神に行ったことがないのや、東京の人が東京タワーに行ったことがないのと同じです。

　なぜ行ったことがないのかといえば、それは、いつまでにやるという締切日を決めていないからです。日常生活のなかには、やることがたくさんあるので、何事も締切りを定めている人だけが目標を実現化できたというわけです。

　ですから、目標を達成するための日程を決め、なおかつ、その日程が達成可能かどうかを見極めておくことが大事です。もし無理な計画なら、途中でがっかりして諦めてしまうことになるでしょう。

　かといって、うんと先延ばしした目標達成日程を設定しても、実現できそうにないので、やめておきましょう。「死ぬまでに借金をなくしたい」というのは、締切りとしては考えものです。目標を達成したことによる喜びを楽しむ暇がありませんから。

③　３つ目として、目標を書き留める。

いつも目標を目にしていることではじめて、目標は実感できます。目標をおふろの鏡や冷蔵庫のドア、自動車のハンドルやパソコンのモニターに貼り付けましょう。常に目標のことを思い出せる環境をつくるべきです。

　あるお客さんは、理想的な家の写真をテレビの上に置いていましたし、ジャガーを買いたかったお客さんは500円でジャガーのミニカーを買い、ポケットに入れていました。職場の同僚たちは、彼がデスクの上でミニカーを走らせて遊んでいるのをみたことがあると証言しています（現在、彼は本物のジャガーを運転しています）。

　ダートマス大学では20年前に、卒業生を対象に「いままで特定の人生の目標や計画を紙に書いたことがあるか？」というアンケートをとった際に、実践していたのは３％にすぎませんでした。しかし、自分の目標や計画を紙に書いていたこの３％の卒業生の財産は、20年後、残りの97％の財産より上回っていたという結果が出ています。

④　そして、目標に集中し続ける。

　目の前にみえる目標を掲げ続けましょう。目標が家を買うことなら、モデルハウスを訪ねて回ることです。住宅デザイン関係の雑誌を読み漁りましょう。自分が理想と思う内装やインテリアを設計してみるのもいいですね。

　自分の目標に没頭し、目標に浸りきっていれば、おのずとお金を使うことをやめられます。なぜならば、この時の皆さんは、「お金を使わない」という意識とは無縁の状態になっているはずですから。むしろ、「本当に特別なものにお金を使う準備をしている」と考えることができるはずです。

　「我慢や犠牲にしていること」よりも、「目標実現によって手にするもの」に神経を集中しましょう。「目標実現により手にするもの」を五感を通じてはっきりとしたかたちとして思い描けないようでは、到底目標に到達することはできないでしょう。そんな状態では、たまたま目標に到達したとしても、勝利を維持し続けられるものではありません。

　以上のような、目標設定の４つのプロセスを念頭に置いたうえで、これから、本章の本題である借金からの脱出法を説明していきましょう。

　わざわざ４つのプロセスをあげている理由は、単に、私の説明をなぞるだ

けでは役に立たないからです。つまり、私の説明に従えば、一時的には、間違いなく借金から脱出することができるはずですが、そこから、借金と無縁な生活を続けられるか否かは皆さん次第だからです。

　目標を設定し、締切りを決め、目標を書きとめて、いつでも意識を集中しておく。こうした習慣が、皆さんの生活にどのような影響を及ぼすか、その効果のほどは楽しみに待っていてくださいね。

　なお、こうした目標設定や達成方法について、さらに詳しく知りたい場合には、Ric Edelman著の『Discover the Wealth Within You』をご一読ください。その本の半分は、こうした関連の説明があります。

　上記の4つのステップは、実は、ファイナンシャルプランニングを行う際に決定的に重要になります。ファイナンシャルプランニングとは、「人生の目標」を決定して、それを実現するために「資産の状況」を確認して、徹底的に無駄を省くと同時に、目標実現に向けて貯蓄や投資を行うことです。そして、簡単に目標を実現してしまう人たちの秘訣こそが、この4つのステップを習慣化している点にあることが、30年近くに及ぶイーデルマン社の顧客アンケートで現れているからです。

▶ どこから旅をスタートさせるべきか？

　一度も行ったことのない場所にドライブするとき、最初にすることは何でしょうか？　もちろん、地図をみることですよね。では、地図のなかで、最初にみる場所はどこですか？　もちろん、自分の現在地点です。

　自分の現在位置を確認してはじめて、到達地点を探せますし、現在位置と到達地点を比較することで目標地点への到達の仕方もわかります。そして、それこそが借金問題を取り扱う際に、最初に行うべきことなのです。

　つまり、「自分は、いまどこにいるのか？」についての専門家になる必要があるわけです。

　皆さんは借金している金額がいくらであり、だれから借金しているか、正

確にわかっていますか？　借入金利や約定返済額（最低返済月額）は、どの
程度であるかいえますか？

　多くの場合、常に借金を抱えている人は、自分がいくら借金しているのか
わかりません。しかし、具体的なことがわからないと、物事は修正しようが
ありません。

　たとえば、自動車が故障した際に、「ウィーンウィーンって変な音がする
だけで、エンジンがかからないんです」などと、修理工場に電話連絡して
も、何の役にも立ちませんよね。修理を始める前にどこに問題があるのか正
確に知っておく必要があるわけです。

　同じように、「いくら、だれに、借金があり、返済期間はいつか？」とい
うことを正確にわかっていないと、借金問題を取り除こうにも手がつけられ
なくなってしまいます。ですから、まずはそこからスタートしましょう。

　作業自体は簡単です。まずは、ノートを用意して、縦に４つのコラムをつ
くります。そして、第１の列には、それぞれの貸し手の名前をリストアップ
します（だれからお金を借りているか）。第２の列には、貸し手から借りてい
る金額をリストアップします。第３の列には、借入金利について、年何％か
を記入します。そして第４の列には、約定返済金額（最低返済月額）につい
て記入します。

　ここで、皆さんに自由にリストづくりを任せると、ほとんどの人が、リス
トのいちばん上に、いちばん大きな借金がある貸し手を記載してきます。し
かし、このやりかたは大間違いです。正しくは、最も高い金利を要求してい
る貸し手をいちばん最初にもってきます。

　たとえば、年15％のクレジットカードよりも、18％のクレジットカードを
優先してリストの上に置きます。また、たとえ12％のクレジットカードの残
高がいちばん多いとしても、12％のクレジットカードではなく、18％のクレ
ジットカードをリストの上へもってきます。

リストにすべての借金を載せてしまえば、それを眺めるだけで、返済する必

要があるということにだれでも気がつきます。追加して借金をしようものなら、リスト上に新しい記載を追加するわけですが、ちょっと嫌な気分がしますよね。ちなみに、わが社への相談者の最高記録は、クレジットカードに3,700万円も借金があり、毎月100万円ずつ返済していた方でした。

▶ 借金を取り除く前にやるべきこと

　借金リストのつくり方をみておわかりのように、私は、借金の残高よりも借金の金利を重視しています。というのも、患者を治療する前に、出血を止める必要があるからです。

　一晩で借金を取り除くなんてことはできませんから、完済するまでには、追加の金利が発生します。したがって、まず金利がたまるスピードを減らす必要があります。そのためには、いちばん高い金利を要求する借金から退治しなければならないというわけです。何よりも大事なことは、借金を減らしている間、借金を追加するなということです。

　さて、いま説明した順序で、すべての借金をリストアップしたら、4つの列を眺めてください。

　まずは、約定返済金額に注目します。それぞれの貸し手に対する約定返済金額として、毎月の最低限の支払だけは確実に行い、決して支払の滞納をすることのないよう心がけます。

　これだけはやっておかないと、信用情報機関のブラックリストに載ってしまい、ローンの利用に支障が生じる可能性が出てきます。それどころか、今後、家や自動車を買おうとする際に影響が及ぶ可能性があります。この点は、とても重要です。

　それぞれの貸し手に約定返済金額を支払ったら、残りの返済可能なお金はすべて、請求金利の最も高い貸し手への追加返済に充当します。すべての貸し手へ、均等に、追加の返済をするようなやりかたは得策ではありません。そして、いちばん高い金利の貸し手に完済したら、今度は、次に金利の高い貸し手へ優先的に返済していきます。

この繰り返しによって、（最低限の支払をした後の）すべての追加の返済を、請求金利の最も高いクレジット会社に支払い続けます。そして、貸し手のすべてがいなくなるまで、すべての借金を払い終えるまで、このプロセスを繰り返します。

　毎月、約定返済金額（最低返済月額）を支払うだけなら楽なのに、わざわざ多めに返済する理由をご存知でしょうか？　たしかに、約定返済金額を支払うだけでも、最終的には残高を完済できるはずですが、ここで注目したいのは、「最終的に」とはいつのことであるのかという点です。

　たとえば、年利18％で18万円借りている場合、毎月、約定返済金額として、3,000円を支払い続ければ、借金を完済するのに、ほぼ13年間かかります。しかし、毎月、2,000円余分に返済するだけで、借金を完済するまでの期間を、4年ちょっとに短縮できます。これによって、約9年という期間と約20万円という金利を節約できるのです。

▶ 銀行口座を空にする

　このプロセスの速度を高めるために、銀行口座にもっているお金を全部引き出して、リストのトップにある貸し手への返済に使ってしまうことも有効です。

　ちょっと驚かれるかもしれませんが、借金の金利が15％や18％であるのに、銀行口座にある預金は1％も稼ぐことができない、という事実を思い出せば、これが正解であることは、簡単にご理解いただけるでしょう。

　さらに、債券、株式、投資信託のような、ほかのすべての資産も換金するべきです。

　「でも、銀行預金を全部引き出したら、お金がなくなってしまうではないか？」と、皆さんは、お考えになるかもしれませんね。よろしい。こうした不安に対しては、1つ良いニュースがあります。

　現在、預金口座の残高はゼロになってしまいました。ここで、緊急の際

に、必要な現金が用意できるか否か心配です。それならば、ちょっと皆さんにお聞きしたいことは、クレジットカードとは、本来、何のために使うものかということです。

　実をいうと、私はクレジットカードが大好きです。嫌いなのはクレジットカードの借入残高です。クレジットカードはすばらしい現金管理の道具で、皆さんには、クレジットカードを1枚だけ用意して携帯することをお勧めします。

　たとえば、運転中に自動車が故障したら、クレジットカード1枚もっているだけで、修理をお願いして、一晩ホテルに宿泊することも可能ですし、故郷の叔母が看病を必要としていると聞いたら、会いに行くための航空チケットをすぐに買うことができます。

　だからクレジットカードを1枚作ってもなんの不都合もありません。それどころか、1枚クレジットカードを作ると借金の返済にも役立ちます。新しいクレジットカードでお金を借りて借金を返済する方法があるのです。

▶ 借金をすることで、借金から抜け出す

　それでは、借金を返済するために、新しいカードでいくらお金を借りればよいでしょうか。①現在の借入残高が借入限度額を超えていない、かつ、②新しい借金の利息が、現在の借金の利息よりも低い、という条件を満たすならば、できる限りたくさんお金を借りてしまいます。

（注）　なお日本では、支払可能見込み額によるショッピング枠の上限設定があるので、リボ払いが滞っていなくても追加の利用が不可能となるケースがあります。

　借金を返済するために借金をする。このトリックがどのように働くのか、おわかりになりますか？

　たとえば、以前から50万円を借入金利18％で消費者金融から借りているとします。その一方で、最近の銀行では、高くても14.6％の借入金利でカードローンが組めるようになっています。

2017年7月現在、メガバンクのカードローンの金利は、年1.8％から14.6％となっています。ここで、14.6％とは、利用限度額が最低の10万円以上50万円以下のケースです。利用限度額が多いほど、金利は1.8％へと近づいていきます。もちろん、カードローン利用には審査があります。

　ここで、新しい銀行のカードローンで50万円を借りて、古いカードの借金を返済すれば、18％から14％へと4％分の借入金利をカットできます。ちょっとした工夫で借入金利を下げることができるのですから、大いに活用すべきです。

　ただし、こうしたやりかたは、一時的な解決策にすぎないことは、心しておきましょう。というのも、本当の目標とは、完全に借金をなくしてしまうことであって、単に借金のコストを下げることではないからです。

　それから、新しいカードの条件、特に、期間の条件については、十分に確認しておくべきです。というのも、いくつかのカードでは、最初の数カ月間だけ借入金利をゼロにしたり、借入金利を低くして勧誘しておきながら、その後に、借入金利が上がるケースがあるからです。

▶ 次に、原因に注目する

　いまや借金がふくらみ続けることはなくなり、借換えで金利負担も減り、いよいよ完全に借金をなくしてしまうための計画を実行に移そうというこの時点で、そもそも、こうした借金がなぜ生まれてきたのかを考える必要があります。

　そもそも、現在の借金を抱えてしまった原因は、いったい、どこにあるのでしょう？　よくよく考えてみれば気がつくことですが、その原因とは、他の何者でもなく、皆さん自身にあるわけです。

　第1章に登場したニューマン夫妻の話を思い出してください。ニューマン夫妻は、どんなふうにお金を使っていたでしょうか？　アイスキャンディー、ドーナツ、缶コーヒー、雑誌などに、毎日、チョコチョコ使ってい

た費用が積もり積もって、お金が貯まらなくなっていました。

　実は、同じように、お金の使い方の習慣によって、かなり多くの方々が、経済的な問題を引き起こしているのです。

　ニューマン夫妻のお話で、いちばん驚かされる点は、ちょっとした無駄遣いが、年収の4.2％という、予想外に大きい割合を占めていた点です。ここで、事の重要性を理解するために、大富豪ジョン・D・ロックフェラーについて考えてみましょう。

　1937年に亡くなった際、彼はどれだけの財産を残したのでしょうか？　その答えは、もっていたお金のすべて、100％です。私の言いたいことがわかりますか？　おそらく皆さんは、何百億円とか何千億円と「円単位」で考えようとしたかもしれませんが、お金に関しては、「円単位」ではなく「割合」で考えたほうがうまくいきます。

> 　1937年に亡くなった際に、ロックフェラーは900億円もっていたとされ、現在の価値に換算すると1兆3,000億円に相当します。

　お金の量は日々変化するものの、いつでももっているお金が100％であるという点で割合は変わりません。

　そして、こうした見方をすれば、皆さんだって大富豪のロックフェラーと同じ類の資産をもっているといえます。つまり、ロックフェラーも1日に24時間しかなく、自分のお金を100％もっているにすぎない、という点では、皆さんとまったく同じです。

　今日、自分のお金が金利を稼いでいないなら、永遠にその日は取り戻せません。そして、本来稼げるよりも、今日、低い金利しか稼げなかったとしたら、同じように、永遠に、差額を取り戻すことはできません。

　お金の問題を単純にしたいなら、自分のお金の全額を100％と考えましょう。全人生を通じて、この100に相当する金額しかなく、それ以上稼がないなら、注意して使うほかありませんからね。

▶ どこにお金が消えたのか？

そこで考えてみましょう。「100のお金」は、どう使ってしまうのでしょう？

まず、使うどころか、手にする前に、税金と社会保険料を天引きされてしまいます。100のなかから、税金と社会保険料で22を支払うとすれば、残りは78ということになります。

さらに、そこから、住宅ローンなどの住宅関連の5と光熱水道関連の5の銀行引落しが行われるので、残りは68となります。

次に、食費がやってきますが、平均的な家庭では食費が19%かかります。すると残りは49しかありません。でも、皆さんはまだ裸のままです。

そこで洋服を買うために3が必要になります。そして、電話をかけて予約をとって町へ買い物に出かけようとすると、交通通信費に13を使うことになります。すると、残っているのは、33だけになりますが、ここまでだけでは何の楽しみもありません（本来ならば、保険料や教育費にお金を払うものですが、あんまりいうとがっかりさせますから控えます）。

この貴重な33を使って、ニューマン夫妻は、キャンディーバーやコーヒーに無駄遣いをしていたわけです。ですから、次回、皆さんが100円を飲み物に支払う際には、「これはいま必要なのか？」と、ちょっとだけでも考えるようにしましょうね。

(注)　ここでは平均年収440万円を想定し、"天引き"についても会社負担の社会保険料は考慮していません。仮に会社負担分の社会保険料を含めると年収は508万6,000円、天引きは32となり、残りは68になります。

▶ 皆さんの稼ぎは悪くない

借金をしている理由を、収入が少ないからだと考えてはいけません。というのも、皆さんは、金銭的に成功するのに十分な収入をすでに稼いでいるはずだからです。

要するに、問題はお金の使い方にあるのです。人生にはいろいろな選択肢

がありますから、借金があるというのなら、何か間違った選択をしてきたということになります。たとえば、税金の還付があったら、すぐに使ってしまったりしていませんか？

　そして、給料が上がるごとに、ライフスタイルの水準を上げてきているはずです。給料が上がったことで生まれてきた、この新しい収入は、新しい支出に利用できるわけですが、同時に2つのことが生じます。

　1つ目は、ライフスタイルを引き上げたため、それに伴う新しい返済義務が生じたことで、そちらへ収入を回す必要が発生すること。そして、2つ目は、新しい収入の使い道が事前に決められてしまうことで、それを貯蓄に回す機会が失われ、将来へ備えた貯蓄ができなくなってしまうことです。

　ご自分がお金持ちでない理由を、機会に恵まれなかったからだと考えているのなら大間違いです。その根拠は、Employee Benefit Research Institute（EBRI）の調査にあります。

　この調査によれば、現役世代の70％は「老後に備えて貯蓄するために、支出の中に減らすべき余地がある」と考えているものの、実行を思い立った方は18％にすぎないという結果が示されています。

　この調査からわかることは、今日の暮らしが良いことのほうが、明日の暮らしが良いことよりも優先されるということです。

　実際に、映画をみて外食すると1回当り7,500円になり、毎月2回ずつ、これを繰り返すと、年間で18万円になります。一方で、このお金を貯金して、年利10％で増やしていけば、30年間では3,412万9,300円にもなるのです！

　EBRIによると、レストランで食事するぐらいは、もはや贅沢とは呼ばず、中流家庭のライフスタイルだということです。つまり十分な収入がないから、お金がたまらないということではなく、実際には、お金を使いすぎているにすぎないということが、おわかりいただけると思います。

こんな言い方をしていますが、決して無神経な話であるとは思いません。む

しろ、借金を抱えている人を1人でも減らそうという著者の気持ちの表れだと思っています。また、自分の力では到底コントロールしきれない、どうしようもない借金もある点はまぎれもない事実です。それは、健康問題からくる莫大な医療費による借金で、ここでの話は当てはまらないかもしれません。

　ただし、失業で収入がなくなった人たちは、必ずしも対象外とはいえません。もしも、不況下で、厳しい経済条件を突きつけられたとしても、それが借金の言い訳になるわけではないからです。

　なぜならば、きちんと収入があった時期に、貯金を続け、キャッシュリザーブを確保しておけば、借金問題は生じなかったはずですし、ライフスタイルを支えるために、収入のすべてを使ってしまうようなことをしなければ、起こりうるものではなかったはずだからです。言い方を変えれば、職を失うことは、困難であって災害ではありません。

　もしも、こうした事態に遭遇しているとしたら、残念だとしか言いようがありませんが、まだ、そうした事態が起こっていないなら、事前に準備をしておくことを強くお勧めします。

▶ 支出を追跡する

　皆さんに実行していただきたいことは、どのようにお金を使っているのかがわかるように、支出を追跡することです。というのも、どこへお金が行ってしまったかがわかるまで、そこへの流れを止められないからです。一方で、いったんお金の使い方がわかれば、改善することは簡単です。そして、支出を追及するのに、予算をつくる必要もありません。

　支出を追跡する方法には2つあります。1つ目は、すぐにできますが少し大変なやりかたです。2つ目は、時間はかかりますが楽なやりかたです。どちらを選ぶかは、皆さん次第です。

・すぐにできるが、ちょっと大変な1つ目の方法とは、週末ごとに1週間さかのぼって支出を表にして（パソコンか紙でつくります）、6カ月間継続していく方法ですが、週末ごとに集計しますから大変です。

・時間はかかるが簡単な2つ目の方法とは、これから6カ月間のレシートを保管していって集計するやりかたです。これは簡単な方法ですが、時間が

かかるやりかたです。

予算というものは忘れてください。というのも、たとえ私がお願いしても、皆さんが予算を立てて家計管理をするとはとても思えないからです。予算による家計管理というのは、ほとんどの人にとって退屈以外の何ものでもないでしょうし、大して役にも立ちません。というのも、予算というのは、「これからどういう風にお金を使っていくか？」という計画にすぎず、実際の支出とは関係がないからです。そもそも計画を立てるだけで、どれだけ人生がうまくいくでしょうか？　それ以外にも、いろいろ工夫が必要なはずです。予算のことは忘れてしまうのが賢明です。

▶ パソコンかノート

パソコンやスマホをおもちなら、市販の計算ソフトを利用すると便利ですし、エクセルで管理してもよいでしょう。ただし、支出の追跡だけのために、わざわざパソコンやスマホを購入する必要はありませんし、パソコンやスマホがなくても紙と鉛筆さえあれば、支出の追跡は十分可能です。

ここでは、紙を利用したやり方を説明します。

始めるにあたって、現金の足跡が残っていないかもしれませんが、まずは、手元に残っているカード明細書や預金通帳を用意して、支出の追跡のための基礎データとしたうえで、これから入手する領収書を新しいデータとして追加していくとうまくいくでしょう。

なお、これから始めるにあたっては、支出の痕跡が残るように、現金の支払を避け、クレジットカードを使うべきです。

それでは、はじめに、用意した紙のうえに升目を入れていきます（おそらくは、20以上必要でしょう）。

左端の列には、支払った先の名前をリストにします。次の列には、金額を記入します。そして、その隣に項目を並べていきます。項目としては、食品、衣類、自動車、公共料金などを中心に20ほどを設けます。

図表Ⅶ-1　支出の追跡をしてみましょう①

(単位：円)

支払先	合計金額	食品	衣類	雑貨	自動車	交通費	電話
スーパー	15,799	15,799					
NTT	2,121						2,121
自動車ローン	23,649				23,649		

　たとえば、食料品店で1万5,799円使った場合には、1列目にお店の名前を書き、2列目に1万5,799円と書きます。そして、食品の列まで移動して、1万5,799円と書きます。詳しくは、図表Ⅶ-1をご参照ください。

　ここでの説明を聞いて、「家計簿をつけろということだな」と誤解された方は大間違いです。もちろん、「家計簿ソフトを使いましょう」とか「スマートフォン用の家計簿アプリを使いましょう」などと一言も言っていませんよ。単に、「広告の裏紙でもいいですから、支出の追跡をしましょうね」と申し上げているだけです。ニューマン夫妻のアイスクリームのように、「何気なく、1日300円使うだけで、30年間で328万5,000円になる」と無駄遣いに気がついてほしいだけなんです。そもそも「日本流の家計簿」をきちんとつけるとすれば、毎日何十分を要するでしょうね？　そんなものをつけるくらいなら、彼氏や彼女と温泉旅行にでも行ったほうがいいですよ。

　米国イーデルマン・フィナンシャル・エンジンズ社による「お金持ちの習慣」の調査によれば、お金持ちが金銭的なことに費やす時間は、月平均でたった2.4時間でした。しかも、この2.4時間のなかには、住宅ローンやクレジットカードや公共料金などの請求書支払の時間まで含まれているのです。「日本流の家計簿」を厳格につけていくとなれば、お金の管理に要する合計時間は、週に10時間から20時間以上を費やす可能性が出てきます。イーデルマンさんに言

　自分で項目がはっきりわかっているのなら、どのように項目を分類していくかは、特に問題ではありません。ただし、一貫してその分類の仕方を続けていく必要があります。

　たとえば、レストランで食事をした場合、「食費」でも「娯楽」でも「外食」でもかまいません。あるいは、「公共料金」とするかわりに「電話代」「電気代」「水道代」「ガス代」と分割してもかまいません。

　項目のつけ方は自由ですが、ある項目の範囲が広すぎると、頻度が多くなりすぎますし、制限されすぎると、頻度が少なくなりすぎるため、注意が必要です。

　たとえば、「衣類」とか、「衣類（父）」「衣類（母）」「衣類（子ども）」であれば、支出を追跡するうえで都合がよいでしょうが、「衣類・ウィリアム・

図表Ⅶ－2　支出の分類項目

家計全般	交通関係	保険	娯楽
住宅ローン	ローン／リース	社会保険	スポーツクラブ
家賃	ガソリン	生命／医療	旅行／外食／映画
電気ガス水道	バス／電車	介護／所得補償	習い事／キャンプ
電話／ケーブルTV	駐車場	自動車	その他趣味
インターネット	修理／維持	住宅／火災	
食事	登録／税金		**その他**
養育		**貯蓄**	理髪／エステ
学習塾	**健康・医療**	自動車向け	資格受講料／試験
衣料	病院自己負担	住宅向け	購読料／ペット
住宅維持	市販薬／処方薬	大学向け	家事補助／小遣い
	介護関係	老後向け	クリーニング
冠婚葬祭		その他向け	離婚手当／扶養手当
結婚／出産／葬儀	**借金関係**		化粧品／健康食品
入学／卒業／入社	教育ローン		
	カードローン		
	個人債務		

ソックス・青」までやってしまうと細かすぎることになります。

　私のお客さんのなかには、映画をみた際に、「娯楽」に記入するだけでなく、映画のタイトルや感想を付け加えたり、お菓子の名前まで項目に並べていましたが、あまり細かくすると作業が複雑になります。図表Ⅶ－2のような分類が一般的です。

一度の買い物で、項目がまたがる場合には、どうする？

　多くの場合、支出を項目に分類することが必要となります。たとえば、デパートで3万円使った場合、いろいろな項目が関係してきます。そこで、1列目にお店の名前を書き、2列目に3万円と書きます。そして、3万円という合計金額をそれぞれの項目へ割り振っていきます（図表Ⅶ－3の例を参照）。

　毎月のすべての支出額について、この作業を行い、月末になったら、列ごとの合計を計算して、下の合計欄に記入します。これによって、その月の支出の合計金額がわかるだけでなく、項目ごとの支出額もわかります。

　そして、金額ベースでの表ができあがったら、今度は、各項目の金額を全体の支出金額で割って、支出の割合の計算を行う必要があります。たとえば、図表Ⅶ－4のようになります（合計額と割合は、下の2行になります）。

　こうして項目ごとに支出割合が計算でき、すべてを合計すると100％にな

図表Ⅶ－3　支出の追跡をしてみましょう②

(単位：円)

支払先	合計金額	食品	衣類	雑貨	自動車	交通費	電話
スーパー	15,799	15,799					
NTT	2,121						2,121
自動車ローン	23,649				23,649		
百貨店	30,000		22,500	7,500			
現金	19,007	1,876			4,631	12,500	

図表Ⅶ-4　支出の追跡をしてみましょう③

(単位：円)

支払先	合計金額	食品	衣類	雑貨	自動車	交通費	電話
スーパー	15,799	15,799					
NTT	2,121						2,121
自動車ローン	23,649				23,649		
百貨店	30,000		22,500	7,500			
現金	19,007	1,876			4,631	12,500	
合計	90,576	17,675	22,500	7,500	28,280	12,500	2,121
割合	100%	20%	25%	8％	31%	14%	2％

例：$\dfrac{17,675}{90,576} = 20\%$

ります。これが、ニューマン夫妻が、コーヒーやキャンディーに収入の4.2%を浪費していたことを発見した方法です。そして皆さんもニューマン夫妻と同様に自分の浪費ぶりにショックを受けるはずです。これが皆さんの消費癖を治す方法なのです。

　収入のかなりの部分が馬鹿馬鹿しいところに費やされていることを知れば、だれでも耐えられなくなるはずで、無駄遣いをやめるでしょう。

　しかし、このプロセスを経験するまでは、こんなことはいっさい気にしていなかったということです。

▶ 日本人は、何にお金を使っているのか？

　総務省によると、統計的な日本人のお金の使い方は、図表Ⅶ-5のようになっています。

▶ クレジットカード払いの賢い取扱い

　日本人のクレジットカード保有率は85％です（JCB調査2019年度）。支払にカードを利用する人も多いはずですが、先ほどの表のなかで、VISAとかMasterCardと記入してしまうと、支出の追跡ができなくなります。

　そこで、カード会社から請求書が来た際に、明細ごとに分割して項目ごと

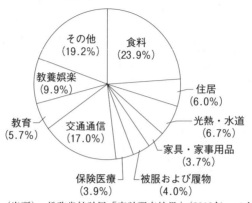

図表Ⅶ－5　日本人は、何にお金を使っている
のか？

その他
（19.2%）

食料
（23.9%）

教養娯楽
（9.9%）

住居
（6.0%）

教育
（5.7%）

交通通信
（17.0%）

光熱・水道
（6.7%）

家具・家事用品
（3.7%）

保険医療
（3.9%）

被服および履物
（4.0%）

（出所）　総務省統計局「家計調査結果」（2019年　二人
　　　　以上の世帯のうち勤労者世帯）

に記入する必要があります。

　支払にクレジットカードを利用した場合、たとえば分割払いにしている
と、途中で支出がわかりにくくなってしまいます。そこで、解決策として、
新しいカードを申し込んで利用する方法があります。日本では分割払い残高
がある状態では新しいカードの審査が通りにくいこともありますが、他社借
入れ中やリボ払い中でも審査が通るクレジットカード（カードローン付）も
あります。

　つまり、現在、使用しているカードをやめるために、新しいカードを作
り、今後の支払を新しいカードで行うことで、毎月の支出の追跡がしやすく
なるのです。

　「借金撃退のためにクレジットカードを増やしましょう」などとアドバイス
するのは、私くらいかもしれませんね。

　そして、新しいカードに換えてからは、当月の締め日までの買物代金は、

必ず当月分の支払日に完済してしまいます。そうでなければ、わざわざ新しいカードを申し込む意味がありません。

　クレジットカードというのは、自分自身のお財布から支払うかわりに、銀行の預金残高を当てにして、28日間程度、支払を猶予してもらう方法にすぎません。ここでの目的は、分割払いによって、支出の追跡がわかりにくくなっているカード利用明細書を"解明すること"にあります。請求書を現金で支払えないようなら、新しいカードを使う意味がありません。

　新しいカードを利用することによって、古いカードは使わなくなります。ただし、支払残高は残ります。つまり、先ほどの支出表には「借換えサービス」という項目が必要になるのです。古いカードへ支払を行う場合には、この項目を使うことになります。

　このような作業を行うことで、「古いカードを使って、何を買ったのか？」という項目分類に煩わされることがなくなりますし、この項目に関しては、大昔の記録と割り切ることができます。そんなことに煩わされるよりも、いまは、借金を完済するほうがはるかに大切です。

　　ここでなぜ、デビットカードを使わないのか、その理由がわかりますか？それは、デビットカードを使ってしまえば、支出表をつくるのに役立たないからです。仮に、新しいカードとして、デビットカードを用意すると、クレジットカードのように月末まで支払を待ってくれずに、すぐに銀行口座から引き落とされてしまいます。１カ月近く猶予があるほうがいいのはいうまでもありません。

毎月のカード残高を完済する２つのテクニック

　これまで、翌月までに残高を全額完済した経験がないと心配ならば、VISAやMasterCardなどのクレジットカード（分割返済可能カード）のかわりに、チャージカード（マンスリークリア式カード）を利用するべきです。

　チャージカードの場合、金利がかからないかわりに、翌月、残高を全額支

払わねばなりません。

ここでは、クレジットカードにたまった借金撃退法について説明しています。そのために、リボ払いのできるクレジットカードの他にマンスリークリア式（リボ払いができない）のチャージカードを1枚用意しましょうとも説明しています。ただし、いざという時に、クレジットカードを利用する際には、リボ払いができるものが便利です。

たとえば、なんらかの経済的ショックで、数カ月間失業してしまう場合、20万円の返済支払を翌月末に行うかわりに、リボ払いで12カ月間、少額返済ですむのならば、緊急事態には好ましいわけです。したがって、クレジットカードの基本はリボ払いができるものであり、必要に応じてリボ払いを選択する余地は大いにあると思います。

そもそも購入時にリボ払いを選択しても、クレジットカードによっては、ATMで残額を振り込みするだけで、自動的に一括返済になるものも多いのです。なかには、カード会社へ電話したり、インターネットで申込みをわざわざしないと、リボ払いから一括払いへ変更できないものもありますから、リボ払いから一括返済への変更がATMの振込だけで完了するものを選ぶべきだと思います。

また、毎月、残高を全額完済するのに役立つ、もう1つのテクニックとしては、新しいクレジットカードを利用する際にはいつでも、すぐに、使った金額を現金で取り分けておきます。

つまり、お店で1万円を使ったら、すぐにVISAへの支払として、封筒に1万円を入れて引出しにしまっておきます。そして、請求書が来たら、その1万円を銀行口座に移します。これで、すでに銀行口座への入金処理は終わっていますから、お金はすでにそこにあり、請求書が届いた時点で支払は終わっていることになります。

正直いって、もし皆さんに毎月、残高を全額完済するんだという自制心がな

いようなら、この章の説明が、確実に有効であるとは断言しかねます。カード
ローン残高を抱え続けるのは、馬鹿げたことだと気づいていながら、それを放
置し続けるというのなら、さすがの私にもできることはあまりありませんか
らね。

現金で支払わなければならない場合には

　現金での支払が避けられない場合には、現金で支払うものの、後で記録す
るために領収書を保管しておきます。これは、項目としては、「現金」の欄
に書いて項目分類しておきます。

　つまり、ATMから１万円引き出す場合には、そこから、ガム「食費」、
パーキングチケット「自動車」、仕事仲間とのビール「娯楽」というよう
に、お金を何に使ったかを記録する必要があるのです。

▶ 予期せぬ２つの支出について

　借金撃退セミナーで、参加者に支出の項目分類をしてもらうと、食費、住
宅費、被服費、交通費、教育費、旅行費、娯楽費などの項目は、わかりやす
いものの、そうした項目に属さない、２つの予期せぬ項目があることには、
なかなか気がつかないものです。

予期せぬ支出その１：修理代

　クレジットカードで借金をしている人たちに、何にお金を使ったのかたず
ねると、「自動車が故障して修理をしてもらった際に、カードを使って８万
円借りたのです。すぐに返せるから問題ないでしょう？」というお返事でし
た。

　さらに、この人は、８万円を返済するために、一生懸命働いて、毎月１万
円ずつ返済していたら、今度は屋根が水もれしたということでした。また、
ほかの人では、お子さんが野球をして骨折したり、皿洗機が壊れてしまった
ため、クレジットカードで借金をしたというケースがありました。

　よく考えてみましょう。人生にはいろいろなことがありますが、何かが起

こった場合に、予期せぬことが起こったかのように、ショックを感じてしまいます。ただし、これらのことが予期せぬことだと考えるなら、少し勘違いされているように思います。

　自動車が故障するまでは、万事がうまくいっていた。なんらかの税金が5万円かかるまでは、万事がうまくいっていた。床下浸水が起こるまでは、万事がうまくいっていた。次に何かが起こるまでは、万事がうまくいっています。

　次から次へと危機に遭遇するたびにお財布から5万円が消えていき、やがて手持ちの現金だけでは、支払ができなくなるような状態です。12月の忘年会の季節になるとお財布から5万円が消え、お正月になると5万円が消える。新年会でもゴールデンウィークでも5万円が消え、父の日と母の日でも5万円ずつ消える。そして、お盆休みでは、またまた5万円が消えていく。

　まさしく悪魔の循環のように、我々には、借金を抱えているお客さんは、いつでも慌しく走り回っているかのように見えます。彼らは「予期せぬ」という項目の支出が、その間ずっと発生していることも知らずにいるため、「クレジットカードを返済した」から、「また、20万円借りた」へと、いつでも移行しているわけです。

　そのような支出が何であるのか、いつ起こるのか、いくらかかるのかはわからないものの、なんらかの支出が発生し、なんらかの費用がかかることは想定しておくべきなのです。

　こんなわけで、たった1カ月分の支出を追跡するだけでは不十分なのであって、6カ月間は追跡を続ける必要があるのです。というのも、最初の数カ月間は、上記のような「予期せぬ支出」が起きずに過ごしている可能性があるからです。

　6カ月間にわたって、支出の追跡を行った結果、仮に、4カ月から5カ月ごとに、数万円単位の不慮の支出が発生する状況に置かれているならば、それに備えて月単位でお金を準備しておく必要があるのです。そして、その際の項目は、「予期せぬ支出」としておきます。

予期せぬ支出その 2 ：贈り物

　毎年、12月になると、お歳暮やクリスマスプレゼントでお金を使う機会が多くなります。これをクレジットカードで支払をしようものなら、1月になると、「これから数カ月間で、請求書を完済しないとなあ」とため息をつくものですが、また、11月が来るころには、同じことの繰り返しを始めます。

　お歳暮やクリスマスプレゼントの費用を準備することは簡単です。1月のクレジットカードの請求書をみればよいのですから。けれども、贈り物は、12月だけに限らず、誕生日、記念日、卒業式、結婚式、出産などの冠婚葬祭で必要となりますから、予期せぬ支出は「自動車の修理代」だけでは終わりません。

自分自身を管理する

　6カ月間の支出の追跡を終えた後で、多くの人が結果をみながら、贈り物の費用について嘆きます。「でも、選択の余地はありません。わが家は大家族で、いろいろなお付合いがありますから」といいながら、毎年、数万円とか数十万円の支出を強いられているわけです。

　しかし、これは意味のないことです。もし、皆さんに大きな借金があるような場合には、もらった側にしても特に要りもしない贈り物によって、義理を通す必要もありません。たとえば、クリスマスや誕生日のプレゼントなら、趣味の手づくり品でもよいわけです。

　このような考え方は、チープでしょうか？　しかし、私がここで説明しているのは、生き残りを賭けた戦略についてです。お金がたくさんある人からすれば、非常にチープかもしれませんが、借金で破産しかけているのなら、賢明と考えるべきです。

　皆さんのことをいちばん理解していて、愛情をもって接してくれている家族が、金銭的に立ち直ろうと努力している皆さんに対して、冠婚葬祭に参加しないからといって、応援してくれないのだとしたら、それこそ何のための家族でしょうか？

　「豊かな人間はますます豊かになり、貧しい人間はますます貧しくなる

(The rich get richer and the poor get poorer)」という言葉を聞いたことがありますか？　この言葉は真実です。その理由は、豊かな人間は豊かになるべきことを行っていますが、貧しい人間は貧しくなることを行っているからです。

ここでいう「貧しい」とは、心の状態をいっています。一方で、「破産」とは、一時的な財布の状況にすぎません。貧しい人は貧しい心の状況にあります。たとえば、わざわざ本書を読もうともせず、人生を改善しようともしないのは、貧しい心の状態にあるといえるかもしれません。

しかし、この本を手にしている皆さんの場合には、「人生を改善しよう」というはじめの一歩を踏み出されており、心の状態が貧しい人などいらっしゃるはずはありません。

つまり、皆さんは心の状態が貧しいわけではないので、仮に何かの金銭的な問題があるとすれば、それは一時的なお財布の問題に限られているということです。そして、仮に一時的に破産状況にあったとしても、意思と努力によって、そうした状況は完全に変わるものなのです。

▶ 周囲の雑音は無視する

はっきりいって、大きなカードローンを抱えているならば、たとえば、「妹は自分のことをチープ人間だと思っていないだろうか？」などと気にする必要はありません。というのは、皆さんをそんなふうに思っている人は、家族や仲間と呼べる類ではないからです。

他人の態度をみて、やる気を失ったり、目標を思いとどまるべきではありません。他人からの誘いも受けるべきではありません。

たとえば、職場の同僚が飲み会に誘ってきた場合、3,000円くらいは簡単に使ってしまいます。たしかに、飲み会に参加すれば楽しいし、社内営業にもなりますが、なけなしの3,000円を使うことになります。こんな場合には、「ほかに予定があって忙しいから」といって断りましょう。もちろん、ほかの予定とは、借金を完済するという予定です。

しかし、彼らはさらに熱心に誘ってくれます。

この場面で、「あまりお金を使わなければ大丈夫だよね」と自分に言い聞かせるようでは負けです。

　1,500円に抑えるつもりでも、結局、5,000円も使ってしまいました。おめでとうございます。皆さんは、「他人からのお誘い」にまんまと乗ってしまったのです。

　いいですか、クレジットカードによる借金が完済するまでは、「私は、いっさい付合いには参加できません」という鉄の看板を背負う覚悟が必要です。

　もし「付合いが悪い奴だなあ」なんて、同僚に非難され、噂話のネタにされたり無理強いをされたとしても、そんなことは、彼らの都合であって、自分の問題ではないと割り切ってしまいましょう。

　「同僚からのお誘い」の攻勢につかまるようだと、いつまでも借金の泥沼から脱け出せなくなってしまいます。これは社会生活を送るうえで大変でしょうが、借金問題を解決するためにきわめて重要な要素です。

　カードローンが残っているのは、非常事態なのですから、毅然とした態度で断ることが必要です。

　皆さんの友人やご近所や同僚のなかに、いつも外食に出かけ、スタイリッシュな新車を買い、何度も旅行に出かけ、子どもを最新のファッションで固め、家を必要以上に飾っている、どうやってお金を工面しているのか不思議でならない方がいるかもしれません。

　しかし彼らは、お金があり余っているわけではなく、借金漬けになっているのかもしれません。収入が皆さんとそれほど変わらないのであれば、そんな派手な生活ができるほど余裕がないことは、皆さんもよくご存知のはずです。

　派手な生活をしている人の洋服や家、自動車、旅行の写真はみることができても、クレジットカードの明細書や銀行口座の状況を他人がみられるものではありません。

　ですから、派手な生活をしている人がいるからといって、(a)彼らにお金に余裕があるからだとか、(b)自分でも派手な生活をするべきだ、とは考えてはいけません。

> なぜなら、(a)彼らが裕福とは考えにくく、(b)彼らは派手な生活を改めるべきであり、(c)皆さん自身も派手な生活をしようなどと考えるべきではないのです。

▶ 本質的に、すべての支出は必需品ではない

何年か前に、私のオフィスにやってきたジョージさんとモニカさんのご夫婦の場合、2人の年収はあわせて1,200万円もあるのに、クレジットカードに借金が220万円もありました。

しかも、毎月20万円のペースで借金が増え続けるという状況にあったのです。高収入であるにもかかわらず、稼ぐ以上に使ってしまう典型的な例でした。そして、ご夫婦の支出状況を確認してみると、以下のことがわかりました。

まず、1回8,500円の芝刈りサービスを毎月2回ずつ受けていました。私がキャンセルを勧めると、「そんなことをしたら、庭が荒れ放題になるではないか。このお金は削れない」とジョージさんは答えました。

また、プレミアムチャンネルをみるために、毎月のケーブルテレビの利用料金が9,700円もかかっています。私がキャンセルを勧めると、「みる番組が全然なくなってしまうじゃない。この支払だけは削れないわ」とモニカさんは答えました。

きっと皆さんなら、私の意見に賛成してくれると思いますが、芝刈りサービスもケーブルテレビも必需品ではありません。しかし、ジョージさんもモニカさんもこのことがわかっていません。そして、この2つが必需品でないのと同様、ほとんどの支出は必需品でないものへ向かっています。

スポーツクラブの会員権は？　　必需品ではありません。

お芝居は？　　　　　　　　　　必需品ではありません。

携帯電話は？　　　　　　　　　必需品ではありません。

洋服は？　　　　　　　　　　　ほとんどすべてが、より正確には洋服に使う
　　　　　　　　　　　　　　　お金のほとんどが必需品ではありません。

食事は？　　　　　　　　　　かなりの部分が必需品とはいえません。残念
　　　　　　　　　　　　　　ながら、私の大好きなオレオビスケットも必
　　　　　　　　　　　　　　需品ではありません。

　お話している意味がおわかりでしょうか？　皆さんがお金を使っているこ
との、ほとんどすべてが実は必需品ではありません。ですから、「これが必
要です。あれも必要です」なんて言い方はやめていただきたいということで
す。

　決まったやりかたで、決まった商品やサービスにお金を使っていると自覚
している場合もある一方で、そうした商品やサービスにお金を使い出したの
はいつのことなのか思い出せないかもしれません。

　しかし、いまこの時点からは、すべての支出に関して、はっきりと自覚
し、ケーブルテレビも必需品ではないと心に刻み込む必要があります。信じ
がたいかもしれませんが、これは本当の話です。

　このような大きな視野をもてば、必要のないものにはお金を使わないでい
られるようになります。支出を変えることはできますし、支出を固定するこ
とも、支出を止めることすらも可能です。

　さらに、支出という罠に釘づけにされていると感じる必要もありません。
なぜなら、実際に、皆さんはそうではないからです。支出によっては、なか
なか、すぐには、変えることができないものもあります。いったん自動車を
購入してしまえば、その支払に固定されてしまいます。

　しかし、皆さんの支出のほとんどが考えている以上に柔軟性があります。
想像以上に、周りで起こっていることは管理が可能なはずです。

　また、長年にわたって「他人からのお誘い」に負けている間に、お金の使
い方には、もっといろいろな選択肢があったことにも気がついたはずです。

　大切なことは、借金を抱えてしまった理由が、収入にあるのではなく、皆
さんの態度にあるという点を自覚することです。初めに変えなければいけな
いことは、お金に対する態度であって収入を変えることではないのです。

　ジョージさんとモニカさんのご夫婦に欠けていたのは、この点です。お金
の使い方を変えるのを嫌がり、借金の解決策をほかに探そうとしたわけで

す。そして、考えついた先は、家を担保に入れてお金を借りるというやりかたでした。

　1,500万円の住宅ローンが残っているものの、家には2,000万円の価値があるため、これを担保にして250万円を銀行から借りて、クレジットカードの借金を完済したわけですが、はたしてこうした解決策は正しかったのでしょうか？

　もちろん、正しいはずがありません。1年以内に、クレジットカードの借入残高は240万円に戻ってしまいました。この時点では、もはや家を担保に入れてお金を借りるという手段も使えません。

　そして、2年以内に家のローンの支払ができなくなって、賃貸住宅へ引っ越すこととなったのです（この時点で少なくとも芝刈りサービスは必要なくなったわけです）。さらに、それだけではすまず、後日、2人は自己破産することとなりました。新しい家を買うために住宅ローンを組めるようになるには、これから10年間はかかることでしょう。

　　私のラジオショーの視聴者から、ある日、「投資資金が150万円ありますが、アドバイスをお願いします」という電話がありました。話を聞いてみると、自分と奥さんにはクレジットカードの借金が400万円あり、借金の返済をするために150万円を投資してもっと増やしたいとのことでした。「私は、この150万円を借金の返済にではなく投資にまわしたいんですよ。借金問題と投資戦略を、別々に考えたいんです」と、彼はいうのでした。
　　この人の収入についてたずねると、「妻と私は、不動産を売却する予定なんです」という答えが返ってきました。「えっ、でも、最近の不動産市場はよくないから、売却代金に影響しますよね」と私がいうと、「まったく問題ありません」と彼は答えました。「昨年は4,250万円で、今年は、現時点で3,650万円に下がっていますが、借金が払えないわけはないでしょ」ということです。
　　この人は、借金問題と投資プランについて、いますぐにでも面談することを望んでいたので、「何かお急ぎの理由があるんですか？」と私がたずねると、「ちょうどこれからメキシコのカンクーンで2週間ほど休暇をとり、大いに楽しんでくるつもりですが、旅行へ行く前に、借金の問題に取りかかっておこう

と思ったんですよ」ということでした。先ほど申し上げたとおり、借金をするのは、収入の問題ではなく姿勢の問題なのです。

▶ 将来に、焦点を絞ろう

　借金の処理をしなければならない一方で、自分に負けてふさぎ込んだり、だれかの言葉に意気消沈したりしてはいけません。奥さんや両親に何をいわれようが、友人に何をいわれようが、気持ちをしっかりもちながら、明るく振る舞うように心がけましょう。

　どうして、借金を抱えることとなったのかは、あまり重要ではありません。過去は変えられませんから、変えられることにエネルギーを集中するべきです。ここから後にやるべきことが決まったら、それを実行するのみです。

　かつて、この件についてセミナーで紹介した際に、ある女性が「借金返済への近道はありませんか？」とたずねてきました。私は、彼女の姿をじっとみつめました。

　仮に、借金を完済するという目標を達成するために、もっと短期間に、より簡単に、より速く、より苦痛を伴わない方法があるとしたら、私がとっくに紹介していると思いませんか？

▶ シンプルとは、簡単という意味ではありません

　ここまでの説明は、頭で理解するには単純ですが、実行に移すとなると、それほど簡単であるとは限りません。実は、個人的な経験から、この件に関しては痛いほどよくわかっています。

　1982年のことですが、ファイナンシャルプランニング・ビジネスを始める以前に、私たち夫婦は、ほかのビジネスを行っていました。何年間か頑張っ

たものの、結局は会社を閉める決断をしたわけですが、その際には借金が6,000ドルもありました。この借金のことが大きな負担となり、会社を閉鎖する決意をし、やり直すためにお金をかき集める作業から始めたのです。

　収入も財産もなかったため、3階建ての戸建住宅からワンベッドルームのアパートに引っ越しました。そして、高校時代の親友のアンディがつくってくれたテーブルと、両親からもらったソファー以外のすべての家財を「引越しのため、すべて売ります」という張り紙によって、売りに出すことになったのです。

　見ず知らずの人が家にやってきて、学生時代から愛用していた家具にたった10ドルの値段をつけたり、宝物にしていたステレオを15ドルで買っていくのをみていなければならなかったのがどれほど悔しかったか、皆さんには経験がないでしょう。

　それでも、すべての家財道具を売り払って、何とか2,000ドルを捻出し、そこから600ドルをアパートの頭金に入れ、残った持ち物を運ぶためのレンタカー代として200ドルを支払いました。そして、残りを今後数週間の生活費として、再スタートをきったのです。

　それからの3週間は、週の食費はたったの25ドルしかなかったので、ほとんど果物と野菜だけを食べて過ごしました。そんな生活ができるのかと思われるかもしれませんが、実際に私たち夫婦は経験しています。

　ピーナッツバターを食べている人をみると、もっとお金を節約できるのにと思いました。われわれには加工食品が手の届かないものだったのです。しかし、ほとんどお金がない状態でも、私たちは生きていくだけの食事をとることはできました。

　近所のスーパーの人が、捨てるはずだった段ボール箱をくれたので、衣類や食器はそこへ収納しました。月30ドルもするトランクルームを借りる余裕は私たち夫婦にはありませんでしたし、そもそも家具は残っていませんでした。それでも狭い部屋にダンボールがあふれかえる状態でした。

　「3カ月から4カ月で何とかして、ここを出よう」と妻にはいいました。しかし結局、このような生活が4年間も続くこととなったのです。

その間には、テレビもなく、毎日25セントを節約するために新聞も買わず、だれかの読み古しを読んでいました。楽しみといえば、図書館や公園くらいでした。

　数年後、ようやく中古のテレビを買った際には、テレビを売り払っていて良かったということに気がつきました。というのも、テレビがなかった間は、買いましょう、買いましょう、買いましょう、というメッセージの嵐から隔離されていたからです。テレビに影響されなければ、お金を使う気にもなりません。

　できるだけ早く収入を確保するために、私たちはいくつかの仕事を掛け持ちし、週に7日間、毎日複数の仕事をしていました。こうした倹約生活を続けていたある日のこと、近所のファミリーレストランで7ドルのディナーをとるという贅沢をしました。

　こんな贅沢にお金を使うべきではないし、あとで後悔することはわかっていましたが、再起を誓うためには、こうした機会も必要だったのです。その時のハンバーガーの味は最高でしたが、このディナーはいままで諦めていた食事を思い出させ、こうした贅沢ができるような生活に戻るんだという決意を固くしてくれました。しかし、次に、同じファミリーレストランを利用できたのは、その決意から1年後のことになります。

　苦難の連続ではありましたが、こんな生活が永遠に続くわけではないとわかっていましたし、確信していました。そして、現在では、そのような生活をしているわけではありません。

　少しだけ楽しみを我慢して、目標を設定して全力でそれに向かっていくことで、4年後には借金は完済できましたし、家を買うこともできました。さらに建売住宅からもっと大きな家へと引っ越しました。

　実際に、私たちは、お金を返済していた期間、すべてを犠牲にすることを厭わなかったために、ほとんどの人が知らないような、人生の楽しみ方を知ることができました。

　いまの私たちをみた人たちから、「お2人はお若いのに、短期間にどうやってここまで、大成功することができたのですか？」とたずねられるたび

に、妻と2人で向き合ってニコリとしますが、これまで説明してきたように、決して一夜にして成功を収めたというわけではありません。

　ですから、皆さんだって、他人からみたら、一夜にして成功者になったようにみえるほど財産を築くことができるチャンスがあるのです。

　人生は40年、60年、80年、あるいは、それ以上あるかもしれませんが、生きている限り、毎月、毎月、選択があったはずで、より良い人生の選択をすることも可能です。

　ほんの数年間だけ、物欲を捨てて、いま必要なものを減らしましょう。そうすれば、ある日、いまのライフスタイルを超えることができるはずです。やるべきことは、毎日のほんの少しの努力と、その積重ねなのです。

　すぐにお金持ちになるような魔法はありません。成功するまでにどれだけの時間がかかるかわかりませんが、人生に残された時間と比べるものではありません。借金返済に10年かかるとしても、それからさらに、30年、50年、70年と時間はあるということです。

　ここでの話を十分に役立ててください。皆さんが必ず成功されることは、私にはわかっています。ここまで通読されたというだけでも、皆さんの意識の高さが伝わってきます。私が方向性を示しましたから、皆さんは始めるだけでよいのです。もう、解決策は皆さんのなかにあるのですから、偉大なるモチベーション・トレーナーのW.クレメント・ストーンがいうように、「いつやるか？　いまでしょ」。

第50章

自動車費用は慎重に見直そう

　自動車検査登録情報協会によると、2019年3月末、日本の自家用乗用車の世帯当り普及台数は、1.05台ということです。特に、地方では自動車は必需品といってもよいですが、2017年1月の総務省の小売物価統計調査によれば、普通乗用車の価格は307万9,659円。これだけでも結構な金額ですが、自動車をもつには、ガソリン代、駐車場代、修理代などのほかにも、図表Ⅶ－6のように、さまざまな取得費用や維持費用がかかります。

　たとえば、税金についてみてみると、取得時に本体価格に消費税がかかり、毎年の自動車税、そして新規登録時と車検ごとに自動車重量税がかかります。

　上記の一般的なケースとは異なり、排出ガス性能および燃費性能に優れた自動車に対して、それらの性能に応じて自動車取得税と自動車重量税を免税・軽減するエコカー減税、自動車税・軽自動車税を軽減するグリーン化特例もあります。

　それから、車庫証明（代行）費用、納車費用、検査・登録・届出（代行）費用も必要ですし、新車購入の3年後、以後2年ごとに車検があって、検査費用とともに整備費用がかかります。

　さらに、強制加入の自賠責保険はもとより、多くの人が任意の自動車保険に加入し、保険料を支払うことになります。

図表Ⅶ－6　自動車の取得費・維持費

	新車購入時	車検時	毎　　年
自動車取得税	○		
自動車税	○		○
自動車重量税	○	○	
車検費用		○	
自賠責保険料	○	○	
任意保険料	○		○
新規・継続登録料	○	○	
自動車リサイクル料金	○		

自動車取得税　：自動車取得時に購入者に課される税金
自動車税　　　：4月1日時点での自動車の車検証上の所有者に課される税金
自動車重量税　：新規登録時と車検時に車検証の有効期間分をまとめて所有者に
　　　　　　　　課せられる税金
車検費用　　　：新車購入時から3年、その後2年ごとの義務検査費用
自賠責保険料　：交通事故の際に被害者保護のための保険
任意保険料　　：民間の自動車保険
登録費用　　　：名義書換、車庫証明、ナンバー取得料など
リサイクル料金：廃車以外の売却時には返却される

　先ほどの総務省データでは、普通乗用車の平均価格は約308万円でした
し、小型乗用車で約197万円、軽自動車では約136万円でしたが、これらは本
体価格にすぎません。つまり、300万円の自動車を購入するとなると、実際
には、その1.1倍から1.2倍の費用がかかります。さらに今後数年間にわたっ
て、ガソリン代や駐車場代や保険料が加算されることを考えると、300万円
で購入したつもりが、5年後には2倍の600万円や3倍の900万円もの費用が
かかっている可能性も十分にあります。

　しかも、自動車というのは、生涯にわたって何回も買替えをする可能性が
あります。人によっては、累計で2,000万円から4,000万円も使っているかも
しれません。

　このように、自動車にはかなりの費用がかかることはそれなりにわかって

はいるでしょうが、「自家用車を買うのはやめて、バスや電車を使いましょう」とか、「走るだけなら、安い中古車で我慢できるでしょ」とアドバイスしても、皆さんは聞く耳をもたないはずです。それならば、新車を手に入れる方法を説明したほうがはるかに現実的です。

日本自動車工業会の2015年度乗用車市場動向調査によると、車を保有していない10代から20代の社会人のうち購入するつもりがない層は59%にのぼり、車への興味がないという回答が69%を占めたそうです。理由としては、「買わなくても生活できる」「駐車場代などお金がかかる」「お金は車以外に使いたい」そうです。自動車に興味がない若い方は、本章を飛ばして読んでもかまいません。

▶ 未使用車（新古車）や試乗車を利用する

新車を購入するため自動車ディーラーへ行って、見積りをしてもらうと、値引してくれます（下取価格を上げてくれることもあります）。たとえば、500万円の車両価格から2割引の400万円になることもあります。

それでも予算オーバーという場合には、同じ車種の自動車を、新車ではなく未使用車（新古車）とか試乗車というかたちで手に入れるという方法があります。

・未使用車（新古車）とは、ディーラーが新車をナンバー登録しただけで、未使用の自動車をいいます。つまり、ナンバー登録された時点で中古車であるものの、ほとんど新車と同じ品質で、新車より何十万円も安くなるケースが多いのです。

・試乗車とは、新車ディーラーで展示されたり、試乗用に利用されていたりと、ほんの少しの期間だけ使用されていたディーラー名義の中古の自動車であり、新車同様の品質でありながら、未使用車よりもさらに安くなります。

これらは、新車に比べて、本体車両価格が安くなり、消費税の負担が減る

図表Ⅶ-7　中古車の新車の費用との違い

・本体価格　１年で減額（定率法の減価償却率は0.417）
・消費税　　本体価格に比例して下がる
・自動車重量税　ゼロ
・自動車取得税　減額
・自賠責保険　車検期間分の前払いなので、新車なら３年分支払うが、中古なら経過期間分減る（ただし、車検有効期間も減っている）

だけでなく、自動車取得税が安くなりますし、自動車重量税はゼロになるケースがほとんどです。

　このように、どうしてもほしい新車があるなら、ほとんど同じ品質でありながら、本体価格と諸費用が安く抑えられる未使用車（新古車）や試乗車をねらうというやりかたが考えられます。

▶ 残価設定型ローンを利用する

　従来、ローンで新車を購入する際には、10％程度の頭金を積んで残額に対してローンを組むケースが一般的でしたが、最近では、「頭金がゼロで自動車が手に入る」「同じ予算で上の自動車が手に入る」という特徴をもつ、残価設定型ローンというものが登場し人気を集めています。

　「残価」とは、３年から５年というローン終了時の予想下取価格のことです。自動車購入時に、この「残価」を据え置いて、残りの金額を分割払いにするやりかたを「残価設定型ローン」と呼びます。

　たとえば、300万円の自動車を購入する場合、３年後の残価が120万円と設定された場合、差額の180万円に対して、金利を加えながら、月々元金を返済していくやりかたです。

　そして、３年が経過した時点で、自動車を返してしまえば残価の支払がなくなりますし、新しい自動車に買い替えても残価の支払がありません（自分で買い取る場合に限って、最終回の支払時に120万円の残価の一括支払をするか、再契約をして120万円の残価分を分割ローンで支払うようにします）。

　このように、従来の新車購入では、300万円＋金利を支払い終わった５年

後に自動車を完全に自分のものにできたのに対して、残価設定型ローンを利用した新車購入では3年間しか所有できないものの、180万円＋金利だけで同じ自動車に乗れるということになります。

ただし、残価設定型ローンにも注意点があります。

1つ目は、残価設定型ローンでも、返済金利は「車両価格－残価」に対してではなく「車両価格」に対してかかる、という点です。先ほどの例では、180万円に対してではなく300万円に対して金利負担が生じます。

残価の120万円はローンから引かれたのではなく、最後の支払い時に据え置かれた状態にあるだけです。残価設定型ローンでは、180万円を36カ月で返済して最後の月に120万円を返済するかたちなので、元金の返済ペースが遅い分だけ支払金利総額が大きくなります。

2つ目は、なんらかの理由で、残価設定日以前に自動車を売却する場合、時価での売却となる点です。「300万円の自動車が、3年経過後に120万円の残価となる」とはいうものの、それを逆算して「半年後には、270万円で売れるだろう（＝300万－｛(300万－120万円)÷36カ月×6カ月｝ から計算)」と考えるのは間違いです。

実際の時価は230万円かもしれません。すると車両価格分だけで70万円を穴埋めする必要があります。ローンは6カ月分の30万円しか返していません。この条件で自動車を売却した際には、少なくとも40万円を支払う必要があります。

つまり、残価設定型ローンでは、契約した3年後とか5年後の残価は決まっているものの、それ以前の売却では時価での売買となるため、「ローン返済が苦しくなれば、自動車を返せばよい」というわけではなく、「中途解約をして、売却価格が低ければ、追加返済の可能性がある」ということになります。

3つ目は、残価設定型ローンでは、年間走行距離や返却状態によっては、契約した金額よりも自動車に対して低い査定が与えられ、追加費用を要求される可能性があります。

たとえば、大きな破損事故を起こして保険で修理をした結果、3年後に

ディーラーの査定額が120万円ではなく80万円にしかならない場合、残価設定型ローンの借り手は差額の40万円を支払う必要が生じます。

　以上のような注意点を理解したうえで、残価設定型ローンを利用すれば、1つ上のクラスの新車を手にすることもできます。

▶ リース車の利用を考える

　新車を利用する際には、ローンを組んで購入する以外に、リース契約を結んで借りるというのも1つの方法です。「所有はしなくても、同じ車を利用できればよい」と割り切れれば、リース契約の場合は毎月の支払額がかなり少なくてすみます。

　たとえば、新車の価格が340万円、7％で4年ローンを組めば、頭金に20％（68万円）、毎月6万5,000円を支払うことになります。しかし、かわりにリースを利用するなら毎月の支払額は4万5,000円ですみます。

　この例では、リースにすれば、頭金が不要なだけでなく毎月2万円の節約になりますから、アメリカでは、リース契約は非常に人気があります。

　リース契約では、契約時に、3～5年のプランを組み予定残存価格を設定します。頭金はいりません。たとえば、340万円の新車が4年後には152万円になると設定したうえで、毎月4万5,000円の支払だけで借りておき、4年後には自動車を返却するというかたちになります。

　毎月のリース料には、リース期間の車両代、税金、保険等の各種諸費用が含まれています（契約によっては、車検費用、法定点検、オイル交換、一般整備も含めることができます）。そのため、自動車関連の費用が安定してきます。そして、契約満了時には、自動車を返して契約を終えることになります（残存価値での買取り（ローンか一括）という選択肢もありますし、いまの自動車の再リースも可能です）。

　このように、リース契約では「頭金がゼロで自動車を利用できる」「同じ予算で上の自動車が利用できる」という長所があり、自動車費用が安定する点や税金や車検や保険などの手続で煩わされることがないことも大きなメリットです。

ただし、リース契約にも注意点があります。

　そもそも、リース契約で利用する自動車は「借り物」です。何かの付属品をつけた場合には、たとえ数十万円の費用をかけようとも、リース契約満了時には、残存価値は契約時のままです。それどころか、費用を払って、付属品の取り外しを要求される可能性も小さくありません。

　また、走行距離に制限がある場合、計画的に走らないと追加費用が発生します。さらに、リース契約は中途解約ができないのが基本です。途中で気に入らなくなった、家族が増えたなどの理由で中途解約を行おうとすると違約金が発生します。

　以上のように、リース契約を利用すれば、普通に購入するのでは手の届かないような1つ上のクラスの新車を利用することができます。

▶ 自動車の3つの経済的な部分

　以上、新車を手に入れるために、ちょっと変わった方法を説明しましたが、どれがいちばん優れているかは、実は皆さんの事情次第ということになります。上で説明した方法にも、一長一短がありましたし、そもそも万人に最適な方法などありません。

　この点を説明するために、自動車の経済学を考えましょう。経済的な意味からいえば、自動車というのは、3つのパートから成り立っています。1つ目は所有権（エクイティと呼ばれる）、2つ目は残存価値（減価償却ともいう）、3つ目は金利支払（ローンを組んだ場合）です。

　新車を購入する際にローンを組むなら、これら3つのすべてに対して支払をしながら、たとえばローン期間5年ならば5年がかりでオーナーになるわけです。新古車や未使用車を購入する際にローンを組む場合には、残存価値が下がった分だけ車両価格や諸経費も下がります。

　一方で、残価設定型ローンでは、3つのすべてに対して支払うものの所有権は一定期間だけなので、その分だけ諸費用が安くなります。

　また、リースでは、自動車の使用に対してのみ支払をしていることになります。つまり、残存価値と金利の支払をしているだけで、所有権への支払は

なく、リース期間が終わると自動車を返却することになります。

　同じ契約を業者側からみてみましょう。

　ローンを組んで新車を購入してもらえれば、車両価格と金利が手に入ります。未使用車や新古車として、展示用や試乗用に利用していた在庫を使用期間分だけ値引きして販売できれば、自動車業者も助かります。

　残価設定型ローンでは、新車価格300万円、3年後には120万円になると想定して、300万円に対して3年分の金利をもらい180万円を返済してもらった挙げ句、120万円は3年後に中古車の購入者に支払ってもらえれば2度儲けるチャンスがあります。

　リース契約では、新車価格が340万円、4年後には152万円になると想定して、リース契約者には現在価値と4年後の差額の188万円（諸経費込みで毎月4万5,000円）だけ支払ってもらい、4年後の時点で残額の152万円は中古車の購入者に払ってもらえばよいのです。

　重要なポイントは、残存価値の設定にあります。

　残価設定型ローンでも、リース契約でも、自動車の残存価値の設定は業界標準や会計基準によって決まるというよりは、各業者の判断によるところが大きくなります。そのため、返却時期に時価との差額が生じます。未使用車や新古車でも、業者の提示する価格と時価にズレが生じる可能性があります。

　こうした微妙なズレがあるものの、大雑把にいえば、業者ではきちんと利益を確保できる仕組みなので、消費者としては「1ランク上の自動車が手に入ってお得だな」と感じるものの、実際には合理的な取引が行われているので、自分自身がこの3つのパートのなかで、どの点を重視するか判断することが大切です。

第51章

大学費用の支払方について

　私がファイナンシャル・プランナーとして初めてセミナーを行ったのは、PTAのグループに対して「大学費用の準備の仕方」について説明するものでしたが、このときは高校2年生や1年生の保護者に対してではなく、小学生の保護者に対して行いました。

　というのも、16歳まで待っていては、大学費用を準備するには時間が足りないからです。お子さんがまだ小学生のうちから対策を講じていく必要があるのです。

　実際には、お子さんが生まれる前に、大学費用を準備する作業を始める必要があります。大学費用について考えている方のほとんどは、すでにお子さんがいる方々です。（この章が提案するように）プランナーであれば、顧客のお子さんがまだ幼い間に大学費用の準備をするようアドバイスするのが普通です。

　「お子さんが18歳になった時点で、大学費用の計画を立てれば良い」という考えはまずいと思います。もちろん「大学費用のためのお金がたまるまで、お子さんをつくってはならない」なんていうつもりは毛頭ありません。

　私がいいたいのは、いつかお子さんをもつとわかっている方は、いますぐに大学費用の準備を始めるのが良いということです。そうすれば、18年、15年、10年、あるいは3年のかわりに、20年とか25年間を貯蓄に費やすことができるはずです。そして、貯蓄する時間が長いほど目標を達成することが簡単になるはずです。

図表Ⅶ-8　大学費用はいくらかかるのか？

（単位：万円）

国立	自宅（4年）	524.3
	下宿（4年）	812.3
私立文系	自宅（4年）	668.4
	下宿（4年）	933.2
私立理系	自宅（4年）	809.1
	下宿（4年）	1,073.9
私立家政・芸術・体育・保健科	自宅（4年）	768.9
	下宿（4年）	1,038.8
私立医歯系	自宅（6年）	2,579.5
	下宿（6年）	2,956.8
私立短大	自宅（2年）	353.6
	下宿（2年）	492.0

（出所）　平成26年・27・28年度データ（生命保険文化センターホームページ）より筆者作成

　現在の日本の大学費用というのは、自宅生であれば、国立大学で520万円、私立の理系であれば809万円かかるそうですが、これが自宅外から通うとなると、国立大学で812万円、私立の理系で1,074万円に跳ね上がります。

　しかも、これらはお子さん1人当りの費用です。お子さんが3人いれば、大学費用とは、まさに家を1軒建てるのと同じくらいの費用になります。

　これに対して、一般的に親が大学費用を考え始めるのは、お子さんが高校3年生になった時か、金融機関から何かの商品を買わされた時のどちらかです。

　実質的には、何も準備がなされていません。

　そこで、お子さんが高校3年生になった時点で、慌ててお金の工面をしようとしても間に合わず、奨学金や教育ローンに頼らざるをえなくなります。

▶ 奨学金について

　2016年度の独立行政法人日本学生支援機構の調査では、大学入学者の48.9％が奨学金を受給しているそうです。奨学金には、日本学生支援機構のほか、地方自治体や大学、民間団体から提供されるものがありますが、返済の必要のない給付型と、返済の必要のある貸付型の２つに大きく分かれます。

　もちろん、学生にとっては返済の必要のない給付される奨学金がいちばん望ましいことは明らかです。返済する必要のない奨学金は、アメリカでは「スカラーシップ」「特待生制度」などと呼ばれます。

　具体的には、大学ごとに用意されているプログラムに応募して、選考の結果、一部の成績優秀者（スポーツや文化面もある）に給付されるかたち（返済の必要がない）となります。たとえば、国立の一橋大学では、一橋大学学業優秀学生奨学金制度として年間96万円の奨学金が給付されます。

　ただし、これらは結構な狭き門です。

　たとえば、地元で一番の公立校の出身で、子どもの頃から秀才として通っていても、大学でトップクラスの成績を続けられるか否か、あるいは、地元のスポーツ大会で優勝経験があるからといって、全日本やオリンピックの強化選手になれるかははっきりとはわかりません。

　このほかに、給付制度のなかには、経済的な理由を大前提として、学業が優秀な場合には入学金や授業料が免除される制度があります。たとえば、慶應義塾大学の場合、慶應義塾大学給費奨学金として成績優秀者には年間50万円が給付されますし、慶應義塾維持会奨学金では成績が4.0または4.3以上を応募条件として年間50万円か80万円（学部による）が給付されます。

　なお、2020年４月より、日本学生支援機構による住民税非課税世帯等の学生を対象とした給付型奨学金制度がスタートしています。

　一方、給付型ではない奨学金では、基本的に、学生自身がお金を借りて、卒業してからお金を返済する必要があります。

　借りるタイプ（貸与）の奨学金の代表は、日本学生支援機構のものです。

というよりも、日本で奨学金といえば、日本学生支援機構を指すといっても過言ではありません。たとえば、2013年度では、早稲田大学の学生に支給された貸与型奨学金の98.2%が日本学生支援機構によるものです。

そして、貸与型の日本学生支援機構の奨学金には、第一種奨学金と第二種奨学金の２種類があります。第一種に関しては、無利子で利用できるものの、成績優秀であり、なおかつ、経済的な理由で進学がむずかしい場合に認められます。一方で、第二種に関しては、利子をとられるものの利用条件は緩やかです。

それでは、日本学生支援機構の奨学金だけで十分かといえば、図表Ⅶ－9からわかるように、入学時には10万円から50万円のなかからどれかを選ぶということになり、それ以降は経済的理由と成績優秀者という条件をクリアする必要がありますから、ここで厳しい現実が待ち受けます。

まず、親が失業中であるとか、災害にあったとか、病気である等の理由で、奨学金を利用する場合、入学金や授業料免除の申請が通ったとしても、親からの援助は期待できないため、子どもの大学生活は大変です。

また、返済義務のある奨学金では、いくつかの条件をクリアしても、借りられる金額は入学時には10万円から50万円に限られます。

このため、大学費用の負担に不安がある場合には、唯一の頼みの綱は、た

図表Ⅶ－9　奨学金の中心、日本学生支援機構

目的：経済理由により修学に困難がある優れた学生に対し、学資の貸与を行うことで、教育の機会均等に寄与する

貸与月額	第一種奨学金（無利子）	第二種奨学金（有利子）
	国立　4万5,000円（自宅） 　　　5万1,000円（自宅外） 私立　5万4,000円（自宅） 　　　6万4,000円（自宅外）	3万円、5万円、8万円、10万円、12万円から選択 12万円を選択した場合に限り、私立医学部は16万円、私立薬学部は14万円に増額可
	入学時一時金10万円、20万円、30万円、40万円、50万円から選択	

（注）　上記には、親の所得や学力による制限がある。また、貸与型以外に給付型もある。詳しくは日本学生支援機構のホームページへ。

とえば、難関の一橋大学などできわめて優秀な学業成績を修められることに期待するか、あるいは、スポーツや芸術の分野で特待生制度のある大学で特別の才能を発揮するかのどちらかに賭けるしか方法はなくなります。

　お子さん1人当りの大学費用540万円から1,105万円を、何の支障もなく捻出できる家庭は多数派とはいえません。しかし、お子さんが18歳になるまで何の準備もしていなければ、こうした現実に直面することになります。奨学金についても過大な期待はできないのです。

▶ 教育ローンについて

　お子さんが18歳になるまで何の資金準備もしていなくて、奨学金に頼ることができない場合、次に利用されているのが、教育ローンを借りる方法です。代表的なのは、日本政策金融公庫から提供されている「国の教育ローン」です。

　日本政策金融公庫では、「国の教育ローン」として、子ども1人に付き350万円以内の融資を提供しています。しかも、この「国の教育ローン」は、日本学生支援機構の奨学金との併用が可能なので、お子さんが18歳になるまで何の資金準備もしていない場合には、「日本学生支援機構」と「国の教育ローン」を頼りにするのがいちばんありがちな手段といえます。

　つまり、お子さん自身が、日本学生支援機構から、入学時に最大年間50万円、その後に毎月12万円までを借りたうえで、さらに足りなければ、日本政策金融公庫（あるいは他の金融機関）から親が350万円までを借りるとすれ

図表Ⅶ−10　国の教育ローンについて

・子ども1人に付き350万円以内　・在学期間は利息だけの返済可
・返済期間15年以内　　　　　　・利用者は保護者
・日本学生支援機構の奨学金と重複利用可

年収制限 世帯年収 （所得）	子ども1人	子ども2人	子ども3人
	790万円以内 （590万円以内）	890万円以内 （680万円以内）	990万円以内 （770万円以内）

（注）　詳しくは、日本政策金融公庫に要確認。

ば、最大合計金額として1,000万円近い枠ができあがります。

　もちろん、親の所得やお子さんの成績などの制限がつくので、ここまでの枠をすべて利用できるとは限りませんから、後は親からの仕送りや子ども自身のアルバイトによって、何とか大学を卒業しているというのが現実的なやりくりとなります。

▶ 大学生の生活費について

　それでは、「日本学生支援機構」と「国の教育ローン」を頼りとして、とりあえず1人目のお子さんが無事に大学へ進学できた場合、実際の大学生活では、どのような生活費がかかり、どのようなお金のやりくりが行われているのかを確認しておきましょう。

　図表Ⅶ−11は、日本学生支援機構が発行しているデータ（「平成26年度　学生生活調査結果」）から作成していますが、まずみていただきたいのは、「家庭からの給付」とされる小遣いと仕送りです。この「家庭からの給付」は「奨学金」と合わせてかなりの部分が「授業料」になると思われますが、「授業料」が「家庭」からの給付で支払われるとすれば、その残額は、自宅生では年間5万3,700円なのに、下宿生では年間58万5,900円となっています。実に10.9倍です。

　一方で、「支出」をみれば、自宅生と下宿生の大きな違いは食費と住居費で、自宅生と下宿生の差額は年間61万4,100円となっています。下宿生の支出に占める食費と住居費の割合は、56.4％に及びます。

　先ほど、大学入学者の51.3％が奨学金を受給しているとしましたが、自宅生では年間37万1,000円ですが、下宿生では年間42万3,700円です。そこへ付け加えるかたちで、「家庭からの給付」という親の負担から、「授業料」を差し引いた金額が自宅生では年間5万3,700円で、下宿生では58万5,900円かかるという点から、図表Ⅶ−8でみた差額が生じるわけです。

　つまり、授業料を除いた生活費の面では、自宅生の場合には、毎年親の負担としては年間5万3,700円の小遣い・生活費となり、お子さんにはアルバイトをしてもらい奨学金を借りさせて収支があっています。

図表Ⅶ-11　大学生の生活費は、いくらかかるのか？

(単位：円)

	自宅生	下宿生
家庭からの給付	1,011,900	1,454,500
奨学金	371,000	423,700
アルバイト	359,900	287,900
定期収入・その他	56,100	53,500
収入合計	1,798,900	2,219,600
食　費	97,500	263,700
住居・光熱費	0	447,900
通学費	102,400	21,100
保健衛生費	36,600	36,500
娯楽・し好費	129,700	141,200
その他の日常費	134,200	149,700
授業料	958,200	868,600
その他の学校納付金	137,700	115,000
修学費	49,600	49,300
課外活動費	31,200	36,900
支出合計	1,677,100	2,129,900

(注)　日本学生支援機構「平成26年度　学生生活調査結果」より抜粋。

　その一方で、下宿生の場合には、毎年親の負担としては58万5,900円の仕送りがあり、お子さんにはアルバイトをしてもらい奨学金を自宅生よりも多めに借りさせることで収支があっている状況がわかります。

　ここまでの話はすべて、お子さんが4年間で大学を卒業するケースを説明しています。ただし、実際には、4年で卒業するのは大学入学生の約80%にすぎないと、読売新聞で報じられています（読売新聞「大学の実力」調査2014年度）。大学によっては31%とも報じられています。5年も6年もかかって卒業するケースが多いのです。そこで、過去35年間の大学費用の上昇率を当てはめると、「6回生」の時点では、新入生の時点の1.6倍の学費がかかります。さらに最近では、大学院の学位までとろうとする学生も増えています。ですから、学部の学位費用を支払う方法を考えるだけでなく、教育費としていったいいく

奨学金と教育ローンは、正しい選択なのか？

　図表Ⅶ－11をみれば、お金の面では、特に下宿生は苦しいながらも何とかやれるように思えます。そして、多くのマネー専門家が、奨学金や教育ローンの申込みについて、いろいろなメディアで解説しています。しかし、はたして、この2つは問題がないのでしょうか？

　実際には、ここに入学金や下宿の敷金礼金等の初期費用が追加されますが、これが一般的な大学進学のお金の問題の扱いであり、自宅生であれば、「家庭からの給付」が404万7,600円、「奨学金」が148万4,000円、「アルバイト・その他」が143万9,600円と、4年間合計で719万5,600円が必要になりますし、下宿生であれば、「家庭からの給付」が581万8,000円、「奨学金」が169万4,800円、「アルバイト・その他」が115万1,600円と、4年間合計で886万4,400円が必要になります。

　こうした大学費用の金額をみせられれば、親の負担が大きなことは一目瞭然であるわけですが、"金銭面での親の実感"に関するアンケートでは、さらに苦しい状況が浮彫りになります。

　日本労働組合総連合会（連合）による「大学生・院生の保護者の教育費負担に関する調査」では、全回答者（1,000名）に、"大学生・院生の子どもの教育費について、どれくらいの負担感を感じているのか？"という質問をしたところ、「大学に入学させるための教育費」では、"非常に負担である"が40.7%、"やや重い負担である"が34.7%であり、「大学在学中の教育費」では、"非常に負担である"が44.8%、"やや重い負担である"が33.4%となっています。"金銭的な負担がネックになり、子どもの進学希望を十分に叶えてあげられなかった"と答えた人が全体の33.5%にのぼっています。

　実に、8割近くの親がお金に苦労していることがわかります。

　明光義塾のホームページの「全国の保護者にアンケート　教育費に関する調査結果」では、教育費の準備方法についてアンケートをとっており、「貯

金（78.1％）」「学資保険（56.8％）」「祖父母などからの教育費相続などの援助（11.2％）」の順となっていますが、貯金と学資保険で地道な積立を続けた挙げ句、子どもが大学在学中の親の8割がお金に苦労しているという現状を、よくよく考えてみましょう。

　2014年総務省のデータによれば、40代と50代が世帯主の1世帯当りの可処分所得は550万円と565万円、貯蓄は1,035万円と1,565万円、負債は1,048万円と608万円というのが平均的な姿です。

　私立理系の下宿生の場合、仮に、入学金や敷金礼金を学資保険でまかなったとしても、その後の4年間、親は、年145万4,500円ずつ仕送りするために、生活費を切り詰め、350万円の教育ローンを目いっぱい近くまで借りて、毎年27万円ずつを15年間も返済し続けることになります。仮に、お子さんの奨学金やアルバイト代等が平均並みならば、お子さんによる収入は4年間で306万円なので、親の負担は800万円にのぼりますから、お子さんが2人いれば1,600万円です。

　そして、親の側からすれば、問題となるのは、この1,600万円を負担しながら、住宅ローンと老後の準備を同時にこなせるかという点です。多くの場合、

・お子さん2人を大学へやるには、1,600万円が必要だ

・住宅ローンは、1,000万円残っている

・老後の蓄えは、退職金以外に1,500万円ほしい

・貯金は、1,000万円しかない

とした場合、お子さんを大学へやると、老後の準備の蓄えがなくなります。それだけではなく、親の収入が安定しなければ、住宅ローンが払えなくなり、家がなくなる可能性があります。すると、教育ローンの350万円に関しても、親のかわりにお子さんが支払う可能性が出てきます。

▶ 288万円の借金を背負って、社会へ巣立つ子どもたち

　一方で、子ども自身の負担は、自宅生なら148万4,000円、下宿生なら169万4,800円の奨学金です。これは、お子さんの借金で、年収が300万円を超え

るまで最長10年の猶予があり、卒業してから返済し始めるわけです。

　ただし、この148万4,000円や169万4,800円とは、奨学金を利用していない学生も含めた「平均」であって、全学生の51.3％に及ぶ奨学金の利用者だけでは、大学卒業時に平均288万円の奨学金を借りています。多い場合には、500万円以上になります。

　つまり、大学生の2人に1人は平均288万円もの借金を背負って、社会へ巣立っていくわけですが、かなりの重荷になっています。実際に、奨学金の返済義務がある362.5万人のなかで、1日以上の延滞者は32.8万人、17.3万人が3カ月以上の延滞をしているのが現状です。

　奨学生本人の延滞が続いている主な理由は、「本人の低所得（51.6％）」「奨学金の延滞金額の増加（46.8％）」「親の経済困難（40.6％）」「本人の借入金の返済（26.0％）」「本人が失業（16.6％）」と続きますが（2014年度　日本学生支援機構）、要するに、

・就職ができない、就職しても給料が少ない、数年で仕事をやめてしまうなどの理由で、奨学金の返済ができない
・生活費と返済のためにカードローンでお金を借りて返済をしようとしたが、今度はカードローンの返済が苦しくなり、奨学金の返済ができない
・奨学金の返済をしないうちに、延滞金がたまってしまい、さらに返済が苦しくなった
・自分の奨学金を返済するだけでも大変なのに、保証人になっていた親まで、無理な出費がかさんだため、教育ローンの返済ができなくなって、自分に降りかかってきた

ということです。

　2017年3月の就職内定率は90％以上と高い水準にありますが、無事に就職できたとしても、そのなかの3人に1人は3年以内に職場をやめてしまうのが現状です。非正規社員では高い収入は見込めません。288万円の奨学金という名の借金は抱えたままになります。

　それでは、奨学金を返済しないとどうなるでしょうか？

　まず、年5％の延滞金が課されます。「72の法則」によれば、8年ちょっ

とで借金は1.5倍になります（第3章参照）。そして、本人・連帯保証人・保証人に対して、文書と電話による督促が始まり、延滞4カ月からは個人信用情報機関に登録されます（第48章参照）。ローンやクレジットカードが利用できなくなります。そして、滞納4カ月から9カ月までは民間会社が回収しますが、9カ月を過ぎると、一括返済を迫る督促が行われ、その後は財産の差押えや裁判になります（2015年度では、機構が裁判所に対して8,713件の支払督促申立を行い、そのうち5,432件が訴訟に移行しています）。

こう聞くと、「いざとなれば自己破産という手があるのではないか？」と考える方もいらっしゃるかもしれませんが、自己破産すら簡単にはできません。

奨学金を借りる際には、連帯保証人（父母等）や保証人（親戚等）が必要になります。すると、お子さんとしては、両親以外の親戚や知人に保証人になってもらうため、「自分が自己破産したら知人に迷惑をかける」と考えて、自己破産申請して再スタートを切るという選択肢すら、簡単にはとれなくなってしまうのです。そこへ、追い打ちをかけるかたちで、無理をしていた親の経済破綻が加わってくる可能性があるわけです。

（注）　連帯保証人等を立てる人的保証のほかに、貸与期間中に一定の保証料を支払う機関保証という方法もあります。

以前、テレビの情報番組で、高校生の時に、父子家庭の父親が蒸発してしまい、苦学の末、大学を卒業した26歳の若者の姿が紹介されていました。国立大学を卒業した時点で700万円近い奨学金を利用しており、現在は、知人とルームシェアをしながら、22万円の月給から毎月3万1,000円を返済しているとのことでした。

番組のインタビューでは、「大学を卒業したが、奨学金という大きな借金を背負っており、結婚だとか、人生の次のステップなど到底考えられない」と答えていましたが、収入が少ない状態で、300万円もの借金を抱え、そこへ親の経済破綻により、お子さんの経済的負担が増してしまう可能性があるのです。

つまり、奨学金と教育ローンに頼りきりで、2人から3人のお子さんを大

学へ進学させると、親の老後と住宅が危険にさらされる可能性がある一方、お子さんにとっても、卒業後10年間以上にわたって数百万円の借金の返済が付きまとうだけでなく、自分で家や自動車を買うとなれば、借金は雪だるま式にふくれあがる可能性が出てきます。

> 　子どもが働くことを私が言い出さないのを不思議に思う人もいるかもしれません。私が思いつかないからではありません。問題なのは、週に数時間だけ、最低賃金で働いても、年間100万円から200万円もの大学費用をためることはできないからです。ですから、たしかに、お子さんを働かせれば役に立つでしょうが、問題の真の解決には遠いということです。

▶ お金のルールが変わった

　大学の費用とは、いちばん費用のかからない国立大学の自宅生でさえ、4年間で540万円かかります。これは、子ども1人当りの費用です。子どもが2人いれば1,080万円です。下宿生として、私立大学理系に、子ども2人が通えば2,210万円ですから、地方であれば家を1軒建てるのと同じくらいの費用になります。

　50代の読者のなかには、お子さんの大学費用問題で頭を抱えている人がいるかもしれません。ご自分が大学へ通っていた1970年代や1980年代には、国立大学の年間授業料は3万6,000円（1975年）から18万円（1980年）にすぎませんでした。現在の7％から34％程度であり、学生にも親にも現在ほど負担ではなかったわけですが、子どもが大学へいく年齢になった時も、当時の経験から気楽に考えているわけです。そして、お子さんが私立中高校に通っているときも、先々の大学費用のことはあまり考えずに、海外修学旅行へ2度も行かせるわけです。

　しかし、お金のルールは完全に変わってしまいました！

　1975年と比較すれば、国立大学の大学費用は14.9倍に増加しており、平均

図表Ⅶ−12　驚くべき大学授業料の高騰

（単位：万円）（消費者物価以外）

年	授業料（年間）		平均年収 (年間)	可処分所得 (月額)	消費者物価指数 総合
	国立大学	私立大学			
1975	3.6	18.3	203	21.55	55
1980	18.0	35.5	295	30.55	75.5
1985	25.2	47.5	352	37.37	86.4
1990	34.0	61.5	425	44.05	91.7
1995	44.8	72.8	457	48.22	97.6
2000	47.9	79.0	461	47.28	98.6
2005	53.6	83.1	437	43.97	95.9
2010	53.6	85.8	412	43.03	95.6
2015	53.6	86.8	420	42.74	100
1975年以降	14.9倍	4.7倍	2.1倍	2.0倍	1.8倍
1980年以降	3.0倍	2.4倍	1.4倍	1.4倍	1.3倍

（出所）　大学授業料は「国立大学と私立大学の授業料等の推移」（文部科学省）、平均年収と可処分所得は国税庁と総務省のホームページより、消費者物価指数は総務省統計局ホームページより筆者作成

年収や可処分所得の２倍やインフレ率の1.8倍という伸びをはるかに上回る率で暴騰を続けてきたのです。その結果、18歳の子どもが大学説明会へ参加した時点で、両親は大ショックを受けることになります。

　国立大学の授業料は、2005年以降、ほとんど変わりがないからと、安心してはいられません。2015年５月に、財政制度等審議会で、財務省から国立大学授業料の値上げが提案されました。「国立大学の入学者には富裕家庭の子どもも多い。私大並みにすべきだ」ということですが、これは、「53万6,000円の国立大学の授業料を、86万円程度へ引き上げる」ということなので、実現すれば６割アップで、インフレ率の上昇どころではありません（実際には実施されませんでしたが…）。

　一方で、お子さんが中学生の頃に、こんな高額な大学費用の実情を聞かさ

れたら、「そんな金額をためられっこない。それなら、貯金なんてしないほうがましだ」と、初めから無理だと決めつけて何もやらないうちに、気がつけば、お子さんが18歳になっているかもしれません。

そこで、慌てて、どこから進学費用を捻出しようかと考えて、貯金をチェックするものの、最初の1年さえもちませんし、4年となればなおさらです。その結果、

・老後のために用意していた財形貯蓄や生命保険、個人年金を解約する
・生命保険の解約返戻金を担保に契約者貸付制度を利用する
・知り合いから、お金を借りてくる
・奨学金と国の教育ローンを限度まで借りる
・それでも足りない場合は、最後の手段として家を担保に金融機関から借入れをする

という手を使います。

ただし、こうした手持ち資金がほとんどない状態で、なんらかの不慮の事態が生じれば、「住宅を維持する」「教育ローンを払い続ける」「親の老後生活費を確保する」という3つのトライアングルのなかの1つか2つが脱落するおそれがあります。

大切なのは、お子さんの大学進学ですか？　マイホームの確保ですか？豊かな老後生活ですか？　この3つのなかから、どれか1つか2つの選択を余儀なくされるとしたら、どれを選べばよいのでしょうか？

先ほどの奨学金と教育ローンという戦略とは別に、家を担保に入れてお金を借りるという方法により、子どもは大学へ通えます。しかし、両親の定年後の生活はめちゃくちゃになり、家を失うことになるかもしれません。両親の退職生活計画を台無しにしてしまいます。

けれども、こんな説明を聞いた後でも、多くの親たちは子どもを大学へ進学させるためには、ほかに方法がないと感じているのです。

本書では、大学費用の準備として、積立投資等の長期的なプランニングによ

る方法を以下で提案していきます。一方で、すでに大学生のお子さんがいて、どうしても学費を捻出する必要があるという読者には、最後の手段である不動産担保ローンを紹介します。

不動産担保ローンとは、所有する自宅やマンションを担保にして融資を受けるもので、一般の銀行ローンと違って、借入金の使い途に制限がなく、教育資金にも利用できます。また、一般に銀行ローンに比べて有担保なので金利が低く、返済期間は長く、融資額も大きく設定できます。ただし、返済ができなくなれば、自宅やマンションを失う可能性がある点が最大の短所といえます。

▶ 大学無償化という幻想に惑わされていませんか？

2017年10月22日の選挙を控えて、「大学費用の無償化」の話が、民進党や日本維新の会だけでなく、自民党からも浮上しました。たとえば、従来、消費税の引上げは、1,000兆円となった国の借金への対応、特に、高齢化による社会保険料の負担増をまかなうために、2019年4月から10％へと引き上げられるべきものでしたが、2019年4月から10％の消費税の一部を「大学費用の無償化（あるいは幼児教育の無償化）」に利用されるかもしれないという話も出てきています。

仮に、こうした提案が実現すれば、たとえば、国立大学の4年間の学費である214万4,000円が無償となるわけで、自宅生であれば538万7,000円の負担が半減していくことになりますから、大学費用の問題とは、生活費の問題へと変わっていくことになり、本章の検討課題は、かなりの部分が解決されることになるはずですが、現実問題としては、大きな問題が山積します。

日本の2017年度の一般会計歳出は97兆円であり、その33.3％を社会保障が、24.1％を国債費が、16％を地方交付税交付金が占めています。これら3項目だけで全体の73.4％を占めており、残りの26.6％の枠のなかで公共事業や防衛費などがまかなわれています。そして、この一般会計歳出を支えている一般会計歳入の35.3％は国債でまかなわれているわけです。

一方で、大学と短大の授業料は年間3.1兆円程度ですが、大学費用の完全無償化となれば、ただでさえ高齢化が進んで社会保障費が増加しているの

に、どうやってお金を工面するのでしょうか？　大学費用だけでなく、幼児教育の無償化までも視野に入れるとすれば、年間5兆円となるそうですが、その財源を確保すれば、ほかのどこかにしわ寄せがくるのは必至であり、おそらくは社会保障の部分になるでしょうから、「住宅」「教育」「老後」のどれかにしわ寄せがくることになるはずです。

　大学費用の無償化とは、まじめに財源を検討しない幻想である可能性が高く、現に、教育再生実行本部の発表によれば、「在学中は授業料をとらず、卒業後に所得に応じて返済してもらう」という意見もあるようで、現在の奨学金と変わらず、無償化とはほど遠い可能性が高いことがわかります。

(注)　2020年4月から大学無償化が実施となりましたが、減額なしで支援を受けられるのは年収270万円以下の世帯の学生で、年収380万円以上の世帯にはほぼなんの恩恵もありません。

　このように財源がない以上、国から何かの無償化が提供されれば、何かのほかの給付が減らされ、何かの保険料や税額が上げられるのは当然です。すると教育に関するものでいえば、子ども1人につき月額児童手当が198万円（第3子以降は252万円）、高等学校等修学支援金制度の35万6,400円（全日制等）が有名ですが、これらを受給できるかわりに、将来、なんらかの対価が支払わされる可能性が高いわけです（たとえば、将来の社会保険料の値上りや消費税の引上げです）。

　そのため、児童手当でも、高校生等への支援でも、給付された金額を"儲かった"と手放しで喜んで、無駄なことに使い果たしている場合ではありません。1人当り234万円を有効に利用する必要があります。本章の流れでいうと、差し当たって教育費として必要ではないならば、将来の大学費用の準備として、給付相当額を積立投資する必要があるのです。

(注)　児童手当は、2月、6月、10月に4カ月分をまとめて支給されますが、高等学校等修学支援金制度の月額9,900円は学校へ支給され、授業料等から相殺されます。

▶ 大学費用の賢い準備方法

　子どもが高校3年生になるまで、大学費用の準備を全然していなければ奨学金や教育ローンに頼らざるをえませんが、その場合には、親の老後だけでなく、お子さんの将来にも以上のような危険が忍び寄ります。

　そうした事態を避けるもっと良いやりかたは、いますぐに貯金を始めることです。

　それでは、お子さんを大学へやるために、どのようにお金を用意すればよいのでしょうか？

　繰り返しますが、大学4年間の費用は、国立大学の自宅生で540万円、私立大学理系の下宿生で1,105万円です。仮に、お子さんが2人いるなら、1,100万円から2,200万円を用意することになります。

　しかも、大学費用はインフレ率をはるかに上回るかたちで上昇してきました。仮に、大学費用の上昇率を年5％とすれば、国立大学の自宅生でも、540万円ではなく、5年後には689万円が必要になりますし、10年後には880万円が必要になってきます。単純にお子さんが2人であれば、10年後には1,760万円が必要になります。

　つまり、10年後の大学費用が現在と同じであると仮定すれば、子ども2人で、毎月9万円を貯金していけば、金利がゼロであろうとも準備ができます。しかし、10年後の大学費用が、年率5％で上昇していたなら、子ども2人で、毎月14万7,000円を貯金していかないと準備ができなくなります。

　ここに大学費用の盲点があります。要するに、大学費用の上昇率を上回るリターンを生む対象に積立投資をしていかないと、せっかく10年にわたって、毎月9万円も貯金してきたのに、ふたを開けてみれば、ぜんぜん足りないという結果になってしまうのです。

　もちろん、お子さんが18歳になるまで、何もしない場合に比べれば、毎月、銀行預金や学資保険やこども保険に積み立てるというやりかたは、はるかに賢いといえますが、それに加えてもう一工夫する必要があります。

　ここでもう一度、第3章で扱ったアメリカ原住民のお話を思い出してくだ

さい！

　6歳の子どもを大学へ進学させるために、必要となる積立額というのは、入学する大学の費用と投資リターン次第ですが、仮に大学費用が1,000万円必要とすると、金利ゼロでは毎月6万9,000円の積立が必要ですが、7％の投資リターンでは毎月4万4,000円の積立で達成できます。いまや子どもが小学生になる前から、大学費用を投資の力を利用して準備する時代を迎えているのです。

> 　NTTコムリサーチの「学資保険に関する調査結果」によれば、10歳未満の子どものいる人のうち、学資保険に加入していたのは57.2％であり、学資保険を選ぶときのポイントとして89.4％が返戻率であったそうです。学資保険とは、保険料を積み立てていき、高校進学時とか大学進学時に、満期金を受け取れる一方で、両親に万が一のことがあれば、そこからの保険料が免除されるというものです。こども保険というのも似たような仕組みです。大学費用の準備としては、非常に人気がありますが、保険料総額と満期金がだいたい同額程度なので、仮に、大学費用の上昇率が、過去十数年のように、収入の伸びやインフレ率をはるかに上回るようであれば、学資保険の満期金が大学費用の上昇率に追いつくことは、至難の業といえるかもしれません。

▶ 非課税口座NISAの利用法

　高校生の半数以上が大学へ進学するなか、かつては銀行預金や学資保険などを利用するケースが一般的でしたが、インフレ率をはるかに上回るスピードで高騰する大学費用を準備するには、株式、投資信託なども検討する時代がやってきました。そして、それを後押しするかたちで、政府も、投資促進策としていろいろな対策を打ち出しています。その1つが、2014年1月にスタートしたNISA（ニーサ）です。

　NISAとは、毎年100万円（2016年からは120万円）を上限とする「新規の少額投資分」を対象とし、売却した際の利益や配当金・分配金を、最長で5年

間、「非課税」とするという税金優遇制度です（NISAについてはp681を参照）。

NISAは、2014年から2023年までの10年間と期間が限られた制度ですが、毎年の非課税枠を5年間利用できるため、1年目から上限の100万円ずつ、3年目から120万円ずつ利用して、5年後までに売却をして、さらに6年目以降も120万円ずつ利用すれば、10年間で、最大1,160万円まで、利用することが可能でした。

また、NISAは、20歳以上の日本在住者であれば口座開設できるので、20歳以上のお子さんや祖父母がいれば、1家族当りで、20歳以上の人数分だけ使うことが可能です。

なお、現行のNISAは2023年までとなっていますが、2020年度の税制改正により、2024年から5年間の措置として「新・NISA」（仮称）が始まることとなりました。新・NISAの年間投資上限額は2階建て（1階20万円、2階102万円）となっており、1階部分の投資対象は、つみたてNISAと同様に、積立・分散投資に適していると認められた一定の公募株式投資信託等に限られます。また、2階部分の投資対象は、現行のNISAから高レバレッジ投資信託等安定的な資産形成に不向きな一部の商品が除かれます。原則として、2階の非課税枠を利用するためには1階での積立投資を行う必要があります（ただし、すでにNISA口座を開設していた者または投資経験者が2階で上場株式のみに投資する場合は、1階での積立投資は不要）。

PartⅥでは、一括投資のポートフォリオや積立投資のドルコスト平均法を解説しましたが、利益に対する20％の税金をゼロにしながら増やしていくのも、大学費用の準備としては有力な方法です。

　原著で紹介されているアメリカのケースは、はるかに深刻です。名門校のアイビーリーグでは、すでに大学4年間の費用が50万ドル（＝6,000万円）を超えています。子ども2人で1億2,000万円です。これほど高価な買い物ですから、奨学金や教育ローンだけでは進学することがむずかしくなります。また、仮に、大学を卒業したとしても、50万ドルもの借金を抱えていたり、親が家を

手放したり、親の老後資金が残されていないといった状況が多くみられます。

　一方で、アメリカの場合、大学進学については、教育資金準備用の証券口座を使えば、非課税でお金を増やせるという529プランが用意されています。1995年以降、株価が5倍に成長したこともあって、大学費用の準備には、積極的に投資非課税口座が利用されています。

　また、アメリカの場合、学費が格安なコミュニティーカレッジに通い、3年生の時点で名門校へ編入するなどして費用を半分にするとか、4年生の大学は、コミュニティーカレッジに通うことで学費を抑えつつ成績を上げておいて、大学院はハーバードをねらうようなやりかたがとられています。

▶ ジュニアNISAも利用したほうがいいのか？

　さらに、2016年4月からは、ジュニアNISAがスタートしました（口座開設は2016年1月から）。

　ジュニアNISA口座は、投資可能期間は2016年4月から2023年末まで、非課税期間は5年間、日本在住の0歳から19歳までが利用対象者で、親権者が子どもの口座を管理しながら、毎年80万円までの非課税枠を利用できるというものです。

　仮に、ジュニアNISAを利用中に、子どもが20歳以上になった場合には、通常のNISAへ自動的に移行します。また、ジュニアNISAでは、非課税の適応には、原則18歳までの引出しは認められず（3月31日時点で18歳である年の前年の12月31日まで）、途中で引き出した場合には過去に非課税で受け取った利益に対して引出し時に生じたものとして課税されます。

　つまり、ジュニアNISAとは、「20歳未満のお子さんのために、両親や祖父母が口座を開設して資金を提供して投資運用してあげる」という制度です。一般のNISAでは、両親や祖父母は、自分の口座を開設して自分の資金を使って自分の投資判断で運用するという点が異なります。

　これを大学費用の準備と関連づけると、一般的なNISAでは、両親や祖父母は、自分のお金を自分の口座で運用したうえで、非課税で増やした投資資金をお子さんやお孫さんの大学の入学金、授業料、教科書代、生活費や下宿

代などに利用するというものです。

　一般的な大学費用や生活費を、そのつど、お子さんやお孫さんのために提供する分には贈与税がかかりません。これに対して、ジュニアNISAでは、投資資金は両親や祖父母からの贈与であるため、財産の名義人が子どもやお孫さんへ移るという点が大きな違いになってきます。

　NISAとジュニアNISAの違いは、十分理解する必要があります。

　贈与税の非課税枠は年間110万円までなので、ジュニアNISAの年間80万円を十分カバーするものの、意外な落とし穴は、ジュニアNISA口座が解約できるようになる時点では財産が子どもの名義である点です。

　これは、子ども名義の預金口座と同様の問題を引き起こします。

　たとえば、20歳になった時点で、ジュニアNISA口座に数百万円の投資資金があったり、毎年110万円ずつ積み立てた預金口座に数千万円の残高があったりすれば、口座名義人である子ども自身が完全に両方の口座をコントロールできるわけです。

　すると、20歳ぐらいの若者としては、両親や祖父母の計画とは違って、数百万円とか数千万円の口座資金を大学費用ではなくスポーツカーに替えてしまうかもしれませんし、遊び歩いて使い切ってしまうかもしれません。

　この点だけは、くれぐれも用心する必要があります。

> 　20歳前後のお子さんを名義人にした預金口座や証券口座を開設する際には、上記の問題がつきまといます。解決策としては、信託という仕組みを利用することが考えられます。信託については第79章で扱います。また、贈与税については第66章で扱います。

▶ 教育資金の一括贈与について

　大学費用の上昇率は、インフレ率をはるかに上回りながら上昇を続けてきました。そこで、投資の力を借りて大学費用を準備する方法がすでにアメリ

カなどで一般的であり、それにならうかたちで日本でもNISAやジュニア
NISAのような非課税制度が設立されています。両親が自力で大学費用を準
備するには、有力な方法の1つです。

　これとは別に、日本には裕福な祖父母などが教育資金を一括贈与すると非
課税になる制度があります。これは、両親、祖父母、曽祖父母等の直系尊属
から30歳未満の子どもや孫等に対して教育資金を一括贈与する際には、受贈
者1人当り1,500万円までは、贈与税がかからないというものです。

　つまり、教育資金に使い道を限れば、まとめてお金を贈与しても贈与税は
かからないし、しかも、毎年110万円までの贈与税の非課税枠も別枠で利用
できるというものです。

　ここでいう教育資金とは、入学金や授業料など学校へ支払うものだけでな
く、学習塾や習い事、通学定期券代などまで含まれます（詳しくは、文部科
学省のホームページを参照）。期間については、当初は2013年3月31日から
2019年3月31日までの間に利用された教育資金が対象でしたが、2019年の税
制改正でさらに2年間延長されています。。

　教育資金の一括贈与の非課税制度を利用する際には、信託銀行などの金融
機関を使います。実際に、教育費を利用する際には、「1年以内の領収書等
を金融機関に提出して、後で開設した口座から引き出すか」あるいは「口座
から教育資金を引き出して、後で領収書等を金融機関に提出するか」のどち
らかになります。

　さて、一見すると、教育資金の一括贈与の非課税制度は、1,500万円に贈
与税がかからずに祖父母から教育資金をもらえる「素晴らしい制度」に思え
ますが、利用にあたっては少し注意が必要です。

　一般に、両親と子どもなどの扶養義務者の間で行われる教育資金では、必
要な際にそのつど行われるものに関しては贈与税の対象になりません。つま
り、わざわざ一括で1,500万円もの大金を贈与しなくても、教育費として、
そのつど少しずつお金を使っていれば税金面では同じことです。実は、教育
資金の贈与税非課税制度の最大の長所は、

・本来は、相続人ではない孫やひ孫に対して、祖父母等はまとまった財産を

無税で与えることができること

・被相続人である両親から相続人である子どもが贈与を受けた状態で、3年以内に被相続人が亡くなった場合、この贈与は生前贈与加算として相続財産に加えられるのですが、教育資金の贈与税非課税制度では適用除外であること

という点にあります。要するに、お金持ちの家庭では、将来の相続税が問題となるので、できるだけ祖父母や両親の財産を生前に非課税で親族に移すための利用価値が絶大であるということです。

　こうした贈与税の特例については、教育資金の贈与非課税制度（子・孫1人当り1,500万円まで）、結婚・子育て資金の贈与税非課税制度（20歳以上の子、孫1人当り1,000万円まで）、住宅購入資金の贈与税非課税枠を3,000万円に拡大（20歳以上の子、孫）などがあります。また、贈与税については第66章で扱います。なお、適用期間は各自ご確認ください。

　半面、教育資金の贈与税非課税制度の短所としては、子どもが30歳までに使い果たさないと課税されることと、資金の使い道が教育費に限られている点にあります。

　まず、金融機関との口座管理契約は、子どもが30歳になるまで、子どもが死亡した時まで、残高がゼロになった時までですが、決められた教育費の名目で、30歳までに口座を空にできない場合には贈与税が課税されます。

　つまり、子どもが30歳になるまでに、確実に1,500万円を使いきれないと、この制度がかえってあだとなる可能性があります。

　また、教育費の適用範囲も一般の個人には結構複雑です。たとえば、大学合格と同時に地元から上京してマンションを借りる場合、マンションの頭金や礼金を支払って、贈与非課税制度の口座から領収書と交換で精算してもらおうとしても、実は教育費の対象ではないため認められません。

　教育資金の一括贈与制度を利用する際には、単に「相続税額を減らせるか

ら」などと安易に考えずに、お子さんやお孫さんが30歳までに必要な教育費の明細をつくってから利用すべきです。

　教育資金贈与は、2021年３月31日受付まで延長されましたが、変更は期間延長だけではありません。①2019年４月１日以降の贈与については、贈与を受ける方の所得が1,000万円を超えると適用が受けられなくなりました。②教育資金贈与をしてから３年以内に相続発生の場合、贈与した方が死亡した時点で使い切れていない金額は相続財産に足し戻して相続税が課税されます（ただし、発生時に贈与を受けた方が、23歳未満である場合、学校等に在籍している場合、教育訓練給付金の支給対象となる教育訓練を受講している場合、この取扱いを受けません）。③23歳以上の学校ではない習い事（学校ではない）に対する費用は非課税ではなくなりました。④30歳になっても学校等に在学中であれば非課税が続きます。詳しくは国税庁のホームページで確認してください。

▶ 現実的な大学費用の扱い方

　さて、大学費用の準備の仕方について、NISAを利用した投資を行い、複利の力を味方につけるケースを簡単に説明しました。他のファイナンシャルプランナーが書いた多くの本でも、大学費用が膨大である点に焦点を当てて、事前準備の必要性を説いています。ただ、その多くが進学資金の準備のために、親は、ほとんど金利がつかない預金口座で20年間にもわたって貯蓄を続ける必要があると説明していますが、私はそのような考えには反対です。このため、この本のなかでは大学費用の貯蓄戦略について、あまり多くを説明していません。たとえば、学資保険やこども保険のような生命保険を利用するようなやりかたについてもほとんど触れていません。

　というのも、正直いって、そのようなやりかたはもはや時代遅れであると考えるからです。お金のルールは変わってしまったのですから、伝統的な方法では大学費用に対処することはできません。

　私が従来のやりかたに反対する理由は２つあります。１つ目は、皆さん

が、大学費用を用意するために、20年もかける必要がないと考えているからです。そして、それ以上に大切なのは、お子さん自身の意思という重要な問題を見落としているからです。

いまの学生と1世代前の皆さんとでは、大学事情がまったく異なります。

われわれ親の世代が大学を卒業した頃には、学生自身が借金を抱えることはほとんどなかったですし、多少の借金を抱えたとしても、就職してからの給料の伸びが大きかったため何とかなるものでした。しかし、現在では、そのような状況にはありません。1つの例として、バーシャさんの例を紹介しましょう。

ルイスさんとジムさんの娘のバーサさんは、日本円にして年間520万円の授業料のアメリカの私立大学への進学を希望したので、ジムさんは家を担保に入れてお金をつくりました。

バーサさんはフィジカル・セラピストになるのが夢でしたが、大学2年生の時点で、この分野の専門資格を取得するためには大学院の修士課程をとる必要があるとわかり、フロリダ大学の大学院修士課程へ進学しました。

しかし、ジムさんは、すでに3人も子どもを大学へやった後で、貯金を使い果たし、バーサさんを援助する資金はほとんど残っていませんでした。そこで、バーサさんは知り合いからお金をかき集め、さらに学生支援の奨学金や学生ローンやほかのローンを組んだりして、何とか大学院に進学することができました。

現在、彼女はセラピストとして大手のスポーツ医療会社で働いており、年収は840万円ありますが、借金もまだ900万円残っています。学生ローンやカードローンの月間支払額は11万円で、36歳になるまで返済は続くことになっています。

しかも、彼女の仕事は給料が年々上昇するような職種ではないため、収入が今後大きく増える見込みもありません。収入を増やすために管理職となる道も考えていますが、それにはホスピタル管理に関する講座のあるMBA（経営学大学院修士課程）へ戻って勉強する必要があります。

バーサさんには、そのようなお金の余裕はないので、職種を変えることも

できません。そして、借金があるために、いまの仕事をやめることもできません。

　彼女は家を買うことなど想像すらできない状況にあります。一方、彼女の父親は子どもたちが大学を卒業するために、お金をつぎ込んできた結果、ほとんど家を失いかけている状態なのです。

　今度はデイビッドさんの話です。「大学ローンの請求書を減らすためには、どんなことができるでしょうか?」と、私のテレビ番組へ電話をかけてきた彼の説明によると、借金の合計額は1,400万円で、毎月の返済額が11万900円ということです。デイビッドさんは学校の先生ですが、パートタイムで教会でも働いています。

　同じようなことは、ジェイソンさんとアンドレアさんについてもいえます。まもなく法科大学院を卒業するものの、ジェイソンさんは学生ローンを1,100万円、アンドレアさんも920万円背負っています。2人とも大きな法律事務所に就職することを希望しています。大手の法律事務所なら、初任給は1,500万円ですから、何とかローンを返していけるはずです。

　ジェイソンさんとアンドレアさんの場合にも、大きな借金があるのは確かですが、現実的には、この2人の場合、バーサさんとデイビッドさんに比べれば、はるかに有利な立場にあります。というのも、この2人の場合には、キャリアを積むにつれて、年収が上昇していくからです。セラピストになったバーサさんの場合にはそれが見込めません。仮に、バーサさんが賃上げを強く要求すれば、会社側としては彼女を解雇して大学院卒の新人を雇うことになるでしょう。デイビッドさんも、経済的な報酬に欠けることで有名な職業です。

　大学卒業直後から、破綻しかねない状況に置かれることを、なぜ、両親や学校は警告しないのでしょうか?　莫大な学費を捻出する手段だけでなく、大学卒業後のお金の問題も想定しておかなければ、社会に出た時点でいきなり深刻な現実を突きつけられてしまいます。

　そして、多くの就職先では、バーサさんと同じような状況に置かれます。学位の取得費用と就職後の報酬には何も関係がありません。高い学費を払っ

ても、多くの職場では回収することが困難ということです。私がいいたいことは、大学費用がこれだけ高くなった現在においては、大学というものを投資の一種と考える必要があるということです。

　いまどきの子どもたちは、大学というものを、将来、生活に困らないための手段であると考えています。一方で、1950年代～1980年代に大学へ通った世代は、大学とは人間としての教養を身につけるための場所と考えられていました。

　つまり、現在の高校生は大学を経済的な報酬の点から考えていますが、親や祖父母のほうでは違っています。こんなところから、認識の溝が生じ広がってくるのです。

　子どもたちは、大学というものを実践的な投資であると考えますが、親のほうでは、そうは考えずに費用と報酬を天秤にかけません。ここでも、お金のルールがいかに変わったかが現れています。親は大学に対する考え方を変える必要があるのです。

> 　1980年代には、一橋大学の女子割合は1割程度でしたが、現在では3割になっています。慶應義塾大学の法学部では4割が女子ということです。一昔前は、教養を身につけるために、文学部に進学していた女子学生が、いまではもっと実利的な学部へ進んでいます。また、国立大学を中心に、人文系の学部が相次いで廃止されています。大学を投資とみるのは時代の流れかもしれません。

▶ 自動車を買ってあげるか？

　18歳のお子さんがお父さんのところにやってきていいました。「いい車がないかってずっと探していたら、この赤のポルシェターボをやっと見つけたんだ。たった1,000万円だからお金を出してもらいたいのだけど……」

　もちろん、皆さんはお金を出すはずがありません。ただし、お子さんから次のようにいわれたら、どう返事をするでしょうか？

「いい学校がないかってずっと探していたら、やっとこの学校を見つけたんだ。4年間でたったの1,000万円だから、お金を出してもらいたいのだけど……」

多くの親は、「OK」と返事をするだけではなく、どんなことをしてでもお金を用意してやろうと考えます。貯金をすべて引き出す。自宅を担保にお金を借りる。生命保険からお金を借りる。個人年金保険を解約する。副業を始める。親戚からお金を借りる……。

「OK」と親が返事をしなければ、これらすべてのことは始まりません。しかし、両親としては、「OKといわなければ、子どもの可能性を奪い、人生を台無しにしてしまう。お金の問題ではないのだ。子どもが大学へ行くのに1,000万円必要だといえば、何としてでも捻出しなくては」と考えて、OKをせざるをえないのです。

しかし、何年かすると、両親は金銭的に大打撃を受ける可能性がありますし、子どもも大きな借金を抱える可能性があります。つまり、親子で悪夢が降りかかるのです。

仮に、ご両親が、18歳のお子さんにお金のアドバイスをしておけば、「お父さんとお母さんのための投資商品として、僕は学費をもらったのだよね」とお子さんは考えるでしょうし、親としても投資を購入したことにほかならないのです。

▶ 大学費用を生き抜く5つの方法とは

学位費用と経済的報酬を天秤にかけて、大学というものを考えるべき、高学歴社会が到来しました。家族や子どもが、自分の将来を担保に入れるなんて狂気の沙汰ですし、もうやめにすべきです。

しかし、高学歴社会というシステムが変わるまでの間は、せめてこのシステムに対する対処法だけは変えていく必要があります。いまの時代の大学費用を用意して生き抜くために、以下の5つのルールに従うことが大事になります。

ルールその１：コストと報酬を結びつける

　１つ目には、わざわざ授業料の高い大学へ進学しなくても、そこそこの給料はもらえるかもしれないという事実です。たとえば、将来、学校の先生を希望する場合、小中高校の先生とはすばらしい職業ではあるものの、べらぼうに給料が高いわけではありません。

　そこで、教職資格をとるために、東京の有名私立大学に1,000万円かけるかわりに、400万円で卒業できる地元の公立大学を選択するのも一つの方法です。教師を目指す場合には、授業料が低い学校へ行ったからといって、子どもが成功する可能性が低くなるということはありません。

　人生で成功する人は、そうした資質を備えているからであって、卒業した大学のランキングだけに左右されるわけではありません。実際に、アメリカのNational Bureau of Economic Researchの調査によると、トップスクールを卒業することだけでは職業や経済的成功に違いをもたらすものではない、と結論づけています。往々にして平均的な大学をトップで卒業した学生のほうが、トップスクールを平均点で卒業した学生よりも、人生をうまく運べるものです。

　自分の大学の専攻とは無関係な分野で働くこともありますが、大学の学位を必要としない分野で働く際には、さらに事情が違ってきます。ワシントンDCでは、ドミノピザの配達運転手の３分の１は大卒者です。ほかに仕事が見つからないからピザの宅配業務に就いているわけですが、アメリカではピザの宅配をすることで、日本円にして500万円程度の年収なら確保できるからです。

　ドミノピザの店長を目指す宅配ドライバーのなかには、弁護士資格をもっている人もいますが、「大学やロースクールに対して膨大な時間とお金を浪費していなければ、店長への道ははるかに近かったはずさ」と何かのインタビューで答えていました。

　私のいうことが信用できませんか？　それでは、世界で最も著名な投資家であるウォーレン・バフェットさんにたずねてみてください。バフェットさ

んは、ハーバード・ビジネススクールには合格できなかったけど、仕事では大成功していますよね？　ビル・ゲイツ氏に次いで、世界第2位のお金持ちだったわけですから。

以下のことも考えてみてください。
・多くの会社では、どこの大学を出たのかよりも、大卒であることを重視しています。すでに働いている職場では、出身大学よりも職務経験や職務能力のほうが重要です。
・大学を卒業すると、多くの人が学位とは無関係な仕事に落ち着くことになります。大学のクラスメートがどんな仕事についているのか考えてみましょう。職場の同僚のなかに、現在の仕事と学位とが関係している人がどれだけいますか。
・大学を卒業した人の多くが、一度も正社員の仕事に就いたことがなかったり、子育てのために数年で会社をやめたり、そのまま職場復帰をしなかったりします（子育てが終わった10年なり20年なりが経ってから、仕事に復帰しようと考えますが、そのためには、知識や技術を更新するために学校で学ぶことを余儀なくされます）。

もちろん、医師、弁護士、エンジニア、科学者、あるいは他の専門職では、仕事の成功と出身大学の関係が非常に強いものです。ただし、それは、大学へ進学する人全体からすれば、非常に小さな割合です。

ルールその2：大学院のコストまで計算しておく

お子さんが大学院卒レベルを要求される分野を希望する場合、学部レベルの費用は抑えておきます。要するに、大学に関しては、自宅から通える国公立大学なり、授業料の安い私立大学にして、最終学歴である大学院では、必要に応じて有名私立大学院へ進学させるようにします。

ここで、「大学の費用は出してあげるけど、大学院の費用は自分で何とかしなさいね」なんて言い方はせず、大学費用と大学院の費用の一部も親が負

担する旨を、あらかじめお子さんに伝えておく必要があります。

　そうでなければ、お子さんは、地元の国公立大学や安い私立大学でなく都会の私立大学を選んで、親子ともに金銭的にボロボロになった挙げ句、何の計画もないまま奨学金とアルバイトだけを頼りに大学院へ進学して、30代半ばまでを借金まみれで送ることになる可能性があるからです。

　一方で、大学費用と大学院の費用の一部を親が負担する旨をお子さんに伝えておけば、皆さん自身の負担が正確に把握できるだけでなく、お子さんも予算に見合った大学院を選択できるようになるからです。こうすることで、大学院の費用のための莫大な借金を避けられるようになります。

ルールその3：子どもと一緒か親だけかを選択する

　どの学校を選ぶかを決める際に、お子さんを完全に巻き込むか、あるいは、完全に蚊帳の外に置いておくか、どちらか1つにします。多くの場合、お子さんは「岩手大学かお茶の水女子大学か慶應義塾大学かのどれかに行きたい」というようにあいまいな言い方をしてきます。

　そして、ご両親はそれぞれいくら費用が必要になるのか計算していくのでしょうが、これは間違ったやりかたです。正しい方法は、以下の2つのどちらかです。

①　ちょうど自動車を購入するのと同じように、子どもの大学費用にいくらまで出せるのか、親のほうで決めてしまいます。そして、お子さんに金額を示し、その金額以内で進学できる大学を自分自身で選択させます。予算については、枠を増やしていくかわりに制限を守らせます。仮に、お子さんがもっと学費のかかる大学へ進学したいと言い出したら、差額を自分で負担させるというものです。

　ただし、こういうやりかたで子どもに少しずつお金の責任について教えていくと、子どもは膨大な学生ローンを背負うことになり、卒業してからの10年間を延々と苦しむ羽目になりますから、お金について学ぶどころではなくなり「授業料」が高くつきすぎます。それに、自分が嫌だからといって、子どもに借金をさせて平気でいられる親はいません。

子どもにお金の責任を教えるには、もっと簡単でもっと良い方法があります（それは、以下のような方法です）。

② 子どもに進みたい大学名と費用をいわせるだけではなく、その費用を支払うためにファイナンシャル・プランを考えさせるのです。子どもが計算できるように、皆さんの収入、借金、財産を含む、すべての情報を与えます。こうやって、子どもを巻き込みながら、実際の経済問題を教え込んでいくのです。大学費用を減らす方法を探しながら、子ども自身に安い学費の大学を見つけさせるようにします。もし子どもが見つけられないなら、皆さんのほうで探し出してもかまいません。

　莫大な借金をするとか、学校の近くに引っ越すといった、現実離れした不適切なアイデアを子どもが提案してきたら、皆さんの経験を利用して子どもを指導してあげましょう。

　お子さんとお金の話をするのを苦に感じたり、家計状況をさらすことに抵抗があるなら、大学へ進学するとは大人になることであるという点を思い出してください。そのほかにも、皆さんがいろいろな学費関連の書類を記入していくなかで、お子さんは自分の家の家計状況についてすべてを学ぶことになるでしょうから、そうしたことを乗り越えていきましょう。

ルールその4：大学へ通う際の選択肢

・まずは、できる限り自宅から通うことです。日本学生支援機構の調査によると、自宅生と下宿生の毎年の支出合計の差額は45万2,800円でしたが、この差額はほとんどが住居費と食費によるものです。下宿生の大学費用の33.4％は、授業料ではなく部屋代と食費です。自宅から通えば大学費用の3分の1は節約できることになります。

・編入についても考えます。学位に関しては世の中に妙な見方があって、入学した学校名は無視されて卒業した学校名だけが重視されます。そこで、初めの2年間だけは授業料の安い大学か短期大学に通って、後の2年間は

総合大学へ編入すれば学費は数百万円節約することができます（一般的には、国立大学がお得ですが、最近では国公立大学よりも授業料の安い私立大学もあります）。初めの2年は教養課程であるため、教育レベルに大きな問題が生じるわけではありません。注目すべき点は、就職に際して、履歴書には卒業した学校名しか記入の必要がないということです。

・飛び級をねらうというのも、1つのやりかたです。4年（あるいは6年）で卒業するかわりに、3年で卒業できれば、宿舎代や食費等は25％節約できますし、ほかの学生に比べて1年早く給料をもらい始めることができます。

・働きながら、時間をかけて学位をとる方法もあります。高校卒業と同時に大学へ進学するかわりに1年から2年働いてから大学へ入学したり、4年連続で単位をとって学位をとるかわりに1年から2年休学して働いてから復学して学位をとるという方法も考えられます。

・企業のなかには、働きながら大学院へ進学することを認め、授業料を支払ってくれる制度をもつ企業もあります。ですから、お子さんは、大学院を探すかわりに大学院の費用を払ってくれる会社を求めるべきです。

・どうしても学費が払えない場合、最後の手段としては、大学校を利用する手があります。防衛大学校や防衛医科大学校などでは、授業料がかからないどころか、給料をもらえます（ただし、日常生活などにいろいろな制限があります）。

ルールその5：ほかの子どものことも考える

多くの場合、両親は、最初の子どもが大学へ進学することに熱心すぎて、下の子どもたちのことを忘れてしまいます。もちろん、大学に進学せずに結婚してしまうかもしれませんが（そうした費用もかかることをお忘れなく）。だから、高校卒業後の一人ひとりの進路に応じて、考えておきましょう。

2015年に文部科学省から国立大学へ通知された素案では、「文学部や社会学

部系の定員を減らしなさい」とする一方で、「職業教育学校」の設置について言及しています。費用が上がったことにより、大学教育を「教養」ではなく「実務能力」を身につける場と考える傾向は強くなっています。

▶ 子どもにとって大学は必要か？

　そもそも学位をとるために、数百万円も数千万円も使う前に、大学へ進学することが正しい選択であるかを、お子さんとよく話し合う必要があります。現在の経済状況では、サービス業が増加していて、何かの料理人とか美容師とか自動車セールスとかでも、年収が1,000万円を超えるケースも珍しくありません。

　大学の学位を必要としない輝かしい職種がたくさんあるのです。

　一方で、大学院の修士・博士課程を要する職業もありますから、膨大な出費を支払う前に、お子さんの熱意と真剣味を確認しておく必要があります。

　文部科学省の調査（2016年度確定値）によれば、高校生の大学（学部）進学率は52%ですが（短大を含めると56.8%）、入学した大学生のなかで、4年で卒業している学生は8割程度にすぎません。

　そして、大学（学部）卒業者に占める就職者の割合は74.7%ですが、正規の職員・従業員、自営業主となったのは卒業者の71.3%で、非正規の職員等が3.4%。卒業者の10.5%は、アルバイトか進学も就職もしていません。

　学費に見合う就職先にたどり着けない。大学を卒業することすらできない。ここまで説明した以外にも、親子が大きな借金を抱えてまで、お子さんが大学に進むには、適性を疑うケースは多々あります。

　仮に大学費用を出してやらないとしても、それだけで親としての役目を果たしていないなんて考える必要はありません。それどころか、お子さんの性格や適性によっては、長い目でみれば、大学へ進学させなかったことで、親は後々ヒーローになることだってありえるということなのです。

第**52**章

子育ての最中の共働きはお得か？

　結婚している場合には、夫婦で働いているという方もいるでしょう。この状態を、ディンクス（dual income, no kids）と呼びますが、ディンクスの夫婦にお子さんができた場合には、どうしますか？　子育てをしながら、共働きを続けることが良いのでしょうか？

　これには2つの対立意見があって、一方の意見では、金銭的に苦労しないためにも共働きを続けるべきである。そして、もう一方の意見では、共働きをしていると、妻の精神的負担が大きいため専業主婦のほうが望ましいとしています。

▶ 共働きを勧めにくい理由

　ここで子育ての費用について検証してみましょう。厚生労働省の調査によれば、2016年度の出産までの主な費用である妊婦合計負担額の平均は50万5,759円ということですが、一方で、出産育児一時金が原則42万円支給されます。

　このため、出産までは、個室を利用したり特別な出産法を選んだり緊急手術が必要でなければ、自己負担額はあまり大きくないように思われます。

　ただし、出産直後から、両親は、育児家具、子ども関連用品、チャイルドシート、洋服、オムツ、食事、通院などに関する費用を支出することになります。

　内閣府の「平成22年3月　インターネットによる子育て費用に関する調査」によれば、0歳児にかかる年間費用は93万1,236円とされており、その

内訳は、生活用品費（23.9%）、子どものための預貯金・保険（23.8%）、食費（11.9%）、衣服・服飾雑貨費（9.5%）、レジャー・旅行費（5.7%）、保育費（5.5%）……となっています。

この金額をみてしまうと、共働きでないとやっていけないと考える夫婦は多いでしょうし、専業主婦の家庭では、奥さんがパートタイムで働きに出なくてはと感じるようになります。しかし、現実はもう少し複雑です。

まず、共働きでは保育園の費用がかかります。保育園には、公立の認可保育園と民間の認可外保育園がありますが、認可保育園では年収により月2万円から5万円程度（1世帯における児童1人当りの保育料の平均は2万491円）、認可外保育園では月10万円程度かかります。共働きの場合には、25万円から120万円程度が保育園の費用として、余分にかかることになります。

つまり、赤ちゃんが生まれたことによる年間93万円の追加費用を用意するために奥さんが働きに出ようとすると、25万円から120万円程度の保育園費用が発生してしまうということです。子育て費用を補うために奥さんが働きに出ると、かえってマイナスになる可能性もあります。

また、税金の問題が発生します。妻の年間給与収入には、「103万円の境目」と呼ばれるものがあります。専業主婦がパートタイムで働きに出た場合、必要経費的なものとして給与所得控除が認められますが、その最低金額が65万円であり、夫と生計を一にしている、民法上の配偶者であるなどの要件を満たす場合、さらに配偶者控除として38万円の所得控除が受けられます。

仮に、パート勤務を始めた場合、年間給与収入が103万円（＝65万円＋38万円）までであれば、妻自身には所得税がかかりません。これを「103万円の壁」と呼びます。

また、パート収入が年間給与収入103万円を超えてくる場合の税負担の急増を避けるために、年間給与収入141万円までは、配偶者特別控除という所得控除を段階的に設けていました。これを「141万円の壁」と呼びます。

パート勤務を始める際には、「103万円の壁」と「141万円の壁」は有名であり、多くの方々がご存じだと思います。つまり、子どもが生まれたことで

発生した年間93万円の追加費用を用意するために、奥さんがパート勤務をしようとすると、保育園費用が発生するだけでなく、130万円を超えて稼ぐとなると、税金面での優遇措置が利用できなくなるという状態にありました。

(注) 平成30年から配偶者控除と配偶者特別控除は改正されました。配偶者控除については、「夫の収入が多いと配偶者控除が受けられなくなる」ということになりましたが、合計所得金額が900万円以下、合計給与収入が1,120万円以下であれば（それ以上の所得や収入がある場合には、配偶者控除は減額されるかなくなります）、従来どおりに38万円の配偶者控除を受けられますので、「103万円の壁」はそのままです。

　　また、配偶者特別控除では、（合計所得金額が900万円以下、合計給与収入1,120万円以下の場合）配偶者の年間給与収入が150万円以下であれば、上限となる38万円の所得控除が受けられるようになったため、配偶者特別控除では、「150万円の壁」が登場しました。

　　一方で、従来から配偶者特別控除では、給与所得103万円から141万円まで段階的に控除金額が減る仕組みでしたが、改正により、給与所得103万円から150万円までは38万円の所得控除であり、そこから201万円まで段階的に減る仕組みとなり、「201万円の壁」が登場してきました。

　一方で、奥さんが正社員として働き始める場合、女性の平均年収は、359万円ですが、たとえば、夫婦の年収が300万円ずつあるとした場合、2人分では600万円の年収です。

　ここで、幼稚園未満のお子さんが2人いて妻が扶養者である場合、ご主人

図表Ⅶ−13　給料と税金と社会保険料の関係

```
給料＋ボーナス
ー（給与所得控除）　　　サラリーマンの必要経費的な扱い
ー（社会保険料等控除）　年金・健康保険等の保険料
ー（民間生命保険料等）　生命・地震保険料等の一定額
ー（基礎控除等）　　　　基礎控除（38万円）
────────────　配偶者（特別）控除（最高38万円）
　　　　↓　　　　　　　　扶養控除（原則38万円×対象者数）
　　　　　　　　　　　　　その他
合計　　課税給与所得　←所得税はこれに税率を掛ける
　　　　　　　　　　　　（住宅借入金等特別控除もある）
```

＊住民税でも控除金額は異なるが似たような計算をします。社会保険料でも所得税と住民税の計算が基礎になります。控除が減るとすべてが上がります。

の給与金額から、基礎控除（38万円）＋配偶者（特別）控除（最高38万円）が引けましたが、奥さんの年収が300万円では、配偶者（特別）控除（最高38万円）等が差し引けなくなります。もちろん、このご夫婦の手取金額は、奥さんが専業主婦の場合より、はるかに大きくなりますが、税金による手取り額の減少が大きくなります。

（注）　平成23年分の所得税から、子ども手当創設に伴って0〜15歳の年少扶養控除が廃止となりました。上記の例では、お子さん2人分の扶養控除（38万円×2）が利用できなくなりました。

　逆に、奥さんの年収について詳しくみておくと、基礎控除（38万円）しか利用できないので、所得税が上がり、そこから、住民税、社会保険料、保育料が上がります。

（注）　所得税には「103万円の壁（配偶者控除）」と「150万円の壁（配偶者特別控除）」「201万円の壁（配偶者特別控除）」がありました。実は、社会保険にも、「106万円の壁」と「130万円の壁」があります。
　　　　まずは、正社員が501人以上など一定規模を上回る会社に勤務する場合などでは、アルバイトやパートであっても、年収106万円以上になると社会保険に加入することになりました。その結果、給料から健康保険料や厚生年金保険料を徴収されることとなります。たとえば、月9万円だと年収108万円となりますが、そこから年間18万円ほどが保険料として徴収されます。これが「106万円の壁」です。
　　　　次に、上記規模の会社以外でのアルバイトやパートについては、年収130万円をこえると、自己負担で国民健康保険や国民年金に加入する必要があるため、たとえば年収131万円では年間36万円の保険料支払いが必要になり、年収130万円までで主の扶養家族であれば、この36万円が節約できるというもので、「130万円の壁」と呼ばれています。

　また、奥さんが正社員の場合には、平均して往復2時間程度の通勤が普通ですが、勤務時間は9時から17時に対して、通勤時間分は「ただ働き」になっている点も見逃せません。

　お子さんができたことで、新しい支出が生まれます。そこで、奥さんが働きに出たり職場復帰をしたりして、ご夫婦ともに働く必要があると考えがちです。

　しかし、保育料がかかり、税金と社会保険料は上がり、追加で生まれる収

入の手取金額は、きわめて非効率的なかたちで残ります。

▶ 共働きをお勧めできない理由とは

お子さんが生まれた年には平均で93万円かかります。そこで奥さんが働きに出ようと考えると、保育園の費用が25〜120万円余分にかかり、奥さんの収入によってはご主人が配偶者控除などを受けられなくなります。

さらに悪いことには、夫婦で働きに出ている場合には、子どもと一緒にいないため、大きなストレスが生じてしまいます。

たとえば、お子さんが病気をしたときはだれが家にいて面倒をみるのか？ 重要な会議をすっぽかして、閉園前までに保育園へ駆け込むのはだれであるか？　配管工事が必要な際に、有給休暇をとらなくてはならないのはご主人と奥さんのどちらか？　経済的な要因以外のストレスを抱えてまで、共働きをする必要があるのでしょうか？

▶ 共働きが必要となる5つの理由とは

以上の説明からすれば、私が共働きに反対の立場をとっていると思われるかもしれませんが、それほど話は単純ではありません。ここまでの説明は、私のいいたいことの半分だけです。今度は、反対に共働きの長所について説明します。共働きの長所というのは、以下の5つの点にあります。

理由その1：奥さんのキャリアを維持できる

奥さんが仕事を諦めてしまえば、そのキャリアは取り返しのつかないダメージを受けることになります。というのも、職場のライバルたちは、彼女が休職している間、階段をのぼり続けているからです。

(注) はっきり申し上げましょう。お子さんができた場合、影響を受けるのはほとんどの場合、奥さんです。ただし、本来ならば、だれが家にいるかを決めるのは、性別によるのではなく経済力と個人の考え方によるべきです。ほとんどの場合、収入が低いほうが、家事や育児のために家に残りがちです。

理由その2：奥さんが健康保険の資格を維持できる

奥さんが正社員であり、ご主人の扶養家族でない場合、会社の健康保険に加入できます。すると、長期の入院をするような場合、傷病手当金として月給の3分の2相当額をもらえます。国民健康保険にはない制度です。これも働き続けるための良い理由です。

理由その3：退職プラン給付を利用できる

公的年金や退職金の金額が、男性に比べて女性は少なくなっています。その理由の1つは、女性の勤務年数が短いからです。5年間も職場を離れていれば、厚生年金でも退職金でも極端に低下します。したがって、お子さんと一緒に家にいるということは、目先の収入が少なくなることだけでなく、後々大きな経済的損失となってくるのです。この点に関しては、PartXで詳しく説明します。

理由その4：夫婦の精神衛生上のために

なかには、お子さんにつきっきりで常に一緒にいることに向いていない方がいます。そういう方には、大人同士の付合いが必要です。ある私のお客さんは、保育園の費用を差し引くと、週に数万円の赤字になるような給料の低い仕事をしています。その方に理由をたずねると、「精神科医のお世話になるよりもはるかにまし」という答えでした。

理由その5：子どもの発育のために

小さなお子さんのいる友人が「妻が仕事をやめて、ビリーと一緒に家にいたら、ビリーの周りには母親しかいなくなってしまう。しかし、保育園にいれば、20人くらいの子どもと仲良くやっていく術を身につけられる」と以前語っていました。このように、共働きによって子どもに社会性を早いうちから身につけさせるというメリットは見逃せません。

それでは、結論として、共働きが良いのでしょうか？　それとも、専業主

婦が良いのでしょうか？　明らかに、簡単に断定できるものではありません。ただし、以前に比べれば、共働きを応援する企業の数はどんどん増えています。ジョブシェアリング、フレックスタイム、出社せず直訪直帰など、選択肢は非常にたくさんあります。

　私がいいたいことは、皆さんには選択肢があるということです。それにもかかわらず、このような選択肢があることを知らずに、ただ、共働きしなければならないと考えるご夫婦が非常に多いです。

　皆さん自身がファイナンシャルプランニングで成功するためには、常にいくつかの選択肢を考えておく必要があります。そして、適切なプランニングの重要性という点では、子育てに関するプランニング以上のものは、おそらくどこにも存在しません。

第53章

個人情報の保護の仕方

　個人情報の盗難は、大きな問題となっています。いったん、個人情報が盗まれれば、泥棒は皆さんの名前で、お金、サービス、製品、そして、仕事までも手に入れることができます。

　泥棒は、インターネットや電話を通じて、皆さんの情報を得たうえで、触手を伸ばしてきます。また、泥棒は財布や郵送物を盗みます。あるいは、公共の場で皆さんの会話を盗み聞きしています。

　皆さんのIDが盗まれた人のクレジットヒストリー（信用履歴）は毀損され、大金が失われるリスクが高まります。個人情報を完全に保護することは不可能ですが、できる限りリスクを減らすための手順を紹介していきます。

① 　書類を無造作に捨てるのでなく、シュレッダーにかけましょう。自宅用にシュレッダーを購入して、クレジットカード番号、銀行口座番号、社会保険番号、生年月日、以前と現在の住所、パスワード、電話番号、そして、免許証番号を含む個人情報が載っているあらゆる書類をシュレッダーにかけます。言い換えれば、銀行からの明細書、証券会社からの取引報告書、クレジットカードの明細書や請求書、コンビニや交通機関のプリペイドカード、そして、金融関係からのいりもしないDMに至るまで、いままで、皆さんが捨てようとしていたあらゆる書類をすべてシュレッダーにかける必要があるということです。泥棒は、こうした書類を見つけようとゴミ置き場をあさっているからです。

② 　少なくとも年に１度は、ご自分の信用情報のデータが正確であることを確認します（第48章参照）。もし何か誤りを見つけた場合には、情報を保管

しているカード会社だけでなく、信用情報機関に連絡します。また、不要
な口座は閉鎖をしましょう。

③　鍵のかからない郵便受けを利用しているなら、いますぐ、鍵付きの郵便
箱に替えてください。あるいは、郵便箱についても、ドアホンの録画機能
を利用して24時間監視できるようにします。また、突然、2週間も郵便物
が届かなくなったら、すぐに地域の郵便局に連絡しましょう。皆さんが知
らない間に、だれかが勝手に転居届を出して、他の場所で大切な書類を盗
み見ている可能性があります。

> 転居届の手続は簡単で、郵便局で書類を受け取り、窓口で新旧住所等を記載
> して押印し本人確認書類を提出するか、あるいは、書類に記載して押印し郵送
> で手続することになります。ここで、巧妙な詐欺師なら、転居届を三文判の印
> 鑑で作成し、郵送手続をして、1週間後の居住確認のはがきを郵便受けから抜
> き取ってそれを郵便局に返信すれば、短期間、皆さんの郵送物を盗むことがで
> きます。

④　個人情報へのアクセスを制限します。可能な限りのデータベースからご
自身の名前を削除します。また、ファミレスなどでみられる「応募者のな
かから抽選で国内旅行へご招待」といった申込用紙も、個人情報の盗難の
機会を与える可能性があります。よほど信頼がおけるスポンサーでなけれ
ば避けるようにしましょう。

⑤　自宅の電話番号を電話帳に載せないよう電話会社に指示します。完全で
はありませんが、皆さんの電話番号と住所へのアクセスを減らすことにつ
ながるでしょう。また、電話帳に記載されていない新しい番号をもつため
に、手数料を払ってもよいでしょう。

⑥　コンピュータのセキュリティーを確実にしましょう。ファイアーウォー
ルを設定し、セキュリティソフトをインストールして、ウィルスやスパイ
ウェアを見つけて駆除します。eメールにはできるかぎり個人情報を含め

ず、受信メールリンクをクリックせず、いりもしないeメールの添付ファイルを開けてはなりません。eメールやポップアップからのリンクを皆さんのウェブ・ブラウザにコピー＆ペーストするのもやめるべきです。フィッシングと呼ばれる手口では、詐欺師は、金融機関のウェブサイトやeメールを装って、カード番号や暗証番号を引き出そうとしています。金融機関からの報告書等がメールであった場合には、十分に警戒する必要があります。

> よくあるフィッシングでは、送信者名を金融機関のアドレスとして、送りつけた案内文に個人情報を入力するよう指示があり、本物の金融機関のウェブサイトと同時に、個人情報入力用の偽物のポップアップページを表示してきます。そして、正規の金融機関ウェブサイトを確認した受信者が、ポップアップを信じてしまい個人情報を打ち込んでしまうため、詐欺師の手口に引っかかるというものです。つまり、詐欺師は、皆さんの情報が、ある場所（金融機関）へ行くとみせかけて、実際には、別のサイト（詐欺師）へ送られるように誘導しています。このように「釣られること（fishing）」の意味で、手口が巧妙化していることからフィッシング（phishing）と呼ばれます。

　オンラインショッピングで、クレジットカードを使用する際にも、ウェブセキュリティーをしっかりさせるためにパドロック（認証コード）を確認し、レターがhttps://で始まっていることを確認します。ソーシャル・ネットワーク・サイトで共有する情報も制限しましょう（特に、誕生日や住所）。モニターや他人がみることができる、どこかに、パスワードを貼り付けて残すようなことは避けるべきです。

⑦　札入れや小銭入れに入れて持ち歩いている、すべての書類をコピーしておきましょう。そして、コピーの上に、それぞれ、連絡窓口の電話番号を記載しておきます。たとえば、以下のような情報をコピーします。

・預金口座番号、クレジットカード番号、金融機関の電話番号（紛失盗難時の緊急連絡番号）

- 自動車免許証の番号、最寄りの警察署の電話番号
- 印鑑登録証の番号、市町村の電話番号
- 健康保険証の番号、健康保険組合・市町村の電話番号
- 病院診察券番号、病院の電話番号
- パスポート番号、都道府県の旅券事務窓口・外務省（旅券課）の電話番号
- 年金番号、日本年金機構の電話番号
- 図書カード番号、図書館の電話番号

　複写したものは、お札入れからは隔離して保管しておきます。こんなふうにしておけば、仮に、お札入れや財布を失くしたり盗まれた場合でも、皆さんは、どこへ報告するべきかがすぐにわかります。

⑧　皆さんの実印、印鑑登録証、そして、写真付きの証明書（免許証・パスポート）は、特に重要です。写真付きの証明書があれば、泥棒は、銀行口座も、クレジットカードも、（写真を貼り替えるだけで）皆さんの名義で開設できます。印鑑証明書を入手するには、生年月日等の入力が必要ですが、運転免許証やパスポートには記載があります。したがって、泥棒が氏名や住所の入手がむずかしい状態にする必要がありますから、銀行口座やインターネットでは、誕生日を暗証番号として使うべきではありません。

⑨　新しいクレジットカードが到着したら、すぐに長持ちするインクで裏面にサインをしてしまいます。裏面にサインをしていないとお店でクレジットカードが使えませんし、裏面にサインのないカードを落とした場合、拾った人にサインされたり、サインのないカードが使われた場合カード所有者自身が支払う可能性が生じます。クレジットカードを2枚以上携帯することは避けます。また、自分から電話をかけた時以外には、クレジットカード番号を電話越しに与えてはいけませんし、勤務中も含めて、公共の場では、クレジットカード番号を与えるべきではありませんし、携帯電話でも同様です。さらに、クレジットカードを契約したのに、すぐに到着しない場合には、カード発行会社へ至急連絡を入れます。

クレジットカードの表面のカード番号、名義人名、有効期限、そして裏面のセキュリティコードの4つの情報があれば、カード所有者になりすまして別の人間がカードを利用することが可能になります。最近では、支払の際に店員が店の奥にカードをもっていき、上記4つの情報をコピーして不正を行っているケースがあると、テレビで報道されています。クレジットカードの支払は、自分の目の前で処理してもらいましょう。

⑩　重要な書類は、銀行の貸金庫や火災・盗難予防付きの自宅金庫に保管しておきます。重要な書類としては、保険証書、領収書の控え、クレジットカードの明細書、銀行、投資、税金関係の書類、不動産の権利証（登記済証または登記識別情報）などが含まれます。

⑪　ID泥棒とは、必ずしも見知らぬ人とは限らない点は覚えておくべきです。もしかしたら、同僚とか、友人とか、親戚とか、物理的にあるいは感情的に、身近な人物である可能性があります。多くの場合、泥棒は知っている人間から盗みます。というのも、皆さんから疑われる可能性が低いことを知っていたり、皆さんに罰せられる可能性が低いことを知っているからです。

▶ マイナンバー制度も、ID泥棒に警戒する必要がある

2016年1月より、日本ではマイナンバー制度が導入されました。そもそものきっかけは、「消えた年金」の問題で、社会保険庁のデータ管理上の杜撰さが発覚したため、社会保険制度を正常化させるため、導入することとなりました。また、将来的には、年金や税金などで省庁の管轄が違う番号を1つにまとめてしまおうというねらいがあります。

地方公共団体情報機構によって、11桁の住民票コードの末尾に1つ数字を加えて12桁にして、マイナンバーは決定されました。そして、2015年10月1日から発送された通知カードと引き換えに、1枚のマイナンバーカード（個人番号カード）を手にすることになります。

では、マイナンバー制度では、ID泥棒の被害はどうなるのか？　このマイナンバー制度ですが、個人情報を入手するためには、12桁の番号に加えて、「マイナポータル」（2017年1月開始）というサイトへアクセスしてログインする必要があります（「マイナポータル」を利用するには、マイナンバーカード、ICカードリーダライタ、パソコンが必要です）。そして、ログインするには、マイナンバーカードそのものを読み込み、4桁の暗証番号を入力する必要があります。しかも、当初は、その目的どおり年金や税金の事務処理を有効にするために活用されます。

　したがって、だれかに番号を読み取られたり、マイナンバーカードを拾われたりしても、そこから個人情報にたどり着く可能性は低く、なおかつ、そもそも個人情報の量が少ないため、すべての個人情報が、芋づる式に引き出され、ID泥棒に悪用される可能性は、少なくとも当初は、非常に低いといえます。

　そして、そもそも、マイナンバーカードが普及するか否かも、現時点ではわかりません。というのも、行政の効率化という意味で、2003年にスタートした住民基本台帳カードは、普及率が5～6％にすぎませんから、マイナンバーカードが同じ運命をたどる可能性もあります（2020年1月15日現在の普及率14.9％）。

　ただし、仮に、マイナンバーカードが順調に普及した場合、数年後には、ID泥棒が多発する可能性があります。たとえば、金融機関がマイナンバーをIDとして利用すれば、クレジットカードと同じようなID泥棒が出現する可能性もあります（実際、2018年からは、任意で預貯金口座への登録の呼びかけが始まっています）。

　本書の原著では、アメリカの社会保険番号が、最も重要な個人情報であり、金融機関の信用情報に強く結びついているとしています。社会保険番号の流出によるクレジットカードの偽造被害は、1年間で数兆円に及ぶとされています。

　もちろん、1930年代に制度が導入されてからIT化が進んだアメリカでは、社会保険番号を利用した膨大な詐欺が発生している一方で、日本の制度化

は、IT化が進んだ後の2010年代に導入されるという違いがあるものの、今後の普及次第では、なんらかのID泥棒対策が必要になるかもしれません。

マイナンバー制度の目的の1つは、税金逃れをしている富裕層や企業への課税といわれています。つまり、富裕層は、普通のサラリーマンと違って、いろいろな収入や資産をもつため、その把握をする1つの手段として、たとえば、家族名義の預金口座の炙り出しの効果をもちます。また、飲食業、風俗業、ネット通販業など、顧客が不特定多数である、領収書の発行がない、事業内容がわかりにくい、仕入額と売上額の関係がわかりにくい、などの条件をもつ業界に対して、お金の流れを捕捉して課税するためともいわれています。

▶ 個人情報の盗難に遭遇したら、どうするべきか？

他人の個人情報を入手した泥棒は、皆さんの銀行口座や投資口座からお金を持ち去り、皆さん名義でお金を借りるようすぐに作業に移ります。たった数カ月でも、皆さんが盗難に気がつくまでに数百万円ものお金が盗まれている可能性がありますし、盗難者がつくりあげた損害の巣を解くには、数カ月間を必要とするかもしれません。

皆さんが最良の努力をしているにもかかわらず、盗難の犠牲者になる可能性もあります。そこで、予防だけでなく、以下の点についても警戒、監視をする必要があります。

① 銀行口座とクレジットカード口座：泥棒によって、口座から現金を抜き取られたり、クレジットカードが不正利用されてしまう可能性がありますが、そうした損失が発生しても、ほとんどの金融機関では、瞬時にその事実を知らせることはありません。残念ながら、ほとんどの金融機関では、皆さんへの報告は郵送を利用します。電話やeメールであることは、ほとんどありません。この遅れが、問題を悪化させる可能性があります。自分自身を守るために、銀行口座とクレジットカードの数は最小限に絞り、自動電話メニューやインターネットを通じて、自分で定期的に残高をチェッ

クします。

② 郵便サービス：請求書と報告書の送られてくるサイクルを知っておきましょう。銀行、証券会社、保険会社、クレジットカードの報告書が、予定どおりに到着しない場合、盗まれている可能性があります。盗難者は、皆さんの郵便箱をあさり、皆さんのゴミ箱から古い報告書を見つけることで、金融機関の口座番号や、クレジットカード番号などの情報を集めようとしますし、転送届の手続に必要な情報入手をしようと試みます。そして、巧妙な泥棒になると、コンピュータを利用して、皆さんの番号をもつ偽のカードで買い物をする可能性がありますし、さらに、パスポートや運転免許証を偽造する可能性もあります。ですから、郵送物が遅れて届く場合には、調査する必要があります。

③ 皆さんの信用情報：皆さんの名前で、口座が開設されるか否かを毎週チェックします。毎週とする理由は、だれかが皆さんの個人情報を盗む場合、1週間以内に深刻な損害を与える可能性が高いからです。ただし、現実的には、そんなに度々クレジットレポートをみている暇なんてありませんから、年に1度くらいは確認しましょう。また、必要ない古い口座があれば、閉鎖するべきです。

▶ だれかが皆さんの個人情報を盗んだら、どうするか？

だれかが皆さんのカードを偽造した場合（暗証番号が生年月日、電話番号、住所、自動車ナンバーなどと関係がない場合）、金融機関やカード会社が責任をもってくれます。

ただし、将来はどうなるかわかりません。皆さんは、金融制度を確認する必要があります。

だれかが不法に皆さんのクレジットカードを使用した場合、顧客側の故意、重大な過失等がなければ、被害にあってから原則30日以内に通知を行うことにより、被害額の100％が補償されます。これはクレジットカードに盗難保険がついているからです。

インターネット詐欺やオレオレ詐欺の場合にも、暗証番号の設定に問題が

なく、きちんとした対応をしていれば、金融機関のほうで、被害額を補償してくれる可能性があります。

　だれかによるカードの不正利用に気がついたら、すぐに口座を管轄する金融機関に知らせるべきです。その際には、以下のような手続をとります。

① 何よりも先に金融機関に連絡を入れます。各金融機関では、詐欺対策室を設けていますから、確実に手続に熟知した担当者に相談できます。電話番号、日付、通話時間、担当者の名前と肩書を記録したメモを保存します。そして、どのようなことが話し合われたか？　どんな対策で了承したか？　について記載したメモを付け加えておきます。

② 話をした担当者へ報告書を送り、要請された書類等のコピーを返信して、通話内容を確認して会話を要約しておきます。

③ 記録の原本、メモ、書類は保管しておいて、金融機関の要請に応じて、コピーを送ります。原本自体は、だれにも送りつけるべきではありません。

④ 金融機関に報告を行い、問題を解決してもらっても、いちばん最近の問題を解決して以降、少なくとも7年間はすべての記録を保管します。

⑤ 詐欺に関係させられたクレジットカード、投資口座、銀行口座はすべて閉鎖します。これは手間がかかる作業ですが、そうしなければ、既存口座のお金がすべてなくなるかもしれません。窓口や書面で、すべての金融機関に対して口座の閉鎖依頼を行います。

⑥ クレジットカード、通帳、届出印を紛失した場合には、すぐに紛失届を提出して「支払停止」の要請をしておきます。

⑦ 仮に、利用している金融機関では、十分な相談や対策を講じてもらえないようであれば、全国銀行協会相談室へ相談窓口を移します。支援してくれない金融機関のことも含めて、担当者に相談して、皆さんの問題を注意して説明します（www.zenginkyo.or.jp/adr/）。

⑧ 3つの信用情報機関に対して報告をして、盗難に関する情報を登録してもらい、クレジットカードの悪用防止への手を打ちます。信用情報機関では、免許証や健康保険証などの本人確認書類の紛失や盗難、名義を第三者

に悪用される可能性などついて、消費者本人からの申請内容を信用情報に登録できる制度があります。そして、登録をした日から5年を超えない期間、本人申請コメント情報が登録できます。これらは、会員の与信判断の参考情報として提供されるため、1つの防止策となるはずです。

⑨　問題が起こった所轄の警察にすぐに届け出ましょう。金融機関、クレジットカード会社、そして、信用情報機関でも、警察への被害届のコピーがあれば調査や情報開示をしやすくなります。ただし、この種の犯罪は、殺人事件などに比べれば、法の執行の優先順位は低くなります。警察に対して提供できる証拠や情報が多いほど、彼らの捜査へ協力することになりますが、それでもほとんど結果は期待できません。犯人を捕まえられる確率は、驚くほど低いのです。

⑩　犯人があなたの実印を利用している可能性がある場合には、市町村の役所へ連絡しましょう。健康保険証や運転免許証についても同様に、それぞれ届出が必要です。

⑪　犯人による被害を受けたお店では、皆さんに支払義務の履行を求めるかもしれませんが、盗難や偽造された小切手やクレジットカードによる購入等、あるいは、他の詐欺的取引に対しては、支払をしてはいけません。必ず、弁護士や司法書士に相談してから行動します。請求書や支払に対する要求が示された場合には、売主に事情を説明しましょう。間違って誤った請求書に支払をした場合、その金を取り戻せる可能性はきわめて低くなります。

第54章

高齢の両親の介護について

　2,000万人のアメリカ人は、サンドイッチ世代の一員です。サンドイッチ世代とは、仕事をして自分の老後資金を準備する一方で、高齢の両親の世話や介護と自分自身の子どもの養育を同時に行う人たちのニックネームです。

　子どもだけでなく、両親の世話もするアメリカ人の数は、今後もっと増えることになるでしょう。Pew Research Centerの調査によれば、40歳から60歳までのアメリカ人の8人に1人が、1人の子どもを育てながら、自宅で親の面倒をみています。

　空き部屋になったはずが、最近失業した子どもが戻ってきたために、家の部屋が満室になった。その傍らに、経済上の理由か健康上の理由かのどちらかで、1人では生活できない祖父母が引っ越してくる、といった状況です。

　その結果、大学費用の準備だけでもお金がかかるのに、さらに追加されるかたちで、家計費の負担が大きくなりますし、健康上の問題から親の介護が必要となった場合には、さらに収入が失われていくわけです。そうした状況が起これば、心の準備ができていないと、一時的には慌てることになるでしょう。

　そのような状況に追い込まれた夫婦が、別居や離婚に踏み切る確率が高いという調査があるのも不思議なことではありません。家族のなかで両親の介護をすることになった者は、収入が激減し、出世の道が閉ざされ、自らの健康を害し、子どもや配偶者との関係に問題を生じている、とアメリカ最大の高齢者団体のAARPの2009年調査は伝えています。高齢の両親の問題が、ほかのだれかの問題へと転嫁されるべきではありません。

2010年のフィデリティ・インターナショナルによる、親と子どもの世話を
同時に行っている世代層「サンドイッチ世代」に関する調査レポートによれ
ば、日本在住の21〜70歳のうち、少なくとも子ども１人、親１人の世話をし
ている人の割合は６％と、現在のところアメリカに比べれば低い割合となっ
ていますが、これは日本が長寿国であり、社会保障制度が充実しているから
です。しかし、超高齢化社会が到来している日本にも今後、サンドイッチ世
代が激増することになります。
　ここでは、万が一、皆さんの両親が生活の面倒をみてほしいといってきた
場合、皆さんが準備する際に役立つよう、いまとるべき５つのステップにつ
いて説明しましょう。

▶ ステップ１：いますぐに始めよう

　いますぐ、ご両親と話し合いましょう。かなり高齢になったら、どのよう
な生活をしたいのか？　どんな種類の介護と延命措置を望むのか？　どのよ
うなものは望まないのか？　自分自身では手続ができなくなった場合、法律
上や医療上の決断は、だれに委ねるのか？　そして、自分の意思を確実に実
行してもらうために必要な、法律上有効な書面を入手してもらいます。
　両親の財産についても、必ず話し合いましょう。というのも、利用できる
お金が十分にないと、上の多くは実行に移せないからです。こうした内容
は、皆さんとご両親にとっては、気軽とはいえない不快な会話となるかもし
れませんが、前もってこうした質問を投げかけておくことで、あなた自身を
はじめ家族全員が多くの問題から解放されることにつながるのです。同じよ
うに、両親の希望や必要性について、すべての兄弟姉妹をまじえて、注意深
く認識を共有するようにしてください。

▶ ステップ２：貯蓄をやめるべきではない

　貯蓄は熱心に行いましょう。万が一、両親に介護が必要になる場合、収入
が目減りし支出が増えますから、家計への影響を和らげるための資金を確保
しておきます。もし、資金がすでに十分にあったとしても、貯蓄の必要性は

変わりません。というのも、ある日突然、自分の家族以外に、１つか２つの家族を養う費用を負担させられることになるかもしれないからです。

　両親の介護費用を捻出するために、皆さん自身の老後の準備資金に手をつけるべきではありません。ご両親の危機は、彼らの危機であって、皆さんの危機へと結びつけてはなりません（これは、現役世代の皆さんがいますぐ学んでおくべき救済レッスンです。つまり、事故の被害者が苦痛にさいなまれること自体、不幸なことですが、その救助にあたった人たちまで、巻き添えで同じような苦痛を感じることは無意味ということです）。

　愛する人が苦痛を経験するのを目の当たりにすることは辛いですが、彼らを助けるために、皆さん自身が金銭的な犠牲を負う義務などありません。仮に、皆さんのお子さんやご両親が破産したとしても、彼らを助けようとして自分が破産してしまえば、破産が家族全体に波及することになります。

　彼らを助けるために、「自分ができることは、何でもしてあげよう」という感情的な衝動は抑えましょう。かわりに、皆さん自身が金銭的な危機に陥らない範囲で、できる限りのことをしてあげるにとどめるべきであると考えます。

▶ ステップ３：両親のために、介護保険を用意する

　高齢者に関する最大の難題の１つは、介護保険が必要になるまで、保険に加入しようとは考えないことです。日本では、公的介護保険があるものの、実質的な自己負担は、決して少額ではありません。そのため、公的介護保険に加えて、民間の介護保険も検討しておく必要があるのです（詳しくは、第74章を参照）。

　加入が手遅れになる前に、いますぐ、民間の介護保険について、皆さんのご両親と話し合いましょう。ご両親に、保険料を支払うだけの余裕がない場合には、皆さん自身が保険料を払ってあげましょう。というのも、年間、数十万円の保険料を支払うほうが、実際の介護状態に対して、毎月数十万円支払うよりもはるかに安くなるからです。

　たとえば、イーデルマン・フィナンシャル・エンジンズ社の何人かのファ

イナンシャルプランナーと同様に、私も妻も、自分の両親のために保険料を支払っています。

▶ ステップ4：孤独を感じる必要はない

両親の健康が悪化したり、両親の財産が減ったりする際に生じる、感情的な問題や金銭的な不安に関して、皆さんの相談にのってくれる支援グループ、ガイド、ブログ、ウェブサイトがたくさんあります。そこでは、生前の財産管理や相続プランに関する信託計画からリバースモーゲージプランまで、いろいろなことを相談できます（信託プランについては、第79章を参照）。

皆さんは、両親の介護を任される初めての人間ではありません。いろいろな支援団体等のサポートも頼りにしながら、他人の経験から学びましょう。両親の介護問題をたった1人で抱え込む必要などないのです。

▶ ステップ5：家族間の衝突を解決する

残念ながら、家族のメンバーが必ずしも協力的であるとは限りません。クラーク大学の調査によれば、兄弟姉妹から援助を受けているのは、子世代の介護者の3分の1にすぎません。兄弟姉妹が両親の介護に参加できない理由はいくつかあり、たとえば、何百キロも離れている場所に住んでいるとか、学校を出たばかりでお金がなく援助ができないとかいうものが一般的です。

また、見落とされがちですが、両親の介護のやりかたについて決める際に、十分な話合いができていなかったために、家族全体で大きなストレスを抱えているという理由もあります。ましてや兄弟姉妹の配偶者や義理の兄弟姉妹がからんでくれば、さらに事態は面倒になります。

すでに、兄弟姉妹が結婚して、それぞれの家族をもっている場合、いちばん多くみられるケースは、1つの家族が名乗りをあげた時点で、他の家族は手を引いてしまい、すべての介護を押しつけてしまうというものです。

そして、介護を引き受けた者は、他の者が手伝ってくれないことに憤りを感じ始める一方で、他のメンバーは、介護を引き受けた者の決断や行動に対して不満を抱くようになり、やがて敵対するようになるという、悲劇的な循

環ができあがります。

　介護を引き受けた家族は、親の世話と、自分の家族、仕事、社会生活との
バランスをとろうと懸命になっているのに、遠く離れて暮らす兄弟姉妹は、
その場の状況がみえていないこともあって、介護者に対して次々と要求を突
きつけたり、落ち度を難詰したりしがちです。

　こうした問題に対する最良の解決策は、関係者全員に対して、それぞれの
役割を与えることです。作業を一緒に行うことで、雑用は分担され、全員が
関与しているという感覚が広がり、1人の兄弟姉妹がやり込められるリスク
も少なくなります。分担作業としては、医療機関等の予約、自宅の掃除と管
理、食事の用意のほか、金銭面での管理や法律関係も含める必要がありま
す。

　両親に対して、直接介護を担当する家族が最も多くの時間を提供するわけ
ですから、残りの兄弟姉妹は、ガス代や食費のような、金銭を提供するべき
です。ましてや介護に携わる家族が、そのために仕事をやめたり、収入を減
らしたりする場合には、彼らに対して、世話を受けるご両親はその対価を支
払うべきでしょうし（おそらく、契約書を用意するのがよいでしょう）、あるい
は、労役の時間に対する報酬として、相続財産を余分に与えるべきでしょ
う。

　ここで十分に認識しておくべき点は、皆さんが何を決めるにしても、他の
家族は違った判断をする可能性があるということです。選択肢のすべてを想
定し、時間的・金銭的に余裕があるか否かを考えましょう。

　詰まるところ、ご両親にとって最良の方法を考え、それを実現するため
に、一生懸命に作業を進めていくしか道はありません。それでも、一部の家
族がどうしても計画に異を唱える場合には、その人たちを抜きにして計画を
進めるしか方法はないかもしれません。

　　両親の介護に際して、兄弟姉妹の負担差が極端に偏ることがあります。とい
　うよりも、1人だけに押し付けられるケースが多いといえます。こうした状況

を介護される側の両親が十分に把握しているのであれば、たとえば「長女に対して、献身的な介護のお礼として家土地を相続させる」と遺言書に記載してあげる必要があります。たしかに民法の第904条の２には寄与分の定めはあるものの、一方では「子どもが親の面倒をみるのは当然」という考え方もあるため、介護貢献の金銭換算がむずかしいこともあり、遺産分割協議の裁判でも介護寄与分が相続分に加算されることはほとんどなく、１人だけが介護の行い損となる可能性があるからです。

▶ 高齢者をねらった経済的犯罪

　呼んでもいないのに、リフォーム業者がやってきて、家の修繕をしたから金を払えと、高額な請求をしてくる。派遣のヘルパーがお金をくすねる。後見人の弁護士が銀行口座からお金を無断で引き出し、クレジットカードを使用し、ローンを申し込み、そのお金を着服する。これらは、高齢者をねらった金銭トラブルの一例ですが、犯罪は増加傾向にあります。アメリカの2009年のある調査によれば、年間２兆6,000億円に及ぶとされています。

　こうした高齢者の金銭的被害とは、「高齢者の預貯金、年金や傷病手当の給付金、株式や不動産の配当や値上益などを使いこむか、あるいは、給付、家財、資産に関する権利を高齢者から取り上げることにつながるような、介護者や受託者を含む、不適切な行為、詐欺、法律違反」と定義されています。

　高齢者の金銭的被害は、お金持ちや未亡人に限られるものではありません。ごくごく普通のお年寄りが被害にあっています。また、お金をだまし取るのは、見知らぬ人であるとは限りません。いちばんありがちな加害者とは、家族のメンバーなのです。

　警察庁によると、2019年の全国の特殊詐欺の認知件数は１万6,836件、被害額は301億5,000万円でした。被害者には高齢の女性が多く全体の65%を占めており、高齢者に限っていえば「オレオレ詐欺」が84.3%を占め、80歳前後の被

害が多くなっています。また、高齢者に対して、「キャッシュカードが悪用されている」と嘘の電話をかけて自宅を訪問し、暗証番号を聞き出したうえで、隙をみてカードを取り上げるケースも出てきているようです。

　高齢者に限らず、特殊詐欺全体の被害としては、「オレオレ詐欺」が6,697件、「架空請求詐欺」が1,298件、「融資保証金詐欺」が347件、「還付金詐欺」が2,383件であったということです。

　その結果、被害にあった高齢者は、自分の子どもたちや兄弟姉妹を巻き込んだり、心配させたくないため、表沙汰にするのを控えてしまうことで、報道されない高齢者の金銭的被害も多いと思われます。

　また、こうした詐欺犯たちの多くは、犠牲者の孤独や金融知識の欠落、精神的能力の落ち込みに付け込んできます。ある研究は、「毎日、買い物以外には外出もしない」といった日常生活だけを続けている、家計や住宅の修繕に不慣れな未亡人が、特にねらわれやすいと警告しています。

　また、高齢者は、お金の問題に不得手なために、高い投資リターンを約束する投資詐欺にだまされやすく、高齢者のほとんどが、何らかの商取引上の盗難、詐欺、横領、着服の犠牲者となる可能性が潜在的にあるということになります。

　アメリカの「壊れた信頼：高齢者、家族、そして、家計」という研究によれば、以下のような行為は虐待的関係の兆候といいます。
・高齢者の決定に密接に関係し、影響力をもっている
・誤った約束をするか、あるいは、高齢者からの情報をとめてしまう
・高齢者の財産に過度の関心を示す
・高齢者に対して過度のコントロールを示す
・突然、高価な財産を譲り受ける
・電話の利用をコントロールし、他者が高齢者と接触するのを妨げる
・アポ中や電話の際に言いわけがましい態度をとる、あるいは敵意を示す
・アポ中に、高齢者の側をいやいや離れる

親族のなかに、以下の兆候が１つでもみられる場合、お金の問題をもっと整理して考える必要があると、関係NPOでは警告しています。両親に対して干渉だとして反発する親族がいるかもしれませんが、勇気をもって実行することで、愛する家族を潜在的なトラブルから隔離することにつながります。

・高齢者を伴った人物による、説明のつかない巨額の引出しを含む、銀行口座や銀行取引に関する突然の変化
・キャッシュカードを使っての高齢者預金の許可なき引出し
・遺言書や他の金融書類の突然の内容変更
・説明がつかないかたちでの預金や貴重品の喪失
・金融取引や財産名義について、高齢者の署名が捏造されていた
・高齢者の個人的な問題や財産への権利を主張して、以前はかかわりがなかった親戚が突然現れた
・家族メンバーや家族外のだれかへの財産移転が、突然、説明もなく行われる
・不必要なサービスの提供、金融商品の売り込みに関する高齢者からの報告
（注）　介護問題については、第74章でより詳しく扱います。

第**55**章

葬　儀　費　用

　愛する人が亡くなったことを嘆くなかで、お金の問題を取り扱うことは、容易なことではありません。しかも、いろいろなことを即座に決める必要に迫られることが多く、お金の出し惜しみをすれば、故人との関係を蔑ろにしているのではないかという葛藤も生まれてきます。

　葬儀産業は 2 兆円市場といわれます。日本消費者協会の「第11回葬儀についてのアンケート調査（2017年）」によれば、平均葬儀費用は、196万円とされます。ただし、「素晴らしい葬式」＝「たくさんお金をかけたもの」というわけではありません。

　むしろ、大きな買い物をするような感覚で、必要不可欠なサービスとは、どのようなものであり、そこへどのような付加サービスを加えるのが望ましいのかについて知っておけば、結果的に、予算にふさわしいお葬式を計画できるようになります。

▶ だれかが亡くなった際、遺族が取りかかること

　そもそも、家族のだれかが亡くなった際に、どのような手続が必要となるか、ご存知でしょうか？　たとえば、突然、体の不調を訴え、病院に搬送された直後、呼吸が止まり、心臓が停止した時点で、医師から死亡が確認されます。遺族は、悲しみに打ちひしがれるなか、この瞬間から一連の作業に否応なく巻き込まれます。

延命治療については正確な定義はないようですが、ほとんど手の施しようの
ない状態、意識が戻る可能性がきわめて低く、人工呼吸器などによって生かさ
れている状態を保つ措置を、漠然と延命措置と呼んでいます。これは、きわめ
てデリケートな問題で、家族としては、医師の説明だけを頼りに判断するしか
ありませんし、一度延命措置を指示すれば、膨大な費用がかかる可能性がある
一方、勝手に取り付けた装置を外せば、医師であっても殺人罪に問われます。
そうした状況に置かれた場合、ご自分はどうしてほしいのかは必ず家族に伝え
ておくべきです。

　まず、すべての手続に「死亡届」が必要になります。基本的には亡くなっ
た病院の医師に「死亡診断書」を作成してもらいますが、自宅で亡くなった
り、病院内での臨終であっても事故が原因のケースなどでは、事件性の可能
性があるため、警察が介入し、遺体を検視した後、医師から「死体検案書」
をもらって、ようやく書類が完結します。

　ちなみに検視・検案でも死因の特定や事件性の有無について判断できない場
合、解剖が行われます。
　遺族としては、遺体にメスを入れる解剖を望まなくても、警察の判断によっ
て実行されます。また、検視や解剖に伴う搬送費や解剖費用は、遺族に請求さ
れる可能性があります。

　同時に、葬儀の手配が必要になります。たとえば、亡くなった時間が深夜
や早朝であっても、葬儀社を見つけて、大雑把な葬儀プランを打ち合わせな
がら、自宅まで遺体の搬送をしてもらいます。
　自宅に戻った遺体は、葬儀社に死化粧を施してもらい、ドライアイスを
使って2日から3日涼しい場所に安置されますが、季節によっては防腐剤を
使うこともあります。
　葬儀社とは、葬儀場と火葬場の場所、通夜と告別式の日時、葬儀参列者の

数、食事数、香典返しなどの打合せをします。また、葬式の宗派や戒名についても決める必要があります（仏式の葬式を想定しています）。

　また、遺骨を納める場所が決まっていない場合や、事前に購入していない場合には、お墓についても話し合う必要があります。そして、家族内での取決めができあがったらすぐに、訃報を関係のあった人に連絡して、通夜と告別式を案内し、出席や欠席を確認します。

　なお、すぐに、火葬場が利用できるとは限りません。1週間以上待たされる場合もありますので、その際には、遺体は葬儀社にて冷蔵安置してもらいます。

　通夜や告別式では、儀式に従って遺族としての役割があるだけでなく、頂いた献花や弔電、香典に関しても、記録や保管の役目があります。そして、必要に応じて、お香典返しを行います。

> お香典は、その場で金額を確認させていただきます。

　最近では、お葬式と初七日を同時に行ってしまうことが多いようですが、お葬式が終わったら、今度は四十九日の法要に備えて、お位牌や仏壇、そして、お墓の用意を始めます。

　初七日に利用する白木の位牌は、葬儀社で用意してくれることが多いですが、四十九日の法要では、本位牌とご本尊様に魂を入れる儀式を行うため、念入りに選ぶ必要があり、仏具屋さんへ何度か足を運ぶことが大切です。

　お墓については、四十九日には、お墓にご納骨となるのが基本ですが、最近では、事前にお墓の用意がない場合も多く、お墓が決まり次第、ご納骨とするケースが多いようです。ちなみに、宗派が決まっており、なおかつ、お寺の檀家さんであるなら、お墓を決めやすいですが、そうでない場合には、霊園を選ぶようになります。

家族が亡くなった場合、原則1週間以内に、役所に死亡届を提出しなければなりません。年金や健康保険の手続を行う必要がありますし、相続関係の手続が始まるわけですが、そちらは、PartⅫで詳しく説明します。

▶ 葬儀とお墓の費用について

　家族のだれかが亡くなると、残された遺族はこれだけの作業をこなす必要が生じます。そして、そもそも気が動転しているようななかで、はたして、冷静に費用の問題に対処できるかは、事前の知識次第といっても過言ではありません。

　さて、それでは、葬儀の費用とはいくらかかるのでしょうか？　先ほどの日本消費者協会のアンケートでは、葬儀費用の平均は196万円となっていました。ただし、この数字は、やや高めではないか、という見方もあります。

　というのも、一言でお葬式といっても、芸能人がやるような数千人も参列者があるものもあれば、密葬とか家族葬のように30人程度の小さな葬式もあるわけで、どの規模の葬式を想定するかで金額はまったく異なります。

　現実的には120万円から150万円程度が標準といわれますし（お布施は別途）、最低100万円あれば、葬式は行えるとするデータもありますし、さらに規模が小さくなればなるほど予算は抑えられます。

　シンプルな葬式を希望する場合には、たとえば「小さなお葬式」という会社があります。「小さな火葬式」で19万3,000円、「小さな一日葬」で34万3,000円、「小さな家族葬」で49万3,000円、「100名までのお葬式」で64万3,000円となっています。また、お坊さんへのお布施は、それぞれ5万5,000円、8万5,000円、16万円、16万円となっています。

　葬式が終わると、今度は四十九日までに、お位牌や仏壇などを用意する必

要があります。20万円から30万円くらいが標準だと思います。なお、戒名については、以前の相場としては、一般的なものが15万円から30万円、最高位の院居士・院大姉は100万円以上しましたが、最近では、一般的なものが2万円、100万円のものが20万円で授与してもらえます（「小さなお葬式」のパンフレットより）。

一方で、お墓については、お墓それ自体の費用と土地の使用料がかかります。

まず、お墓の建設費用ですが、材料となる石の種類とお墓のかたちによって、費用が違ってきます。株式会社はせがわの例では、標準的なもので145万円から175万円程度をみればよいでしょう。

次に、土地の使用料は、墓地の敷地をずっと利用するという意味で永代使用料がかかります。区画の広さにもよりますが、霊園によっては、60万円から100万円で墓地永代使用料がすみます。また、お寺の檀家さんの場合には、少し割安にしてくれることもあるようです。このほかに、年間管理料が必要になってきます。

本来であれば、生前にお墓を用意しておいて、四十九日の法要の時点で、納骨となります（この際にもお布施が必要になります）。しかし、現実問題として、生前に故人がお墓を買っていない場合が多いため、時間をかけてじっくりとお墓を選んでから納骨というかたちでも問題はないようです。納骨までに2年から3年かかることも珍しくないというのが、都市部での現状です。

▶ 予算に応じた葬儀計画のヒント

・葬式について話し合う：自分が死んだ際に、どのようにしてほしいのか、願いや希望を家族に対して伝えておきます。生前に時間をかけて調べておくと、費用の削減につながることが多いものです。家族と話し合っておくことで、タブー視されていたことも感情的にならずに進められます。

・事前に購入しておく：長い闘病生活の末に亡くなることが多いため、仏壇や墓地などは、事前に価格を比較しながら必要なものを買いそろえること

ができるはずです。仏壇やお墓は、相続税の評価では価値はゼロと評価されます。

　そのため、生前に、本人が購入しており、なおかつ、支払が完了していれば相続税計算時には相続財産価値はゼロと評価されます。反対に、ご自分が亡くなった後に遺族が用意した場合には、相続税計算時には相続財産から差し引くことができません。なお、葬儀費用は、一般的なものであれば相続税計算時には相続財産から差し引けます。

　葬儀費用は、上記のように相続税上は相続財産から差し引けます。ただし、相続人の１人が葬儀費用を立て替えた場合、仮に葬儀費用について相続人間で合意が得られなければ、その立替金を相続財産の預貯金等で精算することができません。葬儀費用は、無条件に相続債務とはなりません。遺産分割協議や遺産分割調停では、各当事者が合意した場合に葬儀費用は共同費用として相続財産から控除されるのであって、合意が得られなければ両者は成立せず、遺産分割審判となれば、当事者の合意があったとしても審判の対象に含められないと考えられます。合意が行われない場合、回収するには別途訴訟手続を要する可能性があります。亡くなってからのお墓の建立費用についても似たような扱いとなるため、十分な注意が必要です。

・価格表を用意する：葬儀費用がふくらむいちばんの理由は、事前に何の計画もない状態で遺族が業者に丸投げしてしまうことです。

　2009年10月14日のブルームバーグの記事は、「日本ではお葬式は成長産業であり、このため、小売りや鉄道などの異業種が参入を活発化させている（中略）従来型の葬儀社の大半は家族経営で、経費に最大で90％の利益を上乗せした料金設定をすることもある」と伝えていました。

　そこで、事前に、複数の葬儀社から価格表を集めておき、ご自身の予算の範囲のものを絞り込んでおくことが重要になります。

　もし、まったく事前計画がなかった場合、遺族が葬儀のやり方について決めることになりますが、故人への敬意から、参列者があまりに多かった

り、過剰に盛大な凝った演出のお葬式を行う必要はありません。

　最近では、「自分が死んだら、葬式はせずに海や山に散骨してくれ」と希望する人も増えています。それくらい、高価なお葬式に対する意識やこだわりは、一昔前に比べれば薄れているのも事実です。

　散骨を選べば、葬式もお墓もいらず、火葬して遺灰を海にまくだけです。法律では、遺骨を埋める場所を規制しているだけで、散骨自体には法的規制がありません（自治体が制限区域等のガイドラインを定めている場合もあります）。違法とも合法ともいえない状況です。散骨は極端な例ですが、重厚な葬儀を行う対極にそうした考え方をする人もいるため、残された家族が生活を犠牲にしてまで、盛大なお葬式にこだわる必要はないということです。

　「終活読本ソナエ　2015年春号」では、散骨について8割が容認していますが、実施は1％以下として、お墓参りをする場所がないなどの問題点を特集しています。散骨を実施される前には、よくよく検討してください。また、費用負担や子孫がいないなどの問題に対しては、引き受けてくれるお寺へ宅急便で納骨をして永代供養をしてもらう送骨という方法も登場しています。東京だけでも、お墓に納骨されていないお骨が100万柱以上あるといわれています。同様に、実施される前には十分な検討が必要です。

▶ 葬式の事前計画は、費用を引き下げる

　生前に、葬儀の計画をしている人はまだ少数派でしょうが、皆さんも自分の葬式のことを事前に計画をしておくべきです。自分流のやりかたを決めておきましょう。

　たとえば、自分自身で墓石、墓地などを購入し、契約を結んでおきます。また、お葬式で、だれにどんなスピーチをしてほしいかとか、どんな音楽をかけてもらいたいかなど、自分が好きなだけ、細かく決めておくことができます（たとえば、レーガン元大統領の場合、自分の葬儀について300ページに及ぶ

計画書を残しておいたことは有名です）。

　事前の計画が必要となる理由は４つあります。第一に、葬式がご自分の望むとおりであることを確認するため。第二に、家族に葬式代の負担をかけないため。第三に、感情的に大変な時期に大きな決断をしなければならないというトラウマから家族を解放するため。第四に、残された遺族が葬儀の調整でもめることや葬儀屋による押売りを防ぐことができるからです。

　葬儀の事前計画の必要性を理解したうえで、行動に移す際には、ほかの大きな買い物と同様に、値段や品質の比較に時間をかける必要があります。皆さん自身が地域の葬儀社や石材店やお寺と契約して、ご自身の葬式を事前に手配しておくか、あるいは、もっと値段の安い葬式を手配してくれる共済会などの地域の団体に依頼するかをします。

ご自分の必要性と優先順位を決定する

　葬儀、墓石、墓地の区画を購入する手間や費用はいくらぐらいか？　墓地の場所と大きさはどのようなものを望むのか？　家族に有名なお寺の檀家になってもらいたいのか？　こうした点をはっきりさせます。

生前予約と生前契約について

　生前予約とは、入会金を支払って、どのような形式の葬儀を迎えたいか、あらかじめ葬儀社や共済会等の担当者と打ち合わせておくものです。あくまでもプランニングであるわけです。

　一方で、生前契約とは、葬儀の計画を立てるだけでなく、実際に契約を結んだうえでお金を支払い、ご自身が亡くなった際には、計画どおりに葬儀が行われるという葬儀委託契約であり、契約業者や共済会に対して資産を預託しておくものです。

　そのため、いずれもその旨を遺言書に記載すべきでしょうから、葬儀社や共済会とは別に、弁護士や司法書士等が関係してくるのが普通です。アメリカでは一般的ですが、最近では、日本でも葬儀の生前予約や生前契約が少しずつ広がり始めています。

ただし、注意点もあります。

業者の財務的健全性について査定しておく

皆さんがお墓や葬儀について契約をしてから、実際に物件やサービスを利用するのに何十年もかかる可能性があります。その業者さんは、その遠い将来においても、操業しているでしょうか？　仮に、あやしいと感じるようなら、別の業者を選ぶのも1つの方法です。

自分のお金に関して質問をする

葬儀社に支払うお金は、どうなるのか？　だれがそのお金の金利を手にするのか？　あなたが亡くなる以前に、葬儀社が倒産した場合、あなたの計画はどうなってしまうのでしょうか？　キャンセルや返金は可能でしょうか？

引越しをする場合、どうなるか？

皆さんはどこで亡くなるのでしょうか？　墓地や家族葬儀を検討する前に、10年以内にお子さんやお孫さんの近くへ引っ越す可能性について考えましょう。ご遺体を故郷へ運んでもらいたいと考えていますか？　その際の費用はだれが負担するのですか？　引っ越す場合に、前払いした代金はどのような扱いにされるのでしょうか？

家族に知らせる

葬式の事前契約書は、引出しや金庫にしまっておくだけでは十分ではありません。あなたの計画について、お子さんたちと話しておく必要があります。そうしなければ、葬式代が2倍かかる可能性があります。ご自身の葬式について子どもたちと話すことは、容易なことではないかもしれませんが、責任ある大人の行動が必要です。

将来の費用を計画する

葬式やお墓の申込費用を分割払いにしている場合があります。すべての支

払を終えていないうちに自分が死んでしまったときには、家族がすべての請求書の支払をするだけの十分なお金があるか確認したいはずです。言い方を変えれば、生命保険に加入するか、銀行口座にお金を残しておくということですが、そうしたお金が、すぐに利用できるかどうかを確認しておく必要があります。適切なファイナンシャルプランニングがなければ、銀行口座のお金や保険金が利用できるまでに、数週間とか数カ月とか、場合によっては、数年間かかることもあり、事前の計画が不適切になる可能性があります。

　葬儀の事前準備関連の産業では、詐欺が相次いでいます。そもそも、この産業は、詐欺師を招きやすい。というのも、お客さんには、高齢者が多いため、犯罪に引っかかりやすいからです。詐欺師の立場からすれば、犠牲者が事前に料金を支払ってプランを購入したことを忘れてくれて、どこか別の地域へ引っ越してしまうか、あるいは、自分がお墓を購入していることを家族に知らせないでいることに賭けてくるわけです。
　お金とともに姿をくらました後、詐欺師の立場からすれば、怒っているのが故人だけというのが望ましいわけで、皆さん以外はだれも契約の存在すら知らない、まさに死人に口なしという状況がいちばんであるわけです。
　アメリカの例をあげるなら、実際に、こうした詐欺は横行していて、2010年に、シティーグループの証券マンとその2人の顧客は、テネシー州、ミシガン州、インディアナ州の墓地信託ファンドから60億円を盗んだ罪で訴えられています。3人すべてが刑務所に入れられていますが、被害者がいくら取り戻せるのかはいま現在ではわかっておりません。

　以上が、葬儀費用やお墓の費用に関するものですが、ここでのお話は、PartⅨの相続税と贈与税、PartⅫの相続問題などと非常に関係が深いため、参考にしてください。

Ricのマネークイズ

　ここで、PartⅦの内容に関して簡単なクイズをしましょう。単なる確認ですから、あまり神経質になる必要はありません。間違えたら、解答欄にある参照箇所を読み返してみましょう。ただし、家計管理の将来は、その作業いかんによって大きく左右されますから、理解できるまで読み返すことが重要です。クイズの終わりに解答がありますが、のぞき見は禁止です。

1　借金へつながる可能性があるのは、次のうちのどれ？
　○a．まだ稼いでいないお金を今日使ってしまうこと
　○b．環境が変化しても支出習慣を変えられないこと
　○c．上記の両方
　○d．上記の両方とも該当しない

2　クレジットカードローンを完済する際、最初に返済すべきはどのカード？
　○a．金利のいちばん低いもの
　○b．残高がいちばん多いもの
　○c．残高がいちばん少ないもの
　○d．金利のいちばん高いもの

3　子どもの大学費用準備のために、行うべきでないことは？
　○a．可能なら祖父母から贈与を受ける
　○b．ジュニアNISAを利用する
　○c．学資保険を利用する
　○d．自宅を売却すること

4　奨学金を利用している大学生の割合は？
　○a．約30%
　○b．約50%
　○c．約66%

○d．約100%

5　好みの自動車を簡単に手に入れる方法とは？
　Ⅰ．試乗車を購入する
　Ⅱ．未使用車を購入する
　Ⅲ．残価型設定ローンを利用する
　Ⅳ．リース車を利用する
　　○a．ⅠとⅡとⅢとⅣ
　　○b．ⅠとⅡとⅢ
　　○c．ⅠとⅡ
　　○d．Ⅰのみ

6　予期せぬ支出の例は、次のうちのどれか？
　　○a．洗濯機の修理
　　○b．毎月の住宅ローン支払
　　○c．毎月の自動車支払
　　○d．毎月の電話料金支払

7　ファイナンシャルプランニングで目標を実現するためのプロセスとして、適切
　なものはどれか？
　Ⅰ．積極的な目標を設定する
　Ⅱ．実現するべき日時を設定する
　Ⅲ．目標を紙に書き留める
　Ⅳ．目標からいつも離れない
　　○a．ⅠとⅡとⅢとⅣ
　　○b．ⅠとⅡとⅢ
　　○c．ⅠとⅡ
　　○d．Ⅰのみ

8　借金を完済するのに有効な方法とは？
　　○a．財布を変える
　　○b．預金通帳を増やす
　　○c．根性を入れる
　　○d．支出を追跡する

9 下宿している大学生は、親の仕送りは、4年間で合計いくらくらい必要として
いるか？
　　○a．580万円
　　○b．300万円
　　○c．200万円
　　○d．100万円

10 入学した大学生のなかで、4年間で卒業している学生の割合は？
　　○a．100％
　　○b．50％
　　○c．25％
　　○d．80％

解　答

1 － c　（p 434～436）　　　2 － d　（p 445）　　　3 － d　（p 494）
4 － b　（p 483）　　　　　　5 － a　（p 475～478）　6 － a　（p 461）
7 － a　（p 441）　　　　　　8 － d　（p 452）　　　9 － a　（p 487）
10－ d　（p 487）

Part VIII

家に関する最良の戦略

人生の夢

　このPartでは、以下の事柄について説明していきます。

・初めての家の購入方法

・家を売って、次の家を購入する方法

・家を売る際の税金の節約方法

・住宅ローンの取扱い方

・不動産会社との付合い方

・契約方法

　不動産バブルとは、収入や資産に関する裏付けがないにもかかわらず、頭金をほとんど必要しないとした貸出基準の緩和と、無知な買い手に高度なローン商品を誤って利用させてしまったことにより、後から後から買い手が現れ引き起こされてきたものです。そして、多くの人が、本当は家を買う余裕がない状態であったにもかかわらず、不動産業者にそそのかされて、よくわからない仕組みの住宅ローンを使って購入していたことに、住宅の値段が下がり出してはじめて気づかされたのです。

　1990年代の日本のバブル崩壊は、世界最大規模でしたし、2008年以降のアメリカの不動産バブル崩壊も、きわめて深刻なものとなりました。そして、こうしたバブル崩壊の直後こそ金融機関は、住宅ローンの貸出に慎重になり、審査内容を厳格化させましたが、時間がたつにつれて、少しずつバブル崩壊の手痛い記憶は薄れていくものです。

　普通の人々にとって、住宅の購入には住宅ローンの利用が不可欠ですが、住宅を購入する前に、「この家やマンションを購入することは、自分にとっ

て本当に正しい選択肢なのだろうか？」ということだけは考えてみましょう。

　それでは、本題に入ります。

第**56**章

住宅購入を
ファイナンシャルプランに組み入れる

　家の購入というのは、思いつきで行われることも少なくありませんが、家を購入することによって、その方の生活全般にどのような影響が生じてくるかについてまでは、頭が回っていないことが多いものです。その結果、厳しい現実が待ち受ける点が過小評価されがちです。ここでお話ししているのは、住宅購入の費用や価値の上下や売却についてではなく、幸福についてです。

　アメリカという国は、新しいキリスト教の国として世界中から尊敬される「"丘の上の町"とならなければならない」（ジョン・ウィンスロップ）という理念に基づいて建国され、合衆国憲法では幸福を追求する権利がうたわれています。アメリカ人の多数派を占めるキリスト教のカルヴァン派では、現世の成功が天国へ行ける証明であるとされ、幸福とは財産であると考えられますが、それを住宅を購入することだと勘違いしている方がたくさんいます。アメリカの不動産がバブル期にあった2005年、ある調査によれば、住宅購入者は賃貸者に比べてストレスを感じることが多く、娯楽の時間が20％、友人やご近所と過ごす時間が4％から6％、それぞれ少なく、体重も5.5キロ少ない、という結果が出ています。この調査はアメリカ不動産バブルの絶頂期のものです。住宅価格が高騰しているときですら、決して幸せとはいえなかった人々が、暴落後にどのように感じていたかは察して余りあります。

　戦後の日本では、アメリカのような宗教的な意味合いこそありませんが、「一国一城の主」とか「家を建てたら一人前」とかいう、世間さまとの関係のなかで、やはり、持ち家は一種の幸福感を手にする手段だと錯覚した方々

も多かったはずです。しかし、やはり、住宅価格が上がっていても住宅ローンにストレスを感じ、1990年代のバブル崩壊後には「不動産神話」と一緒に幸福というものも崩れ去ったのではないでしょうか。

住宅購入は本当に正しい目標ですか？　いま一度、じっくりと真剣に検討してみましょう。同時に、家の購入の仕方によって、ファイナンシャルプランニングにおける住宅購入以外のパートに、大きな影響が及ぶことを確認しなければなりません。購入方法いかんによって、資産づくりという意味での成功の度合いが決まるといっても過言ではないので、住宅購入は、ファイナンシャルプランニングの一環として検討する必要があります。

▶ 購入金額に関する不動産業者の話をうのみにしない

家の購入金額に関しては、不動産業者とファイナンシャルプランナーでは意見が大きく異なります。現在、日本で最も利用されているフラット35という住宅ローンの上限は、（他の返済とあわせて）年間返済負担率（＝年間ローン返済額÷年収）が35％までということなので（年収400万円以上の場合）、不動産業者としては、目いっぱいローンを組んで家を購入するよう勧めてきます。ただし、2007年以前には、住宅ローンの上限は年間返済負担率が20％であったという事実を忘れてはいけません。

金融機関では、収入の上昇よりも不動産価格の上昇率が高くなるのを見越して、貸出限度額を徐々に引き上げてきました。収入に対する住宅ローンの上限が引き上げられていなければ、住宅購入者はローンを組めなくなり、銀行は貸出ができず、建設業者が住宅建築を進めることもできなくなるからです。

しかし、残念なことに、不動産会社や銀行の利害と皆さんの利害は必ずしも一致しているわけではなく、もし、頭金をゼロにして住宅ローンを上限まで利用するとすれば、おそらく「持ち家貧乏」に陥ることになるでしょう。

こうしたリスクを避けるためには、（住宅ローン以外も含めた）ローン全体の返済額の割合を収入の35％までという上限いっぱいではなく、自発的に25％程度に抑えて利用することが大切になります。なぜなら、ファイナン

シャルプランでは、家の購入だけではなく、大学進学費用や老後の費用も考える必要があるため、ある程度の余力を残しておくことが大切だからです。

　ただし、このように住宅ローンの利用を抑える場合、①頭金をもっと大きくするか、②少し安い家で我慢するかのどちらかになってしまいます。これは厳しい条件であるように感じるかもしれませんが、ある程度の自粛をしていかなければ、将来大きな問題を引き起こすおそれがあるのです。

▶ 35％の上限まで借りると、どうなってしまうのか？

　25％程度に抑えることには、ちゃんと理由があります。この点をマーヴィンさんとベスさんの例をあげて説明してみましょう。この夫婦は、30代で、年収は350万円ずつ、2人分の年収700万円に基づいて住宅を購入しました。ところが、少したって1人目の子どもができると、ベスさんは数年間子育てに専念したいと考えるようになりました。

　しかし、残念ながらベスさんは仕事をやめることができません。というのも、彼女の収入がなくなってしまうと、この一家は住宅ローンを払い続けることができなくなるからです。

　ここで初めて、マーヴィンさんとベスさんは家を購入する際の見積りに誤りがあったことに気がついたのです。それは、家族の収入がずっと700万円であるという思い込みでした。家を維持するためにはベスさんは働き続けなければなりません。

　少し厳しい言い方かもしれませんが、この夫婦に対して同情する余地はありません。というのも、この危機は自分たちで蒔いた種だからです。

　結局、ベスさんは働き続けることにしましたが、さらに不安は残ります。もし、2人のどちらか1人が職を失ったり病気やけがで働けなくなったら、一家は家を手放さざるをえなくなるからです。

　マーヴィンさんとベスさんがこうした危険を避けるためには、2人分の年収700万円に頼りきることなく住宅ローンを組めばよかったということになります。つまり、年収の35％のかわりに、25％程度にするべきだったのです。

この夫婦にとってさらに重大な問題は、マーヴィンさんとベスさんが今後も2人の年収は変わらないと想定していただけではなく、支出についても大きな誤算をしていたことです。「子どもをつくるご予定はありますか？」という問いに対して、「いつかはきっと」ぐらいの気持ちで、現実に子どもができたときのことはまったく計算に入れていませんでした。

　しかし、第1章で説明したように、子ども1人が大学を卒業するまでに3,000万円から4,000万円の費用がかかります。特に、最近では大学での4年間に520万円から1,100万円かかります。そのため、家を購入する際に収入の35％いっぱいにローンを組んでしまうと、子どもが高校を卒業する時点で深刻な金銭問題を抱えることになりかねません。

　6,000万円の家に住んでいる知り合いは子どもがいない時期に家を購入しましたが、いまでは3人の子どもがいます。彼の家を訪ねると、自動車は年代物ですし家具は大学時代からのものを使っていました。末のお子さんはお兄ちゃんのお古を着ていましたし、もう何年も外食や旅行に出かけたことがないそうです。この夫婦は「夢のマイホームを建てた」はずです。

　皆さんがこのようなわなを避けるためには、将来に関する見通しをもつことが大切です。現在の金銭状況だけで、35年にも及ぶ金銭的な意思決定を行うべきではありません。将来のライフスタイル、収入、支出がどうなっているのか、きちんと把握しておくべきなのです。そして、ほとんどの夫婦の場合には、そうした変化の最大のものとは子どもが生まれることであって、まだ第49章を読んでいないのなら、いますぐ読み返してみてください。

　アメリカという国は、宗教改革の際にプロテスタントの一派であったキリスト教カルヴァン派のイギリス人のジョン・ウィンスロップが、アメリカ大陸に真のキリスト教国家をつくろうと1630年に上陸したことを起源としています。このウィンスロップの影響から、現在のアメリカのキリスト教でもカルヴァン派が主流です。

　ステレオタイプの説明をすれば、カルヴァン派では、天国に行ける人は、現世にいる時点でそのための証があり、それが「富」であるとされます。つま

り、「幸福（＝天国へ行ける証）＝財産」であると考えます。

　そして、天国へ行くための証を得るためには、自らの努力で勝ち取る必要があり、その権利は「平等」に与えられ、親兄弟といっても干渉してはならないという意味での「自由」が保証されています。そのため、アメリカでは、「お金持ちになって天国へ行くための権利（＝幸福を追求する権利）」が合衆国憲法によって保証されているのです。

　以上の背景から、富の象徴として「持ち家を保有する」というのも、アメリカ人にとっては、天国へ行ける１つの大きな証であり、そうした背景をふまえて、本文では、「住宅を所有すること」と「幸福を追求する権利」が重なってきます。

　アメリカ人には、こうした信仰上の理由から、富に対する特別なこだわりがあり、住所を変え、結婚相手を変え、職業を変えてまでして、富を追求するわけです。そして、信仰上の理由が、「単なる金儲けの口実になっていないか？」と、常に自問自答しながら、寄付や慈善事業に熱心になるわけです。

　あのリーマンショック後も、猛烈な勢いで経済的復活を遂げた理由もここにあります。アメリカ人は、経済活動が信仰上の意味をもつからこそ、必死になって経済の再生を目指したのです。

　一方で、日本国憲法でも、自由、平等、幸福を追求する権利がうたわれていますが、こちらは、敗戦時に直輸入された感があります。上記のように信仰と結びついていないため、日本では、自由、平等を叫べば、職場や親戚など（＝世間さま）と激しくぶつかり孤立する原因となりますし、当然、日本では、「幸福を追求する権利」＝「持ち家を保有すること」ではありません。

　「日本人は持ち家に執着する」といわれることがあります。それは、現在65歳以上の世帯主の持ち家比率が８割以上であるためですが、実は、戦前、日本の世帯の半数は農家を営み、その大部分は地主から土地を借りた貧しい小作人だったのです。大戦前の1941年には日本の大都市部の持ち家比率は22％にすぎず、大半が借家住まいでしたから、「日本人は持ち家に執着する」という事実はありませんでした。

　しかし、戦役中の主人が留守の間に、家族が追い出されることがないようにと、1941年に借地借家法が改正されて、「正当な理由がなければ解約できない」「賃料の値上げは合意がなくてはできない」とされたため、地主からすれば、「保有する土地を貸したら最後、安値で買い取られたのも同然だ」ということになり、借家の供給が激減します。

　また、1942年の食糧管理法により、農村では、「小作人は地主から土地を借

りて小作料を支払う」との江戸時代からの習わしが壊れ、「小作人は政府にコメを差し出し、地主に金納すればよく、小作料値上げは安易に認めない」とされ、さらに、農地改革で、地主から小作人へ土地が移りました。

　ここで、終戦後からハイパーインフレが起こったことで、都市部では地主による借地供給が激減し、農村でも地主が没落した結果、日本人は、持ち家をもたざるをえなくなったのです。現在、日本人の持ち家比率は62%程度ですが、単なる戦時中の国策による産物にすぎません。

　このように、日本では、持ち家神話ができあがったのは、戦後のことであり、1960年代の高度成長期に工業成長が目覚ましく、農村から大都市に人口が大移動した際に、すでに借家の数が減っていたため、少しずつ豊かになりだした庶民の持ち家の数が増え始めたためなのです。

　そして、1960年代の高度成長期には、大都市や工業地帯で第1回目の地価高騰が生まれ、1972〜1973年の列島改造ブームで、それが全国へ波及して、第2回目の地価高騰が起きました。そして、第3回目の地価高騰が、1985年からのバブルです。このとき商業地を中心に地価は暴騰し、1988年には日本全土の土地の価格の合計が、国土が25倍もあるアメリカを4つも買えるほどまでに土地評価額が上がりました。

　こうして戦後から1990年まで、不動産の値上りが続く「土地神話」が生まれたことで、財産形成方法の1つとしても住宅投資は合理的であり、その結果、持ち家比率は高まりました。以上の経緯を振り返れば、日本人は、もともと、持ち家に執着していたわけではないと、ご理解いただけるはずです。

　そして、ご存知のように、1990年のバブル崩壊後の10年間に、大都市の商業地では87%以上も地価が下落し、住宅地へと下落が波及しました。PartⅣで不動産投資を説明しましたが、持ち家は、投資ではなく、住む場所です。そして、次章で扱うのは、持ち家か借家かという選択です。

　持ち家を漠然と「人生の夢」や「幸福の証」と考えるかわりに、ファイナンシャルプランニング全体の一角として、全体にどのような影響が生じてくるか考えることが重要です。

第**57**章

初めて家を購入する方法

▶ 家を購入する準備はできているか？

　家を購入する準備ができているかを知るために、以下の10個の質問に答えてみましょう。

① どうしても家を購入したいですか？ 「はい」なら1ポイント

② 今後2年間に自動車の購入や子どもができるというような大きな支出の予定はありませんか？ 「いいえ」なら1ポイント

③ 今後2年から3年間に転職する予定がありますか？ 「いいえ」なら1ポイント

④ 今後3年から5年間に転勤する可能性はありますか？ 「いいえ」なら1ポイント

⑤ 実際に家を購入する場合、いくらかかるかご存知ですか？ 「はい」なら1ポイント

⑥ クレジットヒストリーは良好ですか？ 「はい」なら1ポイント

⑦ 頭金は十分にありますか？ 「はい」なら1ポイント

⑧ 住宅ローンの事前審査は通りましたか？ 「はい」なら1ポイント

⑨ 住宅ローンの借入枠を減らすような他のローンはありますか？ 「いいえ」なら1ポイント

⑩ 気に入った住宅を買うのに住宅ローンの金額は十分ですか？ 「はい」なら1ポイント

8ポイント以上なら、購入準備可能！

　本書では何度もお金のルールが変わってしまったと述べてきましたが、とりわけ住宅購入については変化が顕著です。それだけに、住宅購入にあたっては、十分な注意が必要であり、間違った人の意見に従うと大変なコストを支払わされる羽目に陥ります。

　たとえば、何十年も前に家を建てた経験しかないご両親にたずねても何の意味もありません。何十年も前のルールは、とっくに時代遅れで今日には通用しなくなっているからです。また、不動産ブームの時期に住宅を購入した人のアドバイスにも耳を傾けるべきではありません。バブルが崩壊した後には、消費者にとって条件が厳しくなり、当時のやりかたが通用しなくなっているからです。

　ただし、1つだけ変わっていないことは、住宅購入が非常に大変であるという点です。しかも、最近では以前にも増してこの傾向が強くなっています。十分に注意してかからないと、家をもつという夢が悪夢へ変わる可能性もあります。立派な家のオーナーが現金貧乏にあえぐという状況は、いとも簡単に起こりうるものなのです。

　1～2世代前と今日の最大の違いは、家をもつということがもはや財産形成の成功法則ではなくなったということです。かつて、家をもつことは財産形成の実現方法であると考えられていました。家と退職金と年金さえあれば、何不自由のない人生が存在していたからです。しかし、今日では状況がまったく異なります。

　たしかに現在もなお、家を購入するということには、いくつかのメリットがあります。その点を理解するために、持ち家と賃貸と比べてみましょう。賃貸と比べた場合、持ち家には多くの長所があります。

・持ち家の場合には毎月のローン返済のための支払は当初の契約どおり変わることはありません。これに対して賃貸の場合には、賃貸料がある時いきなり上昇する可能性があります

・持ち家の場合には毎月のローン返済支払が所得税控除の対象になりますが、賃貸料はそうではありません

・持ち家の場合には毎月の支払は最終的に終わりますが、賃貸の場合にはそうではありません

・持ち家の場合には家を担保にしてお金を借りられますが、賃貸の場合にはそのようなことはできません

・持ち家の場合には家の値上りがありますが、賃貸の場合にはそうした利益はありません

・持ち家の場合にはリフォームが自由ですが、賃貸の場合には制限があります

　以上のような理由があるからこそ、住宅をもつことが多くの皆さんの目標となるわけです。

　それでは、きちんとしたやりかたで家を購入するプロセスについて説明していきましょう。

▶ 家を現金で一括購入できますか？

　もちろん不可能ですよね。2017年度の住宅金融支援機構の調査によれば、全国平均の購入価格は、土地付注文住宅が4,039.2万円、マンションが4,348.4万円です（首都圏では、土地付注文住宅が4,717.8万円、マンションが4,787.0万円）。

　初めて住宅を購入する人が、これだけ高額なものを現金で一括購入することは、普通では考えられません。そこで、住宅ローンを借りて家を購入することになります。

　借金に抵抗があるかもしれませんが、住宅ローンというのは恐れるべきものではなく、金融の道具として非常に役に立ち金銭的な安全をもたらしてくれます。後ほど、その根拠については説明しますが、特に、初めて住宅を購入する際には住宅ローンを利用する以外に選択肢はありません。

　住宅ローンを組むためには、査定、信用調査、物件検査などいろいろな手続への対応が必要です。そんなに煩瑣な雑用はだれでもやりたくないのはやまやまですが、住宅ローンが必要である以上、手続を進めるほかありません。

住宅ローンに関する大きな誤解の1つは、「住宅ローンは家に対するローンである」というものです。実際には、住宅ローンはあなたの収入に対するローンです。きちんとした収入があれば、住宅ローンを借りることができます。

　住宅ローンの金利が非常に低い理由は、家が担保になるからです。ローンが払えなくなった場合には銀行は家を売却してお金に換えます。銀行としては、あくまでも不動産価値は不変であるという前提で、低い金利でローンを提供してきます。

　なお、銀行の本業は金融ビジネスであって、不動産ビジネスではありません。あくまでも金利収入を目的としているのであって、ローンの返済が滞った人から住宅を取り上げることを目的にしているわけではありません。したがって、決められた条件に従って返済をしている限り、家をとられるようなことは、現在の制度のもとでは考えられません。

　以上のように、住宅ローンというのは、収入に対するローンであって住宅に対するローンではありません。

▶ 住宅ローンのサイズは、4つの条件から決まる

　皆さんにとって、住宅ローンの最適な種類と大きさを考えていきましょう。住宅を購入する際に用意できる金額の計算式は、以下のようになります。

　　利用可能な現金＋借りられるお金の最大限度額＝購入可能な最大金額

　このように、いくらの家を購入できるかはいくらまでお金を借りることができるかに関係があります。そして、住宅ローンの設定額を決める条件は資産、収入、借金、ローン金利の4つからなります。

ステップ1：資産はいくらあるかをチェックする

　まず、すべての資産についてリストアップしていきます。銀行預金、投資信託、株式、債券、その他の資産。家族や親族からの援助。こうして計算された資産金額から、家の購入金額へと結びつけていきます。たとえば、700

万円の資産があるという点からスタートして、いくらの家を買うことができるかを考えていきます。

ステップ2：収入がいくらあるかをチェックする

給料、ボーナス、奥さんのパート代、副業からの収入、投資の配当金、公的年金、退職年金など、すべての収入を足し上げていきます。たとえば、収入の合計が年間600万円であると計算します。

ステップ3：借金はいくらあるかをチェックする

自動車ローン、離婚後の養育費、学生ローン、カードローンなど、すべての債務を足し上げていきます。また、自動車の購入などで10カ月以内に発生するほかの借金も含めます。たとえば、毎月の借金返済額が4万5,000円としてみましょう。

ステップ4：現在の住宅ローン金利をチェックする

銀行に資料を請求して住宅ローンの金利を確認します。2018年初ではフラット35の固定金利なら1.2％で35年間変わりません（融資比率90％以下、団信なしの場合）。いちばん低い変動金利は0.4％ですが、1年目は0.4％でも、その後に金利が見直されます。

▶ 住宅ローンの設定基準

住宅ローンの設定額を左右する4つの条件がわかったところで、実際にいくらの住宅ローンを組むことができるのか考えていきましょう。

設定条件その1

一般的には、金融機関が提供する1つの住宅ローンの融資枠の上限は5,000万円から1億円程度です。後述するフラット35では8,000万円です。

設定条件その2

　住宅取得価格に対する融資限度額は、従来は住宅取得価格の80％までが基本でしたが、最近では住宅取得価格の100％まで借りられる商品がほとんどです。フラット35では住宅取得価格の90％以下と90％超で金利の設定が異なりますが、100％まで借りることができます。なお、ここでの取得価格には諸費用は含まれず、工事請負契約書（注文住宅）や売買契約書（分譲住宅）に記載されている住宅そのものの価格（付随して新たに土地または借地権を取得するための費用を含む）です。

設定条件その3

　住宅ローンとほかのローンの返済額の合計は、たとえばフラット35の貸出基準では、前年度年収の35％以内に収まっている必要があります（年収400万円未満では年収の30％以内）。

　上記の例では、年収が600万円なので、住宅ローンとほかの借金との返済額は毎月17万5,000円（年間210万円）以下でなければいけません。ただし、もしほかの借金の返済額が毎月4万5,000円であれば、住宅ローンの返済月額が13万円までででないと基準を超えてしまいます。

　したがって、①毎月4万5,000円の返済を要するほかの借金を残して住宅ローンのサイズを小さくするか、②ほかの借金を返済して住宅ローンのサイズを大きくすることが必要になります。そして、①か②のどちらを選択する

図表Ⅷ−1　年収600万円では住宅ローンはいくら借りられる？

（期間35年　返済月額17万5,000円）

金利	住宅ローン金額
0.4%	6,858万円
1.2%	6,000万円
2.0%	5,284万円
5.0%	3,468万円
10.0%	2,036万円

かが決まれば、住宅ローンをいくらまで借りられるかという限度額がわかります。

たとえば、②のように、ほかの借金を完済してしまって住宅ローンのサイズを大きくする場合、住宅ローンの返済月額は17万5,000円です。これを基準とすれば、固定金利1.2%では6,000万円の住宅ローンを組めますし、変動金利0.4%では6,858万円の住宅ローンを組むことができます。

> 図表Ⅷ−1の計算は、金融電卓があれば簡単です。「ローン金額」「金利」「期間」「返済月額」のどれか3つを指定すれば、残りの1つが計算できます。最近では、Web上でシミュレーターも公開されています。

▶ 変動金利が人気となる理由とは

ここまで説明すれば、変動金利の住宅ローンに人気が集まる理由がわかります。固定金利に比べて変動金利では設定時の金利が低いため、大きな住宅ローンを組むことができるので高額な家を購入することができるからです。

もちろん、変動金利の場合にはリスクを伴うため、借入れ時の低い金利がその後適用されなくなるおそれがあります。

仮に、変動金利0.4%で6,858万円の住宅ローンを組んで、10%の頭金とあわせて7,620万円の住宅を購入した場合、毎年金利が急上昇すれば住宅ローン返済月額（元利均等返済の場合）は以下のように変わっていきます。

○年目	金利	返済月額
1	0.4%	17万5,009円
2	2.0%	22万5,618円
3	5.0%	33万7,372円
4	10.0%	56万1,245円

（注）　実際の変動金利では金利の見直しは年2回行われますが、返済額が見直さ

れるのは5年ごとであり、しかも返済額の増加は現在の支払額の1.25倍までという場合が多いようです。詳しくは、p600をご参照ください。

　6,858万円の住宅ローンを組んだ場合、金利0.4％では毎月17万5,000円の返済ですみますが、もし上の表のように金利10％に跳ね上がり、それが直接返済金額に反映されようものなら、毎月56万1,245円もの返済になってしまいます。

　このように、変動金利を選択する場合には、金利が上がらないとか、インフレ率を超えて収入が上がることに賭けていることになります。賭けに勝てば支払金額を減らせますが、賭けに負ければ毎月の返済ができなくなって家を失うことになるかもしれません。

　金融機関が住宅ローンに関して制限を設けているのは、まさにこの点が理由なのです。こうした制限がなければ、返済能力を超えて住宅ローンを組んでしまうおそれがあるからです。

　しかも、家を購入するということは、単に住宅ローンの返済にとどまらず、ほかの出費が伴います。たとえば、税金、保険料、維持費、修繕費、装飾費などです。これらの費用は別途発生してくるため、住宅ローンについては控えめな返済金額を設定する必要があるのです。

　こうした点からいえば、住宅ローンは固定金利で借りるのが望ましく、できれば年間返済負担率も35％ではなく25％以下に抑えるべきです。そもそも住宅価格が上昇を続けていた昭和の時代でさえ、当時の住宅金融公庫の提示した上限は年間返済負担率が20％であった点を忘れてはいけません。

　　PARTⅢでは、日本銀行によるマイナス金利の弊害として、将来の金利上昇リスクに対して、金融機関では、デュレーションの短い債券運用にシフト対応せざるをえなくなった点を指摘しましたが、それだけでなく、日本銀行によるマイナス金利は、貸出金利をゼロに近づけ利鞘を削るため、金融機関による住宅ローンサービスの撤退にまで及び始めました。
　　三菱UFJ信託銀行は、2018年3月末で、自社による新規住宅ローンの受付を終えることになりましたし、みずほフィナンシャルグループでも、東北、中

国、九州での新規住宅ローン業務の撤退を検討し始めていると報道されています。

「金融機関が撤退するほど儲からない」ほどの低金利ローンは、消費者にとっては好ましいことではありますが、変動金利を利用すれば、将来、金利が上昇して返済が苦しくなる可能性は高くなります。金利リスクに対処するうえでも、固定金利を選択するほうが無難であるといえます。

▶ 大きな住宅ローンを手にするための6つの方法

希望する家を購入するだけのお金に余裕のない人が、金融機関に住宅ローン限度額を増額してもらうためには、いくつかの方法があります。

① ほかの借金を減らし住宅ローンの借入枠を増やす
② 収入が増えるまで住宅の購入を延期する
③ 家族に住宅ローンの連帯保証人になってもらう
④ 頭金の小さなローン計画を選択する
⑤ 月間返済額が小さいローン計画を選択する
⑥ 金利が下がるまで住宅購入を延期する

▶ 家を購入する際の諸費用とは？

家を購入する際の費用というのは、ローン金利だけではありません。手数料、保証料、団体信用生命保険料がかかります。また、ローン契約書印紙代、抵当権設定費用、火災保険料などがかかります。そのほか、登記の諸経費や引越費用などもあわせると、住宅価格の10％程度の付加費用をみておく必要があります。

注文住宅と建売の違いはありますが、大雑把にいって、家を手にするための諸費用は図表Ⅷ－2のような項目に分かれます。金額からいえば、住宅ローン金利、頭金が圧倒的に大きくなりますが、その他の出費も安くても住宅価格の5％程度はかかると想定しておく必要があります。

平均的な住宅価格が約4,000万円であるならば、その10％とは400万円です。こうした出費を想定しておかねば、「持ち家貧乏」になりかねません。

図表Ⅷ−2　住宅取得の諸費用について

注文住宅	契約関係	地盤調査費、契約書印紙代など
	住宅ローン	契約書印紙代、抵当権設定費用、手数料、保証料、保険料など
	登記関係	登記代、司法書士報酬
	税金関係	不動産取得税、固定資産税、都市計画税など
	その他	引越代、ライフライン、家具・家電製品など
分譲住宅	契約関係	売買契約書印紙代
	住宅ローン	契約書印紙代、抵当権設定費用、手数料、保証料、保険料など
	登記関係	登記代、司法書士報酬
	税金関係	不動産取得税、固定資産税、都市計画税など
	その他	引越代、ライフライン、家具・家電製品など

それでは、諸費用を具体的にみていきましょう。

契約関係の費用

　何年か前、日本では、地盤調査が杜撰であったために、購入後のマンションが傾き壁にひびが入り、住人が立ち退かざるをえなくなったという事件がありましたが、住宅を購入する場合には、地盤が強固であることの確認が必須です（虚偽の調査があった場合は対応がむずかしいですが）。

　一般に、地盤調査には10万円程度の費用がかかります。ただし、そもそも個人の住宅において購入するか未定の土地の地盤調査費を支払うのは現実的ではないため、実際には土地を購入してから地盤調査をすることが一般的です。調査の結果、問題が見つかれば、地盤補強費として100万円から150万円程度かかる可能性があります。

　また、分譲住宅を購入する際には売買契約書が、注文住宅の場合には工事請負契約書がそれぞれ必要になりますが、これらの契約書には、契約金額により決まった額の印紙代がかかります。

住宅ローン諸費用

　ローン契約書にも印紙代がかかります。抵当権設定費用として登録免許税と司法書士報酬が必要となり、さらに火災保険に加入もしなければなりません。

　融資手数料、物件検査手数料、保証会社への保証料、団体信用生命保険の保険料は、ローン商品によって費用が異なります。ここで、住宅ローン諸費用について、いくつか説明しておきましょう。

　1つ目は、融資手数料です。住宅ローンを申し込む際に、貸付に関する手数料として金融機関に支払います。事務手数料とも呼ばれます。融資手数料は、メガバンクでは33,000円ですが、インターネット銀行では、融資金額の2.16％のところが多いようです。銀行による手数料の徴収は、メガバンクでは、融資手数料を抑えて、保証料を高くとり、インターネット銀行では、融資手数料は高くとるものの、保証料はゼロにするケースが一般的です。

　2つ目は、物件検査手数料です。こちらは、フラット35にのみかかります。一戸建ての場合、新築では2万～3万円台、中古では4万～6万円台です。

　3つ目は保証料です。保証料とは、住宅ローン借入れに際して、債務の連帯保証をしてもらうために保証会社へ支払う費用です（フラット35ではかかりません）。銀行独自ローンでは、借入れ時に一括支払か、毎月の返済の際に金利に含めるかたちで保証料が徴求されます。

　保証料は、借入期間、借入金額、返済方法などにより違ってきますし、リ

図表Ⅷ－3　住宅ローンの諸費用について

	フラット35	銀行独自ローン
融資手数料	必要	必要
物件検査手数料	必要	不要
保証料	不要	原則必要
団体信用生命保険	任意	必要 金融機関負担が多い

スクが高いと判断されれば高額になりますが、大雑把な目安としては一括払いであれば35年返済の借入額3,000万円に対してメガバンクでは60万円程度になります。

4つ目は保険です。住宅に関係する保険というのは2つの種類がありますが、加入している人も少なくないようですから、ここでまとめて説明します。

◆団体信用生命保険

この保険は、借り手ではなく住宅ローンの提供者を補償するものです。民間の銀行では、住宅ローン申込みの際には必ず加入する必要があります。加入できなければ原則として住宅ローンが組めません。そして、団体信用生命保険の保険料は、金融機関が負担して住宅ローン金利に上乗せされます。

ただし、後述するフラット35の基本プランでは、団体信用生命保険料として金利に0.28%（2017年10月時点）が上乗せされているものの、団体信用生命保険に加入しないこともできます。加入しない場合は適用金利が0.2%引き下げられます。

> フラット35では、従来、団体信用生命保険（以下「団信」）特約料は、毎月の返済とは別に年1回支払う必要がありましたが、2017年10月より、金利に上乗せされるかたちで特約料が毎月の返済額に含まれることになりました。
>
> しかし、他の生命保険等に加入して備えることが可能であれば、任意加入である団信は避けるべきであるといえます。詳しくは、第75章の生命保険の説明をご参照ください（ただし、かわりに他の保険を用意しないのであれば、団信を利用すべきでしょう）。

◆住宅火災保険

住宅火災保険は損害保険会社で加入しますが、住宅ローンを申し込む際に金融機関でも提供してくれます。火災保険は、建物と家財に関して、銀行ではなく住宅のオーナー（住宅ローンの借り手）に対して直接補償してくれま

す。

　住宅火災保険では、火災、落雷、破裂・爆発、風災・雹災・雪災により生じた損害を補償します。住宅総合保険では、上記に加えて物体の落下・飛来・衝突・倒壊、水濡れ、騒じょうなどの集団行動・労働争議、盗難、持出し家財の損害、水災などによる損害が補償内容に加わります。また、地震保険では、地震、噴火または津波によって生じた損害に対して保険金が支払われます。

　たとえば、隣家からのもらい火で自宅が燃えた場合、多くの場合、失火者の損害賠償責任が免除されていることはご存知でしょうか？　火災に対しては、自分で保険に加入して自衛する必要があるのです。こうした保険に加入せずに、家を購入するのは馬鹿げたことで、銀行としても加入をローンの条件にしています。

　なお、損害保険では、保険の評価額（保険価額）を超えて保険金を支払うことは不当利得になるとして、保険会社が支払う保険金の限度額は保険価額となります。たとえば、3,000万円の建物は、保険価格が3,000万円であり、仮に保険金の契約額を4,000万円としても、3,000万円までしか保険金が支払われないのが原則です。そのため、住宅火災保険では、建物や家財を正しく評価して、その評価額に沿って保険金額を設定する必要があります。

　評価方法の基本は、再調達価額（保険の対象と同じ構造・質・規模・能力のものを再構築または再取得するための必要金額）から、老朽化や使用損耗による減価率を引いた時価となります。

　ただし、十数年後に火災で全焼する場合などには、時価がたとえば1,000万円になっており、元の建物を再築するには程遠い金額です。そこで、再調達価額基準（新価）による契約もあり、主流になりつつあります。

　住宅ローンの申込みに際しては、火災保険への加入が条件とされますが、（住宅）火災保険では、火災、落雷、破裂、爆発、風災、雹災、雪害による損害を補償するだけです。これに対して、地震や噴火またはこれらによる津波を

原因とする火災、損壊、埋没または流失による損害を補償するためには、火災保険とは別に地震保険が必要になります。

東日本大震災時に、自宅や自動車が津波に押し流される大惨事が報道されました。補償を手にするためには地震保険と自動車保険の特約（地震・噴火・津波特約）が必要だったため、東日本大震災を機に注目されるようになりました。住宅ローン申込みの必須条件ではありませんが、ここでは地震保険について説明しておきましょう。

地震保険では、補償対象は居住用の建物と家財であり、単独で加入するものではなく、火災保険に付帯するかたちでの契約となります。ただし、一般の火災保険が再購入価格を補償する実損払いが原則であるのに対して、地震保険では、「いくらの損害が出たのか？」に対して保険金が支払われるわけではない点は注意が必要です。

地震保険の保険金は、住宅であれば建物で5,000万円、家財で1,000万円を上限とし、住宅火災保険や住宅総合保険などの主契約の火災保険金の30〜50%以内で別途契約することになります。たとえば、地震に対する備えとして、建物に5,000万円の保険をかけたければ、主契約として１億円の火災保険を契約する必要があります。

また、全損、大半損、小半損、一部損という具合に、損害を４区分に分類して、それぞれの査定区分に従って契約保険金の100%、60%、30%、５％というかたちで支払われるため（地震による液状化現象も適用）、損害額の全額支払が保証されるわけではありません。

こうした注意点はあるにしても、東日本大震災後には、火災保険に対する地震保険の付帯率が急増して、2016年度時点では62.1%となっています。

登記手続と費用

不動産の名義を、売り手から買い手へと移す正式な手続を登記といいます。そして、住宅の購入者は所有権を登記し、金融機関から住宅ローンを貸りると同時にその金融機関を抵当権者として抵当権を登記します。

法務局で登記簿謄本を入手すると、「建物や土地の場所・大きさ・種類（表題部）」「その建物や土地の所有者はだれか（権利部甲区）」「住宅ローン等の有無（権利部乙区）」が載っています。いろいろな登記を行うためには登記簿が必要ですが、そのためには最初に表示登記が必要となってきます。表示登

図表Ⅷ-4　登記費用について

	税　　金	支払報酬
①所有権移転登記（土地）	登録免許税 （固定資産税評価額×1.5%）	司法書士
②所有権保存登記（建物） 　新築の場合	登録免許税 （新築建物評価額×0.15%）	司法書士
③所有権移転登記（建物） 　中古物件の場合	登録免許税 （固定資産税評価額×0.3%）	司法書士
④抵当権設定登記 　住宅ローン	登録免許税 （ローン金額×0.1%）	司法書士
⑤表示登記（建物） 　新築の場合	登録免許税 （無税）	土地家屋調査士

記とは新しくできた建物や土地に関する表題部をつくる登記をいいます。一方で、権利登記とは、権利部に関係する登記をいい、甲区には所有権に関する登記の登記事項が、乙区にはその他の権利に関する登記（抵当権設定登記など）が記載されます。新築の建物を建てた場合は、1カ月以内に表示登記をする義務があります。その手続には図面が必要となるため、土地家屋調査士に依頼する必要があり、費用が発生します。ただし、登録免許税は必要ありません。

　新築の建物を建てた場合には所有権を登記するため、最初の所有者として所有権保存登記をします。また、土地や中古物件を購入した場合には、前の所有者から所有を移すので所有権移転登記をします。こちらは義務ではありませんが、所有権を主張するには登記が必要であり、登録免許税がかかります。住宅ローンを利用して住宅を購入する際は、一般的に、金融機関による融資の実行日に売主（または施工会社）と買主の間で代金の決済と物件の引渡しが行われ、その事実のもと、所有権移転（または保存）登記と抵当権設定登記を同時に申請することになります。基本的には、登記手続は司法書士に依頼することになるので、報酬も費用として発生します。

　なお、土地や建物を購入すると不動産取得税がかかります。こちらは、取

得時に一度きりですが、それ以外に、毎年固定資産税と都市計画税が徴収されることになります。これらについては、第63章の税金で詳しく説明します。

> 　住宅の費用について、省エネ設備や緑化で助成金を受けることができます。給湯関係では電気式のエコキュート、ガス式の潜熱回収型給湯器がありますし、太陽光発電のためのソーラーパネルには、補助金がつきます。また、NEDO（国立研究開発法人新エネルギー・産業技術総合開発機構）を窓口としたシステム（エコキュートやエコジョーズ、あるいは太陽光発電システム）に対する補助金もあります。長期的にみれば、費用を下げるものもあります。

▶ 注文住宅と分譲住宅の購入プロセスと注意点

　さて、住宅取得の主な費用について確認したところで、今度は、注文住宅と分譲住宅に分けて購入プロセスをみてみましょう。

注文住宅

　注文住宅の場合には、①専門の設計事務所に依頼し施工先に工事を依頼する、②1つの会社に設計と施工を依頼する、のどちらかになります。①でも②でも、問題が生じやすいのは、設計から施工へ入る時点で当初のプランを変更したくなるような場合です。

図表VIII-5　注文住宅購入の要所（設計と施工が別会社の場合）

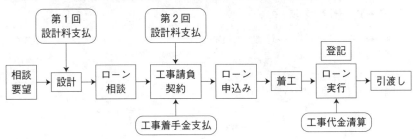

①のプロセスでは、設計と施工が別会社なので契約は別々になります。そのため、1回目の設計料を支払った時点で基本設計ができあがってきますが、そこから大きな変更などが入ると、設計からやり直しになります。また、②のプロセスでは、設計と施工が同じ会社なのでプランに検討余地が残っていても契約の完了が優先されることがあり、工事の着手金を支払った後だとなかなか変更が言い出せなくなります。しかし、こうした要所を見極めないと、追加の工事費用が発生し着工や完成が遅れてしまいます。

分譲住宅

一方の分譲住宅では、図表Ⅷ－6のように、広告などに基づいて不動産業者に連絡をとり、説明を聞いてから契約に至りますが、物件をよくみるだけでなく土地や建物に関する利用制約や契約書も確認してから契約に臨む必要があります。その際には、不動産業者が用意してくれる重要事項説明書が参考になります。

重要事項説明書には、不動産の表示として宅地と建物に関係する事項が記載され、占有状況、登記簿の記載事項、法令に基づく制限の概要、敷地と道路の関係、水道・ガス・電気・排水施設の整備状況などについての記載が続きます。

正当な所有者からの購入か、建ぺい率や容積率に問題はないか、私道の有無、ライフラインの完備、あるいはアスベストの使用や土壌汚染などがないか、耐震診断の有無などについてチェックします。

また、重要事項説明書の後半には、契約の条件として、売主・買主で授受

図表Ⅷ－6　分譲住宅購入の要所

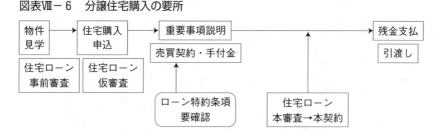

される金額、契約解除に関する事項、損害賠償の予定または違約金に関する事項等の記載があります。

　特に重要なのは手付金で、売買代金の5〜10％程度を前金として支払いますが、契約が成立して以後、買主の都合で契約を解除する際には、この手付金は売主のものとなります。また、契約違反の際にも手付金相当額を違約金として支払うこともあります。

　なお、注意したいのは、「ローン特約」の有無です。売買契約は住宅ローン融資の正式決定を待たずに行われるので、仮に住宅ローンの承認が下りなかった場合、買主としては契約を解除せざるを得ません。これは本来、買主都合の契約解除ですから手付金を放棄しなければならないところ、ローン特約条項として、借りられない場合には違約金なしで売買契約の解除ができるように定めるのが一般的です。

　以上のように、売買契約では重要事項説明書を十分に確認することが重要ですが、往々にして、重要事項説明書は、契約当日に不動産業者から渡されて、その他諸々の手続の最中に説明を受けることがあるため、下記の内容を事前に頭に入れておいて、問題があればその場で指摘する必要があります。

　重要事項説明書は、前半の宅地・建物に関する項目と、後半の金銭的な取引条件に関する項目との2つに大きく分かれます。主な内容は以下のようになります。

◎登記簿に記載された事項
　土地と建物に関する所在、地積、床面積、構造などの不動産の表示、売主の表示と占有に関する事項、名義人や抵当権などの登記簿に記載された事項等の記載があります。

◎法令に基づく制限の概要
　市街化区域や市街化調整区域などの都市計画法・土地区画整理法に基づく制限、用途地域、建ぺい率、容積率などの建築基準法に基づく制限、その他の法令に基づく制限に関する記載があります。

◎敷地と道路、私道負担等に関する事項
　道路の種類・幅員・接道幅、私道と負担金の有無に関する記載があります。

◎飲用水・ガス・電気の供給、排水施設の整備状況

飲用水、ガス、電気、汚水、雑排水、雨水の整備状況に関する記載があります。

◎工事完成時の形状・構造等

未完成物件の場合、土地や建物の形状や構造や仕上げ等に関する記載があります。

◎造成宅地防災区域内・土砂災害警戒区域内か否か

盛土地盤での宅地造成地で地震により不安定になるおそれがある区域、急傾斜地の崩壊等が発生した場合、生命または身体に危害が生じるおそれがあると認められる区域か否かの記載があります。

◎石綿使用調査・耐震診断・住宅性能評価の有無とその内容や評価書

健康被害、耐震性などに関する記載があります。

◎代金以外に売主、買主で授受される金額

手付金、固定資産税・都市計画税清算金の金額や授受の目的に関する記載があります。

◎契約の解除に関する事項

手付解除、引渡し前の滅失等、契約違反による解除、反社会的勢力の排除条項による解除、融資利用の特約による解除に関する記載があります。

◎損害賠償の予定または違約金に関する事項

契約違反による違約金、反社会的勢力排除の確約に違反した場合の違約金等に関する記載があります。

◎金銭の貸借に関する事項

住宅ローンに関して、金融機関名、金額、金利、借入期間等に関する記載があります。

◎手付金、支払金、預り金の保全措置の概要

業者が売主、業者が代金や預り金を受領する場合の保全処置に関する記載があります。

▶ 自然災害を避けるための調査項目

さらに、重要事項説明書では確認がむずかしい点がいくつかあります。たとえば、地震によって地盤が緩んでしまいますと、家やマンションが傾いたり、一部が沈下したりする可能性があります。

一般論としては、マンションの場合にはボーリング調査を行い、地面深くまで杭を立てたりして対策を行いますが、戸建て住宅の場合には、なかなかそこまでの調査や対策が行われていないケースが多いものです。そこで分譲住宅を購入したり、土地を買って注文住宅を建てたりする場合には、自分で地盤調査を行う必要があります。

> 　2015年に横浜市で工事不良のために2センチ傾いたマンションについて報道され、施工会社が必要な地盤調査を怠っていたことが原因であると判明しました。詳細な調査の結果、473本中の8本の杭が地盤まで届いていなかったとのことですが、大手の不動産会社と建設会社によるマンションでも欠陥が見つかったことで大きなニュースとなりました。中古マンションの購入を検討されている場合、地盤についてはよくよく注意して観察する必要があります。

　厄介なのは、地盤調査の費用は10万円程度かかるため、通常、地盤調査を行うのは、土地を購入してからになる点です。しかし、購入後の地盤調査で問題が見つかれば、地盤補強費として100万〜150万円程度必要になります。

　これが最後の手段となりますが、ここに至る前にやるべきこととしては、まずは、土地や物件を外見から観察することです。次に、以前、建物が建っていたか、造成地であったかなどを近所の人に聞き込みをします。造成地とは、平地にするために、土を足したり削ったりした土地ですが、盛った土地が固まっていない場合などは要注意です。最後に、土砂災害や水害などに関しては、自治体でハザードマップを整備していることが多いため、危険地域に入っていないか確認します。

▶ 住宅性能表示制度を利用する

　住宅を購入する機会は、人生に何度もあるわけではなく、一般人には、細かい住宅性能についてはわかりません。しかし、はたして、自分の購入しようとしている住宅に問題はないのでしょうか？

そこで利用したいのが住宅性能表示制度です。これは2000年にスタートした「住宅の品質確保の促進等に関する法律」に関連して、住宅の性能を10分野32項目ほどに分けて、項目ごとに評価内容を等級で示したりするものです。

　10分野とは、「構造の安定」「火災時の安全」「劣化の軽減」「維持管理への配慮」「温熱環境」「空気環境」「光・視環境」「音環境」「高齢者等への配慮」「防犯」となります。

　この制度を住宅取得時に利用できれば、新築住宅の性能がどの程度であるのかについて、客観的な判断がしやすくなります。費用としては、注文住宅の場合には、20万〜30万円程度を施工主が自分で負担する必要があります。分譲住宅の場合には、表示制度付物件として、物件に費用が上乗せされして販売されます。

　また、「住宅の品質確保の促進等に関する法律」では、新築住宅を供給する業者は、住宅の引渡しの時点から10年間に基本構造部分に欠陥が見つかった場合には、無料で修復する瑕疵担保責任を負うことになりました。保証される基本構造部分とは、住宅の構造耐力上主要な部分（基礎、土台、床版、柱、壁等）と雨水浸入を防止する部分（外壁、屋根、開口部等）です。

　そして、2009年にスタートした「住宅瑕疵担保履行法」では、万が一、業者が倒産した場合に備えて、新築住宅を引き渡す建設業者や宅建業者に対して、保険に加入するか保証金を供託することを義務づけています。

　大手の事業者（建設業者および宅建業者）を除いて、大半の事業者は保険に加入していますが、住宅瑕疵担保責任保険法人という5つの保険会社が、工事中に検査を行い、業者と保険契約を結びます。検査に合格しないと保険に加入できません。仮に引渡後に瑕疵があれば、保険金を事業者が受け取って欠陥を修復しますし、業者が倒産した場合には、消費者自身が保険金を受け取れます。支払われる保険金の上限は2,000万円です。

　業者が保険に加入しているか否かは、注文住宅では請負契約の際、分譲住宅では、売買契約の際、説明や書面記載がありますし、引渡しの際に保険の証明書が発行されます。仮に、なんらかのトラブルが生じた際には、住宅紛

争処理支援センターなどの専門機関がサポートしてくれます。

　なお、中古住宅は「住宅の品質確保の促進等に関する法律」の定める10年間の瑕疵担保責任の対象ではありません。宅建業者が売主の場合は、宅地建物取引業法の定めにより2年の責任期間がありますが、個人が売主の場合は契約により任意の定めができることから、一般には長くて3カ月、物件によってはまったく保証されません。しかし、現在では、既存住宅瑕疵保険として保険期間5年か1年で、支払上限額が1,000万円か500万円の保険商品も販売されています。

　売主が宅建業者である場合には、業者が被保険者になる既存住宅瑕疵保険が販売されています。また、個人間売買で、仲介業者が買主の損害に対して保証責任を履行する場合、仲介業者が被保険者になる既存住宅瑕疵保険もありますし、買主のために検査を行い保証する検査業者が被保険者になる既存住宅瑕疵保険もあります。

　購入した物件に雨漏りやシロアリ被害などの欠陥があれば、買主は困ります。

　このような場合の売主の責任について定めた民法の原則規定が、従来「瑕疵担保責任」と呼ばれていたものです。改正前の民法においては、売買の目的物に「隠れた欠陥（＝瑕疵）」がある場合には、売主が損害を賠償する責任を負い、瑕疵が重大で契約の目的が達せられないときは買主側から契約を解除することができる旨が定められていました。

　2020年4月の改正民法の施行により、「瑕疵」という語が「契約の内容に適合しないもの」という表現に改められました。また、その「契約不適合責任」の内容も、瑕疵担保責任よりも買主の権利を拡充する方向に変更されており、引渡しを受けた目的物が契約不適合であった場合の買主の取りうる法的手段として、これまでの契約解除権、損害賠償請求権のほか、追完請求権、代金減額請求権も加わりました。

　ただし、契約不適合責任は任意規定であり、売主が個人であれば、民法と異なる契約内容を特約で定めることは可能です（売主が宅建業者である場合は、宅地建物取引業法の規定により、売主の責任を免除する特約は無効となりま

す）。売買契約書で、売主がどのような条件で契約不適合責任を負うのか、期間は引渡し後何カ月までかを確認しておくことが重要です。

　なお、新築住宅に関しては、本文で述べたとおりです。住宅の品質確保の促進等に関する法律により、新築住宅を引き渡す建設業者または宅建業者は、住宅の構造耐力上主要な部分または雨水の侵入を防止する部分に関しては引渡し時から10年間は瑕疵担保責任を負う義務が課せられています。なお、住宅の品質確保の促進等に関する法律では「瑕疵担保責任」という語が残っていますが、その内容は、改正民法の契約不適合責任と同等です。

▶ マンション特有の注意事項

　契約に際して、重要事項説明書が重要であり、新築の場合は住宅瑕疵担保履行法の適用を受けるなどの点では、注文住宅も分譲住宅もマンションも同じですが、ここで共同住宅であるがゆえのマンション特有の注意事項について触れておきましょう。

　マンションには、専有部分と共用部分とがあります。専有部分では、壁や床や天井など自由にリフォームできますが、共用部分では、住民全員が使うため、個人的なリフォームができないというのが基本です。

　共用部分としては、エントランス、廊下、階段、エレベーター、屋上テラスなどはすぐに思いつくでしょうが、実はバルコニーや窓も共用部分であるため、個人の自由な使用は認められているものの、増築したり、かたちを変えたりすることはできませんし、窓枠や窓ガラスも変更ができません。

　また、1棟で利用できる電気総量に制限があるため、自分が利用できる電気容量について確認しておく必要がありますし、もし自分だけオール電化を希望しても、この電気容量の制限に加え、給湯用貯蔵タンクの設置場所が問題になりますし。逆にマンション全体がオール電化なのに自分だけガスを使うこともむずかしいでしょう。

　さらに、マンションの区分所有者になると、管理組合とのかかわりが生じます。一般的には、マンション販売時に、販売会社は管理規約や管理会社を仮決定しておき、マンションの購入と同時に、住民は管理組合の一員とな

り、理事などを選出して管理組合をスタートさせ、通常年1回の総会を通じて、管理費や修繕費を決めたり、共用部分や敷地を管理させる管理会社への委託内容の見直しを行ったり、原始規約の改定を行います。

　なお、管理会社は、管理組合から委託されている会社であり、いわゆる大家さんではありません。そして、管理会社への委託内容をみれば、管理人が巡回か常駐かなどがわかりますし、管理規約等からは、自転車置き場や駐車場、ごみ置き場のルール、ペットなどについての細かい規則等を知ることができます。マンション住民との話合いや防犯パトロールなどの役割を交代でやらされるかもしれませんから、マンションを購入する前から十分な確認をしておく必要があります。

　なお、これらに加えて、マンションの管理費や修繕積立金の確認も必要です。管理人の人件費、管理会社の委託料、掃除費用、補修費用等に管理費が、10年ごとの大規模な修繕費用に修繕積立金がそれぞれ充てられます。当初の管理費や修繕積立金の負担は低いほうがありがたいでしょうですが、あまりに低い金額しか徴収されていないと、十数年後の大規模修繕時に、住民全体が一時金として大きな費用負担を求められ、挙げ句の果てには、修繕が困難となって放置される可能性があります。

　日本の不動産契約では、不動産業者の仲介のもと、事前に説明を受けるものの、契約当日になって初めて重要事項説明書が提示され、その場で署名捺印が行われ、契約が成立してしまうことが普通です。ここで注意すべき点は、売買契約による代金振込みをした時点から、不動産名義の移転登記を完了する時点までの間です。

　2017年8月に、東京・五反田の一等地に対して、大手住宅メーカーの積水ハウスが売買代金70億円のうち、売買予約用に63億円の手付金を支払ったところ、持ち主と称していた人間が、実は、印鑑証明書やパスポートなどの本人確認書類を偽造した「所有者のなりすまし」であることが発覚しました。

　積水ハウスが63億円支払って売買予約を登記したのは2017年4月でしたが、売買契約成立を目前に控えた同年6月、突然、上記のような「所有者のなりす

まし」が提出書類により発覚して、相続を原因とした2人の男性への所有権移転が認められたため、この土地の所有権はこの2人の男性に移り、積水ハウスによる売買予約が無効となってしまったのです。

印刷技術の進歩や3Dプリンターの登場で、印鑑証明書や実印が簡単に偽造できてしまうなかで、積水ハウスのようなプロですら、こうした地面師にひっかかるのが不動産取引です。最低限の防衛策としては、印鑑証明書、実印、身分証明書、権利書の偽造を避けるため、別々の場所に保管して他人にみせないようにしたうえで、法務局へ通って登録に関するデータが変更されていないか確認する必要があります。

原著では、settlement companyの説明があります。アメリカの取引習慣として、不動産を探すときには、不動産業者に物件探しを依頼し、希望物件が見つかると条件交渉をしてもらいます。こうして条件の合意ができあがると、最終的にsettlement company（あるいはエスクロー会社とも呼ばれる）を利用することが少なくありません。

settlement companyでは、買い手から購入代金を預かり、シロアリ報告書、検査報告書、タイトル報告書、ディスクロージャー表を作成し、完全に条件が折り合い、双方が契約書に合意したことを確認してから売り手に対して代金の振込みを行います。こうして買い手は登記を行うことになりますが、購入代金の支払を第三者に委託して、第三者が取引条件の検証等に立ち会いながら契約が成立した時点で第三者から代金が売り手へと振り込まれる仕組みがあるのです。こうした仕組みが広く普及しているため、アメリカの不動産取引では、上記の積水ハウスのような「地面師」の事例は、ほとんど聞かれません。

一方で、上記のような制度がない日本では、重要事項説明書をよく読んで売買契約書にサインしてから、不動産登記が完了するまでの間、積水ハウスのような事件に巻き込まれていないか、警戒をするしか方法がないということです。

▶ カーテンを用意するのは、だれか？

たとえば、夢のわが家に出会ったとしましょう。築10年で2,000万円で売りに出ています。1,850万円への値引を打診したら、オーケーとのことでした。

ここで問題です。カーテンはだれが用意するのでしょうか？

このような疑問は、売買契約を締結する瞬間まで問題にならないことが多いものですが、引越してみたらカーテンがなく、お風呂場の脱衣所や寝室が外から丸みえになっていることだってありえます。売り手と買い手との間できちんと契約書が用意されていれば、こんなトラブルは起こりません。

　売り手と買い手の間では、契約書こそが絶対であり、契約書に記載がない項目については売買契約の目的物となりません。つまり、契約書にカーテンの記載がなければ、売り手はカーテンを取り外してから家を譲渡することとなるのです。

　これは、カーテンに限らず、皿洗い機、乾燥機、冷蔵庫に関してもいえることです（ただし、日本では、庭で立派に咲きほこっているバラや松の木については、契約書になければ、土地の定着物として扱われるため、売主が持ち去ることができません）。一般的には、ボルトで留めてあるもの以外、つまり家の一部を構成しているもの以外は売買の対象には含まれません。

　同様に、売り手が費用を負担すると契約書に記載されていない場合には、買い手の期待どおりには運ばないということです。契約書に記載されていない口約束に関しては、引越しが終わった後にトラブルのもとになるものと覚悟しておいたほうがよいでしょう。

　手続がうまく進むためには、契約書にすべての事項が記載されていることが望ましく、特に、最初に契約書が作成されサインする際には十分に注意する必要があります。もちろん、契約書の修正ということは可能ですが、その場合には両者の同意が条件であるため、いささかめんどうなことになるかもしれません。

　契約書では、できる限り詳細な記述が必要になります。一般的な契約事項にもたくさんの項目がありますが、必ずしも必須項目のすべてを含んでいるわけではありませんから、買い手がはっきりさせたい項目が見落とされている可能性もあるからです。この点を避けるために、買い手としては、譲渡してもらいたい項目（備品等）をすべて契約書に含め売り手に承諾してもらう必要があるのです。

　すべての項目に関して、契約書に記載されていれば混乱を避けられます。

契約書にサインする前に、何か修理・追加箇所があった場合、サウナの設備がもらえるのかどうかについてもきちんと確認しておきます。記載がないなら、自分の所有物になるのだなという思い過ごしは禁物です。見解の違いに対しては、不動産業者が仲裁に入ってくれることもありますが、あくまでも契約書に記載されている範囲でしか効力はありません。

　譲渡されるものは何で、譲渡されないものは何かについて、疑問があれば不動産業者にたずねましょう。何か記載されていない項目があると不安に思うのであれば、とにかく不動産業者にたずねてみることです。というのも、経験のある不動産業者でも、契約書案作成の際に見落としている可能性があるからです。

▶ 不動産業者をうまく使う

　新しい家を見て回ることは楽しいことですが、新築にせよ、中古にせよ、家を購入する場合には、不動産業者を利用するのが効果的です。その際には、「希望リスト」をつくっておきます。リストへの記入事項としては、以下のようになります。

・価格帯　　　4,000万円くらい
・場所　　　　都市部のどのあたりか？　職場や学校やスーパーや病院へはどれくらいの距離か？
・構造　　　　集合住宅、戸建て、1人用、大家族用
・スタイル　　伝統的、モダン
・特徴　　　　部屋数、お風呂、洗濯機
・設備　　　　駐車場、ごみ置き場、セキュリティーシステム

　リストの作成が終わったら、新聞広告や住宅情報誌をチェックしたり、不動産物件を訪ねたりします。インターネットで複数の不動産業者へ連絡すれば、すぐに連絡があるでしょう。

　売り手のほとんどが不動産業者に売却を委託しているため、インターネット上に、該当地域で売りに出されている物件の情報が集まっています。そのため、不動産業者に依頼すれば、希望する基準にあったものが見つかります

し、実際に見学することができるようになります。特に、何か条件を付け加えたい場合には、直接、不動産業者にたずねるとかなりの情報が集まります。そして、何よりも気に入った物件が見つかった場合には、皆さんを売主に会わせてくれます。さらに、不動産の購入には、金融機関、司法書士、土地家屋調査士など、いろいろな関係者に依頼することになりますが、全体プロセスを通じて不動産業者が手助けしてくれます。

不動産業者の立場を理解する

ここで、不動産業者の立ち位置については、「売主」「仲介」「販売代理」という3つのなかでどの立場になっているかを理解しておくことが重要です。

・「売主」だと、その不動産業者が土地を購入して建物を建て広告を出して販売しています。つまり、不動産業者が売主であり、仲介業者がいませんので、買主は仲介手数料を負担する必要はありません。

・「仲介」だと、売主と買主を引き合わせて不動産業者が仲介するかたちで調整をします。そのため、契約が成立した場合、売主も買主も不動産業者に物件価格の3％＋6万円（消費税抜き）を上限とした仲介手数料を支払う必要があります。

・「販売代理」だと、売主から販売代理権を委託された不動産業者が買主に対して販売活動を行います。契約に至ると、売主から不動産業者へ手数料が支払われますが、基本的には買主には仲介手数料は発生しません。

買主からみれば、同じ新築一戸建てであっても、不動産会社が「仲介」であれば、4,000万円の物件に対して126万円程度を上限とした仲介手数料を支払う必要があります（消費税10％を加えると139万円）。半面、数多くの物件を扱っているので選択肢は広がります。

不動産業者が「売主」であれば、買主には仲介手数料はかかりませんし、販売物件は自社物件なので契約後のアフターケアも期待できますが、自社物件だけを扱っているため、品揃えに欠ける可能性もあります。

また、不動産業者が「販売代理」であれば、収入は、売主からもたらされ

るため、当然のことながら、不動産業者としては、売主本位の販売活動を行います。売主の利害を考えていることを失念すると、買主は不動産業者の口車にのせられて不利な契約を強いられるおそれもあります。

　以上、不動産業者の3つの立場について説明しましたが、不動産業者のいちばんの利用法は、皆さんの購入条件を売主に伝えてもらうことにあります。家を探し始めればすぐに気がつくでしょうが、家を購入する際には、司法書士、土地家屋調査士、金融機関、法務局、不動産鑑定士など、さまざまな人たちがかかわってきますが、適切な不動産業者に当たれば、始めから終わりまで手伝ってくれるはずです（p587もご参照ください）。

　不動産業者を通じて購入を考える際、気に入った物件があれば、「申込金」として10万円程度を支払うことがよくあります。要するに、「1週間から2週間で返事をするから待ってください」という意味で、最終的に、契約しない場合には、法的拘束力がないため返金してもらえます。一方で、売買契約書を交わした際の「10％の手付金」は、契約撤回時には戻ってきません。「手付金を払って仮契約をした」というのは、完全な誤解であり、こちらは法的拘束力があります。なお、重要事項説明書は、契約当日に提示されることが多いのが現状ですが、当日に問題を発見しても、なかなか訂正を言い出せませんから、契約日前日までに用意してもらうように不動産業者に強く要請しましょう。

▶ 新築か中古物件か？

　初めて家を購入する際、独身であったり、子どもがいないご夫婦であったり、お子さんが小さかったりするため、ワンルームマンションや小さな分譲住宅を選ぶことが多いものです。家族が増えたり、子どもが大きくなったら、もっと大きなマンションや家を購入しようと考えるわけです。そこで、新築か、中古物件かと聞かれれば、多くの人が新築を選びます。そして、自分の好みにあわせて、壁の色を変えカーペットや風呂を特注品で飾ります。ただし、新築を買うことと中古を買うことの経済的な意味を、十分に検討し

ておくことが大切です。

　新規開発地において家の将来の価値は、ディベロッパーと呼ばれる不動産
会社が決めることになります。大手の不動産会社は、ディベロッパー（開発
者）と呼ばれ、土地の取得、不動産開発の企画、デザインを行い、ゼネコン
と呼ばれる大手建設業者に建設を発注して、駅前の再開発や大型マンション
の不動産開発を行います。そして、新規開発地では数年間にわたって、周辺
地一帯に家が続々と建設されていきますが、そのために、仮に新規開発地に
小さなタウンマンションなどを購入したならば、皆さんの家の将来価格は追
加して建てられた物件の値段に左右されることになります。

　結局、周辺に続々と似たような家やマンションが建設されるとすれば、新
しい買い手としては、中古よりも新築を選ぶもので、中古物件は建設中の物
件より安い値段でしか売れません。皆さんが将来売りに出す場合、新築より
売値は安くなります。しかも、皆さんの好みが気に入ってもらえる保証もあ
りません。もちろん、業者が価格を引き上げれば、皆さんの家の値段も上が
るでしょうが、いずれにせよ、皆さんの家の値段は、周辺に新築物件が建設
される限り業者によって決められてしまうことになるのです。

　また、ある地区の分譲住宅やマンションルームは、ほとんど同時期にまと
まって完成するため、建設計画が一段落するごとに、独身であったり、子ど
もができるまでの一時期だけを過ごすご夫婦といった、同じ目的をもった大
量の買い手が一斉に押し寄せるのだそうです。すなわち、同じ目的をもつが
ゆえに、大量の住人が同時に退去し、売却をする可能性もあるということで
す。その結果、供給が多すぎて、中古物件は値崩れせざるをえない状況に追
い込まれてしまうのです。

　また、家を購入する際には、売り手の立場で考えることが大切です。とい
うのも、いつかは家を売りに出すからです。デザインや装飾に関しては、将
来の買い手のことも意識して行うべきです。もし皆さんが紫色の壁にしてい
たら、売りに出す前には塗替えが必要になるでしょう。

第58章

住宅ローンの利用方法について

　2003年以降、アメリカでは、不動産ブームが起こり不動産価格は急上昇しました。その際、住宅ローン商品が多様化したと同時にローン基準が緩くなり、本来ならば、頭金が用意できず、収入が少ないがために、本来ならば家を買えなかったはずの人でも、夢を手に入れることができるようになりました。

　その結果、サブプライムローン問題が起こって、2007年には不動産ブームは終わり、リーマンショック以降は不動産クラッシュとなり融資条件が厳しくなりました。

　一方で、日本では、2000年代前半のアメリカの不動産ブームを目の当たりにしながら、住宅ローンの証券化が進み始めました。2007年には、日本の住宅ローンを支えてきた住宅金融公庫が新規融資業務を終了して、新たに住宅金融支援機構ができあがりました。

　住宅金融公庫時代には、「公庫融資を上限まで借りて、不足分は民間の銀行で借りる」というスタイルであったものの、住宅金融支援機構では、主力商品のフラット35を用意して民間銀行へ提供するような「融資支援業務」を行うこととなりました。

　主に短期の資金調達を利用して住宅ローンを提供してきた民間金融機関では、取扱いがむずかしかったため、①住宅金融支援機構が長期間の固定金利商品であるフラット35を民間金融機関へ提供して、②民間金融機関が販売した住宅ローン（フラット35）を住宅金融支援機構が買い取り、③それを担保として債券を発行することで長期の資金調達を行い、民間金融機関へ長期固

定金利の住宅ローンを提供する仕組みをつくりあげました。

　要するに、「住宅ローンという債権を証券化して債券として資金調達を図る」という、アメリカのモーゲージ証券の模倣が行われたわけですが、同時に、民間金融機関では、自社独自の住宅ローン商品開発に力を入れるようになった結果、住宅ローン商品は品数が増えて複雑化しています。

　そこで、この章では、住宅金融支援機構のフラット35の特徴について説明していきます。なお、住宅ローンの証券化については、Part Ⅲでも詳しく説明しています。

▶ フラット35の特徴

　フラット35の最大の特徴は、最長で35年間、固定金利のままで借りていられる安心感です。すでに説明したように、変動金利の場合には、住宅ローン設定時の金利は固定金利より低くても、その後の市場動向によっては金利が上がってしまい、毎月の返済額が急増して返済ができなくなる可能性があります。

　このフラット35は、借入れ時の金利が全期間変わらない「全期間固定金利型」であり、2020年3月時点で最も多い金利は以下のようになります（フラット35の金利は取扱金融機関により異なるため、住宅金融支援機構では最頻金利を公開しています）。

返済期間	融資率	団信あり	団信なし
21年以上35年以下	9割以下	年1.24%	1.04%
21年以上35年以下	9割超	年1.50%	1.30%
20年以下	9割以下	年1.19%	0.99%
20年以下	9割超	年1.45%	1.25%

　しかも、フラット35では、保証料や繰上返済手数料はかからず、団体信用生命保険への加入も任意ですから、住宅ローン費用としてはかなり安くあがりますし保証人も必要ありません。

上の表では、融資率が9割以下と9割超では、金利が0.26％も異なります。仮に、4,000万円を、35年間借りた場合、1.5％と1.24％で借りるのとでは、金利支払総額が211万2,796円も違ってきます（元利均等返済の場合）。10％の自己資金を用意できるかどうかで、金利が0.26％違ってくると、211万円も余分に金利を支払わされるのです。

　　だれだって、こんな余分な金利は支払いたくないですよね！　そして、実際に、この0.26％を支払わずにすませるために、フラット35パッケージローンという手段が提供されています。

　　フラット35では、10％の自己資金を用意できるかどうかで金利が違ってくるため、10％の自己資金という条件をクリアできるように、その不足分をフラット35パッケージで借りてしまうという方法があるのです。

　　つまり、自己資金10％をフラット35パッケージで借りることで、融資率が9割超の低金利に近づけてフラット35を借りられる可能性があります。

　　ただし、条件が横並び的なフラット35に比べて、フラット35パッケージは、銀行によって手数料や金利が大きく異なります。どこの銀行を選ぶのかは、90％のフラット35と10％のフラット35パッケージの全体を比較する必要があります（フラット35パッケージについては、p612のコラムで詳しく説明します）。

　　一方で、フラット35には利用条件があって、住宅金融支援機構で定めた技術基準に基づく物件検査を実施しますから、一定基準以上の質の高い住宅取得に対してしか利用できません。なお、省エネ性、耐震性などに優れる物件に対しては、金利を一定期間引き下げるフラット35Sが利用できます。

　　また、年収400万円以上の場合には、住宅ローンとほかのローンの返済額が年収の35％以内、年収400万円未満では年収の30％以内という条件があります。ただし、すでに説明しましたが、ほかの借金がなくていまの金利水準でいえば、年収600万円でも5,000万円近くまでの住宅ローンを組むことが可能です。

　　フラット35の使途については、申し込んだ本人または親族が住むための新築住宅の建設・購入資金または中古住宅の購入資金であるので、土地だけの

取得には利用できません。借入額は8,000万円以下になります。

　なお、フラット35の申込みは、銀行を中心とした金融機関で取り扱っていますが、それとは別に、小規模の代理店である「モーゲージ・ブローカー」でも扱いがありました。

　フラット35以前、住宅ローンの提供者は住宅金融公庫と銀行でした。ところが、住宅金融公庫は姿を消して、住宅金融支援機構がフラット35を提供すると、販売会社は"フラット35の小売業者"になったのです。

　ただし、同じ商品を販売しているのに、販売金融機関や販売会社によって、提供金利が違ってくるのは、主に対面式かインターネットかによる経費の違いや、手続サービスの手間賃による違いです。もともと、販売業者は、同じ卸売価格で、同じ商品を仕入れているのですから当然です。

　また、フラット35では、自分で預金を集めて、それを貸し出すわけではないので、銀行以外でも他業者からの参入が相次ぎました。日本でも、モーゲージ・ブローカーと呼ばれる保険代理店程度の規模の小さいローン販売業者が、フラット35を販売するようにもなりました。

　原著では、アメリカの事情を取り上げ、モーゲージ・バンカーとモーゲージ・ブローカーの違いを説明していますが、前者は、銀行が自社ローンを提供するのに対して、後者は、いろいろな銀行の住宅ローンを提供する点に特徴があり、モーゲージ・ブローカーは卸値で仕入れて、小売価格で販売するという具合です。

　アメリカのファイナンシャルプランナーとは、複数社の投資信託や保険を販売すると同時に、モーゲージ・ブローカーとして住宅ローンの販売を手掛けるのが普通であり、イーデルマン・フィナンシャル・エンジンズ社でも、以前は、住宅ローン販売を行っていました。

　日本でも、フラット35を皮切りに、アメリカのようなモーゲージ・ブローカーが定着する可能性はありましたが、マイナス金利の導入により、ほとんど壊滅状態です。

　日本の住宅ローン金利は、1982年には8％を超えており、1980年代の後半に5％まで落ち込んだものの、1990年には再び8％となり、金融機関では大きな利鞘を手にできました。しかし、1997年以降は3％未満となり、マイナス金利導入以降は、1％未満にもなっています。小売価格が1％である状態では、仕

入値がいくらでも儲かりません。

　中小零細のモーゲージ・ブローカーが相次いで退出していくなかで、三菱UFJ信託銀行やみずほフィナンシャルグループまでもが新規住宅ローン業務の撤退を検討し始めていると報道されています。フラット35は、返済不能などのデフォルトリスクは、住宅金融支援機構が負っているため、販売にとってはリスクのない商品ですが、やってられないほど儲からない商品でもあるのです。

▶ 住宅ローンプログラムの選択

　フラット35を紹介したところで、「全期間固定金利型」「一定期間固定金利型」「変動金利型」の３つのパターンの住宅ローンについて確認しておきましょう。

① 全期間固定金利型の住宅ローン：固定金利の住宅ローンは、金利と月間支払額は変わりません。たとえば、1.1％の固定金利で35年ローンを組む場合、ずっと金利は1.1％のままで変わりません。

② 一定期間固定金利型の住宅ローン：ゆとり型とも呼ばれ、年収の伸びを見込んで段階的に金利が上昇するタイプ。たとえば、当初10年間は1.0％の固定金利ですが、11年目からは1.5％の固定金利に変わるというものです。この場合、11年目からは毎月の返済金が増えます（フラット35Ｓの一定期間固定金利型は、当初設定だけが全期間固定金利型より低い特殊型です）。

　また、このタイプでは、５年、10年、20年と金利の固定期間を選択でき、固定期間が終わったときに、その時点での金利によって、変動型とするのか、再度、一定期間固定金利型とするのかを選べる商品もあります。

③ 変動金利型の住宅ローン：変動金利の住宅ローンは、初めの頃には固定金利よりも低い金利を利用できるので人気がありますが、後になれば金利が上昇する可能性があり、月間返済額が増えれば苦しくなる点は注意が必要です。

　さて、2016年春、日本銀行は、ゼロ金利を超えて、マイナス金利をスター

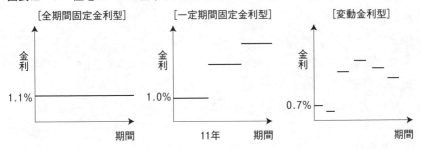

図表Ⅷ－7　住宅ローンの基本3パターン

［全期間固定金利型］　　　　　［一定期間固定金利型］　　　　　［変動金利型］

トしましたが、それに連動するかたちで預金金利や住宅ローン金利も引き下げられました。その結果、2018年初にはフラット35では、金利1.2％程度で35年間住宅ローンを組むことができるようになりましたし、変動金利では金利0.4％程度の商品が販売されています。

　それでは、仮に、35年返済で、6,000万円のローンを組んだ場合の金利支払総額はいくらになるのでしょうか？　計算してみると、

・全期間固定（1.2％）では　1,351万円

・変動金利（0.4％）では　431万円

となります。つまり、両者の差は920万円ですが、これを高いとみるか安いとみるか判断が分かれます。というのも、今後、変動金利が2％、4％、6％と急激に上昇するようであれば、金利支払総額は、2,348万円、5,158万円、8,369万円へと増加するからです。

　無難な線でいくか賭けに出るかは個人の自由ですが、多くの専門家が、将来の危険の芽を摘み取るためにも、いまの水準であれば全期間固定金利を勧めるのではないでしょうか。

▶ 変動金利について知っておく

　マイナス金利時代の住宅ローンとは、固定金利の商品でさえ1.2％ですが、変動金利では0.4％という商品もあるわけで、この金利が35年間続けば、金利差は920万円にもなります。そこで、変動金利について詳しく説明しておきます。

変動金利は短プラに連動するのが原則

貸し手の立場から住宅ローンを眺めれば、貸出金利と調達金利の関係が重要です。民間銀行が提供している「変動金利型」の住宅ローンでは、預金で集めた資金を貸し出すので、短期プライムレート（優良企業に1年以内に貸し出す際の金利）に連動します。

ただし、実際には、短期プライムレートは、2009年1月以降、1.475％で変わっていませんので、ここ数年で、0.4％のような低金利の「変動金利型」の商品が誕生したのは、金融機関の競争が激しくなっており、優良顧客の囲い込みをしているのだと考えられます。

これに対して、フラット35のような「全期間固定金利型」では、住宅金融支援機構が貸し手であり、債券で資金調達するため、貸出金利は新発10年国債の利回りに連動します（民間銀行はフラット35を販売しているだけなので、長期資金を調達する必要はなく、ローン利用者がデフォルトしても、債務を買い取ってもらっているため、リスクを負いません）。

省エネ性、耐震性などに優れる物件に適用されるフラット35Sでは、当初の金利を一定期間引き下げますが、フラット35Sのような場合を除けば、「一定期間固定金利型」とは、「固定金利が一定期間続いた後、変動金利型になる」と言い換えられるものが多い。そして、固定金利の一定期間終了時に、変動金利に移る際、民間銀行では、円金利スワップレートを基準にしています。

ここでいう金利スワップとは、変動金利で借りた際の金利変動に備えるため、別の当事者と契約を結んで固定金利を支払うのと交換に（スワップ）、変動利息を受け取るというイメージであり（元本の交換ではなく、金利分のみの交換）、大雑把にいえば、同一通貨の固定金利と変動金利を交換する際の固定金利の交換レートを円金利スワップレートといいます。

日本では一般的に、6カ月TIBOR（Tokyo Inter Bank Offered Rate）や6カ月LIBOR（London Inter Bank Offered Rate）といった変動金利に対して、交換の対象になる固定金利を示し、たとえば、円金利スワップレート（10年）が0.5％、6カ月TIBORが0.2％である場合、「変動金利0.2％で借りているが、10年固定金利に換えるなら0.5％と交換できる」というもので、元本

交換はしないが利息だけを交換することで、変動金利でお金を借りている場合には、金利上昇リスクに備えられます。また、固定金利で借りている場合には、金利が下落すると判断すれば、利払費を安くできます。

なお、TIBORとは金融機関どうしで資金を融通し合う際の金利であり、東京円金利スワップレートには、1年、2年、3年、4年、5年、7年、10年があり、株式会社QUICKによって提供されています。

年2回の金利の見直し

一般的な「変動金利型」では、年に2回（通常は4月と10月）、金利の見直しをします。4月と10月以外の月（たとえば2月や6月）の短期プライムレートは関係がなく、あくまでも決められた月（4月と10月）に短期プライムレートが変動した場合、適用金利が変更されます。

返済月額の見直しは5年ごと（5年ルール）

住宅ローンの適用金利の見直しは半年ごとですが、元利均等返済を選んだ場合、一般に、返済額の見直しは5年ごとに行われます。たとえば、当初の金利が1％であったものの、半年後に1.5％に上昇した場合、当初の返済月額が10万円であれば、当初5年間、返済月額は10万円のままとなります。ただし、金利が変更された場合、返済月額10万円のなかの現金返済分と利息返済分との割合が変わります。

（注）元金均等返済を選んだ場合、適用金利の見直しが行われた際は、その都度、返済月額の再計算が行われるため、以下で説明する未払利息の問題は発生しません。ただし、返済スケジュールに遅れが生じない代わりに、金利の上昇によって利息分が増えたときは返済月額もその分だけ増えることになり、後述の125％ルールの適用がないため金利の上昇幅次第では返済月額が大幅に増額する可能性があります。

たとえば、住宅ローン3,000万円（返済期間35年、当初金利1％）を元利均等返済で返済する場合、第1回目の返済月額は8万4,686円となり、その内訳は、元金分5万9,686円、利息分2万5,000円です。

（注）以下、文中や表で示した金額はあくまでイメージをつかむためのシミュレー

ション結果であり、実在する住宅ローンの返済スケジュールを示すものでは
ありません。また、計算途中で生じた端数を四捨五入しているため、内訳と
合計が合わないことがあります。

　しかし、半年後に金利が1.5%になると、単純計算による返済月額は9万
1,757円となり、その内訳は、元金分5万4,706円、利息分3万7,051円とな
ります。ただし、「返済金額の見直しは5年ごと」という取決め（5年ルー
ル）があるため、返済月額は8万4,686円のままになり、その分だけ元金返
済分が減って、その返済月額の内訳は、元金分4万7,634円、利息分3万
7,051円となります。

　その結果、元本の返済ペースがどんどん遅れていってしまうことになりま
す。

半年後に金利が1.5%に上昇した場合

	初回の返済	7回目（半年後）の返済
適用金利	1%	1.5%
本来の返済金額	8万4,686円	9万1,757円
実際の返済金額	8万4,686円	8万4,686円
元金返済分	5万9,686円	4万7,634円
利息返済分	2万5,000円	3万7,051円

返済月額の増加は1.25倍まで（125%ルール）

　たとえば、住宅ローン3,000万円（返済期間35年、当初金利1%）を元利均
等返済で返済する場合、半年後に金利が1.5%に上昇し、その後の4年半も
1.5%である場合、4年半の間返済月額が据え置かれることにより、当初の
返済スケジュールに比べて、返済する元金分が減ることになります。4年半
で39万4,787円の不足となります。

　そこで、残りの30年間に、この39万4,787円を返済する必要があるため、
毎月1,363円を追加して支払うことになります。こうして6年目（61回目）
からの返済金額は、9万1,757円に1,363円を足した9万3,120円へと引き上

げられます。

　9万3,120円の内訳は、元金分5万9,392円、利息分3万3,727円です。

　なお、この例では、金利が1.5倍になり、返済月額は1.01倍に増えただけですが、一般的な「金利変動型（元利均等返済）」には「返済額の見直しの際の増額の上限は見直し前の額の1.25倍まで」という取決め（125%ルール）が存在します。これを裏返せば、金利の上昇幅次第では、最大で返済月額10万5,858円（8万4,686円×1.25）まで増加する可能性があるということになります。

金利が上昇すると元本の返済が進まない

　このように、「金利変動型（元利均等返済）」を選択した場合、金利が上昇しても、すぐに返済月額自体が上がるわけではありませんが、一定の返済月額のなかで、元金返済分が減ります。そして、当初の返済スケジュールに比べて元本の返済が遅れるため、5年ごとの見直しの際に、返済額が最大で以前の1.25倍まで増えていきます。

　ただし、金利が上昇する際の「金利変動型（元利均等返済）」の問題点は、これだけではありません。いちばんの問題点とは、1.25倍の枠をはみ出すことなのです。

　たとえば、住宅ローン3,000万円（返済期間35年、当初金利1％）を元利均等返済で返済する場合、半年後に金利が3％に上昇したときは、単純計算による返済月額は11万5,010円となり、その内訳は、元金分4万908円、利息分7万4,103円となります。

　ただし、前述の通り、当初5年間は、返済月額は8万4,686円のままなので、上記の返済スケジュールに比べて、毎月の元金返済分が減ることになります。4年半で175万873円の不足となります。

　　半年後に金利が3％に上昇した場合－①

	初回の返済	7回目（半年後）の返済
適用金利	1％	3％

本来の返済金額	8万4,686円	11万5,010円
実際の返済金額	8万4,686円	8万4,686円
元金返済分	5万9,686円	1万583円
利息返済分	2万5,000円	7万4,103円

　そこで、残りの30年間に（いっさい金利変動が起こらなかったとしても）この175万873円の不足分を返済する必要があるため、本来であれば、6年目からはこの不足分を加算して計算した返済月額12万2,392円（元金分4万9,817円、利息分7万2,575円）を支払うことになります。

　しかし、「返済額の増加は1.25倍まで」という決まりがあるため、実際の返済月額は、12万2,392円ではなく、10万5,858円（＝8万4,686円×1.25）となります。利息分は7万2,575円なので、元金分は3万3,283円です。

　この結果、ますます元本の返済が滞ります。返済月額の上昇を抑える「5年ルール」「125％ルール」という2つの取決めがなかった場合と比べて、10年間で262万5,546円も返済が遅れてしまうのです。

　　　　半年後に金利が3％に上昇した場合－②

	7回目（半年後）の返済	61回目（6年目）の返済
適用金利	3％	3％
本来の返済金額	11万5,010円	12万2,392円
実際の返済金額	8万4,686円	10万5,858円
元金返済分	1万583円	3万3,283円
利息返済分	7万4,103円	7万2,575円

いちばん警戒すべきは未払利息の発生

　さらに警戒すべき事態もあり得ます。それは、金利が5％まで上昇するような場合です。

　住宅ローン3,000万円（返済期間35年、当初金利1％）を元利均等返済で返済する場合、半年後に金利が5％に上昇したときは、単純計算による返済月

額は15万398円となり、その内訳は、元金分2万6,893円、利息分12万3,505円となります。

半年後に金利が5％に上昇した場合

	初回の返済	7回目（半年後）の返済
適用金利	1％	5％
本来の返済金額	8万4,686円15万398円	
実際の返済金額	8万4,686円	8万4,686円
元金返済分	5万9,686円	ゼロ
利息返済分	2万5,000円	12万3,505円 （3万8,819円の不足）

　しかし、5年ルールにより、返済月額は8万4,686円のままなので、これら全額を利息返済分に充てたとしても、利息返済分だけで毎月3万8,819円もの返済不能が生じます。この払いきれていない利息返済分を未払利息と呼びます。

　「変動金利型（元利均等返済）」の最悪のシナリオとは、この未払利息が発生することで、元金返済はゼロである一方で、未払利息に関してのみ、一括で返済するか、別途返済月額に上乗せするような対策を講じる必要が生じるはずです。

　ただし、短期プライムレートをみても、1988年の3.375％から1990年末に8.25％に上昇して以降は下がり続けて、現在では1.475％になっており、過去30年近く金利上昇リスクに対処した経験のある金融機関の担当者はほとんどいません。

　したがって、上記のような未払利息が発生した場合、金融機関で、どのような対応がなされるのかも予想すらできません。おそらくは、国がなんらかの対策に乗り出すと思いますが、「変動金利型」には、こうした最悪シナリオがあることは、常に頭の隅に入れておく必要があります。

半年後（返済7回目）の適用金利による返済内訳の比較
（住宅ローン3,000万円、当初金利1％、返済期間35年、元利均等返済）

適用金利	1％	3％	5％
本来の返済金額	8万4,686円	11万5,010円	15万398円
実際の返済金額	8万4,686円	8万4,686円	8万4,686円
元金返済分	5万9,985円	1万543円	ゼロ
利息返済分	2万4,700円	7万4,103円	8万4,686円＋3万8,819円

▶ 住宅ローンを提供する銀行の選び方について

　住宅ローンを扱う金融機関は数百もあります。住宅ローンを組む際に、どこの金融機関を選ぶべきかの基準として、「低い金利をうたう金融機関」をあげるケースが多いと思いますが、広告に表示された金利水準だけで金融機関を選ぶことは得策ではありません。

期間によって金利は異なる

　住宅ローンの金利には、「全期間固定金利型」「一定期間固定金利型」「変動金利型」と3種類がありました。そして、「一定期間固定金利型」のなかには、当初5年間だけ固定金利とか、当初10年間だけ固定金利というかたちで、それ以後は変動金利にシフトするものもありました。

　たとえば、変動金利、当初10年固定金利、35年固定金利と3つのタイプを比べる場合、金融機関ではそれぞれ得意とするものがあり、すべての商品で他の金融機関と比べていちばん低い金利水準を提供できるわけではありません。ある金融機関では、当初10年固定金利はいちばん安いが、35年固定金利は高いということが往々にしてあるのです。

　そのため、まず自分自身の借入期間と返済プランを最初に決めます。たとえば、自分の借入期間が35年ならば、いくら変動金利が低くても、無意味となります。

そして、それ以上に、広告に表示された金利水準だけで金融機関を選ぶことが得策でない理由があります。それは金利以外のコストです。

表示金利以外にもコストはかかる

自分自身の借入期間と返済プランを確認したうえで、次に、金融機関のパンフレットやホームページに掲載されている金利を確認しますが、ここでも、単に金利が低いという理由だけで商品を選ぶべきではありません。というのも、住宅ローンでは、保証料、融資手数料、団体信用生命保険料などの費用が加わってくるからです（p572を参照）。

たとえば、保証料は、インターネット銀行では、無料となる場合が多いですが、メガバンクでは、たとえば、借入金額3,000万円、借入期間35年の場合、57万〜230万円程度となります。これは一括で支払う外枠方式ですが、毎月の金利に上乗せする内枠方式では、金利に毎月0.2％ずつ程度プラスして支払うという設定が一般的です。

融資手数料については、インターネット銀行では、借入額の2.20％となっていることが多く、3,000万円の借入額であれば、66万円となりますが、一部のインターネット銀行には5万円未満のところもあります。一方で、メガバンクでは、33,000円となっています。

団体信用生命保険については、フラット35では任意加入ですが、フラット35の基本プランは金利に保険料が上乗せされるかたちをとっており、加入しない場合は金利が0.2％引き下げられます。これに対して、一般の銀行では、多くの場合、団体信用生命保険は、事実上、毎月の金利返済額に含まれているはずですが、「無料」と表現されていることが多いため、正確な負担額は不明です。

このように、3,000万円の住宅ローンを組む際に、保証料、融資手数料、団体信用生命保険料は、かなり大きな負担になります。融資期間35年、借入額3,000万円の場合、固定金利1.2％と1.5％では利息総額の差は182万円ですが、一部のインターネット銀行では、保証料が無料であり、融資手数料が5万円以下であるため、250万程度を節約できる可能性があります。単に金

利が低いという理由だけで商品を選ぶべきではありません。

　ちなみに、フラット35でかかる物件検査手数料は、新築一戸建ての場合で2万〜3万円程度、中古一戸建ての場合で4万〜6万円程度となります。

保証料と団信について

　以前は、住宅ローンを利用する際には連帯保証人が必要でしたが、連帯保証人のかわりに登場したのが保証会社であり、十分な返済資力をもつ連帯保証人がいない方々のために、保証会社にローン債務の連帯保証を依頼するための費用が保証料です。これによって、住宅ローン債務者が返済不能に陥った場合、保証会社が金融機関に対して立替えをしてくれます。

　ただし、住宅ローン債務者は返済義務がなくなるわけではなく、今度は、保証会社から請求されることになります。アメリカでは、ノンリコースといって、住宅ローンが払えなければ、住宅自身を差し出せば、残債の支払が免除されますが、日本では、残債の支払が免除されることはなく、保証会社によって、住宅を競売にかけられた挙げ句、残債から落札額を差し引いてなお残った債務について返済する義務を負います。

　信用保証とは、借り手が住宅ローンを支払えなくなった際に、保証会社が代位弁済する仕組みであり、銀行のリスク回避の手段を利用するための使用料が保証料ということになります。なお、最近では、必ずしも競売を申し立てられるわけではなく、任意売却を認めてくれることも増えています。

　団体信用生命保険とは、生命保険の一種であり、住宅ローンの契約者が亡くなった際に、住宅ローンの残額が金融機関に対して支払われます。金融機関にとってはありがたい限りですが、住宅ローン契約者の遺族にとってもそれなりのメリットはあり、保証料よりは役立ちます。

　ただし、残念ながら手放しで喜べるような生命保険とは言いがたいのが実情です。

　普通の生命保険であれば、被保険者が亡くなった際には、受取人である遺族の元へ保険金が支払われます。しかし、団体信用生命保険では、保険金の受取人は金融機関であり、遺族は保険金を目にすることはありません。たとえば、3,000万円の保険金を手にした遺族は、当面の葬式代、生活費、学費などに保険金を利用したいものですが、すべてが住宅ローンの残債へ充当されるので

す。このPartでは後ほど、住宅ローンを急いで完済する必要はない理由について説明しますが、団体信用生命保険では、明らかにそれとは異なるやりかたです。

　また、普通の保険では、契約期間中、保険金額は一定ですが、団体信用生命保険は、時間がたつにつれて保険金額が減少します（第75章の生命保険を参照）。生命保険に加入する目的は、万が一の事態に備えてですが、団体信用生命保険の場合、当初3,000万円であった保険金が、住宅ローンの返済に合わせて数十年後には300万円となっているわけです。

　最後に、この保険は団体保険であるため、年齢にかかわらず、保険料が均一であるため、死亡率の高い高齢者ほど有利である半面、死亡率の低い若者は、割高な保険料を負担させられることになります。

　民間の銀行では、団体信用生命保険が必須になりますから仕方ありませんが、フラット35では任意加入ですから、団体信用生命保険のかわりに、一般の生命保険の加入を検討することも１つのやりかたです。

　前述のとおり、住宅ローンを提供する銀行の選び方としては、自分自身の借入期間と返済プランが最初にありきです。そのうえで、借入期間に応じて、安い金利、保証料、手数料、保険料等の銀行を探していくべきです。ただし、銀行によって、極端に大きな違いはありません。そのため、銀行選びでいちばん重要な点は、サービスで選ぶことです。

　家を購入する際には、非常に多くの労力が要ります。複数の書類を一度に提出するように求められ、提出書類に対して、各種証明書を用意するよう求められます。しかも、司法書士、土地家屋調査士、損害保険会社、不動産会社などとのやりとりを同時進行する必要があります。

　したがって、手際よく処理してくれる銀行を評判で選んだり、実際に応対してくれる担当者の事務処理能力で選ぶことも重要です。銀行員であればすべて、住宅ローンのプロであるとはいうものの、こちらからの簡単な質問に対しても、「それは調べてから、後ほどご連絡申し上げます」を連発されたり、書類の書き方を間違って指示したりする担当者と、すべての質問に即答してくれ、書類の記載も付箋などを用いてわかりやすく示してくれ、その場で完結させてしまう担当者とでは、手続に要する時間は倍以上の違いになる

可能性があるからです。

> 住宅購入した翌年に確定申告を行って住宅ローン控除の申請をすれば、10年間（2019年10月の消費税率引き上げに伴う特例措置で2020年12月31日までに入居する人は13年間に延長）、所得税の控除が受けられます（第63章参照）。こういう手続に関しても、ある程度はアドバイスをもらえる銀行や担当者を選びたいものです。

▶ 住宅ローン申込みのタイミング

　皆さんは、家を購入する際には、不動産業者へ相談することが最初の手続だと考えるでしょうが、住宅ローンがなければ家を購入することができないわけで、初めに相談するべき場所は不動産業者ではなく銀行なのです。

住宅購入申込みと住宅ローン申込み

　注文住宅と分譲住宅の購入プロセスと注意点について、特に、図表Ⅷ－5と図表Ⅷ－6を使って、購入とローンの契約タイミングについて説明しました。

　その際には、物件購入では、「申込み」「本契約（売買契約）」という用語が、住宅ローンでは、「事前審査」「仮審査」「本審査」「本契約」という用語が出てきました。ここでは、分譲住宅の購入に関して、住宅購入と住宅ローンのタイミングについて説明しましょう。

① 事前審査とは、購入する物件が決まっていない場合、あるいは、購入する物件はだいたい決まっている場合に、どれくらい借りられるのか大まかな金額を知るために行います。年収、年齢、職業、勤続年数、他の借入れ等から大雑把な審査を行いますが、㈱シー・アイ・シーなどの個人情報機関への信用情報（第48章参照）の照会までは行われません。要するに、「この条件でいくら借りられるか？」を見積もってもらうわけです。事前審査

は申込みの翌日、遅くとも１週間程度で結果が出ます。特に、気になる物件があるのであれば、すぐに事前審査を受けておきましょう。売り手に対して、複数の申込みがあった場合には、「事前審査通過者」であると売り手からは厚遇される可能性が高いからです。なお、事前審査を通過しても、後述する本審査を通らなければ、正式な融資を受けることはできません。

②　仮審査とは、売買契約の申込みをしてから手続を行うものです。事前審査と違って、信用情報の取出しを伴いますし、保証会社が関係する場合には、その審査も伴います。また、本人確認や勤務先への在籍確認も行われます。なお、最近では、事前審査と仮審査の用語の使い分けがあいまいであり、どちらかが省略される場合も多く見受けられます。

> 　購入物件を完全に決めている場合には、仮審査を飛ばして、いきなり本審査に進む方法も考えられます。ただし、フラット35では、仮審査を通過してから、本審査へと進むようになります。また、フラット35では、保証会社ではなく、住宅金融支援機構が入ります。

③　本審査は、物件の契約を締結してから始まります。本審査自体は１〜２週間程度で完了しますが、本審査では、売買契約書や重要事項説明書を銀行が確認し、住民票、印鑑証明書、登記事項証明書、請負（売買）契約書、源泉徴収票、耐震基準適合証明書、既存住宅性能評価書、既存住宅売買瑕疵保険付保証明書なども必要になりますので、書類の手配を急ぐ必要があります。売買契約を結んでから本審査に入るという順番になることから、売買契約時には、万が一、本審査が不承認となり住宅ローンが借りられない場合に違約金なしで売買契約を解除できる定め（ローン特約条項）をしておくべきです。ちなみに、本審査では、仮審査で決定された借入金額を減らすことはできます。借入金額を増やす場合には、審査のやり直しとなります。

本審査に通った後に、退職、転職、独立開業、新たな借入れなどを行うと、銀行からローンの承認が取り消される可能性があります。これは「申込者本人の原因による白紙撤回」と呼ばれますが、上記のローン特約条項には該当しない可能性が高いため、不動産業者との契約トラブルに発展するおそれがあります。したがって、本審査に通った直後からローン実行までの間には、退職、転職、独立開業、新たな借入れなどは避けるべきです。

④　事前審査、仮審査に要する日数は3日～1週間程度、本審査に要する日数は2～3週間程度です。本審査を通って金銭消費貸借契約を結んでから、実際に融資が実行されるまでの日数はまた3日～1週間かかります。同時決済といって物件の引渡しと残額代金支払は同じ日にされるのが普通で、同時に、抵当権の設定や所有権の登記も行います。適用金利については、実行日の金利が適用されます。たとえば、事前審査1月、本審査2月、ローン実行日が3月なら、3月の金利が適用されます。

フラット35では、金銭消費貸借契約をする前に、設計検査、中間現場検査、竣工現場検査などの物件検査を行い、適合証明書が下りていることが条件となります。

⑤　なお、住宅ローンによる住宅代金支払については、銀行から住宅ローン契約者（買主）の預金通帳へ振り込まれ、買主自身が売主に対して支払を行うのが一般的です。ただし、代理受領といって、住宅ローン契約者本人ではなく、直接、売主へローン会社からお金を振り込むやりかたもあります。

▶ 注文住宅の建築の際のつなぎ融資とは

上記では、分譲住宅の購入を想定していますが、注文住宅では、工事代金は、建築請負契約時（10％）、着工時（30％）、上棟時（30％）、引渡し時

（30％）の４回に分けて支払うのが一般的です。

　たとえば、2,000万円の注文住宅であれば、契約をして200万円、着工をして600万円、屋根や骨組みを組んで600万円、建物ができあがって600万円を支払う必要があるということです。

　ここで、住宅ローンは、完成した物件を担保にして契約するため、物件が完成してからでないと融資を受けることができません。分譲住宅の購入時には、物件引渡しと住宅ローン実行が同時であるものの、注文住宅では、引渡し以前には、住宅ローンを利用できません。

　したがって、最初の３回の支払（いまの例では、200万円＋600万円＋600万円＝1,400万円）には、住宅ローンを利用できません。また、土地の取得費が先行して別途かかる際に、そちらに関しては住宅ローンを利用できない金融機関もあります（二本立ての住宅ローンとして対応する金融機関もあります）。

　つまり、注文住宅をつくる際に、先行して土地の取得費を支払う場合、注文住宅の着工費、上棟費（中間金ともいう）を支払う場合、資金繰りで支障が生じる可能性があります。

　注文住宅の建築りの流れについて確認しておきます。着工時には、神主さんを呼んで土地のお祓いやお清めを願う地鎮祭を行います。敷地上に家を建てる位置を決める地縄張りを行います。そして、建築確認済証が発行されたら着工します。鉄筋を配筋してコンクリートを流し込む基礎工事を行い、基礎が完成したら、家の骨組みをつくるフレーミング工事を行います。

　屋根のてっぺんの棟木をあげて（上棟）、屋根の下地の工事が完成した時点で、職人さんの労をねぎらい、工事の無事を願って上棟式を行います。ここから電気配線や照明やコンセントの位置を確認していきます。ここで、住宅金融支援機構による審査や行政による中間検査が行われます。

　検査合格後、フローリング、壁下地、階段、天井、窓サッシ、断熱材などの造作工事を行い、トイレ、照明、洗面台などの仕上げ工事を行います。そして、内装工事が完了した時点で、契約どおりにできあがっているか、依頼主が立ち会って検査して問題がなければ、竣工となります。

住宅ローンの融資実行まで、十分な手持ち資金がある場合には問題ありませんが、そうでなければ、銀行で「つなぎ融資」の申込みをするか、「中間金対応型の住宅ローン」を利用することになります。

　つなぎ融資とは、住宅が完成する前に必要となる資金（土地取得費、契約金、着工金、中間金）を一時的に立て替えるローンのことです。つなぎ融資は、住宅ローンとセットとなる融資であり、つなぎ融資で借りた資金は、住宅ローンが実行されるまでは金利だけを支払います。そして、物件が完成して、住宅ローンが実行された時点で、住宅ローンを使って、つなぎ融資を清算するという仕組みになります。

　このように、注文住宅の場合には、住宅ローンの実行以前に、支払の必要が生じるため、自己資金が足りなければ、つなぎ融資を利用すると便利です。

　ただし、つなぎ融資は、後に住宅ローンで清算するため、住宅ローンとセットで同じ銀行で申し込む必要がありますし、つなぎ融資の金額は、住宅ローンの３〜４割であるとか、土地代、着工金、中間金の３回に回数が限られるといった制約もあります。

　また、つなぎ融資には、金利、手数料、印紙代などの費用がかかります。たとえば、土地購入代金が1,000万円で６か月間借りる。着工金と中間金が600万円ずつで、それぞれ４カ月と３カ月間借りる。金利を３％とする場合、約26万円の金利がかかりますし、手数料も約10万円かかります。

　さらに、つなぎ融資では、基本的に、住宅ローン控除を受けることができません。住宅ローン控除は、返済期間10年以上の住宅ローンが対象となります。そのため、通常１年未満の借入期間のつなぎ融資は、住宅ローン控除の対象外となります。

　フラット35を提供する住宅金融支援機構からは、つなぎ融資を受けることはできませんが、フラット35の取扱いのある銀行のなかには、建物が完成してフラット35の融資が始まるまでの間、１年以内のつなぎ融資を取り扱っている場

合がありますので、必要な際には相談してみるとよいでしょう。

　なお、フラット35では、資金繰りのタイミングを調整するためのメニューとして、フラット35パッケージというプランを提供しています。全期間固定金利型のフラット35に対して、フラット35パッケージとは、固定金利期間選択型と変動金利型を利用できる、フラット35の追加的融資プランです。

　ここで、フラット35パッケージでは、フラット35に先行・分割して融資を受けることができます。先行した融資とは、つなぎ融資と同様に、フラット35が実行される以前に利用できるということです。また、分割した融資とは、1つのローンを複数回に分けて融資するものですから、つなぎ融資と同様に、着工金、中間金などの支払に利用できるということです。

　このように、フラット35パッケージは、フラット35の弱点である「つなぎ融資」ができない点を補う商品でもありますが、金融機関ごとに手数料や諸費用が異なりますので、事前のシミュレーションが大切になります（融資率によるフラット35の金利引上げへの対処法としてのフラット35パッケージプラン利用法については、p594のコラムを参照）。

▶ 民間銀行以外のローンの使用も検討してみる

　ここまでは、民間銀行の住宅ローンについて説明してきました。これ以外にも、民間の住宅ローンを補完する意味で、いくつかの住宅ローンの提供先があります。

① 低利融資の財形制度を利用する

　会社に財形制度がある場合には、財形融資制度を利用することも検討しましょう。財形制度には、給与天引きによる積立制度である財形貯蓄制度と、この貯蓄を原資として、財形貯蓄残高の10倍以内で実際に必要となる費用の90％（最高4,000万円）まで融資する財形持家融資制度があります。財形持家融資制度では、利息が低いという長所がある半面、5年ごとに金利を見直すというやりかたです。ただし、毎月5万円、5年間貯めても、300万円の10倍に当たる3,000万円までの限度額がありますので、他の住宅ローンと併用する必要があるかもしれません。

② 低利融資の自治体融資を利用する

都道府県や市区町村が行っている自治体融資には、自治体が金利の一部を負担するため、低い金利で融資が受けられる場合があります。子育て支援や景観整備などの融資用途制限があるものもあり、融資趣旨を確認する必要があります。

③　低利融資の労働金庫を検討する

　会社の労働組合が会員である場合、あるいは、個人会員となることで、銀行よりも金利の低い労働金庫を利用することもできます。

第59章

次の家をどう購入するべきか？

　一度だけ家を買ったことがあるからといって、皆さんは不動産の専門家になったというわけではありません。事実、次の家を購入する際には、多くの点で重要な違いがあります。というのも、今度は、いまの家を売却するという作業を伴うからです。

　いま住んでいる家を処分するには、半年以上かかると覚悟しておきましょう。まず、不動産業者に依頼して家を売る準備に入りますが、売却にあたってはできる限り見た目をよく整えておくことが重要です。

　不動産市況によっては、購入者が見つかるまでに数週間から数カ月間を要することもあります。そして、購入者が現れて契約書にサインをしてから、さらに数カ月も手続を要するものなのです。

　いまの家を売却するには、不動産業者が必要です。そして、不動産業者は、次のようなアドバイスをしてくるでしょう。

・できるだけ掃除をしてください！　窓を磨いて、埃まみれのカーテンを取り換えてください。第一印象が大切です。
・玄関の扉やシャッターのペイントが剥げていたら、塗り直してください。
・キッチンのトースターやコーヒーメーカーをしまい、壁に張ってある家族写真を剥がしてください。
・中性色で塗り直し、必要に応じてカーペットを替えてください。特に、かびやペットの匂いがする時は、必ずカーペットは替えてください。
・窓や配管、調理器具や空調設備などは修理しておいてください。

- ・外れかかったドアノブや開けにくいドアなどの修理もお忘れなく。
- ・お庭の手入れや車庫の掃除、玄関口の掃除も十分に。
- ・家具が多いと部屋が小さくみえるので、余分なものは捨ててしまったほうが見栄えがします。できれば、3分の1くらいの家具は捨ててください。
- ・逆に、ほとんど家具がないというのも殺風景なので、家具が余っている部屋から移動しておいてください。
- ・特に、洋服のクローゼットは、広くみせるために、整理しておいてください。
- ・特に、風呂場とキッチンはピカピカにしておいてください。

やり手の不動産業者は、毎年、何十もの物件を売っていますから、どうやったら、買い手の気持ちをそそるかを心得ています。不動産業者のアドバイスには、極力、従うようにしましょう。

▶ 家を売る場合に、不動産業者に依頼すべきか？

熱意があってまじめであるが、不動産の取引経験がなく、宅地建物取引士の資格ももっていない。唯一の長所は、ただで働いてくれるだけ。

もし、こんな不動産屋さんがいたら雇ってみたいと思いますか？　もちろん、ごめんですよね。でも、不動産業者に仲介を任せずにマイホームを売却しようとする人は、周囲の人の目にはこんなふうに映るのです。

不動産業者を外して、「売買価格×3％＋6万円」だけ売値を釣り上げ、その分を懐に入れることができますか？　やってみなはれ、やってみなはれ、ただし、そんなことをさせる買主なんて、特に、不動産業者がついている買主なんて、どこを見渡したっていませんよ。

自分で売却手続をすべてやってしまいたい理由は、物件の売却価格の3％＋6万円という仲介手数料を節約したいということでしょう。しかし、売主側では、仲介手数料分だけ売却価格に上乗せすることもできるので、仲介手数料はあまり気にせずに不動産業者を利用しましょう。こうした手数料を支

払っても、不動産業者を利用するには十分な理由があるからです。

・売却価格が交渉で決まる以上、経験豊富な人間に任せたほうが自分でやるよりも高い値段で売れる可能性が高い

・買主が売主に対しては口にしないようなことまで、不動産業者は聞き出すことができるため、その情報を売主に有利に利用することができる

・買主に不動産業者がついている場合、プロと交渉をするのは困難が伴う

取引額400万円を超える不動産仲介手数料は、「売買価格×3％＋6万円」という速算式で計算される金額を上限とします（これに消費税が加算されます）。したがって、不動産仲介手数料は、売却価格が4,000万円では138.6万円、売却価格6,000万円では204.6万円になります（10%消費税込み）。

本文のように、自分で不動産取引を行うことは、なかなかむずかしいこともあり、不動産会社を利用することがほとんどであるため、ここでは、不動産会社の立場や手数料について触れておきます。不動産を売却する場合、不動産会社と結ぶ契約には、「仲介」と「代理」があります。

「仲介」では、売主と買主の間に不動産会社が入り取引の仲介をします。「仲介」では、売主も買主も、不動産会社に、それぞれ上記の仲介手数料を支払います。なお、「仲介」には、複数の不動産会社に依頼する一般媒介契約と、1社だけに依頼する専任媒介契約等があります。

一方で、「代理」では、不動産会社は売主から代理権をもらって、売主の立場で交渉をします。仲介手数料は、買主ではなく、売主だけの負担となります。

買主からすれば、売主が不動産会社と「代理」の契約を結んでいる場合、手数料負担がありませんから表面的には有利ですが、売主は手数料負担分を不動産会社に売却価格を引き上げさせることも可能ですから、売主にとって「代理」も不利とはいえません。

半面、1社の不動産会社が、売主と買主の両方を「仲介」するケースで、売主と買主の提示価格に開きがある場合、両者から手数料をとれるため、売買契約を成立させることを優先して、売主に対して提示価格の値下げを提案する可能性もなくはないといえます。できれば、「仲介」では、売主と買主にそれぞれ不動産会社がついているケースが望ましいとはいえます。

なお、不動産会社が売主となり、自らが所有している物件を売却する場合、

買主から仲介手数料をとりません。

▶ 買主と売主の立場の違い

買主が家にやってきて価格交渉を始めると、どうしても売主の立場が不利になります。売主からすれば、買主が何かに不満を感じていることが、他方、買主からすれば、売主が売り急いでいることがわかっています。

そこで、買主としては、大げさに欠点を挙げ連ねて、これに対して売主は家のことを擁護しますが、いずれにせよ、売主としては買主と直接交渉することは、気分の悪いものなのです。したがって、家を売りたい場合には、気分を害さないためにも、不動産業者を雇って間に入ってもらうようにします。

▶ 売却に際しての不動産業者との付合い方のポイント

ポイントその1：不動産業者が家を案内する際には外出する

「これから家を案内しますから、15分ほどお時間をいただいてよろしいですか？」と不動産業者から連絡があった場合、家を掃除して、すぐに外出してしまうのが得策です。買主がやって来たときに、不在にすべき理由は2つあります。1つ目は「ここはシミがついているの」とかの良心的（？）失言を避けるため、2つ目は現在の所有者にそこにいられると買主としては落ち着いて見学できなくなるためです。

ポイントその2：ペットを連れ出す

人によっては、ペットを嫌う場合がありますし、シミや匂いの原因と思われるかもしれません。そして、見に来た人を追いかけ回す可能性もあります。どんなにペットは可愛くても、家を売ることには役に立ちません。

ポイントその3：テレビやラジオは消す

買主には、家をみてもらうことに集中してもらいたいものです。

ポイントその4：カーテンを開ける

すべての部屋をみてもらうために、カーテンを開けておきましょう。不動産業者がやりやすいようにしておけば、それだけ家を売る準備が早く整うということです。

日本の媒介契約の種類

不動産業者に売却を依頼する際には、なんらかの媒介契約を締結しますが、媒介契約を締結した不動産業者は、レインズ（指定流通機構）という機関に、売却希望物件を登録します。すべての不動産業者は、このレインズに載っている物件情報をみて、買主のために物件を探します。

そして、不動産を売却する場合の媒介契約には、「専属選任媒介契約」「専任媒介契約」「一般媒介契約」の3つがあります。

「専属選任媒介契約」では、3カ月間、不動産業者は1社とだけ契約し、自分で買主を見つけることもできません。「専任媒介契約」では、3カ月間、自分で買主を見つけることはできますが、不動産業者は1社とだけの契約で、他社とは契約できません。一方で、「一般媒介契約」では、複数の不動産業者と契約ができますし、自分で買主を見つけても問題ありません。

したがって、駄目な不動産業者と「専属選任媒介契約」「専任媒介契約」を結んでしまうと、3カ月間は、やる気のある不動産業者に依頼できなくなりますから注意が必要ですが、だからといって、「一般媒介契約」が優れているよといっているのではありません。

むしろ、不動産業者のやる気という点では、「一般媒介契約」よりも、「専属選任媒介契約」「専任媒介契約」のほうが優れているわけで、そもそもチラシをつくって営業しようとしたら、他社にとられてしまう可能性がある「一般媒介契約」では、不動産業者のやる気はいまひとつ盛り上がりません。

また、「専属選任媒介契約」「専任媒介契約」を結んだ場合には、売主は、売却後、一定期間は、住宅設備の故障に責任をもつ必要がありますが、不動産業者によっては、売主にかわって修繕を無料で請け負うサービスをつけてくれることがあります。また、買主が下見に来る際に、部屋をコーディネートするホームステージングを提供してくれたり、一定期間、物件が売れなかった場合、買い取ってくれる買取保証がついていることもあるのです。

売主の特有の戯言

「この家はかなり良い値で売れるはずだ。私は自信をもってそういえる。絶対に良い物件だ」

これは、100%主観です。いわゆる売主の根拠なき自信というもので、感情的になって思考を曇らせている状態です。あなたも、自分の家は素晴らしい物件だと考えますよね。何十年もの間、自分がゴミタメで暮らしてきたなんて、考えるわけありませんよね。

「頼んでいる不動産業者は、やる気がないんだ。ちゃんと仕事をしてくれと言い続けているのに」

皆さんの言い分が本当ならば、たしかに駄目な不動産業者に依頼していることになります。本当にそうならば、その不動産業者とは、すぐに縁を切るべきです。

ただし、頼んでいる不動産業者を能無しだと決めつける前に、その不動産業者のアドバイスをちゃんと受け止めていたのかを自問自答してみましょう。単に、自宅が売れない」という事実だけで、不動産業者に八つ当たりしても良い結果は生まれません。

「すでに何回も値引きさせられたのよ！」

投資の心理学で登場したアンカーが再登場です（第36章）。最初に言い出した値段と値切られた値段を比べてどうしても文句をいってしまうわけです。

こういうケースでは、売主としては、「さんざん値引きしたんだから、もうこれ以上の値引きなんてごめんだわ」と考えるものですが、こうしたアンカーさえなければ、売主としては、より現実的なアプローチをとれるようになります。

「もう少しだけ値段を下げるならOKだけど、値切られ交渉を延々と続けるのは勘弁してほしい」

ここまでなら売値を下げてもいいという値段があるのなら、その値段を不動産業者に伝えて、売却希望価格としてレインズに載せてもらいましょう。買主が値切ってきてから、そのつど、対応するというのは得策とはいえません。そもそもレインズに掲載されている売却希望価格が低いほど、買主の目には魅力的に映るものですから、それだけ売却時期も早まります。

初めから値引きをするのは得策じゃないという考えは捨てたほうがよいかもしれません。というのも、仮に、毎月10万円、住宅関連費用がかかるとすれば、いま900万円で売るのと、10カ月後に1,000万円で売るのとは同じことだか

らです。

　「家は売れていないけど、毎月、住宅ローンだけは払っている。だから、家を売った後の返済額は減っているはずだ」

　売主というものは、買主から提示された値段を無視するどころか、自分の希望する値段で売れるまで待ってもよいものだと、自分の判断を正当化しようとして、こうした馬鹿げた論理を使うものです。

　しかし、毎月、住宅ローンの返済に支払っているお金の大部分は、金利や税金や保険に充当されているだけであり、元金でないことは忘れてはいけません。百歩譲って、元金だけを返済しているとしても、その支払の目的とは、売れるまでの間、お金を自由に使えるという自分の権利を銀行に与えているにすぎないのです。

▶ いまの家を貸し出すという選択肢について

　「次の家を買うためのお金をどうやって用意しますか？」とたずねたら、ほとんどの人は「いまの家を売って、その売却代金を利用します」と答えます。しかし、いまの家を売ってしまえば、将来値上りする機会を失うことになります。この点から、いまの家を売りに出すか、他人に貸し出すか、選択肢が生じてきます。どちらを選ぶかは、以下の点が判断基準となります。

・いまの家を売って、十分なお金が残るか？：言い方を変えれば、いま家を売るとしたら、ローン残高以上の価格で売却できるか、ということです。もちろん、諸経費がかかってきますから、それらを差し引いても売却代金のほうが大きくなるでしょうか？　そうでないならば、他人に貸し出すほうが得策です。十分お金が余りそうであるならば、さらに以下の選択肢があります。

・いまの家の売却代金を、次の家の頭金にする必要があるか？：頭金として利用するならば、家を売る必要があります。頭金として利用する必要がないのならば、売却でもよいですし貸し出してもよいでしょう。

　他人に貸し出す長所とは、①いま売ると損が出る場合には家の価格が上がるまで待つことができる。②賃貸収入が維持費を上回る可能性がある。③最終的に家を売却する場合、買値よりも売値のほうが低い場合、税額控除を受

けられる可能性がある。④賃貸用の建物（土地は不可）については「減価償却」されるため、一定年数だけ税額控除を受けられる可能性がある。一方で、他人に貸し出す短所とは、①いま売らなければ将来、家の価値が下がるおそれがある。②賃料より維持費が高くなるおそれがある。③一時的に空室となるリスクがある。④住人が変わるたびに修繕費や清掃費がかかる。⑤賃貸に出した物件に住宅ローンが残っている場合、借換え先は不動産投資ローンとなるが、ローンを提供する銀行では、空室率20％程度を想定しているため、空室率が上がると借換えができなくなる可能性がある。⑥減価償却は課税所得を下げるが、売却時の課税所得を上げる。つまり、減価償却は、今日の税金を下げるが、後の税金を増やす。⑦最も重要なことは、とにかくめんどうであること（第19章参照）。

賃貸物件の空室率

　総務省の「2013年住宅・土地統計調査」によると、2013年時点で日本の空家の数は820万戸、空家率は13.5％ということです。一方で、調査会社・タスによれば、2016年9月のアパートの空室率は、全国で35％、東京23区で35％、神奈川県で37％ということです。調査時期の違いはあるものの、13.5％と35％ではかなり違います。この空室率の違いはどこから来るのでしょう。前者は、「空家数÷総住宅数」で計算しており、賃貸物件に限ったわけではありません。賃貸物件に限れば18.9％という数字が出てきますが、これも賃貸住宅の「空室数÷総住宅数」です。後者は、「募集戸数÷募集建物の総戸数」のような計算しており、募集をしている（空室のある）物件だけを対象としているため、数字に大きく違いが生じてはいますが、大雑把な目安として、空室率の全国平均は14％程度であり、仮に、同じ建物内に空室が生じていたら、東京都や神奈川県では、空室率が35％になる可能性があるということです。

▶ **鶏と卵の話：家を買い替える場合にはどうする？**

　今度は、「新しい家を買う」と「古い家を売る」の両方を行う場合につい

て考えましょう。

「新しい家を買う」のと「古い家を売る」のと、どちらを先にしましょうか？　2回目の家の購入をする場合には、ほとんどの方が、初めに新しい家の購入を考えます。ただし、このやりかたは間違っているといってよいでしょう。

2軒も家を持ち続けるほどお金に余裕のある方は、ほとんどいらっしゃらないので、古い家の売却代金を、新しい家の購入代金に充てるしかありません。

ここで、万が一、予定どおりの日時に、予定どおりの値段で、古い家が売れなければ、買替えができなくなってしまいます。最悪の場合、買おうとした家については、手付金を取り上げられますし、売ろうとした家については、受け取っていた手付金に加えて、同額を支払う必要が生じます。

そこで、万が一、予定どおりの時期に、予定どおりの値段で売れない場合には、この契約をなかったことにできるように、買替え特約を利用するというやりかたがあります。「新しい家を買う」ための売買契約書に、この買替え特約を記載しておけば、「古い家を売る」のがうまくいかなかったときに、手付金や違約金を払わずとも、契約を解除できます。

だから、買替え特約さえつけておけば、初志貫徹で、「新しい家を買う」を先行させ、「古い家を売る」を後行として問題ないという考えが広がっているようです。

ただし、どうしても「新しい家を買う」を先行させ、「古い家を売る」を後行させるしか手が残されていない場合を除けば、原則論からすれば、「古い家を売る」までは、「新しい家を買う」べきではありません。買替え特約を使う、このやりかたは間違っているといってよいのです。その理由について説明しましょう。

仮に、家の買替えをする人すべてが、「新しい家を買う」場合に、買替え特約をつけていたら、売主の立場はどうなるでしょう？　「お宅の家をぜひ買いたいんだけど、私のいま住んでいる家が売れないとお金を支払えないんだよ。悪いけど、いま住んでいる家が売れるまで、待ってくれないか？」と

いう申出があったとしたら、売主は取引に応じるでしょうか？　いうまでもなく、お断りしますよね？

　ところが、この嫌らしい申出を売主に突きつけることが、買替え特約という申出なのです。不動産業者にしても、「古い家が売れてから、新しい家を買う」という買主候補だと引いてしまいます。

　たとえば、皆さんが売主であったとした場合、買替え特約付きで2,000万円で買いたいというオファーと2カ月後に1,920万円で買いたいというオファーがあった場合、普通ならば、買替え特約なしの後者を選びますよね。だって、さんざん応対した挙げ句、「持ち家が売れなかったから、ごめんなさい」では割に合いませんからね。

　それに、毎月13万円の維持費などがかかるとすれば、2カ月後に買ってくれる人がいるのに、「もうすぐ売れるから待ってくれ」などと、6カ月も待たされたら、80万円近くも浪費してしまいます。第58章で説明したように、住宅ローンの事前審査や仮審査を通過した買主を扱うほうが、不動産業者からしても交渉しやすいわけです。

　「ちょっと、売主さん。私の紹介するお客さんは、あなたの希望するほどには、高い値段で買えないけど、買替え特約は不要です。たしかに100万円ほど安くなるけど、何カ月も待たされた挙げ句、古い家が売れなかったからごめんなさいなんていわない。住宅ローンの仮審査だってすませてあるから、いつでもいまの家ともおさらばできるのよ」

　これは、なかなか力強いセールストークと思いませんか？　ですから、お金を無駄にせずに、時間を節約するためには、買替え特約なしで、新しい家を買うほうが無難なのです。

　いうまでもなく、このことは、先行して「古い家を売る」ということです。ただし、「古い家を売る」を先行してしまえば、しばらくの間、ホームレス状態になる可能性があります。というのも、「新しい家を買う」よりも先に、「古い家を売る」からです。

　もちろん、解決策はありますので、ご心配無用です。買う時ではなく、売る時に、買主に対して、「新居に引っ越すまでの間、決済日から1カ月、引

渡しを猶予してください」という契約項目をつけるのです、買主さえOKして
くれれば、契約として十分成り立ちます。覚えておきましょう。いま住ん
でいる家を売るよりも、次の家を買うほうが、いつだって、簡単だっていう
ことですよ。

▶ 買替えローンとは

さて、次の家を購入する際に、古い家を売ってから、新しい家を買うとい
う順序をとるとしましょう。家の買替えで、最初のハードルとなるのが、抵
当権の抹消です。

このPART Ⅷで説明してきたように、家を買う際には、住宅ローンを利用
することが普通ですが、住宅ローンを利用して家を買う場合、その家を担保
にするかたちで融資を受けているので、抵当権が設定されます。そのため、
抵当権のついている家を売る際には、住宅ローンを完済したうえで、抵当権
を抹消しなければなりません。

ここで、古い家を売る場合、その売却代金等を使って、住宅ローンを完済
できれば、抵当権は抹消できます。その結果、次の家を買う際には、新規の
住宅ローンを申し込むことになります。

ところが、古い家を売る場合、売却代金等を使って、住宅ローンを完済で
きなければ、抵当権は抹消できませんから、そもそも他人に売ることができ
ませんし、ましてや新しい家を買うこともできません。ただし、この場合に
も、買替えローン（住替えローン）を利用すれば、家の買替えが可能になり
ます。そこで、買替えローンの利用について説明しましょう。

まずは、古い家の相場を調べて、住宅ローンが完済できるか否かを、大雑
把に確認する必要があります。そのためには、インターネット上で、査定サ
イトを利用します。もちろん、査定サイトは、大雑把な売却予想価格がつか
めるだけですが、参考にはなるはずです。不動産査定サイトによる簡易査定
がわかったら、近くの不動産業者に依頼して、訪問査定をお願いします。
「実際にいくらで売れるのか」は、買主が決めることなので、正確にはわか
りませんが、査定を利用して、抵当権が抹消できるか否かを大雑把につかみ

ます。

　ここで、売却代金等で住宅ローンを完済しきれない場合、抵当権を抹消できないため、売却ができません。この場合には、買替えローンを利用します。

　買替えローン（または住替えローン）とは、いま借りている住宅ローン残高に、新しく買う家の住宅ローンを加えたうえで、組んでいく住宅ローンのことをいいます。買替えローンは、いま住んでいる家の住宅ローンを完済していなくても、新しい家への買替えができるため便利です。

　このように、買替えローンは、非常に便利な道具であって、上手に利用すれば、古い家に住宅ローンが残っているのに、抵当権を外して、新しい家を買うことを可能にしてくれます。

　ただし、買替えローンにも、問題点はあります。買替えローンとは、あくまでも住宅ローンなので、融資枠に限度額があります。そのため、売ろうとしている古い家の住宅ローン残高が大きければ、新しい家のために利用できるローン金額が限られてしまいます。

　また、古い家の住宅ローンに、新しい家の住宅ローンが加算されてくるため、毎月の返済金額が高くなる可能性があります。

　さらに、「古い家を売る」と「新しい家を買う」の両方の決済を同時に進める必要があります。このタイミングがずれることは、非常に問題となります。そのため、買替えローンを利用する際には、買替え特約を利用することになるわけですが、すでに説明したように、買替え特約をつけたいと申し出ても、売主はあまり良い顔をしてくれないかもしれません。

▶ 買替え用つなぎ融資

　土地を購入するための着手金や中間金が必要ない、マンションへの買替え、古い家の住宅ローン残高が少ないなどの場合には、先ほどの買替えローンを使って、引渡し時にまとめて新しい家のローンとして契約することができました。

　ただし、買替えローンでは、「古い家を売る」と「新しい家を買う」のタ

イミングが同時なので、「新しい家を買う」ために、「古い家の売却資金」が必要であるとか、「古い家の住宅ローン」が大量に残っている状態で、「新しい家を買う」が「古い家を売る」のに先行してしまう場合、タイミングのズレを調整するために、買替え用のつなぎ融資という短期のローンを利用する方法もあります。

買替え用のつなぎ融資としては、「新しい家を買う」が先行して、「古い家を売る」が遅れた場合、新しい家の購入資金を一時的に借りるというもので、買替え用のつなぎ融資として、半年から1年程度の期間だけ購入資金を借りて、古い家が売れた時点で、その売却代金を使って、一括返済してしまうというものです。

買替え用のつなぎ融資を利用すると、新しい家を先に購入できるので、一度で引越しがすみますから借家の費用もかかりませんし、古い家が売れるタイミングを気にしなくてよいので、新しい家を探すのに、十分に時間をかけられます。

ただし、買替え用のつなぎ融資は、一時的な融資であるため、金利が高めですし、取り扱う銀行が少なく、地方ではほとんど利用できません。また、大手の不動産業者に銀行を紹介してもらってつなぎ融資を受けて、古い家の売却も同じ不動産業者に任せるようになります。

この点は、事前に、十分に理解しておく必要があります。買替え用のつなぎ融資では、新しい家を先行して買えるものの、古い家がいくらで売れるかは、後になってみないとわからないのです。そのため、「古い家が、思った値段で売れる」という場合には、適していますが、そうでない場合には、かなりの不安を抱えてしまうはずです。

要するに、提携する大手の不動産業者が、古い家の売却査定価格をいくらにするかに応じて、銀行では、買替え用のつなぎ融資の金額を決めるのです。しかも、融資期間に古い家の売却が進まないと支障が生じるため、不動産業者による買取保証制度を利用することを条件に、銀行はつなぎ融資をしてきます。不動産業者による買取保証制度を利用した場合には、市場価格より2～3割も安く買い取られてしまう可能性もあるからです。

なお、買替え用のつなぎ融資の契約タイミングは、新しい家を買うのに、古い家の住宅ローンが残っている場合は、古い家の売却に関する媒介契約を不動産業者と結んだ時から売却決済が行われる時までになります。

　　上記の買替え特約や住宅ローン特約（p579参照）とは、解除条件付特約といい、いまの家が売れなかったり、住宅ローンが組めなかったりした場合には、たとえ契約が交わされていても、解除の条件が成り立つと契約日にさかのぼって効力がなくなります。

　　売買契約書や重要事項説明書については、p579のコラムで説明しましたが、次の家を買う場合には、古い家の売却を、同時に、別々の相手と契約する必要がありますので、よりいっそう売買契約書が重要になります。ここでいくつかの項目を確認しておきましょう。

　　契約の履行が始まるまでは、買主は手付金を支払えば、売主は手付金の2倍を支払えば、契約を解除することができますが、それ以外の契約違反は、損害賠償の対象になりますので、契約書で違約金や損害賠償額を定めておくこと、その定めを確認しておきましょう。

　　古い家を売って、新しい家を買う場合には、所有権の移転、物件の引渡し、移転登記申請の時期についても、売り買い両面が関係するので、契約書の記載を確認すると同時に、実行タイミングを念頭に置いておきましょう。

　　雨もりやシロアリ被害、高台の擁壁、地中の障害物など、契約の内容に不適合な欠陥が見つかった場合には、民法上、買主は1年間以内であれば、売主に損害賠償を請求することができますから、古い家を売る場合には、売主がどのような条件でどれだけの期間、契約不適合責任を負うのか、あらかじめ契約書に定めておくことが重要です。なお、新しく買う家が新築である場合には、耐震構造上主要な部分等については、売主が引渡しの時から10年間の瑕疵担保責任を負ってくれます。

　　また、p586のカーテンのように、絨毯、エアコン、照明器具、物置、庭木などについて、売買の対象に含めるのかどうかも契約書に記載しておくことが重要です。

▶ 不動産担保ローン

　買替えローン（住替えローン）は、住宅ローンの残っている古い家を売って、同時に、住宅ローンを利用して新しい家を買う場合のローンです。

　買替え用のつなぎ融資は、半年から1年程度の期間だけ購入資金を借りて、古い家が売れた時点で、その売却代金を使って、一括返済してしまうというものです。

　これらとは別に、不動産担保ローンというものがあります。こちらは、住んでいる家を担保にして、住宅資金以外の目的にも利用できるローンです。たとえば、第51章の子どもの大学進学費用などで、住んでいる家を担保に入れて、お金を借りるというものです。

　不動産担保ローンは、不動産を担保に入れて融資を受けるため、融資額が大きく、無担保のローンに比べて金利が安く、返済期間も長く設定でき、毎月の返済額も少なくできます。

　ちなみに、第19章で説明した不動産投資として、投資用に賃貸マンションを購入する資金を捻出するために、住んでいる家を担保に入れてお金を借りる場合は、不動産投資ローンという言い方をします。長所としては、第19章で説明したように、少ない頭金を用意するだけで、残りの部分をローンでまかなうため、家賃収入を手に入れられるだけではなく、賃貸不動産が値上りすれば、レバレッジが働いて大儲けできる可能性があります。一方で、短所としては、通常の住宅ローンより審査が厳しく、金利が高くなることです。家賃収入によって、毎月のローン返済をまかなおうとする方が多いため、銀行としては、毎月の返済が滞る可能性を懸念して、空室率を重視するためです。

　依然として、日本では、担保価値をもつものとして、不動産はきわめて有力であり、銀行による企業融資でも、不動産担保による融資が主流です。不動産は動かせない、老朽化しない、そして、価値が安定していると考えられてきたからです。

そのため、お金を貸し出す銀行としては、融資をした先の返済が滞った場合、それを差し押さえて、売却して、返済してもらうのに適しているため、不動産を担保とすることを好むわけです。

　担保価値とは、土地の時価×掛け目で計算します。そして、土地の時価とは地価×面積で計算します。ここで、地価に関しては、公示価格、路線価、固定資産税評価額の順で利用していきます。

　一般的には、公示価格は実際の地価の9割程度、路線価は公示価格の8割程度、固定資産税評価額は公示価格の7割程度に設定されているとされています。これらはインターネットで簡単に検索できます。また、銀行の設定している掛け目は70％程度です。

　ただし、以上は、かなり大雑把な担保価値の査定であるため、「住んでいる家を担保に入れたら、いくらまで貸してもらえるか？」という疑問については、銀行の担当者に相談してみるしかありません。融資使用目的に左右される可能性もあります。

　住宅ローンを借りるとき、抵当権がつきます。抵当権とは、借りたお金を返済できない場合には、銀行が土地や建物を競売にかけて、お金を回収できますよというものです。住宅ローンを借りたら、その住宅には抵当権が設定され、住宅ローンを返済したら、抵当権が抹消されます。これに対して、似たようなものに根抵当権があります。

　抵当権は、「〇年〇月〇日に5,000万円を貸しました」という特定の債権に対して設定されるのに対して、根抵当権とは、お金の融資と返済が何度も繰り返されるような場合に、その都度いちいち抵当権を設定したり抹消したりするとめんどうなので、いつ借りたお金で、いつ返すお金なのかが決まっていなくても、お金が返せなくなった際に備えて、先に住宅や土地を担保に入れておくものなのです。

　したがって、根抵当権というのは、中小企業の経営者などが事業資金を借りる際に、自宅を担保に入れて、融資と返済を繰り返すような場合に設定されます。中小企業の経営者から自宅を買う場合などは、こうした根抵当権がついている場合がありますから、確認しましょう。

▶ 家の価値とは

次の家を買うには、いまの家を売らなければならないかもしれません。そうすると、「いまの家の価値はいくらであるのか？」がとても重要になってきます。

私のお客さんで、1998年に、3,250万円で家を買った方がいました。

そのお客さんは、地下室をつくり、屋上をつくり、造園を施し、その他いろいろの改良を行いました。そうした改良には1,000万円もの費用をかけています。それでは、この家には、どれだけの価値があるのでしょうか？　はたして、3,250万円＋1,000万円＝4,250万円だけの価値があるのでしょうか？

この方のこだわりに対して、喜んでお金を払う方がいるかどうかという問題です。私のお客さんの場合は、家にかけた費用は、家の価値を高めてくれませんでした。いろいろと家の手をかけても、家の価値には関係ない。住宅ローンがいくら残っているかも、家の価値には関係がない。そして、いちばんショックだったのは、自分の家をどう考えようが、家の価値には関係がないという事実をつきつけられたことでした。

唯一の大切な数字とは、買主が提示する数字だけなのです。

▶ 新しい家を買うのではなく、建てる場合には

家の買主も売主も（皆さんの場合は、その両方ですが）、やるべきことがたくさんあり、さまざまな書類の提出期限などが決められていることが多いものです。新しい家を建てる場合には、施工業者が期日どおりに完成できない場合も、しっかり計画に入れておくべきです。

仮に、施工業者が小さい場合には、建物が完成しないで終わることも想定しておくべきです。私のお客さんに実際に起こったことですが、施工業者が飛行機事故で死亡してしまった時点で、家の建設は3分の2しか進んでいませんでした。

仮に、規模の小さな工務店に依頼する場合、施工業者が死亡したり、動け

なくなったりする場合に備えて、皆さん自身のために、施工業者に保険に加入させるべきです。保険期間が短いため、保険料は安くすみますが、施工業者が家を完成できない場合に、補償されるでしょう。

これは住宅完成保証制度といわれるもので、一定の基準を満たした建設業者が加入でき、なおかつ、発注者が申請をして保証証書を発行されている場合に利用できるものです。

たとえば、2,000万円の注文住宅を契約した際、中間金等で1,000万円支払っていたのに、4割工事が進行した時点で、業者が倒産したら、800万円分の作業はすんでいるのに、1,000万円支払ずみであるため、200万円を余分に払いすぎています。

ここで保証を利用していない場合には、引渡しがすんでいない建物の所有権が業者にあるため、複数の債権者がいる場合には、その建物に対しての債権を主張してくるため、別の業者に頼んで工事を続行してもらうことができませんし、なかなか中間金等も戻ってきません。裁判で争う必要等が出てきます。

一方で、保証を利用している場合には、建設中の建物の所有権は保証会社に移るため、次の業者を紹介してもらえますし、限度額はあるものの、完成までの追加費用を保証会社に負担してもらえます。興味がある方は、株式会社住宅あんしん保証や住宅保証機構株式会社に、住宅完成保証制度について問合せをするとよいでしょう。

なお、住宅完成保証制度と似たような名前のものとして、住宅瑕疵担保責任保険がありますが、こちらは、完成した新築住宅になんらかの欠陥（瑕疵）が見つかった場合に、補修を行った業者に対して、保険金が支払われるものなので、性質が異なりますが、両者を混同して考えている業者もいるため、「住宅完成保証制度に加入していますか？」とはっきりと問い合わせる必要があります。

▶ 次の家を購入する場合、住宅ローンはどうする？

ここまで説明してきたように、次の家を買うことは、初めての家を買うこ

ととは異なります。さらに、住宅ローンの話となると、この点は、いっそう、浮き彫りとなります。

　初めての家の価格というのは、住宅ローンの借入可能額によって決まります。住宅ローンがいくらで自己資金がいくらかが決まれば、そこから購入できる家の値段が決まります。ですから、皆さんは、住宅ローンの貸し手からいわれるままに従うしかありません。

　そして、家を購入する数カ月前から、外食を控え、資産を売却し、友人からお金を借りるなどして節約してお金をためますが、決済（所有権移転および残代金支払）時に、頭金として人生最大の支払をした瞬間、「現金が溢れかえる大金持ち状態」から「持ち家貧乏状態」へと人生が大転換していきます。そして、こう思うはずです。

　頭金を払う前のほうが、幸せだったし、人生はワクワクしていたなあ。

　頭金を支払ったばかりに、苦しみばかりの人生が始まった。

　人生最大の支払をした理由は、銀行がいってきたからですよね。できるだけたくさん頭金を積んでください。ローンを組むためには、必須条件ですからねって。だから渋々、400万円とか600万円とかいう大金を、銀行に支払ってしまったわけです。自分で望んだからではなく、銀行の決まりや都合から支払わされたのです。かなり横暴な強制的な圧力によって、家に入れられるだけの、ありったけの手持ち資金はすべて、銀行に入れてくださいよという指示に従わざるをえなかったわけです。

　ところが、いまや皆さんは家をもっています。買替えの今回は、この家を売って手数料などの諸経費を支払っても1,000万円が手元に残り、次の家の値段は4,000万円であると仮定しましょう。すると、ほとんどの方が1回目と同じように、この1,000万円をすべて頭金に入れてしまいます。

　こうする理由は2つあります。1つ目は、以前もそうしたから。2つ目は、新しい家の価格がぎょっとするほど高いからです。

　十数年前に、最初の家を買った際には、「頭金を大きく積むほど、返済する金利総額が減るし、返済月額も少なくてすむよ」という両親や祖父母がやっていたやり方に従って、用意できるお金をすべて頭金に入れたのです。

そして、当時は、銀行も20%の頭金を要求してきました。その結果、前回は預金が空になってしまいました。今回は、銀行は大きな頭金を入れろとはいってきませんが、もっと高い値段の家を買うのですから、「お父さんやお母さんがいっていたように、もっと大きな頭金を積むべきだわ」と考えてしまいがちだからです。

ただし、十数年前に、最初に家を買った際には、銀行の指示に従って全財産を頭金として預けるしかありませんでしたが、2回目の購入では事情が異なります。

今回、4,000万円の家を購入する際には、銀行は10%の頭金しか要求してきません。つまり、400万円だけなのです。それどころか、銀行は頭金を要求しないことだって考えられます。ところが、皆さんは、家を売却したため、1,000万円ももっています。

このような場合には、銀行が要求してくる以上のお金を頭金として銀行に預けるべきではありません。頭金に関しては、銀行が要求する必要最低限だけを支払う一方で、銀行が提供する範囲で、できるだけ大きな住宅ローンを組むようにするのが得策です。

　人生の最大の買い物が家であるという神話は、いますぐ忘れてしまいましょう。多くの方の場合、これは事実と異なります。25年間も同じ家に住んでいるというのなら、3人の子どもを私立大学へ通わせるほうが費用は高い可能性があります。

　私の場合、最初の家は価格が安かったので、これまで乗り換えてきた自動車のほうが、はるかに費用がかかっています。そう、私の最初の家が安普請だったことは認めますが、最近は高級車に乗るようになったので、状況は変わりません。

　たしかに、家は高い買い物ですが、いちばん費用がかかるものとは言いがたいのです。

▶ イーデルマン流の住宅ローン戦略

「頭金を少なくしたら、返済月額が増えてしまうじゃないか！」と心配ですか？　大丈夫です。それどころか、頭金を少なくするのは良いことなのです。ぜひ、皆さんにお勧めしたいのが、イーデルマン流の住宅ローン戦略です。「できるだけ大きく、できるだけ長期の住宅ローンを組む」というやりかたです。

ここからは、特に注意して読んでください！　というのも、これから説明するイーデルマン流の住宅ローン戦略こそが、すべてのパーソナル・ファイナンスの項目のなかでも、おそらくはいちばん重要なトピックスの1つであるからです。

「住宅ローンはできるだけ早く完済してしまえ」というのが、ファイナンシャルプランニングという業界で、かなり前から広がった浅知恵です。それがなぜ浅知恵であり、間違ったアドバイスであるかを、これから説明していきます。

「住宅ローンなんて大嫌い。できるだけ早く完済してしまおう」と考えるのではなく、「可能な限り大きな住宅ローンを組んで、返済期間を引き延ばす」という真逆の行動を起こすべきなのです。

20年以上も前に、アメリカで、私（リック・イーデルマン）が、この戦略を提唱し始めた際、*Investment Advisor*誌は、私のことを「新しい論争意見」と評し、*Washington Post*誌は、私のことを「因習に縛られない」といいましたが、私の主張が間違っていると断じた者は、だれ一人としていませんでした。

住宅ローンに関する私の意見は、「大きくて長期の住宅ローンを利用すべき5つの理由」という部分が掲載された、本書の初版が出版された20年以上前にも、大きな反響を呼びました。

その時以来、たくさんの学術的な研究によって、大きくて、長期の住宅ローンを利用することの長所が立証され続けてきたのです。そうした学術的な研究のなかには、*the Journal of the Association for Financial Consulting* *and Planning Education, Southern Economic Journal, The CPA Journal of Financial Planning*などが含まれます。

　両親や祖父母の世代のやりかたとは違って、今日ではファイナンシャル・アドバイザーは、顧客のために、大きく、長期の住宅ローンを勧めることが一般的となっています。

　私のいちばんのお気に入りの研究は、2006年8月にシカゴ連銀から出された「住宅ローンの早期完済と老後貯蓄の税繰延べ効果とのトレードオフ」という論文です。税繰延べ効果のある投資口座（401k口座やIRA口座）で貯蓄を行うかわりに、繰上返済などによって住宅ローン完済を早期化している家庭が多いことが、家計調査からわかっているが、それは間違ったやりかたである、という内容の論文です。

　アメリカの家計全体でみた場合、毎月の余ったお金を、税繰延べ口座で増やせるのに、それを放棄するかたちで、住宅ローンの繰上返済に利用してしまうため、毎年15億ドルの機会費用が失われていると、その論文では説明されています。

　しかし、こうした研究のなかには、20年近くも前のものがあるため、かなり状況も変わってきています。特に、数百万人のアメリカ人が抵当流れの憂き目にあって家を失う原因となった、2000年代終わりの金融危機や信用危機をも考慮すれば、「大きくて長期の住宅ローンを利用すべき理由」は、たった5つしかないのか？　という新たな疑問すら湧いてきます。

　正解を申し上げましょう。「大きくて長期の住宅ローンを利用すべき5つの理由」とは、正確な事実の記述ではありません。今日では、「大きくて長期の住宅ローンを利用すべき10の理由」という記載こそが正確なものなのです。

　イーデルマン流の住宅ローン戦略には、5つの理由どころか、10もの正しさを立証する理由があるのです。この10の理由については、少しずつ明かしていきますが、まず初めに、皆さんは、違う角度からこの問題について考え

る必要があります。

35年ローンのかわりに、20年ローンですって？　ダメダメ、間違いですよ。毎月の返済額に追加して、繰上返済しているですって？　ダメダメ、大間違いですよ。ボーナスが出たからって追加返済するですって？　いまからでも間に合うから、考えを改めてくださいね。

▶ 電動ドリルの問題点とは

　現在、アメリカでは１つの詐欺が起こっています。それに対して、われわれアメリカ人は、ウォルマートやシアーズなどの全米中の量販店に苦情をいう可能性があります。その犯罪行為とは、買いたくもない人々に数百万個もの電動ドリルを販売しているというものです。

　ドリルを買う人が望んでいるのは、壁に穴を開けることです。正確な位置に、正確な丸い穴を開けようとする場合、唯一の方法がドリルを買うことなのです。

　そうした意味では、住宅ローンとは、ドリルと同じ意味をもちます。住宅ローンを望んでいる人は、１人もいないのです。考えてみれば、「わーい、住宅ローンを手にすることができる日まで待ちきれないよ」なんて、子どもの頃にいっていた方はいないですよね。

　いうまでもなく、皆さんがほしいのは、家です。けれども、家を手に入れるためには、住宅ローンを手にするしか方法がありません。現金だけで家を買う余裕がないからです。ちょうど穴を開けたい人が、必要もないドリルを買ってしまうのと同じように、ほしいものを手に入れるために、ほしくもないものを手に入れる必要があるのです。

　皆さんが住宅ローンを嫌う１つ目の理由はこれです。

　皆さんが住宅ローンを嫌うもう１つの理由は、35年間にわたって、家自体の購入価格だけでなく、金利まで付けて支払をしなければならないからで

す。「住宅ローンを使わなかったら、いくらお金を節約できるか考えてみて」と他人からいわれるからです。ただし、ここからの説明を読めばすぐにわかるように、その人たちはうそをついて皆さんをだましているんですよ。住宅ローンとは、金利を損させるのではなく、金利を稼がせるものなんです。

皆さんが住宅ローンを嫌う最後の理由は、住宅ローンを恐れているからです。「住宅ローンは、できるだけ早く完済しなさいよ。住宅ローンがあると家を失うかもしれないからね」と、ご両親や祖父母が皆さんに言い聞かせてきたからです。「住宅ローンは、できるだけ早く完済しなさいよ。住宅ローンがあると家を失うかもしれないからね」というのは、「部屋をきれいにしないとベッドの下にお化けが出るからね」というのと同じ調子で、両親や祖父母から聞かされてきたはずです。

過去何十年もの間の信用危機の際に、住宅ローンを払えなくなったために、家を失った人が数百万人にのぼるという記事を読んだことがある人にとって、住宅ローンを恐れる理由としては十分であり、年長者のアドバイスが正しく思えて当然です。

実際、100年前のアメリカでは、住宅ローンとは非常にリスキーなものでした。なぜなら、その当時の銀行は、いつでも住宅ローンの全額返済を請求できる法的権限をもっていたからです。別の言い方をすれば、住宅ローンを借りている方々は、銀行の都合次第で、いつなんどきでも、全額返済を迫られる状態に置かれていたのです。

1929年のアメリカ株式の大暴落が起こると、銀行はその法的権限を躊躇なく発動しました。しかも、世界大不況が始まった最中では、数百万人の家の保有者たちは、職もなく、お金もなく、住宅ローン返済もできませんでした。

その結果、抵当流れによって、数百万人が、家を失う事態に直面しました。そして、「家というのは、住宅ローンではなく、現金で買うべきである」という決まり文句が始まったのです。2008年のリーマンショックに始まる近年の信用危機だけが唯一、この文句を支持しているわけですが、それに

もかかわらず、「住宅ローンを利用しない」というアドバイスは、間違いであるのです。

　本書は、2010年に発刊された*The Truth About Money*の４版の翻訳が土台となっています。当時のアメリカでは、2007年後半からサブプライムローン問題が浮上して、安易な条件で住宅ローンを借りることができたものの、低所得者層を中心として返済が滞るケースが続出したため、不動産市況の悪化を招き、過剰融資をしていた金融機関が貸倒れリスクを抱え始め、2008年９月には、リーマンショックが起こり、家を手放す方々が続出したことは記憶に新しいと思います。

　そうした悲惨な社会現象をみれば、「家というのは、住宅ローンではなく、現金で買うべきである」という意見が支配的になって当然とはいえそうですが、この支配的な論調に対して、イーデルマン氏がまったくの間違いであると主張している点は、目を見張るものがあります。

　ここで結論をいってしまえば、サブプライムローンとは、所得水準に比べて、過度な住宅ローンを借り入れ、分不相応な家を買ってしまった点に問題があります。ただし、数百万人の家を手放した人たちの問題点とは、「頭金を大きく積んで（＝住宅ローンを少なく組んで）、住宅ローンの完済を急いで短期のローンを組んだため（＝返済月額が高くなる）、手持ち資金が枯渇しているところへ、リーマンショックがやってきて失業や減給を余儀なくされたため、住宅ローンが支払えなくなった」というのが最大の理由なのです。

　「大きく、長期の住宅ローンを借りる」とは、すなわち、頭金を少なくして、繰上返済をしていないため、手持ち資金を残せますから、失業などの不慮の事態の備えになって、危機を乗り越えられるということです。

　アメリカでは、住宅ローンを取り扱う銀行のルールが、大不況以来、劇的に変わってきました。今日では、銀行は、即日、住宅ローンの全額返済を求めることはできません。決められた返済月額を遅れずにローン契約条項にのっとって返済している限り、銀行は、翌月の返済を待つ以外選択肢はありません。

直感的には、これが正しいと、皆さんもおわかりですよね。予告なしに、突然、銀行が、「いますぐ住宅ローンを完済してください」と迫ってくるという不安を感じたことがあるでしょうか？　いままで一度もないはずです。

　突然、銀行が、「いますぐ住宅ローンを完済してください」って迫ったため、だれかが家を失ったなんて、いままでニュースで聞いたことがありますか？　いままで一度もないはずです。

　こういうことは、だれかに起こったということを聞いたことがありますか？いままで一度もないはずです。

　それにもかかわらず、皆さんは住宅ローンを恐れているのです。

　よろしい。いまでは、100年前ほどには、住宅ローンは危険なものではないと皆さんは理解しました。それでもなお、感情的には、住宅ローンを避けていたのだと思います。だれだってそうですよね。

　だれだって、借金なしでいるほうがいいに決まっています。そして、多くのいわゆる金融専門家が、「できるだけ借金を取り除くように行動すべきです」、つまり、「何はともあれ、住宅ローンを完済すべきです」といううそを広めているのです。

　しかし、自分のエネルギーを借金の返済をすることにばかり集中させるのは、大きな間違いにつながります。メディアに登場する多くの「（自称）金融専門家」のアドバイスに従って、借金を完済しようとすれば、20年後のご自分の家計状況はどうなっているかおわかりですか？

　20年後の皆さんの姿とは、借金がゼロの状態なのです。

▶ 向かいたいではなく、向かっていることが重要

　多くの専門家曰く、「借金を完済するのに、正しい方法を教えます！」。

　問題は、専門家の言葉が正しいという点です。つまり、金融専門家は、どうやって借金を完済すべきかを正確に教えることができるのです。しかし、皆さんは、住宅ローンという借金の完済に焦点を絞るべきではありません（ここでの戦略は、PartⅦで説明したクレジットカードの借金とはまったく異なる

話です）。かわりに、財産の形成が行われているか否かを検討すべきです。

　借金を完済することよりも、財産の形成ができていないことのほうが深刻であると私は考えます。皆さんの将来の家計状況は、今日、決めた目標によって決まってくるでしょう。だからこそ、20年後の自分がどんな生活を送りたいのか選ぶ必要があるのです。皆さんは、次の２つのなら、どちらを選びますか？

借金ゼロ　かつ　お金もゼロ

または

借金あり　かつ　お金もたくさんあり

　こんなわけで、わが社では、新しいお客さんには、いちばん重要な質問として、「目標はどのようなものですか？」とたずねます。

　皆さんが何を目標とするかによって、とるべき戦略が決まってきます。だからこそ、何を目標とするかは注意深く選択する必要があります。仮に、目標が間違っていれば、それが実現された際には、不幸が待ち受けるかもしれないからです。

　はたして、皆さんの目標とは、住宅ローンを完済することでしょうか？　それとも、老後の豊かな生活を手に入れることでしょうか？

　しっかりご自分の目標を選んでください！

　イーデルマン流の住宅ローン戦略が現実の世界で本当に役立つのか不安に思う人には、私のお客さんのジムさんとクララさんの話を紹介しましょう。ジムさんは１カ月後に定年退職を迎える予定でした。そのため、最終準備の打合せのために私のオフィスにやってきました。

　夫婦の目標は、ジムさんが定年退職を迎えるまでに住宅ローンを完済するというものでした。その目標に従って、20年も前から、退職金用積立口座である401ｋ口座への積立投資はいっさい行わずに、銀行に対して、住宅ローンの返済として、毎月、余分な追加返済を続けてきたのです。

　1996年に夫婦がわが社のお客さんとなった際、われわれは、住宅ローンの追加返済をやめて、あまったお金を401ｋに積立投資するようにアドバイスしましたが、夫婦は聞き入れませんでした。

　ご夫婦の考えでは、定年退職までに住宅ローンを完済すれば、定年後の生活

では支出が激減するはずでした。そしていま、夫婦が退職生活の準備に取りかかってみると、自分たちの目標を達成したかのように思えるでしょう。なぜなら、実際に、ローンもなく、家と自動車を保有できているからです。

定年後のご夫婦の収入は、公的年金と退職年金で、年間で600万円です。夫婦には、貯金や投資がほとんどありませんが、一方で、住宅ローンや自動車ローンもありませんから、毎月の支出も20万円にすぎません。年間600万円の収入があって、支出が240万円であれば、「ゆとりある老後生活」を過ごしているようにも思えます。

けれども、このような「ゆとりある老後生活」は、新しい自動車が必要になるまでのほんの束の間のことでした。ほとんど貯金がない状態では、自動車ローンを組んで購入する以外に方法がありません。夫婦は、中古を買って安くすませる計画ではあります。また、夫婦は、どうしても欠かせない大きな家の修繕費としてお金を借りざるをえないでしょう。住んでいる家は築20年ですから、そろそろ屋根、床暖房、冷房、キッチン、お風呂の修理が必要となってきます。絨毯、ペンキ、車庫、その他の持ち家で生じるような出費は避けられません。固定資産税や火災保険料の引き上げ等もありえます。これらはどれもが「毎月の固定費」「毎月の予算」には含まれていません。将来の医療費についてはいうまでもありません。

夫婦ともに60歳であるので、インフレによって、収入の実質価値が下がってしまいます。クララさんには退職年金が出ていますが、インフレヘッジがされていません。現在、毎月30万円の収入があれば、十分やっていけると思えても、10年後には、物価が上がっているために、仮に、年率3％のインフレ率を想定すれば、購買力は25％も下がるのです。85歳までに、クララさんの退職年金はいまの価値の半分も購買力をもたないでしょう。貧困者の多数が高齢者に集中している理由は、ここにあります。

たしかに、ジムさんとクララさんのご夫妻は、数千万円の価値がある家をもっていますが、簡単にはエクイティにつなげることができません。年金収入で生活する退職者に対しては、銀行は不動産担保ローンを貸したがりません。

リバースモーゲージを使ったところで、毎月数万円もらえるだけなのですから、事態の改善には全然十分ではありません。ですから、家を売って現金化することを余儀なくされるかもしれないのです。自分たちが売りに出さないと強く決意していた資産を手放さざるをえないかもしれないとは、皮肉としかいいようがありません。

仮に、何十年間も、住宅ローンの追加返済に充てるかわりに、毎月、そのお

金を投資口座に入れておいたならば、ジムさんとクララさんの人生ストーリーは、180度違ったものだったかもしれません。現在でも、まだ、住宅ローンを抱えたままである一方、流動性の高い投資商品として、数千万円を保有していたことでしょう。そうであったとすれば、そのお金を毎月の住宅ローン返済に使うことも、快適なライフスタイルを支えるために使うこともできたはずなのです。

定年退職を迎えた時点で、ジムさんとクララさんは、自分たちの目標をほぼ実現したわけですが、その時点で、住宅ローンを完済してしまったことは、最良の戦略ではなかったということを思い知らされたのです。20年後に気がついた時点では、完全に遅すぎたということです。

幸い、本書を読んで、これから目標を設定していく皆さんの場合は、20年という年月が経過したわけではありません。まだまだ間に合います！

住宅ローンを返済することばかりに焦点を当てる方、住宅ローンを返済することを最優先に考える方というのは、ファイナンシャルプランニングを正しく理解していないのです。住宅ローンを返済することばかり考えて努力を続けていくことは、ファイナンシャルプランニングを誤解してしまった、間違ったやりかたです。その理由については、後ほど説明しますが、まずは最初に、住宅ローンに関する2つの重要な事実を理解していただきたいと思います。2つの事実さえふまえてしまえば、住宅ローンの有利な利用法もわかるようになるはずです。

リバースモーゲージとは、持ち家を担保にして、そこに住み続けながら融資を受けるもので、死後に持ち家を売却して融資代金を一括返済するものです。自宅を売却せずに老後の生活費等を借りられますし、生きている間には返済義務がありません（利払いがあるケースあり）。ただし、リバースモーゲージでは、土地付一戸建てなど対象となる住宅に制限がありますし、推定相続人全員の同意が必要になります。

▶ 住宅ローンの基本その1：住宅ローンは、家に対する融資ではなく、収入や資産に対する融資である

　これは、パーソナル・ファイナンスの分野全体でも、いちばん多い誤解であるかもしれません。お金を借りようとすると、貸し手はたった1つだけ、次のような質問をしてきます。「お客様のご返済計画を教えてください」

　ローンの返済能力は、収入によって決まってきます。十分な収入がない場合には、あるいは、収入を生み出すことができる資産がなければ、ローンを受けることができません。

　私のいうことを信じられないなら、銀行の住宅ローンの担当者に電話して、「収入も資産もありませんけど、家を買いたいんですけど」って相談してみてください。受話器の向こう側で大笑いされて、ののしられないように、受話器を耳元から離しておいたほうがいいですよ。

▶ 住宅ローンの基本その2：住宅ローンの返済は、償還予定表によって決められる

　住宅ローンを組んだ場合、毎月の返済金額は同じですが、返済回ごとの内訳、すなわち元金（借りた総額）返済分と金利（借金の手間賃）返済分の組合せが異なります（一般的な元利均等返済を想定した場合）。

　毎回の返済における元金と金利の内訳は、償還予定表に記載されています。償還予定表とは、図表Ⅷ−8のようなもので、この例では、金利7％の3,000万円の住宅ローンを組んだ場合の30年間の返済計画を示しています。償還予定表をみれば一目瞭然ですが、最初の20年間に関しては、毎回の支払というのは、ほとんどすべてが金利です。銀行は、借りた人が完済する前に、金利ばかり払うこの期間に儲けてやろうと考えるわけです。

図表Ⅷ－8　3,000万円の住宅ローン（金利7％）の30年間返済計画

支払月	返済月額(元利合計)	金利返済額	元金返済額	返済後残高	支払月	返済月額(元利合計)	金利返済額	元金返済額	返済後残高
1	¥1,995.91	¥1,750.00	¥245.91	¥299,754.09	62	¥1,995.91	¥1,645.27	¥350.64	¥281,695.53
2	¥1,995.91	¥1,748.57	¥247.34	¥299,506.75	63	¥1,995.91	¥1,643.22	¥352.68	¥281,342.84
3	¥1,995.91	¥1,747.12	¥248.78	¥299,257.97					
4	¥1,995.91	¥1,745.67	¥250.24	¥299,007.73		**ほぼ金利しか払っていない！**			
5	¥1,995.91	¥1,744.21	¥251.70	¥298,756.03					
6	¥1,995.91	¥1,742.74	¥253.16	¥298,502.87	64	¥1,995.91	¥1,641.17	¥354.74	¥280,988.10
7	¥1,995.91	¥1,741.27	¥254.64	¥298,248.23	65	¥1,995.91	¥1,639.10	¥356.81	¥280,631.29
8	¥1,995.91	¥1,739.78	¥256.13	¥297,992.10	66	¥1,995.91	¥1,637.02	¥358.89	¥280,272.40
9	¥1,995.91	¥1,738.29	¥257.62	¥297,734.48	67	¥1,995.91	¥1,634.92	¥360.99	¥279,911.42
10	¥1,995.91	¥1,736.78	¥259.12	¥297,475.36	68	¥1,995.91	¥1,632.82	¥363.09	¥279,548.32
11	¥1,995.91	¥1,735.27	¥260.63	¥297,214.73	69	¥1,995.91	¥1,630.70	¥365.21	¥279,183.12
12	¥1,995.91	¥1,733.75	¥262.15	¥296,952.57	70	¥1,995.91	¥1,628.57	¥367.34	¥278,815.78
13	¥1,995.91	¥1,732.22	¥263.68	¥296,688.89	71	¥1,995.91	¥1,626.43	¥369.48	¥278,446.29
14	¥1,995.91	¥1,730.69	¥265.22	¥296,423.66	72	¥1,995.91	¥1,624.27	¥371.64	¥278,074.66
15	¥1,995.91	¥1,729.14	¥266.77	¥296,156.89	73	¥1,995.91	¥1,622.10	¥373.81	¥277,700.85
16	¥1,995.91	¥1,727.58	¥268.33	¥295,888.57	74	¥1,995.91	¥1,619.92	¥375.99	¥277,324.87
17	¥1,995.91	¥1,726.02	¥269.89	¥295,618.68	75	¥1,995.91	¥1,617.73	¥378.18	¥276,946.69
18	¥1,995.91	¥1,724.44	¥271.47	¥295,347.21	76	¥1,995.91	¥1,615.52	¥380.39	¥276,566.30
19	¥1,995.91	¥1,722.86	¥273.05	¥295,074.16	77	¥1,995.91	¥1,613.30	¥382.60	¥276,183.70
20	¥1,995.91	¥1,721.27	¥274.64	¥294,799.52	78	¥1,995.91	¥1,611.07	¥384.84	¥275,798.86
21	¥1,995.91	¥1,719.66	¥276.24	¥294,523.28	79	¥1,995.91	¥1,608.83	¥387.08	¥275,411.78
22	¥1,995.91	¥1,718.05	¥277.86	¥294,245.42	80	¥1,995.91	¥1,606.57	¥389.34	¥275,022.44
23	¥1,995.91	¥1,716.43	¥279.48	¥293,965.95	81	¥1,995.91	¥1,604.30	¥391.61	¥274,630.83
24	¥1,995.91	¥1,714.80	¥281.11	¥293,684.84	82	¥1,995.91	¥1,602.01	¥393.89	¥274,236.94
25	¥1,995.91	¥1,713.16	¥282.75	¥293,402.10	83	¥1,995.91	¥1,599.72	¥396.19	¥273,840.75
26	¥1,995.91	¥1,711.51	¥284.40	¥293,117.70	84	¥1,995.91	¥1,597.40	¥398.50	¥273,442.24
27	¥1,995.91	¥1,709.85	¥286.05	¥292,831.65	85	¥1,995.91	¥1,595.08	¥400.83	¥273,041.41
28	¥1,995.91	¥1,708.18	¥287.72	¥292,543.92	86	¥1,995.91	¥1,592.74	¥403.17	¥272,638.25
29	¥1,995.91	¥1,706.51	¥289.40	¥292,254.52	87	¥1,995.91	¥1,590.39	¥405.52	¥272,232.73
30	¥1,995.91	¥1,704.82	¥291.09	¥291,963.43	88	¥1,995.91	¥1,588.02	¥407.88	¥271,824.85
31	¥1,995.91	¥1,703.12	¥292.79	¥291,670.65	89	¥1,995.91	¥1,585.64	¥410.26	¥271,414.59
32	¥1,995.91	¥1,701.41	¥294.50	¥291,376.15	90	¥1,995.91	¥1,583.25	¥412.66	¥271,001.93
33	¥1,995.91	¥1,699.69	¥296.21	¥291,079.94	91	¥1,995.91	¥1,580.84	¥415.06	¥270,586.87
34	¥1,995.91	¥1,697.97	¥297.94	¥290,782.00	92	¥1,995.91	¥1,578.42	¥417.48	¥270,169.38
35	¥1,995.91	¥1,696.23	¥299.68	¥290,482.32	93	¥1,995.91	¥1,575.99	¥419.92	¥269,749.46
36	¥1,995.91	¥1,694.48	¥301.43	¥290,180.89	94	¥1,995.91	¥1,573.54	¥422.37	¥269,327.09
37	¥1,995.91	¥1,692.72	¥303.19	¥289,877.70	95	¥1,995.91	¥1,571.07	¥424.83	¥268,902.26
38	¥1,995.91	¥1,690.95	¥304.95	¥289,572.75	96	¥1,995.91	¥1,568.60	¥427.31	¥268,474.95
39	¥1,995.91	¥1,689.17	¥306.73	¥289,266.02	97	¥1,995.91	¥1,566.10	¥429.80	¥268,045.15
40	¥1,995.91	¥1,687.39	¥308.52	¥288,957.49	98	¥1,995.91	¥1,563.60	¥432.31	¥267,612.84
41	¥1,995.91	¥1,685.59	¥310.32	¥288,647.17	99	¥1,995.91	¥1,561.07	¥434.83	¥267,178.00
42	¥1,995.91	¥1,683.78	¥312.13	¥288,335.04	100	¥1,995.91	¥1,558.54	¥437.37	¥266,740.63
43	¥1,995.91	¥1,681.95	¥313.95	¥288,021.09	101	¥1,995.91	¥1,555.99	¥439.92	¥266,300.71
44	¥1,995.91	¥1,680.12	¥315.78	¥287,705.30	102	¥1,995.91	¥1,553.42	¥442.49	¥265,858.23
45	¥1,995.91	¥1,678.28	¥317.63	¥287,387.68	103	¥1,995.91	¥1,550.84	¥445.07	¥265,413.16
46	¥1,995.91	¥1,676.43	¥319.48	¥287,068.20	104	¥1,995.91	¥1,548.24	¥447.66	¥264,965.50
47	¥1,995.91	¥1,674.56	¥321.34	¥286,746.85	105	¥1,995.91	¥1,545.63	¥450.28	¥264,515.22
48	¥1,995.91	¥1,672.69	¥323.22	¥286,423.64	106	¥1,995.91	¥1,543.01	¥452.90	¥264,062.32
49	¥1,995.91	¥1,670.80	¥325.10	¥286,098.53	107	¥1,995.91	¥1,540.36	¥455.54	¥263,606.77
50	¥1,995.91	¥1,668.91	¥327.00	¥285,771.53	108	¥1,995.91	¥1,537.71	¥458.20	¥263,148.57
51	¥1,995.91	¥1,667.00	¥328.91	¥285,442.63	109	¥1,995.91	¥1,535.03	¥460.87	¥262,687.70
52	¥1,995.91	¥1,665.08	¥330.83	¥285,111.80	110	¥1,995.91	¥1,532.34	¥463.56	¥262,224.14
53	¥1,995.91	¥1,663.15	¥332.76	¥284,779.05	111	¥1,995.91	¥1,529.64	¥466.27	¥261,757.87
54	¥1,995.91	¥1,661.21	¥334.70	¥284,444.35	112	¥1,995.91	¥1,526.92	¥468.99	¥261,288.88
55	¥1,995.91	¥1,659.26	¥336.65	¥284,107.70	113	¥1,995.91	¥1,524.19	¥471.72	¥260,817.16
56	¥1,995.91	¥1,657.29	¥338.61	¥283,769.09	114	¥1,995.91	¥1,521.43	¥474.47	¥260,342.69
57	¥1,995.91	¥1,655.32	¥340.59	¥283,428.50	115	¥1,995.91	¥1,518.67	¥477.24	¥259,865.44
58	¥1,995.91	¥1,653.33	¥342.57	¥283,085.93	116	¥1,995.91	¥1,515.88	¥480.03	¥259,385.42
59	¥1,995.91	¥1,651.33	¥344.57	¥282,741.35	117	¥1,995.91	¥1,513.08	¥482.83	¥258,902.59
60	¥1,995.91	¥1,649.32	¥346.58	¥282,394.77	118	¥1,995.91	¥1,510.27	¥485.64	¥258,416.95
61	¥1,995.91	¥1,647.30	¥348.60	¥282,046.16	119	¥1,995.91	¥1,507.43	¥488.48	¥257,928.47

支払月	返済月額 (元利合計)	金利 返済額	元金 返済額	返済後 残高	支払月	返済月額 (元利合計)	金利 返済額	元金 返済額	返済後 残高
120	¥1,995.91	¥1,504.58	¥491.32	¥257,437.15	180	¥1,995.91	¥1,299.39	¥696.51	¥222,056.60
121	¥1,995.91	¥1,501.72	¥494.19	¥256,942.96	181	¥1,995.91	¥1,295.33	¥700.58	¥221,356.02
122	¥1,995.91	¥1,498.83	¥497.07	¥256,445.89	182	¥1,995.91	¥1,291.24	¥704.66	¥220,651.36
123	¥1,995.91	¥1,495.93	¥499.97	¥255,945.91	183	¥1,995.91	¥1,287.13	¥708.77	¥219,942.58
124	¥1,995.91	¥1,493.02	¥502.89	¥255,443.02	184	¥1,995.91	¥1,283.00	¥712.91	¥219,229.67
125	¥1,995.91	¥1,490.08	¥505.82	¥254,937.20	185	¥1,995.91	¥1,278.84	¥717.07	¥218,512.61
126	¥1,995.91	¥1,487.13	¥508.77	¥254,428.43	186	¥1,995.91	¥1,274.66	¥721.25	¥217,791.36
127	¥1,995.91	¥1,484.17	¥511.74	¥253,916.68	187	¥1,995.91	¥1,270.45	¥725.46	¥217,065.90
128	¥1,995.91	¥1,481.18	¥514.73	¥253,401.96	188	¥1,995.91	¥1,266.22	¥729.69	¥216,336.21
129	¥1,995.91	¥1,478.18	¥517.73	¥252,884.23	189	¥1,995.91	¥1,261.96	¥733.95	¥215,602.26
130	¥1,995.91	¥1,475.16	¥520.75	¥252,363.48	190	¥1,995.91	¥1,257.68	¥738.23	¥214,864.03
131	¥1,995.91	¥1,472.12	¥523.79	¥251,839.69	191	¥1,995.91	¥1,253.37	¥742.53	¥214,121.50
132	¥1,995.91	¥1,469.06	¥526.85	¥251,312.85	192	¥1,995.91	¥1,249.04	¥746.87	¥213,374.63
133	¥1,995.91	¥1,465.99	¥529.92	¥250,782.93	193	¥1,995.91	¥1,244.69	¥751.22	¥212,623.41
134	¥1,995.91	¥1,462.90	¥533.01	¥250,249.93	194	¥1,995.91	¥1,240.30	¥755.60	¥211,867.81
135	¥1,995.91	¥1,459.79	¥536.12	¥249,713.81	195	¥1,995.91	¥1,235.90	¥760.01	¥211,107.80
136	¥1,995.91	¥1,456.66	¥539.24	¥249,174.57	196	¥1,995.91	¥1,231.46	¥764.45	¥210,343.35
137	¥1,995.91	¥1,453.52	¥542.39	¥248,632.18	197	¥1,995.91	¥1,227.00	¥768.90	¥209,574.45
138	¥1,995.91	¥1,450.35	¥545.55	¥248,086.62	198	¥1,995.91	¥1,222.52	¥773.39	¥208,801.06
139	¥1,995.91	¥1,447.17	¥548.74	¥247,537.89	199	¥1,995.91	¥1,218.01	¥777.90	¥208,023.15
140	¥1,995.91	¥1,443.97	¥551.94	¥246,985.95	200	¥1,995.91	¥1,213.47	¥782.44	¥207,240.72
141	¥1,995.91	¥1,440.75	¥555.16	¥246,430.80	201	¥1,995.91	¥1,208.90	¥787.00	¥206,453.71
142	¥1,995.91	¥1,437.51	¥558.39	¥245,872.40	202	¥1,995.91	¥1,204.31	¥791.59	¥205,662.12
143	¥1,995.91	¥1,434.26	¥561.65	¥245,310.75	203	¥1,995.91	¥1,199.70	¥796.21	¥204,865.91
144	¥1,995.91	¥1,430.98	¥564.93	¥244,745.82	204	¥1,995.91	¥1,195.05	¥800.86	¥204,065.05
145	¥1,995.91	¥1,427.68	¥568.22	¥244,177.60	205	¥1,995.91	¥1,190.38	¥805.53	¥203,259.52
146	¥1,995.91	¥1,424.37	¥571.54	¥243,606.06	206	¥1,995.91	¥1,185.68	¥810.23	¥202,449.30
147	¥1,995.91	¥1,421.04	¥574.87	¥243,031.19	207	¥1,995.91	¥1,180.95	¥814.95	¥201,634.34
148	¥1,995.91	¥1,417.68	¥578.23	¥242,452.96	208	¥1,995.91	¥1,176.20	¥819.71	¥200,814.63
149	¥1,995.91	¥1,414.31	¥581.60	¥241,871.36	209	¥1,995.91	¥1,171.42	¥824.49	¥199,990.15
150	¥1,995.91	¥1,410.92	¥584.99	¥241,286.37	210	¥1,995.91	¥1,166.61	¥829.30	¥199,160.85
151	¥1,995.91	¥1,407.50	¥588.40	¥240,697.97	211	¥1,995.91	¥1,161.77	¥834.14	¥198,326.71
152	¥1,995.91	¥1,404.07	¥591.84	¥240,106.13	212	¥1,995.91	¥1,156.91	¥839.00	¥197,487.71
153	¥1,995.91	¥1,400.62	¥595.29	¥239,510.84	213	¥1,995.91	¥1,152.01	¥843.90	¥196,643.81
154	¥1,995.91	¥1,397.15	¥598.76	¥238,912.08	214	¥1,995.91	¥1,147.09	¥848.82	¥195,795.00
155	¥1,995.91	¥1,393.65	¥602.25	¥238,309.83	215	¥1,995.91	¥1,142.14	¥853.77	¥194,941.23
156	¥1,995.91	¥1,390.14	¥605.77	¥237,704.06	216	¥1,995.91	¥1,137.16	¥858.75	¥194,082.48
157	¥1,995.91	¥1,386.61	¥609.30	¥237,094.76	217	¥1,995.91	¥1,132.15	¥863.76	¥193,218.72
158	¥1,995.91	¥1,383.05	¥612.85	¥236,481.91	218	¥1,995.91	¥1,127.11	¥868.80	¥192,349.92
159	¥1,995.91	¥1,379.48	¥616.43	¥235,865.48	219	¥1,995.91	¥1,122.04	¥873.87	¥191,476.05
160	¥1,995.91	¥1,375.88	¥620.03	¥235,245.45	220	¥1,995.91	¥1,116.94	¥878.96	¥190,597.09
161	¥1,995.91	¥1,372.27	¥623.64	¥234,621.81	221	¥1,995.91	¥1,111.82	¥884.09	¥189,713.00
162	¥1,995.91	¥1,368.63	¥627.28	¥233,994.53	222	¥1,995.91	¥1,106.66	¥889.25	¥188,823.75
163	¥1,995.91	¥1,364.97	¥630.94	¥233,363.59	223	¥1,995.91	¥1,101.47	¥894.44	¥187,929.31
164	¥1,995.91	¥1,361.29	¥634.62	¥232,728.97	224	¥1,995.91	¥1,096.25	¥899.65	¥187,029.66
165	¥1,995.91	¥1,357.59	¥638.32	¥232,090.65	225	¥1,995.91	¥1,091.01	¥904.90	¥186,124.76
166	¥1,995.91	¥1,353.86	¥642.05	¥231,448.60	226	¥1,995.91	¥1,085.73	¥910.18	¥185,214.58
167	¥1,995.91	¥1,350.12	¥645.79	¥230,802.81	227	¥1,995.91	¥1,080.42	¥915.49	¥184,299.09
168	¥1,995.91	¥1,346.35	¥649.56	¥230,153.25	228	¥1,995.91	¥1,075.08	¥920.83	¥183,378.26
169	¥1,995.91	¥1,342.56	¥653.35	¥229,499.91	229	¥1,995.91	¥1,069.71	¥926.20	¥182,452.06
170	¥1,995.91	¥1,338.75	¥657.16	¥228,842.75	230	¥1,995.91	¥1,064.30	¥931.60	¥181,520.45
171	¥1,995.91	¥1,334.92	¥660.99	¥228,181.76	231	¥1,995.91	¥1,058.87	¥937.04	¥180,583.42
172	¥1,995.91	¥1,331.06	¥664.85	¥227,516.91	232	¥1,995.91	¥1,053.40	¥942.50	¥179,640.91
					233	¥1,995.91	¥1,047.91	¥948.00	¥178,692.91
					234	¥1,995.91	¥1,042.38	¥953.53	¥177,739.38
					235	¥1,995.91	¥1,036.81	¥959.09	¥176,780.28
					236	¥1,995.91	¥1,031.22	¥964.69	¥175,815.59
173	¥1,995.91	¥1,327.18	¥668.73	¥226,848.19	237	¥1,995.91	¥1,025.59	¥970.32	¥174,845.28
174	¥1,995.91	¥1,323.28	¥672.63	¥226,175.56	238	¥1,995.91	¥1,019.93	¥975.98	¥173,869.30
175	¥1,995.91	¥1,319.36	¥676.55	¥225,499.01	239	¥1,995.91	¥1,014.24	¥981.67	¥172,887.63
176	¥1,995.91	¥1,315.41	¥680.50	¥224,818.51	**240**	**¥1,995.91**	**¥1,008.51**	**¥987.40**	**¥171,900.23**
177	¥1,995.91	¥1,311.44	¥684.47	¥224,134.05	241	¥1,995.91	¥1,002.75	¥993.16	¥170,907.08
178	¥1,995.91	¥1,307.45	¥688.46	¥223,445.59	242	¥1,995.91	¥996.96	¥998.95	¥169,908.13
179	¥1,995.91	¥1,303.43	¥692.47	¥222,753.11	243	¥1,995.91	¥991.13	¥1,004.78	¥168,903.35

20年後でさえ、返済しているのは
ほとんど金利だけ

支払月	返済月額	金利	元金	返済後		支払月	返済月額	金利	元金	返済後
(元利合計)		返済額	返済額	残高		(元利合計)		返済額	返済額	残高
244	¥1,995.91	¥985.27	¥1,010.64	¥167,892.71		308	¥1,995.91	¥529.48	¥1,466.43	¥89,301.26
245	¥1,995.91	¥979.37	¥1,016.53	¥166,876.18		309	¥1,995.91	¥520.92	¥1,474.98	¥87,826.27
246	¥1,995.91	¥973.44	¥1,022.46	¥165,853.72		310	¥1,995.91	¥512.32	¥1,483.59	¥86,342.69
247	¥1,995.91	¥967.48	¥1,028.43	¥164,825.29		311	¥1,995.91	¥503.67	¥1,492.24	¥84,850.45
248	¥1,995.91	¥961.48	¥1,034.43	¥163,790.86		312	¥1,995.91	¥494.96	¥1,500.95	¥83,349.50
249	¥1,995.91	¥955.45	¥1,040.46	¥162,750.40		313	¥1,995.91	¥486.21	¥1,509.70	¥81,839.80
250	¥1,995.91	¥949.38	¥1,046.53	¥161,703.87		314	¥1,995.91	¥477.40	¥1,518.51	¥80,321.29
251	¥1,995.91	¥943.27	¥1,052.63	¥160,651.24		315	¥1,995.91	¥468.54	¥1,527.37	¥78,793.92
252	¥1,995.91	¥937.13	¥1,058.78	¥159,592.46		316	¥1,995.91	¥459.63	¥1,536.28	¥77,257.64
253	¥1,995.91	¥930.96	¥1,064.95	¥158,527.51		317	¥1,995.91	¥450.67	¥1,545.24	¥75,712.41
254	¥1,995.91	¥924.74	¥1,071.16	¥157,456.35		318	¥1,995.91	¥441.66	¥1,554.25	¥74,158.16
255	¥1,995.91	¥918.50	¥1,077.41	¥156,378.94		319	¥1,995.91	¥432.59	¥1,563.32	¥72,594.84
256	¥1,995.91	¥912.21	¥1,083.70	¥155,295.24		320	¥1,995.91	¥423.47	¥1,572.44	¥71,022.40
257	¥1,995.91	¥905.89	¥1,090.02	¥154,205.22		321	¥1,995.91	¥414.30	¥1,581.61	¥69,440.79
258	¥1,995.91	¥899.53	¥1,096.38	¥153,108.84		322	¥1,995.91	¥405.07	¥1,590.84	¥67,849.95
259	¥1,995.91	¥893.13	¥1,102.77	¥152,006.07		323	¥1,995.91	¥395.79	¥1,600.12	¥66,249.84
260	¥1,995.91	¥886.70	¥1,109.21	¥150,896.87		324	¥1,995.91	¥386.46	¥1,609.45	¥64,640.39
261	¥1,995.91	¥880.23	¥1,115.68	¥149,781.19		325	¥1,995.91	¥377.07	¥1,618.84	¥63,021.55
262	¥1,995.91	¥873.72	¥1,122.18	¥148,659.01		326	¥1,995.91	¥367.63	¥1,628.28	¥61,393.27
263	¥1,995.91	¥867.18	¥1,128.73	¥147,530.28		327	¥1,995.91	¥358.13	¥1,637.78	¥59,755.49
264	¥1,995.91	¥860.59	¥1,135.31	¥146,394.96		328	¥1,995.91	¥348.57	¥1,647.33	¥58,108.15
265	¥1,995.91	¥853.97	¥1,141.94	¥145,253.02		329	¥1,995.91	¥338.96	¥1,656.94	¥56,451.21
266	¥1,995.91	¥847.31	¥1,148.60	¥144,104.43		330	¥1,995.91	¥329.30	¥1,666.61	¥54,784.60
267	¥1,995.91	¥840.61	¥1,155.30	¥142,949.13		331	¥1,995.91	¥319.58	¥1,676.33	¥53,108.27
268	¥1,995.91	¥833.87	¥1,162.04	¥141,787.09		332	¥1,995.91	¥309.80	¥1,686.11	¥51,422.16
269	¥1,995.91	¥827.09	¥1,168.82	¥140,618.27		333	¥1,995.91	¥299.96	¥1,695.94	¥49,726.22
270	¥1,995.91	¥820.27	¥1,175.63	¥139,442.64		334	¥1,995.91	¥290.07	¥1,705.84	¥48,020.38
271	¥1,995.91	¥813.42	¥1,182.49	¥138,260.15		335	¥1,995.91	¥280.12	¥1,715.79	¥46,304.59
272	¥1,995.91	¥806.52	¥1,189.39	¥137,070.76		336	¥1,995.91	¥270.11	¥1,725.80	¥44,578.79
273	¥1,995.91	¥799.58	¥1,196.33	¥135,874.43		337	¥1,995.91	¥260.04	¥1,735.86	¥42,842.93
274	¥1,995.91	¥792.60	¥1,203.31	¥134,671.12		338	¥1,995.91	¥249.92	¥1,745.99	¥41,096.94
275	¥1,995.91	¥785.58	¥1,210.33	¥133,460.80		339	¥1,995.91	¥239.73	¥1,756.18	¥39,340.76
276	¥1,995.91	¥778.52	¥1,217.39	¥132,243.41		340	¥1,995.91	¥229.49	¥1,766.42	¥37,574.34
277	¥1,995.91	¥771.42	¥1,224.49	¥131,018.92		341	¥1,995.91	¥219.18	¥1,776.72	¥35,797.62
278	¥1,995.91	¥764.28	¥1,231.63	¥129,787.29		342	¥1,995.91	¥208.82	¥1,787.09	¥34,010.53
279	¥1,995.91	¥757.09	¥1,238.81	¥128,548.48		343	¥1,995.91	¥198.39	¥1,797.51	¥32,213.02
280	¥1,995.91	¥749.87	¥1,246.04	¥127,302.44		344	¥1,995.91	¥187.91	¥1,808.00	¥30,405.02
281	¥1,995.91	¥742.60	¥1,253.31	¥126,049.13		345	¥1,995.91	¥177.36	¥1,818.54	¥28,586.47
282	¥1,995.91	¥735.29	¥1,260.62	¥124,788.51						
283	¥1,995.91	¥727.93	¥1,267.97	¥123,520.53						
284	¥1,995.91	¥720.54	¥1,275.37	¥122,245.16						
285	¥1,995.91	¥713.10	¥1,282.81	¥120,962.35						
286	¥1,995.91	¥705.61	¥1,290.29	¥119,672.06		346	¥1,995.91	¥166.75	¥1,829.15	¥26,757.32
287	¥1,995.91	¥698.09	¥1,297.82	¥118,374.24		347	¥1,995.91	¥156.08	¥1,839.82	¥24,917.50
288	¥1,995.91	¥690.52	¥1,305.39	¥117,068.84		348	¥1,995.91	¥145.35	¥1,850.56	¥23,066.94
289	¥1,995.91	¥682.90	¥1,313.01	¥115,755.84		349	¥1,995.91	¥134.56	¥1,861.35	¥21,205.59
290	¥1,995.91	¥675.24	¥1,320.67	¥114,435.17		350	¥1,995.91	¥123.70	¥1,872.21	¥19,333.38
291	¥1,995.91	¥667.54	¥1,328.37	¥113,106.80		351	¥1,995.91	¥112.78	¥1,883.13	¥17,450.25
292	¥1,995.91	¥659.79	¥1,336.12	¥111,770.69		352	¥1,995.91	¥101.79	¥1,894.11	¥15,556.14
293	¥1,995.91	¥652.00	¥1,343.91	¥110,426.77		353	¥1,995.91	¥90.74	¥1,905.16	¥13,650.98
294	¥1,995.91	¥644.16	¥1,351.75	¥109,075.02		354	¥1,995.91	¥79.63	¥1,916.28	¥11,734.70
295	¥1,995.91	¥636.27	¥1,359.64	¥107,715.39		355	¥1,995.91	¥68.45	¥1,927.46	¥9,807.25
296	¥1,995.91	¥628.34	¥1,367.57	¥106,347.82		356	¥1,995.91	¥57.21	¥1,938.70	¥7,868.55
297	¥1,995.91	¥620.36	¥1,375.55	¥104,972.27		357	¥1,995.91	¥45.90	¥1,950.01	¥5,918.54
298	¥1,995.91	¥612.34	¥1,383.57	¥103,588.70		358	¥1,995.91	¥34.52	¥1,961.38	¥3,957.16
299	¥1,995.91	¥604.27	¥1,391.64	¥102,197.06		359	¥1,995.91	¥23.08	¥1,972.82	¥1,984.33
300	**¥1,995.91**	**¥596.15**	**¥1,399.76**	**¥100,797.31**		360	¥1,995.91	¥11.58	¥1,984.33	¥0.00
301	¥1,995.91	¥587.98	¥1,407.92	¥99,389.38						
302	¥1,995.91	¥579.77	¥1,416.14	¥97,973.25		返済総額				¥718,526.69
303	¥1,995.91	¥571.51	¥1,424.40	¥96,548.85		金利支払総額				¥418,526.69
304	¥1,995.91	¥563.20	¥1,432.71	¥95,116.14		住宅ローン融資金額				¥300,000
305	¥1,995.91	¥554.84	¥1,441.06	¥93,675.08						
306	¥1,995.91	¥546.44	¥1,449.47	¥92,225.61						
307	¥1,995.91	¥537.98	¥1,457.92	¥90,767.69						

25年後でも、住宅ローンは
1,000万円残っている

図表Ⅷ－8をじっくりみれば、25年後でも、ローンの3分の2しか返済しておらず、元金3,000万円に対して、1,000万円もローンが残っていることがわかるはずです。

　30年ローンを組んで、毎月同額を支払っていたら、25年たっても、3分の1もローンが残っているなんて、本当にがっかりかもしれませんが、実は、こういう住宅ローンの仕組みにこそ、住宅ローンを利用すべき理由が隠されているのです。

　それでは、この2つの住宅ローンの基本を念頭に置きつつ、イーデルマン流の住宅ローン戦術について説明していきましょう。

▶ 大きく、長期の住宅ローンを利用すべき10の理由

　住宅ローンには素晴らしい効果があるのに、多くの人がその効果を正しく理解することなく、間違って利用しています。鍵となる点をはき違えているからです。先入観を捨て、目を見開いて、この章を読めば、「大きく、長期の住宅ローンを利用すべきである」「繰上返済を目指してはいけない」「完済しようと焦るな」という、私の住宅ローン戦略に納得してもらえるでしょう。

理由その1：家の価値は、住宅ローン残高によって影響されないから

　家を買おうと考える理由とは、長期的にみれば、家の価値が上がると皆さん自身が考えるからです（図星ですよね！　価値が下がると確信していたら、家なんか買わないで、賃貸ですませるでしょう。ただし、現実には、今後30年の間、家の価値は上がったり下がったりを繰り返していくはずです。もちろん、投資信託ではありませんから、運用報告書が届いて、毎年、価格を確認できるわけではないでしょうが）。住宅ローンの残高があろうがなかろうが、最終的に価値が上がっている（あるいは下がっている）わけです。住宅ローンをおおいに利用しましょう。住宅ローンを組んだところで、あなたの家の価値にはなんら影響しないのですから。

　こうした点からすれば、住宅ローンを利用せずに、家を手にするのは、自

分のお金をたんす預金にするようなことなのです。住宅ローンを組もうが組むまいが、家の価値が上がる（あるいは下がる）以上、家につぎ込んだお金は、まったく金利を稼ぎません。100万円をたんす預金にしませんよね？　ましてや3,000万円をたんす預金にしますか？　金利を稼ごうとは考えませんか？　長期の住宅ローンを利用すれば、家の価値が成長するかもしれないだけでなく、浮いたお金でエクイティ（投資信託や株式など）に投資してお金を増やせるかもしれないのです。

理由その2：住宅ローンは、家のエクイティの構築を止めない

だれでもエクイティ（ここでは不動産価値−住宅ローンの意味）を築きたいと考えます。金銭的な理由としては、それが家を所有するいちばんであるはずです。そのエクイティは、不動産担保ローンを組むことによって、大学、結婚、退職生活に対する支払にも使うことができます。住宅ローンは悪であるといわれる理由は、住宅ローンが大きいほど、エクイティが小さくなるからです。

しかし、その考え方は間違いです。たとえば、3,000万円の家を買うために、頭金を500万円、金利7％で、30年ローンを2,500万円組むケースを考えてみましょう。頭金（500万円）が最初のエクイティであり、このエクイティがどんどん成長するよう望むわけです。

図表Ⅷ−9をみれば、何が起こるかわかります。毎月の支払を続けることによって、20年後のローン残高は1,432万5,000円に減っていますから、エクイティは1,067万5,000円ということになります（2,500万円−1,432万5,000円）。この事実こそが、住宅ローンを返済していけば、エクイティが成長するという考え方の根拠になっています。つまり、「住宅ローンを早く返済するほど、エクイティの成長は早まる」というわけです。

しかし、「住宅ローンの返済を急ぐことだけが、家のエクイティを成長させる唯一の方法ではない」という点が、この意見には欠けています。その理由とは、皆さんが新たに購入する家というのは、今後20年にわたって価値が成長することが、ほぼ確実であるという理由によります。

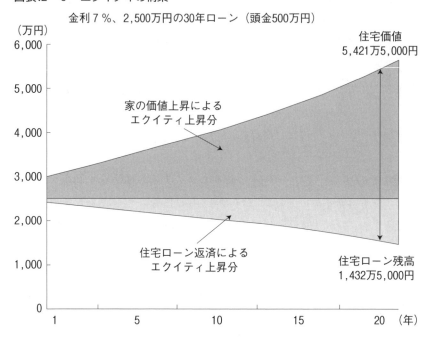

図表Ⅷ－9　エクイティの構築

金利7％、2,500万円の30年ローン（頭金500万円）

（万円）

住宅価値
5,421万5,000円

家の価値上昇による
エクイティ上昇分

住宅ローン返済による
エクイティ上昇分

住宅ローン残高
1,432万5,000円

　仮に、これから3,000万円で購入する家の価値が、年率3％で上昇する場合、20年後には5,421万5,000円になります。たとえローン残高が2,500万円のままであったとしても、エクイティは3,000万円（＝5,421万5,000円－2,500万円）近くになるのです。

　今後20年にわたって、皆さんの家の価値が成長する可能性がある、と私がいうことを信じられますか（2010年に原著が出た当時は、リーマンショックの後遺症で、アメリカ不動産市場が崩壊していた時期であることに注目）？
　家の価値が上がらないと思うなら、次の問いに答えてください。「皆さんはどうして家を買おうとしているのですか？」
　今後20年にわたって、いま住んでいる家の価値が下がるだろうと、確信しているのであれば、いまの家をすぐに売るべきです。
　たしかに、不動産価格は、何年かは横這いで、何年かは下がるかもしれませ

ん（リーマンショック直後のアメリカでは下がりっぱなしでした）。けれども、歴史を何十年単位で振り返れば、不動産価値は上昇するものなのです。

この私の意見がどうしても納得できない方は、「初めて家や土地を買った時、いくらだったの？」とか「初めて買った家や土地は、いまではいくらぐらいになっているの？」とたずねてみてください。

それでも、今後20年にわたって、家の価値が上がることが信じられないならば、いま住んでいる家を売るべきです。ただし、皆さんが自分の家の将来の価値についてどう考えようと、そのことと住宅ローンが関係がない点だけは認めなければいけません。

理由その3：住宅ローンは、借入れのなかでもいちばん金利が低い

事実、住宅ローンは、個人の借入れのなかでもいちばん金利が低いといえます（注1）。住宅ローンの基本その1（p644）で示したように、返済する能力を示せた場合に、住宅ローンを組むことができました。

では、支払うべき金利はいくらでしょうか？　銀行は、返済能力が高いと判断した人ほど、金利を低くします。皆さんは、返済が滞った際には、担保にしている家を差し出すことに同意しています。これによって、銀行のリスクが劇的に削減されていることから、結果的に住宅ローンの金利が非常に低くなるのです（注2）。

（注1）　そういえば、最初の30日間は、金利がゼロというカードローンがあります。では、30年間、数千万円を金利ゼロで借りてみてはいかがですか？

（注2）　対照的に、カードローンやクレジットカードの場合は、無担保ローンです。VISAカードでは、請求書に支払をしない場合に備えて、皆さんが買ったセーターを担保にとるわけではありません。カード会社では、カード保有者の返済不能割合を把握しており、その統計に基づき、超大手企業や公務員ではないような一般の人には、18％の金利を課しているのです。仮に、18％の金利を課されている人の3分の1が返済不能となっても、返済できる人から18％の金利を支払ってもらえれば、$0\% \times 1/3 + 18\% \times 2/3 = 12\%$ のリターンを手にすることができます。決して儲からないビジネスではありません。

それでは、なぜ、自動車ローンの金利は、住宅ローンの金利よりも高いので
しょうか？　自動車が担保ではありますが、銀行からすれば、自動車ローン
は、住宅ローンよりもリスクが高いのです。自動車の価値は下がる一方で、家
の価値は成長する傾向にあります。そのため、銀行としては、自動車を売るよ
りも、家を売るほうが、不良債権の回収がしやすいということです。
　さらに、銀行は、家がどこにあるのか、常にわかっていますが、返済不能者
が遠乗りしている際に、自動車がどこにあるのかは見つけにくいのです。
　こんなわけで、自動車ローンの金利は、住宅ローンの金利よりも高くなりま
すが、自動車ローンの金利は、クレジットカードの金利よりは安くなります。
というのも、幾分かでも安全なほうがゼロよりはましであることを、銀行が
知っているからです。

理由その4：住宅ローンは、所得税控除の対象となる

　住居の取得（一定の増改築やリフォームも）をする際に、合計所得が3,000
万円以下であることなど、いくつかの条件のもと、10年以上のローンを組ん
だ場合、住宅ローン減税が受けられます。これ以外にも、増改築やリフォー
ムの際に減税制度として、ローン期間5年以上のリフォームローン減税があ
ります。

　住宅ローン減税では、年間最大で控除額が40万円（認定住宅の新築等に係
る特例を受ける場合を除く）で、控除期間が10年（居住開始が2019年10月1日か
ら2020年末までなら13年間）という減税となり、リフォームローン減税では、
年間最大で控除額が12万5,000円で、控除期間が5年となります。さらに一
定の条件を満たせば固定資産税も減ることがあります。

　住宅ローン控除は、所得税額と控除対象住民税額（住民税のうち、所得税の
課税所得の7％または13.65万円の小さいほうの金額）から、住宅ローン残高
の1％について40万円を限度に控除される減税制度です。国土交通省「すまい
給付金」のウェブサイトの試算モデル「住宅ローン減税シミュレーション」に

よれば、年収675万円（10年間で２割の割合で上昇と仮定）で専業主婦の妻と子ども１人（２歳）がいる家庭の場合、住宅ローン4,250万円（固定金利２％）を期間35年の元利均等返済で借りたときの10年間の減税額の概算は、約376万円と算出されています。

　ただし、35年間の金利支払総額は1,663万円ですので、住宅ローン控除で金利支払総額を相殺しきれるわけではありません。

（注）　税制に関しては、頻繁に変更が行われますので、税務署や税理士に最新の情報を確認してください。また、住宅ローン控除については、PartⅨもご参照ください。

理由その５：住宅ローンの返済は、時間がたつにつれて楽になる

　住宅ローンを組むというのは、現実には、楽しくなるものです。そうです、楽しみになるものです。私の父は、毎月9,800円という住宅ローンの支払について話をするのが好きでした。父と母は、1959年に、195万円といういまでは信じられない値段で家を買いました。父がその家を買った時、祖父は父のことを気がおかしくなったと思ったらしく、住宅ローンの返済額が、毎月、そんなに大きくなったら、どうやって払い続けていくのだろうと嘆いていたというのです。当時、父の年収は30万円未満でしたが、年間の返済額は12万円にものぼっていたからです。祖父のマックスの目には、父が奇人に映ったのでしょう。

　もちろん、1970年代になる頃には、父もそれを笑い話にしていました。なぜなら、父の住宅ローン返済月額は、1959年当初から1974年時点まで、同じ金額な一方で、父の年収は毎年、しっかりと上がり続けていたのです。つまり、年収に比べたら、住宅ローンの返済月額なんて、大した金額ではなくなったのです。それに加えて、家の価値が劇的に値上りしていたことはいうまでもありません。

　次の家を買おうと考えている皆さんのなかには、以前、住宅ローンを組んだ際に、当初は非常に大変であったという記憶があるかもしれませんが、年月がたつにつれて、年収に比べて、毎月の返済が楽になっていったはずです。特に、固定金利の住宅ローンを組んでいたならば、ローンの返済月額が

上がらないのに、たいてい年収は上がっていくため、返済の負担が軽くなっていくことを実感したことでしょう。

理由その6：住宅ローンによって、売らないのに、売ることができる

皆さんの家は10年前よりもずっと価値が上がっている、ということに気付いていますか？

皆さんは、家の価値が下がることを心配されているかもしれません。サブプライムローン問題やリーマンショックの後、数年間はアメリカの不動産市況が、かなり弱くなったことから、心配するのも当然かもしれません。

皆さんの家の価値が下がるのが心配なら、下がる前に売るべきですが、だれだって売りたくありません。皆さんの生活は地域に根付いているでしょうし、子どもの学校生活を変えたくないでしょう？　何より、どこへ引越していくのですか？　「下がりそうだから、家をいまのうちに売っておきましょう」というのは、現実的な手段とはいえません。

そうはいっても、みなさんの家のエクイティが危険にさらされていると焦りますよね。家を売ることなく、家を守ることができるのでしょうか？

もちろんできます。新しいローン（不動産担保ローンなど）を組んで、その家からエクイティを引っぱり出せばよいのです。こうすれば、売る必要がないという点を除いて、売るのと同じことです。

この仕組みについて説明しましょう。たとえば、頭金なしで、2,000万円の家を購入し（銀行に2,000万円借りている）、購入した家の市場価格が高騰して5,000万円になったものの、これから4,000万円に値下りするのではないかと不安を抱えているとします。

ここで、いま5,000万円で売れば、3,000万円が儲かりますが（注1）、家を売りたくないというならば、5,000万円の家を担保にして3,000万円の新しいローンを組んでしまいましょう。皆さんの手元には、3,000万円が残ります。これって、まるで家を売ったみたいじゃないですか（注2）？

もちろん、この例は極端ですが、重要なポイントをはっきりさせています。これから家の価値が下がると確信しているのなら、下がる前に家を担保

にして、いま、お金を借りましょう。というのも、家の価値が下がった後では、借りられないからです（たとえば、子どもの大学進学費用を捻出するために、皆さんの家のエクイティを利用しようと計画するなら—私はこのやりかたを勧めませんが—家の価値が下がる前にいま、ローンを借りればよいのです。こうすれば、後で家の価値が下がるかもしれないと心配する必要はありません）。

「皆さんは、家の価値以上に、家を使って、お金を借りるべきです」だなどと、私はいうつもりはありませんが、ローンを利用するチャンスがあるのに、みすみすエクイティが消え失せるのを目の当たりにするよりは、確実にましであると思います。

可能なうちに、いま、エクイティを家から切り離しましょう。サブプライムローン問題やリーマンショックが発生する前に、多くの方々がそうすべきだったのです。

（注１）　ここでは、不動産仲介手数料、税金を考えずに、なおかつ、住宅ローンは当初の2,000万円が残っていると単純化しました。
（注２）　必ずしも新しいローンを借りることを提案しているわけではありません。5,000万円の新しいローンとは、元の住宅ローンの2.5倍の大きさです（状況次第では、借りるよう提案するかもしれませんけれど）。

理由その７と８：住宅ローンによって、より多くのお金を、より素早く投資に回せる。その結果、より大きな財産を築かせてくれる

理由その５で説明したように、初めて家を買う場合には、大きな住宅ローンが必要になります。ここに選択の余地はありません。家を買うことにワクワクしていて、大金は持ちあわせていなくても、たとえば、多くの世帯がそうであるように、共働きにより、それなりの収入があります。子どもたちが成長している、何年後かには、収入も上がっており、住居にはエクイティがたまっています。この時点で、もっと大きな家に引越す準備ができあがります。

たとえば、古い家を売って、税金や手数料等を差し引いた残りの、3,000万円を手にしたところで、5,000万円で新しい家を買う準備ができあがった

としましょう。

　ここで、3,000万円すべてを頭金として利用すべきでしょうか？　それとも、5,000万円の10％に相当する、500万円だけに頭金をとどめるべきでしょうか？

　年利7％の30年ローンを組んだ場合、3,000万円を頭金とすれば、返済月額は13万3,100円になりますし、500万円を頭金とすれば、返済月額は29万9,400円となります。

　実に多くの方々が、家の購入に際して、大きな頭金を積もうと考える理由は、このことから説明がつきます。頭金を大きく積むことによって、返済月額を小さくできるからです。いまの例でいえば、500万円ではなく、3,000万円の頭金を積むことによって、毎月の返済額が16万6,300円少なくてすむからです。

　ただし、「返済月額が大きいのと小さいのと、好きなほうを選んでください」と、皆さんに迫ってくる人たちこそ、うそをついているのです。ええ、変な質問の仕方をすることで、皆さんを煙に巻いているのです。

　正しい質問とは、毎月支払いたい金額についてではなく、毎月投資したい金額について、たずねることなのです。繰り返しますが、重要なのは、借金を返済することではなく、財産を築くことなのです。本当に答えるべき質問とは、次のようなものです。

　　　　　いますぐ、2,500万円を一括投資したいですか？

　　　　　　　　　　　それとも

　　　今後30年間にわたって、毎月16万6,300円積立投資したいですか？

　皆さんの答えが、「儲かるほうです」となるのは、目にみえています。そして、図表Ⅷ－10をみれば、どちらが儲かるかは一目瞭然です。投資期間にかかわらず、長期投資では、いま、大きな金額を投資するほうが、少ない金額を投資するよりも、大きな儲けを生み出すのです。

　つまり、頭金を大きく積んで、住宅ローンの返済月額を小さくしてしまうと、全体の出費は小さくなる一方で、財産全般を形成できなくなってしまうということです。

図表Ⅷ−10　いま一括投資を行うか、それとも月々積立投資を行うか

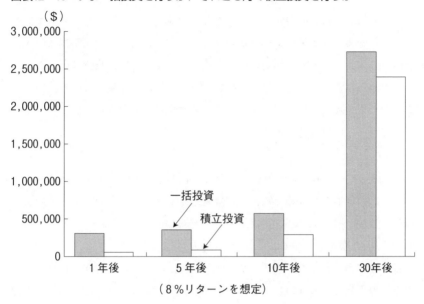

（8％リターンを想定）

　しかし、この結論には、何か落とし穴があるのではないかと、皆さんは疑っているでしょう。2,500万円を投資するために、高い返済月額の支払を受け入れざるをえません。毎月の住宅ローンの支払をするために、どこから捻出すればよいのでしょうか？

　2カ所考えられます。1カ所目は、税額控除された金額です。理由その4で説明したように、住宅ローンを組むと、当初の10年間は、住宅ローン減税が受けられます。これを新しい住宅ローンの返済月額の足しにしてやることができるのです。

　税額控除だけでは、返済月額の支払に足りない場合は、2カ所目としていまつくったばかりの2,500万円の投資口座から、定期的に引出しをすればよいのです。年収が上がり、こんな「松葉杖」が不要になる日まで、それほど遠いことではないでしょう。つまり、収入のなかからだけで十分に、住宅ローンの支払ができるようになるはずです。これについては、理由その5で説明しています。

実際、頭金を、銀行から要求される最低限の金額に抑えながら大きな住宅ローンを組み、古い家の売却代金の多くを投資することで生じる収入を使って、毎月の住宅ローンを支払うというやりかたは、古い家の売却代金の大半を頭金に入れることで、住宅ローンを小さくする一方で、投資に回すお金がないため、投資収入が得られない状態よりも、はるかに優れているといえます。大きくて長期の住宅ローンを組むべき理由はいくつもありますが、そのなかでも、この点は特に重要です。

理由その9：住宅ローンによって、流動性と柔軟性が手に入る

　この点の理解を助けるために、神経質なニックさんと賢いサムさんの話を紹介します。2人とも年収は750万円、貯金は500万円であり、それぞれが2,500万円の家を購入することになりました。

　賢いサムさんは、金利7％で2,375万円の30年ローンを組みましたが、それ以上の支払はいっさいしません。しかし、神経質なニックさんは借金が嫌いなので、できるだけ早く返済してしまおうと考えました。

　ニックさんの頭のなかには、住宅ローンを抱えていると、いつの日か、家を失うかもしれないというおそれがあったのです。しかし、ニックさんがおそれる住宅ローンを抱えていると家を失うという事態が実際に、どういうプロセスで起こるのかについては、まるで理解できていませんでした。ただ、おじいさんの言いつけに従って、できるだけ少額だけ住宅ローンを利用することにしたのです。つまり、貯金の500万円全部を頭金に入れて、賢いサムさんよりも少ない、2,000万円の住宅ローンを組んだのです。

　しかも、神経質なニックさんは、30年ローンではなく、15年ローンを利用しました。住宅ローンが嫌いなので、半分の期間で完済したほうがよいと考えたからです。さらに、30年ローンに比べて、15年ローンのほうが、住宅ローン金利が低くなるという「とっておきの蓄財戦略」を知っていたからでもありました。ちなみに、サムさんの住宅ローンの金利は7％であるのに対して、ニックさんの金利は6.75％となっています。

　しかも、ニックさんは、住宅ローンを一刻も早く完済したいという強迫観

念に取りつかれているので、毎月の返済についても、わざわざ余計に1万円を追加しています。毎月の返済金額が多いほど、完済が早まることを知っているからです。そのため、サムさんに比べれば、ニックさんの住宅ローンは、金額が小さく、期間が短く、金利が低く、さらには、毎月、追加で支払があるという状態です。

その結果、賢いサムさんの返済月額は15万8,000円です。一方で、神経質のニックさんの返済月額は17万7,000円です（追加1万円を含めると18万7,000円）。今後5年間、賢いサムさんは、決まった金額の住宅ローン返済月額の支払を続けますが、ニックさんと違って、1万円を追加返済するかわりに、その1万円をETFに積立投資していきます。

ここで、突然、2人とも職を失ったと仮定します。あるいは、病気やけがをしたり、奥さんが妊娠したり、仕事をやめたといたしましょう。原因はなんであれ、5年以内に、収入が落ち込むか、支出が上がるようなことが生じた場合、サムさんの状況を示すのが、図表Ⅷ-11です。

ニックさんは、住宅ローンの返済のことばかり考えていたので、5年後の住宅ローンの残高は1,470万円くらいに減っています。しかし、それは重要なことでしょうか？　この人は、いま現在仕事を失っていますが、それで毎月の住宅ローン返済を行わなければならないのです。

ニックさんが置かれている状況からすれば、住宅ローンの残高が1,470万円に減っていることはたいして重要ではありません。本当に差し迫った問題とは、月末までに17万7,000円の返済月額を支払えるかということです。

これこそが、ニックさんにとっての大問題です。ニックさんは失業中であるため、収入がありません。また、貯金もありません。なぜなら、余分なお

図表Ⅷ-11　5年間のサムさんの投資結果

頭金に入れなかった375万円　＠8％	558万7,000円
毎月の返済の少なかった分	140万5,000円
毎月1万円	74万円
5年後の投資合計額	773万2,000円

金は、追加返済というかたちで、銀行に支払ってしまったからです。神経質なニックさんの悪夢が現実のものになってしまいました！　ニックさんは、まさしく家を失う危機に置かれているのです。

　翻って、賢明なサムさんの懐具合ははるかに良好です。もちろん、サムさんの住宅ローン残高は2,240万円くらいと、ニックさんよりもたくさん残っています。しかし、そんなことは重要なことでしょうか？　まったく重要ではありませんね。本当に大きな問題とは、15万8,000円を支払う方法を見つけることなのです。

　ただし、サムさんの場合は、ニックさんほど深刻ではありません。というのも、図表Ⅷ−10のように、サムさんの場合には、たくさんの貯えがあるからです。第一に、サムさんは、頭金を少ししか銀行に入れていませんので、375万円を投資に回せています。年率平均8％であれば、5年後には558万7,000円になっている計算です。

　賢いサムさんは、返済月額についても、ニックさんより1万9,000円だけ少ない分、浮いたお金を積立投資に回していたため、いまでは140万5,000円になっています。さらに、毎月、1万円の追加返済をしているニックさんと違って、サムさんは、毎月1万円ずつ投資をしていたので、そちらも74万円になっています。すべてまとめると、サムさんの投資口座には773万2,000円相当があるわけです。そのため、失業していても、今後4年間は、住宅ローンを支払い続けることが可能でしょう。

　なんと皮肉なことでしょう。家を失いたくないから、住宅ローンの完済を急いでいたニックさんが、まさに住宅ローンが払えずに、家を失いかけているのです。

　この物語が示すのは、頭金と返済月額は最低限に抑えることが重要である理由です。そうすることによって、手元のお金を残すことができるからです。

　自分のお金をすぐに取り出せる状態にしておくことで、流動性を確保できます。しかし、銀行に返済してしまうと、流動性は失われてしまいます。頭金なり、返済月額なりを銀行へ支払った後では、お金を取り戻す唯一の方法

は、家を売ること以外にないのです。それがニックさんがいちばん避けたかったことにもかかわらずです。

　このことを念頭に置けば、住宅ローンに関して、皆さんにうそをいう人たちのロジックに潜む致命的な欠陥を見抜くことができます。たしかに、住宅ローンなしで家をもてたら、どんなに素晴らしいことでしょう。でも、そんな戦略は、現実的ではありません。たしかに、住宅ローンの完済は、素晴らしいです。仮に、お金の使い道がそれだけでよろしいのであれば。でも、お子さんの大学費用はどうしますか？　定年後の老後生活費は？　高齢のご両親の介護費用は？　自動車の修理費用は？

　実際、１日も早く住宅ローンを完済するためにできることは、すべてやってくださいとアドバイスする人たちの致命的な欠陥は、皆さんの人生に起こる、ほかのすべてのことを完全に無視しているということです。仮に、住宅ローンの完済に成功するとしても、大学費用が払えなかったり、失業中、病気やけが、離婚、ほかの家族の問題に際して、費用が払えなかったりするかもしれません。

　そんなわけですから、「重要なのは住宅ローンの完済だけだ」といわんばかりの方々の意見には耳を貸すべきではないのです。人生はそれほど単純ではありません。それを理解すれば、神経質なニックさんのように、住宅ローンの完済を急ぐのはかえってリスクが高いことがわかるでしょう。かわりに、もっと賢くて安全なやりかたは、大きくて、長期の住宅ローンを利用することであり、わざわざ急いで完済を目指そうなどと考えるべきではありません。

　ここで、くれぐれも注意していただきたいことは、大きな住宅ローンを勧める主たる理由は、浮いたお金を投資に回せるからではない点ということになります。主たる理由は、万が一の場合に、お金を用意できること、つまり、流動性の確保にある点です。

　ところで、アメリカの証券マンを統括する金融業規制機構（FINRA）では、投資目的で、家を担保に入れることを懸念しています。

　不届きな証券マンが、年金しか収入のない退職者に対して、家を担保に入

れてお金を借りさせて、それを投資させることで、手数料稼ぎをするケースをFINRAでは紹介しています。仮に、投資が失敗すれば、退職者はローンの支払ができずに、家を手放すことになるわけです。

　その結果、FINRAでは、投資商品を購入するために、家のエクイティを利用することについて、消費者に警鐘を鳴らしています。こうした警鐘に対して、私は一言も矛盾したことは述べていません。ただし、少し紛らわしい点もあるので、きちんと説明しておきましょう。

　私は投資目的のために、家のエクイティを使うことを積極的に勧めているわけではありません。むしろ、私がいいたいことは、皆さんの家とそのエクイティは、全体的なファイナンシャルプランニングの幅広い文脈において重要な役割を占めているという点です。

　教育され、情報を知らされることで、ご自分の個人的な状況に対して、皆さんがふさわしい、適切な決定をされるものと私は確信しています。

　自分の行為を正当化するために、なんだか間違った理屈をこねる方が多いのに、ずっと驚かされてきました。以前、ある男性は、住宅ローンの返済に明け暮れていました。15年ローンを組んで、追加返済を行っていました。その方の言い分としては、「とにかく急いで完済しないといけないんだよ」というものでした。「どうしてそんなに急いで返済しているのですか？」と私がたずねると、「なんとか8年で完済しなきゃならないんだ。だって、11歳の娘がいるからね。娘が大学へ進学するまでには、どうしても住宅ローンだけは完済しておくんだよ」というのです。「どうしてですか？」と私がたずねると、その男性は、真顔でこう語ったのです。「娘が大学へ行くときには、家を担保に入れて学費を借りるために決まっているだろう」と。

大きな住宅ローンを組むことは、大きな家を買うこととは、同じではない

　間違えないでください。私がアドバイスしているのは、より大きな住宅ローンを組みましょうということだけです。大きく高価な家を買いましょう

といっているわけではありません。私が強調しているのは、家の大きさではなく、住宅ローンの大きさです。最良の戦略とは、可能な限り満足できる安い家を探し、それに対して、できるだけ大きな住宅ローンを組むということです。

理由その10：どんなに大変でも、毎月、必ず支払が生じるから

定年退職後に住宅ローンの返済を行う必要がなくなるように、住宅ローンを減らしておきたいという気持ちはわかります。しかし、住宅ローンを減らそうというのは、非常に拙いやりかたです。というのも、いくらかでも住宅ローンの残額を減らせたとしても、毎月の支払をなしですますことはないからです。

たしかに、住宅ローンを完済できれば、元金も金利もこれ以上支払う必要はありません。われわれはP（元金）とI（金利）のことばかり強調していますが、T（税金）とI（保険）のことも忘れてはなりません。また、M（維持管理費）とR（修繕費）のことも忘れてはいけません。

仮に、住宅ローンは完済し終わっても、毎年、固定資産税を支払わなければなりませんし、火災保険だって必要です。つまり、「住宅ローンを完済して、毎月の支払をなくしたい」という目標は、達成不可能なのです。

そして、家を所有している限り、維持費と修繕費がかかります。ですから、住宅ローンを完済することばかりを考えるべきではありません。かわりに、生活費や保有費に関して、十分に余裕がもてるように、財産を築くべきなのです。

いまや確信したはず

大きく、長期の住宅ローンを組むことが、賢いお金の戦略であることを、皆さんは、心の底から確信できたと思います。すると、そこから自動的に、住宅ローンの借換えについても関心が湧いてくるでしょう。ただし、くれぐれも詐欺的販売行為に対しては用心してください。

インターネット取引も含めて、ほとんどの貸し手は、合法的なビジネスで

すが、おとり販売の詐欺は数が多いですし、その他の詐欺も多くはありませんが悪質ですので、くれぐれもご注意ください。

　おとり販売というのは、住宅ローンを提供する銀行が、金利や手数料を宣伝する際に、特に安いものを宣伝してくるものです。多くの場合、インターネットで申込みを完了させようとしてだましてきます。

　手続は順調に進み、すべてが好調のように思えますが、いざローンを申し込むとなると、それこそ申込みの前日あたりに、それどころか1～2時間前に、貸し手や仲介業者などが、何か問題が起こったと告げてきます。そして、好条件であると思わせていたものが、提供できないと告げてきます。そうなると皆さんの選択肢は1つしかありません。当初の条件からはるかに劣る新しい条件で契約させられるのです。

　もちろん、新しい住宅ローン提供者を探すことも考えられますが、おとり販売を行う悪徳業者は、皆さんの状況を十分把握しています。要するに、かなりの時間を浪費した後では、新たな時間がないために、悪条件であっても、契約せざるをえなくなるということです。仮に、家を購入する予定がある場合、売り手は60日以上待ってくれないかもしれません。しかも、次の住宅ローンの申込みが状況を改善する確証もありません。だから、いやいやながら、悪条件でも契約をしてしまうというわけです。

　おとり販売は、詐欺に共通の手口で、どの産業でも起こっています。自動車ディーラーは「特選」とかいって、安い値段を触れ込みますが、足を運んでみると、「特選車」は数時間前に売約ずみであることがわかります。でも「心配ご無用です。（ずっと高価な）似たような自動車をお勧めできますよ」と言ってきます。テレビや電子レンジなどの家電量販店では、お客さんをお店に呼び寄せるために、あらゆる手段を使うこともあり（ただ同然の商品で「餌に食いつかせて」）、もっと儲かる商品を抱合せで購入させようとするものです。そして、住宅ローン産業もそうした商習慣と無縁ではないということです。

Ricのマネークイズ

　ここで、Part Ⅷの内容に関して簡単なクイズをしましょう。単なる確認ですから、あまり神経質になる必要はありません。間違えたら、解答欄にある参照箇所を読み返してみましょう。ただし、家計管理の将来は、その作業いかんによって大きく左右されますから、理解できるまで読み返すことが重要です。クイズの終わりに解答がありますが、のぞき見は禁止です。

1　フラット35では、年収400万円以上の場合、年間返済負担率何％まで住宅ローンを組めるか？
　　○a．20％
　　○b．30％
　　○c．35％
　　○d．44％

2　「持ち家貧乏」にならないためには、住宅ローンは年間返済負担率何％までにとどめたほうが望ましいか？
　　○a．35％
　　○b．30％
　　○c．25％
　　○d．20％

3　住宅ローンとは、次のどれに対するものか？
　　○a．年収
　　○b．家
　　○c．担保
　　○d．貯金

4　不動産契約をする際に、いちばん理解しておきたいのは？
　　○a．物件のカタログ

○b．重要事項説明書

　　○c．不動産会社のホームページ

　　○d．広告

5　不動産業者が買主に仲介手数料を請求するのは、次のどのケース？

　　○a．売主

　　○b．仲介

　　○c．販売代理

　　○d．物件紹介

6　6,000万円の35年返済の住宅ローンを組んだ場合、金利1.2％と金利0.4％では、金利返済総額はどれだけ違うか？

　　○a．216万円

　　○b．382万円

　　○c．555万円

　　○d．920万円

7　住宅を取得した場合、毎年かかる税金はどれか？

　　○a　不動産取得税

　　○b　登録免許税

　　○c　所得税

　　○d　固定資産税

8　不動産売買契約を結んだ後で契約解除をする場合、戻ってこないのは次のうちどれか？

　　○a．手付金

　　○b．申込金

　　○c．頭金

　　○d．税金

9　15年ローンよりも35年ローンのほうが望ましい理由は、次のどれか？

　　○a．金利返済総額が減るから

　　○b．イライラしないから

　　○c．緊急時に対処できるから

○d．早く返せるから

10 次のなかで、平均していちばん金利が低いのは？
  ○a．カードローン
  ○b．自動車ローン
  ○c．住宅ローン
  ○d．教育ローン

解　答	1 － c （p 557)	2 － c （p 558)	3 － a （p 644)
	4 － b （p 579)	5 － b （p 589)	6 － d （p 597)
	7 － d （p 577)	8 － a （p 579)	9 － c （p 658)
	10－ c （p 651)		

Part IX

税金、税金、税金……

税制はコロコロ変わる

　毎年のように、政府は税制を改正します。そのため、マネー関連の書籍では、「現時点では」という注釈をつけながらできるだけ最新の税制を反映させて説明するのが一般的です。

　本書の原著『The Truth About Money』では、2010年に刊行された第4版以降、税金に関するPartはほとんど割愛されており、かわりに、アメリカのイーデルマン社のホームページ上で、税制の改正等の最新情報を載せています。

　本書では、2005年刊の原著第3版までの記述をベースに、Part II ～Part XIIの章立てに沿ったかたちで、2020年4月時点の日本の税制に沿った説明をします。

　発刊後の税制改正によって実際とは異なる場合がありますが、あらかじめご容赦ください。

　なお、このPart IXでは本書全体の税金について説明していますが、Part IX以降にも、退職プラン、公的年金、保険、相続と重要なジャンルが続きます。それらに関連する税金については、本Partで先取りするかたちで説明しています。

第60章

10種類の所得と2つの課税方法

　会社や役所へお勤めの場合、自分で所得税の計算をしたり、税務署へ何か
の申告書を出しに行った経験はあまりないでしょう。

　というのも、日本では会社や役所が給与所得の税金に関するすべての手続
をしてくれるからです。給料やボーナスを受け取る段階ですでに自動的に税
金が引かれており、皆さんの手を煩わせるのは、せいぜい生命保険や医療保
険の加入状況や家族の扶養状況について、年末調整をする際に、毎年、関係
書類を勤務先の人事・総務課へ提出するくらいしかありません。

　家を売ったり、親族からの相続があったり、あるいは定年退職を迎えた
り、退職したりというような場合には、自分で税務署へ出向いて確定申告を
する場合もありますがまれです。

　このように、税金についてはすべて会社や役所がやってくれるため、日本
人の税金に対する考え方は「給料からとられるもの」となるわけで、原著が
対象とするアメリカ人のように、税理士と相談しながら税務の多くを自分た
ちで行い、税金は「給料から納めるもの」と認識される国とは大きな違いが
あります。

　本章では、まず、日本の全体的な税金の仕組みについて簡単にみていきま
しょう。

▶ まず所得の種類を知る

　所得税は、その名のとおり、1年間に手にした所得に対してかかります。
具体的には、「給与所得」「事業所得」「配当所得」「不動産所得」「退職所

図表Ⅸ-1 10種類の所得と2つの課税方法

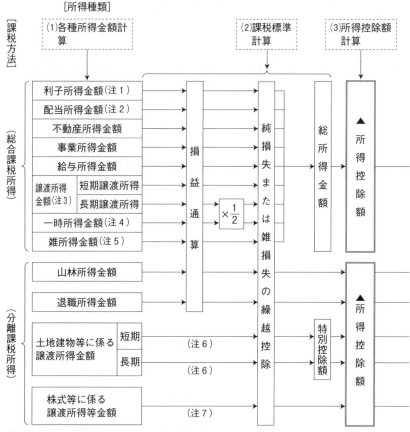

(注1) 源泉分離課税適用受けるものを除く。
(注2) 源泉分離課税適用を受けるもの、確定申告しない選択をした少額配当を除く。
(注3) 土地・建物および株式等の譲渡による譲渡所得を除く。
(注4～5) 源泉分離課税適用を受けるものを除く。
(注6) 原則、分離課税とされる土地建物等に係る譲渡所得の金額は、他の所得との損益
(注7) 原則、分離課税とされる株式等に係る譲渡所得等の金額は、他の所得との損益通

得」「譲渡所得」「山林所得」「一時所得」「利子所得」「雑所得」の10種類です。

「給与所得」とは給料、賞与による所得です。「事業所得」とは製造業、小売業、サービス業などの継続的に行う事業による所得です。「配当所得」と

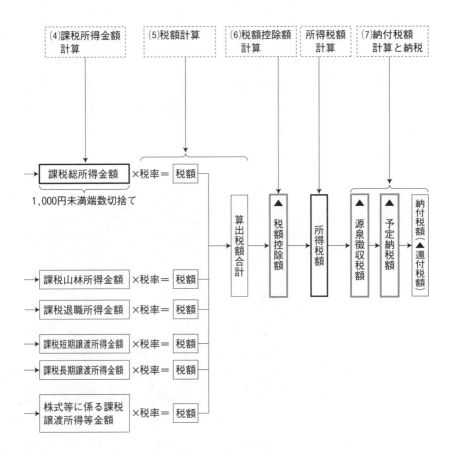

通算および純損失の繰越控除は適用されない（雑損失の繰越控除は適用）。
算および純損失の繰越控除は適用されない（雑損失の繰越控除は適用）。

は株式の配当金や証券投資信託（公社債投資信託を除く）の収益分配金等と
して生じる所得です。「不動産所得」とは不動産の貸付に際して得られる所
得です。「退職所得」とは企業からの退職一時金などの所得です。「譲渡所
得」とは土地、建物、株式、会員権、書画、器具、備品などの資産の譲渡に

よる所得で、所有期間5年を境に短期と長期に分かれます。「山林所得」とは山林の伐採や譲渡による所得のことです（取得後5年以内の譲渡はほかの所得になります）。「利子所得」とは預貯金や公社債などの利子、公社債投資信託の収益分配金などに係る所得をいいます。

「一時所得」とは上記8つの所得以外で、営利を目的とする継続的行為以外から生じた一時的な所得で、懸賞当選金、保険契約の満期保険金や満期返戻金などが対象です。「雑所得」とは他のいずれにも属さない所得です（生命保険契約等に基づく年金、公的年金等も含まれます）。

> 上の説明は大雑把なものなので、詳しくは国税庁のホームページで確認してください。また、上の10種類以外の分類法もあります。

▶ どちらの課税方法で処理されるか

以上のように、所得には10種類あります。そして、所得ごとのルールに従って利益を計算し、それに対して、なんらかの税金がかかってくるわけですが、実際にはもう少し複雑な取扱いがされます。

所得税とは、1年間で得た収入を10種類に分けて、所得ごとの利益を計算したうえで、全部を合計してから税率を掛けて計算する総合課税が基本です。さらに、ほかの所得とは切り離して、その所得だけで税額を計算する分離課税があります。

総合課税と分離課税の分類は少し複雑で、所得によっては一部が総合課税に属し一部は分離課税に属すというものもあります。ともあれ、10種類の所得は総合課税と分離課税という2つの方法に分けられて、次のような処理がなされます。

まず、同じ種類の所得内で、利益と損失を相殺する内部通算（損益通算）をします。仮に、所得金額がマイナスとなる場合には、特定の所得に限ってほかの所得の利益と相殺する損益通算ができます。また、所得によっては、

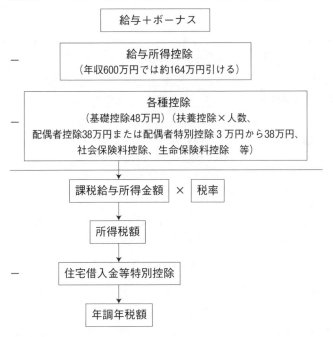

図表Ⅸ－2　給与所得の税額計算（年収600万円の場合）

今年の利益と過去の損失を相殺する繰越控除ができます。

　こうして計算された所得は、「課税標準」と呼ばれます。この「課税標準」から「所得控除（基礎控除、扶養者控除、社会保険料控除など）」が引かれると、「課税所得」と名前が変わり、さらに「課税所得」に各々の「税率」を掛けたうえで、最後の「税額控除」を差し引いて「税額」が決まります。

　以上のプロセスを単純化して、会社から受け取る「給与所得」について説明すれば、①まず、1年分の給与とボーナスを合計します。②次に、給与所得控除後の給与金額を探します。③次に、各種控除額を差し引いて課税所得金額を計算します。④課税所得金額に税率を掛けて算出所得税額を計算します。⑤さらに、住宅ローン控除額等があれば差し引きます。⑥最後に、税額が決まります。

　年末調整とは、多くの場合、会社の処理によって、余分に徴収されていた税金の一部を年末に手続して還付してもらうことをいいますが、一般的に会

社や役所で税金の手続をしてくれるのはここまでです。

> 　会社を通じた納税は、給料を受け取るときに税金が天引きされるかたちで行われるので、源泉徴収といいます。公的年金でも税金が源泉徴収されます。これに対して、源泉分離課税とは、預金の利子などにかかる税金が天引きされるかたちで、ほかの所得と分離されて徴収されるやりかたです。源泉分離課税では、すでにそれぞれ納税が完了していますから、あらためてこれだけのために確定申告をする必要はありません。

　たとえば、不動産を売った、株式で利益が出た、生命保険の満期金を受け取った、などについての税金処理は、会社や役所ではなく個々人で行います。ましてや、相続をしたり贈与を受けるような場合は、なおさらです。この手続を確定申告といいます。

　証券取引に伴う手続については金融機関の担当者にたずね、不動産取引は不動産業者に、社会保険は日本年金機構に、より複雑な場合には税務署や税理士にたずねることが重要ですが、各人で最低限の知識をもっておくことは、専門家からアドバイスを受ける際にも非常に役立ちます。

　さて、これから、本書の各Partに関連づけて１つずつ税金について説明していきますが、図表IX－１をそのつど振り返りながら、10種類の所得のなかのどれを取り上げているのか、総合課税と分離課税のどちらについて説明しているのか、を確認して読み進めてください。

> 　なお、2013年１月１日から2037年12月31日まで、東日本大震災からの復興財源を確保するため、通常の所得税額に対して2.1%の復興特別所得税が付加されていますが、説明の都合上、省略しています。

第**61**章

投資に関する税金について

　PartⅡの冒頭で説明したように、投資商品を購入するのは収入を生み出すか、価値が成長するか、あるいはその両方であると考えられます。さて、皆さんの投資はどのタイプの利益を生み出す商品でしょうか？　その理解は重要です。というのも、それによってどの税金がかかるのかが決まってくるからです。

　そして、どのタイプの利益を生み出す商品か、つまり所得の種類を確認できたら、今度は総合課税か分離課税のどちらに区分されるかを確認します。

・総合課税では、1年間の所得をすべてまとめて、トータルの所得金額に応じて15％から55％のなかの一定の税率で課税されます。そして、所得金額が大きくなると確定申告を行う必要が生じます。

・分離課税では、ほかの所得と合算をしないで個別に20％の税率で課税されます。そして、分離課税は、利益を受け取った時点で一定の税率分が差し引かれており、税務署への申告の必要がない源泉分離課税と、（株式などの）1年間の売却損益を通算して一定の税率で支払うもので税務署への申告を要する申告分離課税に分かれます。

　なお、証券投資に関する税金では、特定口座について理解しておくことも重要です。一般口座では、たとえば、上場株式で売却益が生じた場合には確定申告をすることが基本です。そして、税務署で確定申告をする際には、銘柄ごとに取得価額を計算して、売買損益の状況を所定の用紙に記載して提出する必要があります。

　これに対して、特定口座を利用すれば、金融機関が面倒な計算をやってく

れるだけでなく、「源泉徴収あり口座」を選ぶと、金融機関が税金を計算し徴収して納付してくれます。

　つまり、特定口座のうち、「源泉徴収あり口座」を選ぶと源泉徴収されるので、確定申告が不要になり、「源泉徴収なし口座」を選ぶと面倒な計算をしてもらったうえで、確定申告を行えます。

　このように、特定口座は便利ですが、税金の扱いを説明する際には、選択肢が増える分だけ複雑になります。それでは、債券の税金からみていきましょう。

　特定口座の対象商品には、以下のようなものがあります。
　日本国債、地方債、公募公社債、公社債投資信託、MRF、MMF、外貨MMF、上場株式、ETF、上場REIT、ETN指標連動証券、国内株式投資信託、外国株式投資信託など

▶ 債券に関する税金

　国債、地方債、公募公社債、外国国債などの債券は、利子と売却益と償還差益に対して税金がかかります。

　Part Ⅲで説明したように、たとえば国債を購入する場合、毎年100万円の投資に対して5,000円の利子がもらえる場合、5,000円の利子所得が生じます。また、97万円で購入した国債を99万円で売却できれば、2万円の売却益が譲渡所得となります。さらに、99万円で購入した国債の満期時に100万円が戻ってくる場合、1万円の償還差益が譲渡所得となります。

　つまり、債券では、利子の受取りに関しては利子所得となり、売却益や償還差益に関しては譲渡所得となり、基本的には図表Ⅸ－3のようになります。債券の多くは特定口座を利用でき、「源泉徴収あり口座」を選べば、利子、売却損益・償還差損益の損益通算が自動的に行われ、税金が徴収されますから確定申告の必要がなくなります。

図表IX－3　債券に関する税金

	所得種類	課税方法	税率
利子	利子所得	申告分離課税 源泉分離課税 } から選択可	20% (所得税15%) (住民税 5 %)
売却益 償還差益	譲渡所得	申告分離課税	20% (所得税15%) (住民税 5 %)

　ただし、損失が出ている場合には、確定申告をすることによって、ほかの証券会社の口座や一般口座との損益通算をすることもできます。さらに、損益通算後に損失が残るようであれば、確定申告によりその損失を繰り越して３年間にわたって生じる利益との損益通算に利用できます。

▶ **株式等に関する税金**

　申告分離課税制度における「上場株式等」には、上場株式、新株予約権付社債、公募株式投信、ETF、上場REIT、外国株式などがあります。
　PartⅣで説明したように、エクイティの価値は変動するため売却損益が発生します。また、不定期に配当金も発生します。そのため、上場株式等を保有している場合には、「配当所得」を受け取る可能性があります。また、売

図表IX－4　株式に関する税金

	所得種類	課税方法	税率
配当金	配当所得	総合課税	総合課税の場合は 税率が異なる
		申告分離課税 源泉分離課税 } から選択可	20% (所得税15%) (住民税 5 %)
譲渡益	譲渡所得	申告分離課税	20% (所得税15%) (住民税 5 %)

却した場合に、売却益があると「譲渡所得」が発生する可能性があります。上場株式等の税金の基本は、図表IX−4のようになります。

　配当金に関しては課税方法を自由に選べますし、譲渡益に関しては一般口座を利用する場合、原則、申告分離課税となりますが、特定口座を利用して「源泉徴収あり口座」を選べば申告が不要となります。

> 　上場株式等の課税方法と、日本国債、地方債、公募公社債などの課税方法はほぼ同じですが、上場株式等では総合課税により配当控除の適用が受けられる点が異なります。

▶ 投資信託に関する税金

　投資信託には、株式投資信託と公社債投資信託の2つがあります。Part V で説明したように、投資信託は、決算期に分配金が支払われる可能性があります。また、運用期間中では、買取請求（販売会社に買い取ってもらう）をした際の利益については売却益が、解約請求（運用会社に買い取ってもらう）をした際の利益については解約益が、さらに、償還時に元金を上回っている場合の利益については償還差益が、それぞれ発生します。そして、株式投資信託と公社債投資信託の税金の基本は、図表IX−5のようになります。

　債券や上場株式等と同様に、投資信託の場合にも特定口座を利用できますし、「源泉徴収あり口座」を選択すれば、そこで税務は完了して確定申告の必要はありません。また、買取請求、解約請求、償還で損失が出た場合の損益通算に関しては、原則、確定申告を行えば、公社債や公社債投資信託等とも可能ですが、特定口座の「源泉徴収あり口座」を選択すれば、同一金融機関内ならば確定申告なしで損益通算が可能です。

　一方で、分配金については、損益通算できるのは、申告分離課税を選択して確定申告をした場合か、特定口座の「源泉徴収あり口座」を選択した場合であって、源泉分離課税や総合課税を選択すれば損益通算はできません。

図表IX-5　投資信託に関する税金

	所得種類	課税方法	税率
分配金	配当所得 （注）	総合課税	総合課税の場合は 税率が異なる
		申告分離課税 源泉分離課税 ｝から選択可	20% （所得税15%） （住民税5%）
買取請求益 解約請求益 償還差益	譲渡所得	申告分離課税	20% （所得税15%） （住民税5%）

（注）　株式投資信託の場合。公社債投資信託の場合は、「利子所得」となるため
　　　総合課税の対象とはならない。

　また、国内株式投資信託では、分配金については、総合課税を選択した場合に確定申告を行うことで配当控除を受けることができます。

NISAについて

　NISAとは、少額投資非課税制度のことです。NISA口座を開設すると、年120万円を限度として、最長5年間、金融商品の配当金、分配金、譲渡益等が非課税となります。対象となる金融商品は、上場株式、ETF、REIT、公募株式投資信託等です（PartⅣとPartⅤ参照）。預貯金や国債や社債は対象にはなりません。

① 口座開設

　NISA口座は、日本在住の20歳以上の人が開設できます（なお、民法改正により成年年齢が18歳に引き下げられることを受けて、2023年口座開設分からNISA口座は18歳以上で開設できることとなります）。夫婦であれば夫1口座、妻1口座の合計2口座を開設できます。

　NISA口座を開設するには、証券会社、銀行などの金融機関を1つ選んで、手続をすることになります。NISA口座を開設する金融機関は1年単位で変更可能です。ただし、開設済みのNISA口座ですでに株式・投資信託等を購入している場合、その年は他の金融機関に変更することはできません。

なお、すでに証券会社と取引があり、一般口座や特定口座をもっている場合でも、新しくNISA口座を開設する必要があります。

② 対象期間

　NISAの口座開設期間は2014年から2023年までの10年間です。この期間にNISA口座を開設すると、最長5年間、年120万円（2015年までは年100万円）までの非課税枠を利用できます。たとえば、2023年にNISA口座を開設して上場株式を購入し、2027年までに売却して利益を上げた場合、非課税となります。

　なお、現行のNISAは2023年末までとなっていますが、2020年度の税制改正により、2024年から5年間の措置として新・NISA（仮称）が始まることとなりました。新・NISAについてはp499を参照してください。

③ 年間非課税枠

　NISAでは、毎年120万円ずつの非課税枠を5年間利用すれば、最大で600万円の非課税枠を利用できることになります。

　たとえば、2017年に120万円、2018年に120万円、2019年に120万円、2020年に120万円、2021年に120万円をNISA口座で投資すれば、2021年には600万円の非課税枠を利用できるわけです。

　そして、2017年の120万円は、2021年末には5年間の非課税期間を満了してしまいますが、2022年にNISA口座で新たな投資資金120万円で買付けを行えば、2022年にも合計で600万円の非課税枠を利用していることになります。

④ 投資商品の売買

　NISA口座で購入した金融商品は、いつでも売却することが可能です。ただし、非課税枠は投資した時点で利用したものとされるため、払出し・売却をした分に対応する非課税投資枠は再利用できません。たとえば、2021年1月に120万円の上場株式を購入して同年7月に売却することは可能ですが、売却したからといって2021年中に利用できる非課税枠が復活するわけではありません。

　また、NISA口座の年120万円の非課税枠は、買付価格で計算されます。たとえば、NISA口座で2021年1月に上場株式を買付価格50万円で購入した場

合、その後この上場株式が値上がりしても値下がりしても、2021年中の残りの非課税枠は70万円となります。そして、この70万円の非課税枠は、翌年に繰り越すことはできません。

⑤　非課税期間終了時

　5年間の非課税期間内、あるいは、5年間の非課税期間終了時に、保有資産が値上がりしている場合には、売却してしまえば、譲渡益に対して税金がかかりません。たとえば、2021年1月に120万円で買い付けた上場株式が2023年2月に200万円に値上がりした場合、その時点で売却しても譲渡益は非課税ですし、2025年末の非課税期間終了時にさらに300万円に値上がりしていた場合でも、そこで売却してしまえば譲渡益は非課税です。

　また、5年間の非課税期間の終了後、継続して運用したい場合には、通常の課税口座（一般口座か特定口座）に移管してしまうやりかたもあります。たとえば、2021年1月に120万円で買い付けた上場株式が50万円に値下がりしたままで2025年末を迎えた場合、通常の課税口座へ移管することも考えられます。

　さらに、5年間の非課税期間の終了後、保有資産を翌年の非課税投資枠に移すことで、再度、最長5年間、NISA口座での保有を継続することもできます。これをロールオーバーと呼びます。たとえば、2017年1月に購入した金融商品については、2021年末に5年間の非課税期間が終了しますが、ここでロールオーバーをすれば、さらに、2026年末までの5年間、非課税枠で保有することが可能です。ロールオーバーできる金額に上限はなく、時価が120万円を超過している場合も、そのすべてを翌年の非課税投資枠に移すことができます。

　なお、現行のNISA制度は2023年末までですが、新・NISA制度のもとでも、NISAから新・NISAへのロールオーバーが可能となる見通しです。

⑥　NISA口座と課税口座

　NISA口座では、譲渡益が出た場合、非課税になるという大きなメリットがありますが、その半面、NISA口座で損失が出た場合、通常の課税口座との間で損益通算を行うことができません。

たとえば、通常の課税口座であれば、Ａ証券での取引で100万円の利益を出し、Ｂ証券での取引で70万円の損失を出した場合、「100万円（利益）－70万円（損失）＝30万円（利益）」として、損益通算することが可能です。

　しかし、Ａ証券での課税口座での取引で100万円の利益を出し、Ｂ証券でのNISA口座での取引で70万円の損失を出した場合、損益通算ができないために、Ａ証券での100万円の利益に対して税金がかかってきます。

　また、仮に、NISA口座を使って120万円で購入した投資商品が50万円になった状態で５年間が終了した場合、課税口座へ投資商品を移管すると、課税口座では50万円で購入したとみなされてしまい、その後120万円の買値に戻った時点で売却すると、70万円が利益とみなされます。一方、NISA口座を利用せずに、最初から課税口座を利用して120万円を投資していた場合、譲渡益は発生しません。

　つまり、NISA口座では、譲渡益が出た場合、非課税となるため大きなメリットがありますが、NISA口座で損失が出た場合、通常の課税口座との間で損益通算ができませんし、含み損の状態で課税口座へ移管すると譲渡益が出やすくなる、すなわち支払う税金が多くなる可能性があるなどのデメリットがあるのです。

　上記のケースのように、NISA口座で含み損を抱えた状態で５年間の非課税期間が終了した場合、ロールオーバーして、翌年から５年間、再度NISA口座を利用する方法も考えられます。

⑦　配当金や分配金

　NISA口座で購入した上場株式の配当金、ETFやREITの分配金は、証券会社の取引口座で受け取るために、株式数比例配分方式を選択する必要があります。株式数比例配分方式への手続を行ってはじめて非課税とすることができます（上場株式、ETF、REITは証券会社での取扱いだけです）。

　NISA口座で購入した上場株式の配当金、ETFやREITの分配金の受取り自体は、ゆうちょ銀行や郵便局でも（配当金領収書方式）、指定銀行口座でも（登録配当金受領口座方式・個別銘柄指定方式）、証券会社でも（株式数比例配分方式）可能ですが、証券会社で株式数比例配分方式を選択しない限りは、非

課税とならずに課税されます。

　なお、株式数比例配分方式を選択した場合、証券会社のほかの課税口座に関しても、すべて株式数比例配分方式が適用されます。

　一方で、NISA口座で購入した上場株式の配当金、ETFやREITの分配金を郵便局や銀行で受け取った場合には、確定申告を行うことによって、総合課税を選択して、配当控除を受けることはできます。また、申告分離課税を選択すれば、他の課税口座で保有している投資商品の売買損失との損益通算や繰越控除を行うことは可能です（総合課税や申告分離課税等については、第60章参照）。

> 　株式投資信託の分配金には、元本を運用することによって生じた利益である普通分配金と、単に、元本の一部を払い戻した特別分配金があります。NISA口座では、普通分配金に関しては、非課税となりますが、特別分配金に関しては、そもそも課税対象ではありません。

ジュニアNISAについて

　2016年から、ジュニアNISA（未成年者少額投資非課税制度）がスタートしました。1人当り1つの金融機関を選んで口座を開設すると、1人年間80万円を限度として、最長5年間、配当金、分配金、譲渡益等が非課税になる点は、NISAと同じです。なお、ジュニアNISAの口座開設期間は、2023年末で終了します。

　NISAの対象者が20歳以上であるのに対して、ジュニアNISAでは、0歳から19歳までが対象となります（なお、民法改正により成年年齢が18歳に引き下げられることを受け、2023年口座開設分についてはジュニアNISAの対象となる未成年者は「18歳未満（17歳まで）」となります）。対象者が未成年であるため、運用管理は両親などの「親権者等」が口座開設者のために代理して行うことになります。

　ジュニアNISAは、進学や就職といった子どもの将来ための資産形成を目

的としていることから、3月31日時点で18歳である年の前年の12月31日までに口座から払出しをしてしまうと、その時点で課税されるというペナルティが生じます。配当金や分配金、売却代金等の流動資産の受け皿としては、払出し制限付きの課税口座（課税ジュニアNISA口座）が、非課税口座と同時に開設されます。

① 口座開設

日本在住の未成年者が対象となります。口座開設をする年の1月1日時点で19歳（2023年においては17歳）であれば、その年中は口座開設が可能です。口座名義（口座開設者）は未成年者になりますが、運用管理は親権者等が未成年者のために代理して行うことが原則です。なお、いったん口座開設をした後は金融機関の変更ができず、別の金融機関でジュニアNISAを利用したいときは既存の口座を廃止しなければなりません。

ジュニアNISAの資金の出し手は、口座開設者本人に対して贈与ずみであれば、両親や祖父母だけでなく、第三者が提供することも可能ですが、口座開設者本人に帰属する資金以外によってジュニアNISA口座で投資が行われていないことを証明する書類の提出が求められます。

② 運用管理

ジュニアNISAの運用管理者の「親権者等」とは、口座開設者本人の法定代理人、または、法定代理人から書面による委任を受けた口座開設者本人の2親等以内の者に限定されます。

ジュニアNISAでは、最長5年間、年80万円までの非課税枠を利用できます。たとえば、2017年から毎年限度額を利用した場合、2021年時点では5年分の合計400万円を、子ども1人に利用していることになります。

NISA口座と同様、ジュニアNISA口座でも、年非課税枠の範囲であれば、課税ジュニアNISA口座内で管理されている売却代金を再投資することができます。

③ 払出し

ジュニアNISAでは、3月31日時点で18歳である年の前年の12月31日までは、災害等のやむをえない事情を除き、原則、口座からの払出しはできませ

ん。それ以前にジュニアNISA口座から払出しをしてしまうと、非課税口座および課税ジュニアNISA口座の開設以来、非課税で受け取ってきた売買益や配当金等に関して、払出し時点で売買益や配当金等が生じたものとして課税されます。

なお、非課税口座での売却代金も、課税ジュニアNISA口座へ移したり、当年の残りあるいは翌年以降の非課税枠を使った買付けに充てたりできますが、いずれにせよ、18歳までは、口座外へ払い出すことはできません。

④　非課税期間終了時

ジュニアNISAでは、5年間の非課税期間が終了した場合、いくつかの選択肢があります。

1つ目は、課税ジュニアNISA口座へ移管して、引き続き運用します。この場合、ジュニアNISA口座での保有期間に値上がりしていたときはその値上がり益には課税されません。

2つ目は、ロールオーバーです。翌年の非課税枠を利用して、非課税口座（成人年齢に達していれば、以降はNISA口座で）で金融商品をそのまま保有します。この場合、NISAと同様に、移管する金融商品の時価の合計額が80万円（あるいは120万円）を超えていても、そのすべてを翌年の非課税枠に受け入れることが可能です。

また、ジュニアNISAの非課税口座で金融商品を買い付けられる期間は2016年から2023年までであるため、2019年から2023年までに非課税口座で買い付けた金融商品の5年後のロールオーバー先は、（その時点で未成年であれば）継続管理勘定となります。買付けを行った各年の非課税期間である5年間が終了する時点で、継続管理勘定に移管して保有することにより、1月1日時点で20歳（2023年においては18歳）である年の12月31日までは、継続して非課税の恩恵を受けられます。なお、継続管理勘定に移管できる金額に上限はありません。ただし、継続管理勘定に組み入れた後は、新規の買付けをすることはできません。配当金、分配金、売却代金等は、18歳まで課税ジュニアNISA口座で管理されます。

つみたてNISA

2018年から、少額からの長期・積立・分散投資を支援するための非課税制度としてつみたてNISAが始まりました。つみたてNISAでは、毎年40万円を限度として、最長20年間、対象となる商品への投資から得られる分配金と譲渡益が非課税となります。ただし、一般のNISAと併用することはできません。

① 口座開設

NISA口座内で、NISAまたはつみたてNISAのどちらかを選択することになります。NISA口座を開設する金融機関は1年単位で変更可能であることはすでに述べたとおりですが、NISA口座内でつみたてNISAとNISAを1年単位で変更することも可能です。ただし、つみたてNISAですでに対象商品を購入している場合、その年は他の金融機関への変更およびNISAへの変更はできません。

② 対象商品

制度の趣旨から、長期の積立・分散投資に適した一定の投資信託が対象となります。具体的には、公募株式投資信託のうち要件（販売手数料がかからないもの（ノーロード型）、信託報酬が一定水準以下、毎月分配型でないこと、など）をすべて満たしたものとETFが該当します。対象商品の一覧は金融庁のウェブサイトに掲載されています。

③ 対象期間

口座開設可能期間は2018年から2037年とされていましたが、2020年度税制改正で5年間の延長（2042年まで）が決まりました。非課税期間は投資した年から20年間です。なお、NISAのようなロールオーバーの仕組みはなく、期間終了後は課税口座に移管されることとなります。

④ 積立方法

最大で年40万円までの非課税枠が利用できます。保有する商品はいつでも売却することができます。非課税枠のなかで積み立てる商品の変更は可能です。しかし、非課税枠の考え方はNISAと同様で、一度利用した非課税枠は売却しても元には戻りません。保有している商品の入替えをしたい場合は、

売却して新規購入するというかたちをとることになるため、非課税枠が残っていないときは、すでに積み立てた商品を確定拠出年金のように口座内でスイッチングすることはできません。

⑤ 非課税期間終了時

　非課税期間20年間が終わると、つみたてNISA内のETFや投資信託は、特定口座や一般口座などの課税口座に移管されます。非課税期間終了時の時価で払い出されることとなり、保有していた間の値上がり分には課税されません。

収集品について

　貴金属、宝石、書画、骨董などの収集品に関しては、1個または1組の価額が30万円を超えるものの譲渡による所得は総合課税されます。ここで取得した時から売った時までの所有期間が、5年以内と5年超とで扱いが異なります。

　譲渡所得金額＝譲渡価額−（取得費＋譲渡費用）−50万円

　5年以内の短期であれば、上記金額が総合課税の対象になりますが、5年超の長期であれば、その2分の1が総合課税の対象になります。

第62章

家族に関する税金

　Part Ⅶでは、家計管理について説明しました。その際に、共働きのケースについて扱いましたが、ここでは、家族全体としてみた場合の所得税の控除額という税金面を簡単に整理しておきましょう。

　図表Ⅸ－2では、給与所得の税額計算の方法について説明しましたが、そこでは、基礎控除、配偶者控除、配偶者特別控除、扶養控除などのいくつかの所得控除がありました。ここで基本的なものを抜粋すると、

・基礎控除　　　　　　　48万円
・配偶者控除　　　　　　38万円（対象配偶者が70歳以上の場合48万円）
　または配偶者特別控除　3万円〜38万円
・扶養控除　　　　　　　控除対象扶養親族1人当り38万円〜63万円

となります（なお、配偶者控除および配偶者特別控除は、控除を受ける納税者本人の合計所得金額が900万円超〜950万円の場合は上記の金額の約3分の2、950万円超〜1,000万円の場合は上記の金額の約3分の1にそれぞれ引き下げられ、1,000万円を超える場合には控除を受けられません。）。

　夫（合計所得金額900万円以下）と専業主婦の妻と高校生の子ども1人であれば、夫の給与所得控除後の給与金額から基礎控除48万円＋配偶者控除38万円＋扶養控除38万円が差し引かれて、課税されます。

▶ 有名な「103万円の壁」について

　前述のように、妻が専業主婦で収入がない場合には、夫（合計所得1,000万円以下）は配偶者控除を受けられます。問題は、妻が仕事をしている場合、

配偶者控除はどうなるのか、という点です。

　結論からいえば、妻の収入が給与所得だけの場合、103万円以下であれば、夫は配偶者控除を利用できることになります。103万円から給与所得控除55万円と基礎控除48万円を差し引くと、所得はゼロになるからです。「103万円の壁」とは、夫が配偶者控除を受けられ、かつ、妻が所得税を支払わなくて済むラインを示すものでした。

　一方で、妻の給与所得が103万円超〜201万円の場合、配偶者特別控除の対象となります。妻の給与所得が103万円超〜150万円の場合は、夫は配偶者控除と同額の控除を受けることができます。ただし、妻の給与所得自体には税金がかかってくる可能性があります。これが「150万円の壁」です。また、妻の給与所得が150万円を超えると、配偶者特別控除による控除額は段階的に減額されていき、201万円を超えるとゼロになります。これが「201万円の壁」です。

　　上記は、国税の所得税についてであり、妻の年収が103万円以下であれば所得税はかかりませんが、地方税である住民税は自治体ごとで異なります。東京都の例では、103万円以下では住民税もかかりません。

▶ 妻が投資をしている場合

　以上は、妻の収入が給与所得に限られる前提での説明でしたが、仮に妻が投資を行っており、株式の配当や譲渡益を手にしている場合には、どうなるのでしょうか？

　すでに説明したように、特定口座を利用して「源泉徴収あり口座」を選択した場合、株式の配当も譲渡益も確定申告する必要はなくなります。そして、妻が確定申告をしなければ、妻の収入には含まれませんから、各種の控除の利用については上記と同じ結果になります。

　一方で、妻が確定申告をすることで、源泉徴収された税額から還付が受け

られる可能性がある半面、株式の配当金や譲渡益は合計所得金額に含まれるため、48万円を上回った時点で、夫は配偶者控除等を受けられなくなります。

▶ 教育費、結婚、子育てに対する支援制度

最後に、家族への贈与に関して、2つの大きな特例措置がありますので、ここでまとめておきます。

教育資金の一括贈与に係る贈与税の非課税措置

直系尊属（父母や祖父母等）が、子どもや孫などの受贈者の教育資金に充てるため、お金を出して信託銀行等の金融機関に信託等をした場合、信託受益権の価値や引き出した金銭に関しては非課税とする措置で、30歳未満の受贈者に対して、1人1,500万円までの贈与は非課税とするという制度です。当初は2019年3月末までの時限措置でしたが、令和元年度の税制改正で非課税枠を一部縮小も、2021年3月末まで延長されました。

結婚・子育て資金の一括贈与に係る贈与税の非課税措置

2015年4月1日から2021年3月末までの間、直系尊属（父母や祖父母等）が、子どもや孫などの受贈者の結婚・子育て資金に充てるため、お金を出して信託銀行等の金融機関に信託等をした場合、信託受益権の価値や引き出した金銭に関しては非課税とする措置で、20歳以上50歳未満の受贈者に対して、1人1,000万円までの贈与は非課税とするという制度です。

第 **63** 章

不動産に関する税金

　Part Ⅷでは、居住用の不動産の取得や次の不動産の購入について説明しました。本章では、それらについて、税金面からみていきます。なお、不動産に関する税金は、景気対策の一環として、細かい条件に基づいた特例が設けられる場合が多く、しかも頻繁に変更されます。ここでは、基本的なものに絞って紹介しますので、実際の取扱いは税理士や税務署にご相談ください。

　また、本書では、個人の資産管理を扱っているため、本章でいう不動産は、基本的に居住用不動産のみを対象としています。事業用の不動産の場合には少し異なる税金上のルールがありますので、税理士や税務署にご相談ください。

▶ 家を購入する際の税金

　Part Ⅷでは、住宅を購入する際には、頭金と住宅ローンの金額、住宅ローン金利の３条件に左右されると説明しましたが、まずは住宅ローン控除についてみてみます。

住宅ローン控除

　居住用の不動産取得、建築などに住宅ローンを組んだ際、入居年から何年間か、所得税が減税されるというもので、2019年６月30日までにローンを組んだ場合、住宅ローン控除は、一般住宅の場合、4,000万円を上限に10年間、年末の住宅ローン残高の１％が所得税額から控除できるという制度です。つまり、最大で年間40万円となる税額控除が、10年間にわたって受けら

れることになります。なお、住宅ローン控除を受けるためには確定申告が必要です。その後、2020年12月31日までの入居条件に、適用期間が10年から13年へと延長されました。

住宅取得等資金贈与の非課税

　直系尊属（父母や祖父母など）から住宅取得等の資金を贈与された子どもや孫が、翌年の３月15日までに、居住用の建物の購入や新築等に利用する場合、非課税限度額までの金額について、贈与税が非課税となります。ただし、受贈者は、①国内に住所があり贈与を受けた年の１月に20歳以上である、②贈与を受けた年の合計所得金額が2,000万円以下である、③贈与税の申告書を提出する、などの要件を満たす必要があります（住宅取得等資金に係る贈与税の非課税措置の特例）。

　非課税限度額は、住宅用の家屋の新築等に係る契約の締結日が2020年４月から2021年３月であって、①消費税10％が対価に含まれる場合は省エネ等住宅で1,500万円（それ以外の住宅は1,000万円）、②それ以外の場合は省エネ等住宅で1,000万円（それ以外の住宅は500万円）です。同様に、2021年４月から12月では、①の場合は省エネ等住宅で1,200万円（それ以外の住宅は700万円）、②の場合は省エネ等住宅で800万円（それ以外の住宅は300万円）です。

　そもそも、不動産を購入する際には、購入資金を提供する者が名義人となるのが普通です。ここで、親子でローンを組んだ際には、資金負担に応じて持分割合を決めます。後述するように、税金上の特例を利用して、祖父母から孫へと居住用不動産の購入資金を贈与する際には、不動産の名義人は孫になります。

　また、婚姻期間が20年以上の夫婦では、年間110万円までの贈与税の基礎控除とは別に、自宅不動産の贈与または自宅購入資金として2,000万円までを控除できるという特例もあります（贈与税の配偶者控除）。これも贈与税の

特例ですが、贈与を受けた年の翌年の３月15日までに、その居住用不動産に住み、しかも今後も住み続けるなどの要件があります。なお、この場合には、「相続開始以前３年以内の贈与は、相続財産に加算される」という生前贈与加算には含まれません。

住宅取得時の諸税金

また、住宅取得時にも税金がかかります。主なものには、不動産取得税、登録免許税、印紙税、消費税等があります。

・不動産取得税は建物または土地を取得した際にかかり、原則、固定資産税評価額の４％（2021年３月まで土地および住宅は３％）です。

・登録免許税は登記をする場合にかかり、土地の所有権移転登記であれば、固定資産税評価額の２％（2021年３月までは1.5%）、新築の建物の所有権保存登記については法務局の認定価格の0.4%です。

・印紙税は不動産売買契約書や建築請負契約書等の書類作成時にかかり、売買価格5,000万円以下では１万5,000円程度です。

・消費税は建物の建築や購入に対して10%がかかり、土地の購入にはかかりません。

住宅保有時の諸税金

建物や土地を保有していると、毎年、固定資産税や都市計画税がかかります。固定資産税は公示価格の約７割とされる固定資産税評価額の1.4%ですが、土地（住宅用地）に関しては６分の１または３分の１とするという特例があります。都市計画税は、固定資産税評価額の最高0.3%までとされています。

▶ 家を売却する際の税金

PartⅧでは、いま住んでいる住宅を売却して、次の住宅を購入する方法についても説明しました。居住用不動産を売却した際の売却益について説明します。

居住用不動産の譲渡益

　所有期間が5年以下の場合には、譲渡益に対して39％（所得税30％、住民税9％）の税金が、所有期間が5年超で10年以下の場合には、譲渡益に対して20％（所得税15％、住民税5％）の税金が、それぞれかかります。

　ただし、居住用不動産を売却した際には3,000万円の特別控除の特例があり、上記の税金は譲渡益3,000万円までにはかかりませんが、仮にこの特例を適用した場合には、住宅ローン控除が使えなくなりますので、どちらが有利か検討の余地があります。

　一方で、所有期間が10年超である場合、上記の3,000万円特別控除に加えて、さらに追加して6,000万円以下の譲渡益には14％、6,000万円超の部分には20％の税率とする低率分離課税を利用できます。また、買替えの場合には、（売却価格が2億円以下である場合）買替部分に相当する利益はないものとみなして税金がかからない居住用不動産の買替特例も利用できます。

　所有期間が10年超の場合の低率分離課税と買替特例は、二者択一になります。また、譲渡益の特例を使うと、買い替えた居住用不動産について、住宅ローン控除は使えなくなりますから、検討の余地があります。

居住用不動産の譲渡損失

　不動産の譲渡損失は、ほかの所得との損益通算ができません。損益通算は同じ所得のなかで行えるというのが原則です。つまり、2つ以上の不動産をもっていて、1つに譲渡益が出て、1つに譲渡損失が出ていれば、損益通算ができますが、給与所得との間では損益通算はできません。

　ただし、特例として、所有期間5年超の場合には、売却と同じ年のほかの所得と居住用不動産の譲渡損失を損益通算でき、相殺しきれない場合には（所得金額3,000万円以下の年に限る）、譲渡損失を3年間繰越しできます。なお、買替えの場合には住宅ローン控除との併用も可能です。

　また、所有期間5年超の居住用不動産の譲渡損失で、住宅ローン残債が売却代金を超える場合には、超過した金額を限度として、その年のほかの所得と損益通算できます。また、1年で相殺しきれない場合には、翌年以降3年

間繰り越して、ほかの所得との損益通算が認められる特例もあります。

第64章

退職プランと社会保険に関する税金

次のPartXでは、退職プランと社会保険について説明していきますが、退職してしまうと、これまでは勤務先がしてくれていた税務をすべて自分で行うようになります。そうした意味では、本章は、特に税金の予備知識として重要です。

▶ 公的年金と企業年金の税金

公的年金（国民年金・厚生年金）、確定給付年金（退職年金）、確定拠出年金を受け取る際には、「公的年金等」という同じくくりで、所得の種類は雑所得となります。そして、ほかの雑所得と違って、控除（公的年金等控除）を受けることができます。65歳以上の場合、収入金額が330万円未満の場合、公的年金等控除額は110万円となります。

なお、公的年金等に関しては、公的年金等の受給者の扶養申告書を提出しておけば源泉徴収されます。公的年金等控除を受け、なおかつ、基礎控除や配偶者控除等を受けると、平均的な収入ではほとんど税金がかかりません。大雑把にいえば、65歳未満であれば年金受給額が108万円以下、65歳以上では年金受給額が158万円以下であれば、所得税がかからないと考えられます。

ただし、雑所得は総合課税されるので、再就職した際の給料、生命保険の一時金、退職年金などのほかの所得と損益通算されますから、上記の金額を大きく超えているような場合には税金がかかります。

また、年金受給額が400万円以下で、なおかつ、年金以外の収入が20万円以下であれば確定申告の必要はありませんが、この条件から外れる場合には

年齢	収入金額	公的年金等控除額
65歳未満	130万円未満	60万円
	130万円以上410万円未満	（収入金額の合計額×25％）＋27万5,000円
	410万円以上770万円未満	（収入金額の合計額×15％）＋68万5,000円
	770万円以上	（収入金額の合計額× 5 ％）＋145万5,000円
65歳以上	330万円未満	110万円
	330万円以上410万円未満	（収入金額の合計額×25％）＋27万5,000円
	410万円以上770万円未満	（収入金額の合計額×15％）＋68万5,000円
	770万円以上	（収入金額の合計額× 5 ％）＋145万5,000円

確定申告が必要です。

▶ 一時退職金の税金

　一方で、確定給付年金を退職時に一時退職金として受け取る場合、あるいは、確定拠出年金を退職時に一時金として受給する場合、その所得は退職所得となります。退職所得は分離課税となり、ほかの所得と合算する必要はありません。

　なお、退職所得の金額は「（退職金－退職所得控除）× 1 ／ 2 」で計算されますが、退職所得控除額は、勤続年数によって、①20年以下の場合には「40万円×勤続年数」となり、②20年を超える場合には「800万円＋70万円×（勤続年数－20年）」となります。

第**65**章

民間の保険に関する税金

　後で紹介するPart XIでは、民間の生命保険や介護保険などについて説明していきます。民間の保険については、所得税を計算する際の給与所得控除後の給与所得から、保険料の一部が保険料控除額として差し引くことができ、所得税額を減らせます（図表IX－2参照）。一方で、死亡保険金については、契約形態によって税金の種類が大きく変わりますから、契約時から基本的な税金の知識が必要になります。

▶ 生命保険料控除

　2011年12月までに契約した生命保険は、一般生命保険料と個人年金保険料のそれぞれに関して、年間（正味）払込保険料10万円までを対象として、最高5万円ずつ（最大10万円）が所得から控除できます。
　一方で、2012年1月以降の契約の場合、一般生命保険料、個人年金保険料、介護医療保険料のそれぞれに関して、年間（正味）払込保険料8万円までを対象として、最高4万円ずつ（最大12万円）が所得から控除できます。

▶ 保険金の契約形態と税金

　保険契約や年金契約では、契約者と被保険者と受取人を決める必要がありますが、組合せによって保険金や満期金にかかる税金の種類が違ってきます。
　たとえば、契約者が夫、被保険者も夫、受取人が子どもであれば、対象となる税金は相続税になりますが、一方で、契約者が夫、被保険者が妻、受取

700　Part IX　税金、税金、税金……

図表Ⅸ-7　所得税の生命保険料控除額

［2011年12月までの契約］

保険料	控除金額
2万5,000円以下	全　額
2万5,000円超5万円以下	（保険料×1／2）＋1万2,500円
5万円超10万円以下	（保険料×1／4）＋2万5,000円
10万円超	一律5万円

［2012年1月以降の契約］

保険料	控除金額
2万円以下	全　額
2万円超4万円以下	（保険料×1／2）＋1万円
4万円超8万円以下	（保険料×1／4）＋2万円
8万円超	一律4万円

図表Ⅸ-8　契約パターンと税金の種類

生命保険の死亡保険金について			
	契約者	被保険者	受取人	税金の種類
①	夫	夫	相続人	相続税
②	夫	夫	相続人以外	相続税
③	夫	妻	夫	（一時所得）
④	夫	妻	子	贈与税
生命保険の満期保険金について			
⑤	夫	妻	夫	（一時所得）
⑥	夫	夫	妻	贈与税

人が子どもとした場合には、対象となる税金は贈与税となります。

　なお、図表Ⅸ-8では想定されるパターンを示していますが、①のように相続税の扱いで、なおかつ、受取人が法定相続人であれば、「死亡保険金の非課税限度額＝500万円×法定相続人数」が利用できますが、②のように、

受取人が法定相続人でない場合は非課税枠を利用できません。

　③のように一時所得の扱いでは、「一時所得＝｛(死亡保険金－正味払込保険料)－特別控除額｝×１／２」として計算されます。なお、特別控除額は、(保険金－保険料) が50万円以内の場合はその全額となり、50万円を超える場合は、一律50万円となります。

　④のように贈与税の扱いでは、「贈与税＝贈与額－基礎控除額 (110万円)」で計算されます。

第66章

贈与税と相続税

PartXIIでは、遺言書や信託について説明しますが、その前に、本章では贈与税と相続税について説明します。

▶ 贈与税について

まず、贈与税とは個人間の贈与についてのみ課税されます。法人からの贈与は、贈与税ではなく一時所得となります。また、扶養義務者からの生活費や教育費は、そのつど与えられる程度であれば贈与税の対象にはなりません。

贈与税は、その年の1月1日から12月31日までに贈与で取得した財産に対して、年間110万円の基礎控除額を超えた部分について税金がかかります。なお、贈与税については、特例を受けるためには税額がゼロであっても確定申告が必要になります。

贈与税額＝「課税価格−基礎控除額」×税率

▶ 相続時精算課税制度

贈与税と相続税を1つにして扱う制度で、65歳以上の親から、20歳以上の子どもへの贈与に関する選択制度で、贈与金額が2,500万円までは贈与税は非課税、それを超える部分については一律20％の税率で贈与税がかかります。上記の暦年の贈与税の基礎控除額110万円との選択肢であり、一度選択したら変更がききません。

なお、贈与者である親が亡くなった場合、この相続時精算制度を使った贈

与財産を相続財産へ加算して相続税を計算したうえで、すでに支払った贈与税については相続税から控除します。仮に、控除しきれないほど贈与税を払っていた場合には還付されます。

「教育資金の一括贈与に係る贈与税の非課税措置」「結婚・子育て資金の一括贈与に係る贈与税の非課税措置」については第62章で、また、住宅資金に関する「贈与税の配偶者控除」「住宅取得等資金に係る贈与税の非課税措置特例」については第63章で説明しています。

▶ 相続税について

被相続人の財産は、相続人が複数いると共同で相続されますが、遺言書がある場合には、遺言によって各相続人の相続分が決められます。それに対して不服がある場合には、遺留分の請求がなされる可能性があります（遺留分は、法定相続分の半分です）。遺言書がない場合、相続人間の話合いで決着がつかない場合、法定相続分によります。

なお、相続人のなかに遺贈（遺言で贈与）を受けたり、生前になんらかの

図表IX－9　法定相続分と遺留分

［法定相続分］

配偶者と子	配偶者（1／2）　子（1／2）
配偶者と父母	配偶者（2／3）　父母（1／3）
配偶者と兄弟姉妹	配偶者（3／4）　兄弟姉妹（1／4）

［遺留分］

配偶者と子、配偶者と父母、配偶者のみ、子のみ	法定相続分の1／2
父母のみ	法定相続分の1／3
兄弟姉妹	遺留分の権利なし

援助を受けたりしている場合は、特別受益といって相続分から差し引き、反対に、生前、被相続人の財産の維持や増加に特別の貢献がある場合には、寄与分として別途財産を取り除いてから残りの部分を分配します。

▶ 相続税のプロセスとは

一定以上の相続財産には相続税がかかります。そのプロセスとは、①すべての「財産」を評価する、②「財産」から非課税財産、債務などを除く、③「残った財産」から基礎控除を差し引く、④「余った財産」によって「相続税の総額」を計算する、⑤「相続税の総額」から各人の受取割合で分ける、⑥控除を反映させて、各人の「納付税額」を計算する、というプロセスを踏みます。

図表Ⅸ－10　相続税計算の流れ

①財産の総額を決める（それぞれの評価法によって）
②財産の調整を行う
　－「債務」
　－「死亡保険金・死亡退職金」
　－「葬式費用」
　＋「相続開始前3年以内の贈与」
③基礎控除を差し引く
　－「基礎控除3,000万円＋600万円×法定相続人数」
④「余った財産」を法定相続分で仮分割

妻 1／2	長男 1／4	次男 1／4
× 税率	× 税率	× 税率

＝一家の「相続税の総額」

⑤「相続税の総額」を実際の相続割合で分割

（例）
妻 60％	長男 25％	次男 15％

⑥各自に適用される各種控除で調整
　「配偶者控除」「未成年者控除」「贈与税額控除」等

相続財産の金額を決める

相続財産には、土地、家屋、預貯金、有価証券、自動車、絵画、時計、事業会社の株式などがあります。また、それとは別に、死亡保険金、死亡退職金、生命保険の権利などのみなし財産と呼ばれるものもあります。

一方で、住宅ローンや自動車ローンなどの借金、未納の税金、社会保険料、葬儀費用は、相続財産から差し引くことができます。

また、課税対象から引けるものとしては、墓地・墓石・祭具など（生前に購入した場合）、弔慰金、死亡退職金・死亡保険金（500万円×法定相続人数）などがあります。

以上のような点を考慮して、「相続または遺贈による財産価額」＋「みなし相続財産価額」＋「相続時精算課税対象の財産価額」－「非課税財産価額」－「債務・葬式費用」＋「相続開始前3年以内の贈与財産価額」によって、正味の遺産額を計算します。

基礎控除を差し引く

正味の遺産額を計算したら、そこから基礎控除額を差し引いて、課税遺産総額を計算します。遺産に係る基礎控除額は、2015年1月から若干縮小され、「3,000万円＋600万円×法定相続人の数」となっています。

法定相続分で仮分割

たとえば、図表Ⅸ－10の①から③までの調整をして、「余った財産」が2億円であり、妻と長男と次男の3人が法定相続人である場合、まず、法定相続分で仮分割するので、妻が2分の1の1億円、長男と次男が4分の1の5,000万円ずつとなります。

次に、1億円なり、5,000万円なりの財産金額について、それぞれに税率を掛けて計算すると、妻が2,300万円、長男と次男が800万円ずつなので、合計で3,900万円が「相続税の総額」となります。

図表Ⅸ-11　相続税の速算表

法定相続人の取得金額	税率	控除額
1,000万円以下	10%	なし
1,000万円超3,000万円以下	15%	50万円
3,000万円超5,000万円以下	20%	200万円
5,000万円超1億円以下	30%	700万円
1億円超　　2億円以下	40%	1,700万円
2億円超　　3億円以下	45%	2,700万円
3億円超　　6億円以下	50%	4,200万円
6億円超	55%	7,200万円

「相続税の総額」から各人の「算出税額」を計算

　ただし、法定相続分どおりの割合で相続するわけではないので、実際に各人が相続する財産割合を反映させます。たとえば、妻が60%、長男が25%、次男が15%で受け取るならば、上で計算した3,900万円の「相続税の総額」に対する、各人の「算出税額」は、妻が2,340万円（＝3,900万円の60%）、長男が975万円（＝3,900万円の25%）、次男が585万円（＝3,900万円の15%）となります。

各自の「算出税額」から「納付税額」を計算する

　ただし、この「算出税額」をそのまま納めるわけではなく、一人ひとりに適用される各種の控除で調整して「一人ひとりの納付税額」が決まります。たとえば、妻の「算出税額」は2,340万円ですが、配偶者の税額軽減により相続税はゼロになります。主な控除には、以下のようなものがあります。

・配偶者の税額軽減：被相続人の配偶者は、法定相続分または1億6,000万円のどちらか大きいほうまでは、相続税がかかりません。

・未成年者控除：養育上の点から、相続人が未成年である場合には、未成年者控除として「（20歳－年齢）×10万円」の控除があります（国内在住の相続人の場合）。

・障害者控除：障がい者が相続人になる場合「(85歳－年齢)×10万円」の控除が、特別障害者の場合には「(85歳－年齢)×20万円」の控除があります（国内在住の相続人の場合）。

・相次相続控除：亡くなった人が10年以内に相続税を課されている場合には、前回の相続で払った税額の一部を今回の相続税から控除できます。

・贈与税額控除：相続開始前３年以内に被相続人から相続人に対して行われた贈与財産は相続税の対象ですが、すでに贈与税を払っている場合はその贈与税分は相続税から控除されます。

・小規模宅地等の評価減の特例

　居住用：配偶者か同居していた子が相続した住宅に引き続き住み続けると、330平方メートルまでは評価額が80％減額されます。

　事業用：被相続人または被相続人と生計を一にしていた親族が事業を営んでいた宅地等を相続人が引き継ぐ場合、400平方メートルまでは評価額が80％減額となります。

　なお、財産を相続する者が、被相続人の配偶者、子、父母、代襲相続人となった者以外の場合には、通常の相続税額の２割増しの税額になります。

　ここで、PartⅨの内容に関して簡単なクイズをしましょう。単なる確認ですから、あまり神経質になる必要はありません。間違えたら、解答欄にある参照箇所を読み返してみましょう。ただし、家計管理の将来は、その作業いかんによって大きく左右されますから、理解できるまで読み返すことが重要です。クイズの終わりに解答がありますが、のぞき見は禁止です。

1　ある所得の損失とほかの所得の利益を相殺することを何と呼ぶか？
　　○a．源泉分離
　　○b．分離課税
　　○c．損益通算
　　○d．所得控除

2　以下の控除のなかでだれでも利用できるものはどれか？
　　○a．基礎控除
　　○b．配偶者控除
　　○c．配偶者特別控除
　　○d．扶養控除

3　特定口座の対象商品は、次のどれか？
　Ⅰ．日本国債
　Ⅱ．公社債投資信託
　Ⅲ．上場株式
　Ⅳ．株式投資信託
　　○a．Ⅰ、
　　○b．Ⅰ、Ⅱ、Ⅲ
　　○c．Ⅱ、Ⅲ
　　○d．Ⅰ、Ⅱ、Ⅲ、Ⅳ

4 妻が仕事を始めた場合、夫が配偶者控除を受けるには妻の給与所得はいくらまでならOKか?
   ○a. 38万円
   ○b. 65万円
   ○c. 103万円
   ○d. 141万円

5 祖父母から孫へ教育資金を贈与する場合、特例で非課税となるのはいくらまでか?
   ○a. 500万円
   ○b. 1,000万円
   ○c. 1,500万円
   ○d. 2,500万円

6 住宅ローン控除を利用すると、何がお得なのか?
   ○a. ローン金利分の所得税が控除される
   ○b. ローン残高1%相当の所得税控除が10年分
   ○c. 年間100万円
   ○d. ローンの金利が安くなる

7 公的年金に関する税金の所得の種類は、次のどれか?
   ○a. 雑所得
   ○b. 配当所得
   ○c. 退職所得
   ○d. 一時所得

8 贈与税の年間基礎控除額は、いくらか?
   ○a. 110万円
   ○b. 60万円
   ○c. 50万円
   ○d. 30万円

9 相続時精算課税制度を利用すると、非課税枠はいくらまでか?
   ○a. 1,000万円

○b．1,500万円

○c．2,000万円

○d．2,500万円

10　次のなかで、相続財産に当たらないのはどれか？

○a．現金

○b．持ち家

○c．2年前に贈与された自動車

○d．生前購入した墓地

解　答	1－c（p 674）	2－a（p 675）	3－d（p 678）
	4－c（p 691）	5－c（p 692）	6－b（p 693）
	7－a（p 698）	8－a（p 703）	9－d（p 703）
	10－d（p 706）		

Part X

退職プランと公的保険

老後を支える3本脚が4本脚に

　65歳で定年退職を迎えると、老後の生活費のことが気になります。「貯金」と「退職金」と「公的年金」さえあれば、お金について心配しなくていい老後を過ごせた時代は、一昔前のお話です。

　総務省が発表した定年退職後の平均的な生活とは、退職金と貯金で実質2,300万円の蓄えがある一方、夫婦2人で老後生活を送るうえで、ゆとりある生活をするには毎月36.1万円が必要であり（生命保険文化センター「令和元年度　生活保障に関する調査（速報版）」）、切り詰めた生活をするにも毎月26.4万円は必要です（金融庁試算）。これに対して、高齢者無職世帯の平均収入月額は20万4,000円です（総務省「30年度家計調査年報」）。

　つまり、定年退職後の生活は、実質2,300万円の持ち金でスタートし、毎月最低5～6万円の赤字を出しながら、20年近くを過ごすゲームであり、ぜいたくをしなければ何とか暮らしていけます。「貯金と退職金と公的年金があれば、無駄遣いさえしなければ、なんとかなる」といえそうですが、残念ながらこのような考え方は、間もなく通用しなくなるはずです。

　まず、日本人の貯蓄率は低下する一方ですし、転職率が上がったため、1つの会社での勤続年数を基礎にした退職金は予定よりも少なくなるでしょう。

　次に、公的年金について「厚生年金の原資は2040年代までに枯渇する」という学術研究が堂々と発表されている状態です。もしも厚生年金が破綻すれば、満額で7万円程度の基礎年金（国民年金）だけが支給されることになります。

こうした事態が予測できたからこそ、日本政府も、確定拠出年金制度やNISAなどの自助努力で「自分年金」をつくれる環境を整えてきたわけです。

　したがって、これからは「貯金」「退職金」「公的年金」＋「自分年金」という4本の脚で支える退職プランを考える必要があります。そこで、このPartでは、これからの退職プランに焦点を当てつつ公的保険についても説明していきます。

　これから「公的年金」「退職金一時金」そして「自分年金」をみていきますが、「年金」という用語が、いろいろなかたちで使われます。そこで、図表Ｘ－１をみながら、「どの年金の話をしているのか？」を確認していただければ、わかりやすいと思います。第67章の公的年金は①、第68章の退職金は②、第69章の退職金と自分年金は③と関係してきます。

図表Ｘ－１　日本の年金制度

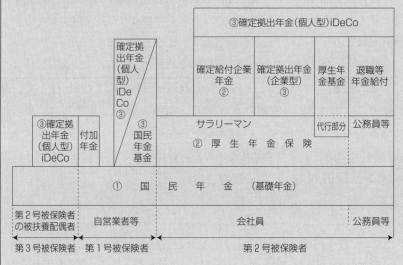

第67章

公的年金について

　皆さんが定年退職を迎えたときに、公的年金は存在しているでしょうか？

　ファイナンシャル・アドバイザーとして、私はこの問いに対して、「おそらく、なんらかのかたちで公的年金は存在し続けるでしょうが、毎月いくらもらえるのか、何歳から支給されることになるのか等は、予想するのは不可能です」としか答えようがありません。

　総務省によれば、公的年金の受給月額は夫婦2人分で平均で20万円ということですから、毎月36.1万円かかるとされる「ゆとりある老後」どころか、毎月26.4万円とされる「最低限の生活費」にも不足します。

　公的年金とは、国民年金・厚生年金の2種類があるものの、実質的には基礎年金の部分（＝国民年金）と厚生年金の部分があるだけです。そして、基礎年金の満額は78万1,692円（毎月6万5,141円）であり、厚生年金に加入している人のモデルケース（夫が40年間平均収入で就業し、妻が専業主婦であった世帯）の夫婦2人分の老齢基礎年金を含む標準的な年金額は264万8,688円（毎月22万724円）です（いずれも2020年度）。

　公的年金は、保険料と税金でまかなわれていますが、少子化による加入者数の減少と、給付を受ける65歳以上人口の増加により、現状の制度のままでは2040年代には厚生年金の積立金がなくなってしまう計算です。ちなみに、2015年10月に厚生年金と共済年金が一体化されましたが、これは厚生年金財源の枯渇時期を少しでも遅らせる目的があったと思われます。国の借金は1,000兆円

を超えましたが、それは公共事業のせいばかりではなく、社会保険の国費負担が年々増大しているためで、対策としては公的年金の減額か支給年齢の引上げしかありません。

▶ 公的年金の繰上げ受給、繰下げ受給

　日本人の定年退職年齢は長い間60歳でしたが、2013年4月から法律（高年齢者雇用安定法）が改正され、定年後も希望者の65歳までの雇用が企業に義務づけられ、定年年齢は実質的に65歳となりました。そして、2019年現在、公的年金は65歳から受け取るのが、「普通のやりかた」です。公的年金とは、定年退職を迎えた人たちの老後の生活の支えですから、65歳から支給されるのは理にかなっています。

　公的年金制度では、本来の65歳の受給開始年齢よりも、早く受給する「繰上げ受給」と、遅く受給する「繰下げ受給」が選択できます。「繰上げ受給」では、早くもらうかわりに年金額は少なくなり、「繰下げ受給」では、遅くもらうかわりに年金額は多くなります。

　まずは、単純に国民年金にのみ加入しているケースを考えます。国民年金のみに加入している場合、要件を満たしていれば、65歳から満額78万円程度の基礎年金がもらえます。

　これに対して、60歳以降は、「繰上げ受給」ができます。ただし、「繰上げ受給」をすると、1カ月につき0.5％だけ受給額が減額されます。たとえば、65歳からであれば、満額78万円を受け取れるのに対して、64歳1カ月目から「繰上げ受給」すると、0.5％×11カ月＝5.5％が減額されてしまい、満額の94.5％に相当する73万7,100円へと受給額が減額されてしまいます。

　反対に、「繰下げ受給」をすると、1カ月につき0.7％だけ受給額が増額されます。たとえば、65歳からであれば、満額78万円を受け取れるのに対して、68歳と3カ月から「繰下げ受給」すると、0.7％×39カ月＝27.3％が増額され、満額の127.3％に相当する99万2,940円へと受給額が増額されます。

　注意していただきたいことは、「繰上げ受給」や「繰下げ受給」を行う

と、その受給額が生涯続いてしまう点です。たとえば、64歳1カ月目から「繰上げ受給」すると、満額から5.5％が減額された状態が、生涯続くことになります。

　以上は、国民年金のみに加入している場合の、受給開始年齢の変更に伴う、「繰上げ受給」と「繰下げ受給」でした。この「繰上げ受給」と「繰下げ受給」については、厚生年金の場合には、「特別支給」が関係するため、やや複雑になってきます。

老齢厚生年金の特別支給

　以前は60歳での定年退職が普通だったので、60歳から公的年金が支給されることは理にかなっていました。実際に、1985年に改正されるまで、厚生年金は60歳から満額を受け取れていましたが、改正により65歳からの支給に変更されたため、現在もなお調整が行われています。

　この60歳から64歳までの厚生年金の調整を「特別支給」といいます。

　1961年4月1日以前に生まれた男性、1966年4月1日以前に生まれた女性で、いくつかの条件を満たす場合には、「特別支給」として厚生年金の一部を60歳から64歳までの間にもらうことができます。法律上の調整ですので、受け取る手続をしないと損になります。

　図表Ⅹ－2における60歳から65歳までの「報酬比例部分」と「定額部分」が、老齢厚生年金の「特別支給」と呼ばれるものであり、60歳から65歳へと受給年齢が上がった厚生年金制度の調整部分です。

　図表Ⅹ－2のように、生年月日や性別によって、「特別受給」ができる年齢は違っており、2020年4月現在、すでに「定額部分」の受給対象者はいませんが、男性では1961年4月1日（昭和36年4月1日）生まれまで、女性では1966年4月1日（昭和41年4月1日）生まれまでの場合には、「報酬比例部分」がもらえることになります。

　言い方を変えれば、「定額部分」の受給開始年齢は2013年度から65歳に引き上げられ、「報酬比例部分」の受給開始年齢は、男性の場合は、2013年度から2025年度にかけて、女性の場合は、その5年遅れで、徐々に引き上げら

れていきますが、以下では、3つのケースに分類して、繰り上げ受給について説明します。

図表Ｘ－2　厚生年金給付についての予備知識

厚生年金には、65歳からの「老齢年金」とは別に、支給開始を60歳から65歳へ変更した調整として、加入者の年齢に応じて60歳から64歳の「特別支給の老齢厚生年金」と65歳からの「老齢厚生年金」という調整部分がある。

＊「特別支給の老齢厚生年金」には、報酬比例部分と定額部分があり、下図のように、生年月日によって、受給できる対象者は限られてくる。ちなみに、昭和36年4月1日より後に生まれた男性、昭和41年4月1日より後に生まれた女性は、「特別支給の老齢厚生年金」の支給対象とならない。

昭和60年	60歳　61歳　62歳　63歳　64歳　65歳	
変更以前	老　齢　厚　生　年　金	
厚生年金	老　齢　基　礎　年　金	

	特別支給の老齢厚生年金	昭和60年からの正規の老齢年金
誕生日	60歳　61歳　62歳　63歳　64歳　65歳	
大正15.4.2～ 昭和16(21)4.1生	報　酬　比　例　部　分 定　額　部　分	老　齢　厚　生　年　金 老　齢　基　礎　年　金
昭和16(21)4.2～ 昭和18(23)4.1生	報　酬　比　例　部　分 定　額　部　分	老　齢　厚　生　年　金 老　齢　基　礎　年　金
昭和18(23)4.2～ 昭和20(25)4.1生	報　酬　比　例　部　分 定　額　部　分	老　齢　厚　生　年　金 老　齢　基　礎　年　金
昭和20(25)4.2～ 昭和22(27)4.1生	報　酬　比　例　部　分 定額部分	老　齢　厚　生　年　金 老　齢　基　礎　年　金
昭和22(27)4.2～ 昭和24(29)4.1生	報　酬　比　例　部　分 定額	老　齢　厚　生　年　金 老　齢　基　礎　年　金
昭和24(29)4.2～ 昭和28(33)4.1生	報　酬　比　例　部　分	老　齢　厚　生　年　金 老　齢　基　礎　年　金
昭和28(33)4.2～ 昭和30(35)4.1生	報　酬　比　例　部　分	老　齢　厚　生　年　金 老　齢　基　礎　年　金
昭和30(35)4.2～ 昭和32(37)4.1生	報酬比例部分	老　齢　厚　生　年　金 老　齢　基　礎　年　金
昭和32(37)4.2～ 昭和34(39)4.1生	報酬比例	老　齢　厚　生　年　金 老　齢　基　礎　年　金
昭和34(39)4.2～ 昭和36(41)4.1生	報例	老　齢　厚　生　年　金 老　齢　基　礎　年　金
昭和36(41)4.2～ ※（ ）内は女性		老　齢　厚　生　年　金 老　齢　基　礎　年　金

「特別支給の老齢厚生年金」は、上記のように生年月日や性別によって違っ

てきますが、大雑把に、次の３つのケースに分類できます。本文では、以下の３つのケースで説明します。

【ケース１】　報酬比例部分の受給開始年齢が60歳

60歳	65歳	
報酬比例部分	老齢厚生年金	
	老齢基礎年金	

【ケース２】　報酬比例部分の受給開始年齢が61〜64歳

60歳	65歳	
	報酬比例部分	老齢厚生年金
		老齢基礎年金

【ケース３】　報酬比例部分が60歳から　定額部分の受給開始が61〜64歳

60歳	65歳	
報酬比例部分	老齢厚生年金	
	定額部分	老齢基礎年金

ケース１　報酬比例部分の受給開始年齢が60歳

報酬比例部分が60歳からなので、「繰上げ受給」を行う場合には、65歳からの「老齢基礎年金」を繰上げ受給するだけなので、国民年金のみの場合と変わりません。

ケース２　報酬比例部分の受給開始年齢が61〜64歳

報酬比例部分が61〜64歳までですが、老齢厚生年金の報酬比例部分を繰上げ受給するためには、65歳からの老齢基礎年金を同時に繰上げ受給する必要があります。たとえば、報酬比例部分の受給開始年齢が62歳からである場合、60歳から繰上げ受給すると、報酬比例部分は0.5%×24カ月＝12%だけ減額されてしまいます。一方で、65歳から老齢基礎年金を受け取るはずが、60歳から繰上げ受給するならば、0.5×60カ月＝30%だけ減額されてしまいます。

ケース 3　報酬比例部分が60歳から　定額部分の受給開始が61〜64歳

すでに該当者はいないケースですが、今後、年金財源の枯渇によって、年金制度の受給開始年齢が、65歳ではなく67歳や70歳などに引き上げられるような場合に備えて、参考程度に説明しておきます。

ケース3では、「繰上げ受給」の対象は、65歳からの老齢基礎年金ですが、「定額部分」が関係してきます。「繰上げ受給」を行う際に、「定額部分」を放棄するやりかたを「全部繰り上げ」といい、「定額部分」を受給するやり方を「一部繰上げ」と呼びます。

① 全部繰上げ

「報酬比例部分」は60歳からもらえるので、「繰上げ受給」の対象ではなく、「定額部分」を放棄するので、65歳からの老齢基礎年金だけが対象となります。「繰上げ受給」の減額率は１カ月につき0.5％ですから、基本的な考え方と変わりません。

② 一部繰上げ

「報酬比例部分」は60歳からもらえるので、「繰上げ受給」の対象ではなく、「定額部分」を放棄しないので、「定額部分」と65歳からの「老齢基礎年金」が対象となります。

まず、「定額部分」については、「繰上げ受給」をするにしても、65歳までの受給額が年数割りされるだけで、合計受給額が減額されるわけではありません。

次に、65歳からの「老齢基礎年金」については、「繰上げ受給」によって減額された「定額部分」と同率を繰上げ受給の対象とせずに、残りの部分を繰り上げの対象とします。

たとえば、64歳から「定額部分」を１年間受け取れる人が、62歳から受け取る場合には、３年間、「定額部分」の１／３を受け取れます。そこから、「老齢基礎年金」の１／３は繰り上げをせずに、２／３だけを繰り上げ受給することとなります。

その結果、64歳から「定額部分」を受給するのに、62歳から「定額部分」を繰上げ受給する場合には、62歳から受給できるのは、「定額部分の１／

3」+「老齢基礎年金の2／3」×（1−0.5%×36カ月）となります。

また、65歳からは、「繰上げしていない老齢基礎年金（1／3）」+「繰り上げした老齢基礎年金（2／3×（1−0.5%×36カ月））」が老齢基礎年金の年間受給額となります。

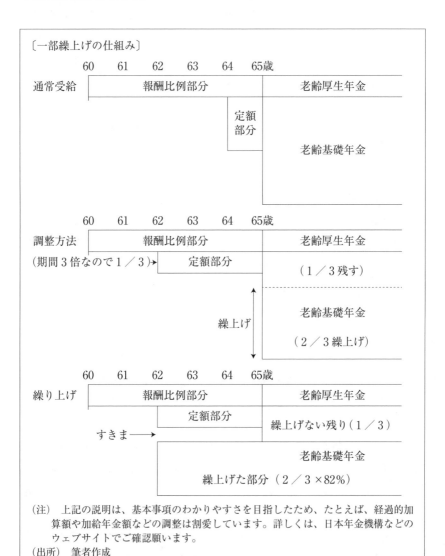

〔一部繰上げの仕組み〕

（注）　上記の説明は、基本事項のわかりやすさを目指したため、たとえば、経過的加算額や加給年金額などの調整は割愛しています。詳しくは、日本年金機構などのウェブサイトでご確認願います。
（出所）　筆者作成

以上の例では、64歳からの定額部分が10万円、65歳からの老齢年金が年70万円、62歳からの繰上げ受給を希望する場合、一部繰上げでは、64歳からの1年間で受け取る定額部分10万円を、62歳からの3年間で受け取るため、62歳の時には、その1／3に当たる3.3万円が定額部分となります。また、「老齢基礎年金70万円の2／3（＝46.7万円）」×（1－0.5％×36ヵ月）＝38.3万円が老齢基礎年金の繰上げ受給額となります。

　したがって、62歳では41.6万円の受給となります。一方で、65歳からの老齢基礎年金は、「繰上げしていない老齢基礎年金（70万円×1／3）」＋「繰り上げた老齢基礎年金（38.3万円）」＝61.6万円となります。このように65歳前後では、老齢基礎年金の受給額が20万円違ってきますが、この差額を「すきま」と呼ぶことが社会保険業界ではあるようです。

　ちなみに、同じ条件で、62歳0カ月の時に全部繰上げを請求した場合、「老齢基礎年金70万円」×（1－0.5％×36カ月）＝57.4万円が受給額となり、65歳以降も同額の受給額が続きます。

老齢基礎年金の全部繰上げと繰下げ

　一方で、本来は65歳から受け取る基礎年金（≒国民年金）の部分を、個人の希望で原則より早く受け取ることもできますし、支給開始を遅らせることもできます。前者は「全部繰上げ」といって、毎年の年金額が減ります。また、後者は「全部繰下げ」といって、毎年の年金額が増えます。それでは、支給開始を原則よりも早めるのと遅くするのではどちらが有利なのでしょうか？

　「全部繰上げ」をすると、1カ月ごとに0.5％が減額されます。60歳に開始するとすれば30％（＝0.5％×60カ月）の減額です。反対に、「全部繰下げ」をすると、1カ月ごとに0.7％が加算されます。

　すると、スライド調整率等考慮しない単純なシミュレーション結果は図表X－3のようになります。このような計算結果から一般的には、全部繰上受給が有利になるのは寿命が75歳までの場合といわれます。

　つまり、年金受給額は少しだけ減るものの、年金をもらえる年数が76歳か

図表X－3　全部繰上受給の場合、どれだけ減るか？

1カ月繰上げで0.5%減額され、以後、その給付金額が続く

請求時の年齢	減額率
60～60歳11カ月	30～24.5%
61～61歳11カ月	24～18.5%
62～62歳11カ月	18～12.5%
63～63歳11カ月	12～6.5%
64～64歳11カ月	6～0.5%

（1941年4月2日以降に生まれた人のケース）

［全部繰上げの損益分岐点］
満額78万円に対して、各年齢で全部繰上げをした場合、65歳からの受給が追いつく時期（ただし、スライド調整率は考慮していない）

給付開始年齢	65歳受取りが追い抜く時期
60歳	76歳頃
61歳	77歳頃
62歳	78歳頃
63歳	79歳頃
64歳	80歳頃

（1941年4月2日以降に生まれた人のケース）

ら80歳までということであれば早めにもらったほうが得であり、それよりも長生きするようであればスタート時期を遅らせて、金額が多いほうがお得ということが一般的にいわれています。

　しかし、これは間違った意見であり、実際には、早めに年金をもらい始めれば運用の手段があるわけです。たまたま2016年からはマイナス金利になりましたが、預金だけでなく、株式配当金、債券、ETF、外国債などを利用すれば、76歳から80歳までの損益分岐点は大きく変わってくる可能性があります。

　一方で、仮に65歳を過ぎても働き続けようと計画している場合には、繰上

受給などせずに、むしろ、完全に仕事を引退するまでの間、繰下受給をしたほうがお得です。

▶ 老齢基礎年金の繰上げ受給で失うものとは

公的年金を受け取る際には、本来の65歳からの受給の他に、繰上げ受給と繰下げ受給というやりかたがあります。これまで60歳の定年退職が前提であったために、「60歳から65歳までの間、年金以外に収入がないのに、年金受給金額が少ないから、繰上げ受給をせざるを得ない」というケースが多く見受けられます。「65歳からは、本来の満額をもらえるわけでないが、やむを得ない」という考え方です。

ただし、繰上げ受給によって失うものは、「月数×0.5%」の減額だけではありません。

日本の公的年金制度には、老後生活の支えとなる「老齢給付」、障害状態に対応する「障害給付」、遺族の生活を支える「遺族給付」の3つの給付がありますが、「老齢給付」で基礎年金の繰上げ受給を行うと、他の給付に大きな影響を与える可能性があります（障害年金については第73章を、遺族年金については第75章をご参照下さい）。

老齢基礎年金繰上げ受給の障害給付への影響

① 老齢基礎年金の繰上げ受給をすると、繰上げ受給開始後に、所定の障害状態に該当しても、障害基礎年金は受給できません。

② 老齢基礎年金の繰上げ受給をすると、障害者特例措置や長期加入者特例措置などを受給できません。

老齢基礎年金繰上げ受給の遺族給付への影響

③ 寡婦年金を受け取っている人が老齢基礎年金の繰上げを請求すると、寡婦年金はもらえなくなります。また、老齢基礎年金を繰上げ受給すると、寡婦年金は請求できなくなります。

④ 繰上げ受給開始後、万が一配偶者が死亡しても、残された夫または妻は

65歳まで遺族厚生年金と自分の老齢基礎年金は同時に受給できません。

（注）　第2号被保険者の配偶者は、65歳以降配偶者自身の老齢基礎年金と併給の厚生年金保険に関しては、自分自身の老齢厚生年金(A)を全額受け取り、さらに、現行の遺族厚生年金金額(B)と(A)を比べて、(A)のほうが金額が小さい場合には差額が遺族厚生年金として支給されます。

> 上記は、金額の点だけを取り上げていますが、繰上受給をすると、その受給後には障害基礎年金や寡婦年金がもらえませんし、配偶者が亡くなった場合には、残された配偶者は65歳まで亡くなった配偶者の遺族厚生年金と自らの老齢基礎年金を同時に受け取れない等の短所がある点は、確認しておいてください。

▶ 定年退職後も働き続ける場合には

前に述べたように2013年4月から高年齢者雇用安定法の改正により定年退職の年齢が、実質的に60歳から65歳へと引き上げられましたが、もともとは60歳定年を想定していた老齢厚生年金との調整がやや複雑です。

そもそも60歳で定年退職すれば、保険料を納めて厚生年金に加入し続ける必要はありません。働かなくても暮らせるように年金を支給するのが年金制度の趣旨ですから、仮に年金支給開始年齢後も会社勤務を続ける場合、年金をもらいながら、勤労収入が生じるという矛盾が生じます。

在職老齢年金について

この矛盾を解消するために、60歳以降も働いた場合には、受給年金額と収入に応じて、本来の老齢厚生年金受給額の一部がカットされるようになりました。これを在職老齢年金といいます。

在職老齢年金とは、60歳以上になっても厚生年金の保険料を払いながら働き続ける場合に受給する年金とされますが、実質的には60歳以降も給料がある分、本来もらえたはずの老齢厚生年金の一部が減らされたかたちで受給す

図表X-4　在職老齢年金の計算方法

(1)　60歳以上65歳未満（低在老）

　年金額の「基本月額」と給料ボーナスの「総報酬月額相当額」の合計金額で支給停止額が決まります。「基本月額」＝特別支給の老齢厚生年金÷12カ月、「総報酬月額相当額」＝標準報酬月額＋年間標準賞与額÷12で計算します。「基本月額」＋「総報酬月額相当額」が28万円を超えると、以下のように支給停止となります。

基本月額	総報酬月額相当額	基本月額から支給が停止される月額
28万円以下	47万円以下	（基本月額＋総報酬月額相当額－28万円）×1／2
	47万円超	（47万円＋基本月額－28万円）×1／2＋（総報酬月額相当額－47万円）
28万円超	47万円以下	（総報酬月額相当額）×1／2
	47万円超	47万円×1／2＋（総報酬月額相当額－47万円）

(2)　65歳以降（高在老）

　「基本月額」＝老齢厚生年金÷12カ月、「総報酬月額相当額」＝標準報酬月額＋年間標準賞与÷12で計算します。

　「基本月額」＋「総報酬月額相当額」が47万円を超えると、超過分の1／2が老齢厚生年金（報酬比例部分）から支給停止されます。なお、支給停止されるのは、老齢厚生年金の報酬比例部分のみで、老齢基礎年金は全額支給されます。

老齢基礎年金＋【基本月額（厚生年金報酬比例部分）＋総報酬月額（給料・ボーナス）】にて

　全額支給　　・【　】の合計額が47万円以下の場合、
　　　　　　　　　　：支給停止金額ゼロ

　全額支給　　・【　】の合計額が47万円超の場合、
　　　　　　　　　　：支給停止金額（基本月額＋総報酬月額－47万円）×1／2

(注)　上記は2019年度であり、支給停止調整開始額の28万円、支給停止調整変更額47万円は毎年見直される。

るというものです。

　すでに説明したように、厚生年金では、65歳以前には特別支給がありますし、65歳からは老齢厚生年金（報酬比例部分）がもらえますが、この在職老齢年金では、60歳代前半では老齢厚生年金の金額を12で除した額が基本月額として支給停止金額が計算され、特別支給の一部が支給停止されるのに対し

て、60歳代後半では老齢基礎年金は全額受給したうえで、老齢厚生年金の基本月額から支給停止金額が計算され、老齢厚生年金の一部が支給停止となります。

　現在、厚生年金の加入期間は69歳までなので厚生年金保険の適用事業所で被保険者として働く場合は、報酬に応じて年金が支給停止となるのが在職老齢年金という制度です。しかも70歳以降は被保険者ではないのに同じ制度が適用されます。

　なお、この在職老齢年金は2004年に導入されましたが、「定年後も働くと年金が減るから考えものだ」という風潮が高まる懸念から、2007年には老齢基礎年金と同じように、老齢厚生年金でも65歳からの受取りを延期して、加算額がもらえる繰下げ受給ができるようになりました。

高年齢雇用継続給付制度を利用した場合

　60歳を過ぎて厚生年金保険に加入しながら働いており、かつ、60歳以降の給料が60歳時点の給料の75％未満に落ち込んだ場合、一定の要件を満たせば、65歳になるまでの間、雇用保険から支給が受けられる高年齢雇用継続給付制度を利用できます。この制度の給付率の上限は各月の給与額の15％ですが、すでに受給額を減らされている在職老齢年金から、標準報酬月額の6％を上限としてさらに年金受給額が減らされます。

　なお、高年齢雇用継続給付の給付率が15％を下回る場合には、6％ではなく、以下の減額率が使われます。

(1)　給与が60歳到達時の61％未満であるとき

給付額＝給与月額×0.15％

(2)　給与が60歳到達時の61％以上75％未満であるとき

給付額＝－183／280×給与月額＋137.25／280×60歳時給与月額

　2020年の年金改正により、2022年4月より在職老齢年金制度が変わります。65歳以上は現行制度のままですが、65歳未満では、65歳以上と同様に基本月額

と総報酬月額の合計が47万円までは年金が支給停止にならなくなります。

公的年金の受給額の決定方法

　老齢基礎年金（国民年金）については、40年間にわたって保険料を納め続けた場合、毎月満額の6万5,141円（2020年）をもらえます。保険料の未納があれば、その分だけ年金受給は減りますし、最低でも25年以上（2017年からは10年以上）支払がないと受給資格がありません。

　少し特殊なのは、妻が専業主婦で夫が厚生年金（または旧共済年金）に加入している場合の妻には受給資格がありますが、保険料を納めていない期間があった場合や、申請によって保険料を免除されている場合は、受給金額が減ることもあります。

　一方で、厚生年金では給料と加入期間に比例して保険料が支払われているため、現役時代に給料が高かった場合には受給額が大きくなります。

　なお、年金についての詳細は、やや複雑になりますが、年金番号と身分証明書を用意し、最寄りの日本年金機構事務所へ問い合わせれば大抵のことは教えてもらえます。

公的年金の税金について

　老齢年金として公的年金を受け取る際には、所得の種類は雑所得となりますが、他の雑所得と違って、公的年金等控除を受けることができます。と同時に、総合課税されるので、再就職した際の給料、生命保険の一時金、退職年金などの他の所得と損益通算されます。そして、基礎控除や扶養控除、配偶者控除などの所得控除も受けられます。

　公的年金は、税金上、非常に優遇されていて、保険料を納める段階では社会保険料控除が課税所得から差し引かれ、その分だけ所得税と住民税が安くなります。一方で、年金を受け取る段階では、まず公的年金等控除が差し引かれ、次に、残った部分は所得控除が受けられます。

たとえば、2020年度の国民年金の保険料は夫婦2人分で年間39万6,960円（1万6,540円×12カ月×2人分）ですが、これが社会保険料控除され所得税と住民税が軽くなります。

　一方で、受給に関しては、老齢基礎年金は65歳から満額で78万円ですが、公的年金等控除は120万円ですから、税金がかかりません（公的年金等控除額は、65歳未満とそれ以上との区分および収入金額で異なる）。税金がかかるのは、厚生年金や共済年金の部分、その他収入に対してですが、公的年金等控除を受け、さらに基礎控除や配偶者控除等を受けると、平均的な収入ではほとんど税金がかかりません。

　以上は、老齢年金についてですが、遺族年金や障害年金には税金がかかりません。なお、公的年金の税金については、PartⅨもご参照ください。

第**68**章

退職金について

　定年退職と退職金とは切っても切れない関係だとお考えの人は多いと思いますが、いまやそれも一昔前の常識となりつつあります。厚生労働省の調査によれば、1993年時点では全企業の92％に退職給付制度がありましたが、2018年時点ではその割合は80.5％に低下しています。

　さらに、経団連の調査によれば、大卒者が60歳の定年退職時に受け取る退職金は、1992年時点では2,638万円であったのに対して、2018年には2,256万円に減少しています（2018年9月度退職金・年金に関する実態調査結果）。

　かつてはバラ色の老後を支えた公的年金に次ぐ2本目の脚も、おぼつかなくなってきているのです。ただ、この「退職金」という言葉は、結構あいまいなもので、もらい方の視点からみると、一括でもらえる「退職一時金」と年金形式で支給される「退職年金」があります。しかし、今後は、支給形式の違い以上に重要な区別が必要になってきます。それは、公的年金の上乗せ部分に当たる私的年金が確定給付型であるか、それとも確定拠出型であるかという区別です。

　今後も退職金を確定給付年金制度で受給できる人は、かなり運がよいといえます。

　確定給付型の年金のうち確定給付企業年金（規約型）とは、会社が従業員のために積立金を用意して、その積立金を会社が責任をもって運用します。そして従業員の定年退職と同時に、毎月、決まった金額を（あるいは一括金で）支払う約束をするものです。

　会社の福利厚生制度として、この確定給付企業年金制度は従業員にとって

非常にありがたいものです。1990年代には年率5.5％で運用してくれていたおかげで、老後の生活は余裕がありました。現在では予定利率はゼロに近づいているものの、会社があらかじめ給付額を約束してくれており、会社が運用の責任を負い、運用結果が悪ければ会社が穴埋めしてくれる確定給付企業年金はありがたい制度です。2019年3月末時点では、約940万人の人々がなんらかのかたちで確定給付企業年金制度の恩恵に預かっていました。

しかし、このように会社が責任をもって老後資金の準備をしてくれる確定給付企業年金制度を利用できないサラリーマンは、老後資金を自己責任で準備しなければなりません。

ここまで聞いてがっかりした人は、本章を飛ばして第69章へ直行してもOKですが、まだ会社が確定給付企業年金を採用している会社にお勤めの人は、幸せをかみしめながら本章の続きを読んでください。

▶ いまや貴重な確定給付型の退職金

日本で退職金が普及したのは1950年代のことで、1960年に公的年金が整備される以前は老後資金の中心でした。1980年代にはほとんどの大企業がなんらかの退職金制度を有していました。

そして、退職金の基本は退職一時金でした。1960年代からは企業会計上、有利なこともあって退職年金というかたちも現れましたが、現在でも退職年金のみという企業は少数派です。とはいえ受け取る側にとっては、退職一時金と退職年金はほとんど同じもので、単に給付方法が違うと考えてよいでしょう。

さて、企業が退職金を支払うためには財源を用意する必要があります。退職金引当金制度をつくり通常経費から捻出する以外にも、厚生年金基金や適格退職年金といった企業年金に加入して、専門機関に運用してもらいましたが（中小企業では、政府関係の特殊法人であった中小企業退職金共済制度）、1990年代以降は予定利率の5.5％で運用すると約束していたものの、現実には運用難から予定どおりの退職金を払えなくなりました。

こうして、国と経済界は、早期退職制度をつくったり、確定企業給付年金

の利率を下げるだけではなく、2000年代に入って創設した新しい確定拠出年金へのシフトを促しています。2014年からは、厚生年金基金では、2014年4月以降新規設立の受付を終了、それに先立つ2012年3月末には適格退職年金が廃止されており、退職金に関する確定給付制度は縮小の一途をたどっています。

　運用難の時代になっても、会社自身の財務内容を脅かしかねないリスクを負いながら、会社が責任をもって、ある程度の運用をしてくれる確定給付型の企業年金従業員にとってはありがたい制度でしたが、今後は、後述の確定拠出年金型へのシフトが進むはずです。現に、企業型確定拠出年金の加入者数は、2001年末の9万人から、2019年末には723万1,000人に激増しています。

▶ 退職金の受取り

　退職金というのは、給料と勤続年数とその他の要素を代入して、会社独自の計算式で算出されます。したがって、正確にいくら受け取れるかは、皆さんの会社の人事部福利厚生課あたりにたずねるしかありません。

　退職金制度では、給付方法にいくつかの選択肢があります。退職時に退職一時金として一括支給されるタイプだけでなく、年金形式で毎月退職年金として支給されるタイプがあります。また、年金形式の場合には、退職後5年とか10年といった期間が決まっている有期年金と、亡くなるまで生涯支給が続く終身年金があります。

　税金についてみてみると、退職一時金として受け取る場合には、退職所得となり退職所得控除が適用されます。また、分離課税となり、他の所得と合算する必要はありません。退職所得の金額は「（退職金－退職所得控除）×1／2」で計算され、勤続年数20年を軸に控除があります。

20年以下	40万円×勤続年数（最低80万円）
20年超	800万円+70万円×（勤続年数－20年）

　一方で、退職年金として受け取ると公的年金と同様に雑所得となり、公的年金等控除が利用できます。詳しくは、第64章を参照してください。

第69章

確定拠出年金

　日本では、企業が用意する退職年金制度として、確定給付型と確定拠出型の２種類があります。

・確定給付型：①将来の「給付額」を確定し、②会社が年金資産を一括して運用管理し、③事前に決まった金額が加入者に支払われます。

・確定拠出型：①毎月の掛け金である「拠出額」を確定し、②加入者が資産運用管理し、③運用結果に応じた金額が加入者に支払われます。

　第68章で説明した退職金とは、確定給付型の退職年金で、かつては会社が責任をもって予定運用利回り5.5％で掛け金を運用し、老後生活をまかなえるだけの退職金を定年退職時に用意してくれていました。

　しかし、1990年代以降、株式市場は不安定となり、超低金利政策がとられるなか、会社としては、「年率○％で運用する」という給付の約束をすれば、運用状況の悪化によって経営を圧迫する大きな負担になります。そこで、会社としては、「毎月、決まった掛け金を出すから、後は従業員の自己責任で運用してくれ」という制度をつくって、「運用責任」を従業員に押し付けた制度が確定拠出年金といえます。

　2001年に制度がつくられると、多くの企業が続々と確定給付型から確定拠出型へと移行、2019年には企業型確定拠出年金の加入者数は723万1,000人まで達し、それまでの18年間で80倍近くに拡大しました。確定給付年金を逆転するのは、もはや時間の問題です。

　従業員としては、自己の責任で行う運用に失敗すれば、以前のような、十分な退職金がなくなってしまう可能性があります。本章では、確定拠出年金

を説明していきます。

▶ 確定拠出年金は、企業型と個人型の2種類

　確定拠出年金の対象者は、60歳未満で企業の従業員か自営業者であり、公務員や専業主婦等も個人型の対象外となりました。企業型とは、企業が制度を導入した時点で、従業員は強制加入か任意加入することになります。一方で、個人型とは、自営業者等が任意加入するものです。企業型であろうと個人型であろうと、確定拠出年金は、以下の3つの特徴をもっています。

① 　掛け金の運用商品として、複数の運用メニューが提供され、各自が選択して運用していく。
② 　引出しを始めるまでは、プランに積み立てられたお金には税金がかからない。
③ 　プランに積み立てられた金利、配当、あるいは売却益は、専用口座から引き出すまで税の繰延べがされる。

> 　積み立てられた年金資産に対しては、特別法人税（1.173%）が課税されることになっていますが、1999年度から課税凍結されており。現在は2022年度までの延長が決まっています。

　企業型では、掛け金は企業が全額拠出する場合と企業と従業員で拠出し合う（従業員が掛金を上乗せする）場合があります（マッチング拠出）。個人型では、自分で掛け金を負担して国民年金基金連合会へ振り込みます。

　掛金については、企業型の場合には、企業の拠出額は全額損金扱いされ、従業員に対する給与課税もされません。個人型の掛金は所得控除（小規模企業共済等掛金控除）対象となります。

　加入者は、運営管理機関が提供する複数の商品（元本確保型商品・元本変動型商品など）からいくつかを選んで、掛け金を運用していきます。専用口座内で運用している間は、金利、配当、売却益は非課税となります。

そして、原則60歳から70歳の間に本人が年金または一時金のかたちで受け取れますし、加入者が死亡した場合には遺族が一時金として受け取れますが、引出しをした時点から税金がかかってきます。ただし、年金で受け取る場合には公的年金等控除が、一時金で受け取る場合には退職所得控除が適用されます。

▶ 個人型の確定拠出年金（iDeCo）

　当初、個人型の確定拠出年金は自営業者を対象としていました。自営業者は、公的年金としては、厚生年金に加入義務がないため国民年金だけになりますし、退職金を準備していないケースが多く、老後の生活が不安定であり、亡くなるまで仕事を続ける人が多いからです。

　そこで、個人型では、自営業者は国民年金基金と合わせて年81万6,000円（月6万8,000円）までの拠出が認められており、仮に30歳から60歳まで限度額いっぱいまで積み立てれば、投資金額は2,450万円程度になります。

　2017年以降、専業主婦や公務員、企業年金加入者も個人型に加入できるようになりました（ただし、自営業者では国民年金保険料免除者や滞納者は加入できませんし、企業型確定拠出年金に加入している場合には個人型同時加入を認める企業型年金規約が必要になります）。個人型の拠出限度額は次のようになります。

① 　国民年金の第1号被保険者（自営業者）

月額6万8,000円（年額81万6,000円）
（国民年金基金掛金や国民年金付加年金保険料との合算枠）

② 　国民年金の第2号被保険者

　1） 　会社に企業年金制度がない 　　月額2万3,000円（年額27万6,000円）

　2） 　企業型確定拠出年金加入 　　　　　　月額2万円（年額24万円）

　3） 　確定給付企業年金と企業型確定拠出金加入

月額1万2,000円（年額14万4,000円）

　4） 　確定給付企業年金と厚生年金基金のみ

月額1万2,000円（年額14万4,000円）

　5)　公務員　　　　　　　　　　月額1万2,000円（年額14万4,000円）
③　国民年金の第3号被保険者（専業主婦）
　　　　　　　　　　　　　　　　月額2万3,000円（年額27万6,000円）

▶ 企業型の確定拠出年金

　企業型の確定拠出年金では、企業が掛金を毎月拠出し、従業員が自分の判断・選択で運用を行う制度です。規約により従業員が強制的に加入する場合と、自らの判断で加入を選択できる場合があります。制度としての掛金の上限額は、厚生年金基金や確定給付企業年金などの他の企業年金がある場合には月額2万7,500円（年額33万円）、他の企業年金がない場合には月額5万5,000円（年額66万円）です。掛金は企業が全額負担する場合と、企業負担＋従業員負担（マッチング拠出）とする場合がありますが、後者の場合でも合計でこの額が上限となります。

　企業型の場合、企業負担分の掛け金は、従業員の所得としてみなされず課税されません。そうした意味では、福利厚生費として「会社からタダでもらっている」ようなものです。マッチング拠出の場合の従業員拠出分は、基本的には生命保険などの保険料と同じように手取り給料から捻出されますが、所得控除の対象となります。

　なお、確定拠出年金は60歳未満までが加入者対象ですが、企業型の確定拠出年金では、原則として60歳以降も60歳前と同じ企業に働いていることを条件として、厚生年金被保険者のうち65歳未満までのものを加入者とすることもできます。

▶ 確定拠出年金のポータビリティについて

　確定拠出年金の1つの特徴に、転職や退職した際に、自分の年金資産（過去の積立金）を次の確定拠出年金にもっていける（ポータビリティ）があります。

　確定拠出年金制度の創設直後には、「今後、終身雇用が崩れ転職が多くなるので、退職金のポータビリティが必要だ」とされたものの、転職先に確定

拠出年金制度がない、女性が結婚して専業主婦になるなどの際には、制度が
対応しておらず確定拠出年金難民になるケースもありました。

　そこで、ここ数年、たとえば、個人型（iDeCo）では加入対象者を自営業
者から専業主婦や公務員へ対象拡大しただけでなく、企業年金を実施してい
ない中小企業もiDeCo＋（中小企業事業主掛金納付制度）という確定拠出年金
に参加できるようになり、ポータビリティが充実してきました。

① 　企業型確定拠出年金からiDeCoへのポータビリティ

　企業型の確定拠出年金に加入していた方が転職した場合、転職先でも企業
型確定拠出年金を実施していれば、転職先のものへ運用資産を移換できます
が、そうでない場合には、iDeCoへ移換します。たとえば、退職して自営業
者や公務員になった、企業型確定拠出年金がない会社に転職したり、寿退社
により専業主婦になったという場合には、iDeCoへ資産を移します。

② 　iDeCoから企業型確定拠出年金へのポータビリティ

　iDeCo加入者が、企業型確定拠出年金をもつ会社に転職する場合、転職先
の会社がその企業型確定拠出年金への手続をしてくれます（規約の定めによっ
ては、iDeCoの継続が認められる場合もあります）。転職先が企業型確定拠出年
金ではなく、厚生年金基金を実施している場合は、iDeCoのままであること
もありえます。

③ 　確定拠出年金以外の企業年金から確定拠出年金へのポータビリティ

　たとえば、確定給付企業年金のみに加入している会社から転職する場合、
退職一時金を受け取らずに、転職先の企業型確定拠出年金やiDeCoへ資産を
移すことができます（元の企業の企業年金の種類によっては移換ができない場合
もあります）。

（注）　ポータビリティの要件や手続は制度によって異なるため、各制度担当者へ
　　　問い合わせることが重要です。

　なお、企業型確定拠出年金の会社を退職してから、ポータビリティの手続
を行わないで6カ月を過ぎると、他の確定拠出年金口座があり、本人情報が
一致する場合はその口座に資産が移換され、そうでない場合は、自動移換と
いって国民年金基金連合会に強制的に資産が移換されてしまいます。自動移

換されると、運用指図はできなくなり、掛け金の拠出や年金給付請求もできません。

　2019年10月、厚生労働省から社会保障審議会企業年金・個人年金部会は、①現行の企業型確定拠出年金の「厚生年金被保険者の内65歳未満の者を加入者とできる」「60歳以降は、60歳前と同一事務所で継続して使用される者に限る」という要件から年齢要件と同一事務所要件を撤廃して、70歳未満の厚生年金被保険者であれば加入可能とする、②iDeCoについても、現行の60歳未満という年齢要件を撤廃して国民年金被保険者であれば加入可能とする方針を取りまとめました。働く高齢者が増えていることから、退職金に関しても、加入期間を引き上げて自助努力で老後資金を準備してもらおうという方向性を示したものと考えられます。

　本Partの冒頭でもふれたように、老後資金の3本の脚は、「貯金」と「退職金」と「公的年金」でした。ところが、日本人の貯蓄率は急低下しており、高齢化のため公的年金は破綻危機を抱えており、会社は退職金の運用に責任をもちたくないため、確定拠出年金のような「自分年金」を推進する動きが目立っています。いまや老後を支える3本脚は4本脚へとシフトしていることが、はっきりしてきました。

　企業型確定拠出年金なら掛け金は年間最大66万円であり、iDeCoの自営業者なら掛け金は年間最大81万6,000円です。仮に30歳から60歳まで続ければ、投資金額としては、1,980万円なり、2,448万円なりになります。これらの積立金が所得控除されながら用意でき、運用中も非課税であり、年金も税金優遇措置が利用できます。これをきちんと増やせばよいのです。

　皆さんはすでにそのためのアドバイスを受けておられるのです。Part VIの投資戦略とは、これを利用するための説明だと考えてください（同様なものにNISAがありますが、はるかに期間が短くなります）。退職金や老後資金を準備しようというのなら、この確定拠出年金の掛金を、可能な限り、限度額まで、フル活用されるようお勧めします。というのも、ほかにこれだけの長い期間、非課税で投資を続けられ、しかも、引出しの際にも税金が優遇されている制度はないからです。

　老後資金の準備として投資を考える場合には、まず確定拠出年金を目いっぱい使い、次に部分的にNISAを使い、最後に普通の証券口座を使うという手順

になります。なお、確定拠出年金では、原則60歳以降は追加の積立投資はできなくなりますが、運用自体は口座内で可能です。

▶ 確定拠出年金制度での運用方法

　確定拠出年金制度では、原則として3つ以上の運用商品が用意されます（2018年5月にスタートした簡易型の企業型確定拠出年金では「2つ以上」となっています）。メニューのなかには、元本確保型商品が最低1つは含まれますし、大企業の場合には自社株がメニューに含まれる場合もあります。なお、個別企業の株式銘柄や社債が入る場合には、それら以外に3つ以上の商品が提示されます。たとえば、以下のような5つの選択肢があるはずです。

・元本確保型商品（預貯金、MMF、保険など）
・債券投資信託
・株式投資信託
・海外投資信託
・個別株式（自社株を含む）

　ここで、圧倒的に多くの人が、「損をしたら、退職金がなくなって大変だから」という理由で、元本確保型商品を選びます。しかし、本書のPart VIを読んだ皆さんは考え方が違うと思います。基本戦略について再度確認しておけば、

・海外株式のファンドか国内株式のファンドを利用する
・毎月、同じ金額を、同じファンドに投資する
・当初は、積立投資であるため、1つのファンドに集中投資する
・積立金額がまとまった段階で、資産分散をするため、複数のファンドを利用する
・ポートフォリオを設計して、リバランスを行う
という流れです。

▶ 元本確保型商品を利用すべきでない理由

確定拠出年金の口座では、毎月少額の積立投資を行うわけですが、最大の長所は、口座から引き出さない限りは金利、配当、売却益に対して税金がかからずに増やせる、という点です。しかし、毎月の掛金全部を元本確保型商品に投資し続けた場合、ほとんど金利はゼロですから、この金利に税金がかかろうがかかるまいが、結果はほとんど違いがありません。

つまり、元本確保型商品では、せっかくの税繰延効果をまるで活用できていないわけです。これに対して変動性が高いものの、過去30年間をみれば、値上りを続けてきた海外株式ファンドなどで、大きな値上りをする可能性があるため、その利益に税金がかからずに増やせれば、第3章で説明した複利の力を最大限に生かせます。

▶ いろいろな資産に分散投資すべきでない理由

確定拠出年金の口座では、毎月決まった金額を投資していくため、長期的に上昇が続いていくと考えられる資産、なおかつ、変動の大きい資産を採用するほど、ドルコスト平均法が威力を発揮します（第31章を参照）。

一般的には、国内株式が有効ですが、過去のパフォーマンスをみる限り、海外株式のほうがこの目的を満たしています（もちろん、過去のパフォーマンスが今後も続く保証はどこにもありませんが）。

一方で、確定拠出年金の口座が当初は完全な積立投資であるにもかかわらず、一括投資と同様に資産分散を試みる人がいます。具体的には、国内債券、国内株式、海外債券、海外株式のファンドを、ひとまとめのセットにして毎月購入していくやりかたです。しかし、4資産セットでも長期的には上昇しているわけですが、資産分散をすることで価格変動性が小さいため、「下がった時にたくさん量を買う」というドルコスト平均法の威力を弱めることとなります。

少なくとも最初の数年間は、海外株式か国内株式のどちらかのファンドを1つ選んで、その1つのファンドだけを継続的に買い続けていくことが重要

です。

▶ 自社株は利用すべきでない理由

　自社株は、皆さん自身がいちばんよく知っている会社ですし、愛社精神に
あふれる人は確定拠出年金の口座でも購入したいと考えがちですが、避ける
べき選択肢です。というのも、どんなに優良企業であっても、今後数十年の
間に絶対に倒産しないと言い切れる会社は存在しないからです。

　万が一、自社が倒産すれば、職を失っただけではなく、数十年間積立を続
けてきた確定拠出年金資産も失うことになるのです。

　もし確定拠出年金の口座で株式を購入する場合には、自社株や個別株式で
はなく株式ファンドを選ぶべきです。国内株式ファンドは一般的に数百銘柄
が組み込まれていますから、仮に世界大不況が再来しても、資産価値がゼロ
になることはありえません。

▶ 60歳を過ぎてからの確定拠出年金との付合い方

　確定拠出年金は、原則60歳から引出しが可能となり、70歳までに引出請求
がない場合は強制的に給付が始まります。

　確定拠出年金の給付方法としては、①老齢給付金、②障害給付金、③死亡
一時金、の３種類があり、②と③については公的年金と同様の扱いになりま
すが、請求先は運営管理機関となります。

　ここでは、基本的な老齢給付金としての受取りについて説明すると、60歳
から受け取れるのは、最初に掛け金を入れて運用を開始した時点から10年以
上を経過している場合です。10年を経過していない場合には、60歳から少し
ずつ遅れて給付が可能になります。

　さて、確定拠出年金の口座から、60歳以降に積立金を引き出す際には、年
金形式で少しずつ引き出すことも、一括で引き出すことも可能ですが、どち
らが好ましいのでしょうか？

　老齢給付金を年金形式で受け取る場合、雑所得とみなされ公的年金等控除
が使えます。第64章で説明したように、公的年金等控除額は65歳を境にして

変わってきますが、公的年金を含めたほかの所得とあわせて引出金額を検討します。たとえば、65歳以上で、毎月平均的な公的年金と確定拠出年金5万円程度では税金がかかりません。

　一方で、一時金として受け取る場合には、退職手当金とみなされほかの所得と分離して所得税がかかりますが、退職金に対する所得税は「（退職金額－退職所得控除額）×1／2」に対してかかってきます。第68章で説明したように、退職所得控除額は20年を境とする勤続年数が関係してきます。たとえば、勤続年数が30年の場合、退職所得控除額は1,500万円となり、それに対しては税金がかかりません。

　このように、引出しについては、個々人の状況に応じた課税状況を想定して計画する必要があります。したがって、70歳までに引出請求をせずに強制的に給付を受けると余分な税金を支払うことになる可能性があります。なお、確定拠出年金の引出しが可能になるのは、原則60歳からです（障害給付金、死亡一時金は除く）。60歳以前に引出し（脱退一時金の請求）が認められるのは、加入期間が1月以上3年以下または個人別管理資産額が25万円以下の場合で、その他の要件を満たした場合に限られます。なお確定拠出年金にお金が拠出されていくとはいうものの、そこからお金を借りることはできません。生命保険の解約返戻金の利用法とは異なります。

第70章

3本脚だけでは十分ではない

　老後を安心して暮らすうえで、退職一時金や公的年金だけをあてにしていたのでは暮らせません。一方ですでに説明したように、日本人の貯蓄率は猛烈な勢いで低下しています。今後、多くの人々が、定年退職時の貯蓄が厳しい状況になっているのに気がつくはずです。そして、定年退職後の生活が始まってみると、収入がいかに少なくなっているのかを知ってショックを受けることになるでしょう。

　たとえば、公的年金しか収入の道がない場合、厚生年金については、モデル世帯の所得代替率を50％にするというので定年後の収入は現役世代の50％程度に下がります。また、2025年までには支給開始年齢は65歳に引き上げられます。国の財政難によって年々給付が調整されていくからです。収入が半分にカットされても、生活していけますか？

　仮に、年収1,500万円が定年退職によって半減したら、大きく消費スタイルを変えないとなくなった750万円分のやりくりはきわめて困難なものになります。

　したがって、退職一時金や公的年金に頼るだけでなく、もっとお金をためて、自分で投資を利用した退職プランを充実させることが必要になってくるのです。

　2019年6月に発表された金融庁の試算では、老後に必要とされる生活費が月26万4,000円なのに対して、年金等収入は月20万9,000円であるので、毎月5万

5,000円が不足する。95歳まで生きるとすれば、30年×5万5,000円＝1,980万円、要するに2,000万円の貯金が必要ということで、大騒ぎになりましたが、きわめて現実的な試算であるといえます。本Partで述べてきたスタンスと何ら変わることがありませんし、65歳時点で2,000万円以上を捻出するために、確定拠出年金制度などを利用した「自分年金」を作ろうと本Partではいっているのです。

　老後を安心して暮らすうえで、貯金と退職金と公的年金は3本の脚とされてきました。しかし、その成功法則はもろくも崩れ去ろうとしています。4本目として「自分年金」をつくりましょうという提案をしているわけです。

　総務省の2018年の家計調査報告によれば、2人以上世帯における貯蓄残高は平均で1,752万円であり、負債は平均で558万円ということですが、人数の割合が大きな中央値でみれば、貯蓄保有世帯の貯蓄残高中央値は1,036万円、負債残高は1,147万円となっており、負債のほうが大きくなっています。約2／3の世帯では貯蓄残高が平均の1,752万円を下回っているのが現状です。

　さらに細かく年齢階層でみれば、貯蓄と負債の割合は、40歳未満では（600万円／1,248万円）、40代では（1,012万円／1,105万円）、50代では（1,778万円／683万円）、60代では（2,327万円／207万円）、70歳以上では（2,249万円／104万円）となっています。

　ここで見落としてはならないのは、70代の団塊の世代等と40代の就職氷河期を経験した世代では、現役時代に置かれていた経済環境が異なるため、今後も「年齢が上がれば、貯蓄は増えて、負債は減る」とは言い切れない点です。これには確定給付型年金で支えられた退職金制度が縮小している点とも大いに関係しています。

　厚生労働省の「平成30年就労条件総合調査結果の概況」によれば、勤続35年以上の大卒の退職金は1,997万円であり、2013年の2,156万円から徐々にダウンしているのです。そして、なにより重要なのは、公的年金です。一部の学術論文によれば、現状のままでは、厚生年金の積立金は2040年代に枯渇すると試算されています。

　これに対して、「100年安心（年金制度を100年継続させるの意味）」を掲げた政府は、消費税率を10％に引き上げるだけでなく、①保険料の引き上げ、②支給開始時期の引き上げ、③マクロ経済スライドの本格化を検討する必要に迫られています。

　2019年6月当時、「政府が嘘をついた」と批判する声もありましたが、政府は「公的年金だけで100歳まで安心して暮らせる」などと約束したことはあり

ません。「厚生年金は、2014年には62.7%であったモデル世帯の所得代替率を50%まで引き下げる。2025年までに支給開始年齢を65歳に引き上げる」としただけです。

　むしろ注目したい点は、所得代替率に関することであり、財政検証では、現在の18.3%の厚生年金保険料率のままで、年金制度は100年維持できるとしていることです。所得代替率とは、「年金支給開始時の年金額が現役世代の手取収入（ボーナス含む）と比べてどの程度かを示すもので、夫が平均的収入で40年間就業し厚生年金保険料を納め、妻がその期間すべて専業主婦であった世帯をモデルケースとしています。

　ここで、マクロ経済スライドといって、年金受給者の平均寿命の延びと制度を支える現役世代の人口減をマイナス要因と考えて、年金額の引下げを行う仕組みですが、2018年4月より調整ルールが強化されたものの、「物価や賃金が十分に上昇しない場合には発動しづらい」という状況下にあります。

　裏を返せば、物価と実質賃金が上がれば、マクロ経済スライドを発動しやすいですし、保険料収入も増加しますし、所得代替率50%であっても、年金収入は増加します。政府は、マクロ経済スライドを発動して、さっさと年金額を引き下げて、公的年金の財務状況を改善したいのですが、PartⅢで説明したように、異次元量的緩和を行っても物価は上がらず、実質賃金も上がりませんでした。2019年1月、実質賃金のデータである毎月勤労統計調査から2011年以前のものがなくなって大騒ぎになりました。これは実質賃金を分析することを阻害するものであり、マクロ経済スライド発動と関係する可能性も指摘されています。

　仮に、異次元量的緩和の目的の1つが、年金財政改善やマクロ経済スライド発動にあるとすれば大きな問題です。上記のように、70歳以上では、平均貯蓄2,249万円で、平均負債104万円となっていますが、このなかには猛烈な格差が存在しています。高齢者の収入として、預金金利収入は重要な部分を占めますが、それをゼロにされたため、生活保護の半数が65歳以上の高齢者となっています。

　逆にマイナス金利で得をしたのは企業部門でした。しかも、非正規雇用が激増したため、人件費が浮いた大企業では売上げが増えなくても、利益が大きくなったため、好決算を連発しており、それが株価を押し上げている一因にもなっていますが、企業利益を賃金として分配もせずに、内部留保としてため込んでいるため、実質賃金も消費も上がらないのです。

　要するに、異次元量的緩和とは、高齢者を中心とした個人部門から、法人部

門への所得移転が起こっただけであり、企業が内部留保をため込んだため、日本銀行がいくらベースマネーを積んだところで、企業が借りて使う必要がなかったことも、効果がなかった要因であると考えられます。しかも、企業部門は好決算に沸いているものの、個人部門は預金が激減しているために、GDPの6割を占める消費が伸びずに、株価だけが上昇しているという、「経済全体はよくないのに株価だけが上がる」という現象が生じています。

第 71 章

女性の退職プランについて

　自分で退職プランを準備しておくことは、多くの女性にとって重要です。成人女性の多くは結婚されていますが、その85％は、亡くなる時点では「おひとりさま」になっています。未婚であるか、未亡人であるか、離婚しているかのどれかです。同様に年齢が上がるにつれて、一般に女性は男性に比べて働く年数が少なくなり収入も減ってきます。

　その結果、厚生労働省によれば、男性の厚生年金と国民年金の平均受給額が16万6,000円と５万9,000円であるのに対して、女性の厚生年金と国民年金の平均受給額は10万3,000円と５万3,000円であり、特に厚生年金の受給額では1.6倍の差があります。これは勤続年数と平均給与の違いから生じている差です（2017年度末時点）。

　これとは別に、総務省の調査によれば、2016年度末時点で、65歳以上の高齢者がいる世帯の貧困率は27％であるのに対して、65歳以上の一人暮らし（単身世帯）の貧困率については、男性単身世帯では36.4％であるのに対して、女性単身世帯では56.2％となっています。

　つまり、65歳以上の高齢単身女性の半数以上が貧困状態に置かれているわけですが、貧困状態にある高齢単身女性の配偶関係離別者をみれば、離別者、未婚者、死別者の順となっています。若い世代の女性が、経済的に男性と肩を並べていくにつれて、将来こうした傾向は変わる可能性はあるものの、多くの独身高齢者が経済的に困難な状況に置かれていることは事実です。これは深刻な問題です。退職プランの準備がない多くの女性が、深刻な経済危機に瀕しているのです。本書を読んでいる方が女性であれば、この点をよくよく頭に入れたうえで、ファイナンシャル・プランニングを行ってい

ただきたいと考えます。

第72章

日本の社会保険制度について

　日本では、国民皆年金・国民皆保険といって、公的な社会保険制度が充実しています。このPartのはじめに公的年金制度の老齢年金について説明しましたが、ここで簡単に、さまざまな社会保険制度の給付について確認しておきます。

年金保険制度

　給付については、老後生活費のための老齢給付、けがや病気での障害状態に対する障害給付、遺族のための遺族給付の3つに分かれますが、いずれも細かい受給資格と受給要件があります。

　老齢給付は、原則65歳から一生涯にわたって、毎月決まった金額が支給されます。2019年時点では、夫婦合算の平均月額は20万円程度です。

　障害給付は、国民年金では障害の程度が1級と2級に分かれ、厚生年金では1級と2級と3級に分かれますが、国民年金では、1級の年金額は97万5,125円、2級の年金額は78万100円で、未成年の子どもがいる場合には一定の計算式で加算されます。

　遺族給付とは、公的年金の加入者や加入者であった者が死亡した場合、遺族に対して給付が行われます。給付の種類は、国民年金では遺族基礎年金、死亡一時金、寡婦年金、厚生年金では遺族厚生年金となります。

　なお、厚生年金では、産前・産後休業期間および育児休暇中の保険料は一定

医療保険制度

　日本では、国民皆保険といって、すべての国民がなんらかの公的医療保険に加入して保険料を負担、けがや病気の際には医療費の一定割合（原則３割）を負担するだけでよい保険制度があります。健康保険、国民健康保険、後期高齢者医療制度などに大きく分けられます。

　健康保険は大企業や中小企業で働く場合に加入します。被保険者本人と被扶養者は、原則３割の自己負担で、入院も通院も医療サービスが利用できますし、入院時の食事にも一定額が給付されます。１カ月の医療費が限度額を超えた場合には、高額療養費として一定額が支給されます。また、病気やけがで働けない場合には、給料（月給とボーナスの均等割）の３分の２程度の傷病手当が１年６カ月の範囲で支給されます。出産時には出産育児一時金や出産手当が、そして、被保険者本人や被扶養者が死亡した場合には埋葬費として５万円が支給されます。

　国民健康保険は、主に自営業者が加入します。大部分は健康保険と同じサービス内容ですが、けがや病気で働けない場合の傷病手当金は原則としてありません。なお、会社を退職した場合には通常、国民健康保険へ加入します。

　後期高齢者医療制度は、健康保険や国民健康保険に加入していた人が75歳以上になると加入する制度で、通院や入院の際の自己負担額が原則１割ですみます（現役並み所得者は３割負担）。

　高額療養費制度では、収入や所得によって限度額が設けられ、自己負担限度額を超えた分が全額支給されますが、特に、一定期間内にこの給付を受ける回数が多い世帯は、多数回該当として優遇措置がとられています。

介護保険制度

日本の公的介護保険は、主に高齢者が疾病などによって要介護状態になった際に、認定を受けることで、介護サービスを受けられ、その費用の原則1割（一定以上の所得がある場合は2割、現役並みの所得の場合は3割）を自己負担するという仕組みです。

保険給付の種類としては、在宅サービスと施設サービスを軸に、介護給付と予防給付の点から大きく5つに区分されます、ただし、保険給付はサービスを受けた際の現物支給であり、現金を給付されるわけではありません。

被保険者は、65歳以上の第1号被保険者と40歳以上65歳未満の公的医療保険加入者の第2号被保険者からなります。そのため、医療保険制度と違って未成年者や40歳未満の日本人は保険の対象から除外されています。

また、65歳以上では、要支援1および2と要介護1から5までの認定に区分されますが、40歳から64歳までは、16種類の特定疾病による要介護または要支援状態に限られます。

なお、2009年より、高額医療・高額介護合算制度が医療保険の高額療養費制度と融合させるかたちで導入され、毎月の介護費用が一定額以上に達した場合には限度額を超えた部分が返金されることになりましたが、その限度額が2015年8月より引き上げられました。

労災保険制度

労災保険は、業務時間内や通勤中の災害によるけがや病気、障害や死亡に対して保険給付を行います。

けがや病気の際には、全額無料で医療が受けられ健康保険のような自己負担はありませんし、仕事を休む際には、休業補償給付などで基本日額の80％がもらえます。また、長期療養を要する場合には傷病補償年金が支給されます。

病気やけがが治った際に障害が残れば障害補償給付があり、さらに介護が必要となれば介護補償給付があります。被保険者が亡くなった場合には、遺族補償年金か遺族補償一時金（給付基礎日額の1,000日分）が支給されますし

葬祭料が支給されます。

公的年金の障害年金や遺族年金と労災保険からの給付が重複する場合には、一定金額が減額されます。

雇用保険制度

雇用保険では、労働者が失業した場合に、生活のために求職者給付を行い再就職のために就職促進給付を行います。また、労働者の能力開発のために教育訓練給付を行い、仕事の継続がうまくいくように雇用継続給付を行います。

求職者給付については離職理由やその他要件にもよりますが、支給を受けられる期間は原則1年未満であり、賃金日額の50％から80％（60歳から64歳では45％から80％）となっています。

また、雇用継続給付には、高年齢雇用継続給付（第67章）以外に、育児休業給付（1歳未満の子を養育するために育児休業した場合、休業前の賃金の67％または50％相当が一定期間支給される）や介護休業給付（介護を行うために休業した場合、休業前の賃金の67％相当が一定期間支給される）もあります。

雇用保険制度では、離職理由、離職時の年齢等によって離職の翌日から90日～360日の範囲内で求職者給付を受けられますが、公的年金の受給期間と重なった場合には、雇用保険の給付が優先されるため、所定の期間が過ぎるまでは老齢厚生年金が支給停止になったりする調整があります。

▶ 存続の危機に瀕する社会保障制度

さて、以上のように、日本には5つの社会保険制度がありますが、ここで、それぞれの財源について確認してみましょう。

・国民年金（基礎年金）では、保険料は20歳から60歳までの個人が負担し、給付に係る財源は国庫負担が2分の1となっています。

・厚生年金（基礎年金部分を含む）では、保険料は会社と従業員で折半して負担し、給付に係る税源は厚生年金保険料と国庫負担（基礎年金拠出金に対する）となっています。

・医療保険では、個人なり事業主が保険料を負担し、給付に係る財源はほとんどが保険料でまかなわれ、国庫負担は若干です。

・介護保険では、40歳から64歳の保険料（27％）と65歳以上の保険料（23％）の保険料負担に対して、給付に係る財源は50％が公費でまかなわれています。

・労災保険では、保険料の負担者は会社になります。雇用保険では、保険料の負担者は会社と従業員です。給付に関する財源は、保険料が中心で国庫負担率は13.75％です（現在、暫定措置中）。

さて、今後も高齢化が進んだ場合、医療保険の保険料が上がる一方で、年金保険と介護保険についても保険料が上がるだけでなく国庫負担まで増大していきます。日本の国の借金が増加の一途にある背景には、人口の急激な高齢化があるわけです。

年金に関しては、給付開始時期をさらに遅らせ、支給金額を減らし、保険料を引き上げなければ、現状の年金制度は維持できないところまで来ています。

また、介護保険では、2000年の開始時に数百万人の認定者を出して給付をしましたが、当時の要介護認定者は保険料の負担をしていなかったため、当初から財源に問題があっただけでなく、今後も高齢化が進むなか、介護認定者は増え続けることが予想されています。

以上のように、日本では、素晴らしい社会保険制度のおかげで、高齢者や障がい者、遺族、そして医療や介護や失業に関して、手厚い保障を受けてこられましたが、いまや、財源上の問題から存続の危機に立たされています。

老後費用に関しては、確定拠出年金を含む「自分年金」をつくることが必要です。また、民間の保険に関しても、生命保険以外にも医療や介護や所得

補償などの分野の必要性が増してきます。ご自分が加入している既存の制度を確認すると同時に将来を見据えて、社会保障制度だけに頼らない自助努力の部分も充実させておくことが不可欠です。そのために、本書のようなマネー全体を網羅するような分厚い案内書が必要になってくるわけです。

Ricのマネークイズ

　ここで、Part Xの内容に関して簡単なクイズをしましょう。単なる確認ですから、あまり神経質になる必要はありません。間違えたら、解答欄にある参照箇所を読み返してみましょう。ただし、家計管理の将来は、その作業いかんによって大きく左右されますから、理解できるまで読み返すことが重要です。クイズの終わりに解答がありますが、のぞき見は禁止です。

1　2020年時点では、公的年金の原則支給は次の何歳からか？
　　○a．60歳
　　○b．65歳
　　○c．67歳
　　○d．70歳

2　公的年金の受給月額は夫婦2人分で平均いくらか？
　　○a．約50万円
　　○b．約40万円
　　○c．約30万円
　　○d．約20万円

3　老齢基礎年金の一部繰上げに関係する項目を示すのは、以下のどれか？
　Ⅰ　定額部分
　Ⅱ　報酬比例部分
　Ⅲ　老齢基礎年金
　Ⅳ　老齢厚生年金
　　○a．Ⅰ
　　○b．Ⅰ、Ⅲ
　　○c．Ⅱ、Ⅲ
　　○d．Ⅰ、Ⅱ、Ⅲ、Ⅳ

4 ゆとりある老後生活には毎月いくらかかるか？

- ○a．15万円
- ○b．27万円
- ○c．33万円
- ○d．36万円

5 定年退職後も厚生年金保険料を払いながら働く場合の公的年金は次のどれか？

- ○a．特別支給の老齢厚生年金
- ○b．老齢基礎年金
- ○c．在職老齢年金
- ○d．高年齢雇用給付

6 退職金として決まった金額を会社責任で用意してくれるのは？

- ○a．確定拠出年金制度
- ○b．確定給付企業年金
- ○c．個人年金保険
- ○d．国民年金制度

7 確定拠出年金でいちばん適切な利用商品とは次のどれか？

- ○a．元本保証商品
- ○b．値上り中の個別株
- ○c．自社株
- ○d．海外株式ファンド

8 次のなかで、日本の社会保険制度でないものはどれか？

- ○a．年金
- ○b．介護保険
- ○c．健康保険
- ○d．確定拠出年金

9 次のなかで、「自分年金」をつくる際に最も有効な口座はどこか？

- ○a．銀行口座
- ○b．証券口座
- ○c．NISA口座

○d．確定拠出年金口座

10　**確定拠出年金で、有利な引出方法の選択肢として適切なものは？**
○a．一括引出し
○b．年金形式
○c．脱退一時金として
○d．場合によって異なる

解　答	1－b（p 717）	2－d（p 716）	3－b（p 717）
	4－d（p 716）	5－c（p 726）	6－b（p 731）
	7－d（p 741）	8－d（p 750）	9－d（p 739）
	10－d（p 742）		

Part XI

保険について

概　観

リスクを管理するための方法

　保険の目的は、金銭的な損失に対して保障（補償）をすることです。ここでのポイントは、「金銭的な」という前置きで、損失自体をなかったことにするということではありません。

　たとえば、自動車事故から皆さんを守ることはできませんが、事故の結果として生じる金銭的な損失をカバーするのが保険です。見方を変えれば、金銭的損失が発生しない事柄に対して保険を用意する必要はないということです。

▶ 靴に保険をかけたりしない

　靴に保険をかける人は、まずいないでしょう。というのも、靴をなくしても、新しいものを買えばよく、少なくとも、金銭的な意味ではさほど大きな損失は生じません。これに対して、家を失うとなると金銭的に大きな損失となりますから、保険で対処するだけの価値があります。このような意味から、保険は「リスクマネジメント」のひとつの手段です。

　　実際には、"リスクマネジメント"が大切ですよと提案する人というのは、保険のセールスマンにすぎないことが多いのも現実ですが……。

▶ リスク管理の4つの方法

　自分が死亡したとき、けがをしたとき、病気になったとき、財産を破損したとき、財産を盗まれたとき、訴訟にあったとき、金銭的な損失が発生します。どのケースであっても、金銭的な損失から、自分の身を守る必要があります。

　たとえば、隣町まで、荷物を取りに出かけなければならないが、交通事故にあう危険をおそれているという場合、リスク管理として以下の4つのどれかを選択することになります。

① リスクを避ける：自動車の運転を避ける（ただし、荷物は受け取れない）

② リスクを許容する：自動車の運転は危険だが、荷物を受け取るためにリスクを受け入れる

③ リスクを軽減する：十分に注意して運転し、シートベルトを着用する

④ リスクを移転する：ほかの人に荷物を届けてもらう

　たとえば、家が火災にあった場合の経済的打撃に、これら4つのリスク管理方法を応用してみると以下のようになります。

① リスクを避ける：初めから、家の購入をしない

② リスクを許容する：問題は無視し、事態が生じないと楽観し、家を購入する

③ リスクを軽減する：煙探知装置と消火器を家中に設置し、大きな被害を食い止める

④ リスクを移転する：火災が生じた場合、ほかの人に損失を補償してもらう

　最後の4つ目のリスク管理の方法こそが、まさしく保険の活用法です。

▶ 民間の保険を考える際のポイント

　本章では、これから、所得補償保険、長期介護保険、医療保険、生命保険など、主に民間の保険会社で販売されている保険を扱います。民間の保険の一つひとつが、リスク管理には重要な役割を果たしますが、その一方で、日

本には、PartXでみたように、年金、医療、介護、労災、雇用の社会保険制度があります。

　これから説明する民間の保険によるリスクマネジメントの一部が、すでに、社会保険制度によってカバーされているのです。たとえば、

・被用者用の健康保険（組合健保・協会けんぽ・共済組合・船員保険）からは、病気やけがで仕事を休んだとき、収入の3分の2相当額が最大1年6カ月間、傷病手当金として支給されますが、これは所得補償保険の1つです。

・公的介護保険は、原則1〜3割の自己負担で介護サービスを受けられる、現物給付の介護保険です。

・健康保険は、原則2〜3割の自己負担で医療サービスを受けられる、現物給付の医療保険です。

・公的年金では、加入者が亡くなった場合に、遺族に対して遺族年金を支払いますが、これは生命保険の1つとも考えられます。

　日本では、保険料を強制的に負担させられるものの、社会保険制度が充実している点を確認することは大切です。その特徴は、公的な保障が少なく、リスクマネジメントは自己責任が原則のアメリカと比較すると、よくわかります。

　アメリカでは、医療保険などは自己責任で加入するため、個人の自由で加入しなくても文句をいわれません。しかし、大けがをして救急車で運ばれ大手術を受けなければならなくなった場合には、民間の保険に加入していなければ、いきなり自己破産の危機にさらされかねません。

　日本の場合には、健康保険は強制加入であるため、毎月、大きな保険料負担を課せられるものの、いざという場合には、最低限の保護をしてくれています。大けがをして大手術となっても、医療費の自己負担は原則3割（75歳以上は2割）ですみますし、毎月の限度額を超えた分は、高額療養費が支給され、自己負担額が激減します。そして、被用者用の健康保険に加入している会社等の従業員であれば、1年6カ月までは傷病手当金を受給することもできます。

　次章からの民間の保険の説明では、日本独特の公的保険のカバー範囲を意

識しながら、民間の保険についてみていくことで、リスクマネジメントの範囲が確認できますし、全体としての保険料のコストパフォーマンスの改善にもつながります。

第73章

最大の金銭的価値をもつ財産を守る

　皆さんの最大の財産は、家でも車でも年金でもありません。いま現在働いている方の場合、最大の財産とは収入を生み出す能力を指します。たったいま、突然、収入が途絶えてしまったとしたら、どれくらいの期間、請求書を払い続けられるでしょうか？

　アメリカの公的機関の調査では、けがや病気で仕事ができなくなると、3カ月以内に、6割の人が請求書を支払えなくなるとしています。もちろん、日本では、社会保険制度が充実しているので、事態は若干ましかもしれませんが、いずれにせよ、いちばん重要な保険とは、生命保険や医療保険、火災保険や自動車保険ではなく、所得補償保険（あるいは就業不能保険）ということになります。

　病気やけがで働けなくなった場合、収入が途絶えてしまいますが、一方で生活費は必要ですし、住宅ローンの返済も待ってはくれません。このように、働けなくなった場合に、収入が減った分を補うため、一定期間、一定の金額を補償してもらうのが所得補償保険（あるいは就業不能保険）です。

　働けなくなった場合に、収入を生み出せないリスクに備える保険を、英語では、DI保険（＝disability income insurance）と呼びます。日本では、健康保険の傷病手当金が有名ですが、民間の保険では、所得補償保険として損害保険会社が販売しているものと、就業不能保険として生命保険会社が販売しているものと、2つの呼び名があります。

所得補償保険は、保険金を受け取れる期間が1〜2年と短いものが多く、傷病手当金の上乗せとして利用したり、傷病手当金の給付を受けられない国民健康保険の被保険者が利用したりします。一方で、就業不能保険は、（一定期間の免責があるが）保険期間が長いため、1年6カ月の傷病手当期間以降の補償にも利用できます。

　以下では、呼び名を統一するためDIとします。なお、DIと似たものとして、収入保障保険がありますが、こちらは、被保険者が死亡したり高度障がい者になったりした際に、その家族の生活費用を補う保険であり、DIとは少し性格が異なります。

　皆さんに確認していただきたいのは、生命保険よりも先に、DI保険への加入状況です。まず、加入している公的医療保険が、傷病手当金が給付される健康保険であるかどうかを確認してください。次に、傷病手当金を軸にして、どの程度、所得補償保険や就業不能保険が必要かを検討します。

▶ DIを確認しておくべき理由

　生活費を稼いでいる人はだれでも、病気やけがで働けなくなり、収入が激減するリスクに備えて、DIで備えておく必要がありますが、実際のところ、医療費や入院費をカバーする医療保険にばかり気をとられて、DIを意識することは少ないといえます。

　生命保険文化センターの「令和元年度生活保障に関する調査（速報版）」によれば、けがや病気をすることに不安を感じていると回答した人のうち、けがや病気をすることで「治療の長期化で収入が途絶える」と不安を感じている人は36.3%にのぼるとしていますが、こうしたリスクに対して、具体的な対処をしている人はあまりみかけません。

　これは、保険加入時の盲点といえます。

　「治療の長期化で収入が途絶える」というリスクは認識しながらも、そもそも、多くの人々が、DIという保険の存在自体を知らないという状況にありますが、保険を検討し見直すうえで、まず最初に、DIを確認しておくことには理由があります。

▶ 収入が途絶えると何が起こるのか?

　住宅ローンが払えなくなり、家を差し押さえられたり、手放さざるをえなくなる可能性が高まります。SunLifeによればアメリカでは、家の差押えの50%は、オーナーの収入がなくなることが原因です。けがや病気で働けなくなって、仕事と収入を失ってしまう。そして、収入がなくなるため、住宅ローンが支払えなくなり、家を手放すことになるのです。

　消防庁によれば、平成30年の住宅火災は1万912件であり、総務省によれば全国の世帯数は5,800万7,536ですから、住宅火災は1年間に5,316世帯に1件発生しており、単純計算すれば1年間に住宅火災に遭う確率は0.02%にすぎません。一方、厚生労働省によれば、2019年3月末時点で日本の医療保険制度の加入者中、約3割が傷病手当金の給付が受けられない国民健康保険の加入者であるとされています。病気やけがで、長期間、仕事ができずに収入がなくなってしまった場合、傷病手当金やそれに代わるDIがないと、住宅ローンを払えず、家を手放す可能性は高まります。

▶ エアバッグ現象

　たとえば、交通事故をみたことはあっても、それが死亡事故だったというのは、あまりないと思います。

　エアバッグのおかげで、数十年前には死亡者が出ていたはずの事故が、けがですむようになりました。ただし、このことは別の問題を生んでいます。エアバッグのせいで、重症を負うケースがたくさん報告されているのです。

　つまり、エアバッグは、死亡率を減少させることで、死亡保険金の支払が減るという意味で、生命保険業界へは貢献しているものの、生存者に対して入院費用や治療費等を以前よりも支払うという意味で、医療保険や自動車保険には大きな打撃となっています。

　また、医学の進歩は著しく、一昔前なら心臓発作で倒れた方はまず助かりませんでしたが、今日では、救急隊員は数分で到着し、病院へ搬送してくれますし、オフィスビルやショッピングモール、映画館やスタジアム、ホテ

ル、空港、レストランの至るところに、AED（自動体外式除細動器）が配置
されています。

　動脈が詰まってもカテーテル治療をすることで、6週間後にはテニスがで
きるまでに回復していることもあります。臓器がダメでも移殖という手もあ
ります。

　このような医学の進歩により、生命を失う確率は下がりましたが、一方で
長期休職のリスクが高まりました。これが、どのような結果を招いたので
しょうか。

　2,000例ほどの重症患者を追跡調査したアメリカのデータによれば、ほぼ
3分の1が貯蓄のすべてを失ったと伝えています。しかも、患者の96％はな
んらかの医療保険に加入していたにもかかわらず、31％の方が貯金を使い果
たしたというのです（『Journal of the American Medical Association』）。

　また、同調査によれば、「病院での治療費よりも、在宅介護や就業不能に
よる収入減のほうが、はるかに患者や家族の負担になる」というのです（こ
れらの費用のなかには、在宅介護、介護補助、特殊輸送、関連医療の費用も含ま
れます）。

　さらに、調査対象のうち、29％の家庭では、患者が介護状態になったた
め、家族が仕事をやめてしまい、収入の大半がなくなったとしています。自
分は就業不能状態になんかならない、そんなことで経済的負担は生じない、
と考えているのであれば、考え直す必要がありそうです。

▶ 公的保険と民間DIの関係を考える

　けがや病気で働けなくなった場合、収入が途絶えてしまうので、一定期
間、一定金額を補償してもらうのがDIです。ここで、日本の場合、社会保
険制度が充実しているため、社会保険制度からの給付を補うため、民間DI
の利用を考えるという視点が重要です。

　サラリーマンか公務員であれば、健康保険（被用者保険）に加入している
ので、最長で1年6カ月まで給料（標準報酬月額）の3分の2を傷病手当金
として受け取れますし、初診から1年6カ月後も障害が残るようなら、公的

年金から障害基礎年金と障害厚生年金を受け取れます。そして、65歳になると介護保険へつながります。

　一方で、自営業者ですと、国民健康保険に加入しているので（3割弱）、傷病手当金を受け取る資格はありません。自営業者の場合には、ケガや病気で働けなくなったらすぐに収入が途絶えてしまいます。さらに、公的年金からも障害基礎年金が受け取れるだけです。そして、65歳になると介護保険へつながります。

（注）　大雑把にいえば、年金加入期間25年、年収500万円で比較した場合、サラリーマンや公務員は、障害等級1級で年額183万2,000円程度、障害等級2級で年額146万6,000円程度、障害等級3級で年額68万5,000円程度を障害基礎年金と障害厚生年金として受け取れますが、自営業者は、障害等級1級で年額97万5,000円程度、障害等級2級で年額78万円程度の障害基礎年金しか受け取れません。

　　　参考までに、障害基礎年金では、受給権者によって生計を維持されている子供がいる場合、子供2人までは1人に付き年間22万4,900円、3人目以降は1人に付き年間7万5,000円が加算されますし、障害厚生年金では、受給権者によって生計を維持されている65歳未満の配偶者がいる場合、1級と2級では年間22万4,900円が加算されます（2020年度）。

　そのため、傷病手当金が受給できるサラリーマンや公務員の場合には、まず、最初の1年6カ月間、給料が3分の2になって生活に支障があるかどうか、次に、1年6カ月後も仕事ができない状態が続くとしたら、障害基礎年金と障害厚生年金だけで十分かどうかを考えてから、民間DIがいくら必要になるかを検討します。

　一方で、傷病手当金が受給できない自営業者や個人事業主の場合には、まず、収入がなくなった最初の1年6カ月をどうすべきか、次に、1年6カ月後も仕事ができない状態が続くとしたら、障害厚生年金がないことと合わせて、いくらの補償の民間DIが必要になるかを考える必要があります。

　理想的には、最初の1年6カ月はもちろん、その後も定年退職の65歳まで、けがや病気で働けなくなっても、収入が一定か増え続けるように民間DIに加入しておいて、65歳からの公的介護保険の受給資格につなげられればよいのですが、当然、保険料をどれだけ支払うことになるかとの兼ね合い

になります。

　以上のように民間DIが必要であるかどうかを考えたうえで、最初の1年6カ月に対応させるのが所得補償保険であり、65歳まで対応させるのが就業不能保険（あるいは超長期所得補償保険）であると考えることが基本です。

　「けがや病気で1年6カ月以上も働けないのであれば、公的介護保険があるじゃないか」とお考えの方もいらっしゃるはずです。しかし、公的介護保険は、1割から3割の自己負担額で介護サービスの現物給付を受けられるだけで、収入を補償するものではありません。そして、公的介護保険は、40歳から被保険者になりますが、65歳までは16の特定疾病に該当する場合でないと受給できません。

▶ 補償内容が手厚いほど、保険料が高くなる理由

　DIの保険料が高いことは間違いありません。現在、販売されている保険をみても、30歳で加入した場合でも、年間保険料は年収の1％から3％を占めます。そして、年をとるごとに保険料は増していきます。

　ですから、「聞き慣れないが、DIの必要性はわかった。でも、調べてみると、保険料が高いから、とても加入する余裕はない」と考える人が多いのも十分にうなずけますが、皆さんがDIを検討しておくべき理由は、まさにこの点にあるのです。

　「保険料は毎月たった1,000円だけ。あきらめないで、お年寄りでも入れます」と訴えるテレビコマーシャルをみたことがありませんか？　この「保険料は毎月たったの1,000円だけ」が意味することは、要するに、保険会社としては、保険金を支払うことがまずありえないとわかっているため、格安の保険料で提供できるということです。

　契約書をみれば、最初の数年間の解約返戻金は、支払った保険料のリターンから、管理費を差し引いたものでしかないことがわかります。しかも、大

半の加入者は何十年も保険料を支払い続けても、保険金を受け取る前には死んでしまいます。だから、保険会社は毎月たった1,000円の保険料でもやっていけるというわけです。

つまり、保険料が安いということは、保険金が支払われる可能性が低いということです。裏返せば、保険料が高いということは、保険金が支払われる可能性が高いということなのです。したがって、保険料が高いほど、加入する必要性が高いということなのです。

保険の分野では、人の生死を対象とする生命保険が関係する際には「保障」という語を使い、財産の損失を対象とする損害保険が関係する際には「補償」という語を使います。DIは生命保険と損害保険で扱われていますが、本書では便宜上、DIに関しては「補償」で統一します。

▶ 売り手の立場から考えると

ここで、保険会社の立場で考えてみましょう。アメリカでは、1,200世帯につき1棟が火事で消失し、その家の価値が平均2,500万円とされています。この場合、保険会社が1,200世帯の1軒ごとに請求できる保険料はいくらになるでしょうか？　1世帯当りの保険料負担は、以下のようになります。

$$\frac{\text{保険金2,500万円}}{\text{1,200世帯}} = 2万833円$$

この約2万円に、管理費、利益、そして、落雷、盗難、洪水など他の損失に対する補償を加えていけば、火災保険の保険料は、アメリカではだいたい年間3万5,000円ということになります。単純な例ではありますが、このように保険会社の立場になれば、保険費用は、直接、保険金の支払と結びついてきます。そして、こうした発想をすれば、保険料については、DI保険が高くなっている理由がわかってくるはずです。

死亡保険金とDI保険金を比べると

35歳で健康状態は良好、たばこも吸わないマイクさんは、死亡保障2,500万円の生命保険に加入しました。仮に、マイクさんが死亡すれば、保険会社は受取人に2,500万円を支払うことになります。

一方で、マイクさんがDIに加入し、実際に就業不能状態になったら、契約内容によっては、保険会社は30年間にわたって、毎月20万円を支払う義務が生じるかもしれません。その場合の保険金支払額は、合計で7,200万円にもなります。DIの保険料が高くなるのは当然です。

団体DIの補償上の問題点

アメリカでは、DI保険の加入者のほとんどが会社で加入し、会社が保険料を負担してくれます。日本でも、まだ数は多くありませんが、「GLTD（団体長期障害所得補償保険）」と呼ばれる民間の団体DIがあります。しかし、団体DIには、補償上の注意点が、いくつかあります。

団体DIの場合、契約事項がかなり制限されるかもしれませんし、特に、転職、出産などの理由で会社をやめる際には、団体DIによる補償がなくなってしまう点は注意が必要です。

そして、個人で加入するDIは、基本的には有職者しか加入対象ではありませんから、年金生活者、資産生活者、学生、年収150万円以下（主婦や主夫は保険会社によっては加入可）の場合、保険商品によっては加入することができませんから、団体DIから外れたものの、個人DIに加入できなくなる可能性があります。

たとえば、大企業時代のノウハウを生かそうと独立起業する場合、事業が軌道に乗るまでの最初の数年間は、収入が激減するため、個人でDIに加入することができなくなる可能性があります。だからこそ、大企業を退職する以前から、個人でDIに加入しておくことが重要です。

また、大企業に勤める女性が団体DIに加入していても、産休をとって、育児休業を申請すれば、雇用保険から育児休業給付金が出るものの、会社か

らの給料は無給となります。

そして復職する際に、「職場が遠い」などの理由で、もとの大企業に復職せずに、近くの中小企業で働き始め、大きく給料が下がるような場合、個人でDIに加入できなくなります。

会社で団体DIを用意してもらえるのはありがたいことですが、どこかで補償のもれが生じないかを検討して、必要であれば、個人でDIに加入しておくことも大切です。

日本の場合、民間DIのほかに傷病手当金がもらえる健康保険（被用者保険）があり、会社を通じて加入しています。会社を退職し国民健康保険に切り替わると傷病手当金はもらえなくなります。

▶ DIを保険料だけで選んではいけない6つの理由

DIを選ぶ際に、保険料だけで選ぶべきではありません。というのも、保険料が安いものほど、補償範囲が小さかったり、補償金額が小さかったりするからです。保険料を左右する主な要因として、6つあげられます。

コスト要因1：就業不能の認定条件

DIは、生命保険ほど単純ではありません。生命保険の場合には、保険金の支払基準について疑いの余地はありません。死亡した場合に保険金が支払われます。しかし、就業不能に関しては、定義の仕方によって、保険金の支払基準が変わってきます。これは保険料を決める際の最重要要素です。保険料が安い場合には、認定条件が厳しいはずですし、保険料が高い場合には、認定条件が緩いはずです。

たとえば、外科医の指が動かなくなった場合、保険金が下りるとは即答できません。手術は無理でも診察はできるからです。この場合、DIでは保険金が下りないのが普通です。標準的な契約条項では、訓練や経験を要するす

べての職務を果たすことができない状態を除いては、免責とされています。

アメリカには、上記の外科医のように、特殊な分野の仕事をしている場合にも、「自分の職務」を遂行できない際に、きちんと保険が支払われるタイプの保険があります。「own-occupational」条項のある保険では、本文の外科医のケースでも、きちんと就業不能の認定が下りますし、今後、医学部の教授として働く場合においても、受給の資格があるということになります。日本では、この種の個人向け商品は販売されていないようですが、「GLTD（団体長期障害所得補償保険）」のなかには、「直前に従事していた業務に就けないとき」や「所得減少率が20%」などの条件で保険金を支払う商品もあるようです。

コスト要因 2 ：加入者の職業

危険を伴う職業ほど、けがをする可能性が大きく、保険料も高くなります。危険度の高い職業の場合には、DI保険料が異常に高いか、給付金額に上限がつくことや引受けされない場合もあります。

コスト要因 3 ：免責期間

契約で60日から365日の免責期間（給付金を受け取るまでの経過期間）が定められることが一般的ですが（7日のものもある）、免責期間が短いほど保険料は高くなります。

注意しなければならないのは、免責期間中に、たとえば働けなくなるような大けがをしても保険金が下りない一方で、保険料の負担が続くという点です。国民健康保険に加入している場合（傷病手当金をもらえない場合）、民間のDIに加入していても、免責期間中は所得補償はいっさいありません。そのため、たとえば、90日間の免責期間があるのなら、キャッシュリザーブの量を維持できるか検討する必要があるということになります（第6章を参照）。なお、保険料払込免除特約をつければ、保険会社所定の、「就業不能状態が180日継続した場合」などでは以後の保険料の支払いが免除になります。

コスト要因4：インフレーション対策

現在の収入に基づいて保険に加入する場合、定められた給付金額で将来にわたって十分かというと、インフレの影響を受ける可能性があります。毎年、自動的に給付金が増えるよう保証されているか、消費者物価指数の上昇とともに補償額が増加するものを選ぶほうが賢明です。

現状のDI商品では、転職しても、給付金額は変わりませんが、収入の伸びと一緒に補償額も伸びる保険があれば理想的です。

コスト要因5：給付期間

損害保険会社の所得補償保険の場合には、多くのDI商品は、1年契約で、保険金が受け取れる期間が1年というものが多く、傷病手当金のかわりにするのならよいでしょうが、寝たきりの生活に備えるためには、やや期間が短いといえるかもしれません。寝たきりの生活に備えるには、生命保険会社からの就業不能保険で、60歳や65歳まで給付が続くDI商品を検討したほうがよいかもしれません。

コスト要因6：保険料は変わらないか

所得補償保険では、たとえば1年ごとに更新されるため保険料は上がっていきますが、就業不能保険では、加入した際の保険料がずっと続きます。

契約期間中には保険料が上がらないことに越したことはありません。できれば60歳か65歳までの定年退職まで完全にカバーされているもので、転職したり職業や職種を変えたりしても、保険料は変わらず補償が続く商品が望ましいといえます。

> たとえば、フリーライターのような自宅で仕事をする職業の場合、DIに加入できない可能性もあります。その理由は、就業不能状態になった場合、どこで過ごすのかを考えればわかります。もちろん、自宅です。それでは、症状が改善した場合、どこへ行くのでしょうか？ やはり自宅です。すると、自宅で

働いている人が、症状が改善した時期を、保険会社はどうやって判断すればよいのか悩むところです。だから、保険会社としては、自宅で仕事をしている人とは、DIを契約したがらないことが多いのです。

▶ 避けるべき馬鹿げたやりかた

DIの保険料が高いため、保険販売員は、DIの特約（あるいは、主契約条項として）として、「就業不能状態にならなかった場合には、保険料の一部を返金する」という条項をつけるように勧めてくるかもしれません。

要するに、「DIの保険料は高いですが、使わなかった保険料は戻ってきますよ」といって、保険料のお得感を売りにして、商品を勧めてくるわけです。このタイプは、非常に人気のある選択肢ですが、実際にはまったく馬鹿げたものといえます。というのも、主契約と特約が相反するものだからです。

本来、就業不能状態になる場合を想定して、保険に加入しているのに、就業不能状態にならない場合を想定して、特約をつけているわけで、これでは意味がありません。

しかも、保険料を考えると、さらにおかしなやりかただとわかります。たとえば、就業不能状態にならない場合、保険料を半分返還するために、保険会社は保険料を時には20％から40％も釣り上げることになるからです。このようなわなは、しっかり避けて通らなければなりません。

▶ 法人でDIを契約する際の注意点

会社を経営している場合には、DI保険料を会社経費として落とせます。すると、役員を含めて経営者は、自分自身では、保険料を支払う必要がなくなりますが、契約の形態には注意が必要です。

DI保険や医療保険は、個人契約の場合には、契約者（本人個人）、被保険者（本人個人）、受取人（本人個人）であり、保険料を支払った本人個人が、保険金を受け取るのが基本です。

一方で、法人契約の場合には、契約者（法人）、被保険者（経営者）、受取人（法人）とすれば、会社が保険料を支払い、会社が保険金を受け取ることになります。ここまでは、問題ありません。

　問題となるのは、いったん法人が受け取った保険金を経営者個人に支給する場合です。一部の保険会社の医療保険では、「見舞金の範囲でなら、税金がかからず可能です」と案内していますが、これはせいぜい５万円程度の給付金として支給することであり、「がんになったので50万円もらった」とか「１日１万円の入院給付金を30日分もらった」となれば、非課税となる慶弔見舞金（福利厚生費）の範囲を超えてしまいます。ましてや、DI保険の場合には、毎月20万円から30万円を何年にもわたって受け取る可能性がありますから、いわずもがなです。

　法人契約であっても、受取人を個人とすることができます。契約者（法人）、被保険者（経営者）、受取人（経営者）とし、たとえば保険料を個人の給与天引きにするかたちをとれば、保険金を非課税で受け取ることが可能になります。

第**74**章

長期介護保険について

　民間の長期介護保険とは、介護認定を受けてから一定期間後に、たとえば毎月20万円ずつ、あるいは一括で1,000万円という具合に給付を受けられるものです。

　基本的に、DIが定年退職以前に、けがや病気で所得がなくなる際に、補償を手にするために加入するのに対して、長期介護保険は、定年退職以前も、以後も、けがや病気で長期介護を要するようになった際に、介護費用や生活費をまかなうために加入します。ただし、お金に色はないので、長期介護保険とは定年退職後も補償が続く、一種のDIといえないこともありません。

　日本では、国民皆保険として、1961年から公的医療保険が全国民に広がりましたが、公的介護保険が始まったのは、2000年からのことで、この点からいっても、介護保険というのは、お金のルールが大きく変わったことを示す最適な例です。

　そして、この分野では、多くの方が公的保険に頼りきり、それ以外には対処していないようですが、その理由は簡単で、いままでだれも必要としていなかったからなのです。

　たとえば、古代ギリシャの時代には、生まれた子どもの平均余命は20歳でしたし、いまでは世界に冠たる長寿国の日本でも江戸時代の初め頃には、平均寿命は30歳前後でした。1900年になっても、ほとんどの日本人が44歳までには亡くなり、65歳まで生きた人の割合は、わずか5.5％でした（図表XI－1参照）。それが、2019年には28.4％と5倍に上昇、現在では、65歳以上の

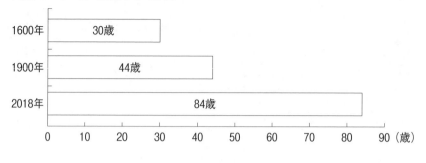

図表XI－1　ゼロ歳児の平均余命

年	平均余命
1600年	30歳
1900年	44歳
2018年	84歳

図表XI－2　主な死亡原因

	1920年	2018年
1位	肺炎	がん
2位	結核	心血管疾患
3位	胃腸炎	老衰

人口は3,588万人に達し、今後もこの数は増え続けると予想されています。

　この理由として、死亡原因に注目すれば、1900年から1920年頃には肺炎と胃腸炎、特に1918年から1920年にはインフルエンザ（＝スペイン風邪）、そして1930年代から戦後間もなくは結核といった感染症によるものでした。

　しかし、現在では、こうした感染症による死因は激減する一方で（肺炎を除く）、悪性新生物（がん）・心疾患・脳血管疾患が主な死因となり、1990年代からは、「三大生活習慣病」と呼ばれるようになりました。最近では、特に、がんの割合が上昇しています。そして2018年には、がん、心血管疾患に次いで第3位に老衰がきました（図表XI－2参照）。医学の進歩によって、脳血管疾患を抜いて老衰が第3位となり、病気を克服して長生きする可能性が高まっています。われわれの世界が現在、どれだけ変化してきているのかは、以下のデータをみれば理解できるはずです。

・生まれたばかりの赤ちゃんの平均余命は男の子が81.25歳、女の子が87.32歳！

・夫婦の両方が65歳である場合、2人とも85歳まで長生きする可能性が高い

ただし、新車に比べて古い自動車は、故障する回数が増えるように、高齢の人間も身体の故障が増えてきます。肉体が老化していくにつれて、食事、着替え、トイレ、移動について保険会社が定める、日常生活動作（ADL）を送るための補助が必要になるのです。その結果、

・80歳代前半では約3割が、80歳代後半以降は6割が、なんらかのかたちで介護を必要としています。

・介護や支援が必要となった原因は、認知症（18%）、脳血管疾患（16.6%）、高齢による衰弱（13.3%）、骨折・転倒（12.1%）、関節疾患（10.2%）の順です。

・2018年の調査では、約373万人が在宅で介護または介護予防サービスを受け、約94万人が施設でサービスを受けています。また、約86万人が地域密着型サービスを受けています。

・介護をするのは、配偶者（25.2%）、子ども（21.8%）、子の配偶者（9.7%）と約6割が同居の親族となっています。また介護者の70%は60歳以上であり、38.4%が70歳以上となっています。そして、要介護5以上になると、介護者は半数以上が「ほとんど終日」介護時間に束縛されます。

・2017年に介護・看護を理由として離職した人は約9.3万人で、年代別の割合では、男女ともに、55歳から59歳が最も高くなっています。

　以上は、厚生労働省の資料ですが、生命保険文化センターでは、さらに、

図表XI-3　介護期間と介護費用

[介護期間　平均4年7カ月]
（単位：%）

6カ月未満	6か月～1年未満	1～2年未満	2～3年未満	3～4年未満	4～10年未満	10年以上	不明
6.4	7.4	12.6	14.5	14.5	28.3	14.5	1.7

[月額費用（平均7.8万円）]
（単位：%）

支払費用なし	1万円未満	1万～2万5千円未満	2万5千～5万円未満	5万～7万5千円未満	7万5千～10万円未満	10万～12万5千円未満	12万5千～15万円未満	15万円以上	不明
3.6	5.2	15.1	11.0	15.2	4.8	11.9	3.0	15.8	14.2

（出所）　生命保険文化センター「生命保険に関する全国実態調査」（平成30年度）

興味深い調査をしています。

　日本では、公的介護保険があり、一定の範囲内では、被介護者の自己負担は１割であり、高額介護サービス費には限度額もあり、さらに、自宅での介護者には、介護休業などの支援制度があります。しかし、これだけ手厚い公的保険がありながらも、生命保険文化センターの調査によると、介護期間は、平均で４年７カ月であり、４年以上介護した割合は４割を超えています。そして、介護の費用としては、一時的な費用として平均69万円、月額費用として平均７万8,000円かかったとしています（図表XI－３参照）。

▶ アメリカの介護事情をみると事の重大性がわかる

　この調査結果と、原著で紹介されているアメリカの介護事情を比較してみましょう。

　アメリカでは、65歳以上の女性の半数以上と65歳以上の男性の３分の１が、なんらかのかたちで介護施設を利用することになります。そして、65歳以上の10人のうち７人が平均で３年間、長期介護が必要となります。

　2010年の介護施設の個室年間平均費用は75,190ドル（日額206ドル）、在宅介護のヘルパーは１時間19ドル、日額228ドル（１日12時間）、月額6,840ドルでした。

　そのため、アメリカでは一人暮らしのお年寄りの半数が、介護施設へ入所してから13週間後には財産を使い果たすことになります。また、配偶者が介護施設で６カ月間過ごした夫婦の56％が、財産を使い果たしています。

　上記のような介護施設費用がかかるうえ、家族の生活費や教育費や住宅ローン支払もあれば、自分の貯金だけでは、介護費用を捻出できなくなります。そして家族のだれかに頼ることになりますが、そこから、さらにショッキングな事実につながります。

　家族のだれかが介護状態になると、そうした被介護者のいる家族全体の16％が身内の介護のために自分の仕事をやめ、13％が早期退職を余儀なくされています。もしくは20％が正社員からパートになり、64％が家族の介護のために休暇をとっています。そして、29％が昇進をあきらめ、25％が転職を

断っています。

　家族のだれかが介護状態になると、その世話をする家族のだれかの仕事が大きな打撃を受け、生涯賃金や退職金や年金を含めて、7,900万円相当の損失を生んでいると報告されています。

　では、あらためて日本の介護の現実をみてみましょう。

▶ 日本の介護事情は、より深刻である

　前掲の生命保険文化センターの調査によると、介護費用は一時費用の69万円プラス月額7万8,000円×55カ月分なので、平均498万円となり、アメリカよりも割安にみえます。しかし、日米の介護の定義分類は大きく異なります。アメリカの介護事情に比べて、日本の介護事情がより深刻であることを理解する1つ目は、この視点です。

　アメリカの介護では、「レベル3（カストディアル・ケア）」が95％を占めており、医療や健康治療は必要ないが、ADL（日常生活動作）には支障がある状態を示します。たとえば、母親が1人では生活が不自由だが、子どもが面倒をみることができない場合に、母親は老人ホームへ入所しますが、食事の支度や部屋の掃除は自分でできるものの、施設へ連れて行ってくれる人が必要になります。

　これに対して、「レベル2（インターミディエート・ケア）」は、医師の監督による介護を必要とします。施設介護の4.5％だけがこの段階にあります。そして、「レベル1（スキルド・ケア）」では、継続的に診療が必要であり、慢性的な病気で苦しんでいる人を、ベッドに固定し、チューブを挿管するという状況もありえますが、このレベルの介護が必要になるのは、アメリカ人の0.5％のみであり、家系にそうした病歴がなければ、統計的には可能性は少ないということになります。

　つまり、日本の要介護3から5のようなケースは、アメリカの介護では0.5％から4.5％にすぎず、ほとんどのアメリカの介護は、日本の要介護3未満の軽度の介護であり、その介護に対して前記のような費用がかかるというのです。

この点は非常に重要です。たとえば日本では、自分で食事ができなくなった場合、延命措置として、管を通して胃に直接流し込む「胃ろう」を行いますが、欧米では、そのようなことはしないため、「寝たきり老人をみたことがない」という状況が生じるのです。

　要するに、欧米では、自分で食事もできなくなれば放置されてしまい、そのまま寿命を終えるわけで、アメリカの介護人口の95%が日本基準の要介護3未満までですが、日本では、施設サービスを受けた94万2,000人中、要介護3以上が85%を占めています。また、介護期間は4年以上が全体の43%を占めています。

　2018年の厚生労働省の「介護保険事業状況報告」によれば、在宅介護を受けたのは373万4,000人ですが、そのなかの要介護3未満は259万5,000人で、113万9,000人は要介護3以上です。一方、施設介護を受けたのは94万3,000人ですが、そのうちの要介護3未満は14万2,000人で、80万1,000人が要介護3以上です。つまり、在宅と施設を合わせた要介護3未満は273万7,000人と全体の58.5%であるのに対して、在宅と施設の要介護3以上は194万人と全体の41.5%を占めています。

　一方で、上記の生命保険文化センターの調査では、要介護度合いと介護費用が連動していませんが、図表Ⅺ－3では、「不明14.2%」を除いた残り85.8%を100%として調整すると、月額介護費用7万5,000円未満は58.4%、月額介護費用7万5,000円以上は41.6%となります。

　多少、乱暴なところはありますが、1つのイメージとして、日本には、要介護3以上の対象者が41.5%いることと、月額7万5,000円以上の介護費用を負担している対象者が41.6%でいることとは、まったく無縁の話であるとは思えません。

　2つ目は、公的介護保険の有無です。日本では、公的介護保険のおかげで、介護認定を受け所定の限度内なら、介護費用の自己負担は原則1割です。しかも、高額介護サービス費支給制度があるため、自己負担の上限月額は最大で4万4,400円です。

　そのため、アメリカに比べて自己負担が10分の1で済むため、"日本では

図表Ⅺ－4　介護保険のサービス費用例（東京都多摩市）

	在宅サービス利用時支給限度額の目安（月額：円）	施設入所時の標準的サービス費用（日額：円）			
		特別養護老人ホーム	老人保健施設	療養病床	介護医療院
要支援1	54,900				
要支援2	11,4800				
要介護1	18,2800		8,308	8,029	8,661
要介護2	214,800		8,822	9,144	9,819
要介護3	294,900	7,471	9,476	11,545	12,338
要介護4	337,300	8,200	10,023	12,574	13,400
要介護5	394,800	8,919	10,602	13,485	14,364

（注）　上記の施設利用については、多床室に入所した場合の、1日当りの標準的なサービス費用目安で、職員配置状況等により施設ごとに費用は異なる。利用者の自己負担額は、上記サービス費用利用額の1～3割、施設に入所の場合にはさらに食費＋居住費＋日常生活費等が自己負担となる。また、施設利用対象者は要介護1以上、特別養護老人ホームでは要介護3以上が原則。

介護状態になっても、公的介護保険があるから大丈夫"と安心しきっている方も多いかもしれませんが、この安心感が曲者です。アメリカでは、要介護3未満程度だけでも月額65万円の介護費用がかかっている一方で、日本では要介護3以上にも対処している点を忘れてはなりません。

　さらに、自己負担の上限月額は最大で4万4,400円というものの、これは公的介護保険の自己負担分に限っての話であり、実際には、図表Ⅺ－3のように、介護を必要とする人の41.6％が月7万5,000円以上の負担をしており、18.4％は月15万円以上を支払っているのです（図表Ⅺ－3の"不明14.2％"を除いて調整した場合）。

　それでは、公的介護保険の適用範囲が縮小されたら、どうなるでしょうか？　公的介護保険は、保険料と公費の50％ずつの負担で成り立っています。少子高齢化の進行と国の大借金を想定すれば、公的年金同様に、今後、自己負担額が上がり、適用範囲が小さくなる事態も十分に予想されます。

　実際に、所得に応じて自己負担率は、従来の1割から2割へ、あるいは

2018年から最大3割へ引き上げられています。そもそも、高額介護サービス費という制度がいつまでも続くとは考えにくいのです。

　さらに、医療保険制度とは違って、2000年スタートとまだ歴史の浅い介護保険制度では、現状、保険料を支払っていない高齢者が、若い世代の保険料で給付を受けています。そのため、年金と同様、将来、給付が減り、受給年齢が上がる可能性があります。それどころか、将来は介護保険制度がなくならないとも限らないのです。

　つまり、要介護3未満でさえ月額65万円に少しずつ近づく可能性があり、ましてや、要介護3以上では、介護費用がいくらになるのか予想がつかなくなります。

　3つ目は、在宅介護の割合です。

　日本では、施設サービスを受けた人数が94万人に対して、在宅でサービスを受けた人数は384万人と4倍以上になります。

　そして、アメリカでは、世話をする家族の仕事に影響を与え、生涯賃金や退職金や年金を含めて、7,900万円相当の損失を生んでいると報告されています。

　日本では、介護・看護を理由に離職した人は約9.3万人で、要介護3以上では、介護者の介護時間は「ほとんど終日」が32.6％から54.6％を占めるため、介護者の経済的損失は、アメリカの数字を上回る可能性があります。さらに、在宅介護の割合が大きな日本では、この7,900万円の損失に加えて、在宅介護ゆえの介護者の負担が重くのしかかります。

　介護者の約6割が同居の親族で、約7割が60歳以上です。2015年4月のある新聞の調査では、自宅で介護をしている人の73％が精神的・肉体的に限界を感じたことがあると答えていますし、22％は被介護者に暴力を振るったことがあり、約2割が介護している家族を殺したり、一緒に死のうと考えたりしたことがあると答えています。

　政府は、高額介護サービス費支給制度という制度をつくりました。しかしその一方で、介護保険財政の安定化を図るために、長期介護は施設ではなく在宅を中心にしようという方針を出していますから、在宅介護を担う家族の

厳しい状況は、今後、さらに拡大する可能性もあります。

　　介護保険制度は、2000年のスタートと同時に、膨大な認定要介護者を生み出しました。保険料を負担していない高齢者がサービスを受け、若者世代がその保険料を負担しています。そして、若者世代が高齢者になった時点では、現在と同様のサービスを受けられない可能性が否定できません。一方で、介護業者も、需要と供給の関係によるかわりに、介護保険料等の財源に制約のある国の支援を受けて運営されているため、大きな需要がありながらも価格を引き上げて、供給量を増やすといった市場メカニズムが働かないため、サービス従事者に対して安い給料しか払えません。2000年以降、製造コストの低い新興国の台頭で、製造業からの転職者が激増する一方で、介護業界では求人倍率が恒常的に高いにもかかわらず、産業全体の予算枠を介護保険料などで制限し、需給関係による市場メカニズムが働かない状態にしているため、給与水準が抑えられたまま膨大な転職者の受け皿となっている。これが「日本のデフレ」のひとつの原因となっています。1980年代に日独メーカーの台頭によって製造業が競争に敗れ、高収入であった製造業従事者が大失業時代を迎え、ファストフードの店員となった者が続出したアメリカでは、デフレに悩まされたものの、1990年代にはIT、金融、バイオといった新しい高賃金の産業が現れて製造業からの労働力の受け皿となったため、デフレは止まりました。その一方で、日本では、高収入であった製造業従事者の受け皿が、公的資金の制約線のなかにある介護業を中心とした低賃金産業が主であり、高賃金の新しい産業がなかなか登場してきません。したがって、公的介護保険を続けることは「日本のデフレ」を長期化させる一因となる可能性があります（実際に公的介護保険のないアメリカでは年間施設介護費用は1998年には５万ドルでしたが2010年には７万5,190ドルと1.5倍に上昇しており、サービス価格も上昇しています）。そして、世界中を見渡しても公的健康保険は多く見受けられるものの、公的介護保険はあまり例がないのです。民間に任せたら問題とばかりはいえません。こう考えると、介護保険の公的保険としての意義は自明ではなく、未来永劫、存続するか否かも定かではないといえるのです。

▶ さらに深刻な65歳未満の介護事情

　今後、公的介護保険については、自己負担範囲が広がるでしょうが、公的保険が利用できるのは、要介護者にとっては、非常にありがたいことです。もし、公的介護保険制度がなければ、日本もアメリカのように、要介護3未満でさえ、毎月65万円の負担が生じていたかもしれません。

　公的介護保険には、40歳から加入しますが、受給は原則65歳以上の高齢者が対象です。つまり40歳から65歳未満では、保険料を支払う一方で、特定疾病と呼ばれる老化に起因する16の病気で介護認定された場合に限って、サービスが受けられます。40歳から65歳の要支援・要介護の割合は2％ですが、16の特定疾病に該当しない限りは、介護保険料を支払っているのに、介護費用は全額自己負担となるわけです。ましてや39歳未満では、介護保険未加入であるため、完全に蚊帳の外です。

　このように、日本の公的介護保険は、基本的には65歳以上の高齢者向けに設計され、一般に「老人介護保険」と呼ばれています。

▶ 膨大な介護費用に対処する最終手段

　アメリカでは、だれかが介護状態になると、毎月65万円ずつ必要となり、介護者の生涯賃金から7,900万円消失します。これだけの資金を負担できる富裕層であれば問題ありませんが、中流層や低所得層にとっては深刻です。高齢者向けの医療制度（Medicare）では、単なる医療サービスとは異なる長期介護に対応できないため、家族の財産が底をつくまで施設介護を受けて、それでも間に合わなければ、医療扶助（Medicaid）を受けることになります。

　そのため、配偶者に財産を残してやろうと、離婚してから医療扶助を申請したり、子どもに財産を移してから医療扶助を受ける、といった非道徳的行為や不法行為も後を絶ちません。アメリカの中間層にとって、介護問題は、「教育費用」「住宅費用」「老後費用」に加わる「人生四大費用」とみなされているわけです。

　一方で、日本の介護事情でいえば、全国に約9,700カ所ある特別養護老人

ホーム（特養）に入所して公的介護保険を利用するのが1つの理想的なケースといえますが、特養の利用者約60万人（要介護3以上だけで約58万人）に対して、約32万6,000人（要介護3以上だけで約29万2,000人）が待機待ちの状態にあるといわれ、なかなか入居できません。政府は、施設建物自身は増やしているものの、介護職員の確保が間に合わないため、費用の個人負担が小さい特別養護老人ホームの利用は困難なのが現状です。

特養では、施設サービス費＋食費＋居住日＋日常生活費がかかります。特養は、多床室、従来型個室、ユニット型準個室、新型ユニット個室などの"グレード"や介護度合によっても費用は異なるものの、日常生活費を除くと、介護保険1割負担を含めて、毎月8万円から13万円程度かかります。一般的に「特養は安い」というイメージがありますが、夫婦2人で世帯20万円の年金収入だけでは不足する可能性がある点は注意が必要です。なお、特養とは別に介護老人保健施設（老健）がありますが、老健は介護を受けながらリハビリにより在宅復帰を目的とする施設であり、入居期間は原則3カ月となります。

このように日本でも、富裕層であれば、介護費用を心配する必要はありませんが、中所得層や低所得層にとっては、深刻な問題です。近親者の介護負担に耐えかねて、殺人や心中に追い込まれるニュースも後を絶ちません。せめて金銭面だけでも、最終的にショックを和らげてくれる制度について勉強しておきましょう。

仮に、もし介護費用が支払えなくなった場合、生活保護制度を利用する可能性もあります。生活保護を受けるためには、8つの条件があります。

① 世帯主である：申請者本人が世帯主であり、扶養家族がいる場合は、子どもに収入がなく、年金がない老人であることが条件です。

② 働けない：世帯のそれぞれが働けないか、収入がきわめて少ないことが条件です（65歳以上や病気の場合も該当します）。

③ 貯金がない：現金もほとんどなく、貯金がないことが条件です。

④ 資産がない：不動産、自動車、貯蓄性の高い生命保険などの資産がない

ことが条件です。

⑤　借金がない：生活保護費での返済はできないため、破産や期間延長の手続をとらされます。

⑥　ローンを抱えていない：住宅や自動車のローンがある場合、売却して生活できないことが条件です。

⑦　助ける親族がいない：お金のある親族には強制ではないものの扶養の義務があり、確認書類で通達されます。

⑧　生活に困っている：無収入であるか、国が定める最低水準以下しか収入がないことが条件です。

　生活保護費不正受給事例としては、自営業などで収入があるのに、所得申告をせずに生活保護費を受給したり、生活保護費をローン返済に回したり、ひどい場合にはパチンコに使ったりするケースがよく聞かれます。
　生活保護を申請する際には、年金をはじめとする収入、住宅などの資産や扶養義務者の有無を申告する必要があります。いうまでもなく生活保護を受給しやすくするために、離婚したり、親族に財産を移転したりすれば、申請が通らないばかりか、課税問題を引き起こすおそれもあります。

　介護保険の被保険者で生活保護を受給している場合、介護費用の自己負担分の1割は介護扶助として生活保護法の負担になります。一方で40歳以上65歳未満で医療保険未加入等で介護保険の被保険者でなく、生活保護を受給している場合、介護サービス費用は介護扶助として生活保護法の負担となります。介護状態が長期化して、生活が苦しくなった場合、生活保護の申請が通れば介護費用は無料となります。もちろん、これとは別に、毎月一定の手当が支給されます。

　日本の生活保護受給者の半数は65歳以上の高齢者です。経済的困窮介護問題が重なりどうしようもなくなったら、地域を管轄する福祉事務所へ相談しましょう。

高齢者が長期介護を必要とする場合、生活保護を申請すれば、生活費を受給しながら、介護費用も負担してもらえます。また、入所費用が生活保護費を上回らない施設であれば、生活保護受給者でも、特養ホームに入れる可能性があります。さらに親の自宅介護で行き詰まった場合、万策つきた場合、世帯分離という手続をとって、たとえば、父親の特養の入所が決まった後、父親の住所をそこへ変更してから、生活保護を申請すれば、本人だけが生活保護受給者となり、他の家族は制限を受けることなく暮らせる場合があります。これは、例外的措置とはいえ正当な生活保護の利用ですので、最後に残された方法として自治体へ相談するのも１つの方法です。

▶ 事前に備えるなら、民間の介護保険を利用する

　日本でも、「介護費用」は、「教育費用」「住宅費用」「老後費用」に加えて「人生四大費用」とみなされてしかるべき時代になりました。

　ご自分だけではなく家族のだれかが長期介護状態となれば、精神的なストレスに加えて、公的保険だけではまかないきれない経済問題、挙げ句の果てには、生活保護すら選択肢に入れなければならない事態も起こりえます。そうならないために、若くて元気なうちに、民間保険への加入を検討しておくのが賢明です。

　保険に加入することには馬鹿にならない費用もかかりますが、少なくとも、財産移転、離婚、生活保護、世帯分離などよりもはるかに害の少ないやりかたです。

　そのため、特別な大金持ちで介護費用を心配する必要がないということでなければ、50歳まで（できれば30歳まで）には、民間の介護保険への加入を検討するようお勧めします。というのも、介護保険の保険料は年齢に直接関係してくるからです。

　そして、終身タイプを選べば、保険に加入した後、保険料は生涯変わることはありません。というのも、50歳（30歳）の人ならば、今後30年（50年）以上の間は保険金が請求される可能性が低いため、保険会社では何年にもわ

たって保険料を徴収できるからです。若い頃から保険に加入したほうがよいのには理由があるのです。

同じ保障内容の商品でも、30歳と50歳と70歳での加入時期によって、毎月の保険料は、たとえば、5,000円、9,300円、2万5,000円と違ってきます。

仮に平均寿命を85歳とすれば、加入期間別の生涯保険料は、それぞれ330万円、391万円、450万円となるわけですが、70歳で加入した場合には、たった15年しか保障されないのに対して、50歳（30歳）で加入した場合には、35年間（55年間）も保障されることになります。

また、年齢が若い頃のほうが、保険に加入しやすいということもあります。申込書類には、健康状態のリストが含まれているはずですが、何か問題があれば、加入を拒否されることになります。しかし、50歳（30歳）であれば、健康上の問題もなく、保険に加入できる可能性が高いはずです。このように、保険料が安く、加入資格があるうちに、保険に加入しておくことが大切です。

アメリカの資料では、介護保険料は、50歳加入では75歳よりも生涯の保険料が45％も少なくなる、というデータがあり、「この保険は若いうちに加入するべきです。そうすれば長期的にはたくさんお金を節約できるからです」と断言できますが、日本では、条件を一律に並べることがむずかしいことから、「若く加入するほど、絶対に総保険料が安くなる」とまでははっきりいえません。

▶ 長期介護保険を探す際のポイント

その1：毎月7万8,000円の給付金

この数字は、生命文化センターによる公的介護保険の自己負担分を含めた現在の介護の大雑把な試算費用です。多くの人はほかにも収入があるため、介護費用を100％カバーする保険を必要とはしていません。一人ひとりの状況に応じて、保険料との兼ね合いで給付金額を減らしていけばよいでしょ

う。

その2：給付期間が5年以上

　生命文化センターによると介護期間は平均で4年7カ月なので、5年以上が望ましいといえます。特に、日本では、「寝たきり状態」に対処する必要があるため、4年以上の介護期間が43％にも上ります。民間の介護保険では年金形式か一時金形式の給付となりますが、給付期間の長いものや、それに対応した一時金をもらえるものが好ましいわけです。

その3：待機期間

　民間の介護保険では、要介護状態になってから180日とか1年とかの待機期間があり、その後に保険金の支払いが開始されます。待機期間中は「自費で対処する」ということになりますが、65歳以上であれば、公的介護保険があり、自己負担1〜3割で高額介護サービス費という制度もあるものの100万円程度のキャッシュリザーブが最低限必要です（65歳未満も想定すれば、傷病手当金、高額療養費制度を使えるにしても、さらに100万円ほどのキャッシュリザーブが必要です）。

その4：インフレ対策

　介護費用は年月がたつにつれて増加するため、現在加入している保険の給付額が、将来の購買力を維持できるかどうか確認する必要があります。インフレ対策は、65歳以下の場合には必須事項ですし、65歳〜70歳の年齢層にも強くお勧めします。もちろん、対応できる契約がある場合に限ります。

その5：給付条件について十分に確認する

　民間の介護保険では、給付条件として公的介護保険の「要介護2以上」とか「要介護4以上」など公的介護保険の要介護度に連動している場合と、保険会社が独自に基準を定めている場合があります。そのため、介護条件にあわなければ給付されません。給付判定が単純な生命保険とは異なりますか

ら、十分に確認して承知して契約する必要があります。

その6：終身タイプと定期タイプ

　民間の介護保険には、一生涯保障が続く終身タイプと、10年ごとに更新が必要な定期タイプなどがあります。介護保険は、高齢になるほど給付の確率が上がりますから、できるだけ終身タイプを選びます。なお、終身タイプといっても、一時金形式で1回介護給付を受けてしまうと保障が終わってしまうタイプが多いので注意が必要です。また、保険料払込免除特約をつけていれば、保険料の支払は介護給付が始まるとなくなります。

　なお、保険料が安いからという理由だけで、長期介護保険を選んではいけません。というのも、保険料が安いほど、肝心なところで役に立たないおそれが大きいからです。

第75章

生命保険について

　生命保険のこととなると、きまって皆さんは、

・よくわからない

・好きじゃない

・しかし、入らないとまずい

とおっしゃいます。しかし、これは実に不思議なことです。現に、数千万人の人たちが加入しているのに、内容を理解している人が、ほとんどいないというのはどういうことでしょうか。また、ほとんどの契約者にとって、生命保険に関する唯一の情報源が保険を売っている人だということも、やはりおかしな話です。

　そこで、この章では、皆さんが生命保険に対してもっている疑問をすべて解決してしまおうと思います。ただし、拍手をしていただく必要はありません。というのも、生命保険という商品は、そもそも、あまり複雑なものではないからです。

　たとえば、一時払逓増終身保険、低解約返戻金型終身保険、無配当定期保険、低解約返戻金型逓増定期保険、無配当養老保険、変額終身保険などという名前を聞いたことがあるかもしれません。これらは、すべて生命保険である点は同じですが、ちょっとずつ商品性が異なるので、一般の消費者にとっては、判別の難易度が上がるというわけです。

▶ 生命保険証書の基本要素

　実際のところ、生命保険というのは非常に単純です。ほかのすべての保険

と同様に、生命保険は、皆さんと保険会社との間で行われる契約です。生命保険に加入するときには、一定の期間、一定の保険料を支払う約束を行い、その約束を守っていれば、保険会社は死亡保険金を支払う約束をしてくれます。

　たとえば、スティーブさん（非喫煙者、男性、35歳）は、健康状態が良好で、2,500万円の死亡保険に加入しました。万が一、スティーブさんが亡くなった場合でも、死亡保険金のおかげで、息子さんは大学進学に困ることはありません。この例で説明するならば、

・保険契約者はスティーブさんで、契約者として保険料を支払う義務があります。

・スティーブさんが保険会社へ支払うお金は、保険料と呼ばれます。

・スティーブさんは被保険者でもあります。彼が死亡したら、保険会社はお金を支払う義務があります。

・そのお金は、死亡保険金と呼ばれ、この例では2,500万円になります。

・そして、保険会社がこのお金を支払う相手は、保険受取人と呼ばれ、スティーブさんが選ぶことができます。

　ところで、保険会社のパンフレットをみると、いろいろな種類があるように思えますが、生命保険の契約は、たった2種類しかありません。それは、「定期」と「終身」です。

▶ 定期保険の特徴

　一時的な保障を得られる保険とは、通常、定期保険と呼ばれます。定期保険では、死亡保険金と保険料の2つに特徴があります。契約自体はまったく単純で、皆さんが亡くなったら、保険会社は保険金を支払うというものです。決められた期間だけを保障するということから、「定期」という名前がつけられています。

　ちなみに（損害保険に話がそれますが）自動車保険というのは、定期保険の典型です。自動車保険に加入するということは、1年以内に自動車事故にあう可能性に賭けているわけです。定期保険の役割も同じです。皆さんは、契

約期間の満了までにご自分が亡くなる可能性に賭けており、保険会社は、皆さんが亡くならない可能性に賭けているわけです。

　仮に、皆さんが生き続ける場合には、皆さんは保険期間が満了するたびにもう一度、契約を更新しなければなりません。そして、皆さんは、自分が賭けに勝つまで（ご自分が亡くなるまで）、この繰り返しをする必要があるということになります。

　一般には、契約を更新していくたびに、保険料は上がっていきます。というのも、歳をとるほど死亡する可能性が高くなるからです。定期保険の保険料は、若いときには安く、年をとると高くなります

▶ 定期保険の3つの種類

① 平準定期保険：5年、10年、15年、20年という具合に、1つの期間を定めて保険料を固定します。期間が終わり契約を更新すると、保険料は上昇します。平準とは契約時の死亡保険金額が契約満了時まで変動しないという意味です。一生涯に近いような長期間のものは長期平準定期保険といわれることもあります。

② 逓減定期保険：毎年、死亡する可能性が高くなることから、更新型の平準定期保険では、更新のつど保険料が上がっていきますが、このタイプでは、かわりに、死亡保険金の金額が減っていき、保険料は一定のままです。

③ 逓増定期保険：逓減定期保険の反対のケースで、保険料を一定としながらも、毎年、死亡保険金額が上昇していくタイプです。

　以上、定期保険の基本は、平準定期保険であって、逓減定期保険や逓増定期保険は、どちらかといえば特殊な用途に用います。

　生命保険会社では、将来の保険金の支払に備えて、保険料の一部を積み立てて運用しています。これを責任準備金といいますが、保険契約を途中解約した際にこの責任準備金から取り出せるのが、解約返戻金です。後述する終身保険

ほどではないものの、定期保険でも、満期以前には解約返戻金が存在します（無解約返戻金型といって、保険料を低くするかわりに解約返戻金をゼロとする定期保険もあります）。なお、逓増定期保険では、契約してからしばらくすると、一時的に、支払った保険料100％に相当する解約返戻金がたまります。この解約返戻金のピーク時期を利用して、会社役員の退職金に充てることがよく行われています。この保険では、多くの場合、保険料の2分の1を会社経費（損金）として計上できるため、会社の利益を圧縮して節税できる一方で、保険の解約返戻金は資産としてふくれあがります。そして、この解約益に対して、役員の退職金という費用をぶつけられれば、再度、節税になるだけでなく、しっかりと退職金の準備もできます。しかも、在籍中には、死亡保障ができるので、万が一の場合にも備えられるというものです。

（注）　税法は大きく変わるため上記の節税法が今後も利用できるかは不明。

▶ 団体信用生命保険について

　団体信用生命保険は、住宅ローンを提供する金融機関や住宅金融支援機構から住宅の購入者に対して販売されますが、営業担当者は以下のようなメリットを強調してきます。

　団体信用生命保険ついては、第57章で説明しました。これは「団体保険」であるため、年齢にかかわらず、保険料が均一ですから、裏を返せば、死亡確率の高い高齢者の保険料を、死亡確率が低い若者が余分に負担しているかたちになり、加入年齢が低いほど、条件が悪くなります。また、一般の生命保険と違って、団信の場合には、生命保険料控除が効きません。

　ケビンさんとハリエットさんは、念願のマイホームを購入しました。ハリエットさんは専業主婦として子育てに専念するため、この一家では、ケビンさんの収入だけが頼りです。この状況で、万が一、ケビンさんが亡くなった場合には、ハリエットさんと子どもは、住宅ローンが払えずに、家を失うこ

とになります。

　そこで、金融機関からは、団体信用生命保険が紹介されました。団体信用生命保険では、毎年の保険料は安く、決して上昇することはありません。そして、死亡保険金は未払いの住宅ローン残高と同じになります。この保険に加入すれば、万が一、ケビンさんが死亡した場合には、ハリエットさんは直ちに家のローンを完済することになります。

　これは、素晴らしいアイデアのように聞こえますが、実はとてもわかりにくい部分もあります。この保険では、何となく住宅に保険をかけているような気がしますが、実際には、ケビンさんは、住宅に関して保険に加入しているのではなく、自分の生命に関して保険をかけているからです。

　要するに、単なる生命保険であっても別のものに錯覚させやすいのです。そして、その点はさほど悪くないとしても、団体信用生命保険には、さらに2つの問題点があります。

① 何十年もかけて、ケビンさんが住宅ローンを返済するにつれ、住宅ローン残高は減っていきますが、それと同時に、保険金の金額も減っていきます。その一方で、子どもが大きくなるなどして生活コストが上昇していきます。

② ケビンさんが死亡した場合、保険会社は、直接、住宅ローン会社へ保険金を振り込みます。ハリエットさんは、住宅ローンを完済すること以上に、もっと差し迫ったことにお金を利用したいのに（たとえば、生活費や教育費はいますぐに必要になります）、お金を目にする機会すらありません。

　万が一、一家の大黒柱が亡くなった場合に、家がなくなることを心配するならば、普通の生命保険に加入すればよいのです。そちらのほうが、死亡保険は家族に支払われるため、優先順位に従って使途を決められるからです。

　ほとんどの金融機関では住宅ローンを申し込むと団信加入が必須ですが、一部の金融機関やフラット35では団信加入は任意ですから、その際には、自分で生命保険に加入しておきましょう。なお、全国信用保証協会連合会の団信は、

被保険者が満75歳となった月の属する弁済責任期間の末日までの保障なので（住宅金融支援機構の団信は満80歳の誕生日の属する月の末日まで）、仮に、団信に加入していても、別の生命保険に加入する必要があるかもしれません。

▶ 終身保険の特徴

　生命保険のもう1つのタイプとは終身保険です。これらの違いについては、後ほど説明しますが、初めに、スティーブさんの例を使って、平準払終身保険について説明します。

　たとえば、スティーブさんが、35歳で定期保険への加入を検討している場合、年間保険料は3万円程度と安くなります。というのも、年齢と健康状態からいって、スティーブさんが1年以内に死亡する可能性が低いからです。しかし、年齢が増すにつれて、死亡する可能性が高くなるため、保険料も上がります。スティーブさんが70歳になる頃には、年間保険料は50万円以上になっているはずです。

　このように、定期保険では、契約期間を更新するたびに、年間保険料が高くなりますが、この点に関しては、（平準払）終身保険が解決してくれます。つまり、一生涯死亡保障が受けられますし、なおかつ、たとえば、契約当初の年間30万円の保険料が払込期間満了まで続く、というタイプの保険です。

　終身保険では、定期保険と異なり、一生涯の保障を提供してくれます。ただし、保険料については、たとえば、年間30万円が必要になります。それでは、なぜ、たった3万円ではなく、30万円もの保険料を支払う必要があるのでしょうか？

　ちょうど、リスが冬に備えてドングリを蓄えるように、保険会社では、余分の保険料（1年目でいえば27万円）を、責任準備金（保険料積立金）として蓄積口座（一般勘定と呼ばれる）に保管して、そこで金利を稼いでいるからです。

　図表XI－5が示すように、最初の22年間では、スティーブさんが支払う保険料は、実際の保障コストよりも高くなります。若い時点では、死亡する可

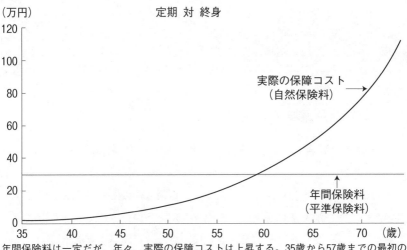

図表XI-5　保障コスト

（万円）　　　　　　　　　定 期 対 終 身

実際の保障コスト
（自然保険料）

年間保険料
（平準保険料）

年間保険料は一定だが、年々、実際の保障コストは上昇する。35歳から57歳までの最初の22年間は、割安保障コスト＋過剰保険料なので運用が必要になる

能性は低いのに、毎月の保険料は一定なので、後半の実際の保障コスト分を先払いするかたちで、保険料を余分に支払っているからです。

　一方で、それ以降は、年齢が上がって死亡する可能性が高くなるため、毎月の保険料よりも、実際の保障コストのほうが高くなります。その時点では、保険会社は、蓄積口座（一般勘定）からお金を取り出して、スティーブさんの毎月の支払保険料と実際の保障コストの不足分を穴埋めしていきます。

　以上のように、終身保険には、①死亡保障、②保障コスト、③蓄積口座内のキャッシュバリュー（解約返戻金）という３つの特徴があります。①と②は定期保険と同じですが、③は終身保険に特有であり、非常に重要です。

　ただし、蓄積口座のキャッシュバリューは、生命保険契約にみられる「すべての雲隠れ」の温床になっていることも事実です（p807のコラム参照）。この点に関して、アメリカにおける終身保険の歴史を簡単に振り返りながら、説明していきます。

> 一般的には、終身保険では、キャッシュバリューがたまりやすい一方で、定期保険は、キャッシュバリューがたまりにくく、満期にはゼロになるので、「掛け捨て」などと呼ばれるわけです。

▶ 平準払終身保険（whole Life）

終身保険の場合には、「保険料」「死亡保険金」「将来のキャッシュバリュー」「キャッシュバリューを実現するための金利」のすべてが、あらかじめ決まっています。保険会社としては、約束したことは守らなければならないため、やや消極的に必要最低限のレベルで条件を定めていきます。

そのため、保険会社としては、終身保険では、保険料を高めに設定し、リターン率も低く設定します。一方で、投資信託やETFのような商品では、年率を約束する必要がないため、もっと高いレートを生み出す可能性があります。

▶ 定期を買って、残りは投資せよ？

つまり、終身保険では、当面利用しない貯蓄保険料を、できるだけ責任を負わないかたちで、最低限水準の投資リターン（長期国債の利回りや預金金利程度）を設定して運用します。こうした消極的な運用方針をとりあげて、「定期を買って、残りは投資せよ」というアドバイスが、アメリカの保険関係者の間で流行しました。というのも、スティーブさんは、３万円しか保障に回っていない保険に対して、30万円を支払っており、余分の27万円は、非常に低い金利で、保険会社の一般勘定に眠っているからです。

したがって、スティーブさんは、３万円で保障をしてくれる定期保険を購入して、浮いた27万円は投資信託やETFに回すべきであり、将来、定期保険の保険料が上昇した際には、投資信託の利益を充てればよいという考え方です。

これは、とても的を射た意見です。1970年代のアメリカでは、多くの人が

終身保険を解約して、投資信託へ乗り換えてしまい、保険会社に衝撃を与えました。そこで、1977年に保険会社では、新しいタイプの終身保険を発売しました。それが、ユニバーサル保険です。

　2008年にアメリカで販売された生命保険の43%は定期保険なのですが、保険金が支払われたのは１％未満にとどまります。理由としては、定期保険の新規加入者には若者が多く、若くして亡くなるケースは少ないからです。要するに、同じ死亡保険金額であれば、終身保険よりも定期保険のほうがはるかに保険料が安いため、お金のない若いころに「定期を買って残りは投資せよ」というさっきのアドバイスを信じて定期保険を選び、保険料を払い続けられるまで払い、高額となって本当に保険が必要になった頃には、高くなった保険料を払えずに、保険を解約せざるをえなくなっているからです。こうした事情から、アメリカでは、保険業界全体で、定期保険の販売に力を入れています。契約者が亡くなる前に、保険を解約してくれれば、保険料は丸儲けとなるからです。

▶ ユニバーサル保険 （universal life）

　アメリカにおける終身保険の主力商品であるユニバーサル保険では、一般的な（平準型）終身保険と同様に、金利保証がありますが、保険会社が高いレートで運用できれば、スティーブさんはもっと高い金利を手にすることができます。

　つまり、保険会社が９％で運用できれば、スティーブさんも９％を手にすることができますが、万が一、保険会社が２％でしか運用できず、損を出したような場合でも、スティーブさんは、最低保証の４％の金利は手にできる、というような仕組みです。

　付言すれば、最低保証の４％以上の運用ができた場合、保険会社は、将来のキャッシュバリューを十分に確保したと判断して、保険料積立金に余力が生じた分だけ、途中で解約した場合に戻ってくるお金（解約返戻金）が増えます。

○利率変動型積立終身保険（アカウント型）

　日本において、アメリカのユニバーサル保険を参考にして開発された商品が、利率変動型積立終身保険（アカウント型）です。資金を積み立てる機能をもつ保険（主契約）と、死亡保障や医療保障などの保障機能をもつ保険（特約）を自由に組み合わせることができる商品です。

　適用される予定利率は市場の金利動向に応じて一定期間ごとに見直されて変動します。保険料を変えずに保障内容を変更することができます。保険料は、積立部分（アカウント）と保障部分の保険料から成り立っており、保障を減らしてその分の保険料を積立部分に配分することも、保障を増やして積立部分への保険料を減らすこともできます。積立金がある程度蓄積されていれば、保障内容を変えずに、払い込む保険料の金額を減らしたり、保険料の払込みを中止したりすることもでき、この場合、積立金を取り崩して保障部分の保険料に充当することになります。

○積立利率変動型終身保険

　上記のアカウント型とまぎらわしい名称の保険に、積立利率変動型終身保険があります。

　市場金利から定期的に積立利率を見直し、保険金や解約返戻金が変動する終身保険です。積立利率が下がることもありますが、最低保証があります。2016年初では最低保証は1.2%程度でしたが、2018年初では0.5%程度となり、2020年現在は新規募集している円建ての商品はありません。

　普通の（平準型）終身保険と比較した場合、同じ保障内容であれば、積立利率変動型終身保険では、保険料が高くなり、なおかつ、最低保証で運用した場合には、払込保険料に対する解約返戻率は下回りますから、運用パフォーマンスが優れなければ、積立利率変動型終身保険は、割高な商品となります。

　こうした欠点を補うため、積立利率変動型終身保険に対して、低解約返戻金という特則がついている場合もあります。この場合、運用次第では、解約返戻金は大きく増える可能性がありますし、最低保証もついていますが、保険料払込満了までは、解約返戻金は、（平準型）終身保険の7割程度にしかならないかわりに保険料を安く抑え、保険料払込満了後に、解約返戻率が高くなります。

　ただし、低解約返戻金特則付きの積立利率変動型終身保険では、何かの理由で、保険料払込満了以前に、中途解約をしてしまうと、かなり解約返戻率が低

くなるという欠点がありますから、十分注意が必要です。

アメリカの利率変動型終身保険では、運用パフォーマンスが非常に良ければ、保険料を引き下げることができます。反対に、パフォーマンスが悪化した場合、最低保証を実現するために、保険料を引き上げることもあります。一方で、日本では、契約時の保険料は一定なので、運用成果は、保険料の支払ではなく、解約返戻金に反映されます。換言すれば、保険料の変更があるとすれば、保険会社が破綻する可能性がある場合に限られます。

▶ 変額終身保険（variable life）

変額終身保険は、保証された基本保険金を確保する以上の、保険料の過剰分は投資信託で運用されることになります（一般勘定とは別の特別勘定で運用される）。運用が好調であれば、解約返戻金額が大きく増える可能性がありますし、基本保険金だけでなく、変動保険金がもらえます。逆に、運用がうまくいかなければ、解約返戻金には、最低保証がなく損失分等を減額され、保険金についても、基本保険金のみの支払となります。

運用実績とは関係なく保険会社が一定の給付を補償する保険の資産を管理・運用する勘定を一般勘定といいます。これに対して運用実績に応じて変動する保険の資産を管理・運用する勘定を特別勘定といいます。

上記の短所に注目するために、筆者は変額終身保険があまり好きではありませんが、これは個人的な見解です。変額終身保険は、運用次第で解約返戻金が増え、保険金も大きくなる可能性があるため、結果的には、通常の終身保険よりも、同じ保険金額を受け取る際に保険料が安くなるかもしれないからです。

ただし、欠点として強調したいのは、「儲かる可能性がある」ことが、「終身保険に加入する理由」として、筆頭にくるものではないということです。保険に加入するいちばんの目的は、金銭的な損失に備えるためであって、儲けることではないのです。さらに、単に、儲けたいというのであれば、変額終身保険ではなく、投資信託やETFを購入することだってよいわけです。そうした意味では、変額終身保険でなければ絶対に駄目だという理屈も、なかなか見当たらないというのが正直なところです。

> 　生命保険会社は、一般勘定や特別勘定にある資金を運用するため、機関投資家と呼ばれる運用担当者がいます。運用担当者が自ら運用している場合もあれば、他の運用会社の投資信託を買い集めて運用していることもあります。そこで利用される投資信託は、「機関投資家用」として、特別に手数料や信託報酬が低いものであり、「個人投資家用」のファンドとは異なります。ただし、コスト面で優遇されていても、運用対象の株式市場が下がれば、運用成績は落ちます。詳しくは、Part Vに説明しています。

▶ 終身生命保険の比較の仕方

　終身保険では、死亡保険金、保険料、積立口座の金利、という3つの変数があります。ある終身保険とほかのものを比べる際には、3つのなかで、2つは同じである点を確認します。そこで、選択のポイントは、3つ目ということになりますが、どこの部分を重視するかによって、どの商品を選ぶべきかが決まってきます。たとえば、死亡保険金額を大きくするのか？　保険料が安いものがよいのか？　資産価値はいつピークを迎えるのか？　といった点です。

　どの変数が大切であるかは、被保険者のニーズによって異なりますが、いずれにせよ、金利（予定利率）が現実的な設定になっていることが重要です。きちんと運用金利をチェックして、国債利回り等と比べながら、現実離

れした「予定利率」になっていないかを確認します。

　アメリカでは終身保険をwhole life、universal life、variable lifeの３つに大きく分類します。本文で説明したように、終身保険の基本は、whole lifeでしたが、「保険料」「死亡保険金」「将来のキャッシュバリュー」「キャッシュバリューを実現するための金利」が事前に決まっていたため、運用商品とみた場合、「キャッシュバリューを実現するための金利」に魅力がないため、1970年代には、「定期保険を買って、残りは運用する」というやりかたが、マネー専門家によって提唱されました。

　そのため、1977年にアメリカの保険会社では、第２弾として、universal lifeの販売を開始しました。同じ加入年齢で、保険金額で比べた場合、universal lifeでは、whole lifeの場合よりも、最低保証利率は低く、解約返戻率も低いものの、運用がうまくいけば、解約返戻率が高くなるように商品開発されました。そして、universal lifeを超えたかたちで、「保証利率」をなしにして運用成果を100%享受しようと商品開発されたのがvariable lifeです。

　アメリカの終身保険では、whole life→universal life→variable lifeという商品開発の流れが生まれた１つの理由は、1970年代の２回のオイルショックを経て「金利が20%」と急上昇していったことや、「株が死んだ」といわれた1970年代が終わって、1980年代からは運用がうまくいき始めた投資環境が影響しています。

　いわば、終身保険の４つの条件の「保険料」「死亡保険金」以外の運用面に変更を加えるかたちで、新たな終身保険が導入されてきましたが、こうした商品開発の歴史に沿って、アメリカでは、終身保険の分類をすることが多いのです。

　一方で、日本の保険商品の歴史としては、後述の養老保険が圧倒的であり、1975年時点で世帯加入率は９割を超えていました。1980年代に入ると終身保険の関心も高まりますが、一時払養老保険のように高利回り商品に関心が高かったため、「財テクの一環」として1986年から変額保険の販売が始まります。

　ところが、1990年代のバブル崩壊によって、平準型終身保険では予定利率が引き下げられ、変額終身保険は廃れてしまいました。2000年代にはこれにかわって株安・低金利の状況を背景に、「いまが最悪だけど、マーケットが良くなれば、解約返戻率が上がる」ことをセールストークにした積立利率変動型終身保険が人気となり、さらに、「保険料払込期間中の解約返戻金は少なくする

分、保険料を割安にできる。保険料払込後には解約返戻率は上がる」といううたい文句で、低解約返戻金型の積立利率変動型終身保険が導入されたのです。

　ちなみに、低解約返戻金型の利率型変動終身保険とは、終身保険でありながら、解約返戻金を少なくする分、保険料を割安にする商品ですが、逆に、定期保険のなかでも、保険期間を長くして、解約返戻金を利用できる逓増定期保険のような商品も「終身保険に近いもの」として利用されています。

▶ 7.5%が7.5%ではない理由とは

　図表XI－6では、アメリカにおける年間保険料が16万9,800円、死亡保障が2,500万円のユバーサル保険の例を示しています。この保険の設計によれば、スティーブさんは、25年間で、総額424万5,000円の保険料を支払いますが、積立口座は924万3,800円になっています。そこで、保険のセールスマンは、「25年後に保険を解約した場合、保険料が2倍になって戻ってきますよ」と勧誘してくるはずです。

　ただし、この話には注意点があります。この保険では、予定利率を年7.5%としていますが、この保険が販売された1980年当時でいえば、アメリカの金利は15%でしたので、この程度の運用成果は、長期国債を利用しただけで可能だったわけです（日本でも、1990年代の初めには、5%から6%の商品がありました）。

　問題なのは、年間16万9,800円の保険料を、年7.5%で、25年間運用した場合、本来ならば、1,241万3,100円になるはずですが、実際には、924万3,800円でしかなく、残りの316万9,300円は、どこへ行ってしまったのかということです。

　このカラクリを解くのは簡単です。「保険料合計」が毎年7.5%で運用されているのではなく、「保険料合計－死亡保険料－保険会社経費」が毎年7.5%で運用されており、リターンでみればたったの5.95%だというわけです。当時のアメリカの投資効率としては、決して良いわけではありません。

図表XI-6　保険セールスの勧誘手口（終身保険の１つの例）

年数	年齢 （歳）	年間保険料 （円）	合計保険料 （円）	キャッシュ バリュー（円）	死亡保険金 （円）
1	36	16万9,800	16万9,800	0	2,500万
2	37	16万9,800	33万9,600	0	2,500万
3	38	16万9,800	50万9,400	4,500	2,500万
4	39	16万9,800	67万9,200	16万8,000	2,500万
5	40	16万9,800	84万9,000	34万400	2,500万
6	41	16万9,800	101万8,800	52万3,600	2,500万
7	42	16万9,800	118万8,600	71万6,400	2,500万
8	43	16万9,800	135万8,400	91万9,100	2,500万
9	44	16万9,800	152万8,200	126万8,100	2,500万
10	45	16万9,800	169万8,000	186万3,800	2,500万
11	46	16万9,800	186万7,800	210万1,400	2,500万
12	47	16万9,800	203万7,600	235万600	2,500万
13	48	16万9,800	220万7,400	261万2,400	2,500万
14	49	16万9,800	237万7,200	288万7,100	2,500万
15	50	16万9,800	254万7,000	351万1,160	2,500万
16	51	16万9,800	271万6,800	384万2,700	2,500万
17	52	16万9,800	288万6,600	419万	2,500万
18	53	16万9,800	305万6,400	455万3,700	2,500万
19	54	16万9,800	322万6,200	493万5,500	2,500万
20	55	16万9,800	339万6,000	588万1,200	2,500万
21	56	16万9,800	356万5,800	634万5,300	2,500万
22	57	16万9,800	373万5,600	673万9,400	2,500万
23	58	16万9,800	390万5,400	736万5,100	2,500万
24	59	16万9,800	407万5,200	793万600	2,500万
25	60	16万9,800	424万5,000	924万3,800	2,500万

　以上から、終身保険では、死亡保険金、保険料、蓄積口座の金利のほかに、4つ目の要因があることがわかります。それは、保険会社の事業経費です。「保険料総額－（死亡保険＋事業経費）」×「蓄積口座の金利」という計算式からも明らかです。たとえば、キャッシュバリューに対する金利を、ABC保険会社では5％、DEF保険会社では6％で保証する場合、DEF社のほうが20年

後のキャッシュバリューが高いとは言い切れません。仮に、DEF社の事業経費が大きい場合には、20年後には、ABC社のキャッシュバリューのほうが大きくなる可能性があるからです。

▶ 保険は、保険会社のために加入するわけではない

　このような理由から、「保険は、投資目的ではなく、保障目的で加入するべきである」ということができます。儲けてやろうと思って、保険に加入してはいけません。あくまでも、将来起こるかもしれないなんらかの損失に備えて加入すべきものなのです。ただし、そこから話を飛躍させて、「定期保険に加入して、残りは投資しろ」とか、「変額終身ではなく、平準型終身にしなさい」などというつもりもありません。

　私がいいたいのは、終身保険に加入する際には、必要以上に大きなお金を入れるのではなく、保険料積立金がきちんと成長して、その保険の保障が一生涯きちんと継続する程度に、保険料を支払えばよいということだけです。というのも、

・25年目に、スティーブさんが死亡する場合、保険会社が支払うのは、死亡保険金の2,500万円であって、死亡保険金と解約返戻金を合計した3,424万3,800円（＝2,500万円＋924万3,800円）ではありません。つまり、遺族にとっては、保険料積立金は意味がなくなってしまいます（ここでは平準型終身保険を例にとっています。変額終身保険では意味があります）。

　終身保険の払込方法には、終身払い、有期払い、一時払いの３つがあります。図表XI−６は終身払いであり、毎月、一生、保険料を支払い続けるものです。有期払いとは60歳までというように払込期間が決まっており、一時払いでは一度にすべての保険料を支払います。
　終身保険では、保険料の払込が満了していると、解約返戻金は払い込んだ保険料よりも大きくなるのが一般的です。終身保険に貯蓄機能があるという場合、一時払いや有期払いで払込満了後に解約返戻金を受け取るやりかたをいい

ます。

　一生涯を保障されるとはいうものの、保険料の割には、保険金額は小さい終
身保険ですが、支払った保険料分以上が解約返戻金として受け取れるという商
品性が貯蓄代わりの商品とみなされるゆえんです（ただし、払い込んだ保険料
の多くが保障に充てられるため、払込後であっても解約返戻金が死亡保険金額
を上回ることはありません）。

　終身保険では、保険料の払込が満了しているか否かで解約返戻金の返戻率が
違ってきます。保険料払込期間中に解約すると、解約返戻金が保険料合計額を
大きく下回る時期があります。

　なお、低解約返戻金型終身保険というタイプも販売されていますが、低解約
返戻金型終身保険では、保険料払込期間の返戻率が通常の終身保険の70％と低
く設定されており、保険料払込満了後に通常の終身保険と同じ返戻率に戻りま
す。特に、保険料払込期間中の解約は不利になりますのでご注意ください。

・25年以内に、スティーブさんが死亡しない場合、仮に、スティーブさんが
　924万3,800円からお金を借りるとすれば、毎年の返済額（8％の金利の場
　合）は、70万円以上になりますが、この金利分も保険金から差し引かれま
　す。つまり、スティーブさんが死亡した場合の保険金は、2,500万円では
　なく、借りたお金を差し引いた1,575万6,200円（＝2,500万円－924万3,800
　円）になるのです。しかも、そもそも"自分の解約返戻金"の一部を引き
　出して借りていただけなのに、遺族は、"借りていたお金"の金利分を請
　求されることになるのです。

　つまり、スティーブさんは924万3,800円を「儲けた」わけではなく、遺族
からその一部を抜き取っているだけです。そして、その行為は、「家族を守
る」という当初の保険加入理由を無にしてしまいます。解約返戻金を大きく
することで、自分は損をする一方、保険会社ばかりが儲かるようなやりかた
は、決してとるべきではありません。

　死亡保険金2,500万円では、スティーブさんの生前の給料分を穴埋めするに

すぎません。それでは、家族が儲かるためには10億円の死亡保険金を掛ければよいと考えるかもしれませんが、その保険を引き受けてくれる保険会社はどこにもありません。これは、モラルリスクといって、申込みの動機や経路に不審があるか、契約者や被保険者の収入、地位、年齢などに比べて保険金が過大でないかという点は、契約の際にチェックされるからです。この場合でいえば、スティーブさんが亡くなった場合、だれかに対して10億円の損失を生み出すことはありませんから、何か不正動機による加入を疑われます。仮に、犯罪に利用されれば、善良な一般契約者よりも、死亡する確率が高く、保険が健全に運営されなくなるからです。

▶ 養老保険について

「生命保険といえば、定期保険と終身保険の2つを想定すればよい」というのは、アメリカのお話です。日本では、これら2つに加えて、養老保険というタイプがあります。養老保険とは、契約期間が決まっているため、定期保険の一種ともいえますが、契約期間中に死亡した場合に、死亡保険金が支払われるだけでなく、契約期間を超えて生存した場合、死亡保険金と同額の満期保険金が受け取れる、というおまけがついている生命保険です。

つまり、養老保険とは、死亡保険と生存保険の両方を兼ね備えた生死混合保険であるため、定期保険の死亡保険金に加えて、満期保険金を準備するために、定期保険や終身保険に比べて、保険料がかなり高くなります。なお、養老保険の満期保険金は、終身保険のキャッシュバリューと同様に、蓄積口座のなかで運用が行われます。

日本で生命保険の三大柱に、養老保険も加える理由は、契約率の高さにあります。明治時代にわが国に保険が誕生した当初は、終身保険が主流でしたが、大正末期から1940年頃には、保険契約の9割を養老保険が占めるようになり、終身保険は1割にも満たない状況となります。特に、1916年に誕生した郵便局の簡易生命保険は、国が保証してくれる養老保険であったため、国内で最大の販売量を誇っていました。

養老保険とは、契約していれば、満期時には、払った保険料が返ってく

る、すなわち「損をしない」という感覚が、日本で大人気を博しました。こうした感覚が伝統となり、満期時になっても、お金が戻ってこない掛け捨ての定期保険を敬遠する考え方が、いまもなお続いているわけです。

　戦後の1955年頃からは、単体の養老保険にかわって一定期間だけ定期保険を特約でつけた定期付養老保険が主流となり、この定期保険特約についてもだんだんと保障を厚くする傾向になりました。

　その後、日本人の寿命が延びるに従って、1980年代には、決まった期間を保障するだけの定期付養老保険から、一生涯を保障する定期付終身保険に主力商品がシフトします。また、海外からもさまざまな商品が導入され、本章の冒頭であげた一時払逓増終身保険、低解約返戻金型終身保険、無配当定期保険、低解約返戻金型逓増定期保険、無配当養老保険、変額終身保険などが販売されていきますが、その歴史的背景もあって、養老保険は、特に高齢者になじみ深い商品であるといえます。

▶ バブル崩壊で低迷した養老保険

　養老保険では、払込保険料が死亡保険料＋貯蓄保険料＋付加保険料（保険会社経費）の3つに分けられる点は、終身保険と同じですが、満期保険金の準備をしておく必要があるため、上乗せ部分に当たる貯蓄保険料部分（終身保険では、蓄積口座内のキャッシュバリューと呼んだもの）が大きくふくらむのが特徴です。

　そして、貯蓄保険料を運用する利率は、正式には予定利率と呼ばれ、金融庁が国債利回りをもとに定める指標（標準利率）を参考にして、各保険会社で決められています。そのため、市場金利が高い時期に、保険会社の判断ミスにより、比較的高い予定利回りで設定された養老保険や終身保険を販売してしまうと、保険会社の経営にマイナスの影響を与える可能性が生じます。

　現に、1970年代末から1980年代初めのアメリカでは、当時の高金利にあわせて15％もの予定利率を設定した終身保険を販売した保険会社がありましたし、日本でも1990年代前半には、5.5％の予定利率を設定した終身保険や養老保険を販売した保険会社がありました。

しかし、バブルが崩壊して、超低金利時代に突入した日本では、過去に約束した高い予定利率に基づく満期保険金をまかなえるだけの運用利回りを上げることができなくなり、逆鞘等による経営悪化で1977年から2001年までの4年間に7つの保険会社が破綻することになりました。

　そして、破綻した保険会社の契約者たちは、保険契約がなくなることはありませんが、貯蓄性の高い商品ほど、解約返戻金や満期保険金が削減されることとなったのです。

　各社の予定利率のもとになるのは、前述のとおり10年国債の平均利回りを参考に金融庁が定める標準利率です。2017年にはマイナス金利の影響で0.25％まで、2020年には0％まで標準率が下がります。この結果、終身保険や養老保険の予定利率が維持できないで、貯蓄型の円建て保険の販売を一時停止したり、保険料の値上げを考える保険会社も出てきています。

　日本では、投資環境の変化により、貯蓄保険料の運用がうまくいってもいかなくても、終身保険も養老保険もともに、既契約の保険料は一定ですが、新規契約の保険では、予定利率が下がれば、保険料は上がります。

▶ 予定利率とは、割引率のこと

　ここで、あらためて、予定利率について説明すると、養老保険の予定利率は、被保険者のための満期金等の蓄えである、貯蓄保険料の計算式＝「払込保険料−死亡保険料−保険会社経費」の割引率となります。たとえば、総額1,000万円の保険料を支払っても、死亡保険料と保険会社経費が100万円かかれば、予定利率2％は、900万円に対して関係してくるだけです。

　この900万円に対して、仮に、10年満期とすれば、満期保険金は、1,080万円【＝900万円×（1＋0.02×10年）】となります。なお、保険の予定利率の場合は、複利ではなく、単利での計算になります。

　さて、上記の計算では、「貯蓄保険料」×「予定利率の10年分」として、将来の「満期保険金」を得ましたが、逆に、「満期保険金」÷「予定利率の10年分」とすれば、10年前の「貯蓄保険料」が計算できます。つまり、将来の「満期金」を「予定利率」で10年分割り引くと、現在の「貯蓄保険料」に

なるわけで、予定利率は、「満期保険金」から「貯蓄保険料」を逆算して求めるための割引率といわれるのです。

「貯蓄保険料」×「予定利率」＝「満期保険金」

と単純化すれば、たとえば1,000万円という一定の「満期保険金」を得るために、「予定利率」が下がれば、「保険料」を上げざるをえないのは当たり前ですし、900万円という「保険料」を前提とする場合、「予定利率」が下がれば、「満期保険金」も少なくなるのも当然です。

そして、日本銀行がマイナス金利政策をとることで、10年国債の利回りは下がり、それに連動するかたちで、予定利率も下がりますから、同じ保険金額に対して、保険会社は保険料を上げざるをえないので養老保険の魅力も低下して当然です。養老保険に限らず、10年満期の定期保険、終身保険といった予定利率により一般勘定で扱われる生命保険は、同じように保険料が上がる方向へ向かいます。

なお、上式は、「死亡保険料」と「保険会社経費」がわからなければ、正確に計算できませんが、これらについては、一般消費者には、なかなか情報が伝わってきません。また、他の投資商品と比較する場合には、もともとの単利を複利に計算し直して、年投資リターンによって行うべきです。

以上の点から、「予定利率1％は、銀行預金0.1％の10倍お得である」というように、予定利率と預金金利を表面的に比較するのは、大きな間違いであることを覚えておきましょう。

そして、繰り返しますが、保険は、投資目的や貯蓄目的ではなく、保障目的で加入すべきです。何か儲けてやろうと思って、保険に加入するのではなく、あくまで何かの損失に備えて加入するべきなのです。

養老保険については、第11章で扱った割引債の考え方と似ています。また、利回りの計算法については、第14章を参照してください。

▶ そのタイプの保険がいちばんだろうか？

　ほかの金融商品と同じように、どの保険が適しているかということは、一人ひとりの状況によって異なってきます。一般論でいえば、保障期間を長くしたいのならば、終身保険のほうが適してきます。

　そして、ほとんどの方の場合には、複数の保険が必要になります。たとえば、スティーブさんの場合には、万が一、自分が死亡した場合でも息子さんを大学へ進学させることだけではなく、息子さんが大学を卒業して独立した後も奥さんが家を失ったり生活に困ったりしないように、しっかりと保障することが必要になります。息子さんの進学費用のニーズはすぐになくなりますが、他方、奥さんの生活のニーズは続きます。

　したがって、スティーブさんの場合には、一方のニーズは定期保険で備え、他方のニーズは終身保険で備えます。このような理由から、結果的に、多くのお客さんが、定期保険に1つ、そして終身保険に1つ加入することになる（あるいは、定期付終身保険）のです。

　本書は、個人を対象にしています。法人の場合は、事業保障（代表者が死亡した際の死亡保険金を利用した借金の返済など）、退職金（逓増定期などの解約返戻金を利用しての費用平均化を考慮した役員等の退職金準備）、予備資金（解約返戻金を利用した緊急用品資金の確保）、事業継承と相続（代表者が亡くなった際の納税資金や自社株の確保）が関係しますから、生命保険に対する考え方が異なります。なお、保険金支払に関しても、個人の場合は、死亡が確認できれば、すみやかに受取人に対して支払われる一方で、法人の場合には、被保険者の社長が亡くなった際、次の代表者が決まるまで（あるいは登記されるまで）、保険金が支払われないことが多いので、契約時に、保険会社に確認しておく必要があります。

▶ 保険が必要でない人はだれか?

　子どもに保険をかけることほど、無駄なことはありません。子どもを失うということは最悪の悲劇です。しかしその一方で、子どもたちは、中学校を卒業するまでは働けませんし、9割以上の子どもは高校へ進学しますから、子どもの死は親の金銭的な損失にはつながりません。ですから、保険で備えるべき問題ではありません。

　それなのに、子どもが生まれて数週間もすると、保険の営業のチラシがポストに入っていたり、電話がかかってきます。その際、いきなり子どもの将来に備えて貯金をすることや、お子さんが健康なうちに保険に加入することを勧めてきたりすることも少なくありません。

　こども保険とは、親が契約者、子どもを被保険者とするもので、満期時までに子どもが死亡した場合には払込相当額の死亡保険金が支払われ、満期時まで子どもが生きていた場合には満期保険金が支払われる、という商品です。一種の養老保険と考えられますが、保険期間中に、契約者である親が死亡した場合には、以後の保険料は免除されて、満期時に満期保険金が支払われる、という特徴があります。

　こども保険は非常に人気があり、子どもがいる世帯の半数は、子どもが生まれた時点でこども保険に加入していますし、子どものいる世帯の5割弱が加入していますが、そもそも子どもを被保険者として、死亡保険に加入する必要はありません。

　もちろん、こども保険に加入する目的は、早い時期から学費を準備するということでしょう。しかし、運用面をみれば、予定利率が大きく下がっている現在、満期金の返戻率は良い結果を期待できるわけもなく、実際に100%を割っている商品もあります。そもそも保険料がすべて運用に回るわけでない点は、養老保険の項で説明したとおりです。

　加えて、第51章で説明したように、子どもの学費(特に大学費用)は、インフレ率をはるかに上回る速度で上昇しており、とてもこども保険の運用で対処できる金額ではなくなっています。予定利率5.5%という時代は30年近

くも前の話であり、環境は大きく変わっているのです。

2015年にゼロ歳でこども保険に加入した場合、18歳で満期金を受け取れば、その運用利回りは、月払いで0.2%、全期全納でも0.4%にすぎないものが多いのです。この点を危惧しているからこそ、政府は、祖父母による教育資金の一括贈与を認め、非課税口座のジュニアNISAをスタートさせるなど、矢継ぎ早に諸々の制度を創設しているともいえます。

したがって、お子さんの保険加入を勧める営業担当がいたならば、皆さんのお子さんのためを思ってなのか、それとも、営業担当者自身のためなのか、よく考えてみることが大切です。

第29章の「投資資金を貯める３つの方法」の１つ目は、毎月決まった額を、「最初に自分自身へ支払ってしまう」というやりかたでした。そして、多くの日本の勤労者が、給料が出るのと同時に、毎月決まった金額を、最初に自分自身の養老保険料として支払ってしまい、「貯蓄」してきたといえます。要するに、給料が振り込まれてから、銀行口座に置いておくと、つい、無駄遣いしてしまうため、「別扱いの保管場所」として使っていたわけです。ちょうどオーナー社長が、保険料の積立というかたちで、保険会社のなかに簿外資産をもっていて、いざというときのために利用するのと同じで、「へそくり感覚」であったわけです。しかし、同じことは、証券会社や銀行に依頼すれば、毎月の投資信託の積立資金を自動引落ししてくれます。予定利率が０％の時代ですから、「最初に自分自身へ支払ってしまう」場合も、養老保険以外の選択肢も視野に入れるべきなのです。

▶ すでに生命保険に加入している場合の５つの問題点

１つ目は、保険に加入しすぎている問題です。20年前に加入した際には、それなりの保障ニーズがあったものの、いまとなってはいくつかの保障は必要なくなっており、結果的に加入しすぎている可能性があります。

２つ目は、間違った種類の保険に加入している問題です。仮にグループ保

険に加入している場合、保険は職場にひもづけられています。転職時にポータビリティが効かない保険は問題となります。

3つ目は、保険料を支払いすぎている問題です。40年以上も前に保険に加入している場合、昔の平均余命によって、60代での死亡を念頭に料率計算されている可能性があります。現在では、80代までの寿命を念頭に計算していますから、当時と比べて保険料が安くなっています。したがって、新しい保険に乗換えすれば、保険料を節約することができる可能性があります。

4つ目は、多すぎる種類の保険に加入している問題です。2,000万円保障の保険に1つ加入するほうが、1,000万円保障の保険に2つ加入するよりも、保険料は安くなります。というのも、一つひとつの保険には、保険料とは関係なく、一定の経費コストがかかりますが、2つの保険に加入すれば、こうしたコストが2倍かかってくるからです。つまり、いくつかの保険会社でたくさんの種類の保険に加入しているならば、種類を絞って加入し直せば、保険料を節約できるということになります。

5つ目は、加入している保険が、インフレ等に浸食されている問題です。仮に20年前に保険に加入している場合、現在必要としているだけの死亡保障ニーズを充足できていない可能性がありますから、保険を追加する必要があるかもしれません。日本では、デフレが続きましたが、たとえば前述したようにこども保険は、大学費用の上昇に対して、まるでマッチしていません。

　イーデルマン・フィナンシャル・エンジンズ社では、必要がなくなれば生命保険を解約したほうがよいですよとアドバイスすることもあります。お子さんが大学を卒業したら、住宅ローンを完済したら、定年退職を迎えたら、皆さんが亡くなったところで、以前ほどには家族の金銭的な損失とならないかもしれません。そうであるならば、生命保険など解約してしまい、ご自分のためのお金を蓄えたほうがよいということです。

▶ 生命保険の加入に関する誤解の例

　生命保険というのは、だれかが死亡した際に、遺族の生活を支える役割を果たします。ここから、「自分が死亡した場合に、死亡保険金が支払われるのが、生命保険である」と考えて、「私は1億円の保険に入っている」と自慢げに奥さんに語っていたお客さんがいました。しかし、よく聞いてみると、その保険とは、旅行保険であり、「飛行機事故にあって死亡した際には、遺族に対して1億円の保険金が支払われる」という保障内容でした。

　はっきり申し上げて、このような誤解は、馬鹿げているとしかいいようがありません。というのも、事故で死亡しようが、病気で死亡しようが、死亡は死亡だからです。たとえば、がんで死亡するかわりに、バスの事故で死亡するとしても、遺族のニーズが変わるわけではありません。

　生命保険とは、死亡自体を保障するものであって、裏を返せば、がんや航空事故のように、何か特定の原因による死亡の場合に限って支払われるような保険ではありませんし、本章で説明したのはそのような性質の保険です。先ほどの旅行保険に加入している人が、自宅で心臓発作で亡くなった場合には、いっさい保険金は下りません。

　そのお客さんは商社マンで、航空事故に備えた保険が生命保険でないということを理解していなかったのです。奥さんは、「もし主人が心臓発作を起こしたら、空港まで運んでいくしかないわね」と笑っていましたが。

　2019年、日本の生命保険業界に激震が走りました。全額損金型の節税保険の法人税上の取扱いの見直しを国税庁が通達したからです。いままで販売されてきた定期保険には、長期平準型定期保険といって、保障期間を長くとって、保険料を平準化させることで、保険期間前半の保険料には前払部分が生じ、途中解約すれば大きな解約返戻金が受け取れます。

　業績好調で大きな黒字が出た会社では、保険料を支払って損金計上（資産計上しない）して利益を圧縮するだけではなく、何年か経過後に解約返戻金が支払保険料を超えたピーク時に解約すれば、支払った保険料を取り戻せます。し

かも、解約返戻金を役員退職金にしたり、赤字決算にぶつければ、税金がかかりませんから、節税効果が期待できます。この節税効果をねらって、多くの会社では長期平準型や逓増型の定期保険を利用してきました。

　しかし、定期保険による節税対策があまりにも横行していたため、国税庁は保険期間が３年以上の定期保険（医療保険等も含む）などで最高解約返戻率が50％を超えるものに対して、「損金」ではなく「資産」として計上する割合、資産計上する期間、取り崩し開始時期などについて、３つの分類をして通達を出したのです。

　この通達により、保険会社が販売していた同種の定期保険の６〜７割が販売中止に追い込まれたといわれ"節税保険"は大打撃を受けました。節税のために保険に加入する意味がなくなったといっても過言ではありません。

　後述するように、2020年には標準利率が０％とされ、予定利率も０％に近づくため、終身保険や養老保険による貯蓄機能も有効に働いているとはいえません。生命保険とは、保障機能が１番の目的ですが、強制的にその姿へと近づけられているのが、現在の日本における保険業界を取り巻く環境なのです。

▶ 生命保険以外にも遺族年金がある

　ここまでは民間の生命保険について取り上げてきましたが、本章の最後に、遺族年金について扱っておきます。公的年金には国民年金と厚生年金がありますが、給付面では老後生活のための老齢給付、障害を負ったときの障害給付、世帯主が死亡したときの死亡給付の３つに分離されます。ここで死亡給付とは、一種の生命保険といえます。国民年金からは、遺族基礎年金・死亡一時金・寡婦年金が給付され、厚生年金からは遺族厚生年金が給付されます。

　遺族給付を受けるには、死亡日前日に、死亡日の属する月の前々月までの国民年金の全被保険者期間の中で、３分の２以上で保険料納付済みとなっている必要があります（保険免除期間も含められる）。

① 遺族基礎年金

　世帯主が国民年金に加入しており、一定の要件を満たせば、その遺族は遺族基礎年金を受給することができます。対象となるのは、被保険者の死亡

時、被保険者に生計を維持されていた配偶者または子です。ここでいう配偶者とは、被保険者の死亡時に、18歳到達年度の末日まで（または20歳未満で障害等級1級・2級）の子と生計を同じくしていた配偶者（法律上の配偶者のみでなく、内縁関係や事実婚を含む）であり、子とは、上記の配偶者がいないとき、18歳到達年度の末日まで（または20歳未満で障害等級1級・2級）の結婚していない子を示します（実子または養子縁組をしている子で、養子縁組をしていない配偶者の連れ子は対象外）。

遺族基礎年金の受給額は、国民年金加入期間とは無関係に年間78万1,700円（2020年度）で、子どもの人数により加算されます。配偶者が受給する場合には、子ども1人で22万4,900円、子ども2人で44万8,000円、子ども3人で52万4,800円が加算され、子が受給する場合、子ども2人では22万4,900円、子ども3人で29万9,900円が加算されます。

死亡一時金は、第1号被保険者として3年以上保険料を払っており、年金を受け取らずに亡くなったものの、その遺族が遺族基礎年金を受け取らない際に受給できます。死亡一時金の受給額は、12万円（保険料納付期間36カ月から180カ月未満）～32万円（保険料納付期間420カ月以上）です。

寡婦年金は、国民年金特有の制度で、保険料納付期間が10年以上（保険料免除期間も合算可）の第一号被保険者であった夫が、老齢基礎年金も障害基礎年金も受給せずに亡くなった場合、それまでに10年以上の婚姻関係があり、夫により生計維持されていた妻に、60歳から65歳になるまで受給できます。寡婦年金の受給額は、亡くなった夫が受け取るはずであった老齢基礎年金額の4分の3です。状況に応じて年金形式か死亡一時金かのどちらを選択できます。なお、寡婦年金は、妻が65歳になると自身の老齢基礎年金を受け取るため打ち切られます。また、妻が65歳以前に自分の老齢基礎年金を繰り上げ受給すると受給資格がなくなります。

② 遺族厚生年金について

遺族厚生年金では、死亡一時金はありません。受給できる範囲は、被保険者に生計を維持されていた配偶者（子の有無は関係なく、事実婚や内縁関係でも受給できる。妻の場合は年齢制限なしで夫の場合は55歳以上）と子（18歳到達

年度の末日までの子。または障害等級1級・2級の20歳未満の子）、55歳以上の父母、孫（要件は子と同じ）、55歳以上の祖父母の順となりますが、優先順位が1番上のものだけが受給できます（配偶者が受給する場合は子に対する受給権は停止される）。

　被保険者の要件として、①死亡日に厚生年金の被保険者であった、②被保険者であった間に初診日のある傷病によって、初診日から5年以内に死亡した、③障害等級1級・2級の障害厚生年金受給権者であった、④保険料納付済期間＋保険料免除期間が25年以上であるか、それを満たす老齢厚生年金受給権者であった、という4つがあります。①～③は短期要件、④は長期要件といいます。

　年金額の計算は、「短期要件」と「長期要件」では異なります。両方に該当する場合には有利なほうを選択します。

（平均標準報酬月額×a　　（平均標準報酬月額×b
　×被保険者期間月数）　＋　×被保険者期間月数）　×3／4
（平成15年3月以前）　　　（平成15年4月以降）

短期要件では、　a＝7.125／1000で、b＝5.481／1000
長期要件では、　a＝7.125～9.5／1000で、b＝5.481～7.308／1000

　また、在職中に夫が死亡、または厚生年金に20年以上加入後に死亡した場合、以下のどちらかの要件を満たす場合、夫の死後から65歳になるまで、妻には中高年寡婦加算として年額58万6,300円（2020年度）が遺族厚生年金に加算されます。

1）　遺族基礎年金の加算対象になる子がない妻で、夫の死亡時に40歳以上65歳未満、

2）　遺族基礎年金の加算対象になる子がある妻で、末子が18歳到達年度の末日（障害等級1級・2級の場合は20歳に達したとき）に、40歳以上65歳未満である。

　なお、遺族基礎年金と中高齢寡婦加算の両方の受給権が生じた場合には、遺族基礎年金が優先となります。

さらに、65歳から妻自身の老齢基礎年金を受給できると、中高齢寡婦加算は受給できなくなりますが、昭和31年4月1日以前生まれの場合には、生年月日に応じて年額1万9,567円〜58万6,300円（2020年度）の経過的寡婦加算が受給できます。

第**76**章

訴訟から自分の身を守る方法とは

　出されたコーヒーが熱すぎるからという理由だけで、訴えられかねないアメリカのような国に住んでいれば、訴訟リスクから自衛する手段を考えておく必要があります。日本では、2010年以降、民事訴訟の件数は減っていますが、子どもが引き起こした自転車事故で、被害者が大けがをしたり、死亡したりする場合に、1億円近い金額の損害賠償を請求される事例も報道されています。

　そのような事態に備える保険は、個人賠償責任保険（個人賠償責任特約、日常生活賠償責任補償など呼び名が分かれる）と呼ばれています。この保険では、損失を負った原因には関係なく、契約金額に応じて補償をしてくれます。

　たとえば、自分の不注意によって、お年寄りにショッピングカートをぶつけてけがをさせたり、駐車中の他人の自動車に傷をつけたり、散歩中にリードが外れた飼い犬が通行人に噛みついたり、子どもが自転車を運転中に人にぶつかり大けがをさせた場合など、高額の賠償金を覚悟しなければならないリスクは至るところに潜んでいます。

　このような経済的リスクを軽減するために、個人賠償責任保険への加入を検討する必要があります。火災保険や自動車保険に、1億円の補償金額を特約でつける場合、追加保険料は年間数千円ほどです。

　もっとも、これだけ少ない保険料で、いざという時に高額の補償を行うという商品性から、個人賠償責任保険の加入には厳しい条件がついてきます。そして、保険料も住んでいる場所、自動車の種類、運転暦、いままでの保険

金請求歴などいくつかの条件によって変わってきます。

　ほとんどの保険会社では、火災保険や自動車保険の販売のついでに、特約として、個人賠償責任補償をつけられますから、火災保険と自動車保険に加入するついでに、購入するというのがいちばん簡単なやりかたになります。

　裏を返せば、賃貸マンションに住んでいる場合には、その契約時にすでに加入している場合があります。重複して加入することがないようチェックが必要です。また、この保険では、本人・配偶者・同居の親族など、生計維持をしている世帯主が加入していれば、同居者のすべてを保障することがほとんどなので、家族で重複して加入する無駄も省きましょう。

　なお、最近の火災保険や自動車保険の個人賠償責任特約には、示談交渉サービスがついているものが少なくありませんが、加入している商品に同サービスがついているのかどうか、あわせて確認しておきましょう。

　　自動車保険などで、弁護士特約などの示談交渉サービスをつけるか否か迷う場合があります。個人的な体験として、2台の自動車を保有しており、それぞれ別の保険会社を利用していた際、一方には弁護士特約をつけ、他方には弁護士特約をつけていませんでした。ある時、台風の影響で、月極駐車場で土砂崩れが発生し、2台の自動車が大破しました。当初は、「自然災害であるから仕方がない」とも考えましたが、どうも駐車場の所有者の態度が不審であったので、弁護士特約を利用して裁判を起こしました。すると、月極駐車場となっていた土地は、無許可造成をされた地域であり、土砂崩れの原因も無許可造成によることが、訴訟中の調査によって判明したのです。この際の弁護士費用の一部は保険金として支払われましたが、2台の自動車保険で、わずか数百円の弁護士特約保険料をケチっていたら、おそらく、わざわざ弁護士を雇って裁判を行う気にはならなかったでしょう。訴訟から身を守るというと、大げさな話のようですが、事故が発生したら、案外身近な問題となりうるのです。なお、弁護士特約では損害賠償請求金額に応じてカバーされる弁護士費用が大きく変わってしまい、弁護士費用の全額を特約がカバーしきれないケースもあります。契約時には説明されないことが多く、実際に訴訟がスタートした後に、それが発覚することもあるので注意が必要です。

第77章

一社専属制セールスと乗合代理店の違い

　生命保険に加入する際には、一社専属制募集人あるいは保険会社の営業社員と取引を行うか、乗合代理店と取引を行うか、どちらかになります。一社専属制に基づく募集人は、その名のとおり1つの会社の保険商品しか取り扱いません。たとえば、フォード社のディーラーであれば、フォード車しか販売しないのが普通であって、シボレー車を扱うことはありませんし、もし販売したとしてもうまくいくわけでもありません。大きな生命保険会社では、自社の営業と専属の販売代理店をもっています。

　一方で、独立系の乗合代理店の場合には、さまざまな保険会社の商品を取り扱っています。顧客からすれば、たくさんの選択肢のなかから、自分にベストな保険を選べるというメリットがあります。

　保険会社の営業社員は、名刺に会社の名前やロゴ等が入っているのでわかります。一社専属の場合も、名刺で判断できます。一方で、乗合代理店の販売員の場合は、必ずしも名刺に取扱保険会社が明記されているわけではないので、名刺以外の情報を確認する必要があります。

第78章

保険会社の健全性とは

　生命保険の加入者というのは、保険商品について調べることはあっても、保険会社の経営状態について普段、あまり気にする人はいません。しかし、日本では1997年から2000年にかけて、7つの生命保険会社が破綻しましたし、2008年から2009年にかけて、リーマンショックの影響で、外資系の名前が変わったり、販売中止が相次いだことから、保険会社の経営に関しても以前よりは敏感になってきました。

　予定利率が限りなくゼロに近い時代に突入したいま、割引率は低く、保険料は割高です。それにもかかわらず保険会社がつぶれてしまっては目も当てられません。保険に加入する際には、保険会社の財務状況の健全性についても、きちんと確認する必要が高まっています。

　保険会社の財務体質を示す指標としては、第12章で説明した（無登録）格付会社（ムーディーズ、S&P、AM BEST等）がありますが、日本では、ソルベンシーマージン比率も有用です。

　図表XI－7には、主要な保険会社のソルベンシーマージン比率を示していますが、ソルベンシーマージン比率とは、運用環境の急激な悪化や大震災など、予測を超えた出来事が起きた際に、保険会社が対応可能な支払余力を示す指標です。この数値が高いほど、財務的に安定しており、200％を下回ると金融庁から業務改善命令が下されます。

　直近のソルベンシーマージン比率を知りたい場合には、保険会社や保険代理店にたずねればわかりますし、各保険会社のホームページでも、決算期ごとに公表されます。

みどり生命	4,364%	第一生命	1,025%
メディケア生命	2,816%	フコクしんらい生命	977%
ソニー生命	2,591%	ソニーライフエイゴン生命	974%
ネオファースト生命	2,332%	アフラック	961%
ライフネット生命	2,085%	日本生命	933%
東京海上日動あんしん生命	2,064%	住友生命	916%
アリアンツ生命	1,863%	メットライフ生命	904%
オリックス生命	1,721%	カーディフ生命	895%
三井住友海上あいおい生命	1,682%	楽天生命	888%
損保ひまわり生命	1,508%	朝日生命	861%
大同生命	1,291%	ジブラルタ生命	852%
アクサダイレクト生命	1,260%	太陽生命	848%
富国生命	1,221%	マニュライフ生命	844%
大樹生命	1,212%	三井住友海上プライマリー生命	825%
かんぽ生命	1,180%	PGF生命	824%
T&Dフィナンシャル生命	1,102%	クレディ・アグリコル生命	813%
チューリッヒ生命	1,065%	プルデンシャル生命	804%
SBI生命	1,045%	アクサ生命	791%
明治安田生命	1,040%	エヌエヌ生命	759%
FWD富士生命	1,030%	第一フロンティア生命	594%

（出所）　生命保険各社のホームページより作成

　ただし、注意していただきたいことは、格付やソルベンシーマージン比率が高いということが、そのまま財務体質が盤石であるということを意味しない点です。たとえば、アメリカのAIGの場合には、リーマンブラザース破綻の翌日に政府管理下に入るほんの数日前まで格付が最高であり、リーマンショックのような劇的な出来事が生じた場合、保険会社の財務体質に、急激かつ致命的なダメージを与える可能性があることが証明されました。AIGの破綻などだれが予想していたでしょうか？

　消費者としては、保険の加入に際して、最低限、ソルベンシーマージン比率や格付は、チェックしておきましょう。それ以上は、手の打ちようがありませんが、仮に契約している保険会社が破綻した場合には、生命保険契約者保護機構によって、①救済保険会社が現れた場合には、その救済会社へ機構から資金援助が行われ、その救済保険会社が契約を引き継ぎますし、②救済

保険会社が現れなかった場合には、新たに設立される機構子会社が承継保険会社として保険契約を引き継ぐか、同機構自らが保険契約を引き継ぐかします。

　①、②いずれのケースでも、責任準備金等については破綻時点の90％まで補償されます（高予定利率契約を除く）が、保険契約を引き続き維持するための保険料等の算定基礎率の変更が行われることで、保険金額も減らされる可能性が出てきます。また、保険契約移転後、一定期間内に解約請求（早期解約）を行うと解約返戻金をさらに減らされる可能性があります。

（注）　保険金、年金等の90％が補償されるわけではなく、責任準備金の90％までが補償されるにすぎません。

Ricのマネークイズ

　ここで、Part XIの内容に関して簡単なクイズをしましょう。単なる確認ですから、あまり神経質になる必要はありません。間違えたら、解答欄にある参照箇所を読み返してみましょう。ただし、家計管理の将来は、その作業いかんによって大きく左右されますから、理解できるまで読み返すことが重要です。クイズの終わりに解答がありますが、のぞき見は禁止です。

1　最大の金銭的資産とは？
　　○a．住宅
　　○b．健康
　　○c．収入を生み出す能力
　　○d．退職金や年金

2　2019年3月時点で、国民健康保険加入者の割合は？
　　○a．　5％
　　○b．15％
　　○c．20％
　　○d．27％

3　厚生労働省によると、80代後半の要介護割合は何割を超えているか？
　　○a．　1割
　　○b．　3割
　　○c．　5割
　　○d．　6割

4　生命保険文化センターの調査では、介護に必要な月額はいくらか？
　　○a．約5万円
　　○b．約8万円

○c．約15万円

○d．約30万円

5 アメリカの調査によると、家族の介護が必要になった人は、生涯賃金にどのくらいの喪失が生じるか？

○a．2,600万円

○b．4,700万円

○c．6,200万円

○d．7,900万円

6 生命保険のなかで、一時的に保障がなされるのは、次のなかのどれか？

○a．定期保険

○b．終身保険

○c．利率変動型終身保険

○d．定期付終身保険

7 運用成績によって、保険金額が変動する可能性がある保険はどれか？

○a．変額保険

○b．こども保険

○c．逓増定期保険

○d．養老保険

8 子どもが自転車運転中に他人にけがを負わせたり、駐車場でカートで他人の自動車を傷つけたりした場合に有効な特約のついた保険は？

○a．こども保険

○b．個人賠償責任保険

○c．団体信用生命保険

○d．養老保険

9 契約している保険会社が経営破綻した場合、最悪のケースを想定しても、該当しないものはどれか？

○a．保険金額が減る

○b．保険契約が消滅する

○c．予定利率が下がる

○ d． 早期解約を行うと解約返戻金が減る

10 保険会社の財務内容をみるうえで、重要な指標とは？

○ a． 株価収益率

○ b． 配当性向

○ c． シャープレシオ

○ d． ソルベンシーマージン比率

<table>
<tr><td rowspan="4">解 答</td><td>1 － c （p 764）</td><td>2 － d （p 766）</td><td>3 － d （p 779）</td></tr>
<tr><td>4 － b （p 780）</td><td>5 － d （p 781）</td><td>6 － a （p 794）</td></tr>
<tr><td>7 － a （p 803）</td><td>8 － b （p 823）</td><td>9 － b （p 827）</td></tr>
<tr><td>10－ d （p 826）</td><td></td><td></td></tr>
</table>

Part XII

相続プラン

財産の管理と相続について

　ここまでは、財産のため方、守り方、管理方法についてみてきましたが、本Partでは、財産管理の最終段階、すなわち財産の相続について扱います。大金持ちではないにせよ、だれだって何がしかの財産をもっているわけですから、相続の計画は立てておくに越したことはありません。

　たとえば、あるお客さんに財産についてたずねると、「私には財産なんてありません。家と少しの貯金があるだけです」という答えが返ってきました。おそらく、この人は、財産というと、以前日本でも毎年公表されていた高額納税者のような大金持ちをイメージしたのかもしれません。

　しかし、ここでいう財産というのは、金額の多寡にかかわりなくすべての持ち物の価値から、借金を差し引いた価値のことです。そして、相続とは、皆さんの死後に財産が相続人に渡るか、亡くなった親族から皆さんが財産を譲り受けることをいいます。

（注）　税法はよく変わります。本書のPart IXを参考にしながら、改正のニュースにご注意ください。なお、本Partでは、遺言書や信託を扱う関係上、「ご主人」「奥さん」「お子さん」を「夫」「妻」「子ども」と表記をかえて説明しております。少し堅苦しいですがご容赦願います。

第79章

遺言書について

　だれかが亡くなった場合、その人の財産は、相続人の手に渡ることになります。ここで1つ問題が生じます。それは、「だれが、何を、手にするか？」ということです。大切に管理してきた財産が、自分の死後だれにどのように引き継がれていくのかわからなければ、安心して死ねません。そこで、皆さんは遺言書を用意する必要があります。遺言書を残すことによって、自分の財産をどのように処分してほしいのかを指示できます。そして典型的な遺言書では、次のような内容が含まれています。

・遺言書に書かれた内容を、だれが実行に移すのか？

　だれかが亡くなると、葬式の手配、役所への届出、職場や親しかった人への連絡、請求書の支払、生命保険の請求、銀行口座の凍結、年金の停止などのほか、相続財産目録の作成等の手続も必要になります。これらの手続を、だれにやってもらうか指定しなければ、遺族が混乱することは目にみえています。

・住宅ローンや自動車ローンなどの負債をどう返済するか？

　負債がある場合は、種類や残高を記録しておくだけでなく、どの借金を返済すべきか、どの財産をそれぞれの返済に充てるかを示さなければ、遺族は苦労することになります。

・どの財産を売却換金し、どの財産を現物分割するか？

　財産には、現金だけでなく、不動産や物品もあります。あるいは、先祖代々の山林もあるかもしれません。どの財産を、どの相続人に与えるかだけでなく、「別荘は売却しなさい」というように、現金化する財産も明確

に指示しておくと、遺族は判断の際にとても助かります。

・子どもの面倒はだれがみるか？

　未成年の子どもがいるならば、両親ともに亡くなる場合も想定して、万が一のときはだれに育ててもらうかを指名しておく必要があります。

▶ 自分の意思を反映させるか、それとも、他人に任せるか？

　遺言書を書いていますか？　もし、「書いていない」とお答えなら、考え直してください。遺言書がないとどうなってしまうかという現実を、以下にお示しします。

　遺言書を用意していない状態で亡くなった場合、皆さんの財産は、相続人同士における話合いによって、処分されることになります。しかし、相続人同士の話合いだけで、遺産分割が完了するどうかは不明です。

　仮に、その話合いでは合意に至らない場合には、家庭裁判所に遺産分割調停（家事調停）を申し立てて話し合われることになります。家事調停では、裁判官と2人の調停委員で構成される調停委員会のもとで、相続人間の意見の調整が行われます。調停で全員の同意が得られなければ、調停不成立となります。そして、事案によっては、裁判官が自動的に審判で決めるか、それでも無理なら、高等裁判所で争われることになります。

　そして、最終的には、皆さんの財産は裁判所によって、ほぼ法律で決められた割合（法定相続分）どおりに、処分されることになります。法定相続分とは、配偶者が財産の半分を受け取り、残りを子どもたちで頭割りにしていくというものですが、このプロセスは、残された遺族に、相当のストレスと時間的浪費を強います。

　一方、遺言書が用意されていた場合には、故人による遺産分割の方針が示されているので、残された家族は、おおむね、その方向に従います。

　仮に、反対者がいた場合、法定相続分の半分（直系尊属のみが法定相続人である場合は3分の1）を上限に相続人の最低限の権利が保障されています（「遺留分侵害額請求権」という）。たとえば、相続人が母親と3人の子どもである場合、子どもの1人が遺言書の内容に不服を申し立てたとしても、法定

相続分6分の1の半分の12分の1に相当する金額までしか請求できませんから、かなりの部分は、遺言書の方向性が維持されます。

(注)　直系尊属、遺留分侵害額請求権など、相続人や相続分に関しては第66章をご参照ください。

　　遺言書の作成方法は、自筆証書遺言と公正証書遺言と秘密証書遺言の3つに分かれます。自筆証書遺言では、遺言者が遺言の内容の全文を手書きで書いて保管するので費用はかかりませんが、相続発生時には家庭裁判所による検認が必要となり、不備があれば無効とされます。公正証書遺言とは、遺言者が遺言の内容を口述するものを2人以上の公証人の立会いのもと、公証役場で作成します。手数料はかかりますが、公証役場で保管してもらえる確実な方法です。また、秘密証書遺言とは、遺言者が手書きで作成し、公証人が封印して保管しますが、内容を秘密にするというものです。

　　ただし、2018年7月に相続法の改正により、自筆証書遺言では、2019年1月からは、遺言書は手書きで記載するものの、遺言書に添付する財産目録をパソコンで作成できるようになります。また、2020年7月からは、作成した遺言書は法務局で保管してくれるうえに、様式の確認もしてもらえ、法務局で預かった遺言書は、家庭裁判所の検認手続が不要になりました。

▶ 子どもの後見人を選ぶ際の9つの疑問点

　そして、遺言書を残さないと、より大きな不幸に見舞われる可能性があります。仮に、両親を事故で同時に亡くなってしまった場合、子どもの面倒は、だれがみてくれるのでしょうか？

　遺言書を用意していない場合、未成年の子どもの後見人を選ぶ際に、生前の親の意思はいっさい反映されません。つまり、後見人を引き受ける意思のある親族、あるいは、他人のなかから、裁判所が認めた人物が、子どもの面倒をみるわけですが、親が生前に望んでいた結果になるとは限りません。これに対して、遺言書を残している場合、自分の判断によって、信頼できる人

物に、まだ未成年の子どもの後見人になってもらい、世話を託すことができます。

　遺言書を作成するにあたり、後見人を選ぶためには、以下の質問に答える必要があります。

質問1：候補者をすべてあげてください

　直感を働かせて、候補者をあげてください。まずは、そこから始まります。

質問2：その候補者は、長生きしそうですか？

　両親を失った子どもが養親まで亡くしてしまったら、大変なことになります。候補者として、祖父母を選ぶ人も多いでしょうが、あまりにも高齢では問題です。

質問3：その候補者は健康ですか？

　その候補者は子どもが独り立ちするまでの間、責任を果たしてくれるだけの肉体的、精神的条件を備えているでしょうか。熱意は十分だと感じますか？　祖父母に気軽にお願いしている週末のベビーシッターと子育ては大きく違います。

質問4：その候補者には子どもはいますか？

　候補者にすでに子どもがいる場合、新たに皆さんの子どもが加わったとき、生活に大きな支障が生じるおそれはありませんか？　家族を養うということには、大変な費用と手間がかかります。特に、共働きの家族であればなおさらです。候補者は、すでに手いっぱいになっていませんか？　反対に、子どものいない家族では、育て方を知っているでしょうか？

質問5：その候補者は、子どもを育てるための時間をつくれますか？

　共働きの家庭でしょうか？　それとも、専業主婦の家庭でしょうか？　子どもを育ててもらうにはどちらの家庭環境が重要だと考えますか？

質問6：その候補者の教育方針や道徳観念をご存知ですか？

その候補者は、子どもを育てるにあたって、教育方針や道徳観念は、皆さんと同じでしょうか？

質問7：その候補者は、どこに住んでいますか？

両親を亡くした直後に、住み慣れた場所を離れるというのは、学校、友だち、近くの親戚、お気に入りの場所、過去の楽しい記憶など、子どもにとってはすべてを失うことにつながります。できれば、こうした問題を避けるべきですが、せめて、学校を卒業してから転居させるというように、少し時間を置くことも検討しておくべきです。

質問8：その候補者は、若い夫婦ですか？

その候補者が若い夫婦であるのなら、将来彼らが離婚してしまう可能性についても十分検討しておくべきです。また、どちらかが亡くなった場合に関しても同様です。

質問9　その候補者は、経済的に安定していますか？

複数の候補者から選んだとはいえ、最終候補者に財産を任せたら、お子さんたちが、経済的に安定した生活を続けられるかという点が、最も気になるはずです。皆さんは全財産を子どもたちに渡したいでしょうが、現実には、後見人にお金を預けて、子どもたちの面倒をみてもらうことになります。

他人の子どもの面倒をみるためには、家のなかに新たに勉強部屋を用意する必要があるでしょうし、後見人（養親）の家族の人数が増えることになるため、いまよりも大きい自動車が新たに必要になるかもしれません。さらに、毎日の食事の用意もあります。そのため、後見人は、皆さんが残した財産を利用することになります。それを拒絶されれば、後見人だって不満を感じるはずです。

しかし、「遺された子どものために」という名目で、後見人が財産を使ってもよいとは許可しても、「でも、新たに購入する大きな新車は、自分の子

どものためだけでなく、後見人家族のためにも利用されるのだから、自分の遺した財産が、後見人の私用に使われるのではないか？」という疑心も生まれてくるかもしれません。

つまり、注意して、いくつかの点のバランスを考える必要があります。皆さんは、自分の子どものために財産を使ってほしいし、後見人の判断で必要なことにも利用してほしい。けれども、後見人やその家族のために財産が食い物にされるのを避けたいと願う。こういった状況では、弁護士や司法書士に相談することがいちばんです。

遺言で指定された未成年後見人は、就職した日から10日以内に後見開始の届出をする必要があります。この就職時点において、家庭裁判所は未成年後見人候補が適任であるか否かの審査をすることはありませんが、必要があると認めるときはさらに別の者を未成年後見人に選定することができ、また後見の任務に適しない事由があるときは解任することができます。なお適格事由に該当する場合は後見人になることができません。そして、公正な立場から、未成年後見人の報酬については、家庭裁判所が決定したうえで、未成年の財産のなかから支払います（日本では月に2～5万円程度の報酬が多いようです）。

未成年後見人は、未成年の財産を調べて財産目録を作成し、未成年者のために、毎年支出すべき金額の予定を立てるだけでなく、未成年者が成年に達するまで、財産管理と身上監護を行います。そして、後見が完了するまでの間、報酬付与申請の際に行った職務について家庭裁判所へ報告する必要があります。

また、未成年後見人を指定したものの、財産管理や身上監護に不安が残る場合には、遺言書で未成年後見監督人を選んで、未成年後見人の職務内容を報告させることもできます。

以上のような点から候補者を考えると、すべてにおいて優れている人を見つけるのは容易ではありません。どの条件にプライオリティを置くか、夫婦で十分に話し合う必要があります。そして、いずれにせよ、遺言書で、後見人を選んでおくことが大切です。

もし、複数の後見人候補のなかで、皆さんと配偶者との間で意見が異なる

場合、それぞれがどのような理由で候補を選んだかを確認して、1つに意見を絞りましょう。そして、どちらかを選びましょう。

　2人で話し合って、後見人を決めるのです。たとえ、自分の意見がパートナーと違っていても、選考条件が理にかなっているならば、それに納得して同意しましょう。

　重要なことは、選択をしないことも1つの選択なのであるということです。だれかを後見人として選んでいなければ、それは、自動的に、裁判所の判断に任せるという選択なのです。ただし、皆さんに会ったこともなく、その希望など全然知らない裁判官にとっても、だれを後見人に選ぶのかはむずかしい判断といえるのです。結果的に裁判所は、選任申立時の候補者を後見人として選んでしまうことが少なくありません。

　しかし、だからといって「だれかを後見人として選ばなければ」とあせってパニックになってしまうのなら、気持ちというのは、移ろいやすいものだということを思い出しましょう。私のお客さんには、2年に1度は気が変わる方もいます。いまであれば、皆さんの両親が第一の候補かもしれませんが、何年かして、両親が高齢になり、病気になったら、選択を変えたくなるかもしれませんよね。候補者が好ましくない方と再婚したり、何かの欠点が見えてくる可能性だってあります。いいではないですか！「いまは、この人を後見人に選びたいが、時間がたったら、変更するかもしれない」というのもありですよ。

> 　待っているだけでは何も変わりません。3人の候補者は浮かんだが、満足できるわけではない。でも、待っていたところで、最良の候補が現れる保証もない。完璧な人生など求めるべきではありません。すぐに行動に移しましょう。

▶ 後見人の申出の受け方について

　反対に、「子どもたちの後見人になっていただけませんか？」と依頼され

ることは、非常に名誉なことではありますが、それは実に重い責任を伴う指名です。後見人になると、法律面や金銭面や家族関係において重要な問題がかかわってくることを、多くの方々が見落としがちです。安請合いして後悔することにならないように、最低限、依頼者が以下の条件を満たしていることだけは、確認しましょう。

1つ目は、すべての子どもの後見人として、皆さんを指名していることです。それを依頼者が遺言書に明記していることです。子どものなかの1人だけの後見人という場合には、再検討したほうがいいでしょう。

2つ目は、依頼者が遺言書の複写を提供してくれており、なおかつ、自筆証書の遺言の場合は、日付、署名、押印などの要件がすべて満たされており、皆さんを後見人に指名したい旨が明記されていることです。理想的には、毎年、新たに署名された遺言書のコピーを受け取っておくべきです。これには2つの理由があります。第一に、遺族や裁判所に対して、正式な後見人であることを証明するため、最新の情報に基づいていることを示すためです。第二に、気持ちや状況は時間がたつにつれて変わることが多いため、こうした作業によって、後見人になってほしいという依頼者の要望が変わっていないか、他の後見人を選びたくなったかなどを確認できるからです。

3つ目は、皆さんを子どもの後見人に指名した件を、依頼者が自分の子どもを含めて家族全員に知らせていることです。親族全員のほうがよいでしょう。依頼者の両親、祖父母、兄弟姉妹、両方の従兄弟の全員に対して、皆さんを子どもの後見人に指名したと、伝えておいてもらう必要があります。そうすることで、依頼者が亡くなった際、法律的なゴタゴタのリスクを減らすだけでなく、両親を失った子どもたちが新しい環境に移る際のストレスを小さくするのに役立つからです。

4つ目は、後見人を引き受けるにあたって、子ども1人当り、最低5,000万円は用意してもらいましょう。（自宅不動産価値−住宅ローン＋貯蓄額＋投資額等からなる）依頼者の財産が5,000万円未満である場合には、不足金額相当分を生命保険の保険金で穴埋めしてもらうべきです。夫婦それぞれを（あるいは生計を支えているどちらかを）被保険者とする、保険期間が10年満期の定

期保険は、こうした必要性を満たすのに、合理的な選択でしょうし、それほど高額な費用がかかるわけでもありません。第一受取人を配偶者に、第二受取人を子どもにしてもらいます（このケースでは、皆さんが未成年後見人として、依頼者の子どものためのお金を管理しますから、子どもが受取人に指定されても問題ありません）。

5つ目は、個人的な希望に関する書簡を何通か書いておいてもらいましょう。両親の連名の書簡は後見人である皆さんへ送られるべきですし、その書簡には、子どもに対する願いや教育方針についての記載が含まれるべきです。また、お金、規律、家族、宗教、結婚、教育、職業、政治、恋愛、そして、人生についてなどに関して、夫婦がどのような考えをもっているのかが記載に含まれるべきであり、そうすることによって、後見人としての職務遂行の方向性がみえてきます。夫婦には、この書簡を封筒に入れて封印し、いつ、それを読むべきかという記載を添えて、いま、皆さんに渡しておいてもらいます。さらに、夫婦は、子ども一人ひとりに宛てた手紙を別途書いておいて、いつになったらそれを子どもにみせるのかを記して、金庫に保管しておきます。

後見人という型にはまったやりかたではなく、実践的なやりかたで物事を決めていくことによって、依頼者は皆さんを後見人に指名してよかったと、感じることでしょう。

▶ 大金を幼子に残してはいけない理由

よくありがちな相続プランのミスは、生命保険の受取人として、未成年の子どもの名前を記入することです。特に、子どもだけが受取人というよりも、妻と子どもが一定割合（たとえば2：1）で受取人を分担する、といったやりかたがみられます。

一見、これは非常に理にかなっているように思えます。というのも、ご主人が生命保険に加入する目的は、自分が死亡した場合に、奥さんの生活やお子さんの大学進学費用をまかなうためですから。そして、このような保険金受取人の指定に保険会社の募集人が反対することはないでしょう。では、こ

の保険契約のどこに間違いがあるのでしょうか？

　問題は、仮に、両親が同時に死亡した場合、子どもが共同受取人に指定されていても、死亡保険金の請求手続きを行う権限が未成年者にはないということです。

　したがって、未成年の子どもは、直接、保険金を受け取ることができません。後見人が死亡保険金の受取りを請求し、子どもが20歳になるまでは、後見人が死亡保険金の管理を行うことになります。

　こうして、保険金は子どもの手を離れてしまいます。そこから、子どもが成人すると、突然、そのお金を自由に使えるようになるのですが、はたして、20歳（2022年4月より18歳）の子どもは、数千万円もの大金を上手に扱えるでしょうか？　ここには、生命保険の保険金受取人指定に関する、大きな盲点が隠されています。

　つまり、遺言書で後見人を指名していない場合、未成年の子どもを受取人に指定すると、「他の相続財産とは違って、遺産分割協議を待たずに、すぐに受取人が使用できる」という生命保険の長所が、失われてしまうのです。

　さらに、遺言書を用意していても、問題は残ります。仮に、遺言書で適切な後見人を指名していたとしても、はたして、子どもの生活や教育や進学のために、数千万円の保険金を適切に使えるか否か、という問題が残ります。

　お子さんを大学へ進学させるのか？　それは、国立大学なのか？　私立の医学部なのか？　大学4年間なり、6年間なりの教育費として使ってもらいたいのか？　成年年齢に達した時点で、一括で与えてよいのか？　こんな点までは、遺言書だけでは、解決できないからなのです。この問題の解決策は、後ほど説明いたします。

　夫婦が離婚して、どちらかが親権をとって子どもと暮らしている場合、その親権者（たとえば父親）に万が一のことがあれば、「私が面倒をみてあげる」と元配偶者（子どもにとっては実母だが、父親にとっては、"元妻"、"赤の他人"）が名乗りをあげて、養育費と称して、故親権者（父親）の財産を要求す

る可能性があります。離婚後、親権者（父親）と元配偶者の関係が良いとはいえない場合、遺言書で、未成年後見人を両親（子どもにとっての祖父母）などに指定しておかないと、関係の悪化している元配偶者に親権が移り、財産をとられる可能性があります。

　また、未成年の孫を養子にしている場合、養親である祖父母が死亡しても実親の親権が復活せず、当該未成年者は親権者がいない状態となり、未成年後見人が必要となります。したがって、孫を養子にしている場合は、必ず遺言をして未成年後見人を指定しておくべきです。

▶ 独身者でも遺言書は必要

　配偶者も子どももいない独身者で、遺言書が必要と考えている人はほとんどいないかもしれませんが、それは大きな間違いです。というのも、独身者であっても、財産もあれば、借金もあるわけで、自分が死んだ後の処分について、なんらかの指示が必要になるからです。

　法定相続人が1人もいない方の場合、遺言書がないと、遺産は財産分与の申立てが認められた特別縁故者に分与されるか国庫に入れられます。遺産をだれかに渡したい場合や、何かの団体に寄付したい場合には、あらかじめ遺言書を用意しておく必要があります。

　また、両親や兄弟や親戚に財産を相続または遺贈したい場合、姪や甥の進学費用に充てたい場合、自分の意思を確実に反映させるには遺言が必要です。特に、すでに両親がなく、兄弟姉妹がいるだけの場合、仲が悪くても、自分の財産は、その不仲な兄弟姉妹へ行ってしまいます。遺言書があれば、兄弟姉妹には、遺留分侵害額請求権がないので、そのような事態を阻止することも可能です。

　ですから、独身者でも、遺言書は必要です。

　そして、独身者であっても、同棲者、内縁者、事実婚の相手がいて、財産を残したい場合には、遺言書が必要になります。その理由は、次項でみるように、婚姻関係がない限り、法律上は、相続人とはみなされないため、遺言書で指定しない限り、パートナーは財産を受け取れないからです。

高齢化社会では、夫や妻に先立たれてしまい独身者となる可能性は非常に高いものです。いわゆる「独居老人」となってしまい、地域社会とコミュニティーをもたないまま、餓死や病死をする「孤独死」も社会問題化しています。本章では、遺産の処理について説明していますが、それとは別に、身寄りのない独身者の場合には、自分が死亡した際の葬儀等について考えておく必要があるため、少し触れておきます。

　身寄りのない独身者が死亡した場合、近隣と交流があれば、その住民が葬儀を行ってくれるかもしれません。この場合には、葬儀費用については、死亡した方の相続財産管理人が相続財産から葬儀費用を清算してくれる可能性があります（相続財産管理人とは、亡くなった方に相続人がいない場合に、家庭裁判所が選任する弁護士等の財産管理人のことです）。

　近隣との交流がないと、孤独死の発見が遅れることが少なくありません。また、遺族がいなければ、「墓地、埋葬等に関する法律」に従って、市区町村によって火葬にされます。個別の墓はつくられませんが、遺骨は管理されます。

　いずれにしても、身寄りのない独身者は、死亡後に、だれかに大きな迷惑をかけてしまう可能性があります。生前に葬式や墓の手配をすることは、第55章で説明しました。その際、自分が死亡した後の面倒をみてくれる遺族がいないケースも想定する必要があるのです。身寄りのない高齢者が判断能力の確かな間に、将来の財産管理（収入、支出、貴重品、不動産契約・手続、金融機関との取引などに関する法律行為の代理）と身上監護（生活、治療、療養、介護などに関係する法律行為の代理）をしてもらうために、弁護士や司法書士などと任意後見契約を結んでおくことも１つの方法です。

　任意後見契約は、自由に契約内容を決められますが、任意後見契約は死亡時点で終了しますので、これに加えて、自分の死後の葬儀や埋葬の手続や、財産の処分に関する「死後事務委任契約」を結んでおけば、死亡届などの手続、葬式・納骨の準備手続、病院への医療費清算、遺品の処分、遺言書に基づく遺産の処理などを行ってもらえます。

▶ 内縁者がいる場合の問題点

　ジョーさんとスーザンさんは５年間の同棲生活を続けていましたが、その間に、共同資産を積み立て、共同負債を一緒に返済してきました。たとえ

ば、ジョーさん名義の預金口座には、2人で毎月貯金をしていますし、マンションの所有者名義はジョーさんでも、2人で分割して住宅ローンを支払っています。このように、入籍はしていない、事実婚のような状態で、ジョーさん名義のマンションに2人で住んでいましたが、ある日、ジョーさんが交通事故で死亡してしまいました。何が起こるでしょうか？

日本における相続関係の法律は現状、婚姻関係にないパートナーには、非常に厳しいものですが、公的年金の遺族年金については、内縁の妻など「事実婚」に対して、意外に寛容です（第75章参照）。

▶ パートナーが死亡した場合に起こること

もし、ジョーさんが遺言書を残していなければ、ジョーさん名義だった貯金、マンションなどのすべては、（子どもがいなければ）ジョーさんの両親のものになってしまいます。

ジョーさんの財産はスーザンさんには渡りません。

かくしてスーザンさんは、ジョーさんと暮らしてきた思い出のマンションを追い出され、住むところもなく、一緒にためた貯金もジョーさんの両親の相続財産とされてしまう可能性がきわめて高くなります。入籍をしていなかったスーザンさんにできることといえば、ジョーさんの両親が、2人でつくった借金と請求書を支払ってくれるよう祈ることしかありません。

法律は、未婚の内縁者に冷たいということは、明白です。

未婚者には、パートナー名義の財産を、相続する法的権利がありません。口約束や思い込みというのは、法律上は認められません。

未婚のパートナーが、自分の死後、相手を守る唯一の方法は、2人で遺言書をつくり、財産の帰属を明確にしておくことしかありません。

遺言書を書いていない場合や、遺言書にパートナーとの関係を明記していない場合には、パートナーは、死亡した内縁者の財産を相続することができ

ません。仮に、内縁者に子どもがいない場合には、すべての財産は、両親もしくは兄弟姉妹のどちらかに渡ることになります。

> ただし、上記のケースでは、スーザンさんの出資分を確実に証明できれば、幾分かはお金が戻る可能性はあります。また、ジョーさんに法定相続人が1人もいなければ、特別縁故者として、スーザンさんは財産分与の請求を行えます。なお、上のケースでは、ジョーさんは、遺言書によって、スーザンさんに対して財産を残すことができますが、ジョーさんの法定相続人が遺留分侵害額請求をする余地は残ります。

▶ パートナーが生きている場合には、どうなる？

ジョーさんが交通事故で死亡しなかったものの、意識不明の重体で緊急手術が必要になった場合、あるいは、その後も、意識が戻らず、障がいを負い、入院生活を余儀なくされた場合、治療方針等に関して、内縁の妻であるスーザンさんが意見を求められたり、請求書を支払ったりすることは、ほとんどありません。

そして、スーザンさんは、手術の同意書にサインすることも、ジョーさんの銀行口座を代理人として利用することもできません。それどころか、ジョーさんの法律上の家族から面会を禁じられる可能性もあります。

裁判所から、ジョーさんの代理人として認められればよいですが、ジョーさんの家族に反対されれば、スーザンさんが代理人として承認される可能性はきわめて低いでしょう。

ただし、いくつかの手段は残されています。

本人が自分で医療に関する意思決定をできない場合、本人のために意思決定をする人を指名する委任状を前もって作成して、事前指示書とすることで、スーザンさんは、ジョーさんの医療処置について意見を述べることができる可能性があります。これを医療判断代理委任状といいます。

また、財産管理委任契約書と任意後見契約書を作成しておけば、スーザンさんは、ジョーさんのかわりに金融機関へ行って、現金を引き出したり、日常生活に必要な支払をしたり、保険金の請求や受取りをすることができますし、身上監護といって、必要な介護や援助を施設と相談して契約することができます。

> 　日本においては、財産管理委任契約書のみで取引の代理を認める金融機関は多くなく、委任状や事前の届出を必要とすることがあるので確認が必要です。また、任意後見契約の効力は、家庭裁判所が任意後見監督人を選任した時点からとなります。

　つまり、本人の判断能力が十分あるが、けがや病気で体が不自由なため、金融機関や行政機関での支払や手続ができない場合には、財産管理委任契約書によって対応し、将来、判断能力が不十分になるような場合には、任意後見契約へ切り替わるようにしておくのがよいのです。したがって、財産管理委任契約書を作成する際に、同時に、公正証書で、任意後見契約書を作成してしまうというのも1つの手です。

　また、急病や事故などで、自分自身では治療方針を決められない事態に陥る際に備えて、リビングウィル（尊厳死宣言公正証書）と医療判断代理委任状という事前指示書を作成しておくほうが得策です。胃ろうや人工呼吸器で延命措置を希望するか否かの意思表示をするのがリビングウィルであり、自分が受ける医療内容の判断が意思表示できない場合に、医療内容の判断をする人を指定するのが医療判断代理委任状です。

　そして、財産管理委任契約も、任意後見契約も、本人が死亡した時点で、効力を失うため、もし葬儀や納骨までパートナーに任せたい場合には、財産管理委任契約の特約として、死後の事務委任契約をつけておくことで、本人の死後も特約部分については効力を持ち続けます。詳しくは、弁護士、司法書士、行政書士に相談してみてください。

パートナーがだれよりもいちばん信頼できる人で、自分の財産を相続させたいと考えるのなら、2人で遺言書をつくり、財産管理委任契約と任意後見契約の両方を結んでおくこと、さらに、死後事務委任契約をつけておくことが、お互いの将来にとって火種を消してくれることになるのです。

　成年後見制度には、すでに意思能力が十分でなくなっている人のための、いわば事後的措置として民法で定められた法定後見と、将来判断能力が十分でなくなった場合に備えて、事前に自分で代理人に後見を委ねる任意後見の2種類があります。

▶ 遺言書だけでは、子どもを守ることができないかもしれない

　ここまでは、遺言書を残していない場合の問題点について説明してきました。それでは、きちんと遺言書を用意している場合、相続としては、まったく問題がないのでしょうか？　いいえ、遺言書を残しておくことは重要ですが、遺言書だけでは、対処できない問題もあります。

　典型的な遺言書とは、大雑把にいえば、「指名した相続人に、財産をまるごと渡す」というものですが、実は、このような単純な遺言書では、思いもよらぬ問題を引き起こすことが考えられるのです。

　リチャードさんとアシュリーさんには、2人の小学生の子どもがいます。仮に、リチャードさんが死亡した場合、「妻に全財産を渡す」という遺言書があったとします。この場合、小学生のお子さんは遺留分侵害額請求権など主張しないでしょうから、実質的に、すべての財産は、妻のアシュリーさんへ渡ります。

　仮に、アシュリーさんが3人の小学生の子連れのトムさんと再婚した場合、アシュリーさんが同様の遺言書を残して亡くなれば、すべての財産はトムさんに行きます。そして、トムさんが亡くなれば、そして故リチャードさんと故アシュリーさんの子どもたちがトムさんと養子縁組をしていなけれ

ば、すべての財産は、あるいは、財産の大部分は、トムさんの3人の子ども
へ行きます。

　その結果、故リチャードさんが遺した財産のすべてか、あるいは、大半
が、トムさんの子どもへ行ってしまい、故リチャードさんの子どもたちに
は、財産が渡りません。

　これは、遺言書の欠陥を示した良い例ですが、このようなトラブルを避け
るためには、リチャードさんは、遺言書に頼って妻に全財産を与えるかわり
に、信託を活用して、自分の子どもに財産を遺すべきなのです。

　ただし、信託というのは、ものがいえませんから、どうしたいのかとか、
だれに手伝ってもらいたいのかとかを、だれかに指示してもらうことが必要
になります。

　ここで、信託について、例を使って説明します。

▶ 信託とは、どのようなものなのか

　たとえば、リチャードさんが信託を利用し、死後の財産をすべて委ねる場
合、リチャードさんは、アシュリーさんが資金を必要とするときに、必要な
だけ財産を与えたり、回数と金額を制限したりすることを、信託に指示する
ことも可能です。つまり、信託のなかで、自分の好きなようにルールづくり
を行うことができるのです。

　そして、リチャードさんの死後、遺言が執行されることになりますが、事
前にリチャードさんにかわるだれかを、信託の管理人として指名しておく必
要があります。

　それでは、リチャードさんはだれを管理人として任命するべきでしょう？
この場合には、アシュリーさんです。結局、彼女が子どもたちのためにお金
を使うわけですから、お金を必要とするときに、わざわざ第三者におうかが
いを立てるのは手間です。

　こうしておけば、アシュリーさんは生きている限り、信託の管理人として
故リチャードさんの財産を利用することができます。つまり、リチャードさ
んが自分に全財産を遺してくれたことと、実質的には同じことになるわけで

す。ただし、アシュリーさんは財産を法的に「所有している」というわけではないので、彼女が亡くなった後では、信託の財産は、故リチャードさんの子どもたちのものになります。

　アシュリーさんは、自分が死亡した場合、信託のなかの故リチャードさんのお金を、子どもたち以外のだれにも与えることができません。ですから、トムさんは財産を受け取る権利がありません。このようなやりかたをとれば、リチャードさんは、アシュリーさんを傷つけずに、自分の子どもたちを守ることができます。

　そして、どちらが先に死ぬかわからないため、アシュリーさんも同じ条項の信託を作成しておけば、自分が先に死亡し、リチャードさんが再婚した場合には、子どもたちを守れるということなのです。

▶ 遺言書だけでは、お金を扱えない相続人を守れないかもしれない

　18歳の子どもに全財産を残したいと考えていますか？　この年頃の子どもがお金をもてば、スポーツカーを買って、ビーチで遊んでいるのが普通であって、いつも教科書を抱えている姿は想像できません。あるいは、ドラッグやアルコール中毒、ギャンブル癖があったり借金まみれの身内に、お金を遺したいと思いますか？

　おそらく、お金を残してあげたいはずです。

　なぜなら彼らを愛しているからです。ただし、お金をきちんと扱えない相続人に大金を渡してしまえば、大変なことになるというのも自明です。

　この点こそが、遺言書の致命的欠点であるといえます。

　指名された相続人が、何の制限もなく、一度に多額の財産を受け取る。しかし、本来ならば、なんらかの制限があってしかるべきです。そのような場合には、前述した信託にお金を預けるという方法が有効ですが、少なくとも信託には、次のような条件設定が可能です。

・いつからお金を利用できるか：一定の期間に限定するとか、ある年齢に達してからとか、相続人がお金を利用できる時期を決めておく必要があります。

・金額はいくらか：相続人に、1年間に、たとえば財産の利子だけを与えることもできますし、元本の一定割合を与えることもできます。もちろん、両方を組み合わせることも可能です。

・頻度はどれほどか：相続人の必要に応じて何回かに分割して渡すことにするか、お小遣いのようにスケジュールを決めて渡すかなどを決めます。

・何のために：大学進学費用のように、財産を特定の目的に限って渡すのか、医療費のように、特定の状況に限って渡すのか？

　これまで見てきたとおり、遺言書は、最低限、作成したほうが望ましいですが、それだけでは、必ずしもベストとはいえません。人生はそれほど単純ではないからです。

　信託の必要性としては、たとえば両親を亡くした未成年の子どもが成人した時点で大金からなる遺産をきちんと利用できるようにするため、あるいは自分が亡くなった後に配偶者が再婚したとしても実の子どもに確実に財産が渡るようにするため、あるいは重度の障がいをもつ子どもを何十年にわたって世話をしてもらうため、などが考えられます。

▶ 信託とは財産を入れる水槽である

　信託では、「財産を贈る人（委託者）」「財産を管理する人（受託者）」「財産を受け取る人（受益者）」という三角関係を利用して、相続対策が行われます。たとえば、妻のアシュリーさんと子どものことを考えて、リチャードさんが信託を利用する場合、

　まずは、リチャードさんは、信託という水槽を用意して、財産を入れる

　また、リチャードさんは、財産の管理と分配のルールを決める

　次に、リチャードさんは、財産の管理人を指名し、ルールに沿って行動させる

　さらに、リチャードさんは、財産の受取人を指名する

図表XII-1　信託の仕組み

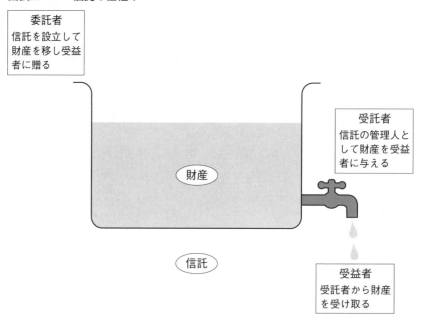

委託者
信託を設立して
財産を移し受益
者に贈る

受託者
信託の管理人と
して財産を受益
者に与える

財産

信託

受益者
受託者から財産
を受け取る

　最後に、受取人は、リチャードさんの決めたルールに従って、管理人から
財産を受け取ります。

　このように、信託の仕組みは、「設立者（委託者）」「管理人（受託者）」「受
取人（受益者）」から成り立っており、図表XII-1のように、委託者が財産
を注ぎ込む水槽が信託であり、受託者は水槽の管理人として財産を預かり、
受益者の利益だけ考えて、蛇口を調整しながら財産を取り出す、という仕組
みになっています。

　そして、相続で利用される信託は、これらの3つの役割が、すべて家族内
で分担されるファミリートラスト（家族信託）が基本です。信託銀行が関係
するような大掛かりなものではなく、遺言書と同様に、専門の弁護士、司法
書士、行政書士に契約書を作成してもらえれば、設立できます。

　個人の相続対策に利用する場合、夫が委託者として信託を設立し、妻が受
託者となって財産を管理して、受益者である子どもに財産を与える（妻が受

図表XII−2　生前信託の仕組み

［委託者が生存中］

委託者は受託者との契約書で信託を設立し生前は財産を使える

［委託者の死亡時］

委託者の死亡と同時に信託が有効となり財産が移転する

図表XII−3　遺言信託の仕組み

［委託者が生存中］

信託は遺言書に記載されているだけで効力は発生していない

［委託者の死亡時］

委託者が死亡してから、遺言書によりスタートする

益者を兼ねるのもOKです）という形式が一般的です。

　そして、個人の相続で利用される信託は、大きく「生前信託」と「遺言信託」の2つの種類に大きく分けられます。「生前信託」とは、委託者が生きている間から効力を発揮している信託で、「遺言信託」とは、委託者が死亡した後に効力を発揮する信託です。

　信託の設定方法には、「契約による方法」「遺言による方法」「自己信託による方法」の3種類があります。生前信託とは「契約による方法」により設定し、遺言信託とは「遺言による方法」により設立されます。2007年9月30日に、日本では、信託法が84年ぶりに改訂されたことにより、生前信託については、「委託者の死亡時に受益権（あるいは給付を受ける権利）を取得する旨の定めのある信託」として、また、遺言信託については、細かいルールを定めることで、実務的に利用できることになりました。参考までに、2007年9月30日の信託法の改正で、「自己信託による方法」が利用できるようになりました。

　「自己信託」とは、委託者＝受託者というかたちで、公正証書その他の書面や電磁的記録を作成するだけで、簡単に設定できる信託方式で、他人と受託者契約を結ぶ必要がないために、「信託を設立した」と宣言するだけで効力が発生します。

　本来、生前信託は、「自己信託」を利用して、夫が、委託者＝受託者として設立し、自らを受益者に指名するかたちをとって設立するほうがやりやすいわけですが、2007年9月30日の信託法の改正では、「委託者は受託者を兼任したり、受益者を兼任したりできるが、受託者は受益者を兼任できない（ただし、受益者が複数いて、その1人になるのはOK）」という定めがつけられてしまいました。

　結果として、「自己信託による方法」を使って、生前信託を設立し、夫が生きている間には、夫（委託者＝受託者＝受益者）とし、夫が亡くなった際には、妻が受託者、子ども（あるいは妻も）が受益者とするという形式がとれず、本文では、「自己信託による設立」によるパターンは省略しています。

　「生前信託」では、夫が生きている間は、受益者の資格は夫にあるものとしておいて、夫が亡くなってからは、受益者の資格が妻と子どもへ移動する

かたちになります。

「生前信託」は、委託者と受託者の間で、契約書を交わすだけで設立できます。何よりも夫が生きている間にスタートしているので、生前に家族で話合いをしやすく、しかも、夫が生前に財産を名義書換えして、信託に入れているため、夫が亡くなると同時に、遺言書の執行手続とは無関係に、妻や子どもは、すぐに信託の財産を利用できます。

生前信託では、たとえば不動産のような財産は、委託者から受託者への所有権移転登記と信託登記が必要になります。そして、不動産のような大きな財産では、所有権移転登記の際に贈与税について検討する必要があります。たとえば、委託者である夫が1億円の土地をもっていて、8,000万円を銀行から借りて、土地の上にアパートを建てて、受託者である妻の名義にかえて、子どもを受益者とする生前信託を設立する場合、子どもの受益権に対して贈与税がかかります。ここで、委託者が60歳以上、子どもが20歳以上であれば、相続時精算課税制度を利用して2,500万円を特別控除、一律税率20%で計算すると、贈与税額は1,800万円程度になります（借家権割合30%・借地権割合60%・固定資産税評価額60%を想定）。アメリカでは、信託と基礎控除等が一体となっていますが、日本では、信託に対する税制の整備が不十分なので、贈与税や相続税に関して、税理士と打合せをして、生前信託や遺言信託を設立する必要があります。

一方で、「遺言信託」は、夫が亡くなった時点から妻と子どもが受託者と受益者となるというかたちになります。「遺言信託」は、遺言書のなかに記載があるため、遺言書の厳格な形式に従う必要があります。また、「遺言信託」では、夫が死亡すると同時に効力を発揮するはずではありますが、実際には、遺言執行手続を経て、受託者によって信託への名義書換えが行われてからスタートします。

「遺言信託」では、遺言書によって信託がスタートするため、遺言書を秘密にしておくと、受託者も受益者も、突然、信託の存在を知らされて混乱を

招く可能性がありますから、生前に家族で話し合っておくことが非常に重要です。

　以上の特性から、信託の基本は、「生前信託」となります。

　遺言書だけでは、「相続人は、一括して財産を受け取る」ために、いくつかの問題点を残していましたが、信託を設立することで、「どのように財産を渡すか」についても、被相続人の意思を反映させることができるようになるのです。

　上記の家族信託としての「生前信託」とは、（revocable）living trustの訳語であり、日本では「遺言代用信託」と訳されています。一方で、「遺言信託」は、testamentary trustの訳語であり、日本では、「遺言の方法による信託」と訳されることが多いようです。なお、日本で家族信託が解禁となったのは、2007年のことですが、信託の設定は自由となった半面、税法上の対応が追いついていません。そのため、ここでは基本的な２例だけを紹介しました。

▶ 秘密にしていると大変なことになる部分

　さて、皆さんは、両親が何を残してくれる計画なのかご存知でしょうか？　皆さん自身は、子どもに何を残す計画を立てているか、子どもと話し合ったことがありますか？　多くの両親は、相続の計画を立てていません。そこで、以下の質問に答えてください。

皆さんが、だれかの息子や娘である場合

・両親の遺言書は、どこにしまってあるか、ご存知ですか？

・だれが遺言を執行するのか、ご存知ですか？

・両親は、どのように財産を分与するのか、ご存知ですか？

・だれに思い出の品々を相続してほしいか、ご存知ですか？

・以上の点について、皆さんの考えや感想を話したことはありますか？

　上の質問のどれかに、「いいえ」がある場合、きちんと両親と話し合う必

要があります。

皆さんが、父親か母親である場合

・遺言書はどこにしまってあるか、子どもたち全員に話してありますか？

・だれが遺言を執行するのか、子どもたち全員に話してありますか？

・どのように財産を分与するか、子どもたち全員に話してありますか？

・だれに思い出の品々を相続してほしいか、子どもたち全員に話してありますか？

・以上の質問について、子どもたちの考えや感想はどうなのか、すべての子どもたちと話してありますか？

　上の質問のどれかに、「いいえ」がある場合、きちんと子どもたち全員と話し合う必要があります。

　遺言書というのは、秘密にしているととんでもないことになりますが、多くの人がそうしています。理由はどうであれ、秘密にしていることは大きな問題です。ほとんどの人は経験がないでしょうが、遺言書というのは大きな火種になる可能性があるのです。具体的に、どのような事態になるのか説明しましょう。

家族の問題（その１）：子どもの無計画が、親の計画を台無しにする

　母親は未亡人で、5,000万円近い財産をもっており、一人娘に対して、財産を渡したいと考えており、税理士に相談しながら、娘が小学生の頃から毎年110万円ずつの贈与を続けてきました。その合計金額はすでに3,500万円近くになっています。そして、自分の死後は、娘と孫に財産が行くように、司法書士に相談して遺言書も作成していました。

　ところが、娘は40歳の時に、突然の心臓発作で亡くなりました。ただし、娘は自分の遺言書を残していません。そのため、娘の財産は実質的に娘の夫の管理下におかれることとなりましたが、この夫は娘とは再婚であり、娘の連れ子、すなわち未亡人の孫とは関係が良くなかったため、夫自身の道楽のために3,500万円のお金を使い始めたのです。

　仮に、娘が遺言書を残しており、「学費と生活費として3,500万円を子ども

に与える」として、親身になってくれる未成年後見人を指定しておけば、祖母の願いどおりに、3,500万円全額あるいは少なくとも4分の3は、孫の役に立っていたはずです。

このように、母親はきちんと相続プランをつくり、財産を守ってきたはずが、娘が相続プランを立てていなかったため、母親の努力が台無しになってしまったのです。

遺言書を書く際には、財産を与える人に対して、皆さんの意思をきちんと伝えておくことが大切です。そして、そこから、彼らが何をするべきであるのか、確認しておくことが必要です。そうでなければ、皆さんの努力のすべてが無駄になってしまうかもしれません。

家族の問題（その2）：子どもを同じように愛している

複数の子どもがいるなかで、だれかを晶屓することを嫌がる親は多いものです。そのため、日本では遺言書を書くつもりがみじんもない親がほとんどかもしれません。つまり、財産に関して、自分が余計なことをしなければ、子どもたちを傷つけるリスクがなくなるという考え方です。

はっきりいって、これほどひどい解決法はありません。

一般的なやりかたとしては、すべての財産を、子どもたちに均等に与えるというものです。子どもたちすべてを同じように愛しているから、財産も同じように分割するというものですが、このようなやりかたは、最悪の方法であるといわざるをえません。

私のお客さんの1人が亡くなった時、彼女は娘と息子に全財産を均等に残していました。彼女の財産には海岸近くにあるコンドミニアムがありましたが、資産価値は1,400万円でした。

息子としては、かなり離れたところに住んでいたので、そのコンドミニアムを売却して姉である娘とお金を分けたかったのですが、娘のほうは自宅から1時間しか離れていないコンドミニアムを売らずにおいて、夏になったら、週末に利用しようと考えていました。

つまり、息子は売りたいし、娘は売りたくない。そこから話がこじれて訴

訟に発展したため、もう３年間もお互いに口を利かない関係になってしまったということです。

すべて、お母さんのせいです。

正しい戦略というのは、母親が、一方にコンドミニアムを残し、他方にほかの財産を残すか、あるいは、コンドミニアムを売却して現金に換えてから、均等額を分けるというやりかたです。覚えておいていただきたいことは、相続財産として遺すには、分割でき、現金化できる資産が望ましいということです。

家族の問題（その３）：子ども同士が仲が良いと考えている

「私の子どもたちは仲が良いから、相続に関しても何の問題もありません」とよく聞きますが、それは本当でしょうか？　百歩譲って、そうであったとしても、たとえば、３人兄弟に、それぞれの夫や妻が絡んできた場合には、どうなるでしょう？

両親が死んだと聞くや否や家に駆けつけ、おばあちゃんのダイヤモンドやおじいちゃんのお宝コインを指差して、「生前、いつか私にくれるって話だったでしょ」という騒ぎになりはしないでしょうか？

時と場合によっては、所有財産を一人ひとりに均等に分けるよりも、すべての財産を現金化してから分割するよう、遺言書に明記しておくほうが無難かもしれません。家、テレビ、自動車、宝石、家具を分割するのは簡単ではありませんが、現金なら簡単だからです。

思い出の品々を手放すことに抵抗があるため、多くの人は、このような考え方を嫌がることが多く、資産をオークションに出すようなやりかたは、なかなか受け入れてもらえません。

しかし、そのような態度によって、はっきりしたルールが決められなくなってしまい、結果として、遺族の間に大きな火種を残すことになるのです。相続というものを、もっと現実的に考えて、めんどうになる財産については、オークションなどで売ってしまうのも１つの手なのです。

自分が死んだ際に、家にあるものをすべて子どもに引き取ってもらいたい

というのも考えものです。というのも、子どもたちの多くは、すでに家をもち家具だって十分にそろえているはずです。ですから、そんなことは考えずに、皆さんの財産は売却してしまうよう指示をしておくべきなのです。このようにしておけば、子どもたちが相続をめぐって無駄に争うことはなくなります。

家族の問題（その４）：問題のある子どもの扱いを間違えている

普通であれば、子どものことを誇りと喜びをもって考えるものですが、なかには、怠け者で、駄目な子どもをもてあましていることもよくある話です。彼らは、どれだけのお金を残しても、ひと月もあれば使い果たしてしまうに違いありません。

遺言書を作成する際に、この種の子どもにはいっさい財産を残さないように考えたくなるものですが、本当にそうしたいのならば、十分に計画してから実行に移さなければなりません。というのも、皆さんが考えているほど、事はうまく運んでくれないかもしれないからです。

仮に、問題のある子どもに、財産が渡らないように遺言書に残す場合、ほかの子どもが良心の呵責を感じる一方で、問題の子どもはそれを利用しようと考えます。その結果、ほかの子どもたちが、問題の子どもの「監督代行者」になる事態がやってきます。つまり、彼らが一生面倒をみてやらねばならなくなるのです。

むしろ、問題のある子どもにもほかの子たちと同じだけ財産を分け与えるものの、家族はこれ以上の面倒をみることができないと明言することが得策です。「両親を頼ったように、兄弟に頼ってはいけない。われわれは親だから面倒をみてきたが、彼らは親ではない。これからは、自分１人でやっていかなければならない」というような指示を、問題のある子どもに示しておかなければ、皆さんの希望どおりに物事が進まなくなります。

家族の問題（その５）：子どもの扱いを間違えている

ある相談者の場合には、子どもが４人おり、それぞれ外科医、教師、役者

志望、公務員の夫と３人の子どもがある専業主婦です。

　遺言書の作成にあたってその親は、外科医の子どもにはほんの少しだけ財産を残し、残りの３人の子どもには、財産をたくさん与える計画を立てていました。理由をたずねると、外科医の子どもは、ほかの子どもたちより裕福だから、あまりお金が必要ないだろうということでした。

　しかし、親は意識していないかもしれませんが、このような仕打ちは、成功している子どもに罰を与えるようなものです。

　親からしてみれば、自分の生前に、子どもたちに対して遺言書について打ち明けなかったのは、このような「差別」の理由はいわなくてもわかってくれるだろうと思っていたからでしょう。しかし、外科医の子どもからすれば、「そんなことなら、わざわざ６年間も医大に通わずに、役者にでもなっていればよかった」と感じるかもしれず、ほかの子どもたちに対して、強い憎しみがわいてくるかもしれません。

　かくしてほかの３人の子どもたちは、何も悪いことはしていないにもかかわらず、外科医の子どもから怒りと苛立ちを受けることになります。これはすべて、「子どもは親の考えをわかってくれている」という、親の側の勝手な思い込みから生じているのです。

　こうした問題は、きちんと親の考えや理由を伝えてさえいれば避けられることです。そして、そうする機会は、早ければ早いほど有効であるのです。

▶ 皆さんが遺すべきたった１つの財産とは

　皆さんが家族に対して１つだけ遺すべきものをあげるとすれば、それは家族の平和です。家族が争いに巻き込まれたり、二度と集まらなくなったりすることがないよう、財産とその分割方法について、きちんと話し合っておくことが大切です。

　以上のように、遺言書を秘密にしておくということは、非常に危険なことなのです。

第80章

その他の相続に関する解決策

　遺言書や信託以外にも、相続問題の法律的解決策は、細かくあげればたくさんあります。本Partでは、自身の意思判断能力が低下する場合や、意思判断能力がなくなった場合の法律的対処法について、いくつか紹介してきましたが、最後にここでもう一度整理しておきましょう。

・リビングウィル（尊厳死宣言公正証書）：自分が不治の病にかかった場合、末期医療の処置について、意思決定能力がある間に、延命処置の拒否などをする目的で作成しておきます。

・医療判断代理委任状：医学治療方法に関して、自分で意思を伝えられない場合に、だれかに委ねる手段です。

・財産管理委任契約書：身体機能や判断能力が低下した場合、日常生活の手続（預金引出し、支払、振込みなど）を委任する契約書です。

・任意後見契約書：判断能力を失った場合、身上監護や財産管理等の事務を委任する契約書です。

・死後事務委任契約書：死亡時の病院での遺体の引取り、葬儀、墓、遺品整理、役所手続などを家族にかわってしてもらう契約です。

第81章

遺言書を書き直す場合

　ファイナンシャル・プランと同じように、相続プランにも定期的な見直しが必要で、いつでも実用性を考えておく必要があります。見直しのポイントになるのは、たとえば、以下のような場合です。

・婚姻状況に変化はないか

・住居に変化はないか

・収入や純資産に変化はないか

・健康状態に変化はないか

・家族が亡くなった、生まれた

・5年が経過した

第 82 章

遺産相続の手続について

　それでは、実際に、相続が開始された場合には、財産の行方はどのように
なるのでしょうか？　まずは、相続関係の手続について説明しましょう。

　家族が亡くなった場合、原則、1週間以内に役所へ死亡届を提出します。
そして、亡くなった家族（＝被相続人）の生まれてから死亡までの戸籍除籍
謄本を取り寄せます。また、相続人であることを証明するために、家族の戸
籍謄本が必要になります。

　家族が亡くなった際の葬式の手続については、第55章を参照してください。

　これらの資料をそろえて、市町村、日本年金機構などに対して、年金受給
権者死亡届や健康保険の被保険者資格の喪失届といった手続をします。これ
により、遺族年金が支払われたり、還付金が生じたりしますし、持ち家であ
れば、固定資産税の請求が届きます。

　また、金融機関に対して、家族の死亡を伝えると、亡くなった人の預金口
座や証券口座が凍結されますが、戸籍謄本・除籍謄本等の所定の書類を提出
すると、相続の手続に必要な手続書類を交付してもらえますし、申請すれば
死亡日の残高証明を発行してもらえます。

　こうした作業を通じて、だれが相続人であるのかを特定すると同時に、
「プラスの財産（預金・証券・不動産など）」と「マイナスの財産（借金・保険

料・税金など）」を調べて、相続財産を確定させながら、相続財産目録の作成をしていきます。そして、プラスの財産がマイナスの財産を上回っているかを確認したうえで、財産を相続すべきか否かを判断します。

　各相続人の選択は、単純承認、限定承認、相続放棄の３パターンがあります。

　プラスの財産もマイナスの財産もすべて相続することを「単純承認」、プラスの財産からマイナスの財産を差し引いても余りがある場合に限って相続することを「限定承認」、そして、なにも相続しないことを「相続放棄」といいます。

　どの選択肢を選ぶかは、相続開始後（相続開始を知った時から）３カ月以内に決めなければなりません。

　限定承認を選ぶ場合は共同相続人が全員で、相続放棄をする場合は相続人ごとに単独で、家庭裁判所へその旨の申述書を提出する必要があり、何もしないと単純承認とみなされます。

　相続の３パターンをみると、限定承認では、プラスの財産があれば、相続できる一方、仮に、借金等のほうが多ければ、相続を放棄できるため、一見、無難に思えます。しかし、限定承認の場合には、相続人のうち１人でも反対者がいれば、申述書を出すことができません。また、限定承認では、裁判所に対して、詳細な申述書を提出するなどの作業が伴いますし、相続財産の範囲内で債務を清算するという性質上、税務上、相続財産が譲渡されたものとしてみなし課税されるため、準確定申告が必要な場合があります。さらに、限定承認では、小規模宅地等の特例といった居住用不動産に関する相続税上の特例を受けることができないため、結果的には、単純承認をしたほうが、手元に財産が多く残る可能性もあります。これらの点は十分に検討したうえで利用する必要があります。なお、相続税については、第66章をご参照ください。

　こうして、相続人をはっきりさせて、法定相続分を確定させる一方で、相続財産目録をつくります。そして、遺言書があれば、遺言書に従って、遺産

承認手続を行い、遺言書がなければ、話合いで遺産分割案を決定し、遺産分割協議書に全員の署名・押印がなされて（話合いができない場合は調停審判を申し立てる）、財産の権利移転の手続となります。

▶ 財産の移転の 3 つの流れ

　以上のように、遺産相続というのは、まず、話合いか、あるいは、調停審判等の法的手続に従って、財産の移転が行われ、次に、その財産に対して相続税がかかる場合があるという流れになります。そして、だれかが死亡した場合、所有財産のすべてが相続人へ移転しますが、それには 3 つの流れがあります。

　1 つ目は、税法上のみなし相続財産と呼ばれるもので、すでに受取人が指定されている財産です。たとえば、生命保険や死亡退職金では、名義人が死亡すると、受取人に財産の所有権が移り、コントロールできるようになります。

　これは、税法上は、相続税の課税対象として扱われるものの、法律上は、相続財産ではないからで、たとえば、死亡保険金は、受取人が保険会社から直接受け取る財産とみなすのです。保険会社で手続をすれば、1 週間程度で受取人の口座に入金されますし、遺族年金についても、日本年金機構で手続をすれば、1 カ月から 2 カ月程度で入金されます。

　2 つ目は、一般的な相続財産と呼ばれるもので、預金、有価証券、自動車、マンションや住宅など、みなし財産以外のすべての財産です。一般的な相続財産は、遺言書があれば、被相続人の意思が反映するかたちで受取人とその配分を指定できます。

　3 つ目は、一般的な相続財産に関して、遺言書がなければ、相続人全員で遺産分割協議を行って合意するか、あるいは、家庭裁判所に調停申立てを行って話合いで決着がつけば、法定相続分とは関係なく相続が行われます。

　ただし、調停でも遺産分割協議が成立しない場合には、事案によっては裁判官が審判で決めるか、それでも無理なら高等裁判所で争われるかたちになります。この場合には、1 年以上かかって、ようやく財産が移転することに

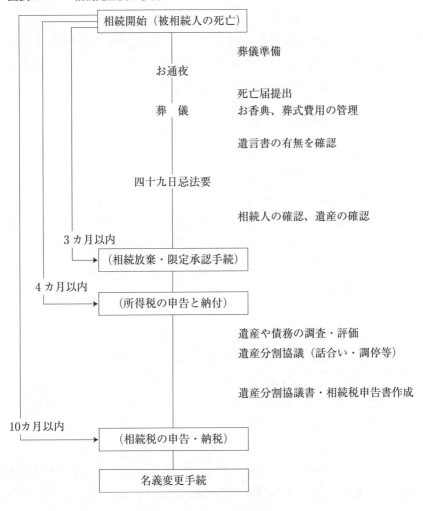

図表Ⅻ－4　相続発生後の手続

相続開始（被相続人の死亡）

葬儀準備

お通夜

死亡届提出
お香典、葬式費用の管理

葬　儀

遺言書の有無を確認

四十九日忌法要

相続人の確認、遺産の確認

3カ月以内

（相続放棄・限定承認手続）

4カ月以内

（所得税の申告と納付）

遺産や債務の調査・評価
遺産分割協議（話合い・調停等）

遺産分割協議書・相続税申告書作成

10カ月以内

（相続税の申告・納税）

名義変更手続

なります。要するに、被相続人の意思とは直接関係なく、法律に従って裁判官が判断することによって遺産分割が進みます。

　以上のように、だれかが死亡した際の財産の移転には、①事前に個々に受取人（相続人）を指定しておく、②遺言書に従う、③受取人（相続人）あるいは国（裁判所）に任せる、という3つのルートが存在し、①は、すみやか

に財産が受取人の所有になるのに対して、②と③では、協議、もしくは調停・審判あるいは裁判を経て、名義書換えを行ってはじめて完了します。

なお、信託を利用する場合、遺言信託は、上記の②の遺言書のプロセスに含まれますが、生前信託は、生前の契約であるため、①のプロセスに含まれます。こうした点からも、生前信託は有効な道具となります。

▶ 遺産の分割方法について

遺産分割には、いくつかの方法があります。1つ目は、現物分割といって、不動産等の遺産を現物のまま分割し、たとえばだれがどの土地を受け取るのか決めるものです。2つ目は、代償分割といって、遺産の大部分が不動産であるような場合、ある相続人が法定相続分以上を取得するかわりに、他の相続人に対して、相続財産とは別途資金を用意して、金銭を支払うというものです（金銭のかわりに物品を渡す場合には代物分割といいます）。3つ目は、共有分割といって、不動産などを共有名義で相続して、持分で分けるやりかたです。そして、4つ目は、換価分割といって、相続財産を全部または一部を売却し現金化して、その売却代金を分割するやりかたです。

相続人間で話がまとまらずに、遺産分割調停へ進む事態になることが多いのは、遺産のなかで、自宅不動産が占める割合が大きなケースです。たとえば、両親が父親名義の自宅に住んでおり、子ども3人は独立して家を保有している状態で、父親が死亡、その遺産の7割を自宅不動産が占めているというような場合です。

1億円の遺産のうち自宅不動産が7,000万円を占めているとした場合、被相続人と暮らしていた配偶者の法定相続分は50％なので、5,000万円になりますが、ここで3人の子どもが自分たちの法定相続分を要求した場合、配偶者である母親は、どうなるでしょうか？

父親と同居していた母親は、父親の存命中と同様に、自宅に住み続けたいと考えます。しかし、当然、現物分割ができませんから、母親は、2,000万円相当の現金や有価証券などを自分の財産から用意するか（代償分割・代物分割）、自宅を子どもたちと共有財産にしてもらうか（共有分割）のどちらか

しか、自宅に住み続ける方法がありません。

　仮に、代償金等を用意できない状態で、子どもたちが自宅の共有分割に応じなければ、換価分割しかなくなるため、自宅を手放し母親はどこかのアパートにでも引越さなければなりません。夫が相続対策を行っていないと、こうした悲劇を引き起こす可能性があるのです。

　日本では、上のような悲劇的な状況に対する解決策として、残された配偶者の生活を保障する「配偶者居住権」を新設する改正相続法が2020年4月1日に施行されました。配偶者居住権とは、相続開始時に、被相続人の持ち家に配偶者が住んでいた場合に、相続によって他の相続人が取得したとしても、配偶者が無償で居住できる権利のことです。

　要件によって、居住権は短期（遺産分割が終了するまで）と長期（終身あるいは一定期間）に分かれますが、ポイントとなるのは、長期の配偶者居住権の評価方法で、その評価額は、不動産の価額よりも安く評価されます。

　相続で、特に問題となる財産は、不動産と同族会社の株式であるといわれます。上の例のように、財産のほとんどが自宅というケースは、特に、日本の場合には、おおいにありうるわけですが、切り売りができない自宅を分割するのは至難の業といえます。そのため、生命保険に加入するなどして、自宅を相続する者と現金で相続する者の両方を考えた相続プランが必要になってきます。

　同じように、被相続人が同族会社を経営しており、相続財産に同族会社の未上場株式が含まれてしまうと、跡取りになる相続人は、被相続人の保有株式をすべて相続しないと、他の相続人である母親や兄弟姉妹に経営を脅かされる可能性が生じます。

　しかし、不動産や同族会社株式の価値を評価することは、そう簡単な作業ではありません。

　不動産の評価額は、固定資産税評価額や路線価を参考にするものの、実際の売買価格とはかけ離れていることが多いため、不動産業者の査定を利用し

ます。ただし、不動産業者によって、査定金額がバラバラであることも多く、相続において自宅査定額でもめる場合には、不動産鑑定士に依頼する必要が生じる可能性もあります。

　また、同族会社に多い未上場会社の株式評価は、未上場株式であるために、日々、市場で株価が決まってくることもなく、財務状況から判断するしかありません。特に、決算期をまたぐようなケースでは、税理士にとっても大変な作業の1つとなってきます。

　こうしたことから、相続財産の大半が自宅不動産であったり、被相続人が同族会社のオーナーであったりする場合には、財産評価価値の査定は容易ではないことを念頭に置いておくとよいでしょう。

　ちなみに、図表XII－5は、相続税評価額のガイドラインとして利用されるものですが、遺産分割協議で話し合われる自宅の評価額とは、路線価や固定資産税評価額のような相続税評価額とは異なる実際の取引価格を用いる場合があり、調停・審判等の法的手続による場合は、原則としてそうなります。

図表XII－5　主な相続税評価額

現金・預貯金	相続発生日の残高
公社債	各債券の額面額の合計
上場株式	以下の4つのいちばん低い株価 ①　相続発生日の終値 ②　相続発生日を含む月の終値の月平均額 ③　相続発生の前月の終値の月平均額 ④　相続発生の前々月の終値の月平均額
ゴルフ会員権	実勢価格の70％程度（取引相場のある場合）
家屋	固定資産税評価額
宅地	路線価×面積（市街地） 固定資産税評価額×倍率（市街地以外） （マイホームの場合は小規模宅地減税特例　第66章参照）

遺産分割調停について

　相続人間での話合いで解決しなければ、家庭裁判所に遺産分割調停を申し立てることになります。弁護士を雇わなければ、費用は数千円程度です。申立人と相手方に分かれて、話合いをすることになります。一般の相続関係の本では、ここまでの説明で終わりますが、遺産分割調停とは、早々、気軽に利用してよいともいえない点を、日本版編著者（方波見）の個人的な体験もふまえて、少し説明しておきましょう。

　相続人は母親と子ども3人で、父親が亡くなった時点で、相続財産9,000万円中、自宅固定資産税評価額は4,400万円でした。母親と長男（相手方）は自宅に居住していたため、自宅取得を希望しましたが、次男と三男（申立人）は他の財産を希望していました。そして、遺産分割調停が始まると、母親と長男の依頼した不動産業者は4,380万円の査定をしたものの、次男と三男の依頼した不動産業者は6,730万円との査定をしてきたのです。

　ここで、遺産分割調停を担当した20代の裁判官は、裁判官の自己査定として5,865万円を提示してきました。自己査定の内訳は、土地が4,365万円（＝「公示価格19.6万円」×「私道を除いて66/100」×「全面積337.48㎡」）であり、建物は1,500万円（根拠なし）というものでした。

　「裁判官自己査定は高すぎるから従えない」と母親と長男が承諾しないと、その裁判官は、「不動産鑑定士を入れるが、鑑定には従うと一筆を入れてもらう」といってきましたが（この一筆は母親と長男が拒絶した）、相続人全員で54万円を予納して提出された不動産鑑定評価額は5,490万円となりました。

　この不動産鑑定評価額5,490万円も、固定資産税評価額からすればかなり高い評価であったので、母親と長男は、裁判所を通じて不動産鑑定士に対して11項目からなる質問書を提出したところ、その不動産鑑定士は、質問書に回答するかわりに、「早期に売却したら2,270万～2,490万円との評価になる」と、たった2ページの鑑定意見書を提出してきました。

　その結果、2017年8月25日、10月6日、11月10日と3回の期日にわたって、「相続人が住んだら5,490万円、売ったら2,270万～2,490万円なので、その間で話し合って決めましょう」というかたちで、裁判官と調停委員は調停を進行したのです。

　ただし、不動産鑑定評価とは、実際には、売却しないが、売却した場合を想定して、いくらになるのかを査定するものなので、評価額は1つに決まるはず

であり、これは非常に問題行為でした。

　そこで、担当裁判官を実質的な被告として国家賠償訴訟を提訴すると同時に、2回にわたる不動産鑑定人尋問を行ったところ、「早期に売却したら2,270万～2,490万円との評価になる」とは、5,490万円に対してより安い価格を提示するように、担当裁判官が不動産鑑定士に指示した捏造価格である可能性が浮上しました。

　また、5,490万円という不動産鑑定評価書には、データの改ざん箇所があったこともわかりました。自宅不動産の道路側は、現行の建築基準法による建築確認を得ていない高さ2mを超える擁壁があるため建直しの際には、擁壁のやり直しをする必要があり、別の不動産鑑定士に評価させたところ、3,450万円との評価がなされたのです。裁判所が依頼した不動産鑑定士は、実際には、2～2.5mある擁壁を1.8mであるとデータを改ざんすることによって、「擁壁のやり直しによる減価要因」を取り除いてまで、自宅不動産の評価額を釣り上げていたことが発覚したのでした。

　つまり、調停を担当した裁判官は、5,865万円という自己査定を提示したものの、それを母親と長男に拒絶されたことに腹を立てたのか、5,865万円という自己査定を正当化するために、不動産鑑定士にデータ改ざんまで行わせて、5,490万円という、5,865万円に近い鑑定評価を提出させた可能性が高いのです。

　そして、「5,490万円は異常に高いから評価の根拠を説明しろ」といわれると、ガス抜きのために、安い価格を提示するように、裁判官が不動産鑑定士に捏造指示をしていたのです。

　しかも、裁判官自己査定5,865万円に使われた「公示価格19.6万円」と「私道を除いて66/100」とは誤りであり、実際には、「公示価格は19.2万円」「私道を除いて74/100」でした。裁判官自己査定に使用された2つの数値は、申立人が依頼した不動産業者が使用した独自データでしたが、後日、その不動産業者の査定に関しても、同じ会社の同じ支店の担当者が、「7,000万円近くでは、ご自宅は絶対に売れません。擁壁の問題があるから、せいぜい3,000万～4,000万円でしょう」と、釣り上げた不動産査定であることが発覚したのです。

　遺産分割調停とは、弁護士を雇って行う義務はありません。相続人本人が話合いに応じれば、費用は数千円ですむのです。本遺産分割調停では、母親と長男は、弁護士を雇わずに、本人が調停に参加していたのに対して、次男と三男は弁護士を立てていたのです。ここで、早く話をまとめて、調停を完了させようとした裁判官と調停委員は、次男と三男が弁護士を通じて提出した不動産査

定書（6,730万円）が正しく、母親と長男の当事者が提出した不動産査定書（4,380万円）がまやかしものであり、弁護士を立てない以上、「うまく煙に巻いてごまかせる」と考えたのでしょう。

　相続人に54万円を予納させて不動産鑑定士を採用したのに、２つの価格を提示して調停を進めることは、それによって数千万円の遺産の分割がおかしく配分されるため、詐欺未遂の可能性があります。遺産分割調停で、裁判官や調停委員が、そうした詐欺未遂行為を行うような事例が、現実に起こっているのです。

　　　　「話合いがつかなければ、調停や審判に任せることになる」
とは、ほとんどすべての相続関係の書籍に記載されています。しかし、調停進行の円滑化をあせるあまり、犯罪行為にまで手を染める裁判官や調停委員、そして、不動産鑑定士が存在したのです。裁判所ですら、不正を行う事態が発生したのです。

　本件は、遺産分割協議ですが、仮に、こうした事態が、両親が同時に亡くなった際の、子どもの後見人選任に及んだ場合、ぞっとしませんか？　裏を返せば、裁判所を頼らなくてもよいように、生前に相続対策を十分行うことが、きわめて重要であるとの教訓でもあるといえます。

Ricのマネークイズ

　ここで、Part XIIの内容に関して簡単なクイズをしましょう。単なる確認ですから、あまり神経質になる必要はありません。間違えたら、解答欄にある参照箇所を読み返してみましょう。ただし、家計管理の将来は、その作業いかんによって大きく左右されますから、理解できるまで読み返すことが重要です。クイズの終わりに解答がありますが、のぞき見は禁止です。

1　相続財産として処理しにくいものは？
　　○a．不動産
　　○b．現金
　　○c．年金
　　○d．有価証券

2　保険金の受取人を指定する際、避けたい人物は？
　　○a．配偶者
　　○b．両親
　　○c．成人を迎えた子ども
　　○d．未成年の子ども

3　遺言書を見直す必要があるのは、以下のどの時期か？
　Ⅰ　離婚する場合
　Ⅱ　子どもができた場合
　Ⅲ　再婚する場合
　Ⅳ　家族のだれかが死亡した場合
　　○a．Ⅰ、Ⅱ
　　○b．Ⅱ、Ⅲ
　　○c．Ⅰ、Ⅱ、Ⅲ
　　○d．Ⅰ、Ⅱ、Ⅲ、Ⅳ

4　遺言書でできないこと
　　○a．財産を分割すること
　　○b．後見人を選ぶこと
　　○c．財産の与え方を指定すること
　　○d．遺言執行人を指定すること

5　信託の3つの役割に該当しないものは？
　　○a．遺言執行人
　　○b．委託者
　　○c．受託者
　　○d．受益者

6　生前信託の設立に必要な手続とは？
　　○a．裁判
　　○b．遺言書
　　○c．委託者と受託者の間の契約書
　　○d．遺言書の検認

7　次のうち、最も信託の設立を必要とするケースとは？
　　○a．夫をなくした妻
　　○b．子どもの世話になっている夫婦
　　○c．子どものいない夫婦
　　○d．障がいを抱える子どもをもつ夫婦

8　遺言信託の記載されている場所は？
　　○a．家庭裁判所の申立書
　　○b．登記簿謄本
　　○c．委託者と受託者の間の契約書
　　○d．遺言書

9　相続人の選択肢として適切なものは？
　Ⅰ　単純承認
　Ⅱ　限定承認
　Ⅲ　相続放棄

Ⅳ　その他

○a．Ⅰ、Ⅱ

○b．Ⅱ、Ⅲ

○c．Ⅰ、Ⅱ、Ⅲ

○d．Ⅰ、Ⅱ、Ⅲ、Ⅳ

10　遺産分割が法定相続分に左右されにくいのは、次のケースのどれか？

Ⅰ　相続人全員での遺産分割協議

Ⅱ　家庭裁判所での調停による話合い

Ⅲ　家庭裁判所における審判

Ⅳ　裁判所での抗告

○a．Ⅰ

○b．Ⅰ、Ⅱ

○c．Ⅰ、Ⅱ、Ⅲ

○d．Ⅰ、Ⅱ、Ⅲ、Ⅳ

解　答	1－a（p870）	2－d（p843）	3－d（p865）
	4－c（p850）	5－a（p854）	6－c（p857）
	7－d（p853）	8－d（p857）	9－c（p867）
	10－b（p836）		

あとがき

　ここまで『家庭の金銭学』を読んでいただきありがとうございました。原書には、"How to choose a financial advisor" というPartがありましたが、日本にはイーデルマン・フィナンシャル・エンジンズ社ほどの独立系ファイナンシャルアドバイザリー会社が存在しないため割愛しました。ここではイーデルマン・フィナンシャル・エンジンズ社の歴史を振り返りながら、日本の金融業界やファイナンシャル・プランナーやファイナンシャル・アドバイザーについて解説します。

⑴　ファイナンシャル・プランニング会社とは

　本書で説明してきたように、ファイナンシャル・プランナー業界では、投資信託、保険、不動産、社会保険、税金、相続などを扱う専門家がいます。そして、投資信託の販売を行うには証券外務員第2種という資格が必要ですし、生命保険を販売するには生命保険一般課程試験に、損害保険を販売するには損害保険一般試験にそれぞれ合格する必要があります。また、不動産を販売するには宅建（宅地建物取引士）試験に合格する必要があります。ここでの収入源は、販売手数料（コミッション）となります。

　一方で、社会保険や税金や相続のアドバイスや資料作成によって報酬（フィー）をもらうためには、社会保険労務士、税理士資格、弁護士・司法書士の資格が必要です。

　ここで、ファイナンシャル・プランナーという国家資格について触れておくと、上記のすべての商品販売手数料もアドバイス報酬も手にすることができません。むしろ上記の金融知識の教養試験的な性格が強いといえます。ライフプランニングといって、顧客の状況をヒヤリングして、"何歳時点で、いくらのお金が必要となるか"に関するグラフとペーパーを提供することによって、作成フィーをもらうことが可能です（ただし、ライフプランニング作成でフィーを徴収するために、FP資格が必須であるとは言い切れません）。

以上の点から、ファイナンシャル・プランナーという職業では、銀行・証券会社などの金融機関の営業マンが、ファイナンシャル・プランナーの資格試験を取得してFPであると名乗りながら、実際には証券売買手数料を主とするコミッションで生計を立てているケース、保険会社や販売代理店が保険販売手数料を主とするコミッションで生計を立てているケースなどの「コミッションFP」が非常に多いものです。不動産業者がFP資格を取得したものの、住宅販売手数料で生計を立てるのも「コミッションFP」といえます。

　一方で、社会保険労務士、税理士、弁護士、司法書士らが事務所を構えている場合、FP資格を取得したとしても、本業から報酬フィーをもらうだけであるため、「フィーFP」といえます。

　要するに、どこかの金融機関や不動産会社に所属するなり、士業と呼ばれる資格をとって事務所を開業している場合、FPの資格は教養にすぎません。これに対して、金融機関に所属せずに、士業による本業事務所も構えておらず、FPの資格を中心として、ファイナンシャル・プランナーとして仕事をする人たちを「独立系ファイナンシャル・プランナー」と呼びます。

　典型的な「独立系ファイナンシャル・プランナー」とは、証券外務員と生命保険一般資格をとったうえで、ライフプランニングを作成してフィーをもらい、ライフプランニングを実現するために投資信託や変額保険年金を販売してコミッションをもらいます。アメリカで独立系FPと呼ばれる人たちは、この形態からFP業界へ参入するのが基本です。

　つまり、証券会社や保険会社のFPと称する営業マンは、「コミッションonly FP」であり、独立系FPはライフプランニングによるフィーと商品販売による手数料を収入とするため「フィー＆コミッションFP」と呼ばれ、さらに、独立系FPでもライフプランニングだけを作成し、マネー雑誌の連載を行っているものを「フィーonly FP」と呼んで区別されています。

　そして、アメリカのファイナンシャル・プランニング協会とは、金融機関の自社製品販売に特化した手数料荒稼ぎを問題視して生まれたことから、金融機関における「コミッションonly FP」とはフェイクであり、本当のFPとは、何十社もの商品ラインアップを提供して、公平中立な立場でアドバイス

を行う「フィー&コミッションFP」を示すようになっていきました（ちなみに「フィーonly FP」というのは衰退してしまいました。その理由は、ライフプランニングを提供してアドバイスをしたところで、投資エンジンを使わなければ、インフレや大学費用や老後費用の高騰に対処できなくなってしまったからです）。

(2) 初期のイーデルマン・フィナンシャル・サービス社

1986年創業当時のイーデルマン・フィナンシャル・サービス社は、イーデルマンさんと奥さんの2人で、ライフプランニングを作成してフィーをもらい、その実現のために投資信託と変額年金保険を販売してコミッションを徴収するという形式でスタートしました。そこから1990年代後半には、「ライフプランニング作成と投資信託・保険の販売部門」「住宅ローン販売部門」「社会保険年金部門」「税理士法人部門」「弁護士法人部門」などの複数の会社・事務所を統括するようなファイナンシャル・プランニング会社に成長しました。

要するに、ライフプランニングと金融商品による実現を行う基本部門では、「フィー&コミッションFP」のままでしたが、そこに住宅ローンの販売部門を加えたうえで、士業による「フィーFP」の会社を加えることで、総合的なファイナンシャル・プランニング会社として成長を遂げたのでした。

(3) 2000年代のイーデルマン・フィナンシャル・サービス社

2003年、イーデルマン・フィナンシャル・サービス社は、ナスダック市場に上場する証券会社の傘下に入ることに合意します。その買収額は500億円であり、2007年までの間に100億円ずつ支払われるというものでした。

当時、アメリカの投資信託業界では、多くの詐欺行為やスキャンダルが発覚しており、それに気がついたイーデルマン氏は、投資信託を利用した顧客の預かり資産をすべて売却してしまい、かわりに、手数料が安く透明性の高いETFによる運用へ切り替える決断をしました。

同時に、証券外務員第2種による商品販売による顧客ポートフォリオ構築から、投資顧問業によるラップアカウントにて顧客資産を一括して預かり、

必要に応じて自動的にリバランスを行える投資顧問業へと転身を図りました。また、GPSシステムを導入することによって、顧客1人ひとりのポートフォリオの設計を自動化して、より科学的なアプローチを行いながら、従来の「投資信託の組合せによるポートフォリオ構築」から、ブリンソン・スタディーによる「資産配分の仕方による顧客のポートフォリオ構築」へと運用方針を進化させました。証券会社の傘下入りもすべては顧客のためでした。

　こうしてイーデルマン・フィナンシャル・サービス社では、独立FPの従来どおりの「投資信託によるコミッションFP」から、投資顧問業による「年間フィーFP」へと劇的な変化を遂げていきます。1990年のマーコビッツとシャープのノーベル賞研究成果を生かして、いろいろな資産へいろいろなファンドを使って分散していた状態から、1992年のブリンソン・スタディーによる研究成果を利用して、各資産を代表するETFをそれぞれ選択したうえで、顧客のポートフォリオは、1人ひとりの資産状況に応じたシステムによって割合を決めてポートフォリオを実現していきます。

　ちなみに、2007年に500億円を手にしたイーデルマン氏ですが、2008年のリーマンショックの際に、買収された証券会社の株式が暴落した際、その500億円を利用して、その証券会社の株式を友好的に取得したことから、逆に、グループ全体を自らの傘下に収めてしまったのでした。リーマンショック時の底値で拾った証券会社の株価が、2019年末には、一体いくらになったのでしょうか？　2倍とか3倍とかではないでしょう。

　アメリカではFPビジネスが盛んであるといえども、500億円の買収話が報道された時点で、「FPビジネスにしては3桁上の話である」と話題になりましたが、「FPビジネスにしては4桁上の話である」というのが実情であるのではないでしょうか？

⑷　2018年フィナンシャル・エンジンズの誕生となる

　2018年、イーデルマン・フィナンシャル・エンジンズ社は、ウィリアム・シャープらが設立したフィナンシャル・エンジンズ社と合併することになりました。フィナンシャル・エンジンズ社とは、AIを利用したシステムによ

り、アメリカ人の退職金プランである401kにおいて、110万人もの顧客を獲得した金融機関であり、同社との合併により、イーデルマン・フィナンシャル・エンジンズ社のグループ全体の顧客数は110万人以上、10万世帯となり、預り資産は23兆円を超えています。

すでにアメリカを代表する一大投資運用会社へ成長しており、「独立FP」といった肩書ではなく、「投資顧問会社」へと転身を遂げています。アメリカ史上で、最も成功した「独立FP」は、金融機関へと変貌を遂げたのです。

2020年、世界中をCOVID-19のパンデミックが襲っています。イーデルマン・フィナンシャル・エンジンズ社では、イントロダクションのような顧客向けの対策冊子を配布して対応しています。しかも、その内容とは、「単に、数年間縮こまって、嵐が過ぎ去るのを待ちましょう」というものではありません。

COVID-19によって、いままでのライフスタイルに戻ることは決してありえません。これはこの世の終わりを意味するのではなく、新たな時代がやってくるということです！

実は、COVID-19によるパンデミックの裏では、新たな産業革命が始動しているのです。1990年以降、新しいリーディング産業が誕生しなかった日本でも、画期的な技術革命が起こる可能性があります。今回のパンデミックは、破壊の後に創造を生み出すはずです。

COVID-19を悲劇とみるか、新たな投資チャンスとみるかは、皆さんの考え方次第です。新たな投資チャンスとみる方にとって、本書がスタート地点となることを切に願います。

⑸　**イーデルマン・ジャパンの無料動画について**

イーデルマン・ジャパンでは、YouTubeによる無料動画配信によって、さらなる金融教育を行います。Q&A等も行う予定です。「The Truth About Money with Yasushi Katabami」で検索してください。

本書では、出版社の強い要望により、2019年末までの内容を扱っており、2020年のコロナ大恐慌やそれに対する具体的な処方が抜けています。

YouTubeでは、それらの情報を含め、本書の内容が次々と更新されます。是非、ご視聴願います。

　最後に本書の執筆にあたりましては、モーニングスター株式会社より貴重なデータを頂きました。また、司法書士の宮下元景先生には、PartⅫをはじめとして貴重なご意見を賜りました。この場を借りてお礼申し上げます。

イーデルマン・ジャパン

代表　方波見　寧

事 項 索 引

【原著者／日本版編著者プロフィール】

リック・イーデルマン

　リック・イーデルマンは、投資アドバイザー分野におけるファイナンシャル・アドバイザーの第一人者の1人として全米で有名であり、彼の会社（イーデルマン・フィナンシャル・エンジンズ社）は、アメリカ最大の投資顧問会社（Independent Registered Investment Advisor）である。イーデルマン・フィナンシャル・エンジンズ社では、10万世帯と数千社の従業員110万人からの預かり資産23兆円を運用している。数千社のなかにはFortune500の150社を含む。リック・イーデルマンは、アメリカのBarron'sのNo1・ファイナンシャル・アドバイザーに3度選ばれ、金融サービス業界では最も影響力のある人間の1人に選ばれている。イーデルマンの10冊の著作は、すべて『New York Times』のpersonal financeのジャンルにおいて、ベストセラー第1位となっている。また、彼が司会を務めるラジオ番組とテレビ番組も賞を受賞している。さらに、イーデルマンはジョージタウン大学で9年間教鞭をとっていたこともある。

方波見　寧（かたばみ　やすし）

　イーデルマン・ジャパン代表。大学卒業後、大手証券会社に勤務し、リック・イーデルマン氏に師事して、投資アドバイス業務とファイナンシャル・プランニングとエクスポネンシャル・テクノロジーについて学ぶ。

家庭の金銭学

| 2021年3月9日 | 第1刷発行 |
| 2022年8月8日 | 第2刷発行 |

原著者　リック・イーデルマン
日本版編著者　方波見　　寧
発行者　加　藤　一　浩

〒160-8520　東京都新宿区南元町19
発　行　所　一般社団法人 金融財政事情研究会
企画・制作・販売　株式会社きんざい
出　版　部　TEL 03(3355)2251　FAX 03(3357)7416
販売受付　TEL 03(3358)2891　FAX 03(3358)0037
URL https://www.kinzai.jp/

ISBN978-4-322-12557-3